GREIL MARCUS
Schriften 1968–2010

Edel Books
Ein Verlag der Edel Germany GmbH

Copyright der deutschen Ausgabe © 2012 Edel Germany GmbH,
Neumühlen 17, 22763 Hamburg
www.edel.com

1. Auflage 2013

Titel der Originalausgabe: Bob Dylan By Greil Marcus. Writings 1968–2010
Copyright © 2010 by Greil Marcus

Übersetzung: Fritz Schneider mit Ausnahme der anderweitig
markierten Texte
Lektorat: Judith Schneiberg
Satz und Layout, deutsche Umschlagadaption: Groothuis.
Gesellschaft der Ideen und Passionen mbH | www.groothuis.de
Druck und Bindung: optimal media GmbH, Glienholzweg 7
17207 Röbel/Müritz

Alle Rechte vorbehalten. All rights reserved. Das Werk darf – auch teilweise –
nur mit Genehmigung des Verlages wiedergegeben werden.

Printed in Germany

ISBN 978-3-8419-0137-8

GREIL MARCUS ÜBER BOB DYLAN
SCHRIFTEN 1968–2010

Aus dem Amerikanischen
von Fritz Schneider

für Jenny

INHALT

13 Wo ich ins Spiel kam

PROLOG
25 Die Legende von Blind Steamer Trunk

TEIL EINS
ATEMTECHNIK, 1970–1974

31 Self Portrait No. 25
60 *New Morning*
65 »Watching the River Flow«
72 Bangla Desh
78 *Doug Sahm and Band*
81 Mit keuchendem Atem
96 Noch einmal zurück zum Highway 61
98 Ein Moment der Panik

TEIL ZWEI
SIEBEN JAHRE HIERVON, 1975–1981

107 Ein Album voller Wunden
111 *Aus den* Liner Notes *zu* The Basement Tapes
117 Dylan wird boshaft
120 Dieser Zug hält hier nicht mehr

129 Save the Last Waltz for Me
143 *Street Legal*
148 Like a Moving Stone, mehr oder weniger
152 Erstaunliche Chuzpe
158 *Aus* Logische Schlussfolgerungen
161 *Aus* Themen von sommerlichen Orten
162 *Aus* Blinder Terror

TEIL DREI
UND ACHT JAHRE DAVON, 1985–1993

165 Nummer eins, Tendenz steigend
172 Voll daneben – über Wilfrid Mellers' *A Darker Shade of Pale*
186 Schon wieder ein Comeback-Album
192 Purer Solipsismus
    198 »Silvio«
    198 Mit Tom Petty und den Heartbreakers
    199 Robert Sheltons *No Direction Home*
200 Bob Spitz, *Dylan: A Biography*
205 Der Mythos von der offenen Straße
    224 *Oh Mercy*
    224 Pete Seeger, »A Hard Rain's A-Gonna Fall«
    225 Formatverletzung
227 *the bootleg series, volumes 1–3*
234 Dylan als Historiker
    245 Brian Morton, *The Dylanist*
    246 Lou Reed, »Foot of Pride«

TEIL VIER
NEUES LAND GESICHTET, 1993–1997

- 249 *Good As I Been to You*
  - 248 »We Are the World« bei An American Reunion
  - 250 »Chimes of Freedom« bei An American Reunion
- 252 Neues vom Friedhof
- 257 The Thirtieth Anniversary Concert Celebration
- 261 Bob Dylan über Guns N' Roses
- 262 »Like a Rolling Stone« nach neunundzwanzig Jahren
- 266 Dock Boggs
  - 271 James Marshs *Highway 61 Revisited*
- 272 Bob Dylan nach den Kongresswahlen von 1994
- 277 Freie Rede und falsche Rede
  - 284 »All Along the Watchtower«
- 285 All diese nutzlose Schönheit

TEIL FÜNF
NEUES LAND GEFUNDEN, 1997–1999

- 303 Verfrühte Nachrufe
  - 307 Bob Dylan, in eigener Person
  - 308 *Time Out of Mind*
- 309 Eine Landkarte, die man wegwerfen kann
- 316 Ein Schritt zurück
- 321 Dreißig Platten über Amerika
- 327 Tischabfälle
- 334 Folkmusik heute – das Grauen
- 339 Alte Songs in neuen Schläuchen

TEIL SECHS
HIMMEL UND HÖLLE, 2000–2001

345 Der Mann auf der linken Seite
    349 Die Lage der Nation
    350 Wo liegt die Desolation Row?
368 Himmel und Hölle
    368 »Blowin' in the Wind«
    369 Lieblingsalben von Senatskandidaten in Minnesota
    369 Colson Whiteheads *The Intuitionist* und
        »I'll Keep It with Mine«
    370 Fürs Fernsehen produziert: *Bob Dylan –*
        The American Troubadour
    371 *O Brother, Where Art Thou?* nach dem Wahlabend
    306 Nach der Wahl – eine Nacht, in der wir lange aufblieben
    377 Das Wetter in Duluth
    382 *Brendan trifft Trudy*
    384 *The Early Blues Roots of Bob Dylan*
    384 No Depression in Heaven
    386 Die Absurdität des weltweiten Gedenkens an
        Bob Dylans 60. Geburtstag
393 Tombstone Blues
400 When First Unto This Country
420 *Live 1961–2000 –*
    Thirty-nine Years of Great Concert Performances
423 »Handsome Molly«
    426 Clarence Ashley
428 Manchmal klingt er verrückt …
    436 Elton Johns Garderobe
    436 »Summer Days«
438 High Water Everywhere

TEIL SIEBEN
FINDE EIN GRAB, 2001–2004

- 443 findagrave.com
  - 443 *Vanilla Sky*
- 444 Reden ist Silber…
  - 447 Dave Van Ronk
- 448 How Good Can It Get?
  - 451 »Train of Love«
  - 451 Bob Dylan im Madison Square Garden
  - 456 Die Top Ten der bedeutendsten Sixties-Toten
  - 457 Bob Dylan für Victoria's Secret
  - 457 Bob Dylan in *Charlie's Angels: Full Throttle*
- 459 The Lost Waltz
  - 472 Bob Dylan Store
  - 472 Ausverkauf-Alarm!
  - 473 Peter Carey, *Theft*

TEIL ACHT
GEGEN DIE UHR, 2004–2010

- 475 *Chronicles* × 2
- 481 Die Welturaufführung von *No Direction Home*
- 488 Bücherborde – Paul Nelson
- 491 Folkmusik heute – Verzückung
  - 494 Die Spur von Toten
- 498 Ein Trip zur Hibbing High
  - 517 St. Paul, 1956
  - 518 Howard Fishmans »I'm Not There«

519 *I'm Not There*
529 Visionen und Visionen von Johanna
534 Der Anfang und das Ende
538 *The Drawn Blank Series*
    542 Obama und das alte Regime
543 *Tell Tale Signs*
550 Sam McGees »Railroad Blues« und andere Versionen der Republik
569 Geschichten von einem schlechten Song
    592 *Eden* und »The House of the Rising Sun«
    593 *Together Through Life*
    594 »Beyond Here Lies Nothin'«
    596 Im United Palace Theater
    596 Alfreds »Like a Rolling Stone«
    596 Joni Mitchell

EPILOG
599 Ich glaube allen Umfragen und ich glaube keiner einzigen
603 Wahlabend

CODA
611 Danksagungen
618 Songtext- und Abbildungsnachweise
620 Register

WO ICH INS SPIEL KAM

Im Sommer 1963 pilgerte ich zu einem Feld in New Jersey, um mir Joan Baez anzuschauen, ein vertrautes Gesicht in meiner kalifornischen Heimatstadt Menlo Park und mit einem Mal auch überall sonst – sie war auf dem Titelblatt des *Time Magazine* gewesen. An jenem Tag trat sie in einer dieser alten, mit einem Zelt überdachten Freiluftarenen auf. Nachdem sie eine Weile gesungen hatte, sagte sie: »Ich möchte Ihnen nun einen Freund von mir vorstellen« – woraufhin ein abgerissener Typ mit Gitarre auf die Bühne stieg. Er sah staubig aus. Seine Schultern hingen herab und er wirkte ein wenig verlegen. Er trug ein paar Songs vor, allein, dann sang er noch ein oder zwei mit Joan Baez im Duett und danach verschwand er wieder.

Das Ende der Show bekam ich kaum mit. Ich war wie vor den Kopf geschlagen – war perplex. Dieser Typ war da einfach auf die Bühne von jemand anderem gekommen, und obgleich er auf gewisse Weise so gewöhnlich wirkte wie die Leute im Publikum, lag etwas in seinem Gebaren, das einen dazu herausforderte, ihn einzuordnen, ihn zu bewerten und abzuschreiben, und doch war das unmöglich. Die Art und Weise, wie er sang und wie er sich bewegte, verriet einem nicht, woher er kam, wo er gewesen war oder wohin er gehen würde – doch sie weckte irgendwie den Wunsch in einem, all diese Dinge wissen zu wollen. »Oh my name it is nothin', my age it means less«, sang er an jenem Tag, zu Beginn seines Songs »With God on Our Side«, der das Kernstück seines im folgenden Jahr erscheinenden Albums *The Times They Are A-Changin'* sein sollte – und während sich das komplette Buch der amerikanischen Geschichte in diesem Song aufzublättern schien, die Geschichte des Landes, wie sie sich auf eine neue Weise selbst erzählte, hielt der Song gleichzeitig das Versprechen des Sängers, denn als er sang, konnte man nicht sagen, wie alt er war. Er hätte siebzehn sein können, genauso gut aber auch siebenundzwanzig – und für einen Achtzehnjährigen wie mich war das schon ziemlich alt.

Als die Show vorbei war, sah ich diesen Typen, dessen Namen ich nicht mitbekommen hatte, hinter dem Zelt kauern – es gab keinen Backstagebereich, keine Securityleute, kein Protokoll – und so schlenderte ich zu ihm hinüber. Er war gerade dabei, sich eine Zigarette anzuzünden. Es war windig und seine Hände zitterten; das Streichholz beanspruchte seine ganze Aufmerksamkeit. Ich war gerade benommen genug, um ihn anzusprechen: »Sie sind fantastisch gewesen«, sagte ich, nie um eine originelle Formulierung verlegen. »Ach was, ich bin scheiße gewesen«, sagte er, »ich bin echt scheiße gewesen.« Darauf wusste ich wiederum nichts zu erwidern und trollte mich davon. Ich fragte jemand aus dem Publikum nach dem Namen dieses Typen, der gerade mit Joan Baez in ihren schwarzen Jaguar XK-E stieg – damals der heißeste Schlitten der Welt. Zurück in Kalifornien ging ich schnurstracks in den nächsten Plattenladen und kaufte mir *The Freewheelin' Bob Dylan*, sein zweites Album und das einzige von ihm, das im Laden vorrätig war. Zu Hause wunderte ich mich darüber, dass manche der Songs – einer über die John Birch Society, einer über einen »ramblin' gamblin' Willie« sowie eine mit einer Band eingespielte Nummer, die ich »Make a Solid Road« taufte – nicht mit den in den Liner Notes beschriebenen Songs übereinstimmten. Ich ging mit der Platte in den Laden zurück und erklärte dem Besitzer, dass damit etwas nicht stimme. »Ja, ich weiß, die sind alle so«, sagte er. »Ich habe deswegen schon jede Menge Reklamationen gehabt. Kommen Sie nächste Woche wieder, dann habe ich ein korrektes Exemplar für Sie.« Doch ich ging nicht wieder hin. Ich war ganz hin und weg von »Don't Think Twice«. Ich spielte diesen Song den ganzen Tag lang ab. Ich befürchtete, er könnte auf dem korrekten Exemplar fehlen, wenn ich mein »fehlerhaftes« dafür eintauschte.

Für mich, für viele andere Leute und auf gewisse Weise vielleicht sogar für Bob Dylan selbst gingen sein Leben und sein Werk genau zu jener Zeit auf. Mit Nummern wie »Blowin' in the Wind«, »Masters of War«, »A Hard Rain's A-Gonna Fall« und »The Lonesome Death of Hattie Carroll« sowie einem Dutzend weiterer Songs über Konflikte und Gerechtigkeit, über Wahrheit und Lüge, Songs, die episch und zugleich völlig alltäglich sein konnten und die von nichts weiter untermalt wurden als der schlichten Gitarre und der Mundharmonika des Sängers, und dann mit seinen Alben der Mittsechzigerjahre, *Bringing It All Back Home*, *Highway 61 Revisited* und *Blonde on Blonde*, Platten voller visionärer Darbietungen und, in der Regel, mit einem nicht minder visionären Rock 'n' Roll, der nicht auf die Songs aufgesetzt war, sondern diese vollkommen durchdrang – mit diesen Veröffentlichungen avancierte Bob Dylan in der allgemeinen Vorstellungskraft binnen Kurzem zu sehr viel mehr als einem Sänger, dem es zufällig gelungen war, seine Zeit einzufangen. Um das zu schaffen, was ihm gelungen war, so schrieb Dylan Jahre später, musste man jemand sein, »der die Dinge bis auf den Grund durchschauen konnte, und zwar nicht im übertragenen Sinne, sondern buchstäblich – als bringe man Metall mit dem Blick zum Schmelzen – jemand, der ihr wahres Wesen erkannte und es in ungeschönter Sprache und mit unbarmherziger Klarsicht enthüllte.« In den frühen 1950er-Jahren verfolgten Kids wie Bob Dylan wöchentlich im Fernsehen, wie jemand in der Serie *The Adventures of Superman* Metall fixierte und es zum Schmelzen brachte. Im darauffolgenden Jahrzehnt »weckte Dylan«, wie Paul Nelson es an anderer Stelle in diesem Buch formuliert, »bei seinen Anhängern wie bei seinen Kritikern ein so intensives persönliches Interesse, dass sie bei ihm nichts mehr als einen Zufall gelten lassen wollten. Begierig auf ein Zeichen verfolgten sie ihn auf Schritt und Tritt und warteten nur darauf, dass er einen Zigarettenstummel fallen ließ. Wenn er es tat, prüften sie die Überreste sorgfältig und suchten nach einer Bedeutung. Das Beängstigende daran ist, sie fanden diese auch – für sie waren derlei Dinge tatsächlich von Belang.«

Dies war die Zeit, wo ich ins Spiel kam, als Autor – fünf Jahre nach der Show in New Jersey, am Ende von Dylans Abenteuer als ein Orakel auf der Flucht, kurz nachdem er sein karges, kryptisches Album *John Wesley Harding* herausgebracht hatte, ein Album, angefüllt mit Parabeln über die Republik, mit Rätseln über deren Räuber und Gendarmen, und mit Lovesongs, die dem Ganzen den Stachel nahmen.

Als Bobby Darin auf drei Hits zurückblicken konnte, verkündete er sein Lebensziel:»Mit fünfundzwanzig will ich eine Legende sein.« Das gelang ihm nicht, Bob Dylan aber schaffte es.

Das sind die Einleitungszeilen eines 1968 von mir verfassten Artikels, der nicht in diesen Sammelband aufgenommen wurde, doch mit Ausnahme zweier früherer Bücher (eins über den Song »Like a Rolling Stone«, eins über die sogenannten Basement Tapes) enthält er so gut wie alles, was ich im Laufe der Jahre über Bob Dylan geschrieben habe. 1969 war Dylan achtundzwanzig. Er war mindestens seit 1964 eine Legende, eine Geschichte, die die Leute weitergaben, als hätte sie sich vielleicht tatsächlich zugetragen. Doch die Zeit raste damals dahin – Bobby Darin, so kann man sich vorstellen, wollte mit fünfundzwanzig eine Legende sein, weil es danach womöglich zu spät gewesen wäre.

Da dieses Buch im Wesentlichen aus Rezensionen, Reportagen, Entdeckungen oder Kommentaren besteht, die in monatlich oder vierzehntägig erscheinenden Magazinen und in Tages- und Wochenzeitungen publiziert wurden, ist es bis zu einem gewissen Grad eine Chronik von Ereignissen, die sich praktisch zu dem Zeitpunkt zugetragen haben, als über sie berichtet wurde, und daher schwebt der Geist jener heroischen Epoche über dem, was ich geschrieben habe. Es ist eine unbestreitbare Tatsache, dass ich über jemanden schreibe, der Außergewöhnliches geleistet hat, der eine Musik erschaffen hat, die schon bei ihrem ersten Erscheinen den Eindruck erweckte, womöglich unberührbar zu sein, nicht bloß für andere, sondern auch für Dylan selbst.

Es war eine gewaltige Leistung: die Neufassung der volkstümlichen Musik Amerikas, in jedem erdenklichen Sinn, von den Fiddlespielern, die gegen Ende des achtzehnten Jahrhunderts »Springfield Mountain« ertönen ließen, bis zu Little Richard; eine Rückgewinnung der Vergangenheit, bei der gleichzeitig eine Tür zu etwas aufgestoßen wurde, das vorher noch nie gehört und noch nie gesagt worden war. All dies ist in diesem Buch enthalten. Doch zumindest in der ersten Hälfte ist es nur als ein Schatten präsent, ein Schatten, geworfen von einem Performer, der, als ich über ihn zu schreiben begann, selbst in diesem Schatten verschwunden war.

Die Geschichte, der ich nachging, war zu Anfang die Geschichte von Bob Dylan, wie er versuchte, sein bisheriges Schaffen zu transzendieren, ihm zu entsprechen, ihm auszuweichen, es zu verleugnen oder ihm zu entkommen. Ich war ein Fan; ich suchte nach jenen weggeworfenen Zigarettenstummeln. Doch wenn Dylans Leistung der vorausgegangenen Jahre eine unbestreitbare Tatsache war, als ich über ihn zu schreiben begann, so stand damals keineswegs fest, wie sich die Geschichte weiterentwickeln und welchen Ausgang sie nehmen würde. Diese Chronik beginnt im Grunde erst mit Dylans 1970 erschienenem Doppelalbum *Self Portrait*; am Ende jenes Jahres sollten sich die Beatles aufgelöst haben; Jimi Hendrix, ein großer Fan von Bob Dylan, vielleicht sein bester Interpret und ein potenzieller musikalischer Partner, sollte nicht mehr am Leben sein; und die Vorstellung von Bob Dylan als einem Sänger und Songwriter, der seine eigene Art von Wahrheit zum Ausdruck brachte, sobald er den Mund aufmachte, sollte ebenfalls der Vergangenheit angehören. Und so begann ich voller Unglauben: *Soll dies wirklich alles sein? Das kann doch nicht alles sein!* Eine Platte, eine Show folgte auf die andere, als die Siebzigerjahre in die Achtzigerjahre übergingen, als Ford Nixon ablöste und Carter Ford und Reagan Carter, und während all dieser Jahre sang Bob Dylan »Even the president of the United States sometimes must have to stand naked« – eine Zeit lang versuchte ich, mir die Platten, die er herausbrachte, oder die Shows, die er ablieferte, schönzureden, doch irgendwann war nicht mehr zu leugnen, wie unecht das alles war.

Wenn dieser Niedergang, dieses, wenn man so will, öffentliche Verschwinden auch zu einer gegebenen Tatsache wurde, so galt dies nicht für die fast schon biblische Geschichte, die die Musik erzählte: die Geschichte, dass Bob Dylan mehr als zwanzig Jahre benötigen sollte, um sich wieder aus der Falle zu befreien, in die ihn sein eigener, früherer Triumph manövriert hatte, dass er nach all der Zeit, die er in der Wüste seines eigenen Ruhmes herumgewandert war – einer Zeit, die, wie Dylan es einmal formulierte, die Imperative der Folkmusik zum Ausdruck brachte, womit er die Bibel meinte oder, genauer gesagt, die Mysterien von Überfluss und Hungersnot, von »sieben Jahren hiervon und acht Jahren davon« –, dass er, der alte Popstar, die angestaubte Ikone, das schlummernde Orakel, wieder aufs Neue beginnen sollte, gleichsam ganz von vorn, wobei dem, was er sagen und wie er es sagen sollte, keinerlei Grenzen gesetzt waren. Niemand konnte wissen, dass dieser Wendepunkt 1992 kommen würde, in Gestalt eines ruhigen, schlichten Albums, das am Tag der Präsidentschaftswahlen erschien und den Zigarettenstummeltitel *Good As I Been to You* trug, eine Kollektion jener Sorte von Songs, wie Dylan sie in Coffeehouses oder in Wohnungen von Freunden gesungen hatte, bevor er jemals ein Aufnahmestudio von innen gesehen hatte. Es war ein Ereignis, das beinahe unbemerkt verstrich, die beiden folgenden Jahrzehnte aber Felder erschloss, auf denen buchstäblich alles möglich war, wo neue Songs entdeckt werden konnten und jeder alte Song, für sich genommen, jenes Orakel sein konnte, das der Sänger einst für die Leute gewesen war.

Von jenem Punkt an gab es eine neue Geschichte, der ich nachgehen konnte – und diese Geschichte war dermaßen stark, dermaßen überraschend, dass sie alles, was ihr vorausgegangen war, in ein neues Licht tauchte. Das ist der Bogen, den dieses Buch beschreibt.

Es gab eine Reihe von Dingen, die mich dazu veranlassten, Autor zu werden, darunter auch die Tatsache, dass ich mich zu einem Bob-Dylan-Fan entwickelte. Ich war nie daran interessiert zu ergründen, was die Songs bedeuteten. Ich war daran interessiert, meine Reaktion auf sie zu ergründen – und die Reaktion anderer. Ich wollte der Musik näher kommen, als es mir durch bloßes Anhören möglich war – ich wollte ins Innere der Musik vordringen, ich wollte hinter sie gelangen, und indem ich über sie schrieb, durch sie hindurch, aus ihr heraus, hinter ihr, schaffte ich dies.

Die in diesem Buch versammelten Beiträge beginnen mit einem Gerücht und sie enden mit einer Präsidentenwahl. Es finden sich darin unmittelbare Reaktionen sowie weite Rückblicke auf der Suche nach noch unentdeckten Geschichten. Doch mehr als alles andere ist es der Versuch, sich an jener Unterhaltung zu beteiligen, die Bob Dylans Werk seit jeher entfacht hat: *Das musst du gehört haben! Will er uns auf den Arm nehmen? Ich fasse es nicht! Du wirst es nicht glauben, aber ...*

Vieles von dem Lärm dieser Unterhaltung findet sich in den über das gesamte Buch verstreuten Beiträgen zu meiner Kolumne »Real Life Rock Top 10«, die ich 1986 für die *Village Voice* zu schreiben begann und seitdem zu *Art Forum, Salon, City Pages* in Minneapolis, *Interview* und, ihrem derzeitigen Domizil, dem *Believer* gewandert ist. Doch ebenso viel von dieser Unterhaltung ist in längeren Beiträgen enthalten, in denen verfolgt wird, wie ein bestimmter Song Eingang in unser Leben findet, sei es real, wie bei »High Water« nach den Terroranschlägen von 2001, oder fiktiv, wie bei der Episode der Fernsehserie *Homicide*, die nicht auf die Schlagzeilen der Tagespresse zurückgriff, sondern auf »The Lonesome Death of Hattie Carroll«.

Mehr als die Hälfte dieses Buches wurde in den letzten dreizehn Jahren geschrieben: nicht nur, weil dieser Abschnitt von Dylans Karriere und Werk schon von sich aus unendlich interessant ist, sondern auch deshalb, weil das, was er in diesen Jahren geschaffen hat, sein gesamtes früheres Œuvre, ob gehört oder ungehört, sowie dessen Hintergrund erneut ins Rampenlicht rückte. Es gibt in diesem Sammelband Beiträge, die mir als Ausgangsmaterial für andere Bücher gedient haben, die aber, in ihrer ursprünglichen und kürzeren Form, wie man sie hier findet, womöglich mehr oder zumindest etwas anderes sagen. Es gibt auch Passagen, wo ich mit dem, was ich damals geschrieben habe, falsch lag – für gewöhnlich dann, wenn ich mir einredete, etwas sei besser, als es in Wahrheit war –, doch ich habe diese Stellen nicht korrigiert. Hier und da sind Kürzungen vorgenommen worden, um Wiederholungen so weit wie möglich zu vermeiden, aber nicht mit dem Versuch, mich smarter erscheinen zu lassen, als ich damals gewesen bin, oder mich nachträglich zu einem besseren Autor zu machen. Es gibt einige frühe Artikel von mir, auf deren Wiederabdruck ich hier bewusst verzichtet habe, weil sie einfach zu naiv sind, um noch einmal ans Tageslicht geholt zu werden. Doch zu allem, was sich zwischen diesen Buchdeckeln findet, stehe ich, auch wenn es Falsches geben mag – in einer Unterhaltung, insbesondere in einer, von der viele irgendwie geahnt haben, dass sie ihr Leben lang andauern würde, kann es vorkommen, dass man sich gelegentlich zu weit aus dem Fenster lehnt oder über das Ziel hinausschießt.

Die Unterhaltung, von der ich hier spreche, geht letztlich auf Bob Dylans Stimme zurück – auf seine Unterhaltung mit seinem Publikum, auf seine Songs, auf anderer Leute Songs, auf ihn selbst. Es ist eine Unterhaltung, an der nicht nur Ma Rainey und Roy Orbison, John F. Kennedy und Brigitte Bardot, Charlie Chaplin und Blind Willie McTell beteiligt sind, sondern auch Medgar Evers und Stagger Lee, Tom Paine und die *fifth daughter on the twelfth night*, Gene Austin und Robert Burns, Georgia Sam und Martin Luther King, Lyndon Johnson und Diamond Joe, Arthur McBride und Bill Clinton, Barack Obama und Jack-a-Roe. Und im Rahmen dieser Unterhaltung, so glaube ich, hat Bob Dylan sein Versprechen schließlich gehalten. Von Hibbing, Minnesota, bis zu wer weiß wo er heute Abend auftreten mag, von seinem zwanzigsten Lebensjahr, in dem sein öffentliches Leben in New York begann, bis zum heutigen Tag, also beinahe fünfzig Jahre lang, ist er – mal unbekümmert, mal zögernd, mal unbeholfen, mal mit vollendeter Meisterschaft – seinem Metier nachgegangen, als bedeute sein Alter nichts und sein Name noch weniger. Er hat sich von Staat zu Staat und von Jahrzehnt zu Jahrzehnt bewegt, als sei nichts gewiss, als sei alles noch offen. Die Unterhaltung, die in seiner Musik und über diese stattfindet, hat das Leben vieler Menschen interessanter gemacht, als es sonst gewesen wäre, amüsanter und frustrierender, und sie hat die Einsätze im Leben derjenigen erhöht, die daran teilgenommen haben.

Das ist die Konstante und das ständig wiederkehrende Thema in diesem Buch; angesichts der zufällig aneinandergereihten, in einem Zeitraum von mehr als vier Jahrzehnten entstandenen Beiträge, wo sich die linke Hand womöglich nicht mehr daran erinnert, was die rechte Hand irgendwann einmal getan hat, sind es am Ende doch dieselben Alben, Singles, Bücher, Filme und Briefe, die man in den Händen hält. Die Konstante ist Bob Dylans Stimme – und damit meine ich die physische Sache, das, was man hört. Es ist nicht die Stimmlage oder der Klang der Stimme. In den Songs, die zum Leben erwachen, sei es bei »See That My Grave Is Kept Clean« im Jahr 1962, sei es bei »Forgetful Heart« im Jahr 2009, ist es der Zugriff, der Standpunkt, die Art und Weise, wie die Stimme in ein Musikstück eindringt, was sie dort anstellt, wie sie sich dort verirrt, wie sie wieder herausfindet, wie sie dieselbe bleibt – was so viel bedeutet wie, dass diese Stimme unvorhersehbar bleibt.

Es ist Musik als eine Partie *three card monte*, das Glücksspiel, bei dem man von drei verdeckt liegenden Karten eine bestimmte erraten muss. Es geschieht in den Windungen der Wörter in »As I Went Out One Morning«, in den schweren Schritten der Kadenzen von »Ain't Talkin'«, wenn man plötzlich aus sich herausgerissen wird, aus seinem Haus oder aus seinem Auto oder von der Straße, die man gerade entlangspaziert, und an einem Ort landet, den man wiedererkennt, aber nicht benennen kann. Es ist diese Fähigkeit, die Bob Dylans Stimme definiert, im Großen wie im Kleinen, die Fähigkeit, zu beunruhigen und jene Konventionen, an denen wir unser Leben für gewöhnlich ausrichten, zu unterlaufen – das, was wir zu hören erwarten, das, was wir zu sagen, erzählt zu bekommen, zu lernen, zu lieben und zu hassen erwarten. Es ist die Fähigkeit, mit der Dramatisierung einer einzigen Silbe die gesamte Welt in den Brennpunkt zu rücken – die Art und Weise, wie in »High Water« das Wort *care* am Ende seiner Zeile abfällt wie jemand, der in aller Ruhe aus einem Fenster im zehnten Stock steigt oder geschubst wird –, dieser Fähigkeit habe ich auf den Grund zu gehen versucht.

PROLOG

DIE LEGENDE VON BLIND STEAMER TRUNK

San Francisco Express Times
24. Dezember 1968

Hoch über den Köpfen des Publikums waren drei in Orange und Rot gehaltene Bilder aufgehängt, eine Art Verschmelzung der Masken von Komödie und Tragödie, die von separaten Spotlights angestrahlt wurden. Der Bassist, der mit seinem Instrument Kreise in die Luft zeichnete, tänzelte von einem Ende der Bühne zum anderen und wirkte dabei selbst in Bewegung wie eine Standfotografie der Freiheit des Rock'n'Rolls. Der Sänger schwenkte seine rote E-Gitarre in Richtung des Leadgitarristen, als er die letzten Zeilen von »Baby Let Me Follow You Down« anstimmte und sich dabei schon auf die Kollision von Tönen vorbereitete, die es sicher gleich geben würde. Und dann legten sie sich ins Zeug; die beiden Musiker wirbelten um ihr Mikrofon herum, ihre Gitarren nur wenige Zentimeter voneinander entfernt, ihre Finger einander fast berührend, während die von ihnen entfesselten Klänge höher und höher stiegen, bis hinauf zu den Deckenbalken, wo ihnen das Dach schließlich Einhalt gebot.

Der Sänger trat nun einen Schritt zurück und wandte sich grinsend dem Publikum zu, während die auf sich allein gestellte Band den letzten Refrain ansteuerte und er, umrahmt von seinem zerzausten Haar, die Hände über die rote Gitarre huschen ließ:

You can do anything that you want to baby
That you want to baby
Yes, if you want to baby if you
Just don't make me *hurt!*

Das war Bob Dylan im Herbst 1965, vor mehr als drei Jahren. Bob Dylan und die Hawks live auf der Bühne – so etwas hatte es vorher noch nie und danach auch nie wieder gegeben. Drei Jahre voller Erinnerungen, drei Jahre des Wartens, der Angst, es könnte für immer mit ihm vorbei sein, drei Jahre der vergeblichen Hoffnungen, ihn ein weiteres Mal auf der Bühne zu erleben. Werden wir uns an den Kitzel erinnern, den er uns beim letzten Mal beschert hat? Erinnerungen verblassen und sie kehren verändert zurück: mit Legenden, mit Bildern, zu groß, um sie vollends zu erfassen.

Legenden geraten aus den Augen, jedoch nicht ganz aus dem Sinn; sie bedrängen einen nie, sondern tauchen einfach so auf, aus dem Tag, von den Straßen, aus den Mauern. Legenden sollen die Glorie des Todes repräsentieren, aber sie können auch Witze erzählen. Die Legende vom blinden Bluessänger bedeutete in Berkeley einmal eine Menge; irgendwie brachte diese Geschichte die Leute in Kontakt mit den Entbehrungen und der künstlerischen Schöpfung »on the road«, den amerikanischen Highway hinunter, vielleicht hin zu den Bergbewohnern, bevor dem Biber in den hoch gelegenen Wasserläufen mit Fallen der Garaus gemacht wurde, zurück zu Ödipus und Homer, dem Mann, der gehen, aber nicht sehen konnte, dem Mann, der von seinem eigenen Geheimwissen geleitet wurde.

Es muss so etwas wie ein Kult sein und Kulte erzählen keine Witze. Die Leute drehten sich um und lachten über ihre Legenden und – siehe da! – aus Blind Lemon Jefferson entstanden Blind Joe Death und der unsterbliche Blind Ebbets Field. Es tauchten jedoch neue Legenden auf, einige, die mitunter zu imposant erschienen, um mit ihnen reden zu können, Gestalten von einer unschuldigen Größe, die einen irgendwie nervös machten. Das war die Stimmung, wie sie eines Abends im alten Jabberwock in Berkeley herrschte.

Der Laden war gut besucht und es war spät, Zeit für das ständig wiederkehrende Berkeley-Gerücht. Ein Typ wandte sich an einen anderen und setzte es in Umlauf: »Ich habe gehört ... also, ich habe gehört, Dylan sei in der Stadt.« Es dauerte keine zwei Minuten und jeder im Raum hatte es ebenfalls mitbekommen. Das Ganze entwickelte eine rasante Eigendynamik. »Jemand hat gesagt, dass er vielleicht hier aufkreuzen wird, aber Näheres weiß ich noch nicht ...« Jedes Mal, wenn die Tür auf- oder zuging, drehten sich die Köpfe mit leuchtenden Augen dorthin, um sich gleich wieder wegzudrehen. Nach einer halben Stunde war die Spannung kaum noch auszuhalten.

Hinter der Bühne schmiedete man eifrig Pläne. Ein Mann trat auf die Bühne. Es kehrte augenblicklich Ruhe ein und er begann zu sprechen. »Etwas Unglaubliches ist geschehen. Wie manche von euch vielleicht schon wissen, ist heute jemand in Berkeley eingetroffen, der uns mit seiner Musik begeistert hat wie kaum ein anderer – ein Sänger, ein Musiker, ein Songwriter. Er hat eingewilligt, uns einen Song vorzutragen, als einen besonderen Gefallen, doch aufgrund gewisser vertraglicher Komplikationen – die ich hier nicht im Einzelnen erläutern kann – dürfen wir ihn nicht namentlich ansagen. Aber«, sagte er augenzwinkernd, »ihr wisst sicher alle, wen ich meine.« Es stimmte also tatsächlich. Alle strahlten vor Freude. Der Ansager verzog sich hinter die Bühne, kehrte aber kurz darauf wieder zurück. »Wie ich soeben erfahren habe«, sagte er, »kann B–, äh, kann *er* wegen der genannten Komplikationen nicht persönlich auftreten. Aber« – und hier folgte eine kurze Kunstpause – »er *wird* uns etwas vortragen!«

Man konnte ein lautes Poltern hören. Hinter der Bühne wurde eine Gestalt mit einer Mundharmonika in der Hand in eine riesige Kiste hinuntergelassen. Drinnen im Lokal rückten alle näher an die Bühne heran. Der Ansager holte zum entscheidenden Schlag aus. »Da er nicht persönlich auftreten darf und da wir ihn nicht beim Namen nennen dürfen, präsentieren wir euch jetzt … *Blind Steamer Trunk!*« Die gewaltige, vage an einen Überseekoffer erinnernde Kiste wurde auf die Bühne geschleppt, der Deckel sprang auf und aus dem alten, mit rostigen Scharnieren versehenen Holzkasten ertönte ein aufreizend kurzes Mundharmonikasolo im besten Dylanstil. Der Deckel klappte wieder zu und das sperrige Ding wurde in die Nacht hinausbefördert. Blind Steamer Trunk war in die Ewigkeit eingegangen.

Bob Dylan, »Baby Let Me Follow You Down«, auf *Long Distance Operator* (Wanted Man Bootleg, aufgenommen im Berkeley Community Theatre, 4. Dezember 1965). Eine noch heißere Version findet sich auf *the bootleg series volume 4: Live 1966 – The* »*Royal Albert Hall*« *Concert* (Columbia, 1998, aufgenommen in der Manchester Free Trade Hall, 17. Mai 1966).

TEIL EINS
ATEMTECHNIK
1970–1974

SELF PORTRAIT NO. 25
Rolling Stone
23. Juli 1970

Geschrieben und arrangiert von Greil Marcus
Chor: Charles Perry, Jenny Marcus, Jann Wenner, Erik Bernstein, Ed Ward, John Burks, Ralph J. Gleason, Langdon Winner, Bruce Miroff, Richard Vaughn und Mike Goodwin

(1) Was soll der Scheiß?

(1) Das von einem Frauenchor gesungene »All the Tired Horses« ist ein großartiges Stück Musik, der vielleicht denkwürdigste Song auf diesem Album. In einer älteren Fassung war es »All the Pretty Horses in the Yard«; jetzt könnte es als Titelsong für alle möglichen Westernklassiker dienen. Können Sie die Orgel hören, die sich zwischen die Streichinstrumente und die Stimmen schmuggelt? *Shane*[1] kommt einem in den Sinn, oder *The Magnificent Seven*[2]: Auch Revolverhelden, die ihre besten Jahre hinter sich haben und nicht mehr zeitgemäß sind, müssen sich nach wie vor in den Sattel schwingen. Tatsächlich klingt diese Nummer so, als singe Barbara Stanwyck sie in *Forty Guns*[3].

1 *Mein großer Freund Shane* (Regie: George Stevens, USA 1953).
2 *Die Glorreichen Sieben* (Regie: John Sturges, USA 1960).
3 *Vierzig Gewehre* (Regie: Samuel Fuller, USA 1957).

Die Schönheit dieses gemalten Wegweisers verheißt, was seine Worte Lügen strafen, und die Frage, die der Song stellt, wird zu der des Zuhörers: Er kann nicht reiten, wenn das Pferd auf der Wiese ein Nickerchen hält.

(2) »Ich weiß nicht, ob ichs noch mal auflegen werde«, sagte der Diskjockey, als das Album sein Radiodebüt erlebte. »Keiner ruft an und wünscht sich, etwas davon zu hören ... normalerweise sagen die Leute in so einem Fall ›Hey, das neue Dylan-Album‹, aber heute Abend? Fehlanzeige!«

Später rief jemand an und wollte noch einmal »Blue Moon« hören. Am Ende lief alles darauf hinaus, ob es die Bewohner von Radioland tatsächlich kümmerte. Der DJ bat weiterhin um Entschuldigung: »Wenn es jemanden gibt, dem das komplette Album vorgespielt werden sollte, dann ist das Bob Dylan – er hats verdient.«

(2) Nach einem verpatzten Anfang beginnt »Alberta #1«, ein alter Song, für den Dylan jetzt die Urheberschaft beansprucht. Eine Zeile sticht heraus: »I'll give you more gold than your apron can hold.« Wir befinden uns noch immer an der Grenze zum Wilden Westen. Die nostalgische Gefühle hervorrufende Mundharmonika führt einen in das Album hinein, und was zählt, ist das Versprechen des Songs, nicht der Song als solcher, denn der verklingt.

(3) »Was war das?«, sagte ein Freund von mir, nachdem wir uns zum ersten Mal dreißig Minuten von *Self Portrait* angehört hatten. »Sind wir 65, 66 dermaßen leicht zu beeindrucken gewesen? Kann es sein, dass das damalige Zeug gar nicht so gut war und das hier genauso gut ist? Sind diese anderen Scheiben vielleicht nur aus Versehen so stark gewesen?

Mein Leben wurde damals völlig umgekrempelt, diese Sachen beeinflussten mich wirklich. Ich weiß nicht, ob es die Platten waren oder die Worte oder der Sound oder der Lärm – oder vielleicht dieses Interview: ›Woran kann man denn noch glauben?‹ Ich bezweifle allerdings, dass er das heute auch noch sagen würde.«

Wir legten »Like a Rolling Stone« vom Album *Highway 61 Revisited* auf und hörten es uns gemeinsam an. »In den letzten paar Monaten habe ich mir diesen Song fünf- oder zehnmal pro Tag angehört, während ich mir den Arsch aufgerissen habe, während ich mich darauf vorbereitet habe, an der Uni zugelassen zu werden – doch was Dylan jetzt damit angestellt hat, ist einfach nicht auszuhalten ...«

(3) So etwas wie eine Stimmung verpufft bei der ersten Nashville-Nummer, »I Forgot More Than You'll Ever Know«, einer professionellen Übung in kontrolliertem Gesang, die ein bisschen Zeit ausfüllt. Nachdem er der Welthauptstadt der Countrymusik zunehmend näher gerückt ist – und mit *Nashville Skyline*, dem hübschesten Rock-'n'-Roll-Album aller Zeiten, noch immer eine gewisse Distanz zu ihr gewahrt hat –, kehrt der Besucher nun zurück, um der Stadt die Ehre zu erweisen, einige ihrer Songs aufzunehmen. Und wie klingt das? Es klingt okay. Er hat sich in eine Ecke gesungen. Es klingt okay. Nimm die Band unter Vertrag!

(4) **GM:** »Dieses Album ist so ambitionslos.«
    JW: »Was wir in diesen Zeiten vielleicht am meisten brauchen, ist ein ambitionsloses Album von Bob Dylan.«
    GM: »Nein, was wir am meisten brauchen, ist ein ambitionierter Dylan.«
    JW: »Es ist ein so ...«
    GM: »... es ist aber ein wirklich ...«
    GM & JW: »... *freundliches* Album.«

(4) »Days of '49« ist eine schöne alte Ballade. Am Anfang, als Dylan die Jahre des Songs Revue passieren lässt (man achte auf

die leichte Verbitterung, mit der er die Zeile »But what cares I for praise?« singt), ist er absolut überzeugend. Doch später im Song beginnt er zu patzen und die Aufnahme fällt in sich zusammen, trotz des tiefen Brummens der Blasinstrumente und des vom Piano entfesselten Dramas. Es ist eine zaghafte Darbietung, ein Aufwärmen, kaum mehr als eine Übungsaufnahme. Von den Tiefen der Geschichte, die dieser Song heraufbeschwört – von der mit Pathos gesättigten Geschichte, wie Johnny Cash sie bei »Hardin Wouldn't Run« (das so klingt, als sei es im Schatten eines Canyons in Arizona aufgenommen worden) oder bei »Sweet Betsy from Pike« präsentierte –, ist hier rein gar nichts zu spüren. Der Song hätte es verdient gehabt, mit mehr Mühe aufgenommen zu werden.

(5) »Es ist schwer«, sagte er. »Für Dylan ist es schwer, etwas Reales zu erschaffen, von der Welt abgeschottet, wie er ist, an der Welt nicht interessiert, vielleicht auch ohne einen Grund, warum er es sein sollte. Womöglich lastet das Gewicht dieser Zeiten zu stark auf ihm. Womöglich ist der Rückzug ins Private eine Entscheidung, die wir alle treffen würden, wenn wir es könnten ...« Man wird daran erinnert, dass in Zeiten der Krise und der Zerstörung keine Kunst entsteht – vielleicht weil sie nicht gehört werden kann. Kunst entsteht in der Periode der Dekadenz, die einer Revolution vorausgeht, oder nach der Sintflut. Sie ist das Vorspiel zu einer Revolution; sie fällt nicht mit dieser zusammen, außer in der Erinnerung.

Doch inmitten solcher Zeiten machen sich Künstler hin und wieder daran, die Geschichte neu zu schreiben. Das erfordert einen gewissen Ehrgeiz.

(5) Bedenkt man, wie einfallsreich die Instrumentalbegleitung auf Dylans Platten einmal gewesen ist, so kann einen die extrem konventionelle Qualität der meisten Musik auf *Self Portrait* schon irritieren. Das ist alles so uninteressant. »Early Morning Rain« ist eine

der kraftlosesten Darbietungen, die auf dem Album zu hören sind; ein ziemlich sentimentaler Song, ein steifer, die Vokale exakt artikulierender Gesang und eine seichte Instrumentalbegleitung, die in etwa so sexy ist wie Gelächter vom Band.

(6) *Die vier Fragen.* Die vier Söhne betrachteten das Gemälde an der Museumswand. »Das ist ein Gemälde«, sagte der erste Sohn. »Das ist Kunst«, sagte der zweite. »Das ist ein Rahmen«, sagte der dritte Sohn und er äußerte es ziemlich schüchtern. Der vierte Sohn galt für gewöhnlich nicht als besonders helle, doch er begriff zumindest, warum sie überhaupt den weiten Weg von zu Hause auf sich genommen hatten und gekommen waren, um sich dieses Ding anzuschauen. »Das ist eine Signatur«, sagte er.

(6) »In Search of Little Sadie« ist eine alte Nummer, auch »Badman's Blunder« genannt (manchmal auch »Badman's Ballad« oder auch nur »Little Sadie«), die Dylan nun als seine eigene Komposition ausgibt. Wie »Days of '49« ist es ein hervorragender Song – es sind Songs wie diese, die das vage Vorbild für die Musik von The Band sein könnten –, und was Dylan hier mit dieser Nummer anstellt, wie er sie auf eine Art Achterbahnfahrt schickt, lässt jede Menge Möglichkeiten erahnen. Doch auch hier wurde dem Gesang leider nicht die Zeit eingeräumt, sich entwickeln zu können, und der Song verliert die Kraft, die er vielleicht hätte ausstrahlen können – mit Ausnahme des letzten Refrains, wo Bob abhebt und richtig zu singen beginnt.

Dieser Tick, alles mit ein oder zwei Takes in den Kasten bekommen zu wollen, klappt jedoch nur, wenn man tatsächlich alles in den Kasten bekommt. Sonst deutet man dabei lediglich einen Song an, ohne wirklich Musik zu machen.

(7) Man stelle sich vor, wie ein Teenager auf *Self Portrait* reagieren würde. Seine älteren Geschwister haben Dylan seit Jahren vergöttert. Sie kommen mit dem neuen Album nach Hause und er kann einfach nicht verstehen, was daran so toll sein soll. Für ihn klingt *Self Portrait* nicht wie etwas, was er sich freiwillig anhören würde, sondern eher wie das Zeug, das seine Eltern sich anhören; tatsächlich sind seine Eltern gerade in die Stadt gefahren und haben *Self Portrait* gekauft und es ihm zum Geburtstag geschenkt. Er erwägt, es seinem alten Herrn zum Vatertag zurückzuschenken.

Für diesen Jungen ist Dylan ein Mythos – nicht weniger, aber auch nicht mehr. Dylan ist nicht real und das Album hat mit der Realität nichts zu tun. Der Junge hat Bob Dylan noch nie gesehen und er hat es auch nicht vor. Er sieht keinen Grund, warum er es wollen sollte.

(7) Die Everly-Brothers-Version von »Let It Be Me« bringt einen zum Weinen, während Bob Dylans Version einen allenfalls zum Hinhören veranlasst. Von der Emotion, die seinen Gesang sonst kennzeichnet, ist hier buchstäblich nichts mehr vorhanden. Es ist eine überaus förmliche Darbietung.

(8) »Bob sollte Nägel mit Köpfen machen: Er sollte den Bing-Crosby-Look wiederbeleben und sich in einen bunt karierten Country-Club-Freizeitsakko mit Schulterpolstern, fünf Schließknöpfen und breitem Kragen schmeißen (Pendelton stellt diese Jacken vermutlich noch immer her). Und wie schon dem Bingle würde es auch Dylan gut zu Gesicht stehen, wenn er eine langstielige Bruyèrepfeife in seine Bühnenshow einbauen und gelegentlich innehalten würde, um diese anzustecken, ein bisschen daran zu paffen und kurz gen Horizont zu blicken, bevor er [dies stammt aus John Burks' Plattenbesprechung in *Rags*, Juni 1970] in die nächste Zeile von ›Peggy Day‹ einsteigt. Und für sein Finale – die große ›Blue Moon‹-Ausstattungsnummer mit jeder Menge Showgirls und einer von Spotlights angestrahlten Gebirgs-

kulisse – macht er noch rasch einen Kostümwechsel und schlüpft in eines dieser in den 1920er-Jahren üblichen Stehkragenhemden mit rautenförmiger Fliege und, natürlich, in einen Frack mit langen Schößen samt Hosen mit seidenen Atlasstreifen und dazu noch eine Nelke im Knopfloch, wie Dick Powell in der Verfilmung des Broadway-Musicals *Gold Diggers of 1933*[4]. Und dann schreitet Dylan, mit einem Zahnpastalächeln auf dem Gesicht, den Laufsteg hinunter, in seinem Frack, in der einen Hand seine Bruyèrepfeife, in der anderen sein Megafon: ›Like a *roll*-ing stone ... ‹«

(8) »Little Sadie« ist eine alternative Aufnahme von »In Search of ...«. Ich wette, wir werden im nächsten Jahr jede Menge Alternativtakes zu hören bekommen, insbesondere von Bands, denen das Material ausgegangen ist und die auf dem Markt präsent bleiben wollen, ohne sich dabei ein Bein auszureißen. Bei der Nebeneinanderstellung von unterschiedlichen Aufnahmen ein und desselben Songs kann es um wichtige musikalische Gesichtspunkte gehen, doch normalerweise dienen Alternativtakes der schamlosen Leichenfledderei, denn mit ihnen lässt sich noch mehr Kohle aus der Kunst Verstorbener herausquetschen oder sie werden als Füllmaterial verwendet, um eine Plattenseite vollzubekommen. Genau das macht »Little Sadie«, allerdings auf eine nette Weise.

(9) »Es ist ein Highschooljahrbuch. In diesem Jahr mit Farbfotos, weil es einen Überschuss vom letzten Jahr gibt, und auch mit mehr Seiten als üblich, eine sentimentale Reise, ein ›Was wir so gemacht haben‹ – es ist nicht besonders interessant, es ist eine Erinnerung an etwas, es gibt dort Platz für Autogramme, jede Menge weiße Flächen, und nicht ein einziger Name wurde ausgelassen ... Es ist ja schließlich Juni.«

---

4 *Goldgräber von 1933* (Regie: Mervyn LeRoy, USA 1933).

(9) »Woogie Boogie« ist amüsant. Die Band klingt, als stolpere sie über sich selbst (oder als rutsche sie auf ihren Overdubs aus), aber sie gerät nicht aus dem Takt. In dieser Aufnahme steckt mehr von Dylans Musikalität als in jedem anderen Track von *Self Portrait*. Wäre ich ein Plattenproduzent, der die *Self-Portrait*-Tapes nach Stücken durchkämmt, die man veröffentlichen könnte, so würde ich »Woogie Boogie« vielleicht als Single auswählen – als Rückseite von »All the Tired Horses«.

(10) *Self Portrait* ähnelt in vielerlei Hinsicht dem Dylan-Album, das ihm vorausgegangen ist: *Great White Wonder*. Es handelt sich um ein Doppelalbum, meisterlich zusammengestellt aus einer sonderbaren Kollektion von überwiegend mittelmäßigen, im vergangenen Jahr eingespielten Songs, mitsamt Alternativtakes und Aufnahmen, die unvermittelt abbrechen oder unkonzentriert beginnen, sowie mit Studiokommentaren und allen möglichen Patzern – sozusagen direkt von der Aufnahmekonsole auf Ihren Plattenteller. Ein bisschen was aus Nashville, einige Kostproben vom Festival auf der Isle of Wight, das Sie bestimmt verpasst haben, ein paar weitgehend belanglose Sessions aus New York, aber, hey, es ist Dylan, und wenn Sie *Great White Wonder, Stealin', John Birch, Isle of White* und *A Thousand Miles Behind* schon immer haben wollten, so wird *Self Portrait* dieses Bedürfnis sicher befriedigen.

Oder wird es doch nicht. Es ist richtig, dass all diese Bootlegs auf den Markt kamen, als es keine neue Musik von Dylan gab, doch ich glaube, ihre Veröffentlichung hatte nichts mit dem Ausbleiben neuer Aufnahmen zu tun, sondern mit der Abwesenheit des Mannes selbst. Wir haben es hier schließlich mit einem Mythos zu tun, und je länger Dylan das Licht der Öffentlichkeit meidet, umso mehr Gewicht wird allem beigemessen, was er früher einmal gemacht hat. Wenn König Midas seine Hand ausstreckte, verwandelte sich alles, was er berührte, in Gold; es wurde wertvoll für jedermann, und obwohl Dylan diese

Midas-Gabe nach wie vor besitzt, zieht er es vor, seine Hand nicht auszustrecken. Das Sammeln von Tapes mit alten Dylan-Aufnahmen ist erst in den beiden letzten Jahren zu einem landesweiten Phänomen geworden und es sind zahllose Tapes im Umlauf, die bislang nicht als Bootleg erhältlich sind. Mitunter scheint es so, als sei jeder öffentliche Auftritt Dylans mitgeschnitten worden, und es wird alles zusammengetragen. Früher oder später wird es den Bootleggern in die Hände fallen. In juristischer Hinsicht gibt es buchstäblich nichts, was Dylan unternehmen könnte, um diesem Treiben Einhalt zu gebieten.

Er kann den Diebstahl und den Verkauf seiner Rohentwürfe, seiner Geheimnisse und seiner Erinnerungen nur mit seiner Musik abwenden. Die Vitalität der auf den Raubpressungen erhältlichen Musik ist das, was ihren Reiz ausmacht. Es ist der Lärm dieser Musik. *Self Portrait* mag eine gute Bootleg-Imitation sein, doch die darauf enthaltene Musik kann der auf *Great White Wonder* nicht das Wasser reichen. »Copper Kettle« ist ein Meisterwerk, doch gegenüber »Killing Me Alive« verblasst es zur Bedeutungslosigkeit. *Nashville Skyline* und *John Wesley Harding* sind klassische Alben, doch so gut sie auch sein mögen, ihnen fehlt die Kraft der Musik, wie Dylan sie zur Mitte der Sechzigerjahre gemacht hat. Wenn er nicht auf den Markt zurückkehrt, mit einem Gefühl des Berufenseins und dem Ehrgeiz, seinem Talent gerecht zu werden, so dürfte die Musik jener Jahre seine neuen Aufnahmen weiterhin in den Schatten stellen, ob er sie nun veröffentlicht oder nicht. Wenn die Musik, die Dylan macht, nicht die Kraft besitzt, auf das Leben seines Publikums Einfluss zu nehmen – und *Self Portrait* fehlt diese Kraft –, so wird Dylans Publikum sich auch in Zukunft seiner Vergangenheit bemächtigen.

(10) Hat Dylan »Belle Isle« geschrieben? Vielleicht hat er das. Dies ist das erste Mal, dass ich beim Anhören eines neuen Dylan-Albums mit Verbitterung reagiert habe.

(11) In der Plattenindustrie wird Musik als »Produkt« angesehen. »In Kürze bringen wir ein neues Beatle-Produkt auf den Markt.« Als Columbias stürmisches Liebeswerben um Johnny Winter schließlich von Erfolg gekrönt war, wollten alle wissen, wann sie das entsprechende Produkt bekämen. Sie bekamen es in null Komma nichts, doch sie mussten sich noch ein wenig gedulden, bis sie Musik bekamen. *Self Portrait*, das bereits jetzt eine dreifache Goldene Schallplatte ist – so wie Walt Whitmans »O Captain! My Captain!« berühmter ist als sein »When Lilacs Last in the Dooryard Bloom'd« –, dürfte in Dylans bisheriger Karriere einem reinen Produkt am nächsten kommen, sogar noch mehr als *Greatest Hits*, denn so ein Album versucht nicht, sich den Anschein von Bedeutung zu geben. Der Zweck von *Self Portrait* erschöpft sich darin, dass es in erster Linie ein Produkt ist und dass es das Bedürfnis nach einem Produkt – nach einem »Dylan-Album« – befriedigt, und lassen Sie sich gesagt sein, dass das Bedürfnis nach einem solchen Produkt bei denjenigen, die es kaufen, mich eingeschlossen, genauso stark ist wie bei denjenigen, die es verkaufen, ja vielleicht sogar noch stärker.

Als ein zusammengestoppeltes Album ähnelt es *Flowers*[5]; doch im Unterschied zu *Flowers* gibt es vor, mehr zu sein, als es tatsächlich ist. Allein schon mit seinem Titel erhebt *Self Portrait* den Anspruch, das definitive Dylan-Album zu sein – was es vielleicht auch ist, auf eine traurige Weise –, doch es ist noch immer so etwas wie ein Versuch, dem Publikum vorzugaukeln, es bekomme mehr, als es tatsächlich bekommt, oder *Self Portrait* sei mehr, als es tatsächlich ist.

(11) »Living the Blues« ist eine fabelhafte Aufnahme. Alle möglichen Funken der Begeisterung blitzen darin auf: die Dovells, wie sie lauthals nach dem »Bristol Stomp« verlangen, Dylan beim

---

5 Das Album, das die Rolling Stones 1967 zusammenschusterten, während des sogenannten Sommers der Liebe (»Be Sure to Wear Flowers in Your Hair«), um angesichts des Riesenerfolgs des Beatles-Albums *Sgt. Pepper* etwas auf dem Markt vorweisen zu können.

Schattenboxen mit Cassius Clay, Elvis, wie er in *Jailhouse Rock*[6] grinst und feixt. Der Gesang ist großartig – achten Sie darauf, wie Bob das »deep down insyyy-*hide*« ausklingen lässt, wie er einen Schritt zurück macht und dann in die letzte Silbe hineinrutscht. Zum ersten Mal auf diesem Album klingt Dylan so, als werde er von der Musik, die er macht, mitgerissen. Die Rhythmusgruppe, angeführt von der Gitarre und vom Klavier, dem die herrlichsten Rock-'n'-Roll-Akkordwechsel entfahren, ist einfach wunderbar. Die Backgroundsängerinnen ziehen ihr Ding durch und sie klingen – süß. Dylan glänzt. Das Ganze verdient 100 Punkte.

(12) » ... etliche Male dachte er daran, nicht nur sein Bakkalaureat abzuschließen, damit er an der Universität unterrichten konnte, sondern auch, so merkwürdig es klingen mag [dies ist ein Auszug aus ›A Rimbaud Chronology‹[7]], Klavierstunden zu nehmen. Am Ende ging er nach Holland, wo er sich, um in den Orient zu gelangen, bei der niederländischen Armee verpflichtete, und im Juni 1876 wurde er nach Java verschifft. Drei Wochen nach seiner Ankunft in Batavia [Charles Perry: ›Wir wissen, Dylan war der Rimbaud seiner Generation; es scheint, jetzt hat er sein Abessinien gefunden.‹ desertierte er, mischte sich eine Zeit lang unter die Dschungelbewohner und heuerte dann auf einem britischen Frachter an, dessen Ziel Liverpool war. Nachdem er einen Winter zu Hause verbracht hatte, ging er nach Hamburg, wo er sich als Dolmetscher und Manager einem Zirkus anschloss, um mit diesem durch Skandinavien zu ziehen, doch er konnte die Kälte nicht ertragen und wurde von Schweden in die Heimat zurückgesandt, nur um gleich wieder von zu Hause aufzubrechen, diesmal in Richtung Alexandria. Seine Reise wurde jedoch wieder von einer Erkrankung unterbrochen; in Italien schickte man ihn von Bord und zur Erholung verbrachte er dann ein

---

6 *Rhythmus hinter Gittern* (Regie: Richard Thorpe, USA 1957).
7 Enthalten in Arthur Rimbaud, *A Season in Hell and The Drunken Boat*, New Directions Press, New York 1946, 1961, S. xvi.

Jahr auf dem Bauernhof in Roche. 1878 war er wieder in Hamburg, um von dort aus nach Genua zu gelangen, wo er ein Schiff nach Fernost zu finden hoffte. Er versuchte ein weiteres Mal, die Alpen zu Fuß zu überqueren, wobei er beinahe einem Schneesturm zum Opfer fiel. Von Mönchen gerettet und in deren Hospiz wieder aufgepäppelt, schaffte er es nach Genua und erwischte dort ein Schiff nach Alexandria, wo er sich eine Zeit lang als Landarbeiter durchschlug. In Suez, wo er auf dem Weg nach Zypern aufgehalten wurde, verdingte er sich als Schiffsverschrotter und half dabei, ein Schiff abzuwracken, das an der gefährlichen Küste von Guardafui gestrandet war. Einen großen Teil der ersten Hälfte des Jahres 1879 verbrachte er als Vorarbeiter in einem Wüstensteinbruch auf Zypern und im Juni kehrte er heim, um eine Typhuserkrankung auszukurieren.«[8]

---

8 *Playboy*, März 1966: »PLAYBOY: Ob es ein Fehler gewesen sein mag oder nicht, was hat Sie dazu bewogen, eine Rock 'n' Roll-Laufbahn einzuschlagen? DYLAN: Leichtsinn. Ich verlor meine große Liebe. Ich begann zu trinken. Und ehe ich mich's versehe, befinde ich mich mitten in einer Pokerpartie. Und als Nächstes in einem Würfelspiel. Ich wache in einem Billardsalon auf. Dann zerrt mich diese dicke mexikanische Lady vom Tisch und nimmt mich mit zu sich nach Philadelphia. Sie lässt mich in ihrem Haus allein, und es brennt nieder. Ich lande in Phoenix. Ich bekomme einen Job als Chinese. Ich beginne in einer Woolworth's-Filiale zu arbeiten und ziehe bei einer Dreizehnjährigen ein. Dann taucht diese dicke mexikanische Lady aus Philadelphia auf und brennt das Haus nieder. Ich ziehe runter nach Dallas. Dort kriege ich einen Job als ein ›Vorher‹ in einer ›Vorher-Nachher‹-Werbung von Charles Atlas. Ich ziehe bei einem Botenjungen ein, der ein fantastisches Chili und Hotdogs zubereiten kann. Dann taucht diese Dreizehnjährige aus Phoenix auf und brennt das Haus nieder. Der Botenjunge – also, mit dem ist nicht gut Kirschen essen: Er rammt ihr ein Messer rein, und plötzlich bin ich in Omaha. Dort ist es saukalt, und dieses Mal klaue ich meine eigenen Fahrräder und brate mir meinen eigenen Fisch. Dann habe ich Glück und bekomme einen Job als Vergaser bei den Autorennen mit auffrisierten Schlitten, die donnerstagabends draußen vor der Stadt stattfinden. Ich ziehe bei einer High-School-Lehrerin ein, die nebenbei noch ein bisschen klempnert; sie ist nicht unbedingt attraktiv, hat aber einen speziellen Kühlschrank gebaut, der Zeitungspapier in Kopfsalat verwandeln kann. Alles läuft prima, doch dann taucht dieser Botenjunge auf und will mich abstechen. Natürlich brannte er das Haus nieder, und ich machte mich wieder auf den Weg. Der erste Typ, der anhielt und mich mitnahm, fragte mich, ob ich ein Star werden wolle. Was sollte ich dazu sagen? PLAYBOY: Und so wurden Sie zum Rock 'n' Roll-Sänger? DYLAN: Nein, so bekam ich Tuberkulose.«
Ich musste dies einfach zitieren!

(12) »Like a Rolling Stone« – Dylans größter Song. Er weiß es und wir wissen es auch. Nicht nur das, sondern auch der größte Song unserer Epoche, auf der damals erschienenen Single, auf *Highway 61 Revisited*, auf dem Tonbandmitschnitt von einer Darbietung 1966 in England mit den Hawks. Zu sagen, welche dieser Versionen die beste ist, wäre genauso schwer wie das Kunststück, das Robin Hood vollbrachte, als er den Pfeil seines Vaters spaltete.

1965: »Hey! Wir habens getan. Zieht euch das rein, Leute! Wenn ihr könnt. Wenn ihr es aushalten könnt. ›Like a complete unknown‹ – ihr wisst, wie man sich da fühlt?«

Wir wussten es und fortan war Bob für uns der Größte. Alles, was seitdem gekommen ist, geht zurück auf diesen Griff nach der Macht, der »Like a Rolling Stone« seinerzeit gewesen ist.

»Könnt ihr mit diesem Zug Schritt halten?« Der Zug fährt nicht mehr; ich nehme an, es hängt davon ab, wo man seine Füße hingepflanzt hat.

Auf der Isle of Wight versiebt Dylan seine Zeilen, er singt in der ausdruckslosen Manier eines Countrysängers, auf und ab, schlägt sich irgendwie durch den Song, wobei ihm die Sache gegen Ende der zweiten Strophe fast vollends entgleitet. Man weiß nicht, ob er die dritte Strophe weglässt, weil er sie nicht singen will oder weil er sie schlicht und einfach vergessen hat. Angesichts dieser Leistung würde es einen nicht wundern, wenn die Lautsprecherboxen in Streik träten.

Self Portrait ist ein Album, das einen ruhigen Sound verlangt oder nahelegt. »Like a Rolling Stone« ist nicht »Blue Moon«, doch da *Self Portrait* im Großen und Ganzen eher »Blue Moon« als »Like a Rolling Stone« entspricht und da es ein abspielbares, wie aus einem Guss wirkendes Album ist, stellt man die Lautstärke niedrig ein. Spielt man diesen Song jedoch laut ab – sehr laut, bis alles verzerrt klingt und die Lautsprecher zu brummen beginnen –, so wird man merken, dass die Musiker der Band tatsächlich noch immer so hart rocken, wie sie können. Ihre Power wurde von dem Tontechniker, der die Nummer aufgenommen hat, halbiert, doch dreht man die Lautstärke auf, so kehrt diese Power wieder zurück.

Ein wenig von »Like a Rolling Stone« ist hier noch immer vorhanden. Ein großartiger Anfang, der eine Eroberung ankündigt: Levon Helm, wie er seine Trommeln über dem Motown-Marsch der Band ertönen lässt (Ba-Bamm, Ba-Rammm, Ba-Bamm, Ba-Rammm), wie er auf seine Becken eindrischt, dass diese klingen wie das zerschmetternde Glas beim Höhepunkt eines Autounfalls; und, das Beste von allem, Garth Hudson, wie er den Geist des Songs einfängt und bei jedem Refrain festhält. Gegen Ende der Darbietung, wenn er sein farbloses Gesinge hinter sich gebracht hat, kehrt Dylan in den Song zurück und dann entfachen er und die Band ein wildes Getöse, das mit einem metallenen Krachen und Bobs Schrei »JUST LIKE A ROLLING STONE« endet. Ja, ein wenig ist noch immer vorhanden.

1965: »BAMM! Once upon a time ...« Der Song attackiert dich mit einer Flut von Erfahrungen und der Song reißt den Abgrund auf. »Und wie weit möchtest du dich ihm nähern?« »Nicht zu weit, gerade so weit, dass wir sagen können, wir sind ihm nahe gewesen.« Das reichte nicht. »Wenn du in den Abgrund blickst, dann blickt der Abgrund auch in dich hinein.« Er blickte einem aus »This Wheel's on Fire« entgegen und aus »All Along the Watchtower«, doch es scheint, als sei Dylan nun von dessen Rand zurückgetreten.

Der Abgrund liegt nun verborgen, wie die in Vergessenheit geratene Mine eines verstorbenen Goldgräbers. »Like a Rolling Stone«, wie wir es auf *Self Portrait* zu hören bekommen, ähnelt dem Fragment einer vergilbten Landkarte, die zu jener vergessenen Mine zurückführt.

(13) Ich habe einmal gesagt, ich würde sogar ein Album kaufen, auf dem Dylan nichts weiter tut, als schwer zu atmen. Das würde ich immer noch. Jedoch kein Album, auf dem Dylan friedlich atmet.

(13) Wie kommt es, dass »Copper Kettle« dermaßen glänzt (ja, vielleicht sogar das Zeug zur Hitsingle hat), während so viele andere Nummern in ihrer eigenen Langeweile versacken? Warum ruft diese Darbietung alle möglichen Erfahrungen wach, während der überwiegende Teil von *Self Portrait* so eindimensional und beschränkt wirkt? Warum wächst einem »Copper Kettle« immer mehr ans Herz, während die anderen Songs an einem vorbeirauschen und keinen bleibenden Eindruck hinterlassen?

»Copper Kettle« ist genauso großartig wie »All the Tired Horses«. Da sind diese winzigen hohen Töne, die den Song durchsetzen, wie bei einer alten Ballade von Buddy Holly oder wie bei »The Three Bells« von den Browns, und da ist diese windschattenartige Orgel, so leise, dass man sie kaum hören kann – im Grunde hört man sie nicht, doch man spürt, dass sie da ist, auf eine unglaublich zarte Weise. Da sind die Kraft und die wahre Tiefe des Songs, die unsere Vorstellungen vom Schwarzbrennen – Klischees wie auf diesen Postkarten, die man in Fernfahrerlokalen in Tennessee bekommt – auslöschen und stattdessen eine Vision von der Natur heraufbeschwören, ein Ideal der Ruhe und der Gelassenheit – und eine rebellische Gesinnung, die zurückreicht bis in die Gründungszeit unserer Nation. »We ain't paid no whiskey tax since 1792«, singt Bob, und das geht praktisch zurück bis zum Anfang, denn die Whiskeysteuer wurde im Jahr 1791 eingeführt. Es ist ein Song über die Revolte als eine Berufung – es geht nicht um eine Revolution, sondern bloß um Verweigerung. Alte Männer, die sich draußen in den Bergtälern verstecken und selbst für Recht und

Ordnung sorgen. (In *Thunder Road*⁹ haben sich die alten Schwarzbrenner um einen Ofen versammelt, um zu beratschlagen, wie sie mit den Mobstern verfahren sollen, die in das Tal eindringen, das sie seit den Tagen des Unabhängigkeitskrieges als das ihrige betrachten. »Blaf sprat muglmmph ruuurp ffft«, sagt einer von ihnen. Im Publikum wird es unruhig, denn die Leute werden nicht schlau aus dem Appalachendialekt des Mannes. »Wenn du den Tabak aus dem Mund nimmst, Jed«, sagt ein anderer Whiskeymann, »würden wir vielleicht verstehen, was du sagst.«)

Was hier zählt, ist Bobs Gesang. Er ist der originellste Sänger der letzten zehn Jahre gewesen. Er erfand seine eigene Art der Betonung und brachte fünf Wörter in einer Zeile unter, die Platz für zehn geboten hätte, und zehn in einer Zeile, die eigentlich nur für fünf reichte. Er schubste die Wörter herum und öffnete Räume für Lärm und Stille, die durch Überfall oder Verführung oder durch die Gabe eines guten Timings Raum für Expression und Emotion schufen. Jede gesangliche Darbietung war eine Überraschung – man konnte nie vorhersagen, wie sie klingen würde. Der Song als solcher, die Struktur des Songs, lieferte dafür kaum einen Anhaltspunkt. Die Grenzen waren da, um umgangen zu werden. In »Copper Kettle« geschieht all dies, und das ist insofern bemerkenswert, als es das einzige Mal auf *Self Portrait* ist, wo es geschieht.

»Große Poeten – wie zum Beispiel Wallace Stevens – sind nicht zwangsläufig große Sänger«, sagte Dylan vor einem Jahr. »Aber große Sänger sind immer große Poeten – eine Sängerin wie Billie Holiday zum Beispiel.« Diese Art von Poesie – und es ist diese Art von Poesie, die Dylan wie einen Dichter erscheinen ließ – ist überall in »Copper Kettle« vorhanden, in der Art und Weise, wie Bob sich auf die Wörter »… or ROTTEN wood …« stürzt und wie er das Ganze mit einem gedämpften »they'll get you – by the

---

9 *Kilometerstein 375* (Regie: Arthur Ripley, USA 1958).

smoke« ausklingen lässt. Dass dem Rest des Albums der Charme von »Copper Kettle« fehlt, liegt nicht daran, dass das Album anders oder neu ist. Das entscheidende Kriterium ist, ob die Musik Kraft hat oder nicht.

(14, 15, 16) »... in finanzieller Hinsicht überaus erfolgreich. In der Vergangenheit sind Dylans Konzerte von seiner eigenen Firma, Ashes and Sand, gebucht worden [dies stammt aus dem Rolling Stone vom 7. Dezember 1968] und nicht von privaten Promotern. Laut Variety sprechen Promoter derzeit von einer durch zehn Städte führenden Tournee mit der Möglichkeit zusätzlicher Termine.

Greta Garbo wird sich vielleicht ebenfalls aus dem Ruhestand zurückmelden, um eine Reihe persönlicher Auftritte zu absolvieren. Man munkelt, die schwedische Filmdiva – die ›in Ruhe gelassen‹ werden wollte, nachdem sie sich wiederholt von Reportern belästigt gefühlt hatte – fasse eine Reihe opulenter Bühnenshows ins Auge, möglicherweise gemeinsam mit Dylan ...«

Und wir würden reglos dasitzen und gaffen.

(14) »Gotta Travel On«. Dylan singt »Gotta Travel On«.

(15) Wir verstehen »Blue Moon« als einen Scherz, als eine stilisierte Apotheose des Kitsches oder als einen weiteren musikalischen Beweis für Dylans Rückzug aus der Popszene. Doch auf Elvis' Debütalbum gibt es eine andere Version von »Blue Moon«, eine tiefe und bewegende Darbietung, die die Möglichkeiten des Songs auslotet und die das Scheitern von Dylans Aufnahme zutage treten lässt.

Hufschlag, dezent unterstützt von Kontrabass und Gitarre, bildet den Background für einen Gesang, der einen Friedhofswind durch die Zeilen des Songs wehen lässt. Elvis bewegt sich vor und zurück, mit einem hohen, gespenstischen Wimmern – der Part,

den Doug Kershaw bei Dylans Version auf der Fiddle spielt –, und schließlich antwortet er sich selbst, mit einem dunklen Murmeln, das unversehens verstummt. »Das ist eine Offenbarung«, sagte ein Freund von mir. »Es ist einfach unglaublich.«
An »Blue Moon« ist nichts banal. Nach formalen musikalischen Kriterien ist Dylans Darbietung buchstäblich eine Coverversion der Aufnahme von Elvis, doch während der eine bloß in die Richtung des Songs singt, singt der andere von dahinter, von der anderen Seite.

(16) »The Boxer«. Erinnern Sie sich noch an Paul Simons »How I Was Robert McNamara'd into Submission« oder wie das hieß? An die liebevolle Zeile »I forgot my harmonica, Albert«? Oder an Eric Andersens »The Hustler«? Vielleicht bedeutet diese Nummer ja: »Hey, Schwamm drüber!« Mein Gott, ist das schauderhaft!

(17) Bevor er ins Studio ging, um die Weathermen auf die Beine zu stellen, verfasste er das erste Positionspapier der Yippies, auch wenn Abbie Hoffman ein paar Jahre benötigte, um es zu finden, und Jerry Rubin Schwierigkeiten hatte, es zu enträtseln. Eine Kostprobe:
»Ich werde mir die Haare bis runter zu den Füßen wachsen lassen, sodass ich aussehe wie eine wandelnde Gebirgskette, und dann reite ich auf einem Pferd in Omaha ein, zum Countryclub und hinaus zum Golfplatz, mit einer *New York Times* unterm Arm, spiele ein paar Löcher und haue alle von den Socken.«
»Dylan wird kommen«, sagte Lang.[10]
»Ach, red keinen Scheiß [sagte Abbie Hoffmann in seinem *Woodstock Nation*], er wird heute Abend in England sein. Also verarsch mich nicht!«

---

10 Michael Lang, einer der Organisatoren des Woodstock-Festivals von 1969.

»Nein, ich verarsche dich nicht, Abby-Baby. Er hat mich angerufen und gesagt, er werde vielleicht kommen ...«

»Glaubst du, er hätte Bock, für die Präsidentschaft zu kandidieren?«

»Nein, das ist nicht sein Ding. Er fährt auf andere Sachen ab.«

»Du kennst ihn persönlich, Mike? Worauf fährt er denn ab?«

»Ich weiß nicht so genau, aber nicht unbedingt auf Politik. Bist du ihm jemals begegnet?«

»Ja, ein einziges Mal, vor sieben Jahren, in Gertie's Folk City, unten im West Village. Ich wollte ihn dazu bewegen, bei einem Benefizkonzert für die Bürgerrechte oder etwas in der Art aufzutreten ... hey, Mike, kannst du mich mit ihm bekannt machen? Sonst könnte ich nur über Happy Traum an ihn rankommen ...«

»Das kannst du auch einfacher haben ... Abbs ... ich werde dich ihm vorstellen. Er möchte dich nämlich kennenlernen.«

Würde *Self Portrait* Sie dazu veranlassen, Dylan kennenlernen zu wollen? Nein. Ist das Album vielleicht dazu gedacht, Sie von ihm fernzuhalten?

(17) »The Mighty Quinn« klingt, als wäre man gern dabei gewesen. Auf Platte ist das Ganze ein ziemliches Chaos und die Soundqualität ist auch nicht viel besser als die auf dem Bootleg. Der Isle-of-Wight-Auftritt sollte ursprünglich als Album veröffentlicht werden und es ist offenkundig, warum das nicht passiert ist – auf Tonband klang der Auftritt einfach mies. Die Darbietungen waren in der Regel unbeholfen oder lustlos und zusammen hätten sie eine lausige Platte ergeben. Dem Bootleg nach zu urteilen hatten zwei der Songs jedoch etwas Besonderes an sich, doch keiner davon schaffte es auf *Self Portrait*. Der eine war »Highway 61 Revisited«, wo Bob und die Band wie mexikanische Reiseleiter schrien, die potenzielle Kunden zu einer Tour die Straße hinunter animieren wollten: »OUT ON HIGHWAY SIXTY-ONE!« Der andere war »It

Ain't Me Babe«. Dylan sang solo, wobei er Gitarre spielte wie ein Poet und dem Song eine neue Identität verlieh, indem er in die Formulierungen und Erinnerungsspuren hinein- und hinausglitt. Er klang ein bisschen wie Billie Holiday.

(18) Es ist in der Tat ein sonderbares Selbstporträt: anderer Leute Songs und Songs, die schon etliche Jahre auf dem Buckel haben. Sollte der Titel ernst gemeint sein, so liegt Dylan offenbar nicht mehr viel daran, Musik zu machen und dabei eine eigene Identität herauszustreichen. Es gibt hier eine merkwürdige Tendenz zur Zurückhaltung: Dylan, wie er sich von einer Position zurückzieht, von der aus er Macht ausüben könnte. Er erinnert einen an den Herzog von Windsor, der auf den Thron verzichtet. Danach verschwindet er einfach, und alle Jubeljahre bekommt man ein Pressefoto zu sehen, auf dem er irgendwo in ein Flugzeug steigt.

(18) »Take Me as I Am or Let Me Go«. Die Nashville-Aufnahmen von *Self Portrait* hauen einen nicht unbedingt vom Hocker, doch sie sind nicht unangenehm – sie ergeben, in ihrer Gesamtheit, ein sentimentales kleines Countrymelodram. Wäre das Album so zusammengestellt worden, dass es mit »All the Tired Horses« beginnt und mit »Wigwam« endet, und mit den Nashville-Tracks zwischen diesen beiden Klammern, so hätte man eine passable Platte bekommen, über die sich niemand groß aufgeregt hätte, eine Art musikalisches Pendant zu dem Zaubertrick, bei dem sich jemand in Luft auflöst. Doch der KÜNSTLER muss ein STATEMENT von sich geben, egal ob es sich dabei um Bob Dylan, um die Beach Boys oder um Tommy James and the Shondells handelt. Er muss ins Studio gehen und es mit einem Meisterwerk wieder verlassen. Gelingt dem Künstler dies nicht oder hat er sich gar nicht erst darum bemüht, so unternimmt man hinterher zumindest den Versuch, das Ganze so aussehen zu lassen, als sei es ihm gelungen.

Würde Dylan mehr Musik veröffentlichen, als er es in letzter Zeit getan hat – sagen wir mal, drei Singles pro Jahr und etwa alle sechs Monate ein Album –, so würde man dem, was er veröffentlicht, nicht dermaßen viel Gewicht beimessen. Doch für die größten Stars ist das Schema inzwischen vorgegeben – ein Album pro Jahr, wenn überhaupt. Für einen Künstler ist es ziemlich beschämend, wenn er mehr als ein Album pro Jahr herausbringt – weil das so aussieht, als habe er es nötig, verstehen Sie? Nun, ein dreifaches Hoch auf John Fogerty!

(19) Wegen der Dinge, die zur Mitte der Sechzigerjahre geschehen sind, ist unser Schicksal untrennbar mit dem von Dylan verknüpft, ob es ihm oder uns gefallen mag oder nicht. Weil *Highway 61 Revisited* die Welt veränderte, müssen die Alben, die ihm folgen, dies auch tun – jedoch nicht auf die gleiche Weise.

(19) »Take a Message to Mary«: Im Unterschied zu Dylan scheint dieser Song seiner Begleitband schnurz gewesen zu sein. Mein zehnjähriger Neffe hielt »It Hurts Me Too« für einen Scherz, doch er war sich sicher, dass dies hier ernst gemeint sei.

(20) Ralph J. Gleason: »In seiner Autobiografie spricht Max Kaminsky von diesem Typen, der ständig Platten stahl. Er stahl auch eine von Max. Er musste sie haben, verstehen Sie? Er musste sie einfach haben. Einmal wurde er festgenommen, weil er diese Platte in einer Jukebox hörte und mit seiner Faust die Glasscheibe des Kastens zertrümmerte, um sich die Platte zu schnappen.

Jeder von uns hat Platten, für die er stehlen würde, die er auf Teufel komm raus haben muss. Aber würden Sie dieses Album stehlen? Nein, dieses Album würden Sie nicht stehlen!«

Sie würden *Self Portrait* also nicht stehlen? Aber es würde auch Ihnen nichts zuleide tun. Vielleicht ist das ja die eigentliche Tragödie, denn bei den letzten beiden Alben von Dylan handelte es sich um Kunst, die einen Einbruch im Kopf des Zuhörers beging und ihn in Besitz nahm.

(20) Das Songschreiben kann nur unwesentlich älter sein als das Songstehlen. Letzteres ist ein Teil der Tradition. Es ist vielleicht sogar ehrenwerter als die unverhohlene Imitation – zumindest ist es nicht so langweilig.

Zu Beginn seiner Karriere klaute Bob Dylan, so wie jeder andere auf den Durchbruch hoffende junge Musiker, ein oder zwei alte Bluesnummern oder Folksongs und ließ sich diese, nachdem er daran ein oder zwei Wörter geändert hatte, urheberrechtlich schützen (am groteskesten war es, auf »That's All Right« Anspruch zu erheben, denn das war immerhin Elvis' erste Single gewesen und von Arthur Crudup geschrieben oder jedenfalls niedergeschrieben worden). Dylan verwendete auch ältere Balladen als Gerippe für seine eigenen Songs: »Bob Dylan's Dream« ist eine Neufassung von »Lord Franklin's Dream«; »I Dreamed I Saw St. Augustine« geht zurück auf »I dreamed I saw Joe Hill last night ...«; »Pledging My Time« hat die Struktur, den Geist und auch eine Zeile von Robert Johnsons »Come on in My Kitchen«; und die Zeilen »Don't the moon look lonesome, shining through the trees« sind ein Zitat aus einem alten Blues von Jimmy Rushing. »Subterranean Homesick Blues« machte Gebrauch von Chuck Berrys »Too Much Monkey Business«. Das ist eine nette Art, Geschichte zu schreiben und ihr einen Platz anzubieten, und es ist ein Teil der Schönheit und Zwangsläufigkeit der amerikanischen Musik. Doch auch wenn Dylan ein paar Wörter zu »It Hurts Me Too« beigesteuert haben mag, geht es nicht an, dass er nun Anspruch auf diesen alten Blues erhebt, den unter anderem Elmore James aufgenommen hat. Wenn *Self Portrait* durch Entlehnungen, Aneignungen und geistigen Diebstahl charakterisiert wird, so bedeutet das unter dem Strich, dass

Bob etwas mehr Geld bekommt und Tausende von Leuten ein falsches Bild von ihrer eigenen Geschichte bekommen.

(21, 22) Diese herrliche Raserei, diese Kraft neuer Wertvorstellungen inmitten eines musikalischen Orkans der Zerstörung, dieser Krach, diese Vehemenz – die Totalität des Ganzen! Also sagte man, ja, genau, das ist es ...

Die mythische Direktheit von allem, was Dylan tut, und der immense Einfluss, den jene Kraft nach wie vor auf unser Leben ausübt, beruhen auf den drei Alben und den zwei unvergesslichen Singles, die er 1965 und 1966 herausgebracht hat: *Bringing It All Back Home, Highway 61 Revisited* und *Blonde on Blonde*, »Like a Rolling Stone« und »Subterranean Homesick Blues«. Diese Platten definierten und strukturierten ein entscheidendes Jahr – bislang hat niemand an sie heranreichen können und wahrscheinlich wird das auch nie jemand schaffen. Damals passierte das, wonach wir alle Ausschau halten. Die Kraft jener Platten und die Kraft der Musik, die Dylan damals auf der Bühne präsentierte, sowie der auf dem Höhepunkt seiner Karriere vollzogene Rückzug aus der Öffentlichkeit – all dies ließ ihn zur Legende werden und machte seinen Namen buchstäblich zu einem eigenständigen Begriff. Es gewährte Dylan die Freiheit, zurückzutreten und mit allem durchzukommen, wonach ihm der Sinn stand, in kommerzieller wie in künstlerischer Hinsicht. Die Tatsache, dass nun mehr als ein Jahr zwischen zwei Alben verstreicht, erhöht deren Wirkungsgrad, auch wenn sie sehr viel weniger zu bieten haben als jene älteren Alben, die Dylans Machtposition überhaupt erst begründet haben. Tatsächlich profitiert Dylan von dem Schatz, den er 65 und 66 angehäuft hat, von dem Mythos, dem Ruhm und der Verehrung, die ihm damals zuteilwurden. Unter dem mythischen Gesichtspunkt muss er nichts Gutes tun, weil er bereits Gutes getan hat. Man fragt sich jedoch, wie lange er damit, in mythischer Hinsicht natürlich, noch durchkommen wird.

(21) »Minstrel Boy« ist die beste Nummer des Isle-of-Wight-Auftritts, eine völlig entspannte Angelegenheit.

(22) Die Band spielt hübsch bei »She Belongs to Me« und Dylan absolviert seinen Gesang auf die gleiche Weise, auf die er früher durch die erste Hälfte eines Konzerts hastete, um die vom Publikum erwarteten Evergreens hinter sich zu bringen und sich dann der Musik widmen zu können, die ihm wirklich am Herzen lag. Der beste Moment des Songs gehört Garth Hudson.

(23) *Beruf als Berufung.* Dylan ist, wenn er will, ein Amerikaner mit einer Berufung. Man könnte es beinahe als eine göttliche Berufung bezeichnen – die alte puritanische Vorstellung von einer Gabe, der man gerecht werden muss –, doch das ist es nicht und Berufung allein reicht vollkommen aus.

Für einen amerikanischen Künstler gibt es keinen reichhaltigeren Stoff als den Geist und die Themen seines Landes sowie dessen Geschichte. Wir haben nie herausbekommen, was genau dieser Ort ist und wozu er da ist, und der einzige Weg, diesen Fragen wenigstens ansatzweise auf den Grund zu gehen, besteht darin, uns unsere Filme anzusehen, unsere Dichter zu lesen, unsere Romanschriftsteller, und uns unsere Musik anzuhören. Robert Johnson und Melville, Hank Williams und Hawthorne, Bob Dylan und Mark Twain, Jimmie Rodgers und John Wayne. Amerika ist das Lebenswerk des amerikanischen Künstlers, weil er dazu verdammt ist, ein Amerikaner zu sein. Dylan hat ein Gefühl dafür; sein Instinkt scheint ihn in die vergessenen Bereiche unserer Geschichte zurückzuführen und sogar auf *Self Portrait* ist davon noch ein bisschen zu spüren – er scheint nahe daran, einen Western zu schreiben. Doch diese Berufung erfordert einen gewissen Ehrgeiz, und hier gibt es nicht genug davon, sondern lediglich den Ansatz dazu, ohne die Entschlossenheit, sich näher mit der Sache zu befassen.

Dylan hat eine Berufung, wenn er will; Dylans Publikum dürfte sich weigern, *seine* Verweigerung hinzunehmen, solange er nicht einfach verschwindet. Inmitten jener Berufung steckt womöglich so etwas wie ein Hamlet, der Fragen stellt, alte Fragen, denen ein Hauch von Magie anhaftet – jedoch kaum ein Prophet, sondern bloß ein Mensch mit einem wachen Blick.

(23) »Wigwam« führt das Album langsam seinem Ende entgegen. Lagerfeuermusik, oder »3 A. M., After the Bullfight«. Das Arrangement der Nummer ist großartig und sie ist die B-Seite der zweiten, sich von selbst anbietenden Single, die das Album enthält – die A-Seite wäre »Living the Blues«. »Wigwam« bringt einen zu Bett, und damit meine ich nicht, dass es einen zum Einschlafen bringt.

(24) Self Portrait, *der Auteur und der Amateurfilm.* »Auteur« bedeutet nichts weiter als Autor und in Amerika dient dieser Begriff neuerdings zur Charakterisierung von Kinofilmen: Filme werden (so wie Bücher) von Autoren gemacht, d. h. von Regisseuren. Das hat zu einer Maxime geführt, die in etwa Folgendes besagt: Bei Filmen geht es um die Persönlichkeit des Regisseurs. Wir sollen einen Kinofilm danach beurteilen, wie gut der Auteur seine Persönlichkeit im Vergleich zu früheren Filmen weiterentwickelt hat. Sein bester Film ist derjenige, der das Aufblühen seiner Persönlichkeit am vollständigsten widerspiegelt. Es versteht sich von selbst, dass ein solcher Ansatz eine Neigung zum Manierismus, zur Exzentrizität und zum Narzissmus fördert. Es stellt sich auch heraus, dass die größten Auteure diejenigen sind, bei denen diese Eigenheiten besonders stark ausgeprägt und am leichtesten wiederzuerkennen sind. Legt man diesen Maßstab an, dann ist *Geraubte Küsse* ein besserer Film als *Jules und Jim*, weil es in *Geraubte Küsse* nichts zu entdecken gibt außer Truffaut, während es in *Jules und Jim* diese Story gibt und diese Schauspieler, die einem ständig in die Quere kommen. Die Maxime des Auteuransatzes lässt sich auch auf andere Kunstfor-

men übertragen und demnach ist *Self Portrait* ein besseres Album als *Highway 61 Revisited*, weil es bei *Self Portrait* um den Auteur, also um Dylan geht, während *Highway 61 Revisited* sich die Welt vornimmt, die dazu neigt, einem in die Quere zu kommen. (Auf *Highway 61 Revisited* könnte es natürlich auch um Dylan gehen, doch auf *Self Portrait* ist das offensichtlicher und deshalb ist dieses Album in puncto KUNST relevanter ... aber fragen Sie mich bitte nicht nach der Musik, also ehrlich ...)

Nun, man ist schon seit Jahren auf diese Weise an Dylan herangegangen, ob der Begriff »Auteur« dabei Verwendung fand oder nicht, und auch wenn es letztlich keine uninteressantere Weise geben mag, sich seine Musik anzuhören, ist dies hin und wieder ein Mordsspaß und ein Spiel, das viele von uns gespielt haben (in »Days of '49« zum Beispiel singt Dylan die Zeile »just like a roving sign« und ich komme einfach nicht umhin, ihn »just like a rolling stone« singen zu hören und mich zu fragen, ob er das absichtlich vermieden hat). Ein Autor namens Alan Weberman verbringt sein Leben damit, Dylans Songs zu enträtseln, um daraus Rückschlüsse auf den Mann selbst zu ziehen; so wie früher jeder Künstler seinen Mäzen hatte, scheint heute jeder Auteur seinen Kritiker zu haben (Fortsetzung folgt).

(24) *Self Portrait* ist ein vom Fußboden des Schneideraums zusammengesammeltes Konzeptalbum, ungemein kunstvoll, jedoch als eine Vertuschung, nicht als eine Offenbarung. So markiert »Alberta #2« das Ende des Albums, nach einem falschen Schluss, so wie »Alberta #1« seinen Beginn markiert, nach einem falschen Anfang. Der Song bewegt sich zügig voran und er endet abrupt. Diese Alternativtakes füllen nicht bloß ihre jeweilige Plattenseite auf, nein, sie geben dem ganzen Album eine gewisse Struktur, denn es sind vor allem die vier an seinen beiden äußersten Enden untergebrachten Nummern, die *Self Portrait* zu einem abspielbaren Album machen. Bei einem Kreis sieht man eher die ihn umreißende Linie als das Loch in der Mitte.

(25) Self Portrait, *der Auteur und der Amateurfilm* (Fortsetzung). Wir alle spielen das Auteurspiel: Wir sind losgezogen und haben uns *Self Portrait* gekauft – nicht weil wir wussten, dass es sich um großartige Musik handelte (was durchaus möglich gewesen wäre, uns aber nicht an erster Stelle interessierte), sondern weil es ein Dylan-Album war. Was wir *erwarten*, ist freilich eine völlig andere Sache, und das unterscheidet uns in der Regel von Auteuristen: Wegen jener drei Alben von 65 und 66 erwarten wir großartige Musik – oder wir erhoffen sie uns zumindest.

Ich würde nicht so sehr auf dieser Sache herumreiten, hätte ich nicht den Verdacht, dass genau dieser Ansatz, oder eine Abart davon, als Rechtfertigung für die Veröffentlichung von *Self Portrait* dient, zumindest was die künstlerische Rechtfertigung betrifft (die kommerzielle Rechtfertigung ist etwas anderes: nämlich Selbstrechtfertigung). Der Auteuransatz gestattet es dem großen Künstler, seinen Ehrgeiz herunterzuschrauben und diesen nach innen zu kehren. Es scheint sich, grob gesagt, so zu verhalten, als ginge es eher um seine privaten Gewohnheiten als um seine Vision. Nähern wir uns der Kunst auf diese Weise an, so würdigen wir sie herab. Um dies zu verdeutlichen, befassen wir uns jetzt kurz mit dem zweiten Song auf *John Wesley Harding*, »As I Went Out One Morning«, und mit zwei unterschiedlichen Weisen, auf die man ihn hören kann.

Weberman hat dem Song eine feste Bedeutung zugewiesen: Demnach bezieht er sich auf ein festliches Diner, das das Emergency Civil Liberties Committee vor einigen Jahren abhielt und bei dem Bob Dylan der Thomas-Paine-Preis dieser Bürgerrechtsorganisation verliehen werden sollte. Dylan tauchte dort auf, äußerte in seiner Rede ein gewisses Verständnis für Lee Harvey Oswald und wurde daraufhin ausgebuht. Und laut Weberman wollte Dylan mit »As I Went Out One Morning« zum Ausdruck bringen, wie wenig ihm diese Buhrufe geschmeckt hatten.

Ich hingegen höre den Song mitunter als eine kurze Reise in die amerikanische Geschichte; der Sänger, wie er durch diesen Park schlendert, wie er sich mit einem Mal vor einer Statue von Tom Paine wiederfindet und über eine Allegorie stolpert: Tom Paine, das Symbol der Freiheit und der Revolte, von Schulbüchern und städtischen Standbildausschüssen mit der Rolle des Patrioten bedacht, wie er nun, im Einklang mit der Rolle des Patrioten, den Gesetzeshüter gegenüber einem Mädchen spielt, das in die Freiheit fliehen will – in Ketten, in den *Süden*, die Quelle der Vitalität in Amerika, in Amerikas Musik –, *weg* von Tom Paine. Wir haben unsere Geschichte auf den Kopf gestellt; wir haben unsere eigenen Mythen pervertiert.

Es wäre schon erstaunlich, hätte das, was ich gerade beschrieben habe, Dylan vorgeschwebt, als er den Song schrieb. Doch darum geht es nicht. Es geht darum, dass Dylans Songs als Metaphern dienen können, die unser Leben bereichern, die uns zufällige Einblicke in die Mythen gewähren, die wir mit uns führen, und in die Gegenwart, in der wir leben, Metaphern, die das, was wir wissen, intensivieren und die uns auf Dinge stoßen, nach denen wir nie gesucht haben, während sie diese Wahrnehmungen durch die Kraft der die Worte begleitenden Musik gleichzeitig mit einer emotionalen Intensität versehen. Webermans Art des Hörens, oder eher des Sehens, ist logischer, geradliniger und vielleicht auch richtiger, doch sie ist steril. Meine ist vielleicht nicht der Weisheit letzter Schluss, aber eine Möglichkeit, und ich glaube, in Dylans Musik geht es eher um Möglichkeiten als um Tatsachen, so wie eine Statue nicht bloß eine Ausgabe städtischer Haushaltsmittel ist, sondern ein Tor zu einer Vision sein kann.

Um mit *Self Portrait* zufrieden zu sein, müssen wir es womöglich mit den sterilen Begriffen des Auteurs erfassen, die sich in unsere Sprache übertragen ließen als »Hey, das ist total abgefahren! Dylan singt Simon and Garfunkel, Rodgers and Hart und Gordon Lightfoot …« Ja, es ist total abgefahren, auf eine traurige Weise, doch es ist auch öde, und wenn uns unsere ungelehrte Vorstellung vom Auteur dazu bringt, an diesem Album Gefallen zu finden, dann würdigen wir nicht nur unser eigenes Empfinden herab, sondern auch Dylans Fähigkeiten als amerikanischer Künstler. Dylan wurde nicht zu einer Kraft, die mit jeder ihrer Bewegungen die Kraft des Mythos ausstrahlt, indem er uns unzusammenhängende Bilder seiner eigenen Karriere präsentierte, als sei dies der einzige Film, der zähle – nein, er schaffte es, indem er sich die Welt vornahm, voller Angriffslust und mit den Mitteln der Verführung.

In ihrer Kritik an dem auf den Film bezogenen Auteuransatz zitiert die Schauspielerin Louise Brooks ein altes Wörterbuch und dieses Zitat bringt das Problem auf den Punkt: »Der Roman [der Film]« – der Song – »ist eine subjektive epische Komposition, in der es sich der Autor erlaubt, die Welt von seinem eigenen Standpunkt aus zu betrachten. Somit ist die entscheidende Frage, ob er einen Standpunkt hat. Alles Übrige wird sich von selbst ergeben.«

Bob Dylan, *Self Portrait* (Columbia, 1970).
—, *Great White Wonder* (1969). Das erste Dylan-Bootleg: ein Doppelalbum, zusammengestellt aus 1961 in Minnesota aufgenommenen Songs, Radioauftritten aus den frühen 1960er-Jahren, Basement-Tapes-Nummern und sogar einer Fernsehdarbietung von »Living the Blues«.

Elvis Presley, »Blue Moon« (1955, erstmals veröffentlicht auf *Elvis Presley*, RCA, 1956), enthalten auf *Sunrise* (RCA, 1999).

Louise Brooks in: Kevin Brownlow, *The Parade's Gone By ...*, Knopf, New York 1969, S. 364.

NEW MORNING
New York Times
15. November 1970

Bob Dylans *New Morning* ist sein bestes Album seit Jahren, eine Zusammenstellung von zwölf neuen Songs, deren wahre Kraft, den Zuhörer zu bewegen, sich zunächst in dem hell schimmernden Pop verbirgt, mit dem diese unterhaltsame Platte aufwartet.

Viele der Songs scheinen an Ort und Stelle entstanden zu sein, mit dem Vertrauen in die Fähigkeit von erstklassigen Musikern, sich jederzeit in jede Richtung bewegen zu können. »I know you're gonna think this song is just a riff«, sang Bob vor fünf Jahren, achtete jedoch darauf hinzuzufügen: »unless you've been inside a tunnel and fell down sixty-nine, seventy feet over a barbed wire fence«. Die Riffs, die Eingebungen und die Studioimprovisationen von *New Morning* haben ihre eigene Persönlichkeit – nicht die Ruhe und Gelassenheit von *Nashville Skyline* oder die offenbare Gleichgültigkeit so vieler Nummern auf *Self Portrait*, sondern die diebische Freude am Vorausahnen der richtigen Bewegung, das große Vergnügen, etwas punktgenau hinzubekommen und sich von einem Akkord direkt in eine neue Textzeile zu stürzen.

Die sorgfältiger ausgearbeiteten Songs – insbesondere »Went to See the Gypsy« und »Sign on the Window« – sind trügerisch, denn auch sie wecken beim Zuhörer den Eindruck, die Musik auf diesem Album sei einfach so aus dem Ärmel geschüttelt worden. Diese Songs wirken simpel, und obwohl sie es keineswegs sind, kann man sie dennoch so hören, als seien sie es.

Es macht Spaß, sich *New Morning* anzuhören. Noch nie hat Dylan mit einer solchen Verve gesungen. Die Platte besitzt ihren eigenen Sound, eine reichhaltige, offene Rock-'n'-Roll-Kombination aus Dylans Klavier, Al Koopers Orgel, Backgroundsängerinnen, zwei oder drei markanten Gitarren und einem exzellenten Schlagzeugspiel.

Als Gruppe sind die Musiker am besten beim Titelsong, wo sie mit hartem Rock aufwarten. Die überraschende Vehemenz dieser Nummer – die bei jemand anderem womöglich nur ein weiteres fades Loblied auf den Optimismus gewesen wäre (und wahrscheinlich auch sein wird) – resultiert nicht aus einer wuchtigen »heaviness«, sondern aus einem perfekten Timing, einem Schock purer Aufregung gegen Ende der Nummer und aus Bobs Gesang. Während uns der Songtext ein hübsches Bild vor Augen führt, intoniert Dylan das letzte oder die beiden letzten Wörter mit einer kompromisslosen Unerbittlichkeit und unterwirft sich nicht der auf der Hand liegenden Art, den Song zu singen, sondern intensiviert den schlichten Enthusiasmus der Nummer mit einer so festen Entschlossenheit, dass eine ganze Konversation von Gefühlen ins Spiel kommt.

Einer der Aspekte, die dieses Album zu etwas Besonderem machen, ist seine meisterliche Zusammenstellung. Die Songs kommunizieren miteinander, wobei sie mitunter auch als Stichwörter für ihnen folgende Songs oder als Kommentare zu ihnen vorausgehenden Songs fungieren. Der erste Track, »If Not for You«, wirkt wie die sofort ins Ohr gehende zentrale Textzeile einer Single und bricht mit seiner Ausgelassenheit das Eis. Dylans Mundharmonika gesellt sich hinzu, nur dieses eine Mal, wie der als Statist kurz durchs Bild spazierende Alfred Hitchcock, und bietet vorübergehend etwas Vertrautes. Der Frohsinn dieser Nummer entkräftet die sich zwangsläufig einstellende Skepsis des Zuhörers (»Hmmm, was wird das wohl werden?«) und erzeugt einen Raum von unbeschwerter Freiheit, für Dylan wie auch für seine Fans.

In dieser Stimmung kann man entweder all den netten Kommentaren lauschen, die Bob im zweiten Track, »Days of the Locusts«, zu seinem Ehrendoktortitel abgibt, oder man genießt einfach, wie er sich hier die Seele aus dem Leib singt.

Der Song endet mit einer Flucht in die Black Hills von Dakota und der nächste beginnt damit, wie der Sänger entspannt das langsame Verstreichen der Zeit oben in den Bergen preist. Solche Übereinstimmungen oder die beiden beiläufigen Bemerkungen zum Thema Fischfang oder die diversen, über das gesamte Album verstreuten geografischen Namen (Utah, Las Vegas, Minnesota, Montana, Kalifornien) verleihen dem Album seine eigene Wirklichkeit, ohne die Songs dabei in ein logisches Muster zu pressen.

Wenn das Album endet, mit zwei religiösen Fiktionen – die erste ein gesprochener Absatz von etwas, das wie der Sermon eines Fernsehpredigers klingt, die zweite ein gespenstisches calvinistisches Grollen –, dann entdeckt man erneut, dass die Songs einander kommentieren, denn die an den rührseligen Schmus von Oral Roberts erinnernde Schlusspassage von »Three Angels« (»But does anyone hear the music they play? Does anyone even try?«) wird konterkariert vom strengen Bekenntnis von »Father of Night«. Nach einer Weile beginnen die beiden Songs ineinander zu verschwimmen, wodurch beide jeweils interessanter werden, und die Kraft von »Father of Night« färbt ein wenig auf den Scherz von »Three Angels« ab. Als Album hat *New Morning* einen Kontext, aus dem jeder Song hervorgeht, aber dem sich kein Song unterwirft.

Dies ist ein amerikanisches Album mit einem Hang gen Westen (»westwärts ziehen«, wie wir einst zu sagen pflegten) und »Sign on the Window« ist womöglich das Kernstück von *New Morning*. »Sign on the Window« ist von allen zwölf Songs der ergiebigste und vielleicht die beste Aufnahme, die Dylan jemals gemacht hat. Sein vielseitiges Klavierspiel untermalt fast die gesamte Musik des Albums; hier spielt er weitgehend allein. Die Band und die Backgroundsängerinnen schalten sich zwischen den Strophen kurz ein, doch es ist Dylans Performance:

> Her and her boyfriend went to California
> Her and her boyfriend done change their tune
> My best friend said, »Now didn't I warn ya ...«

»Sign on the Window« ist auf gewisse Weise die andere Seite von »Sweet Betsy from Pike«, die Geschichte eines Mannes, der es nicht geschafft hat, die Reise anzutreten. Man kann den Sänger sehen, wie er betrunken in einer Stadt irgendwo östlich des Mississippi herumlungert und wie sich seine Isolation zum Ausschluss entwickelt. »Sure gonna be wet tonight on Main Street«, lautet eine Zeile, und die in Dylans Gesang und in seinem Klavierspiel liegende Kraft lassen es einem so vorkommen, als sei dies die beste Zeile, die er je geschrieben hat. Heute Abend wirds auf der Hauptstraße sicher nass sein, aber nun ja, wo kann man sonst schon hingehen?

Dylan stellt die Emotionen des Songs auf seinem Klavier dar. »Build me a cabin in Utah«, singt er am Ende des Songs. »Marry me a wife, catch rainbow trout ... That must be what it's all about.« Es wird todsicher heißen, diese Schlusszeilen seien Bob Dylans neue Botschaft an uns alle, doch das sind sie wohl kaum. Wenn eine Ehefrau und ein Fluss voll Forellen dermaßen leicht einen gleichwertigen Platz einnehmen, so handelt es sich wohl kaum um eine tatsächliche Lebensweise, sondern eher um ein Traumidyll. Eine Hütte in Utah ist die Art von Traum, die man braucht, wenns heute Abend auf der Hauptstraße nass sein wird, wenn man die Fantasie mit der Erfahrung konfrontiert.

Diese Dinge sind nicht das, »worum es im Leben geht«, ja noch nicht einmal das, worum es in diesem Song hier geht, denn dieser handelt vielmehr von jenem alten amerikanischen Drang, jener alten, in unseren Köpfen herumgeisternden Vorstellung: »Es muss doch noch einen Ort geben, der unberührt ist ...« Wie weit nach Westen muss man ziehen, um frei zu sein? Dies ist ein großartiger Song, ein Lovesong, der auf dem Rücken des ersten amerikanischen Traums gen Westen zieht.

Dieses ausgezeichnete Album erscheint nur wenige Monate nach Dylans überwiegend erfolglosem *Self Portrait*. *New Morning* rockt nicht nur mit der Vitalität, die *Self Portrait* fehlt, nein, Dylans Entscheidung, eine neue Platte nicht erst nach der üblichen einjährigen Wartezeit herauszubringen, ist selbst ein Akt der Vitalität. Eine der Funktionen des Rock'n'Roll ist die Zersprengung von kulturellen Schablonen und somit natürlich auch von Rock-'n'-Roll-Schablonen. Dylan hat, in einem gewissen Ausmaß, das Gesetz der Zurückhaltung gebrochen, das seine Karriere beherrscht zu haben scheint, und dadurch hat er wieder ein bisschen Leben in die Rock-'n'-Roll-Szene gebracht.

Im vergangenen Jahr hat sich das Rock-'n'-Roll-Publikum aufgespalten, da die Musik jenen öffentlichen Charakter verlor, der sich aus unserer gemeinsamen Beteiligung an dem Ereignis ergab, auf dem die Musik der Sechzigerjahre basierte – die Beatles. Des einen Freud ist des anderen Leid, doch 1965 straften wir diese Redensart Lügen, als uns die Beatles, die Rolling Stones und Bob Dylan die Erschaffung einer gemeinsamen, jedem von uns zugänglichen Fantasie offenbarten. Und jetzt, wo die Captain-Beefheart-Fans die Legionen von Led Zeppelin verspotten, und umgekehrt, jetzt beschert uns Dylan ein Album voller Humor und Tiefgang und vielleicht wird es ja als ein Geschenk von fast dem gesamten Publikum angenommen, als etwas, das man gemeinsam hat, als etwas, das man teilen kann.

Während die Textzeilen und Formulierungen von *New Morning* in unsere Sprache eingehen, merken wir möglicherweise, dass Bob Dylans beachtliche neue Songs uns nicht nur persönlich ansprechen, sondern uns auch die Gelegenheit geben, eine Zeit lang miteinander zu sprechen.

Bob Dylan, *New Morning* (Columbia, 1970).

»WATCHING THE RIVER FLOW«
Creem
Oktober 1971

In letzter Zeit fällt es schwer, die Werbespots von den Hits zu unterscheiden, jedoch nicht deshalb, weil die Werbespots irgendwie besser geworden wären. Die Charts dieses Sommers sind schauderhaft und fast jede Position in den Top Ten wird besetzt von irgendeiner schwülstigen Hollywoodausstattungsnummer inklusive der dort automatisch auftauchenden Revuegirls.

Doch jetzt haben Bob Dylan, The Who und Creedence neue Singles herausgebracht: »Watching the River Flow«, »Won't Get Fooled Again« und »Sweet Hitch-Hiker«.

Dylans Single scheint von den dreien die beste zu sein.

Im Radio wird sie im Vergleich zu den anderen am wenigsten gespielt.

Ich weiß nicht, warum das so ist – vielleicht liegt es ja daran, dass sie nicht diesen gruseligen Hollywoodsound hat –, aber ich hege den Verdacht, dass Dylan sich diesmal selbst ausgetrickst hat. »Watching the River Flow« ist nichts Ausgefallenes: guter Beat, gute Laune, guter AM-Lärm. Doch wie bei den meisten Dylan-Platten gibt es hier mehr, als es zu geben scheint – und der erste Eindruck erweist sich als ein Streich, der dem Zuhörer gespielt wird.

Das klappt allerdings nur, wenn der Zuhörer gezwungen wird, sich die Platte oft genug anzuhören, um den ersten Eindruck überwinden zu können. In diesem Fall ist der erste Eindruck der, dass Dylan uns hier die übliche private Szene vorsetzt: »I'll sit here and watch the river flow.« Also, das ist eine Idee, wie sie langweiliger nicht sein könnte. Es ist die unterschwellige Botschaft von fast allem, was James Taylor jemals geschrieben hat, ganze Bands formieren sich auf der Grundlage dieses schlichten Gedankens und die Leute fressen das auch, solange sie es billig bekommen – das heißt, auf eine unterschwellige Art –, aber vielleicht möchten sie es nicht haben, wenn sie dafür bezahlen müssen, in einer Konfrontation mit einem ausdrücklichen Bekenntnis zum Rückzug, das sich so leicht zu einem Spiegelbild ihres eigenen Rückzugs umkehren lässt.

Dann ist da noch die Möglichkeit, dass sich die Leute Dylan unter anderem deshalb anhören, weil er den anderen für gewöhnlich immer um eine Nasenlänge voraus zu sein scheint und weil man, wenn man sich seine Musik und seine Songs anhört, eine gewisse Vorstellung davon bekommt, was in der Musik und im musikalischen Diskurs vor sich geht und was dort demnächst angesagt sein wird. Und dann sind da noch die offenbar unausrottbaren Hoffnungen, er könne mit etwas Unergründlicherem und Verlockenderem herauskommen. Wenn Dylan jedoch lediglich einem Trend folgt, auch wenn er diesen selbst aus der Taufe gehoben hat, so dürfte ein Großteil seines Charismas automatisch den Bach runtergehen.

Dann sind da noch, in einem eher allgemeinen Kontext, diese sonderbaren Gerüchte über Dylans Privatleben, das, selbstverständlich, seine eigene Angelegenheit ist, aber zugleich auch eine Sache von öffentlichem Interesse – hat man von diesen Dingen Kenntnis erlangt, so kann man sich schlecht lobotomieren lassen, um sie wieder aus dem Kopf zu bekommen: die Unterstützung der Jewish Defense League, die Reisen nach Israel, die gemeinsam mit Dick Cavett errichteten Bürohäuser. Nichts davon muss stimmen, doch alle Welt spricht darüber, und wie bei den Geschichten über einen jungen Bob Dylan, der ungefähr einmal im Monat von zu Hause wegzulaufen pflegte, spielt es auch hierbei keine Rolle, ob diese Dinge wahr sind oder nicht. Wenn man eine Platte hört, dann vollzieht man keine rationale Trennung zwischen WAHR und FALSCH, man hört sie einfach und ihr Sound verschmilzt mit den Gerüchten zu dem, was man als Pop bezeichnet. Und in diesem Fall läuft das Ganze auf einen Dylan hinaus, der ein sonderbares Einmannmodell dafür abgibt, wie man seine ungestüme und verabscheuenswürdige Jugend wieder wettmachen kann. Wir alle werden eines Tages dreißig sein, doch wie Stu Cook von Creedence Clearwater so treffend formuliert, werden *wir* es sein, die dann dreißig sind, und nicht diejenigen, die dreißig waren, als die Leute sich zum ersten Mal wegen solcher Dinge Gedanken zu machen begannen. Oder, wie es jemand gegenüber einem Freund von mir formulierte, als dieser ein schickes Magazin übernahm: »Du gehörst jetzt zu *denen*!« Erinnern wir uns nicht noch daran, wie man uns prophezeite, der Rock 'n' Roll würde uns nichts mehr geben, sobald wir achtzehn sein würden?

Wir müssen diese Dinge nicht mehr glauben; wir müssen lernen, deren Gegenteil auszuleben. Wir müssen dafür sorgen, dass sich das Dreißigsein in den Siebziger- und Achtzigerjahren von dem im vorausgegangenen Jahrzehnt ebenso sehr unterscheidet wie das Zwanzigsein in den Sixties von dem in den Fifties. Deshalb wundere ich mich über Bob Dylan, denn der scheint sich genau in die entgegengesetzte Richtung zu bewegen. Können wir diesem Typen trauen?

Der erste Eindruck, den man von »Watching the River Flow« bekommt, stellt diese Frage noch nicht einmal, denn dieser erste Eindruck ist so *öde*. »I'll just sit here and watch the river flow.« Die Musik ist irgendwie ganz nett, doch sie klingt wie die Nummer, die vom ersten Leon-Russell-Album weggelassen wurde, weil sie zu glatt war. Das Gitarrenspiel ist gut, aber man hört es kommen, und wenn es kommt, klingt es genau so, wie man es erwartet hat. Als musikalische Komposition ist der Song eine Erweiterung von »One More Weekend«, das wiederum auf »Leopard-Skin Pill-Box Hat« zurückging. Alles an der Musik ist handwerklich gut gemacht, alles daran ist vertraut und nichts davon ist sehr aufregend. Sie ist so offenkundig Teil eines Trends, offenkundiger gehts nicht. Ich kann mich an keine Aufnahme von Dylan erinnern, bei der *seine* musikalische Persönlichkeit dermaßen durch Abwesenheit glänzt wie hier. Selbst auf *Self Portrait*, und dort vielleicht ganz besonders, bekam man eine besondere Spielart von *Dylan*-Musik zu hören, etwas Unnachahmliches und Unwiederholbares, und dies hier ist Russell-Musik, und nicht bloß deshalb, weil Russell auf dieser Platte mitwirkt. Die Fadheit dieser Nummer hängt auch damit zusammen, dass im Sound oder im Stil der Studioband von Dylans Präsenz rein gar nichts zu spüren ist – was eine Dylan-Platte unter anderem so aufregend macht, ist die Tatsache, dass es eine *Dylan-Platte!* ist, und in dieser Musik hier gibt es keinen Dylan. Ich glaube, dies ist ein weiterer Grund dafür, dass die Platte so wenig im Radio gespielt wird, dass es den Leuten schnurz ist, ob sie sie zu hören bekommen oder nicht.

Der guten Leon-Russell-Musik wird jedoch eine weitere neue Dylan-Stimme gegenübergestellt – diese ist humorvoll, von einer väterlichen Art, extraschlau und ungemein hip. Es verhält sich nicht bloß so, dass Dylan den Sound seiner Stimme in einen Gegensatz zu Russels Sound stellt, nein, es ist obendrein noch ein Sound, wie wir ihn noch nie gehört haben. Man hört das nicht sofort – nicht die DJs, die die Scheibe, so wie alle Neuerscheinungen, ein paarmal versuchsweise auflegen, um zu sehen, ob daraufhin jemand anruft, und sie in der Versenkung verschwinden lassen, wenn diese Anrufe ausbleiben, und auch nicht die Dylan-Fans, denen es nicht im Traum einfiele, bei einem Top-40-Sender anzurufen und mit einem dieser spießigen Plattenplauderer zu reden, die von solchen Sendern angeheuert werden.

Der Song besteht aus nervösen Wörtern, die durch die Art und Weise, wie Dylan sie singt, in einen Scherz verwandelt werden. Die Leute streiten sich in einem fort und brechen direkt auf der Straße zusammen und der Sänger eilt hin und her, um irgendwie mit der Situation zurechtzukommen. »Daylight's sneakin' through the window and I'm still in this all-night café« (das nenne ich Songwriting – achten Sie darauf, wie viel Text er in einer einzigen Zeile unterbringt!). Er ist zu

Tode gelangweilt von diesem Flussufer, dessen unergründliche Trägheit ihn jedoch aus irgendeinem Grund anzieht.

Ihr denkt, dies sei mir nicht aufgefallen, häh? Ihr denkt, ich hätte die englische Sprache vergessen, als ich Hebräisch lernte?

People disagreein' on just about everything, yep
Makes ya stop and, wonduh why

Oder das hier:

People disagreein' everywhere ya look
Makes ya wanna stop and, uh, read a book!

Hey, sagt die Stimme, das reimt sich!
Hmmm. Rock'n'Roll macht Spaß. Das hätte ich beinahe vergessen.

Dylan arbeitet noch immer an seinem Mythos vom Rückzug aus dem Rampenlicht, der aus einem anderen Blickwinkel nichts weiter ist als das Problem des privaten Künstlers und einer Kunst, die ganz und gar öffentlich sein möchte. In seinen Songs gibt es derzeit kaum noch lose Enden; sie sind perfekt kontrollierte, kleine Statements, nicht so sehr darüber, was in Bob Dylans Kopf vor sich geht, sondern darüber, wo es seiner Ansicht nach Möglichkeiten gibt, das eigene Terrain abzustecken – wie man mit der Welt zurechtkommt, ohne sich von ihr gefangen nehmen zu lassen. Das Leitmotiv von *New Morning* war jener »Tenth Avenue Bus going west« und wieder und wieder widmeten sich die Songs dem Thema Flucht. Das ganze Album bewegt sich in Richtung Westen, kommt aber eigentlich nie dort an. Dies ist letztlich das, was es so amerikanisch macht. Die einzige Möglichkeit, den Westen daran zu hindern, zu dem zu werden, was man hinter sich lassen möchte, besteht darin, nicht dorthin aufzubrechen. Dann bedeutet der Traum weiterhin etwas.

Gute Laune verfliegt. Wenn es einem irgendwo nicht mehr gefällt, kann man von dort abhauen und an den Ort zurückkehren, wo man geboren wurde, um zu schauen, wie es dort aussieht – doch man kann, nein, man will nicht wieder nach Hause zurück. Und dann übernehmen die Träume das Ruder. Man kann sich immer für ein Wochenende davonmachen – falls der Babysitter Zeit hat –, doch in »Sign on the Window« geht es nicht um irgendwelche zweiten Flitterwochen, sondern um ein zweites Leben. Fährt dieser muffige Tenth Avenue Bus tatsächlich zu einem Forellenfluss in Utah? Doch die Hütte, die Frau und die Kinder, die Fische und der weite Himmel – das ist ein starker Traum. Dessen Kraft, und nicht dessen Irrelevanz, war wahrscheinlich der Grund dafür, dass so viele von uns Kritikern ihn so schnell abgetan haben, als wären wir außer uns vor Freude, dass dieser Bus New York nie wirklich verließ. Nichts wurde gelöst, doch es wurde vieles offenbart.

Nun schaut Dylan sich all dies von der anderen Seite an, wobei er etwas härter rockt und etwas lauter singt und das verblassende Bild vom Country Gentleman gegen das ältere vom City Boy setzt, die Erinnerung an die wilde Jugend gegen den verunsicherten Vater. Seine Songs, so scheint es, handeln davon, wie man erwachsen wird, ohne seinem Publikum und seiner eigenen Vergangenheit zu entwachsen – von den Möglichkeiten, sich zu ändern, ohne dabei zu betrügen. Dylan ist schlau genug, um sich schon immer bewusst gewesen zu sein, dass es sich bei den Fragen, ob diese Dinge möglich sind oder nicht, um echte Fragen handelt. Es deutet jedoch kaum etwas darauf hin, dass er die Antwort hat, und noch weniger deutet darauf hin, dass er daran interessiert ist, nach einer zu suchen.

Dylans Behandlung seiner eigenen Themen – Themen, die er besetzt und zu seinen eigenen gemacht hat – wirft jedoch merkwürdige Probleme auf, die selbst ihm entgangen sein könnten, zum Beispiel, wie man eine Hitplatte macht. Ich denke, dass Interessanteste an »Watching the River Flow« ist, dass diese Scheibe kein Hit ist und warum dies so ist. Ich vermute, es liegt daran, dass die Zeit vorbei ist, wo die Leute daran interessiert sind, Bob Dylan sagen zu hören, dass er einfach so dasitzt und zuschaut, wie der Fluss an ihm vorüberzieht, und obwohl er dies im Grunde gar nicht sagt, ist es das, was die Leute hören. Wenn sie zu ungeduldig sind, um zu hören, wie er sich selbst widerspricht, dann liegt dies womöglich daran, dass Dylan ein Opfer seiner eigenen Subtilität geworden ist. Ich denke, die Zeit ist gekommen, wo Dylan das Publikum noch einmal ganz von vorn erobern muss – wenn er eins haben möchte. Und ich hoffe, er ist daran interessiert, *das* zu versuchen.

Bob Dylan, »Watching the River Flow« (Columbia, 1971).

BANGLA DESH
Creem
März 1972

Vor einigen Tagen erlebte das komplette *Bangla-Desh*-Album seine Premiere im Radio, praktisch zeitgleich mit der vernichtenden Niederlage, die die indische Armee den westpakistanischen Streitkräften zufügte, und mit der Befreiung Ostpakistans, was dem Anliegen, das dieses Album überhaupt erst auf den Weg brachte, das süße Siegel der Geschichte verleiht. Zu dritt hörten wir uns die Darbietungen eine geschlagene Stunde lang an, obwohl wir zugegebenermaßen nicht so höflich waren wie das Publikum bei dem von George Harrison organisierten Benefizkonzert für Bangladesch, das im letzten August im New Yorker Madison Square Garden über die Bühne ging: Die erste halbe Stunde des Auftritts von Ravi Shankar schenkten wir uns. Dann begann der Harrison-Leon-Russell-Mad-Dogs-&-So-Weiter-Teil.

Ich fand das meiste davon langweilig und nach einer Weile begann mir die gesamte Show gehörig auf den Geist zu gehen. Die vielköpfige Band war zugegebenermaßen gut beieinander und hatte auch ausreichend geprobt. Harrison sang mit Überzeugung und Eric Clapton war spektakulär. Okay, das Ganze war gut produziert. Gut produzierte Hafergrütze. Jeder zweite Song schien um eines der drei folgenden Themen zu kreisen: 1) Gott ist unser Retter. 2) Was geschieht, entspricht Gottes Plan. 3) Preise den Namen des Herrn und du wirst frei sein. (Nick Tosches meint, diese Rezepte dürften der Bevölkerung von Bangladesch nicht allzu viel nützen; ganz schön gehässig, dieser Hinweis.)

All die frommen Rockmusiker auf der Bühne wussten offenbar nicht, was sie da von sich gaben, denn wenn dieser Stuss irgendeinen Bezug zur Wirklichkeit hatte oder auch nur eine innere Konsistenz – Gefahren des Pantheismus –, so ließ derselbe Gott, der uns dieses herrliche Konzert bescherte, auf der anderen Seite des Globus Tod und Verderben auf die Menschen herniederregnen. Vielleicht um eine Art spirituelles Gleichgewicht herzustellen.

Nun, *mich* erinnerte es an Joseph Hellers Gott, den gemeinen Witzbold. Die ausgewählten Songs sorgten dafür, dass der angebliche Anlass des Konzerts – Geld zu sammeln und weltweite Aufmerksamkeit für das Los der Kriegsflüchtlinge aus Ostpakistan sowie für den Freiheitskampf der Bangladescher zu erzielen – zur Farce wurde und ich glaube, das kommt auf Platte noch viel krasser rüber, als es beim Konzert selbst der Fall war, denn die rein akustische Präsenz der Stars ist nicht dazu geeignet, womöglich aufkommende Zweifel in einem blinden Begeisterungstaumel zu ersticken, ausgelöst von der *leibhaftigen* Präsenz Georges, Ringos und Bob Dylans. Aber das ist nichts, worüber man die Nase rümpfen sollte: Ich selbst wäre auch gern dabei gewesen. Doch ich wars nicht und so muss ich mich mit dem begnügen, was ich bekommen kann, so wie der Rest des Publikums, der auch nicht dabei war. Und was ich bekomme, ist das Gefühl, verraten und verkauft worden zu sein, erdrückt von einigen der albernsten Ideale der westlichen Zivilisation und bezirzt von einer Superstar-Aura, die es dennoch nicht vermag, die beinahe vollständige Leere dieser Produktion zu übertünchen.

In Harrisons »Beware of Darkness« gibt es eine Zeile, wo er warnt, »Beware of maya«. Maya ist das indische Wort für »Schleier der Illusion« – und ohne näher darauf einzugehen, dass die Vermeidung von Dunkelheit eine perfekte Definition von Illusion ist, muss hier gesagt werden, dass ein Schleier der Illusion genau das ist, was dieses Konzert zu bieten hat. Es gibt ein paar Ausnahmen von dem öden Sound, den fürchterlich unecht wirkenden Gospelschreien und den einfältigen

Songs. Leon Russell unternimmt den tapferen Versuch, die wichtigtuerische Atmosphäre des Ereignisses zu unterlaufen, und präsentiert eine ausgelassene Version von »Jumpin' Jack Flash«, die in ein scheinbar improvisiertes Geflunker übergeht, das in »Young Blood« von den Coasters mündet, bis das Ganze nach einer Weile wieder zu seinem Ausgangspunkt zurückstürmt. Das ist aufregend und sticht aus dem restlichen Ablauf des Konzerts ebenso stark heraus wie zwei weitere Höhepunkte, Ringos »It Don't Come Easy« und Dylans letzte Nummer, »Just Like a Woman«. Das Genie dieses Mannes scheint derzeit in erster Linie durch Abwesenheit zu glänzen, doch zeigt es sich einmal, so verschlägt es einem den Atem und nichts und niemand kann daran heranreichen. Aaaah, Bob Dylan!

Eine der besten Sachen an der von Dylan bestrittenen Seite des Albums besteht darin, dass sie einem das Gefühl geben kann, wieder ein Fan zu sein. Ein Bob-Dylan-Fan. Es ist ergreifend, George Harrison sagen zu hören: »Ich möchte euch nun einen Freund von uns allen vorstellen, Mr. Bob Dylan«, und rückhaltlos in die Beifallsrufe des Publikums einzustimmen; bei sich selbst den Kitzel zu verspüren, den das Publikum verspürt; sich an dem Applaus zu ergötzen, der bei den Refrains aufbrandet, Refrains, die das Publikum und man selbst schon seit Jahren öffentlich bejubelt und privat genossen hat. Obwohl der Film unglaublich langweilig zu werden verspricht, werde ich ins Kino gehen, um mir anzuschauen, wie Ringo aussieht, wenn er Bob Dylan auf dem Tamburin begleitet.

Dylans Auftritt ist solide, aber der überwiegende Teil des von ihm präsentierten Materials scheint außer seiner Reichweite zu liegen, als bekäme er den emotionalen Rhythmus der Songs nicht richtig zu packen. Doch schon bei den ersten Klängen von »Just Like a Woman« wird klar, dass hier etwas anderes vor sich geht. Hier steigert er sich zu einer der großen Performances seiner Karriere. Er singt den Song so, wie Hank Williams ihn singen würde, wäre er noch am Leben, mit dem gespenstischen Kälteschauer von »Lost Highway«. Dies zählt mit zum Besten, was er jemals gemacht hat, und wenn er fünf Jahre gebraucht hat, um die Kraft wiederzuerlangen, die er einmal gehabt hat, so interessiert daran nicht, wie lange es gedauert hat, sondern dass er sie nun wieder hat. Was sich vor einigen Jahren als Änderung der Haltung einstellt, scheint sich nun zu einem geänderten Standpunkt entwickelt zu haben und zu einer echten, nicht gekünstelten Reife.

Seine Performance offenbart Nuancen von Gefühl und Engagement, die in der Aufnahme, die wir von *Blonde on Blonde* kennen, noch nicht einmal angedeutet zu sein scheinen. Was dem Song nun fehlt, ist das Gefühl der Verbitterung, das sich vor fünf Jahren nicht bloß als Klage, sondern auch als Verachtung manifestierte – diese Darbietung hier legt einen gewaltigen Schmerz in den schlichten Sachverhalt, dass man den Tag hinter sich bringen muss, bis sie schließlich, in der letzten Strophe, an Intensität zunimmt und Dylans Stimme einen Widerstand gegen das Elend des Lebens zum Ausdruck bringt, der sich gegen jede Form von Versöhnlichkeit sträubt.

Es gibt in diesem Song Wörter, die Dylan mit einer so gnadenlosen Intensität singt, dass sie vibrieren, wie die Zinken einer Stimmgabel. Da ist dieser Moment, wo er

I just don't fit

singt und das erste Wort von den Deckenbalken des Saals widerhallt. Der Song hat genau die Eindringlichkeit, die Dylans Veröffentlichungen in den letzten Jahren gefehlt hat, eine Kraft, bei der einem vor Erstaunen und Wiedererkennen die Kinnlade herunterfällt. Er hat diese Kraft hin und wieder erreicht, etwa in der ersten Zeile von »All Along the Watchtower« – »There must be some way out of here« – oder in den langen, abschließenden Refrains von »George Jackson«, doch hier wird sie über die gesamte Dauer einer Performance aufrechterhalten: Man kann ihr nicht entkommen.

Dylans Eindringlichkeit bewirkt eine Erhellung und zugleich eine Vertiefung unseres Lebens, jedoch niemals in Gestalt einer oberflächlichen Glorifizierung seines *oder* unseres Lebens, sondern als eine Kampfansage an genau jene Einstellung, die nach so einer Glorifizierung trachtet. Und es ist nicht allzu schwer, diese Kraft zu definieren. Wenn Dylan sie hat, ist es gefährlich, ihm zuzuhören.

Der letzte Song des Albums ist »Bangla Desh«, eine Nummer, die sang- und klanglos in der Versenkung verschwunden ist, als Harrison sie als Single herausbrachte. Bei dieser Liveversion entfacht der Song ein solches Feuer, dass er zum Hit avancieren könnte, würde man ihn jetzt erneut veröffentlichen. Der Text wird zwar seinem ernsten Thema noch nicht einmal ansatzweise gerecht (»It sure seems like a mess«), doch vor allem Clapton schafft es, die Kraft hervorzuzaubern, die bis dahin in diesem Song geschlummert hatte. Der Sound, der die unvermeidlichen Bilder von Blutvergießen und unsäglichen Gräueltaten heraufbeschwört, ist fesselnd und zugleich beängstigend. Während er singt, schlägt Harrison mit den Fäusten auf jenen Schleier der Illusion ein und seine Worte schaffen es nicht, den Samtvorhang zu durchdringen, den dieses Konzert sich selbst übergeworfen hat – gewissermaßen, um die Veranstaltung vor dem Grauen ihres eigenen Themas abzuschirmen –, doch die Musik bricht diesmal durch und man bekommt so etwas wie eine Vorstellung davon, warum Harrison all diese Leute überhaupt zusammengetrommelt hat.

Für sage und schreibe drei LPs ist das nicht gerade viel. Ehrlich gesagt, kann ich niemandem empfehlen, sich dieses Album aus musikalischen Gründen zu kaufen, doch ich möchte Sie dazu ermuntern, das Radio nicht abzuschalten und sich die eine oder andere Darbietung anzuhören. Das aufgenommene Konzert ist ein ermüdendes Dokument einiger der peinlichsten Schwächen der Gegenkultur, doch tief in seinem Innern verbirgt sich auch eine Spur von der Kraft, die diese Kultur nach wie vor besitzt.

Der jämmerlichste Aspekt des Ereignisses ist jedoch dessen beinahe vollständiger Mangel an Risikobereitschaft, in künstlerischer wie in politischer Hinsicht. Bangladesch war ein unverfängliches Thema. Es ist immer leichter, sich mit den Problemen eines fernen Landes zu befassen, als sich in Situationen zu begeben, die einen selbst und, wenn man Musiker ist, sein Publikum unmittelbar betreffen. Der überwiegende Teil der bei diesem Konzert präsentierten Musik ist an Harmlosigkeit kaum noch zu unterbieten. Auch wenn viele Leute angedeutet haben, dass die Seele von Woodstock, die an jenem Tag in Altamont an den Teufel verkauft wurde, mit diesem Konzert zurückgekauft worden sei, sollten sie wissen, dass diese Seele nie mehr zurückgekauft werden kann, sondern neu erschaffen werden muss, unter Anerkennung der in dem ursprünglichen Pakt implizit enthaltenen Möglichkeit des eigenen Verderbens. Man findet keine Erlösung durch das Spektakel des Leids anderer, nein, man muss sich dem eigenen Leid stellen. Und deshalb gebührt Ringo das letzte Wort, egal was George über den süßen Herrn Jesus zu sagen weiß oder Billy Preston über die Pläne Gottes: Es ist nicht einfach!

The Concert for Bangla Desh (Apple, 1972, #2). Darbietungen von George Harrison, Ringo Starr, Bob Dylan, Eric Clapton, Billy Preston, Leon Russell, Ravi Shankar, Ustad Ali Akbar Khan, Ustad Alla Rakha und Kamala Chakavarty, begleitet von einer Band, bestehend aus Jesse Ed Davis, Tom Evans, Pete Ham, Mike Gibbins, Jim Keltner, Joey Molland, Don Preston, Carl Radle und Klaus Voorman, unter Mitwirkung der Bläser Jim Horn, Alan Beutler, Chuck Findley, Jackie Kelso, Lou McCreary und Ollie Mitchell sowie der Backgroundsängerinnen und -sänger Don Nix, Jo Green, Jeanie Greene, Marlin Greene, Dolores Hall und Claudia Linnear.

DOUG SAHM AND BAND
Creem
April 1973

Hallo und herzlich willkommen im Jahr 1973! (Inzwischen haben Sie sich sicher daran gewöhnt, doch das hier wurde im Januar geschrieben.) Uns erwartet ein erstklassiges Jahr für *Räckkänrill* (heftiger Reggae-Einfluss am Horizont), das schon gleich zu Anfang mit der Veröffentlichung einer ganzen Reihe von fantastischen neuen Albumhüllen auftrumpft. Grins *All Out* ist schlicht und einfach umwerfend, die Guess Who gehen in die Geschichte ein und Claudia Linnears *Phew* – also, sie muss die hinreißendste Frau sein, die jemals eine Platte aufgenommen hat (das tollste Foto von ihr befindet sich auf der Innenhülle – da lässt sie Freda Payne aussehen wie Frau Müller von nebenan – der todsichere Spitzenreiter der *Vogue*-Charts). Am besten ist womöglich Gilbert Sheltons Cartoon auf der Vorderseite des neuen Opus von Doug Sahm. Werfen Sie einen Blick auf den Hillbilly im purpurroten Hemd, der sein Knie hochreißt und eine Gitarre umgehängt hat – yes, Sir, das ist *Bob Dylan*, am Zupfen und am Grinsen, wie er sich eingroovt auf den Sessionjob (es heißt, er habe »nur mal kurz vorbeigeschaut«, doch das dürfte nicht stimmen) mit Rita Coolidge, Delaney Bramlett, Marjoe und den Rowan Brothers.

Wie ich schon sagte, das Cover ist klasse (auf der Rückseite gibts noch ein Foto von Bob). Das Album selbst ist möglicherweise das langweiligste, das Sir Doug bislang auf den Markt geworfen hat, doch man sollte mit diesen Typen nicht allzu hart ins Gericht gehen. Musik wird schließlich um ihrer selbst willen gemacht. Die Leute, die diese Scheibe aufgenommen haben, scheinen sich dabei blendend amüsiert zu haben und das ist schließlich alles, was zählt, oder?

Na ja, wir könnten schon ein bisschen herummäkeln und sagen, dass David »Demon« Bromberg (eine Beatnikausgabe von Mickey Dolenz, nur dass er nicht so gut singen kann) jeden Track des Albums, an dem er beteiligt ist, mit seinem gefühllosen, hirnlosen und sinnlosen Dobro-Gegniedel verpestet – seine Musik ist ein Paradebeispiel für das Unvermögen, etwas auslassen zu können, und *ihn* auszusperren wäre wohl von Anfang an die beste Lösung gewesen. Wir könnten monieren, dass der Sound des Albums so homogenisiert ist wie die fabrikmäßig hergestellte Erdnussbutter, die in *The Greening of America*[11] so scharf gegeißelt wird: Diese Platte würde Charles Reich also nicht gefallen – etwas, was man derzeit berücksichtigen sollte –, aber andererseits ist Charles ein *netter* Typ und dies hier ist eine *nette* Platte. Wir müssten einräumen, dass die einzigen Tracks, die aus dem Sumpf herausragen, herkömmliche Texas-Blues-Nummern sind, und das nur, weil einem deren Form auffällt und nicht deren Ausführung – es gibt hier nichts, was an den Bar-Room-Funk von *The Return of Doug Saldaña* heranreicht. Eigentlich möchte ich nicht derjenige sein, der es ausspricht, aber diese Scheibe enthält nicht nur das lausigste Mundharmonikaspiel, das Bob Dylan jemals aufgenommen hat, sondern auch den eintönigsten und kraftlosesten Gesang, den es von ihm auf Platte gibt. Und im stillen Kämmerlein gestehen wir uns vielleicht ein, dass Bobs Originalbeitrag zu der LP, ein Song namens »Wallflower«, womöglich der Beweis dafür ist, wie sehr er seine John-Prine-Einflüsse verinnerlicht hat, und dass er es geschafft hat, eine Nummer zu schreiben und daherzujammern, bei der es völlig unvorstellbar ist, dass sie auch nur die geringste Wirkung auf irgendjemand ausüben könnte.

---

[11] Charles Reich, *The Greening of America: How the Youth Revolution Is Trying to Make America Livable*, New York 1970; dt. *Die Welt wird jung: Der gewaltlose Aufstand der neuen Generation*, Wien u. a. 1971.

Aber das alles ergibt keinen Sinn. Diese Typen haben uns eine Menge gegeben – so viel, dass wir ewig in ihrer Schuld stehen werden. Wir sollten es ihnen zurückgeben. Denn wo immer Musik ist, kann der Frühling nicht weit entfernt sein.

Doug Sahm, *Doug Sahm and Band* (Atlantic, 1973).

MIT KEUCHENDEM ATEM
Creem
Mai 1974

Im vergangenen Januar schrieb Langdon Winner mir Folgendes aus den Niederlanden:

Ich bin wieder beim Rock and Roll gelandet, jedenfalls bei dem Teil, der hier von holländischen, englischen und französischen Sendern oder vom AFN gespielt wird. Es fällt mir schwer zu sagen, welche der Songs (mit Ausnahme der Hits von Soulgruppen) aus Europa stammen und welche aus den USA. Jeder kann lernen, wie Mick Jagger zu singen, und deshalb vermute ich, dass einige der großen Hits diesseits des Atlantiks holländischer Rock sind und dass diese Nummern bei euch da drüben niemand kennt. Eine Sache ist jedoch zu Beginn dieses Jahres vollkommen offenkundig und bei euch dürfte es wohl schon länger so sein: Das Radio strotzt bis zum Bersten von Songs, die sich, auf eine sehr bewusste Weise, mit dem Thema Rock and Roll befassen, also wie man ihn macht, wie man sein Leben daran ausrichtet usw. Zwei Titel, die mir spontan einfallen: »Rock and Roll Baby« und »Rock and Roll I Gave You the Best Years of My Life«. Ich erinnere mich noch daran, wie ungewöhnlich es war, wenn man früher einen Song zu hören bekam, der sich auf sein eigenes Medium bezog. Jetzt scheint es so, als gäbe es nichts anderes mehr!

Vielleicht ist diese Zeit einer gesteigerten, aber letztlich lächerlichen Selbstbezogenheit ja nur das Vorspiel zu dem, was wir alle erwarten – das Erscheinen von etwas wirklich Neuem. Und damit meine ich nicht bloß die Musik. Es gibt gute Anzeichen dafür, dass das gesamte Klima, das politische wie das kulturelle, nicht nur in den USA, sondern auch im Rest der Welt vor einem grundlegenden Wandel steht. Zu viele Dinge bleiben ungelöst, nachdem sie angeblich gelöst worden sind, z. B. das »Ende« des Vietnamkriegs, die »rückhaltlose Aufklärung« von Watergate sowie eine Reihe von unter den Teppich gekehrten Problemen, die sich während der letzten zwölf Jahre angehäuft haben. Es herrscht eine große Anspannung und die reicht sehr tief. Ich glaube, dass sich daraus zwangsläufig gewaltige Kräfte entwickeln werden, die unseren Schwerpunkt in diese oder jene Richtung verlagern werden. So wie der Zuhalter eines Türschlosses einschnappt, wenn ein Schlüssel hineingesteckt und gedreht wird, so wird es meiner Ansicht nach eine Konvergenz von neuen Stimmen, Stilen und Interessen geben, die in eine bestimmte Richtung weisen. Ich weiß nicht, aber vielleicht wird so etwas wie Dylans Tournee mit der Band ein Zeichen sein. Vielleicht wird George Wallace zur Halbzeit des Superbowl herauskommen, seine Krücken von sich werfen und einen Marsch auf Washington anführen, eine Art Erstürmung der Bastille, um die Macht im Staat an sich zu reißen. Das Bedürfnis danach ist vorhanden – und ich denke, dass es gerade zurzeit definitiv zu einem kollektiven Bedürfnis wird. Der Zeitgeist und das Spektrum der jedem überhaupt noch zur Verfügung stehenden Möglichkeiten basieren auf dem oftmals rein zufälligen Zusammentreffen von willkürlich kombinierten menschlichen Faktoren. Auf die Logik ist kein Verlass mehr. Aber es kann auch nicht bestritten werden, dass etwaige Dinge von Belang, die wir außerhalb unseres Privatlebens tun können, von einem bestimmten Klima abhängen, das durch diese oder jene offene Tür erst spürbar wird. Ich befürchte jedoch, dass das Wirken dieser Kräfte derzeit nur die Form eines Anführers annehmen kann, der das personifiziert, was die Leute empfinden. Sollte bewiesen werden, dass das Attentat auf Wallace mit Watergate zusammenhängt, dann gnade uns Gott! Was immer diese Personifizierung sein mag, sie wird uns wahrscheinlich nicht gefallen. Es liegt zu viel Böses in der Luft, zu viel, was Agnew und Nixon in der gequälten amerikanischen Seele nicht bereinigt haben. Aber womöglich gibt es, wie ich immer zu sagen pflege, einen gewissen Spielraum, die Ritzen zum Reißen zu bringen. Wir sollten uns allerdings davor hüten, das wirklich Neue nach den Kriterien des Alten und Vertrauten zu beurteilen. Man gerät so leicht in die Irre. Das Interessante an den New York Dolls sind ein paar neue Beulen und Risse – ein starkes Schuldgefühl, eine pauschale moralische Empörung, der Mangel an Humor. Tatsächlich erinnert das in vielerlei Hinsicht an alte Geschichten. Ich habe jedoch das Gefühl, dass sich bei einem Teil der Dinge, die wir demnächst erleben werden, der Schlüssel im Schloss möglicherweise um einen Klick weitergedreht haben wird.

Ich hatte schon viel über Bob Dylans Tournee mit der Band gelesen, bevor diese am 11. Februar in der Oakland-Coliseum-Arena Station machte, nur wenige Tage vor den Abschlusskonzerten in Los Angeles – von meiner Zeitungslektüre wusste ich alles darüber. Ich wusste ganz genau, wie die Show gegliedert war: Dylan & die Band, die Band ohne Dylan, Dylan & die Band, Pause, Dylan solo, Dylan & die Band, »Like a Rolling Stone«, Zugabe. Obwohl minimale Abwandlungen des Programms möglich waren, wusste ich, welche Songs ich zu hören bekäme, und ich kannte sogar deren Reihenfolge. Ich wusste, wie das Publikum reagieren würde: dass es bei der Zeile »Even the president of the United States sometimes must have to stand naked« völlig aus dem Häuschen geriet und dass ein paar Schwachköpfe während des Auftritts der Band »We want Dylan!« schreien würden. Ich wusste, dass gut getimtes Scheinwerferlicht das Einsatzzeichen für die Publikumsreaktion auf »Like a Rolling Stone« geben würde und dass man den Song am folgenden Tag in den Zeitungen als »eine Hymne« apostrophieren würde; ich wusste, dass die Leute im Publikum Streichhölzer anzünden würden, um die Zugabe herauszukitzeln. Das Ganze schien eine streng durchgeplante Inszenierung zu sein, die nichts dem Zufall überließ. Ich freute mich darauf, Bob Dylan stehend eine Ovation zu bereiten, wenn er von der Bühne abging, aber ich wollte verdammt sein, wenn ich irgendwelche blöden Streichhölzer anzündete!

Worauf mich die Presse jedoch nicht vorbereitet hatte, das waren der Sound, der Gesang, die Musik als solche und die Intensität des Ganzen. Ich war nicht darauf vorbereitet, »Rainy Day Women« als einen satten, lauten Chicagoblues von der Bühne purzeln zu hören. Ich war auch nicht gefasst auf den schwarzen Platzanweiser, der die Stufen des Saals hinuntertanzte, wobei er seine Taschenlampe durch die Luft schwenkte und »Knock, knock, knockin' on heaven's door« sang, oder auf den Wonneschauer, der mich durchfuhr, als Robbie Robertson und Rick Danko sich bei einem Refrain ein Mikrofon teilten und dabei ihre Köpfe zusammensteckten wie Paul und George in *A Hard Day's Night*[12]. Auf die Dinge, die die Show zu etwas Besonderem machten, war ich kein bisschen vorbereitet und ich bin mir ziemlich sicher, dass es auch sonst niemand war.

Noch nie – nicht 1965, als sie noch die Hawks waren, nicht bei ihrem Debüt 1969 im Winterland oder bei einem halben Dutzend anderer Konzerte – habe ich die Band mit dem Feuer spielen hören, das Dylan ihr diesmal entlockte. Ich habe Zeitungsberichte gelesen, in denen ihre Anwesenheit kaum erwähnt wurde, geschweige denn die Musik, die sie machten, doch zwischen den einzelnen Sets oder am darauffolgenden Tag war die Band das, worüber sich die Leute als Erstes unterhalten wollten. Robbies Gitarrenspiel war unvergleichlich – während der zwei Shows entfaltete er eine ungezügelte Wildheit, wie er sie bei seinen sonstigen Auftritten meist nur andeutet –, doch was diesmal den Unterschied ausmachte, war der Beat.

Es war ein massives, intensiv synkopiertes KRACHEN, das zunächst alles andere übertönte. Jeder weiß, dass Levon Helm ein groß-

---

12 *Yeah! Yeah! Yeah!* (Regie: Richard Lester, Großbritannien 1964).

artiger Drummer ist, doch diesmal spielte er wie ein Star. Er agierte unmittelbar am Puls des Rock'n'Roll – gelegentlich gesellte sich Richard Manuel an einem zweiten Schlagzeug hinzu, und obgleich es Spaß machte, den beiden dabei zuzuschauen, konnte ich in musikalischer Hinsicht keinen Unterschied hören. Die Autorität von Levons Beat ließ Dylan, Robbie und Garth Hudson mit einer Freiheit singen und spielen, die mit einem weniger starken Fundament bloß wie etwas Persönliches gewirkt hätte; mit der von Levon geschaffenen Grundlage war diese Freiheit zwar noch immer etwas Persönliches, zugleich aber auch etwas, was mit den anderen geteilt wurde, ein Ausdruck von Empathie und gegenseitigem Vertrauen – oben auf der Bühne, aber auch draußen im Publikum.

Nichts von dem, was die Band allein darbot, reichte an das heran, was sie gemeinsam mit Dylan zum Besten gab. Im Kontrast zur Kameradschaft der Band bietet er ein physisches Bild von absolutem Selbstvertrauen (auch wenn er ohne die Band nicht dorthin gelangt, wohin er gelangen möchte, und seine neuen Songs davon handeln, wie frustrierend es ist, auf sich allein gestellt zu sein); gegen ihre umsichtige Intelligenz setzt er sein Genie, erratisch und stets auf der Suche nach Regeln, die man brechen könnte (in ihren schlechtesten Momenten ist die Band nie so peinlich wie Dylan in den seinen und in ihren besten Momenten schreibt sie Geschichte, während er sie macht); gegen das Vergnügen, das die Mitglieder der Band beim Musikmachen empfinden (sie lächeln, er runzelt die Stirn), setzt er eine nervöse Wildheit, einen Hang zur Dramatik.

Es gibt eine Seite an der Band, die unsicher ist und die eine gewisse Scheu vor dem Publikum offenbart, eine Seite, die ihr Heil in einer Art rationalem handwerklichen Können sucht. Es ist eine emotionale Beschränkung, die Garth Hudson als Einziger ständig zu überwinden versteht, und diese ist womöglich die Quelle nicht nur der sparsamen Eleganz der besten Licks von Robbie, sondern auch der präzisen, ja sogar kargen Arrangements, die die Band auf der Bühne und auf ihren

Platten verwendet. Es gibt auch eine wilde, verrückte und chaotische Seite, doch diese tritt, in *ihrer* Musik, nur in kurzen Augenblicken hervor: bei einem der seltenen Gitarrensoli, bei dem irren Klavierspiel, das Garth zu »The Weight« oder zu »Don't Do It« beisteuert.

Doch das ist eine Seite der Band, die Bob Dylan fast immer weit aufbricht. Er steht im Rampenlicht und sie können nach Lust und Laune ihren Eingebungen folgen. Wenn sie mit ihm zusammen spielen, entfesseln sie eine Energie, wie sie sie bei ihren eigenen Auftritten nie an den Tag legen – doch seinen exaltierten gesanglichen Darbietungen wäre mit sorgfältig geplanten Arrangements ohnehin nicht beizukommen. Sie müssen den Beat vorgeben, sie müssen mit ihm spielen und gegen ihn, und um die Zuhörer emotional berühren zu können, müssen sie es sogar riskieren, dass der Song in sich zusammenbricht. Sie müssen Dylan den Schwung verleihen, den dieser so offenkundig verlangt, und gleichzeitig müssen sie für sich spielen.

Die Musik war also nicht sorgfältig geplant, sie war nicht ordentlich, sie war nicht elegant. Sie war wild: Sie ritt auf jenem Beat, voller schwer erkämpfter Arroganz, Liebe und Zorn. Anfangs traf einen die Musik in Gestalt von Explosionen, doch dann löste sie sich in Strukturen auf – Garths Orgel, wie sie zart über ein Solo von Robbie strich, das die reine Anarchie war, während Dylans Geheul durch beides hindurchschnitt. Und dann, wenn du dachtest, du hättest die Musik irgendwie erfasst, du hättest gehört, was sie zu sagen hatten, dann zauberten sie etwas noch Härteres aus dem Ärmel – zum Beispiel »All Along the Watchtower«.

Es war ein abgehacktes, laut grollendes Getöse: Die Band versuchte die Melodie zu packen und Dylan schrie an der Melodie vorbei. Sie ließen die offizielle, auf *John Wesley Harding* veröffentlichte Version – die vermutlich das Beste ist, was Dylan seit *Highway 61 Revisited* gemacht hat – zaghaft und schwach erscheinen, als sei Dylan 1967 unten in Nashville auf Nummer sicher gegangen. Und jetzt, sieben Jahre später, erhöhte er sogar noch den Einsatz.

Während ich das hier schreibe, höre ich, wie James und Carly »Ride with the tide, go with the flow« singen, und obwohl ich darüber froh bin, dass die beiden sich keine höheren Ziele stecken, als ihr Talent zulässt, kommt mir dieses Credo wie das genaue Gegenteil von dem vor, worum es bei Bob Dylan – oder überhaupt bei jedem Künstler – geht. Es war nicht leicht, einen Bezug zu der Musik herzustellen, die Dylan mit der Band gemeinsam machte. Wenn man in der Vergangenheit lediglich die Band gesehen hatte, eine Gruppe, bei der der Soundcheck mitunter länger dauerte als der dann folgende Auftritt, so hätte man die Ungeschliffenheit ihrer Musik damit entschuldigen können, dass sie lange nicht mehr auf Tournee gewesen und deshalb ein wenig eingerostet waren. Doch Dylans Gesang war ein Schock, der sich nicht so leicht mit »er ist müde«, »er ist eingerostet« oder »er ist distanziert« erklären ließ. Einige Autoren haben sich voller Respekt über Dylans Experimente mit Melismen geäußert – das klingt beeindruckend, was? –, doch Melisma bedeutet, Wörter zu verbiegen, und nicht, wie Dylan es tat, sie zu zerbrechen. Er stürzte sich mit aller Macht auf das letzte Wort jeder Zeile, ohne sich, wie es schien, im Geringsten darum zu scheren, was diese Wörter bedeuteten – wie ein Revolverheld ohne ein Ziel, und ein Bob Dylan ohne ein Ziel verschießt bloß Platzpatronen. Und doch hatte er ein Ziel, oder gleich mehrere: die Musik, seine Songs, das Publikum, sich selbst.

Die Musik von heute – insbesondere der gelackte, blutleere Elektra-Asylum-Folkrock, der auf das Publikum abzielt, das gekommen war, um Dylan zu hören – verfügt über eine klar definierte, stark in den Vordergrund gerückte Melodie (beim wahren Rock'n'Roll lässt sich die Melodie nicht vom Rhythmus und vom Beat trennen). Eine Musik dieser Art ersetzt Inspiration durch Professionalität. Dylan heulte seine Songs heraus, wobei er die Melodie attackierte, als sei sie kein Mittel, um Gefühle auszudrücken, sondern eher etwas, was ihnen im Wege stand. Anstelle von Professionalität offerierte er eine rohe Expressivität und sprengte dabei die Grenzen von Phrasierung und Stimmtechnik.

Wenn er danebenschoss, schoss er daneben. Wenn er traf, trieb er seine Songs über sie selbst hinaus. Oftmals richtete er nicht seine Worte gegen das Publikum, sondern sich selbst – nicht als eine Persona, als »Bob Dylan«, sondern als eine physische Erscheinung, als Fleisch und Blut –, und anstelle der Botschaften und der Bedeutungen seiner Songs war da etwas viel Elementareres: Engagement und Kraft.

Wenn diese Shows nicht bloß ein live präsentiertes Greatest-Hits-Package sein sollten, musste Dylan eine Möglichkeit finden, den Songs ein wirklich neues Leben zu verleihen. Dylan scheint der Ansicht zu sein, dass diese Musik sich genauso wenig abnutzt wie die von Robert Johnson, die der Carter Family oder die von Little Richard, doch das zu beweisen ist wieder eine andere Sache. Nur wenn es ihm gelänge, die Songs von seiner und unserer Vergangenheit zu befreien, allerdings ohne jene Vergangenheit zu verleugnen, wären die Songs auch weiterhin in der Lage, die Musiker und das Publikum zu befreien. Die Musik musste dem Sänger entsprechen und sie musste beim Publikum ankommen.

Dylan sang aus voller Kehle, ja, er schrie, sicherlich auch, um sich gegenüber dem Lärm behaupten zu können, um sich vernehmbar zu machen, doch wenn das tatsächlich der Grund gewesen wäre, hätte er genauso gut die Verstärker leiser stellen können. Der Lärm und das Geschrei waren eins. Die Songs einfach nur auf eine geringfügig neue Weise zu präsentieren – hier eine andere Phrasierung, da eine veränderte Betonung, transponierte Introduktionen, veränderte Tempi, das alles machten er und die Band –, hätte, für sich genommen, gekünstelt gewirkt, aus der Sicht des Sänger sogar noch mehr als aus der des Publikums. So entschloss Dylan sich auf gewisse Weise, die Songs im Grunde überhaupt nicht zu singen. Es kam mir so vor, als suchte Dylan vor allem nach etwas, was seinem ursprünglichen Sound entsprach, jedoch ohne diesen kopieren zu wollen: etwas sehr Rohes, Verstörendes, Verwirrendes, etwas, was einem nicht auf Anhieb gefiel. Das klappte nicht immer. Doch die Intention war klar und die Songs, die am besten zu diesem harten Gesangsstil passten – die mit einem Beat, der stark genug war, um Dylan dazu zu zwingen, sich mit dem Rhythmus zu befassen – haben als Songs gewonnen: »Ballad of a Thin Man«, »Highway 61 Revisited« und »Maggie's Farm«. Bei den beiden letztgenannten war Dylan eindeutig der ultimative Rock-'n'-Roll-Sänger und die Band war die definitive Rock-'n'-Roll-Band. Jeder Vergleich zwischen dieser Kombination und einer ernsthaften, talentierten Gruppe wie der Allman Brothers Band – vergiss die Songtexte! – wäre ein Witz. Das hier war Rock'n'Roll, der buchstäblich bis an seine Grenzen getrieben wurde.

Andere Nummern waren nicht so sehr Songs, sondern eher Vorkommnisse in einem Kampf, den der Rock'n'Roll – oder der Blues oder die Countrymusik – verkörpert, jedoch selten austrägt: am Leben bleiben, sich selbst und anderen die Treue bewahren, ein Leben anstreben und für ein Leben kämpfen, in welchem Humor, Zorn und Liebe nicht die Mittel sind, sondern die Ziele. Was mich fast umwarf, wieder und wieder, war die Kraft des Mannes im Zentrum dieses Kampfes; mit einer solchen Kraft in ein und demselben Raum zu weilen, gab mir das Gefühl, viel lebendiger zu sein. Das schlug sich auch in den Songs nieder: Sie wirkten stärker, als Lebenszeichen, aber auch als Kommentare zum Leben. »Er liebt diese Songs genauso sehr wie wir«, sagte die Frau neben mir.

Als Dylan zu Anfang mit Hudson, Manuel, Danko, Robertson und Helm auf die Bühne kam, erstarb der Applaus, noch ehe sie mit »Most Likely You Go Your Way and I'll Go Mine« loslegten (»Wir meinens ernst!«, sagte dieser rasche Einstieg ins Konzert). Das Publikum (und wer kann schon sagen, aus was für Leuten es sich zusammensetzte – ich entdeckte Professoren, die mich in meinem zweiten Collegejahr unterrichtet hatten, und ich sah Studenten, die ich in deren zweitem Collegejahr unterrichtet hatte) schien hin und her gerissen zwischen Verehrung und Begeisterung, zwischen Anbetung und Zurückhaltung.

Erst als Dylan allein auf die Bühne kam, gewannen Devotion und Nostalgie die Oberhand. Wenn die Reaktion auf Dylans erste elektrische Nummern verhalten gewesen war und der Applaus für das erste, vertraute Set der Band laut und begeistert, so stellte der Jubel beim Soloauftritt Dylans alles in den Schatten, was es bis dahin gegeben hatte und was noch folgen sollte. Ein Teil des Publikums wollte sein Idol nicht mit irgendwelchen Begleitmusikern teilen (oder nur dann, wenn diese nicht mehr als das waren, doch das waren sie); manche Leute wollten die Worte hören; eine Menge Leute können den Rock'n'Roll noch immer nicht ausstehen, insbesondere die ungehobelte Version, die die Band ihnen servierte. Diese Leute wollten die gute alte Mundharmonikareligion und sie bejubelten Mundharmonikasolos mit der gleichen Begeisterung, mit der das übrige Rock-'n'-Roll-Amerika Schlagzeugsolos bejubelt. Sie wollten noble Gefühle, und sie wollten Feinde, die sie hassen konnten; sie wollten, dass die Vieldeutigkeit, die unser Leben in den letzten paar Jahren zunehmend geprägt hat, weggewischt wurde, und der solo auftretende Dylan konnte ihnen all das bieten. Hier unterwarf er sich den schlimmsten Erwartungen seines Publikums und erweckte die abgedroschensten Geister seiner Vergangenheit wieder zum Leben. Mehr schien das Ganze nicht zu sein – die akustischen Nummern hatten in der Regel nichts von der an den elektrischen Sets so auffälligen aggressiven Neuartigkeit, die im Grunde ein neues Zeitverständnis war. Und das ist keine Sache des Genres: »Wedding Song« klingt, als könnte es von *The Freewheelin' Bob Dylan* stammen, doch das macht diese Nummer keineswegs zu einem Rückschritt.

Dylan präsentierte »The Times They Are A-Changin'« (das diesmal noch lebloser und unpersönlicher wirkte als 1964), »The Gates of Eden« (das 1965 lächerlich gewesen war und es auch heute noch ist) und »The Lonesome Death of Hattie Carroll«.

Der Titel des letztgenannten Songs impliziert, dass sich der Sänger einer Frau ohne Freunde annehmen möchte, doch der Song ist moralisch genau dort geschlossen, wo »George Jackson« offen und ein echter Versuch ist, eine Freundschaft anzuknüpfen. Ich glaube, Dylan würde heute erkennen, dass Hattie Carrolls Tod bedeutsamer war als William Zantzingers Verurteilung zu sechs Monaten Gefängnis. Doch obwohl ich dachte, dass es viel besser gewesen wäre, wenn Dylan »George Jackson« gesungen hätte, und ich dahinterzukommen versuchte, warum dieser Song nicht nur bescheidener, sondern auch wichtiger als »Hattie Carroll« zu sein schien, ahnte ich, wieso es falsch gewesen wäre, wenn Dylan den neueren Song gesungen hätte. Es hatte etwas mit Privatsphäre zu tun, einem Thema, das im Mittelpunkt so vieler neuer Dylan-Songs steht. Jackson war für Dylan ein Mensch, kein Prinzip, und weil die Platte, die Dylan aufnahm, als Jackson getötet worden war, genau das zum Ausdruck brachte, wäre es eine schamlose Verletzung der auch einem Toten zustehenden Privatsphäre gewesen, hätte Dylan den Song vor 16000 Leuten gesungen: ein Verstoß gegen das Recht des Menschen, nicht zu einem Symbol gemacht zu werden. Hattie Carroll war ein Symbol und sie bleibt ein Symbol, als habe sie niemals gelebt. Sie starb nicht – deshalb konnte Dylan über sie singen und deshalb konnten wir unsere eigene Ablehnung der milden Strafe ihres Mörders beklatschen, und das ist alles, was der Song für sie tun kann. Nun, fast das gesamte Publikum klatschte und viele erhoben sich sogar, für Moral und Sittlichkeit, für Gerechtigkeit, für bessere Zeiten, als die Welt noch schwarz-weiß gewesen war. Es heißt, Huey Newton und Bobby Seale hätten in Oakland die Black Panther Party for Self-Defense gegründet, nachdem sie sich wieder und wieder »Mr. Tambourine Man« angehört hatten, doch an diesem Abend hätte man, wahrscheinlich in derselben Stadt, vielleicht nur wenige Kilometer von dem Ort entfernt, wo Bob Dylan auftrat, die Symbionese Liberation Army und Patty Hearst finden können – wenn man gewusst hätte, wo man suchen musste.

Die Songs, die einen packten, hatten neue Bedeutungen – als Ereignisse. Fast ausnahmslos schienen sie zu jedem im Publikum hinausgeschickt worden zu sein, um hinauszurollen und uns zu verändern und um dann wieder zurückzuhüpfen und unsere Wahrnehmung des

Sängers auf der Bühne zu verändern. »Most Likely You Go Your Way and I'll Go Mine« wurde als Dylans Unabhängigkeitserklärung präsentiert und wir bejubelten sie auch als solche (es war erneut sehr belebend, zu hören, wie jemand ein dermaßen starkes Statement abgab), doch die Performance bot auch Raum für uns. »Ballad of a Thin Man« – ich hatte Dylan den Song schon früher singen sehen und ich wusste, wer Mr. Jones war: jeder, der nicht so cool war, sich eine Eintrittskarte für ein Bob-Dylan-Konzert zu kaufen, die Folkies, die sich die Seele aus dem Leib buhten, die *anderen*. An diesem Abend bezweifelte ich kein bisschen, dass *ich* Mr. Jones war, dass dieses Bild problemlos jeden um mich herum einbezog, dass Dylan viel von der Wut und der Verachtung des Songs auch gegen sich selbst richtete. Hier passte der neue Stil perfekt – Dylan, wie er »MISTER JO-*HONES*!« brüllte und Jerry-Lee-Lewis-Riffs in die Tasten hämmerte –, und wenn der Song jemanden verurteilte, dann nicht diejenigen, die nicht Bescheid wussten, sondern diejenigen, die nicht lernen wollten. Als er »Wedding Song« sang, schien das nicht bloß eine Huldigung an seine Ehefrau zu sein (wäre das alles, wieso sollte er es dann anderen zu Gehör bringen?), sondern eine Herausforderung, mit der Sorte von Extremen zu leben, die durch Wörter wie »blood«, »sacrifice«, »knife« und »kill« vermittelt werden müssen. Selbst im Kontext von Dylans Privatleben schien der Song weniger ein Sieg zu sein, den man beansprucht, als vielmehr ein Ziel, das man anstrebt, und diese Stimmung war vielleicht das, was den Kern der Show ausmachte. Als ich mir von jemandem ein Fernglas auslieh und mir Dylans Gesicht anschaute, war klar zu erkennen, dass ihm seine Arbeit nicht leichtfiel, und die Intensität in seinem Gesicht war einfach atemberaubend.

Ich habe es mehr oder weniger aufgegeben, Dylans Karriere im Sinne einer Weiterentwicklung verstehen zu wollen, nach einem Standpunkt zu suchen, der sich von Jahr zu Jahr verfeinert, der wächst oder sich verflüchtigt, oder einen Stil zu verfolgen, wie er sich mit unserer im

Wandel begriffenen Welt auseinandersetzt. All das ist zweifellos vorhanden, aber irgendwie ist es nicht sehr interessant. Was mir im Gedächtnis haften bleibt, ist eine Handvoll Songs – »All Along the Watchtower«, »Down the Highway«, »Bob Dylan's Dream«, »Highway 61 Revisited« – und der Eindruck, wie hart, wie unerbittlich sie sind. Der Rest rauscht momentan einfach an mir vorbei, so wie bei den Shows in Oakland. Auf *Planet Waves* befindet sich vieles, was mich nicht berührt und was mich womöglich niemals berühren wird, doch »Wedding Song« bildet dabei eine Ausnahme: Für mich klingt dieser Song wie der wahre Abschluss von *John Wesley Harding*, ja, im Grunde klingt er nach nichts anderem. Falls es sich lohnt, nach der Bedeutung von Dylans Performance zu fragen – und für gewöhnlich lohnt es sich bei so etwas, nach allem zu fragen –, so sollte das dazugehören.

Ein Mann zieht in die Welt hinaus; er verirrt sich in ihren Fallen und wird von ihren Vergnügungen verführt. Sofern er ein Dummkopf ist, nimmt er sich fest vor, keiner zu bleiben; er versucht, die Zeichen zu lesen, die Gott und der Teufel überall in der Welt hinterlassen haben, und er entwickelt nach und nach eine moralische Einstellung. Er fällt Entscheidungen und leidet unter ihnen und er wird stärker und zugleich wachsamer. Er versucht, das, was er gelernt hat, an die Leute weiterzureichen, merkt jedoch, dass sie nicht richtig hinhören; aber ob sie es tun oder nicht, er hat zumindest versucht, ihnen die Wahrheit zu sagen. Am Ende kehrt er nach Hause zurück und lernt seine zukünftige Frau kennen, unten an der kleinen Bucht, und die zwei ziehen los, um sich einen Drink zu genehmigen, miteinander zu schlafen, sich ein wenig auszuruhen. Er hat schwer gearbeitet und er hat sich seine Belohnung verdient. Das ist, jedenfalls für mich, die Geschichte, die das Album *John Wesley Harding* erzählt, die Geschichte, an der Dylan seit jener Zeit gearbeitet hat, eine Geschichte, die er nun offenbar in einem einzigen Song zusammengefasst hat.

»Wedding Song« bringt zum Ausdruck, dass all die Kämpfe, die es in der Welt gibt, auch in der Belohnung präsent sind; der Kampf verlagert sich lediglich auf eine andere Ebene. Ich denke, dass Dylan auf *Planet Waves* so ein Gefühl von Kampf und Belohnung rüberbringen wollte und dass ihm das nicht gelungen ist, weil er sich zu lange aus der Welt ausgeklinkt hat und die Songs zu persönlich bleiben. Eine Strophe von »Wedding Song« scheint zu behaupten, ein Mensch müsse die Welt zurückweisen, um sich seinem privaten Kampf widmen zu können (bezeichnenderweise singt Dylan die Zeile »'Cause I love you more than all of that« mit einer solchen Anmut, dass er einen glauben machen kann, man müsse der Welt ganz und gar entsagen); im Vergleich zu all den anderen Lovesongs von *Planet Waves* kann der letzte in diesem Kerker verharren. Doch wenn »Wedding Song« die Geschichte von *John Wesley Harding* tatsächlich vervollständigt und man es auf diese Weise hört, so könnte man daraus lernen, dass der Kampf in der Welt den Kampf zu Hause nur noch vertieft – dass, auf eine rätselhafte Weise, jeder dieser Kämpfe den anderen rechtfertigt.

Seit der Fertigstellung von *Planet Waves* ist Dylan kreuz und quer durch die USA und Kanada getourt. Es ist schwer zu glauben, dass die kraftvollen Performances, die er dabei ablieferte, nur ein Vorspiel zu einem erneuten Rückzug sein könnten; es ist unmöglich zu glauben, dass die Kraft, die ihm das Publikum gespendet hat, nicht Eingang in neue Songs finden wird, die genauso stark sein werden wie die, die er von der Bühne abgefeuert hat. Elliott Murphy, der ebenfalls unter all den anderen im Publikum war, erzählt eine Geschichte, die dem Einsatz, den Bob Dylan bei dieser Tournee bringt, meiner Ansicht nach einen Sinn verleiht: »Als ich bei Polydor untergekommen war, gingen wir rüber nach Kalifornien, um ein Album aufzunehmen, mit Leon Russell am Klavier, Jim Gordon am Schlagzeug und Dr. John an der Orgel. Ich war also da drüben und das Ganze lief überhaupt nicht so, wie ich es mir vorgestellt hatte. Eines Abends saß ich mit meinem Bruder in einem Restaurant, um einen Happen zu essen. Ich war total frustriert wegen der Art und Weise, wie sich das Album entwickelte, und ich befürchtete, am Ende würde ich mich selbst nicht mehr wiedererkennen. Plötzlich zeigt mein Bruder mit dem Finger über unseren Tisch und sein Gesicht wird käseweiß. Die Sitzbänke in diesem Restaurant waren so angeordnet, dass man mit den anderen Leuten fast Rücken an Rücken saß. Ich drehte mich um und schaute in die Richtung, in die er zeigte, und genau in diesem Moment drehte sich der Typ in meinem Rücken ebenfalls um und meine Nasenspitze berührte fast die von Bob Dylan! Das gab mir irgendwie Kraft und ich ging ins Studio und teilte dem Produzenten mit, dass er das alles vergessen könne. Ich kehrte nach New York zurück und dort machten wir es dann richtig.«

Dylan braucht, so wie Murphy oder wie wir alle, andere Menschen, von denen er Kraft beziehen kann, die ihn inspirieren können und mit denen er sich auseinandersetzen kann. Diesmal kam Dylan zu uns und das sollte uns nicht gleichgültig sein.

Planet Waves (Asylum, 1974).

NOCH EINMAL ZURÜCK ZUM HIGHWAY 61
Creem
Juni 1974

Nachdem ich den in der letzten Ausgabe erschienenen Bericht über die Dylan/Band-Konzerte in Oakland verfasst hatte, tauchte mein findiger Bruder Steve mit einem guten, unbearbeiteten Mitschnitt von einer der beiden Shows auf, der mich zu einer Fußnote veranlasst, und zwar nicht nur zu den Konzerten, sondern auch zu dem wahrscheinlich geplanten Livealbum.

Das Tape macht klar, dass fast all das Gute, das ich über die Performances zu sagen hatte, in die zehnte Potenz erhoben werden muss. Die Musik war ungezügelter, als ich sie in Erinnerung hatte, und Dylans Gesang war noch aufregender. Trotz der beträchtlichen musikalischen Unterschiede bezweifle ich kein bisschen, dass das, was Dylan und die Band 1974 gemacht haben, genauso denkwürdig war wie das, was Dylan und die Hawks 1965 und 1966 gemacht hatten, oder dass ein Livealbum mit Aufnahmen von dieser Tournee das gleiche unbändige Feuer entfachen wird wie das klassische *Live-at-Albert-Hall*-Bootleg und dass dieses Album mit einer vollkommen neuen Art von Humor und Selbstvertrauen aufwarten wird. Als ich über die Konzerte schrieb, war ich mir nicht sicher, ob die Musik auf Schallplatte wirklich rüberkommen würde – Dylans Präsenz, und die der Band, war ein Teil des Ganzen, und womöglich ein wesentlicher Teil. Das Tape beweist, dass ich unrecht hatte. Die Musik strahlt eine Power aus, die ich noch nicht einmal ansatzweise beschrieben habe. Es mag sein, dass Dylans Präsenz, obgleich sie ein Teil der Musik war, diese Kraft auch überschattet hat.

Es ist möglich, dass sich nichts davon auf dem offiziellen Vinyl wiederfinden wird – nicht, wenn Dylan oder Robertson oder wer immer die Produktion des Livealbums überwacht, der natürlichen Versuchung nachgibt, das abzumildern und zu verfeinern, was in Wirklichkeit eine ungestüme, völlig entfesselte Angelegenheit war. Wenn man beim Aufnehmen eines Erdbebens auf einer perfekten Stereokanaltrennung beharrt, so erhält man möglicherweise ein professionelleres Produkt, doch es wird nicht wie ein Erdbeben klingen. Zu viel Präzision, zu viel Balance und der Versuch, bei der Abmischung Dylan stärker in den Vordergrund und die Band in den Hintergrund zu rücken – wie es Bob Johnston bei den Isle-of-Wight-Tracks von *Self Portrait* getan hat –, werden der Musik das Leben austreiben. Daher eine Bitte: Seid auf den Gesamtsound aus, selbst wenn das bedeuten sollte, dass die einzelnen Tonspuren nicht sauber voneinander getrennt werden. Versucht die Vehemenz der Musik zu bewahren! Bügelt die Verzerrungen und Unsauberkeiten nicht aus, damit sich die Songs tatsächlich so anhören, wie sie performt wurden! Wenn ihr unbedingt etwas in den Vordergrund mischen müsst, dann das Schlagzeug!

Und lasst uns nicht bis Weihnachten warten!

EIN MOMENT DER PANIK
City
24. Juli – 6. August 1974

kombiniert mit

DYLAN/BAND
Village Voice
15. August 1974

Before the Flood (und was bedeutet das? Ein natürliches Pendant zu den im Januar veröffentlichten *Planet Waves*? Après moi le déluge?), das Livealbum der ausgedehnten Tournee, die Bob Dylan und die Band im letzten Winter absolviert haben, mit Aufnahmen fast ausschließlich vom letzten Abend in Los Angeles, wird sich womöglich als die am wenigsten gespielte Dylan-Platte seit *Self Portrait* erweisen. In der Presse heißt es, Dylans Gesang sei manieriert und seelenlos und die Musik sei schlampig und mechanisch; die Verwendung alter Songs sei nicht nur ein gescheiterter Versuch, eine glorreiche Vergangenheit wiederzubeleben, sondern auch ein Eingeständnis, dass er als Songwriter nichts mehr zu sagen habe; und er habe keine echte Beziehung mehr zu der Generation, der er einmal geholfen hat, sich selbst zu erkennen. Es heißt, über das Album lasse sich bestenfalls sagen, es ersetze die Fantasie und das Neuartige besserer Zeiten durch eine rein physische Energie.

Dylans Generation löste sich auf, als deren Mitglieder erwachsen wurden. Dylan kehrte seiner vermeintlichen Generation schon vor einiger Zeit den Rücken, genauso wie er das starre Korsett seiner alten Stile abwarf und sich einem größeren, vielschichtigeren Amerika zuwandte. Wer heute von »wir« spricht, wenn er über Dylans Publikum schreibt, der verwendet einen sehr schwammigen Begriff oder einen sehr veralteten. Dylan tritt inzwischen als ein amerikanischer Künstler auf, nicht als das Symbol einer Generation. *John Wesley Harding* war eine höchst intellektuelle Erkundung dessen, was es bedeutete, ein amerikanischer Künstler zu sein, ausgedrückt in Worten wie in Musik; *Before the Flood* bietet keine Ideen, sondern Leidenschaften, wobei seine Ziele jedoch die gleichen sind. Der alte Kontext ist zerbröckelt – Paul Nelson hat recht, wenn er meint, in Dylans neuer Musik werde das Zentrum nicht halten, doch das Zentrum liegt nicht in der Musik, sondern im Land selbst. Der Triumph von Dylans neuer Musik rührt daher, dass Dylan das Versagen des Zentrums – und, bezogen auf irgendeine Art von »Wir«-Generation, das Versagen an den Randbereichen – offenbar als etwas versteht, was ihm eine ungeheure Freiheit ermöglicht. Wenn das Versagen eine Gegebenheit ist, so ist es eine überaus belebende Gegebenheit.

Das ist es, was ich höre. Seitdem ich Dylan und die Band auf ihrer gemeinsamen Tournee gesehen habe und seitdem *Before the Flood* veröffentlicht worden ist, hat mich die neue Musik nicht mehr als ein Teil von Dylans Geschichte oder als ein Teil unserer Geschichte interessiert. Vielleicht ist es nicht der Kontext, der in Stücke zersprungen ist; vielleicht ist es die Musik selbst, die den Kontext zerschmettert. Diese Musik interessiert mich vielmehr als ein Ereignis – mich fasziniert die schlichte ästhetische Tatsache, dass sechs Typen auf eine Bühne kommen, ihr Ding durchziehen und die Bühne anschließend wieder verlassen.

Schalte ich heute das Radio an, so höre ich dort Paul McCartney, Elton John. Zu Hause lege ich Steely Dans *Pretzel Logic* auf, Roxy Musics *Stranded* oder *These Foolish Things*, dieses sonderbare Album voll neuer Oldies, das der Roxy-Sänger Bryan Ferry herausgebracht hat (er covert »A Hard Rain's A-Gonna Fall«; er covert auch »It's My Party«). *Before the Flood* entlarvt das eiskalte Kalkül dieser Platten. Sie sind dermaßen gut gemacht – sei es in rein produktionstechnischer Hinsicht (Paul und Elton) oder als umfassende Visionen der populären Kultur (Steely Dan, Roxy Music, Bryan Ferry) –, dass sie dem Zuhörer praktisch keinerlei Raum für eigene Kreativität lassen. Jede Spannung zwischen den Musikern und dem Publikum wird von vornherein unterbunden; die Reaktionen des Zuhörers sind vorausberechnet, und wenn der Künstler seinen Job versteht, landet man genau dort, wo er einen hinführen möchte. Daran gibt es im Grunde nichts auszusetzen. Man gelangt an allerlei interessante Orte. Auf einer Ebene sind solche Mittel und Zwecke die Essenz der populären Kunst. Kritiker, die sich vor Alfred Hitchcock verneigen, behaupten seit Jahren, es gehe bei dieser Art von Kunst allein um die Vollkommenheit der Manipulation. Doch große populäre Kunst, zum Beispiel großer Rock'n'Roll, führt ein Publikum – und, da wir hier von populärer Kunst reden, letztlich auch den Künstler – an Orte, die der Künstler, wenn überhaupt, nur flüchtig, instinktiv wahrgenommen hat.

Ich amüsiere mich, wenn ich mir Hitchcock ansehe oder mir Bryan Ferry anhöre, doch ich fühle mich dabei nie frei. Was mir fehlt, ist die Andeutung offener Möglichkeiten, das Hochgefühl, das einem *Jules und Jim*, *Blonde on Blonde* oder *Weekend* bescheren – das Gefühl, dass ein Künstler über seinen Horizont hinausgeht, dass dein eigener Horizont gesprengt wird, dass Barrieren zerschmettert werden. Diese Art von Freiheit macht *Jules und Jim* zu einem viel gefährlicheren Film als *Shadow of a Doubt*[13], so wie *Before the Flood* witziger und schmerzhafter ist als Ferrys *These Foolish Things*, über das ich schon seit Monaten Tränen lache.

Was mir fehlt, ist das Gefühl, dass in der Musik, in einem Künstler, in mir selbst mehr steckt, als ich angenommen hätte, dass ich nicht

---

13 *Im Schatten des Zweifels* (Regie: Alfred Hitchcock, USA 1943).

voraussagen kann, was ein Song, der aus dem Radio oder von meinem Plattenteller kommt, letztlich mit mir anstellen wird. Was mir fehlt, ist das Gefühl, dass die Musiker sich kopfüber in eine Darbietung stürzen, ohne eine genaue Vorstellung davon zu haben, auf welchem Weg sie sich befinden, ganz zu schweigen davon, wo sie am Ende herauskommen werden, doch mit der optimistischen, nervösen Überzeugung, dass die Ungewissheit der Reise durch die unterwegs erlebten Überraschungen allemal aufgewogen wird.

Die Musik, die Dylan und die Band auf *Before the Flood* präsentieren, wurde in diesem Geist gemacht – einem spezifisch amerikanischen Geist. Das Beste davon ist laut, grob, nicht gänzlich zivilisiert, eine altmodische, hinterwäldlerische, großstädtische Attacke gegen alles Vornehme und Gezierte. In dieser Musik steckt viel von Whitmans barbarischem YAWP, das der Dichter in *Leaves of Grass* über die Dächer der Welt ruft. »Die europäischen Modernen«, schrieb D. H. Lawrence vor fünfzig Jahren, »*versuchen* alle, extrem zu sein. Die großen Amerikaner, die ich hier nenne [Hawthorne, Poe, Dana, Melville, Whitman], waren einfach extrem.«

Ich hörte mir dieses Album ernsthaft, sorgfältig und Track für Track an, ohne es besonders zu genießen, denn ich störte mich an der, wie mir schien, eindimensionalen und allzu gradlinigen Art der Darbietungen, bis ich in der Mitte von »Highway 61 Revisited« registrierte, wie Robbie Robertson genau an der Stelle, wo Dylan »Do you know where I can get rid of these things?« singt, zwei kleine Geräusche ausstößt – Ähk! Ähk! – und sich dann schnell wieder in den Hauptstrom der Musik einfügt, mit einer Kombination von Tönen, wie ich sie noch nie im Leben gehört hatte. Es war einfach unglaublich: Für mich stand fest, dass jeder andere Gitarrist in Amerika zwei linke Hände hatte – oder Robertson zwölf Finger. Also rief ich ihn an, um herauszufinden, wie diese Musik entstanden war, wie er diesen Riff in das Stück eingearbeitet hatte, was dessen Zweck in der Struktur des Songs war und so weiter. »Na ja«, sagte er. »Das war ein Moment der Panik.«

Dieser Moment verschaffte mir Zugang zu dem Album, er erschloss es für mich: Panik, vielleicht, aber kein Zufall, denn mit einem Mal konnte ich Dutzende von ähnlichen Momenten feststellen. Diese wenigen Töne brachen die Strukturen der Musik auf, schlugen eine Schneise in deren Dichte. Innerhalb dieser Strukturen stößt man auf eine fabelhafte Ansammlung von Nuancen, musikalischen Phrasen und textlichen Fragmenten, von einzelnen Teilen, die bedeutsamer zu sein scheinen als vollendete Songs. Aus einem Song, den man schon hundertmal gehört hat, schießen einem Dinge entgegen, auf die man im ersten Moment nicht zu reagieren weiß. Die Musik mag an der Oberfläche vollkommen vertraut sein (alte Songs), oder auch unter der Oberfläche (Album gekauft, Album nach Hause getragen, Album abgespielt), doch bis zum Grund gelangt man nie. Der Sound der Aufnahme – roh, verschwommen, schnell, düster – verbirgt die Action zunächst, und womöglich lässt er einige der Nummern auch öde klingen. Nach einer Weile brechen jedoch merkwürdige Dinge hervor, die noch viel stärker wirken, weil man nicht mit ihnen gerechnet hat. Und mit einem Mal passt alles zusammen. Ein paar Tage später hört man wieder etwas anderes; die Darbietung fällt in sich zusammen; sie baut sich um jenen Moment herum wieder neu auf und verwandelt sich ein weiteres Mal.

Diese Art von Freiheit – sechs Typen, die alle Fesseln abwerfen, innerhalb einer Struktur, die nach wie vor ihre Form bewahrt, die nie inkohärent oder willkürlich ist – scheint das wirklich Neue an dieser Musik zu sein und auch das, was das Beste daran ist. Die Dichte der Musik erzeugt einen neuen Raum; für mich ist Garth Hudson der Star auf diesem Album, so wie Levon Helm für mich der Star bei den Konzerten war. Keiner der beiden wäre mit dem gleichen Feuer zur Sache gegangen, hätte Dylan sie nicht über sich selbst hinausgetrieben; dass Garth Hudson Dylan hier in den Schatten stellen kann, gereicht dem Album zum Vorteil, nicht zum Nachteil.

Die Band spielte nicht auf diese Weise mit Dylan zusammen, als sie 1965 und 1966 noch als die Hawks mit ihm auf Tournee waren, und sie haben seitdem auch als eigenständige Gruppe nicht so gespielt. In der Vergangenheit beschränkten sie sich darauf, Dylan zu begleiten, und dieser sang, als wollte er es genau so haben. Die Berichte über die jüngste Tournee entsprachen solchen Erwartungen. Die Autoren erwähnten die exzellenten »melodischen Einwürfe«, die Robbie, Garth und Richard Manuel beisteuerten, oder die feinen Rhythmen, für die Levon Helm und Rick Danko sorgten. *Before the Flood* beweist, wie grotesk derlei Kommentare sind. Garth kümmert sich um den Rhythmus und mitunter ist Levon derjenige, der die Rolle des Erzählers übernimmt. Es stecken ganze Songs in dem, was Garth bei »Highway 61 Revisited« macht, oder in Levons Schlagzeugspiel bei »Most Likely You Go Your Way and I'll Go Mine« – komplette, unglaublich verwickelte Versionen der Dinge, um die es in diesen Songs geht.

Diese Performances sind dermaßen roh, dass sie die Livemusik der Rolling Stones zahm klingen lassen, und trotzdem ist die Musik, die Dylan und die Band gemeinsam machen, in einem emotionalen Sinn komplexer als die Texte der jeweiligen Songs. Diese Freiheit – die Art und Weise, auf die sich die Sänger und Musiker von den Songs als Kunstwerken befreit haben – hat etwas mit der Tatsache zu tun, dass Dylan und die Mitglieder der Band jetzt älter sind als zu der Zeit, als sie diese Musik zum ersten Mal spielten; sie müssen einander weniger beweisen und jeder hat nun selbst mehr zu sagen. Sie können ihre Partnerschaft als gegeben ansehen und darauf aufbauen. Sie können sich vom Publikum beflügeln lassen und es gleichzeitig vergessen.

Hören Sie sich die Originalversion von »Highway 61 Revisited« an, die sich auf dem gleichnamigen, 1965 eingespielten Album befindet; dort hört man einen sehr lakonischen Bob Dylan, einen Dandy, der auf eine beiläufige Weise die befremdlichsten Ereignisse schildert, als wollte er sagen, *Hey, was sonst würde man von einem Ort wie den USA erwarten?* Doch auf *Before the Flood* ist es eine andere Geschichte. *Ihr würdet nicht glauben, was auf dem Highway 61 geschieht,* sagt der Sänger – *und deshalb werden wir euch dorthin mitnehmen und es euch zeigen, ob ihr dazu bereit seid oder nicht.*

Einst gondelte Bob Dylan mit coolem Blick die Hauptstraße rauf und runter und hielt Abstand von den anderen. Jetzt befindet er sich direkt mittendrin, so wie wir auch. Man hört Garth Hudson, wie er einen die Straße hinunterwalzt und einem das Gefühl gibt, es könnte ein angenehmer Trip werden, eine Reise à la Tom Sawyer, und dann, plötzlich, ruft er vom Berg herab – Gabriel, wie er den Tag des Jüngsten Gerichts verkündet, und ja, man rennt lieber weg, wenn auch nur, um Schritt zu halten. Das ist die *Bürde*, die man auf sich nehmen muss, wenn man in ein größeres, mysteriöseres Amerika eintauchen will, wenn man dem behaglichen Nest der »Wir«-Generation den Rücken kehrt. Und sich in das Zentrum begibt, das nicht halten wird, um es zu bejahen und dort seine Arbeit zu verrichten – das ist, finde ich, keine harmlose Angelegenheit.

Dylans Tournee mit der Band war kein Ereignis, ungeachtet dessen, was *Newsweek* und der *Rolling Stone* behaupten, und ungeachtet der Tatsache, dass inzwischen ganze Bücher über die Tour in den Schaufenstern ausliegen. Als ein Ereignis verschwand die Tournee in ihrem eigenen Rauch. Elton Johns *Caribou* und *Before the Flood* kamen zur selben Zeit heraus; *Caribou* steht schon auf Platz eins, während Dylan und die Band es noch nicht einmal in die Top 20 geschafft haben. Die 450 000 Leute, die die Konzerte besucht haben, scheinen offenbar kein Interesse an einem Souvenir zu haben.[14] Die Verantwortlichen von Asylum müssen ihrem eigenen Hype geglaubt haben, denn sie brachten das Album heraus, ohne Werbung dafür zu machen. Jetzt, wo sie es mit der Angst zu tun bekommen, legen sie in Sachen Hype noch eine Schippe drauf: »Die größte Tournee in der Geschichte des Rock 'n' Roll …«

---

14 *Before the Flood* erreichte schließlich Platz drei der *Billboard*-Charts.

Unfug! Im Gegensatz zu Dylans Tourneen in den Mittsechzigerjahren oder zum Debüt der Band im Frühjahr 1969 und auch im Gegensatz zu dem triumphalen, quer über den Kontinent führenden Sturmlauf der Rolling Stones gegen Ende desselben Jahres oder zu Elvis' legendären ersten Fernsehauftritten im Jahr 1956 gab es bei dieser Tournee nichts von den Sehnsüchten, den Ängsten und den Symbolen, die jenes öffentliche Leben prägten und intensivierten, wie wir es mit den Performern verbinden, die uns etwas bedeuten. Dylans Tournee war eine Gelegenheit zum Musikmachen, eine Chance für sechs Typen, die Grenzen zu durchbrechen, die sie um sich herum errichtet hatten. Gemeinsam zogen sie das durch und in der Musik, die sie dabei gemacht und auf Platte hinterlassen haben, steckt für jeden Fan eine Chance, diese oder jene eigene Grenze zu durchbrechen. Nach *Before the Flood* wird die meiste andere Musik vorsichtig, reserviert und auch ein wenig falsch klingen – das ist womöglich der Grund dafür, dass ich seit der Veröffentlichung des Albums nicht einen einzigen Track davon im Radio gehört habe.

Bob Dylan, *Before the Flood* (Asylum, 1974).
—, *The bootleg series volume 4 – Bob Dylan Live 1966 – The »Royal Albert Hall« Concert* (Columbia, 1998).

D. H. Lawrence, *Studies in Classic American Literature* (1923); dt. *Der Untergang der Pequod – Studien zur klassischen amerikanischen Literatur*, Deutsch von Werner Richter, Wien/Zürich 1992, S. 8.

TEIL ZWEI
SIEBEN JAHRE HIERVON
1975–1981

EIN ALBUM VOLLER WUNDEN
City
5.–18. Februar 1975[15]

Bob Dylan meinte es ernst, als er sein neues Album *Blood on the Tracks* nannte – die Songs sind mit Blut bedeckt. »Warnen Sie alle feinfühligen und wählerischen Gemüter davor, auch nur einen flüchtigen Blick in das Buch zu werfen«, schrieb Herman Melville über *Moby Dick*, voller Zufriedenheit angesichts des vollendeten Werks und voller Sorge, was dessen Aufnahme durch das Publikum betraf; Dylan hat ein Recht, das Gleiche zu empfinden. *Blood on the Tracks* ist ein Album voller Wunden: eine Geschichte über den Krieg, den ein Abenteurer gegen eine Frau und gegen sich selbst führt, und zugleich ein faszinierender Versuch, die Erinnerung, die Fantasie und die Angst vor der Liebe und vor dem Tod einem künstlerischen Impuls dienstbar zu machen, der dem Desaster etwas Positives abgewinnen möchte, indem er daraus etwas Schönes erschafft.

Es ist eine großartige Platte: düster, pessimistisch und verstörend, ohne großen Aufwand produziert und von einem so tiefen Schmerz erfüllt, wie Dylan ihn bislang noch nie offenbart hat. Und obwohl es auf *Blood on the Tracks* dieses oder jenes Echo von früheren Werken Dylans gibt (die Thematik erinnert an *Another Side of Bob Dylan*, die innere Geschlossenheit an *John Wesley Harding*, der Gesang an *Before the Flood*), ist Bob Dylans Weigerung, sich jemals auf irgendetwas fest-

---

[15] Mit einer Schlusszeile aus dem *Rolling Stone* vom 13. März 1975.

nageln zu lassen, das Einzige an ihm, was sein Publikum auf diese Musik hätte vorbereiten können.

Dylan präsentiert uns hier eine Fiktion mit ihm in der Hauptrolle. Er beginnt seine Geschichte mit »Tangled Up in Blue«, einer verwickelten Erzählung, die uns nicht nur mit dem Helden von *Blood on the Tracks* bekannt macht, sondern auch mit der Frau, die er umwerben und verlassen wird, die er verfluchen und verlieren und wieder verlieren wird, die ganze Zeit hindurch, bis zum Schluss des Albums, der fast eine Stunde später erfolgt. Mit Ausnahme von »You're Gonna Make Me Lonesome When You Go«, dem einzigen Schwachpunkt des Albums, zählen diese Songs zu den besten, die Dylan je geschrieben hat – jeder von ihnen ist anders und alle sind sie aus einem Guss.

> In a little hilltop village
> They gambled for my clothes
>
> Little red wagon, little red bike
> I ain't no monkey but I know what I like
>
> They say I shot a man named Gray
> And took his wife to Italy
> She inherited a million bucks
> And when she died it came to me
> I can't help it
> If I'm lucky

Das ist klassisches amerikanisches Songwriting, so schlicht und rätselhaft wie die Countrymusik der Zwanzigerjahre, der Blues der Dreißigerjahre oder der Rock'n'Roll der Fünfzigerjahre – Sachen wie »Worried Man Blues« von der Carter Family, Buell Kazees »East Virginia«, Jimmie Rodgers' durchnummerierte Serie von »Blue Yodels«, Rabbit Browns »James Alley Blues«, Willie Browns »Future Blues«, Sonny Boy

Williamsons »Eyesight to the Blind«, Johnny Aces »Pledging My Love«. Diese Songs sind so selbstverständlich und so beunruhigend wie das Wetter; es gibt keinen, der sie nicht verstehen kann, aber restlos ergründen kann sie auch keiner. Und mit *Blood on the Tracks* verhält es sich genauso.

Die instrumentale Begleitung auf diesem Album ist rein funktional, unspektakulär, abgesehen von Dylans Mundharmonika und von seiner Gitarre bei »Buckets of Rain« (er macht nichts, was Ry Cooder nicht machen könnte, doch Cooder könnte nicht mit so viel Seele spielen, selbst wenn er hundert Jahre lang übte). Die Musik auf den besten Dylan-Platten ist immer etwas Besonderes gewesen (man denke nur an Charlie McCoys Bass auf *John Wesley Harding* oder an Kenny Buttreys Schlagzeug bei »Absolutely Sweet Marie«) und das vermisse ich hier.

Weil einen die Musik nicht unmittelbar packt, muss man sich möglicherweise hinsetzen und genau zuhören, bis man sich mit den Songs angefreundet hat. Das Album ist nicht unzugänglich, doch es stellt seine Anforderungen. Man muss der Musik eine gewisse Geduld entgegenbringen und dann, plötzlich, nachdem Dylan mit den wohl schlechtesten Zeilen, die er jemals geschrieben hat, in eine Strophe eingestiegen ist, haut er einen um:

> Time is a jet plane, it moves too fast
> Oh, but what a shame, that all we shared can't last
> I, I can change, *I swear!*
> Oh, see what you can do
> I can make it through
> You can make it, too

Eine Maske des Abenteurers geht in die andere über: Der ewige Unschuldige von »Tangled Up in Blue« wird zum Ankläger von »Idiot Wind«, der versoffene Bluesgeist von »Meet Me in the Morning« zum Fabulanten von »Lily, Rosemary and the Jack of Hearts«, der Verlierer von »Shelter from the Storm« zum erschöpften Überlebenden von »Buckets of Rain«. Und falls es einen roten Faden gibt, der all diese Songs durchzieht, und ich denke, es gibt einen – die Odyssee eines mythischen Liebenden, der von einer Liaison besessen ist, die er nie auflösen kann –, so bildet »Lily, Rosemary and the Jack of Hearts« den Mittelpunkt des Albums. Der Herzbube ist der heimliche Held, der der Erzähler gern wäre: der mysteriöse Fremde, der in die Stadt gestürmt kommt, sie auf den Kopf stellt und sich dann mit der Liebe ihrer Frauen und obendrein noch deren Geld davonmacht, bevor irgendjemand einen klaren Blick auf sein Gesicht oder in sein Herz hat werfen können. Davor und danach kommen die Songs über den Mann, wie er tatsächlich ist: derjenige, der eine Zuflucht vor dem Sturm gesucht, gefunden und wieder verloren hat.

Dylan ist es ein weiteres Mal gelungen, die Belanglosigkeit der gesamten Popszene zu entlarven, indem er ein Album veröffentlicht, das wie ein Messer durch diese hindurchschneidet. *Blood on the Tracks* offenbart die Leere und Zaghaftigkeit der Platten, die heutzutage als genial durchgehen; es steckt einen Claim für seine eigene Stimme ab und für die Dauer des Albums ist diese Stimme eine ganze Welt. *Blood on the Tracks* beweist, dass Dylan ein Wegbereiter ist, denn mitten in der Stadt ist er in der Lage, vergessene Straßen zu entdecken und daraus etwas Neues zu machen.

Am besten gefällt mir allerdings, wie er den Ortsnamen »Delacroix« ausspricht.

Bob Dylan, *Blood on the Tracks* (Columbia, 1975).

Aus den LINER NOTES
Bob Dylan & The Band
The Basement Tapes (*Columbia*)
1975

… eine bestimmte Sorte von Bluesmusik kann man im Sitzen spielen … vielleicht muss man sich dabei ein bisschen nach vorn beugen.
Bob Dylan, 1966

1965 und 1966 zogen Bob Dylan und die Hawks quer durch das Land und dann um die ganze Welt. Diese stürmischen Tourneen trieben die Musik von Bob Dylan, und die der Band, an eine gewisse Grenze – und sie hatten eine herausfordernde Musik gemacht, die, wenn man so will, kein Pardon kannte und nicht um Schonung bat. Im Sommer 1967 waren Bob Dylan und die Band auf etwas anderes aus.

Weder *John Wesley Harding*, das gegen Ende jenes Jahres aufgenommen wurde, noch *Music from Big Pink* (für das alle der hier enthaltenen Band-Nummern ursprünglich gedacht waren) klingen so wie *The Basement Tapes*, doch es gibt zwei Elemente, die diesen drei Sessions gemeinsam sind: die Aura einer vergangenen Zeit, eine Art Klassizismus, und die absolute Hingabe, mit der sich die Sänger und die Musiker ihrem Material widmen. Unter der unbekümmert vor sich hin rollenden Oberfläche von *The Basement Tapes* geht etwas Ernsthaftes vonstatten. Was Gestalt angenommen hat, als Dylan und die Band mit den Songs herumspielten, war kein Stil, sondern vielmehr eine innere

Einstellung – etwas, was mit einem Vergnügen an Freundschaft und Schöpfertum zu tun hatte.

Hört man sich die Musik, die sie gemacht haben, zum ersten Mal an, so wird man sie schwer einordnen können und wahrscheinlich auch nicht besonders daran interessiert sein, dies zu tun. Was zählt, ist Rick Dankos federnder Bass bei »Yazoo Street Scandal«; Garth Hudsons allgegenwärtige Jahrmarktsorgel (die noch nie so ausdrucksvoll geklungen hat wie bei »Apple Suckling Tree«); die sich ganz allmählich herausschälende Bedrohlichkeit von »This Wheel's on Fire«; Bob Dylans Gesang, der so durchtrieben ist wie Jerry Lee Lewis und so weise wie der Alte vom Berge.

Da ist ein Lovesong von der Sorte, wie sie nur Richard Manuel zu schreiben imstande ist, das unwiderstehlich schöne »Katie's Been Gone«; da ist die schlichte Leidenschaft der von der Band präsentierten fabelhaften Version von »Ain't No More Cane«, einem alten Kettensträflingssong, der für jeden, der die Musik der Band schätzt, eine Offenbarung sein sollte, denn diese Darbietung scheint die Essenz all dessen einzufangen, was diese Gruppe schon immer sein wollte. Da ist die schöne Idee von »Bessie Smith«, geschrieben und gesungen von Robbie Robertson und Rick als die Wehklage eines Lovers von Bessie, der nicht herauszufinden vermag, ob er sich in die Frau selbst oder in ihre Art zu singen verliebt hat. Da ist Levon Helms spezielle Kombination aus sexueller Verunsicherung und hilflosem Entzücken in »Don't Ya Tell Henry« (und da sind die Solos, die er und Robbie zu dieser Nummer beisteuern) – und die Geschichte, die er in »Yazoo Street Scandal« erzählt, eine amüsante Horrorstory, in der die Freundin des Sängers ihn mit der örtlichen Dark Lady bekannt macht, die ihn auf der Stelle verführt und anschließend halb zu Tode erschreckt.

The Basement Tapes klingen, mehr als alles andere, was man bisher von Bob Dylan und der Band zu hören bekommen hat, wie die Musik einer Partnerschaft. Wenn Dylan und die Mitglieder der Band einander beim Leadgesang ablösen und wenn sie sich gegenseitig Nuancen und

Wendungen innerhalb der Songs zuwerfen, dann kann man die Wärme und Kameradschaft spüren, die für alle sechs Männer etwas Befreiendes gewesen sein muss. Die Sprache zum Beispiel ist völlig entfesselt. Ein Großteil der Songs wirkt so kryptisch, so sinnentleert wie ein falsch nummeriertes Kreuzworträtsel – das heißt, wenn man lediglich auf die Worte achtet und nicht auf das, was der Gesang und die Musik zu sagen haben –, doch der offene Geist der Songs ist so unkompliziert wie deren unvergleichliche Vitalität und das Feuer, das sie ausstrahlen.

In Dylans Songwriting und in seinem Gesang spürt man hin und wieder – vor allem bei »Tears of Rage« – eine pure, unverstellte Emotionalität, wie sie anderswo nirgends zu finden ist, und ich glaube, die erstaunliche Tiefe und Kraft von »Tears of Rage« und einiger anderer Nummern ist auf die musikalische Sympathie zurückzuführen, die bei diesen Sessions zwischen Dylan und der Band offenkundig geherrscht hat. Es gibt in der Musik Rhythmen, die regelrecht singen vor Komplimenten, die sich die Musiker zuwerfen – man höre sich »Lo and Behold!« an, »Crash on the Levee (Down in the Flood)« oder »Ain't No More Cane«. Und da ist auch noch eine andere Art von Offenheit, ein Hang zu derben Späßen, der sich ebenso sehr an Levons Mandoline festmachen lässt wie an seinem oder an Dylans Gesang – ein Geist, der an allen Ecken und Enden des Albums ein breites Lächeln aufblitzen lässt.

Mehr als nur ein bisschen verrückt, mitunter völlig bizarr (ich denke da an »Million Dollar Bash«, »Yazoo Street Scandal«, »Don't Ya Tell Henry«, »Lo and Behold!«), unbekümmert zwischen Beichtstuhl und Bordell pendelnd, vor Humor und guter Laune strotzend, klingt diese Musik für mich gleichzeitig wie eine Erprobung und wie eine Entdeckung – von musikalischer Wesensverwandtschaft, von Schneid und Chuzpe, von einigen sehr pointierten Themen; tu es oder halt den Mund, Verpflichtung, Flucht, Heimkehr, Aufrichtigkeit, die Begleichung längst fälliger Rechnungen.

Die Musik klingt aber auch wie eine Erprobung und eine Entdeckung von Erinnerungen und Wurzeln. *The Basement Tapes* sind ein Kaleidoskop, wie es mir bislang noch nicht untergekommen ist, in sich geschlossen und nicht veralteter als die Post von heute, doch sie scheinen einem Kaleidoskop von amerikanischer Musik zu entspringen, die trotz ihrer Ehrwürdigkeit nicht weniger unmittelbar ist. Gleich unter der Oberfläche von Songs wie »Lo and Behold!« oder »Million Dollar Bash« liegen die sonderbaren Abenteuer und die mit todernster Miene vorgetragenen Tollheiten solcher Standards wie »Froggy Went A-Courtin'« und »E-ri-e« oder von Henry Thomas' »Fishing Blues«, »Cock Robin« oder »Five Nights Drunk«; und der Geist von Rabbit Browns sardonischem »James Alley Blues« steckt womöglich direkt hinter »Crash on the Levee (Down in the Flood)«. *The Basement Tapes* beschwören Shantys und Trinklieder herauf, Lügengeschichten und frühe Rock-'n'-Roll-Nummern.

Doch neben all diesen Dingen – und oftmals eng damit verknüpft – gibt es noch etwas völlig anderes.

Offenbar wird der Tod nicht allgemein akzeptiert. Doch mir kommt es so vor, als hätten die Vertreter der traditionellen Musik aus ihren Songs gefolgert, dass das Unergründliche eine Tatsache ist, eine traditionelle Tatsache.

Bob Dylan, 1966

Was Bob Dylan damit meinte, kann man in der Musik von *The Basement Tapes* hören, in »Goin' to Acapulco«, »Tears of Rage«, »Too Much of Nothing« und »This Wheel's on Fire« – man kommt kaum umhin, es zu hören. Es ist etwas Unergründliches, das in einer völlig alltäglichen Sprache daherkommt; es hat nichts zu tun mit Hokuspokus, Talismanen oder Zaubersprüchen. Die Hinnahme des Todes, die Dylan in der traditionellen Musik entdeckte – in den uralten Balladen der Musik aus den Bergtälern der Appalachen –, ist schlicht und einfach das Beharren eines Sängers auf dem Unergründlichen als etwas, was zu jedem ehrlichen Verständnis des Lebens dazugehört; es ist die stille Angst eines Menschen, der sein Seelenheil sucht und in eine Leere starrt, die seinen Blick erwidert. Es ist ein beeindruckender, unerklärbarer Fatalismus, der die zeitlosen, erstmals in den 1920er-Jahren aufgenommenen Balladen antreibt; Songs wie Buell Kazees »East Virginia«, Clarence Ashleys »Coo Coo Bird«, Dock Boggs' »Country Blues« – oder ein Song wie »I Wish I Was a Mole in the Ground«, den Bascom Lamar Lunsford 1928 aufgenommen hat. »I wish I was a mole in the ground – like a mole in the ground I would root that mountain down – And I wish I was a mole in the ground.«

Was der Sänger möchte, ist offenkundig und zugleich fast unmöglich zu verstehen. Er möchte von seinem Leben erlöst und in eine unbedeutende, allseits verachtete Kreatur verwandelt werden; wie ein Maulwurf im Erdboden möchte er nichts sehen und von niemandem gesehen werden; er möchte die Welt zerstören und es überleben.

Im Sommer 1967 setzten sich Dylan und die Band mit solchen Gefühlen auseinander – mit der Leere, die einem entgegenstarrt. In den stärksten und verstörendsten Songs von *The Basement Tapes* vermitteln sie ein uraltes Gefühl des Unergründlichen, mit einer Eindringlichkeit, wie man sie schon lange nicht mehr gehört hat. Man kann es in Dylans Gesang entdecken und in seinem Text zu »This Wheel's on Fire« – und in jedem Ton, den Garth Hudson, Richard Manuel, Robbie Robertson, Levon Helm und Rick Danko spielen.

The Basement Tapes sind vor allem auf diese Weise eine Erprobung und eine Entdeckung von Erinnerungen und Wurzeln; das könnte auch die Ursache dafür sein, dass *The Basement Tapes* heute womöglich noch zwingender sind als zu der Zeit, als sie aufgenommen wurden, und dass sie vermutlich genauso wenig vergehen werden wie Elvis Presleys »Mystery Train« oder Robert Johnsons »Love in Vain«. Der Geist eines Songs wie »I Wish I Was a Mole in the Ground« ist hier nicht zu verstehen als ein Einfluss von Bedeutung und auch nicht als eine Quelle. Es verhält sich einfach so, dass eine Seite von *The Basement Tapes* den Schatten all dieser Dinge wirft und dabei gleichzeitig in deren Schatten steht.

DYLAN WIRD BOSHAFT
Village Voice
18. Oktober 1976

In Bob Dylans kürzlich ausgestrahltem TV-Special, einer Aufzeichnung von einer der letzten Shows der Rolling-Thunder-Tournee in Fort Collins, Colorado, gab es einen Moment, den ich hoffentlich nie vergessen werde: Ich meine die Stelle, wo Dylan »Idiot Wind« in die brutalste Outlawballade verwandelte, die man sich vorstellen kann. Mitten in der ersten Strophe senkte er plötzlich den Kopf; es schien, als erfasse er mit einer einzigen Wendung aus einer Zeile des Songs die gesamte Geschichte des Ortes, an dem er gerade auftrat, als könne er in dieser Sekunde das Leben solcher in Colorado beheimateter Killer wie Kid Curry oder Sundance Kid nachvollziehen. Sein Gesicht glühte vor Bösartigkeit und Schadenfreude und mit einem Mal war Dylan der übelste, schmutzigste und gemeinste Killer, den es jemals gegeben hatte. »I can't help it – if I'm *lucky*.« Seine Augen blitzten vor Zorn und ich zuckte unwillkürlich zusammen.

Die Show war ohne Raffinesse oder Fantasie abgefilmt worden. Die radikal schicken Araberkostüme waren dämlich und schon beim Zuschauen wurde klar, dass Dylans Präsenz alle Fragen der musikalischen Qualität überschattete. Diese Präsenz war sogar dermaßen stark, dermaßen boshaft, dass sie alles beiseitefegte, was ihr ins Gehege kam. Die Wirkung des Mannes war phänomenal. Ich erschrak, als der Abspann begann; die Stunde war wie im Fluge vergangen. Wäre es nach mir gegangen, so hätte die Show noch die ganze Nacht weiterlaufen können.

Hard Rain, der Soundtrack dieser Show (jedenfalls im Großen und Ganzen, denn es fehlen ein paar Nummern und einige stammen von anderen Konzerten), ist jedoch Dylans bislang schlechtestes offizielles Album – ohne Dylans optische Präsenz verendet die Musik auf dem Plattenteller. Ich habe nichts von der Rolling-Thunder-Tournee gesehen und das Mad-Dogs-&-Englishmen(Folkie-Abteilung)-Konzept des Ganzen klang alles andere als aufregend, doch es fällt schwer zu glauben, dass dieses wüste, völlig beliebige, provozierend lässige Herumgewurstel die beste Musik darstellt, die die Tournee hervorgebracht hat. Die Musiker spielen nicht, sie prallen gegeneinander. Dylan phrasiert nicht, er plärrt, und zum ersten Mal in seiner Karriere klingt er einfältig. Es gibt da keine musikalische Attacke, keinen Rhythmus, keine Kunstfertigkeit. Die Arrangements sind sinnlos – kaum vorhanden, wie bei »Memphis Blues Again«, oder banausenhaft, wie bei »Maggie's Farm«. (Sollen diese langen, lächerlich ausgedehnten Pausen nach jeder Strophe, in denen Dylan wie ein sterbendes Pferd wiehert, dem Song Ausdruckskraft verleihen? Oder sollen sie zu Applaus animieren? Letzteres ist nämlich alles, was sie bewirken.) Gelegentlich entwickeln die Nummern zu Anfang eine gewisse Dynamik, doch die verpufft im Handumdrehen angesichts der Indifferenz der Performer. Die klingen, als interessiere sie das Ganze nicht die Bohne. Als Dokument einer Tournee, bei der fast jede Show auf Band mitgeschnitten wurde, ergibt das keinerlei Sinn (und wo sind die Songs, die bei dieser Tournee zum ersten Mal vorgestellt wurden, etwa die alte Ballade »Railroad Boy«, »Going, Going, Gone« und »Where Did Vincent Van Gogh«?).

Es heißt, die Tournee habe ein schlimmes Ende genommen – das Unternehmen soll sich nur noch mühsam dahingeschleppt haben, mit ständig schrumpfenden Zuschauerzahlen und in die Höhe schnellenden Kosten, die die mageren Einnahmen auffraßen. Man könnte denken, dass dieses Album den Groll zum Ausdruck bringt, den die Musiker gegenüber einem Publikum empfunden haben, dass sich schließlich weigerte, vor ihnen einen Kniefall zu machen. Ob dies tatsächlich so gewesen ist, sei dahingestellt, doch was ich aus dieser Musik heraushöre, aus ihrem beharrlichen Mangel an Charme und Groove, ist eine abgrundtiefe Verachtung für das Publikum. Und diese Verachtung könnte durchaus die andere, die langweiligere Seite von Dylans Boshaftigkeit sein, von jener gehässigen Intensität, die er im Fernsehen bei »Idiot Wind« an den Tag legte. Gezielt eingesetzt und unverhüllt macht diese Boshaftigkeit den Kern von Dylans Kunst aus. Ziellos – und verkleidet als eine Kameraderie mit hektischer, krakeelender Musik – ist sie lediglich ein Ärgernis und, zu allem Übel, noch leer.

Bob Dylan, *Hard Rain* (Columbia, 1976).

DIESER ZUG HÄLT HIER NICHT MEHR
Rolling Stone
30. Dezember 1976

Als der inzwischen verstorbene Junior Parker 1953 die Originalaufnahme von »Mystery Train« einspielte, entlehnte er die ersten Zeilen –

Train I ride
Sixteen
Coaches long

– aus dem »Worried Man Blues« der Carter Family, der aus den Zwanzigerjahren stammte, obwohl niemand genau weiß, wo die Carter Family ihn aufgeschnappt hatte. »Mystery Train« ist ein ziemlich alter Song. Als die Band ihn sich etwa eine Stunde nach Beginn ihres Abschiedskonzerts am Thanksgivingabend im Winterland vornahm, klang er neu. Ich hatte Parker den Song singen hören und Elvis und Paul Butterfield und ich hatte die mit einem neuen Text versehene Version der Band auf ihrem Oldies-Album *Moondog Matinee* gehört; das hier war etwas völlig anderes. Levon Helm, der den Leadgesang übernahm, und Richard Manuel spielten beide Schlagzeug, Paul Butterfield spielte Mundharmonika und gemeinsam legten sie einen swingenden Beat hin, der mit jeder Kurve, die die Nummer nahm, an Kraft gewann. Ich habe Butterfield noch nie mit einer solchen Power spielen hören: Seine Mundharmonika war ein nächtlicher Hoodooschrei, der über dem Publikum schwebte und durch das Ereignis des letzten Auftritts der Band hindurchschnitt wie eine Fanfare, die einem klarmachte, weshalb so ein Auftritt überhaupt zu einem Ereignis werden konnte. Die Band hielt nichts zurück; sie spielten mit einer Intensität, wie ich sie im Laufe der Jahre nur gelegentlich bei ihnen erlebt habe – 1965 hinter Dylan, 1969 am zweiten Abend ihrer Debütkonzerte im Winterland, 1974 gemeinsam mit Dylan bei »Highway 61 Revisited« und »All Along the Watchtower« – eine Intensität, die ich nie vergessen habe.

> Come down to the station to meet my baby at the gate
> Ask the stationmaster if her train's runnin' late
> He said if you're a-waitin' on that 4.44
> I hate to tell you son that train don't stop here anymore

Levon sang, als flehe er um Gnade – ob bei Gott oder beim Teufel, konnte man nicht sagen.

Das Konzert wurde auf den Plakaten als The Last Waltz angekündigt; die Band präsentierte einen gleichnamigen Song, den sie praktisch erst einen Tag vor der Show geschrieben und während der einzigen Pause ihres fünfstündigen Auftritts hinter der Bühne eingeübt hatten. Als ein Ereignis war das Ganze ziemlich aufgebläht, doch die Band ließ sich von den bombastischen Dimensionen der Veranstaltung nicht beeindrucken.

Die Band ist im Laufe der Jahre in einem Ausmaß mit ihren Songs gleichgesetzt worden, das sie, im Guten wie im Schlechten, von allen anderen Rockgruppen unterscheidet: Bei ihnen assoziiert man nicht so sehr ihre Aura oder ihre Gesichter, sondern eher »The Night They Drove Old Dixie Down« und andere Nummern von *Music from Big Pink* und *The Band*. Die Band eröffnete die Show mit solchen Songs und sie spielten sie so präzise und schwungvoll, wie ich es schon lange nicht mehr erlebt hatte. Sie kamen aus sich heraus: Rick Danko hüpfte kreuz und quer über die Bühne, Robbie Robertson erlaubte sich extravagante Solos, Garth Hudson streifte über seine Orgel wie ein Spurenleser, mit wehendem Haar, und Richard Manuel und Levon Helm schienen beide mit einer besonderen inneren Überzeugung zu singen. Als sie in ihre erste Nummer einstiegen, »Up on Cripple Creek«, wurde mir schlagartig bewusst, dass ich sie diesen Song womöglich nie wieder spielen hören werde; sie hatten ihn seit acht Jahren gespielt, seit jenem ersten Abend in San Francisco, und ich hatte keinen Auftritt von ihnen gesehen, wo sie ihn nicht gespielt hatten. Ich hatte mitunter darüber genörgelt, dass die Band ihr Bühnenrepertoire nie zu variieren schien, doch plötzlich schien mir der Song unverrückbar, rechtmäßig an seinem Platz, ebenso unvergänglich wie ein Charakter. In diesem Moment ergab es für mich keinen Sinn, dass sie die Nummer nicht bis ans Ende ihrer Tage spielen würden. Der Song hatte mich gefangen genommen; ich wollte nicht wahrhaben, dass ich ihn nun zum letzten Mal hören sollte, denn ich fand, er hatte sich noch kein bisschen abgenutzt.

Sie gaben diverse Songs zum Besten, wobei sie neben Allen Toussaint, der als Dirigent einer Bläsersektion in Erscheinung trat, auch einen Fiddlespieler mitwirken ließen, und den Höhepunkt erreichten sie am Schluss von »This Wheel's on Fire«, das stets zu den Glanznummern ihrer Auftritte gehört (Howard Johnson, der große Ähnlichkeit mit Roy Campanella hat, aber auch ein bisschen wie Louis Armstrong und ein bisschen wie Flip Wilson aussieht, sang hier mit und pustete beim Singen die Backen auf wie beim Tubaspielen). Sie sangen ihre letzte Single »Georgia on My Mind«, die sie zur Unterstützung von Jimmy Carters Wahlkampf aufgenommen hatten (man schickte ihm eine Kopie des Mastertapes und sie gefiel ihm – die B-Seite war passenderweise »The Night They Drove Old Dixie Down«). Garth brachte ein Intro direkt aus »Song of the South«, während Manuel seinen Platz am Klavier verließ, sich ein Mikrofon griff und in der Manier eines Crooners sang. Der Soloauftritt der Band kam mit »The Night They Drove Old Dixie Down« jedoch erst so richtig in Fahrt. Sie gingen bei diesem

Song einfach härter zur Sache, als ich sie es jemals hatte tun sehen; es steckte jede Menge Liebe in der Darbietung, aber auch eine gewisse Verzweiflung. Ihr Set enthielt außerdem noch »The Shape I'm In« (träge, langsam, wie es auf der Bühne immer der Fall gewesen ist), »It Makes No Difference«, »Life Is a Carnival«, »Ophelia« und »Stage Fright«; ihre Schlussnummer war »Rag Mama Rag«.

Ich will verdammt sein, wenn da nicht jemand nach »Free Bird« schrie.

Dann holte die Band Ronnie Hawkins auf die Bühne, den Rockabillysänger aus Arkansas, der sie in den frühen Sixties in Toronto als seine Begleitband rekrutiert und ihnen den Namen The Hawks verpasst hatte. Hawkins bringt nicht mehr Gewicht auf die Waage als zwei x-beliebige Mitglieder der Band zusammengenommen; er ist der Inbegriff des unverbesserlichen Rock'n'Rollers. Er trug einen gewaltigen Strohhut mit aufgebogener Krempe, einen schwarzen Anzug und einen dichten Vollbart, hatte blitzende Augen, ein Gesicht voller Narben und ein breites Grinsen. Die Band legte einen so harten Bo-Diddley-Beat hin, wie man ihn schon immer hatte hören wollen, und Hawkins begann, auf der Bühne herumzutigern, und adressierte »Who Do You Love« direkt an die Jungs der Band (»Take it easy, Garth, dontcha gimme no lip«), die ihn 1963 bei seiner klassischen Aufnahme des Songs begleitet hatten. Hawkins heulte, er schrie und brüllte, und stürmte einmal über die Bühnenbretter, um Robbies Gitarre mit seinem Hut Luft zuzufächeln (»Cool it *down*, boy!«), ein Gag aus der Bühnenshow, den die sechs Männer vor dreizehn Jahren abzuliefern pflegten – und für mich der größte Moment des Abends.

Dr. John, ausstaffiert wie ein Hipster aus den Fünfzigerjahren – goldene Schuhe, Glitzerjacke, eine tief über den Kopf gezogene Baskenmütze –, war als Nächster dran und gab seinen Song »Such a Night« zum Besten. Anschließend präsentierte der ebenfalls aus New Orleans stammende Bobby Charles eine Neufassung von »Liza Jane«: Dr. John, Charles, Danko, Robertson, Manuel und Helm lieferten ein so schlichtes und perfektes Stück New-Orleans-Musik ab, wie man es im Winterland wohl noch nie zu hören bekommen hatte. Dr. Johns eigener Song hatte – so wie später fast alle von Gästen vorgetragenen Nummern, die nicht mit der Band identifiziert wurden – die Stimmung im Saal abflauen lassen, doch als er hier als ein Teil der Gruppe sang, heizte er sie wieder auf. Dann folgte »Mystery Train« und anschließend, noch immer mit Paul Butterfield auf der Bühne, hatte Muddy Waters seinen Auftritt, bei dem er sich vom Gitarristen und vom Pianisten seiner eigenen Band begleiten ließ. Er sang eine schwache Version von »Caldonia«; der Mann ist ja doch schon einundsechzig. Es war eine nette Geste der Band, ihn einzuladen; die meisten von ihnen hatten bei seinem Woodstockalbum mitgewirkt und als Levon and the Hawks hatten sie 1963 Waters' »She's 19« aufgenommen. Ihn auf die Bühne zu holen ergab also einen Sinn. Man dachte sich Entschuldigungen für Muddys wenig überzeugende Leistung aus, bis man zu hören bekam, wie er und die Band in »Mannish Boy« einstiegen. Als Waters diesen Song 1955 zum ersten Mal aufnahm, war er gerade vierzig, etwa so alt wie Hawkins es heute ist, und mit einem Mal wurde die Vorstellung des Alterns, die Idee, man könne seine besten Jahre hinter sich haben, lächerlich. Butterfield schien während der gesamten Darbietung einen einzigen düsteren Ton zu spielen; Waters tanzte, er hüpfte auf und ab; die Band brodelte. Es hörte nicht mehr auf: »I'm a man ... I'm a rolling stone ...« Sie holten aus dem Song alles heraus, was in ihm steckte, und als Waters die Bühne verließ, war nichts mehr übrig. The Last Waltz war sorgfältig vorbereitet worden; es hatte zwei Abende mit Proben in San Francisco gegeben, Wochen mit Proben in Los Angeles und jede Nummer war buchstäblich in einem Drehbuch fixiert, Zeile für Zeile, Einstellung für Einstellung; jeder Kamerawinkel und jeder Szenenaufbau waren minutiös vorausgeplant. Es mag sein, dass sie »Mannish Boy« vorher einmal kurz durchgegangen waren, doch so wie Muddy und die Band den Song spielten, konnten sie ihn unmöglich eingeübt haben. Es war eine phänomenale Darbietung.

Auf Waters folgten Eric Clapton, Neil Young, Joni Mitchell und Neil Diamond und bei deren Performances verlor die Show, wie ich fand, ihre Form. Clapton spielte schlecht, wenn auch spektakulär; weder Youngs Nummern (»Helpless« und Ian Tysons »Four Strong Winds«) noch die von Mitchell (drei Titel ihres aktuellen Albums) oder die von Diamond (»Dry Your Eyes«) schienen in musikalischer Hinsicht irgendetwas mit der Band zu tun zu haben; hier befriedigte das Konzert die Bedürfnisse jener Leute, die vor allem gekommen waren, um sich ihre Idole aus der Nähe anzusehen. An diesem Punkt kamen auch die ersten Gerüchte über zusätzliche prominente Gäste auf; ein Fan prophezeite, Buddy Holly werde genau um Mitternacht auftreten, während ein anderer behauptete, er habe den verstorbenen Murry Wilson hinter der Bühne sein Instrument stimmen sehen.

Nach Diamonds Auftritt überließ Manuel John Simon das Klavier und begann »Tura Lura«, einen Song über ein irisches Schlaflied, zu singen. Als Manuel die letzte Strophe beendet hatte, kam Van Morrison auf die Bühne und drückte der Show im Nu seinen Stempel auf. Ich hatte ihn noch ein paar Minuten zuvor oben auf den Rängen herumschleichen sehen, mit missmutiger Miene und unauffällig gekleidet, in Regenmantel und Jeans, und nun stand er mitten auf der Bühne, in einem etwas albernen purpurroten Anzug mit einem grünen Top darunter, und sang in Richtung der Saaldecke. Sie stiegen in »Caravan« ein – wobei John Simon die Lautstärke der Band dirigierte und die Bläser unheimlich effektvoll führte – und Van brannte Löcher in den Boden. Er war magisch und ich fragte mich, warum er sich nicht vor Jahren mit The Band zusammengetan hatte. Er passte zu ihnen wie kein anderer Sänger, seine und ihre Musik hätten sich ideal ergänzt. Vans Auftritt war ein Triumph, und als der Song endete, warf er aus schierem Übermut ein Bein in die Luft und verschwand in eben dieser Manier, wie eins der legendären Rockett-Revuegirls, von der Bühne. Das Publikum hatte ihm ein herzliches Willkommen bereitet und nun verabschiedete es ihn mit tosendem Applaus.

Als letztes Stück vor der Pause – in der Dichter wie Emmett Grogan, Michael McClure und Lawrence Ferlinghetti aus ihren Werken lasen – spielte die Band »Acadian Driftwood«. Neil Young und Joni Mitchell wurden dafür wieder auf die Bühne geholt, um als Kanadier den Harmoniegesang für diesen kanadischen Song beizusteuern. Das Ganze war eine ziemlich wackelige Angelegenheit. Dann, nach etwa vierzig Minuten, wurde das Konzert mit Garths langem, diesmal eher feierlichem als munterem Intro zu »Chest Fever« fortgesetzt, dem der Song an sich folgte, und dann kam »The Last Waltz«, ein Stück, das von der Stimmung her ein wenig an »Long Black Veil« erinnert. Die nächste Nummer war »The Weight«. Ich habe die Band diesen Song schon ein Dutzend Mal spielen hören, doch bis zu diesem Abend hatten sie ihn nie so richtig in den Griff bekommen. Garth spielt bei »The Weight« Klavier und seine Töne hatten immer etwas Überdrehtes an sich gehabt, ein so unregelmäßiges Tempo, dass es für den Rest der Gruppe immer schwer war, ihm zu folgen. Doch diesmal schafften sie es, halbwegs koordiniert zu spielen, und der Song strahlte.

Gleich darauf kam Bob Dylan auf die Bühne, stöpselte seine Gitarre ein und schlug die ersten Töne von »Baby Let Me Follow You Down« an. Seine Rhythmusgitarre war so laut aufgedreht oder am Saalmischpult so sehr in den Vordergrund gerückt worden, dass sie alles andere übertönte; der Sound war an diesem Abend noch nie so roh, so schrill, so schnell und so hart gewesen. Dylan rockte, was das Zeug hielt. Er tanzte über die Bühne und bewegte sich nach jeder Strophe vom Mikrofon weg. Seine Gitarre schepperte. Er brüllte ins Mikrofon, als sie einen Song heruntergedroschen, der zu den Höhepunkten der Shows zählte, die er und die Hawks 1965 und 1966 abgeliefert hatten; dann mäßigte er das Tempo bei »Hazel«, einer Nummer von *Planet Waves*, um anschließend in »I Don't Believe You« einzusteigen, ein weiteres Glanzlicht der Dylan-Hawks-Shows von vor zehn Jahren. Damals war es ein kraftvolles, lyrisches Stück gewesen und an diesem Abend war es das ebenfalls. Dylan stolzierte auf der Bühne herum; in seiner Darbietung lag eine ungeheure Eindringlichkeit und, im Unterschied zu den Auftritten einiger anderer Sänger, keine Feierlichkeit und keine Zurückhaltung. Er war laut und er stand nie still. Nach »Forever Young« kehrte er ohne eine Pause – seine Nummern waren mehr oder weniger ineinander übergegangen – zu »Baby Let Me Follow You Down« zurück. Er war, wie manche sagten, fünfundzwanzig Minuten auf der Bühne; ich hätte gewettet, es wären nur sieben gewesen.

Das Konzert erreichte sein offizielles Ende mit »I Shall Be Released«. (»Na ja«, sagte ein Freund von mir, »wenigstens haben sie nicht ›Will the Circle Be Unbroken‹ ausgewählt.«) – und, wie vorauszusehen, kehrten alle, und zusätzlich noch Ringo Starr und Ronnie Wood, auf die Bühne zurück, um beim großen Finale mitzusingen. Als sich danach die Bühne geleert hatte, begannen Levon und Ringo ein rhythmisches Grundmuster zu trommeln, und dann gesellten sich weitere Musiker hinzu – Dr. John, Clapton, Wood, Carl Radle, Neil Young, Stephen Stills sowie diverse Mitglieder der Band –, um ein paar längere Nullachtfünfzehn-Improvisationen zum Besten zu geben. Nach dreißig Minuten kehrte die Band noch einmal allein zurück. Sie spielten »Don't Do It«. Als sie damit fertig waren, taten sie es aber doch: Sie verschwanden.

Es war ein langer Abend und bis zum Auftauchen von Ringo-Wood-Stills (plus Jerry Brown, der keinen Anzug trug und dem Publikum zuwinkte) hatte man nicht den Eindruck gehabt, einer »Supersession« beizuwohnen. Im Großen und Ganzen machten die Leute, die zusammen spielten, eine Musik, wie nur sie sie zusammen machen konnten; sie trieben sich gegenseitig über ihre Grenzen hinaus und sie durchbrachen die Nostalgie, die der Veranstaltung zwangsläufig anhaftete.

Was genau nun vorbei ist, ist schwer zu sagen. Niemand erwartet, dass das Lebewohl der Band so etwas sein wird wie Smokey Robinsons Abschied oder wie einer der Rückzüge von David Bowie. Womöglich ist das, womit jetzt Schluss ist, lediglich eine Anzahl von Songs, jene Songs, die die Band schon so lange gespielt hat und denen sie nicht entkommen konnte. Es kann sein, dass sie ihre Zeit als eine öffentlich auftretende Gruppe unter anderem deshalb beendet haben, weil ihre eigene Musik sie in eine Ecke getrieben hatte; vielleicht mussten sie ja einen Schlusspunkt setzen, um neu anfangen zu können, als Individuen – und als Gruppe. Bestimmt wird es mehr Soloprojekte geben; offiziell wurde verlautbart, die Band werde weiterhin als The Band Platten aufnehmen, doch ich frage mich, wie lange es wohl dauern wird, bis ihr Name wieder auf einer LP erscheint, abgesehen von dem Livealbum ihres Abschiedskonzerts.

Die Band ist nie eine hochkarätige Rock-'n'-Roll-Band wie andere gewesen, weder für ihre Fans noch für ihre Kritiker: Sie ist immer etwas Besonderes gewesen und es war die Idee von einer seit Jahren gemeinsam durch dick und dünn gehenden Gruppe von Leuten, die sie, zusammen mit ihrer Musik, zu etwas Besonderem – die sie ohne Zweifel zu etwas Einzigartigem gemacht hat. Ich kann mich, ehrlich gesagt, noch nicht damit abfinden, dass die Songs, die die Band zur amerikanischen Tradition beigesteuert hat, fortan nur noch auf Schallplatte existieren sollen, und mich beschleicht der Verdacht, dass die Band, aus welchen Motiven auch immer, womöglich nicht bloß diese eine Tür zugemacht hat.

Vor ein paar Wochen fragte ich Robbie Robertson, ob ein letztes Konzert bedeute, dass die Band sich auflösen werde, und die Vorstellung schien ihn zu überraschen und gleichzeitig zu amüsieren. »Die Band wird sich niemals auflösen«, sagte er. »Dafür ist es zu spät.« Nun, das hoffe ich. Doch die eingangs zitierte Zeile aus »Mystery Train« will mir nicht mehr aus dem Kopf gehen, genauso wenig wie die von der Band und Paul Butterfield präsentierte Version des Songs und wie ein Gedanke aus Emmett Grogans Autobiografie, wo er schreibt, seine Begegnungen mit der Band hätten ihn gelehrt, dass es lange dauert, bis etwas wirklich Gutes passiert. Es dauert lange und es ist lange her.

The Band, *The Last Waltz* (Warner Bros./Rhino, 2002).

SAVE THE LAST WALTZ FOR ME
New West
22. Mai 1978

Martin Scorsese wohnt in den Hügeln von Hollywood. Sein Haus gibt sich auf der Stelle als das Domizil eines Filmemachers zu erkennen; abgesehen von einem kleinen katholischen Triptychon sind Filmplakate die einzige Form von visueller Kunst, die es dort gibt. Sie beherrschen fast jeden Raum und berücksichtigen alle möglichen Genres: pseudokünstlerische deutsche Collagen für *Mean Streets*[16], ein Plakat für *Rebel Without a Cause*[17], ein urkomisches, dekadentes Tableau aus Stewart Grangers vergessenem *Saraband for Dead Lovers*[18], eine große Anzeige, auf der Gary Cooper demonstriert, wie man zwei Pistolen gleichzeitig abfeuert, ohne Paulette Goddard fallen zu lassen. Doch an diesem Abend – unmittelbar nach der ersten richtigen Vorführung von *The Last Waltz*, Scorseses Film über das große Abschiedskonzert der Band am Thanksgivingabend 1976 in San Francisco – dreht sich unser Gespräch einzig und allein um Rock'n'Roll.

The Last Waltz ist der mit Abstand beste Konzertfilm, den ich jemals gesehen habe; auf gewisse Weise ist er viel besser als das Konzert selbst. Ich bin nicht restlos zufrieden; Garth Hudson bleibt, wie schon seit so vielen Jahren, fast unsichtbar und die Tonmischung schenkt sei-

---
16 *Hexenkessel* (Regie: Martin Scorsese, USA 1973).
17 *... denn sie wissen nicht, was sie tun* (Regie: Nicholas Ray, USA 1955).
18 *Königsliebe* (Regie: Basil Dearden, Großbritannien 1948).

ner Musik nicht die Aufmerksamkeit, die ihr gebührt. Richard Manuel bekommt auf der Leinwand nicht den Raum, den er verdient, und sein Klavier ist oft schwer zu hören. Doch die Eindringlichkeit des Films lässt solche Einwände auf der Stelle verblassen, ja, sie brennt sie regelrecht weg.

Der Film ist zunächst einmal eine Aneinanderreihung von musikalischen Darbietungen: The Band als The Band, und The Band mit einer Reihe von Stars, bei denen es sich um Freunde, Mentoren und Weggefährten handelt. Das Ganze ist durchsetzt von kurzen Ausschnitten aus Gesprächen mit der Band, einem, wenn man so will, zwanglosen Meditieren über die sechzehn Jahre, die die fünf Männer gemeinsam als Rock'n'Roller unterwegs gewesen sind: Es begann 1959 in Toronto und es ging weiter als Ronnie Hawkins' Kneipenband The Hawks, bis sie schließlich, fast zehn Jahre später, als eigenständige Gruppe auf den Plan traten, mit *Music from Big Pink* und *The Band* – ihren ersten beiden Alben, die die Band noch immer definieren, mögen sie danach auch noch so viele Alben herausgebracht haben.

Es ist eine lange Geschichte und eine gute, doch in Scorseses Haus fällt kaum ein Wort über *The Last Waltz*. Ich will unbedingt alles darüber erfahren und Scorsese und Robbie Robertson, der den Film produziert hat, wollen ihm unbedingt entkommen. Scorsese hat *Astral Weeks* aufgelegt und wir hören einfach zu. Es ist ein Album der Transzendenz: der Transzendenz von Kindheitsängsten, von Erwachsenensünden. »Madame George« beginnt – »Das ist der Song«, murmelt Scorsese. Ich kann nicht umhin, ihm zu erzählen, dass er meine absolute Lieblingsplatte ausgewählt hat, doch er ist mir ein gehöriges Stück voraus. »Die ersten fünfzehn Minuten von *Taxi Driver* basieren auf *Astral Weeks*«, sagt Scorsese, »und das ist ein Film über einen Typen, der Musik hasst.« Ich versuche, mir auf die Schnelle diese oder jene Szene des Films zu vergegenwärtigen, um herauszubekommen, was Scorsese damit meint; er muss sich auf die Atmosphäre des Verhängnisvollen oder jedenfalls des Schicksalhaften beziehen, die Morrison auf diesem Album heraufbeschwört.

Scorsese zieht ein Ray-Charles-Album aus dem Plattenregal; der Song, den er uns vorspielen möchte, ist »What Would I Do Without You«, eine Aufnahme von 1957. Es handelt sich um eine langsame, tragische Bluesballade; im Text gibt es die Andeutung der Möglichkeit eines Happy Ends, oder zumindest einer gütlichen Einigung, doch in Ray Charles' Gesang ist nichts davon zu spüren. »Mit Ausnahme einiger Nummern von Billie Holiday steckt in dieser Musik mehr Heroin als in allem, was du jemals zu hören bekommen wirst«, sagt Robertson. »Heroin wirkt sich auf deine Kehle aus. Es macht deine Stimme voller. Hört genau hin!« Wir tun es; der Titel des Songs bekommt eine neue, beißende Bedeutung. »Wir haben ›What Would I Do Without You‹ bei unseren Gigs gespielt«, sagt Robertson, »nachdem wir Ronnie verlassen hatten, als wir nur noch wir fünf waren, also vor Bob, vor *Big Pink*. Doch wir haben damit nicht landen können. Der Song war einfach zu depressiv. Er war tödlich. Ja, genau das ist er. Die Leute saßen reglos da, oder sie standen auf und gingen.«

Ich kannte den Song nicht, ja, hatte noch nicht einmal von ihm gehört, und fragte Scorsese, wie er auf ihn gekommen sei. »Es ist die B-Seite von ›Hallelujah, I Love Her So‹«, sagt er. »Den Song habe ich im Radio gehört, in der Sendung von Alan Freed.« 1957 wuchs Scorsese in New Yorks Little Italy auf und Alan Freed, der einzige Diskjockey, der als ein Begründer des Rock'n'Roll tituliert werden kann, beherrschte damals die New Yorker Ätherwellen. Der Soundtrack, den Freed zu Scorseses Leben beisteuerte, tauchte später wieder auf als der Soundtrack von *Mean Streets*. »Ich kaufte mir ›Hallelujah, I Love Her So‹, doch die B-Seite gefiel mir dann viel besser; ich erwarb die 78er. Ich habe sie noch immer. Hier, in meinem Haus.«

Ich erwähne *American Hot Wax*[19], den kürzlich herausgekomme-

---

[19] Regie: Floyd Mutrux, USA 1978.

nen Spielfilm über Alan Freed, doch Scorsese und Robertson wollen nichts darüber hören. Für sie war Freed eine reale Person, ein Gigant – Robertson, der in Ontario lebte, hörte Freeds ursprünglich aus Cleveland übertragene Radiosendung bis 1954, als Freed nach New York übersiedelte. Für mich, einen Kalifornier, der außerhalb des Frequenzbereichs von Freeds Sender lebte, war er, auch noch lange nach seinem Tod im Jahr 1965, nichts weiter als ein Name, der in den Zeitungen erwähnt wurde, als die Payola-Skandale landesweit für Aufsehen sorgten. Im Unterschied zu Scorsese und Robertson macht es mir nichts aus, dass Freeds Leben in einen Mythos verwandelt wurde – doch aus ihrer Sicht ist es ihr eigenes Leben, das da oben über die *American-Hot-Wax*-Leinwand flimmert.

»Alan Freed hat mit mir *gesprochen*«, sagt Robertson, als könne er es noch immer nicht fassen. »Wir haben in seiner Show gespielt. Der Einzige, der nach Ronnie Hawkins and the Hawks auftreten konnte, war Jackie Wilson. Alan Freed *liebte* Ronnie Hawkins.« Ich bin verblüfft. Ich wusste, dass die Hawks beziehungsweise die Band schon sehr lange im Musikbusiness unterwegs waren, doch ich hätte nie gedacht, dass sie ihre ersten Schritte mitten im Zentrum der Rock-'n'-Roll-Geschichte gemacht hatten, denn genau das waren die Shows gewesen, die Freed damals veranstaltete. Ich versuche mir vorzustellen, wie Levon Helm und Robertson, die ersten Mitglieder der späteren Band, die sich Hawkins anschlossen, auf ein und derselben Bühne auftraten wie Jackie Wilson.

»He, du bist doch noch minderjährig«, sagte Freed 1959 zu Robertson. »Wie alt bist du?« »Sechzehn«, erwiderte Robertson. »Nie im Leben!«, sagte Freed – der sicherlich befürchtete, er könnte sich zusätzlich zu seinem in Boston anhängigen Verfahren wegen Anstiftung zum Aufruhr (»Die Cops wollen nicht, dass ihr euch amüsiert«, hatte Freed von der Bühne aus gesagt, nachdem die Polizei die Saalbeleuchtung eingeschaltet hatte) auch noch eine Anklage wegen der Verletzung des Kinderarbeitsschutzgesetzes einhandeln. Wenn Sie *American Hot Wax* gesehen haben, dann stellen Sie sich Helm und Robertson vor, in Anzügen, mit schmalen Krawatten und kurzen Haaren, wie sie, dicht zusammengedrängt mit den anderen Musikern, in den Kulissen des Brooklyn Paramount stehen und sich innerlich einstimmen auf ein Publikum aus New Yorker Kids wie Martin Scorsese – wie sie sich unbewusst darauf vorbereiten, »The Weight« zu schreiben und zu singen.

Die Prämisse des Last-Waltz-Konzerts – von Bill Graham im Winterland veranstaltet, wo dieser siebeneinhalb Jahre zuvor nach der Veröffentlichung von *Big Pink* auch das Debütkonzert der Band auf die Beine gestellt hatte – war zwangsläufig sentimental und Scorsese attackiert diese Sentimentalität schon mit den allerersten Einstellungen. *The Last Waltz* beginnt mit Rick Danko an einem Billardtisch; Scorsese präsentiert ihn in einer extremen Großaufnahme. Die plötzliche Gewalt des Bildes ist ein Schock: Danko stößt sein Queue quer über die Leinwand, mit einem so lauten Krachen, dass man unwillkürlich zusammenzuckt, und egal mit welcher Stimmung man ins Kino gekommen ist, sie ist auf der Stelle verflogen. »Du musst die Kugeln deines Mitspielers einlochen und zusehen, dass deine eigenen auf dem Tisch bleiben«, erklärt Danko, als Scorsese ihn nach den Regeln fragt. »Dieses Spiel nennt man Cutthroat.«

In emotionaler Hinsicht schneidet Scorsese dann nicht auf die Wärme des Konzerts, sondern auf den dahinterliegenden Sinn und Zweck: Die Filmaufnahmen vom Konzert beginnen mit dessen Ende, mit dem Moment, als die Band wieder auf die Bühne zurückkehrt – im Anschluss an das offizielle, vorhersehbare »I Shall Be Released«-Finale –, um »Baby Don't You Do It« zu spielen, den Marvin-Gaye-Titel, der jahrelang als die härteste Nummer in ihrem Repertoire galt. Als sie sich hinter ihren Mikrofonen und Instrumenten aufbauen, sehen die Mitglieder der Band nicht wie erschöpfte, zufriedene Männer aus, die gerade den Vorsitz bei ihrer eigenen Totenwache geführt haben, sondern eher wie die Earp-Brüder und Doc Holliday, die ihre letzten noch lebenden Kontrahenten am O.K. Corral wegpusten wollen. Und ein paar Sekunden lang, bis der Film weitergeht, klingen sie auch so.

The Last Waltz ist eine Überraschung für das Auge: Er hat keine Ähnlichkeit mit den üblichen Rock-'n'-Roll-Filmen. Es gibt keine hektischen Handkameraaufnahmen; man bekommt ruhige Kamerafahrten zu sehen, Zoomaufnahmen, Einzelbilder und, bei den Nummern, die nach dem Konzert in einem MGM-Tonatelier gefilmt wurden, elegante Kran- und Fahraufnahmen. Statt einfach nur Leute musizieren zu sehen, bekommen wir häufig mit, wie die Musik gemacht wird. Wir kriegen die Einsatzzeichen mit, die die Musiker einander zuwerfen, die Momente der Unsicherheit und des panischen Improvisierens.

Es gibt historische Musikdarbietungen und außergewöhnliche Filmsequenzen: Ronnie Hawkins, hünenhaft und ungebrochen, ein einundvierzigjähriger Mike Fink, wie er Bo Diddleys »Who Do You Love« herausschreit; eine fast schwarze Leinwand, nur von einem einzigen, blau-weißen Spotlight erhellt (die anderen Scheinwerfer waren ausgefallen), das auf Paul Butterfield und Levon Helm gerichtet ist, während sie »Mystery Train« mit hundertdreißig Sachen um eine Klippe herum jagen und dabei beinahe Junior Parker und Elvis von den Toten auferwecken. Muddy Waters ist fast sieben Minuten lang auf der Leinwand zu sehen, in einer brutalen Großaufnahme: Er deklamiert »Mannish Boy« wie ein Voodoopriester, der Sankt Petrus einen Platz im Himmel abtrotzen oder vielleicht den Teufel aus einem Höllenschlund heraufbeschwören will. Muddy Waters machte seine ersten Plattenaufnahmen, als die meisten Mitglieder der Band noch nicht einmal geboren waren, und ihnen bleibt nichts weiter übrig, als mit ihm Schritt zu halten. Waters hat seinen Platz in der Geschichte der Band; sie haben einen Platz in seiner verdient. Im Unterschied zu dem sauberen, aber flachen Sound des *The-Last-Waltz*-Dreifachalbums ist der Sound des Films die gesamte Zeit über roh, knisternd, bebend; bei der ersten Aufführung des Films knallten zwei Lautsprecher des Kinos durch, als Van Morrison auf der Leinwand »Caravan« schmetterte.

Der Film macht mehr, als bloß die Präsenz der Performer aufzuzeichnen. Oft verleiht er ihnen eine stärkere Präsenz, als sie sie auf der Bühne hatten. Joni Mitchell, wie sie bei »Coyote« die Hüften schwingt, ist schlichtweg betörend; sie spielt die Rolle einer Göttin auf Männerfang, ein Bild, das nur ein wenig konterkariert – oder verstärkt? – wird durch die Zigarettenschachtel, die sie sich unter den Rockbund geklemmt hat. Neil Young erscheint, wie üblich, als ein Flüchtling aus der »Dust Bowl« des amerikanischen Südwestens, doch so, wie man ihn hier gefilmt hat, wirkt er noch eigentümlicher als sonst: tief über den Korpus seiner Gitarre gekauert, als könne er sein Gesicht nicht zwischen den Schultern verbergen, wirkt Young wie ein Kinderschänder, ein Albtraum – und dann öffnet er den Mund und singt »Helpless« mit der Stimme eines kleinen Jungen, der sich vor dem Mann fürchtet, den wir auf der Leinwand sehen.

Die Kameras bleiben sehr dicht an Bob Dylan dran: Wir sehen Aufnahmen der gleichen Szene mit verändertem Kamerawinkel, das Aufblitzen eines Gesichts, verborgen hinter einem Vorhang von wild wuchernden Locken. Scorsese montiert die Szenen so, als wolle er vor allem das Mysterium ergründen, das Dylan noch immer wie ein Umhang umhüllt; was immer Scorseses Intentionen gewesen sein mögen, das ist zumindest das Resultat. Da gibt es den Bruchteil einer Sekunde, wo Dylan die Achseln zuckt – und ich wäre beinahe aus meinem Sitz hochgefahren. Es war, als hätte er gesagt: »Los, komm, zeig, was du draufhast, ich war gestern hier und morgen werde ich immer noch hier sein« – eine banale Geste (in Wirklichkeit reagierte Dylan bloß auf Levon Helms Frage nach einem Tempowechsel), die mehr Dramatik in sich birgt als jeder andere Moment des Films. »Wer ist dieser Mensch?«, fragt man sich. »Wo kommt er her?« Er ist eine Geistererscheinung, kein Sänger.

Die Schnitte zwischen den Szenen, in denen Scorsese die Band nach deren frühen Jahren befragt, und den Aktionen auf der Bühne ergeben immer einen Sinn. Sie bringen Wurzeln zum Vorschein und akzentuieren Themen wie Erfahrung, Kameradschaft, Not und Entbehrung, Verrücktheit: Wir hören von der Verwirrung, die die Hawks befiel, als sie merkten, dass man sie für einen Nachtclub engagiert hatte, der ein einarmiges Go-go-Girl beschäftigte, und von ihrer noch größeren Verstörung, als sie erfuhren, dass dieses Etablissement einmal Jack Ruby gehört hatte. Anschließend gelangen wir ohne Umschweife zu »The Shape I'm In«, einem Song, in dem es um einen Mann geht, der mit dem Rücken zur Wand steht.

Man erfährt eine Geschichte aus der Zeit, als die Hawks, wie sie damals noch hießen, den großen Blues-Harp-Spieler Sonny Boy Williamson II. ausfindig gemacht hatten. In West Helena, Arkansas, Levon Helms Heimatort, jammten sie gemeinsam eine ganze Nacht hindurch – Sonny Boy mit einem Eimer zwischen den Knien, um das von seinen wunden Lippen herabtropfende Blut aufzufangen. Von dort aus gelangen wir zu »Mystery Train«, und Paul Butterfield bläst mit einer solchen Vehemenz in seine Mundharmonika, dass man beinahe nach *seinem* Eimer Ausschau hält. Levon weiß von einer Zeit zu berichten, als Rock'n'Roll noch nicht der Name für eine bestimmte Art von Musik war, sondern bloß das, was man im tiefen Süden der USA zu hören bekam – eine natürliche Mischung aus Blues, Country, Cajun, Gospel, Folksongs und Minstrelnummern, die Außenstehende als grotesk empfanden. Was für Helm einfach bloß eine lokale Form von Entertainment darstellte, war für den Rest des Landes etwas Bedrohliches, etwas Vulgäres, etwas Teuflisches. Der Film liefert sofort den Beweis, dass diese Fremdartigkeit noch immer gewöhnungsbedürftig sein kann: Unmittelbar auf Helms Worte folgt Van Morrison, übergewichtig, in ein geschmackloses Bühnenoutfit gezwängt, zu keinerlei Konzessionen bereit. Ja, er ist grotesk und eine Sekunde lang erinnert er mich an Rumpelstilzchen, wie es vor Zorn seinen Fuß tief in den Boden stößt, als es erfährt, die Königin werde ihm ihr Kind nicht überlassen – zur Mitte von »Caravan« befürchtet man, Morrison könnte das Gleiche tun. Wie Little Richard aus Macon, Georgia, oder wie Jerry Lee Lewis aus Ferriday,

Louisiana, ist auch Van Morrison aus Belfast ein Titan. Er bricht *The Last Waltz* weit auf, und als er die Bühne mit hochgeworfenen Beinen verlässt, ist nicht ein Zacken seiner Kraft oder seiner Eigenartigkeit geglättet worden und jeder dieser Zacken hat zugestoßen wie ein Messer.

»Zu Anfang war es eine Art Punkding«, sagt Robertson über die Musik und die Lebensweise, die die Band in den späten Fifties und frühen Sixties »on the road« entwickelten. »Viele waren so drauf wie wir. Fast alles, was damals im Radio lief, fanden wir scheiße. Uns kümmerte nicht, was die anderen dachten. Wir begannen, gegen alles um uns herum zu rebellieren, gegen das, was wir hörten.

Und da waren wir also« – als sich die Band mit *Music from Big Pink* aus Bob Dylans Schatten löste – »da oben in den Bergen, in Woodstock, und machten, wonach uns der Sinn stand, was wir gelernt hatten, und wir dachten, wenns den Leuten gefällt, gut, und wenns ihnen nicht gefällt, auch gut. Wir ziehen unser Ding durch, komme, was da wolle. Wir rebellierten immer noch gegen das, was es gab, gegen das, was wir hörten.«

Was die Band damals hörte, war der San-Francisco-Sound, *Sgt. Pepper*, Psychedelic Rock – »Schokoladen-U-Bahnen«, wie Richard Manuel es in *The Last Waltz* vernichtend formuliert –, und für sie war das Ganze ein einziger Schmu. Was hatte das mit dem Charme eines Johnny Ace zu tun, mit der emotionalen Tiefe von »What Would I Do Without You« oder mit der Courage und Intelligenz der Songs, die sie mit Bob Dylan auf Tourneen rund um die Welt gespielt hatten? Die negativistische Einstellung der damals angesagten Musik schien der Band allzu bequem; die Musik schien völlig artifiziell, ohne eine Spur echten Gefühls. Und so präsentierte die Band stattdessen eine in Country, Soul und Gospel verwurzelte Musik, eine Reihe von emblematischen Songs, die sich nicht abnutzten – Bejahungen des amerikanischen Lebens, gegründet auf eine Vieldeutigkeit, die diese Songs ehrlich bleiben ließ und die Raum für jeden Zuhörer schuf.

»Als diese beiden ersten Alben dann derart einschlugen – plötzlich gab es Artikel in Zeitschriften wie *Time* und *Look*, es gab Geld, es gab Druck von allen Seiten – also«, sagt Robertson, »alles war gut bis zu dem Moment, wo wir in die Welt hinausgingen. Denn da wurden wir genau das, wogegen wir früher rebelliert hatten: Wir wurden Stars, Idole, Leute, die zu sehr auf die Ratschläge anderer hören. Das Einzige, wogegen wir noch rebellieren konnten, waren wir selbst. Und das taten wir dann auch. Das kommt in vielen der Sachen zum Ausdruck, die wir nach *The Band* gemacht haben. Doch auf die Dauer kann das ziemlich destruktiv sein. Das haben wir herausgefunden. Es hat auch damit zu tun, dass man ständig auf Achse ist. Diese Tourneen sind verantwortlich für jede Menge Irrsinn, für jede Menge krankes Zeug. Das ist sehr gefährlich.«

Und so lud die Band zu The Last Waltz ein, ihrem Abschiedskonzert. Das Ganze war keine Tragödie oder, wie manche behaupten, ein Ereignis vom Kaliber des ersten Auftritts der Beatles in der *Ed Sullivan Show* (wenn überhaupt, dann war die Veröffentlichung von *Music from Big Pink* ein solches Ereignis). The Last Waltz war eher eine weitere Bestätigung des Sachverhalts, dass die Band einen Sinn für Geschichte hatte, den sie als einen unentbehrlichen Bestandteil des Lebens verstand. Im Unterschied zu vielen anderen Rock-'n'-Roll-Gruppen, die sich auflösen oder unentwegt weitermachen und dabei Mitglieder austauschen, Fahnenflüchtige oder Verstorbene ersetzen und unbeirrt ihre Hits pushen, verfasste die Band ihren eigenen Kalender, weil sie Kalender respektierte. »Man kann«, sagt Robertson in dem Film über den vorzeitigen Tod von Hank Williams, Buddy Holly, Janis Joplin und Elvis, »sein Glück auch überstrapazieren.«

Und in Anbetracht von *The Last Waltz* stellt sich die Frage, was dieses Glück – die Karriere der Band und ihre Musik – wert ist.

Die Antwort darauf gibt es möglicherweise nach etwa einem Drittel des Films, wo wir sehen, wie die Band und die Staples – ursprünglich ein schwarzes Gospelquartett, das seit den Sechzigerjahren als weltliches Gesangsensemble auftritt und aus dem 1915 geborenen Roebuck »Pops« Staples und seinen Töchtern Mavis, Cleotha und Yvonne besteht – in dem MGM-Tonatelier ihre Plätze einnehmen, um »The Weight« zu singen. »Die Alben der Staple Singers haben wir uns öfter angehört als alles andere«, sagt Robertson. »Wir wollten herausfinden, wie ihr Gesang funktionierte, wie sie miteinander sangen.« Die Band fand es heraus; der Gesang bei »The Weight«, wie es für *Big Pink* aufgenommen wurde, brachte Mitgefühl, Verpflichtung und Freundschaft zum Ausdruck. Der Gesang lief dem Text des Songs zuwider, denn der handelte von einem Mann, dem kein Mitgefühl zuteilwird, als er in einer fremden Stadt auftaucht, mit einer Mission, die dem Zuhörer (und vielleicht auch dem Mann selbst) nie so richtig klar wird. Die einzigen Leute, die ihm zu helfen bereit sind, verlangen etwas dafür – sagen wir, seine Seele.

In der ursprünglichen Version der Band war der Song übermütig, aber auch beunruhigend. In *The Last Waltz* ist das völlig anders. Der Song beginnt wesentlich langsamer – nicht was das Tempo anbelangt, sondern hinsichtlich des Moments, in dem das Gefühl hervortritt –, mit verblüffenden Tönen von Robertsons Gibson-Doppelhalsgitarre, einem klaren Gospelklavier von Garth Hudson und einem erschöpften, zutiefst fatalistischen Leadgesang von Levon Helm. Er hat schon alles gesehen, sagt seine Stimme; nichts wird ihn überraschen. Der leicht verwirrte Tonfall seines Gesangs auf *Big Pink* ist verschwunden und durch etwas ersetzt worden, das nicht so ohne Weiteres einzuordnen ist.

Während sich die Nummer voranbewegt und Scorseses Kamera das Ensemble umkreist, verändert sich die gesamte Bedeutung des Songs. Die Reihe von unheimlichen, unerklärlichen und sogar erschreckenden Dingen, die dem Erzähler des Songs widerfahren, wird hier zu etwas Dauerhaftem; der Song beschreibt nun nicht mehr eine Falle, der man entkommen kann, sondern das ganz alltägliche Leben. Die religiösen Bilder des Songtextes beginnen sich auszudehnen und übernehmen die Macht; der Witz von »The Weight« wird zu einer Elegie.

Verfolgt man die Geschichte – der Mann taucht auf, um einen Job zu erledigen, und verduftet schließlich aus der Stadt, ohne zu wissen, ob er besagten Job tatsächlich erledigt hat, ohne zu wissen, ob er, was Gott verhüten möge, noch einmal *dorthin* zurückkehren muss –, so beginnt man, »The Weight« als ein Gleichnis über die Karriere der Band zu hören: eine Version der schieren Abenteuerlust, mit der sie als Teenager vor achtzehn Jahren angetreten waren (»Du wirst dir keine goldene Nase verdienen«, sagte Hawkins, wie Robertson sich erinnert, zu ihm, »aber du wirst mehr Weiber flachlegen als Frank Sinatra«), und der am Ende aufkommenden Angst, ihre Uhr könnte abgelaufen sein.

Beobachtet man die Band und die Staples, so sieht man »The Weight« als eine Bekräftigung jenes Pluralismus, der schon immer im Mittelpunkt der Musik der Band gestanden hat. Während zuerst Mavis und dann Roebuck für jeweils eine Strophe anstelle der Band den Leadgesang übernehmen, sehen wir eine explizite, vollkommen bewusste Bekundung der Idee der Gemeinschaft, wie sie auf *Big Pink* und *The Band* so inbrünstig beschworen wurde. Wir sehen Männer, die mit Frauen singen, Frauen, die mit Männern singen, Schwarze, die mit Weißen singen, Weiße, die mit Schwarzen singen, Nordstaatler, die mit Südstaatlern singen, Südstaatler, die mit Nordstaatlern singen, die Jungen, die mit den Alten singen, die Alten, die mit den Jungen singen. Es gibt da nicht die geringste Distanz.

Es ist die Vision einer Utopie – die Wirklichkeit sieht anders aus, und um nicht den Eindruck der Verlogenheit aufkommen zu lassen, erfordert das Ganze wenigstens einen partiellen Widerspruch. Und *The Last Waltz* sorgt dafür. Der Film lässt den letzten hohen Refrain von »The Weight« in der Luft schweben und schneidet dann unmittelbar auf die Bühne des Winterland zu »The Night They Drove Old Dixie Down«, der nach dem Bürgerkrieg angesiedelten Geschichte eines ehemaligen Soldaten der Konföderierten, der nun verzweifelt versucht, die Scherben des alten Südens aufzuklauben. Es war die stärkste Nummer, die die Band an jenem Abend in San Francisco spielte; noch ehe der

Song vorbei war, brach das Publikum in frenetischen Beifall aus, etwas, was bei den Dutzend Malen, wo ich die Band diese Nummer spielen sehen hatte, noch nie vorgekommen war. »Da kam mehr Wut aus ihm heraus«, sagt Robertson über den Gesang Levon Helms, des Südstaatlers, für den Robertson den Song geschrieben hatte.

Und dies bedeutet für mich Folgendes: Selbst wenn man eine Utopie kennt oder persönlich erlebt hat, die alle begrenzten Erfahrungen transzendiert – ob es sich bei dieser Utopie um »The Weight« handelt, wie es uns in *The Last Waltz* präsentiert wird, oder um das Panorama von *The Last Waltz* insgesamt –, so soll man, so kann man die begrenzte Erfahrung, mit der man anderen begegnet, nicht aufgeben, selbst wenn diese Erfahrung andere in letzter Konsequenz aussperrt, selbst wenn sie nicht geteilt werden kann, jedenfalls nicht in Gänze. Oder, anders formuliert, wenn Levon Helm, als der Konföderiertenveteran Virgil Cane, sagt, er erinnere sich an die Nacht, in der der Süden besiegt war und unterging, so erinnert er – Levon Helm – sich daran. Im Süden der Vierziger- und Fünfzigerjahre, zu der Zeit, als Levon Helm dort aufwuchs, war der Sezessionskrieg nicht Geschichte, nein, er war ein Bestandteil der Gegenwart. Er war die Last, die man mit sich herumschleppte, und Leute wie Helm und der in Mississippi geborene Roebuck Staples schulterten sie tagtäglich. Die Songs der Band spiegeln das gemeinsame Terrain von Helm und Staples wider und sie umreißen den Raum, der die beiden voneinander trennt.

Die in *The Last Waltz* hergestellte Verbindung zwischen »The Weight« und »The Night They Drove Old Dixie Down« beweist, dass wir die Geschichte weder unbekümmert benutzen noch ignorieren können – wie bei der Karriere der Band oder wie bei einer Unterhaltung, die sich von Van Morrison über Ray Charles bis zu Alan Freed erstreckt, können wir einfach versuchen, unseren Platz darin zu finden. Dieser Platz ist nicht festgelegt: Das ist die Wahrheit der Version von »The Weight«, die die Band gemeinsam mit den Staples präsentiert. Doch dieser Platz ist genauso wenig eine Frage des Wollens oder des

Wünschens: Das ist die Wahrheit von »The Night They Drove Old Dixie Down«. Man handelt, aber man tritt auch ein Erbe an.

Von Anfang an hat ein Sinn für die Möglichkeiten des Abenteuers und für die Grenzen der Freiheit zu dem gehört, was die Band uns zu vermitteln versucht hat. In *The Last Waltz* sprechen sie noch immer klar und deutlich; sie haben ihr Glück, so scheint es, gerade genug strapaziert.

The Last Waltz, Regie: Martin Scorsese (MGM DVD, 1978/2002).

STREET LEGAL

Rolling Stone
24. August 1978

So sehr es mich auch betrübt, ich kann mich der Meinung meines Kollegen Dave Marsh nicht anschließen, denn im Unterschied zu ihm finde ich nicht, dass Bob Dylans neues Album ein Witz ist – oder wenn doch, dann allenfalls ein schlechter. Das meiste Zeug auf dieser Scheibe entspricht in etwa dem, was man im Rundfunk als Tonausfall bezeichnet. Das Neue an der Musik – ein Bob Marleys I-Threes nachempfundener souliger Backgroundgesang, Funkriffs von der Begleitband, jede Menge lakonischer Saxofonbeiträge – löst sich in Luft auf, sobald man bemerkt, mit welcher Gleichgültigkeit das Ganze heruntergerissen wird: »Señor (Tales of Yankee Power)«, die musikalisch auffälligste Nummer, ist im Grunde nur ein Pastiche aus den besten Momenten des Eagles-Albums *Hotel California*. Trotzdem nehme ich einige der Songs auf *Street Legal* für bare Münze: diejenigen, die zu schlecht sind, um nicht in vollem Ernst eingespielt worden zu sein. Dylan mag einmal einen Kipplader benötigt haben, um seinen Kopf leer zu kriegen, doch es bedarf eines Geigerzählers, um eine Spur von Ironie in »Is Your Love in Vain?« oder so etwas wie Zuneigung in »Baby Stop Crying« zu entdecken.

Beides sind erbärmliche Darbietungen, doch »Is Your Love in Vain?« schlägt dem Fass den Boden aus: Verglichen mit der Pose, die Dylan hier einnimmt, erkundet Mick Jagger in »Under My Thumb« die Ursprünge der Demut. Nicht dass es in dem Song eine Schärfe gäbe, wie man sie aus »On the Road Again« oder »Don't Think Twice« kennt, zwei anderen Nummern, in denen eine Frau bekommt, was sie nach Ansicht des Sängers verdient hat. Dafür ist hier der Abstand zu groß – der Abstand zwischen einem Ich und seinem Objekt. Der Mann spricht zu der Frau wie ein Sultan, der eine vielversprechende Dienerin auf Geschlechtskrankheiten untersucht, und sein Tonfall ist dazu angetan, sie die Syph vortäuschen zu lassen, falls sie ihm dadurch unversehrt entkommen kann. Wenn der Sänger nach einer Reihe von typisch männlichen Vorwürfen (die im Grunde auf *Bist du gut genug für mich? Ich bin nämlich ein heißer Typ, verstehst du?* hinauslaufen) schließlich seine Konzessionsbereitschaft signalisiert (»Alright, I'll take a chance, I will fall in love with you« – eine eigenartige Vorstellung vom Sichverlieben), dann kann man beinahe sehen, wie das arme Mädchen in Richtung Tür verschwindet. »Can you cook and sew, make flowers grow?«, artikuliert der Mann überdeutlich, wobei er offenbar auf hirnrissige Weise von einer Hausfrau zu Mutter Natur springt, doch in Wahrheit reimt er hier nur. Und dann kommt der Hammer: »Can you understand my pain?« Frauen in ganz Amerika werden sicher sagen, was eine Freundin von mir sagte: »Ja, klar, Bob. Ruf mich irgendwann an. Und wenn ich nicht zu Hause bin, hinterlass einfach eine Nachricht auf meinem AB.« Wie es sich so trifft, ist »Is Your Love in Vain?« ein Höhepunkt von *Street Legal* – oder zumindest der emotional überzeugendste Track des Albums, ungelogen!

Ach, aber der Gesang! Der Gesang, der auf anderen Platten Textzeilen gerettet hat, die fast genauso grässlich waren wie die gerade zitierten – was ist mit dem Gesang? Nun, Bob Dylan hat schon alberner geklungen als auf *Street Legal* (wer könnte »Big Yellow Taxi« vergessen?), peinlicher (»The Boxer«) und genauso desinteressiert (»Let It Be Me«), aber er hat noch nie so unecht geklungen wie hier. Obgleich das hin und wieder mit einer gewissen Verspieltheit kombiniert wird (»Changing of the Guards«), ist der Gesang bei »Baby Stop Crying« so affektiert, so unerträglich selbstgefällig, dass der einzige Bezugspunkt diese nicht enden wollenden, gesprochenen Intros sind, wie Barry White sie vor ein paar Jahren zum Besten gab: eine Imitation von Zuwendung, die vor Verlogenheit triefte. Dave Marsh hat recht, wenn er meint, auf *Street Legal* gebe es Anklänge an Elvis – »Is Your Love in Vain?« spielt mit der Melodie von »Can't Help Falling in Love«, bevor es sich in »Here Comes the Bride« verwandelt –, doch selbst »(There's) No Room to Rhumba in a Sports Car« war nicht so gruselig.

Obwohl der überwiegende Teil des Gesangs auf *Street Legal* – zum Beispiel die Verkündigungen (»Loyalty, unity / Epitome, rigidity«) von »No Time to Think« – keinen vergleichbaren Grusel verbreitet, kann man ihm nie länger als nur ein paar Minuten zuhören. Wie kann das sein, wo Dylan sich doch immer wieder – insbesondere in jenen Zeiten, wie etwa vor der Veröffentlichung von *Blood on the Tracks*, als ihn nicht nur seine Kritiker, sondern auch seine Fans abgeschrieben hatten – als der ausdrucksstärkste und einfallsreichste Sänger in der amerikanischen Musik erwiesen hat? Ich kenne die Antwort nicht; dass es ihn einfach nicht juckt, ob seine Platte gut genug für sein Publikum ist, könnte ein wesentlicher Teil des Problems sein. Aber ich glaube auch, dass der Stress der fast pausenlosen Tourneen, die Dylan seit 1974 unternommen hat (das viele raue Gebrüll in großen Hallen, das viele schroffe Geschrei, um die Band zu übertönen), nicht nur einen neuen Gesangsstil hervorgebracht hat: Er hat außerdem noch Dylans Timing zerstört und seine Fähigkeit, einem Text emotionale Präzision zu verleihen. In dem Gesangsstil, dessen Dylan sich derzeit bedient, ist Gefühl durch Manierismus ersetzt worden und Subtilität durch ein angestrengtes Bemühen, sich Gehör zu verschaffen.

Seine sich einzelne Wörter herauspickende Betonung ist offenkundig total beliebig, wenn sie nicht sogar purer Blödsinn ist, und deshalb kommen die guten Textzeilen nicht besser rüber als die schlechten. Dylan hat schon immer irgendwelche belanglosen Zeilen zu Papier gebracht, die ein Mittel zum Zweck waren, eine unerlässliche Vorbereitung für die Zeile, die ihm wirklich am Herzen lag, doch wenn er sang, dann rotzte er die Nullachtfünfzehn-Zeilen heraus und begrub sie, um dann mit aller Macht zurückzukehren. Was er mit derlei Zeilen tatsächlich aufbaute, war ein Hinterhalt für den ahnungslosen Zuhörer – »Like a Rolling Stone« ist dafür ein Paradebeispiel. Eine solche Dynamik gibt es hier nicht. Da der Gesang kein oder nur wenig Rhythmusgefühl aufweist, kann der Zuhörer keinen Bezug zu der Musik herstellen: Sie wird entweder zu einem Störfaktor oder man hört auf, sie überhaupt zur Kenntnis zu nehmen.

Es hat früher schon schlechte Dylan-Alben gegeben – doch *Self Portrait* entschädigte einen mit »Copper Kettle«, *New Morning* mit »Sign on the Window« und »Went to See the Gypsy«, *Planet Waves* mit »Wedding Song« und *Desire* mit »Sara«. Der Kollaps von Dylans Timing sorgt dafür, dass *Street Legal* keine vergleichbaren Perlen zu bieten hat. Timing kann einem durchschnittlichen Songtext Genialität und einem holperigen Arrangement Magie verleihen; niemand, der gehört hat, wie lässig Dylan das erste »Alright« in »Sitting on a Barbed Wire Fence« zerdehnt oder wie er die Hawks 1966 in Manchester durch »Baby Let Me Follow You Down« peitscht, wird dies bezweifeln. Auf »Get Your Rocks Off«, einer unveröffentlichten Nummer der Basement Tapes, *lacht* er sogar im Takt – oder er sorgt dafür, dass sich der Rhythmus um dieses Lachen herum neu aufbaut. Hier gibt es die einzige Andeutung eines guten Gesangs in den ersten vier Strophen von »New Pony« – und dabei handelt es sich um die Sorte von Blues, die Dylan im Schlaf singen kann, was er hier vermutlich auch tut.

Das Interessanteste – falls das das richtige Wort ist – an *Street Legal* sind die Songtexte, die oftmals an die vermeintliche Unergründlichkeit von Dylans Alben aus den Mittsechzigerjahren anzuknüpfen versuchen, jenen Alben, auf denen seine Reputation nach wie vor beruht. Doch diese Rückbesinnung ist nicht echt. Womöglich wusste man nicht, warum Dylan in »Memphis Blues Again« von einem »Panamanian moon« sang, doch man wusste, was »Your debutante just knows what you need / But I know what you want« bedeutete, und es bedeutete eine ganze Menge. In dem *Street-Legal*-Track »Señor (Tales of Yankee Power)« – der eingeklammerte Teil des Songtitels dürfte der inspirierendste Aspekt des gesamten Albums sein – ist »Well, the last thing I remember / Before I stripped and kneeled / Was that trainload of fools / Bogged down in a magnetic field« nichts weiter als eine Geste, nur ein Winken in Richtung der Fans. Nicht dass die Wirkung dieser Zeilen nicht wehtun kann: Es fällt schwer, die älteren Songs nun nicht im Licht der neuen, ihnen scheinbar ähnelnden Nummern zu hören und nicht zu dem Schluss zu gelangen, dass »Absolutely Sweet Marie« und »Highway 61 Revisited« im Grunde genauso hohl sind wie »Where Are You Tonight? (Journey Through Dark Heat)«, auch wenn das nicht einmal ansatzweise der Wahrheit entspricht.

Also, wenn mir nach einem Witz zumute ist, dann höre ich mir Steve Martin an, wie er »King Tut« singt. Die Zeile »He gave his life for tourism« ist echt köstlich.[20]

Street Legal (Columbia, 1978).
Steve Martin and the Toot Uncommons, »King Tut« (Warner Bros., 1978).

[20] Jann Wenner, der damalige Chefredakteur und Herausgeber des *Rolling Stone*, stimmte mit meiner Besprechung nicht überein und beschloss, seine eigene zu schreiben. Als diese dann in der übernächsten Ausgabe erschien, glaubten viele Leute, ein Redakteur sei seinem Rezensenten in den Rücken gefallen, doch nichts könnte falscher sein als das: Ich ermunterte Jann dazu, seine eigene Meinung in seiner Zeitschrift (wie wir sie zu jener Zeit nannten) zu publizieren; ich war ebenso sehr sein Redakteur, wie er meiner war.

LIKE A MOVING STONE, MEHR ODER WENIGER
New West
18. Dezember 1978

Bob Dylan ist mit seiner neuen Show auf etwas aus – mit der Big Band, den drei Backgroundsängerinnen, dem theatralischen Gesang, dem Nachtclubgebaren und den offenbar einstudierten Gesten –, und was immer dies sein mag, es scheint ihm schon lange im Kopf herumgegeistert zu sein. 1969, als Dylan bereits seit über drei Jahren nicht mehr auf Tournee gewesen war (und erst fünf Jahre später wieder damit beginnen sollte), fragte ihn Jann Wenner vom *Rolling Stone* nach seinen diesbezüglichen Plänen. Dylan, der dieser Frage vermutlich ausweichen wollte, versprach, er werde schon bald wieder ins Rampenlicht zurückkehren. Und anschließend kam es zu folgendem merkwürdigen Dialog:

> **WENNER:** Schwebt dir schon eine bestimmte Art von musikalischer Begleitung vor?
> **DYLAN:** Na ja, ich denke, wir werden das Ganze ziemlich simpel halten, verstehst du? ... Schlagzeug ... Bass ... 'ne zweite Gitarre ... Orgel ... Klavier. Vielleicht ein paar Bläser. Und vielleicht ein paar Backgroundsängerinnen.
> **WENNER** (offensichtlich perplex): Mädels? So was wie die Raylettes?
> **DYLAN:** Ja, wir könnten ein paar Mädels einbeziehen.

Damals, unmittelbar nach der Veröffentlichung von *John Wesley Harding* und *Nashville Skyline*, zwei Alben, die den Begriff »simpel« etwas anders definierten, musste einem Dylans Vorstellung von einer angemessenen Begleitung wie ein Scherz vorkommen, als wollte er auf diese Weise sagen: *Komm, geh mir nicht auf den Sack, Alter! Woher soll ich wissen, was ich auf der Bühne veranstalten werde, wenn ich nicht die leiseste Absicht habe, mich auf einer blicken zu lassen?* Als Dylan 1974 schließlich wieder auf Tournee ging, ließ er sich von der Band begleiten, so wie schon 1965 und 1966 – keine Spur von irgendwelchen Mädels. Seine größten Hits über die Köpfe der Menge brüllend, hätte er kaum isolierter sein können: Die Legende bewegte sich, doch sie sprach nicht und sie lächelte auch nicht.

Als er in diesem November für zwei nicht ganz ausverkaufte Konzerte in der Oakland-Coliseum-Arena erschien, auf einer Woge von schlechter Presse, da wollte Dylan offenkundig den Beweis antreten, dass sein neuer Act kein Witz war. »In den Zeitungen steht, das hier sei ›showbizzy‹ oder ›disco‹«, grummelte er gegen Ende des zweieinhalbstündigen Konzerts, das ich mir ansah, »aber ihr wisst, dass das nicht wahr ist.« Teilweise war die Musik schauderhaft und manchmal war sie langweilig, doch es gab auch Momente von echter Kraft und Dylans Auftritt nahm mich gefangen, auch wenn sein Gesang so schlecht war wie noch nie.

Die Show ist schon gewöhnungsbedürftig. Es sind fast ein Dutzend Leute auf der Bühne und manche davon scheinen mitunter nicht zu wissen, was sie tun sollen; die Bühnenbeleuchtung verändert sich ständig. Die Musik hat keinen Körper. Dylan erwähnte einmal voller Stolz, dass sein Saxofonist, Steve Douglas, mit Phil Spector zusammengearbeitet habe; erst als ich mich zu fragen begann, warum alles, was Douglas spielte, so fürchterlich einfallslos war, fiel mir wieder ein, dass Spector Saxofonsolos ausschließlich als Füllmaterial verwendete. Während Dylan seine bekanntesten Songs radikal aufpolierte und sie dadurch erfolgreich vor jeglicher Nostalgie bewahrte – er sang viele seiner größten Hits, doch sie kamen nicht als solche rüber –, hielt sich die Begleitband fast immer sklavisch an ihre Arrangements. Der Musik fehlte der Biss – etwas, was bei Dylans Konzerten bislang selten der Fall gewesen ist; die Grenzen waren allesamt im Voraus abgesteckt.

Vielleicht war das auch der Grund dafür, dass Dylan sich auf der Bühne so zu Hause zu fühlen schien, wie ich es vorher bei ihm noch nie erlebt hatte. Lakonisch; sich ans Mikrofon klammernd auf die Art, wie Sinatra sich einst an einen Laternenpfahl lehnte; kämpferisch; ungelenk, aber dennoch ungeniert tanzend – ständig vermittelte er den Eindruck eines schwer erarbeiteten Vergnügens. Am Schluss des Konzerts strahlte er über das ganze Gesicht, wie eine Filmdiva der Vierzigerjahre bei einer Premiere, und in diesem Moment konnte man förmlich spüren, wie sich seine Anspannung legte – die Anspannung einer aufwühlenden Big-Band-Version von »It's Alright, Ma (I'm Only Bleeding)«, die Anspannung seiner rätselhaften Karriere. Ich musste lauthals lachen.

Dylan ist einem Großteil des Drucks, der auf legendären Gestalten lastet, entkommen und im Unterschied zu Elvis, dem das nur mittels Parodie gelungen ist, hat er das geschafft, ohne seine Musik zu diskreditieren. Worauf er möglicherweise aus ist, was ihm möglicherweise all die Jahre durch den Kopf geistert ist, das ist ein leidenschaftliches Verlangen nach jener Art von Melodrama, die das Markenzeichen der großen Soul- und Countrystars ist: eine Show, die – da Dylan keine Show benötigt, um uns seinen Status zu demonstrieren – paradoxerweise groß genug ist, um ihn auf ein normales Maß herunterzubringen. Die verblüffendste Nummer des Konzerts war eine langsame, intime Version von »Tangled Up in Blue«, einer langen, biografischen (aber nur auf archetypische Weise autobiografischen) Erzählung, die er fast schon szenisch darstellte, wobei er den Song mit einer Lockerheit und Umgänglichkeit präsentierte, wie er sie auf der Bühne vorher noch nie gezeigt hatte. Der Song, einer der Höhepunkte von *Blood on the Tracks*, schien sich auszudehnen: Er schien so viel reichhaltiger, so viel *interes-*

santer, dass ich mich weiter vorbeugte, aus Angst, auch nur ein einziges Wort davon zu verpassen. Es mag sein, dass diese Art von Intimität für Dylan nur in einer Show möglich ist, in der er sich verlieren kann – in einer Show, die so unwahrscheinlich, so aufwendig ist, dass sie nicht den Erwartungen entspricht, mit denen sein vorwiegend der weißen Mittelschicht entstammendes (mit dem äußeren Drum und Dran der Auftritte von James Brown oder Tammy Wynette kaum vertrautes) Publikum zu seinen Konzerten kommt. Das Resultat, für Dylan, ist ein neuer Spielraum: ein Spielraum, der Ausgelassenheit, trashigen Glamour und Entertainment um des Entertainments willen zulässt und der das Drama von Leben und Tod aussperrt.

In so einem Kontext gibt es keine Imagespielchen und auch keine Mystifikation. Mit seinen Anleihen bei Neil Diamonds Stil (oder, vielleicht noch zutreffender, dem von Bette Midler) nimmt Dylan uns nicht einfach bloß auf den Arm. Er schielt auch nicht nach einer neuen Karriere in Las Vegas, obwohl es mich nicht wundern würde, falls er schon bald dort aufkreuzte, wenn auch nur, um herauszufinden, ob er dort mit seiner Show landen könnte. Sieht man Dylan heute auf der Bühne, so sieht man die Narreteien eines Bohemiens in Disneyland. Dylan findet Vergnügen daran, dass er Aspekte der amerikanischen Kultur genießen kann, die ihm fremd vorgekommen sein müssen, auch wenn er keinen Grund sieht, derlei Dinge mit hundertprozentiger Exaktheit in seinen Stil zu integrieren. Wie mit seinem Timing während eines Großteils seines Gesangs liegt Dylan auch mit seinen Showbizgesten um einiges daneben; es sind nach wie vor seine Gesten und, bei näherer Betrachtung, keine Imitation eines anderen. Bob Dylan ist im Laufe der Jahre vieles gewesen, doch ein wirklich guter Purist war er nie.

Bob Dylan, *At Budokan* (Columbia, 1979). Auf Schallplatte, als bloßes Hörerlebnis, eine Apotheose dessen, was Tom Kipp als *Schlamm* bezeichnet: musikalische Klischees als ihre eigene, in sich geschlossene, durch und durch selbstreferenzielle Sprache.

ERSTAUNLICHE CHUZPE
New West
24. September 1979

Sind Sie auch schon mal auf einem Flughafen angequatscht worden? Wenn ja, dann dürften Sie wissen, wie ich mich fühle, wenn ich mir das neue Album von Bob Dylan anhöre. »Hallo«, scheint jemand zu sagen, während Dylan seine Stimme um die Gospelakkorde von »When He Returns« windet. »Haben Sie einen Moment Zeit? Sind Sie neu in der Stadt? Hören Sie, vor ein paar Monaten habe ich Jesus in mein Herz gelassen, und …« – »Äh, sorry, ich muss mein Flugzeug erwischen!« – »… und wenn Sie nicht dasselbe tun, dann werden Sie in der Hölle schmoren!«

Slow Train Coming ist das erste Zeugnis für Bob Dylans kürzlich erfolgten Übertritt zu einer bestimmten südkalifornisch-vorstädtischen Version des fundamentalistischen Christentums. Produziert von der Rhythm-&-Blues-Legende Jerry Wexler, mit Mark Knopfler und Pick Withers von den Dire Straits an der Gitarre beziehungsweise am Schlagzeug, ist es ein anfangs beeindruckendes, aber letztlich doch zu glattes musikalisches Produkt: »eine professionell gemachte Platte«, wie Dylan es formuliert hat. Die Scheibe bietet die eine oder andere Überraschung – Dylan feiert seinen Glauben an Christus mit dem Blues, was auf nette Weise ketzerisch ist, sein Gesang ist oft tapfer außer Kontrolle –, doch verblassen diese Dinge angesichts der Last, die Dylan an diejenigen weitergeben möchte, die gewillt sind, ihm zuzuhören. Wir haben es hier mit einer wirklich üblen Sache zu tun.

Es liegt nicht daran, dass *Slow Train Coming* von religiöser Metaphorik durchtränkt ist oder dass ein Jude zu dem Schluss gelangt ist, das Neue Testament stelle eine echte Vervollständigung des Alten dar. Seine ganze Karriere hindurch hat Dylan biblische Allegorien als eine Zweitsprache verwendet; Themen des spirituellen Exils und der spirituellen Heimkehr oder Fragen der persönlichen oder nationalen Erlösung sind von jeher ein wesentlicher Bestandteil seines Werkes gewesen. In »All Along the Watchtower« umriss Dylan eine Krise des Glaubens – des Glaubens an das Leben. Dieser Song ist noch immer der profundeste religiöse Song, den es in der Popmusik gibt. Neu ist, dass Dylan die religiöse Metaphorik nun nicht mehr heranzieht, um eine Vision dessen zu entwickeln, worum es in der Welt geht, sondern um eine vorgefertigte Doktrin an den Mann zu bringen, die er von jemand anderem empfangen hat. Trotz gelegentlich aufblitzender Lebenszeichen (»She can do the Georgia crawl / She can walk in the spirit of the Lord«, singt Dylan – und wer weiß, was dieser Georgia Crawl ist, oder wüsste es nicht gern?) sind die Songs auf *Slow Train Coming* monolithisch: Jesus ist die Antwort, und wenn du das nicht glaubst, bist du am Arsch.

Die religiöse Erweckung durchzieht unsere Geschichte als eine Reaktion auf den Zusammenbruch gesellschaftlicher Strukturen und als ein Ausdruck des Bedürfnisses nach Werten, für die es sich zu kämpfen lohnt. Dylan ist vor allem ein amerikanischer Künstler und die Konversion nach Jahren, die man als ein Suchender und als ein Einzelgänger verbracht hat, ist eine vor allem amerikanische Möglichkeit, diese Suche fortzuführen – nicht in den weiten offenen Räumen, die dieses Land einst ausmachten und die nach wie vor den amerikanischen Geist erfüllen, sondern im wärmeren Schoß der Geborgenheit, der Gemeinschaft einer Kirche. Doch die Konversion ist auch eine Möglichkeit, eine Suche zu beenden, eine falsche Beilegung sämtlicher Fragen. Bei *Slow Train Coming* stößt man nicht auf die schlichte, unverkrampfte Frömmigkeit des Reverend Thomas A. Dorsey, der seine

Karriere als Georgia Tom, Meister des anzüglichen Blues, an den Nagel hängte, um »(There'll Be) Peace in the Valley (For Me)« zu schreiben; man spürt auch nichts von den fürchterlichen inneren Qualen, unter denen Hank Williams und Elvis Presley litten, zwei Männer, die über das Licht singen konnten, ohne jemals eine Möglichkeit zu finden, tatsächlich in diesem Licht zu leben. Dylans neue Songs haben nichts von diesem Bemühen, von dieser heiligen Suche an sich: Sie sind anmaßend, intolerant (hören Sie sich die rassistisch-chauvinistischen Attacken gegen Araber an, die er in »Slow Train« vom Stapel lässt, einem, was die Musik betrifft, gar nicht so üblen Song; hören Sie sich an, was über Leute gesagt wird, die der Ansicht sind, dass es im Leben nicht um Antworten gehe) und selbstgefällig. Das Songwriting ist über weite Strecken unverschämt schlampig – manche Texte sind bloß bessere Listen. Das ist nicht die Musik eines Mannes, der etwas durchdenkt, sondern die Musik eines Mannes, der sich irgendwo eingeklinkt hat.

»You either got faith or you got unbelief / And there ain't *no* neutral ground«, intoniert Dylan; und damit keiner auf die Idee kommt, Dylan verwende den Glauben nur als eine Art spirituelle Metapher, fügt er noch schnell hinzu: »Sister, let me tell you about a vision I saw … You were tellin' him about Buddha / You were tellin' him about Mohammed in one breath / You never mentioned one time the Man who came / And died a criminal's death …« Und so weiter und so fort, eine Tirade nach der anderen.

Die beste religiöse Musik lässt in mir den Wunsch aufkommen, ich könnte mein emotionales und intellektuelles Leben sausen lassen und glauben, was der Sänger glaubt; doch obwohl ich das nicht kann oder nicht will, erkenne ich zumindest, dass die Freude, die Klarheit und die Hingabe des Sängers in meinem eigenen Leben nicht vorhanden sind. Dylans übernommene Wahrheiten bedrohen den Ungläubigen nie, sie machen nur die Seele frösteln und das rührt daher, dass er eine überaus simple und entartete Version des amerikanischen Fundamentalismus offeriert. In »Do Right to Me, Baby« werden die überwältigenden, eindringlichen Bitten aus Matthäus 5, 44 verfälscht. Aus »Ich aber sage euch: Liebet eure Feinde; segnet, die euch fluchen; tut wohl denen, die euch hassen« wird Du-kratzt-mir-meinen-Rücken-und-ich-werde-dir-deinen-kratzen. Dylan propagiert eine sehr moderne – eine bequeme, selbstzufriedene und utilitaristische – Spielart des Evangeliums. Auf *Slow Train Coming* lässt er kein Bewusstsein seiner eigenen Sündhaftigkeit erkennen, keine Demut. Und es wird nicht Gott gefeiert, sondern eher Dylans Entscheidung zu konvertieren. Deshalb gibt es dort auch keine Momente der Klarsicht, der Erlösung, wie man sie auf *Into the Music* findet, Van Morrisons erstaunlich reichhaltigem neuen Album. Wo Morrisons Sprache inspiriert ist – »Like a full-force gale / I was lifted up again«, singt er, »I was lifted up again by the Lord« –, da drischt Dylan Phrasen voller Versprechungen, die falsch sind, weil sie über Gebühr simplifiziert worden sind. »There's a man on the Cross / And He be crucified for you«, beteuert Dylan. »Believe in His power / That's about all that you gotta do.«

Das ist keineswegs alles, was man tun muss, will man das erreichen, was Dylan erreicht zu haben behauptet. Was Dylan nicht versteht – was die Mehrzahl der New Fundamentalists geflissentlich übersieht –, das sind die harten spirituellen Tatsachen, die von jeher das Fundament des traditionellen amerikanischen Glaubens bilden. Was er nicht versteht, ist der Sachverhalt, dass man durch ein Bekenntnis zu Jesus nicht automatisch in den Stand der Gnade gelangt, sondern dass man sich vielmehr auf einen schrecklichen lebenslangen Kampf einstellt, um sich diese Gnade zu verdienen, einen Kampf, der letztlich darauf hinausläuft, auf eine Weise zu leben, die den eigenen natürlichen Impulsen widerspricht, der eigenen, von Natur aus verderbten Seele. Die Sünde verschwindet nicht, sie bleibt unser ständiger Begleiter, doch nun kann man sich nicht mehr vor ihr verstecken und muss das Leid akzeptieren, das mit dieser Erkenntnis einhergeht. Auch wenn man durch Momente eines unbeschreiblichen Friedens und einer ebenso unbeschreiblichen Rechtfertigung neue Zuversicht schöpfen kann, steht nichts endgültig fest außer der Tatsache des eigenen Bemühens. Und was dieses Bemühen in Gang hält, ist nicht Selbstgerechtigkeit, sondern das Paradoxon, das Gott aus dem irdischen Leben gemacht hat, die Spannung, die daraus erwächst, dass Männer und Frauen einerseits wissen, was sie sein könnten, während ihnen andererseits bewusst ist, was sie, für den überwiegenden Teil ihres Lebens, tatsächlich sind. »And I'll be changed«, schrieb Dorsey in »Peace in the Valley« und viele haben es gesungen, von Mahalia Jackson 1939 bis zu Elvis Presley 1957 und danach noch andere, »Changed from this creature / That I am.«

Man kommt niemals zur Ruhe. Man behauptet nie, wie Dylan es an allen Ecken und Enden von *Slow Train Coming* tut, dass Erlösung ein Kinderspiel sei. Gegen Dylans unbekümmertes Bekenntnis zu Gott setzt die Gospelmusik eine Hymne wie »I Would Be True« – die durch den Konditional angedeutete Distanz, die Implikation, dass man ohne Gottes Hilfe überhaupt nichts *tun* kann, ist gewaltig.

Die amerikanische Frömmigkeit ist eine tiefe Mine und in der Vergangenheit ist Dylan, ohne irgendwelchen Landkarten zu folgen, in diese Mine vorgedrungen und daraus mit wahren Juwelen zurückgekehrt: *John Wesley Harding* ist das beste Beispiel, doch es gibt noch viele andere. *Slow Train Coming* hingegen trägt lediglich die Erdoberfläche ab, und alles, was es hinterlässt, sind Schutt und Trümmer.

Der vor siebzehn Jahren nach einem fragwürdigen Gerichtsverfahren wegen eines Verstoßes gegen den Mann Act – das Bundesgesetz, das es verbietet, Frauen zu »unmoralischen Zwecken« über die zwischenstaatlichen Grenzen zu bringen – zu einer längeren Gefängnisstrafe verurteilte Chuck Berry hat ein neues Album mit dem Titel *Rockit* herausgebracht; es enthält sonderbare Songs über das Abklingen des Leidens und über eine Verfolgung durch den Ku-Klux-Klan sowie eine Nummer, »California« (»Will I ever go to Los Angeles or San Diego / To Redding or Fresno, Needles or Barstow«), die eine neue Bedeutung bekam, als Berry im letzten Monat eine Freiheitsstrafe in einem Bundesgefängnis antrat, nachdem er sich der Steuerhinterziehung schuldig erklärt hatte. Beschaffen Sie sich das Album und dann schreiben Sie Chuck Berry ins Federal Prison Camp in Lompoc, Box 2000, California 93483, und teilen ihm mit, dass Sie es sich anhören.

Bob Dylan, *Slow Train Coming* (Columbia, 1979).

Henry Williams und Eddie Anthony, »Georgia Crawl« (Columbia, 1927). »Hey there, papa, look at sis / Out there in the backyard just shakin' like this / Doin' the Georgia crawl« – und mit einer jammernden Fiddle, einem leichten Gitarrenbeat und einem nicht enden wollenden lüsternen Grinsen. Enthalten auf Allen Lowes grandiosem *Really the Blues? A Blues History 1893–1959* (West Hill Radio Archives/Music and Arts, 2010).

Aus LOGISCHE SCHLUSSFOLGERUNGEN
New West
17. Dezember 1979

Nach der Absage einer landesweiten Tournee begann Bob Dylan am 1. November ein beispielloses, insgesamt vierzehn Shows umfassendes Gastspiel im Warfield Theater in San Francisco, einem Saal mit einem Fassungsvermögen von 2300 Zuschauern – es waren seine ersten Konzerte seit seinem Übertritt zum fundamentalistischen Christentum. Das Material (*Slow Train Coming* sowie neue, bislang noch nicht auf Platte erhältliche Nummern) war ausschließlich evangelikal; die Performance war so leblos, dass ich es kaum glauben mochte. Begleitet von einer langweiligen Combo aus L.-A.-Studiomusikern und von drei quicklebendigen schwarzen Backgroundsängerinnen, sang Dylan ohne jeden Ausdruck, ohne jede Bewegung, als sei es unter seiner Würde, sich vor einem Publikum zu präsentieren. Die Menge bekundete hin und wieder ihr Missfallen und manche Leute schrien nach ihren alten Lieblingssongs, doch Dylans Reaktion war einfach nur dumm. Ich war froh, dass Dylan einen Strich durch seine Karriere gezogen hatte – er war schon zu lange ein Gefangener der Geschichte gewesen, die er selbst geschrieben hatte. Doch für dieses Zeug hier?

Die ausverkaufte Halle hatte sich schon fast geleert, als Dylan, nach einer Zugabe, noch einmal auf die Bühne zurückkehrte, sich ans Klavier setzte und mit den drei Backgroundsängerinnen – Regina Havis, Mona Lisa Young und Helena Springs – ein Stück klassische Gospelmusik anstimmte, »Pressing On«, das direkt aus einem Gesangbuch zu stammen schien. Er sang mit genau jenem Gefühl, das er das ganze Konzert über hatte vermissen lassen – er sang voller Leidenschaft, voller Demut, als jemand, der seinen Wert kannte. Beim Verlassen des Saals versuchte ich, mir einen Reim auf das gerade Erlebte zu machen.

Am 16. November kam ich noch einmal zurück, zum Abschlusskonzert. Die Stimmung der Show lockerte sich schon relativ früh auf, als Dylan, in der Rolle Adams, die »pig«-Strophe von »Man Gave Names to All the Animals« sang: »He wasn't too small and he wasn't to big / Ah, think I call it a giraffe.« Ein Grinsen huschte über Dylans Gesicht; nach einer Art Predigt, mit der er »Slow Train« einleitete (»Diese Welt wird untergehen, das wissen wir, und Christus wird in Jerusalem sein tausendjähriges Königreich errichten und der Löwe wird sich niederlegen mit dem Lamm – habt ihr das schon mal gehört? Ich bin bloß neugierig, wie viele von euch daran glauben. Na, okay!«), kehrte das Grinsen wieder zurück. Später brach im Publikum eine lautstarke Auseinandersetzung aus – »Wir wollen *Dylan!*« »Mach, was du willst, Bob!« »Keine Bange, das wird er!« – und Dylan krümmte sich vor Lachen.

Bei einer neuen Nummer, »Covenant Woman«, schlug er jede Menge hohe Töne an und das Publikum sog jeden davon begierig auf. »No Man Righteous (No Not One)«, ein Duett mit Regina Havis, ein ausgelassener Song, heizte die Stimmung weiter an; »God Uses Ordinary People«, eine schauderhafte, an Las-Vegas-Schmachtfetzen erinnernde Solodarbietung von Mona Lisa Young, ließ sie wieder abflauen. Die Songs von *Slow Train Coming* waren immer noch mittelmäßig, die Begleitband war kaum mehr als passabel und einige der neuen Nummern waren zum Erbarmen, doch Dylan kniete sich in die Musik hinein; er beugte sich vor, suchte einen Draht zum Publikum.

Mit »Hanging Onto a Solid Rock (Made Before the Foundation of the World)« zog er die Menge schließlich auf seine Seite; seine Autorität war wiederhergestellt. Es war ein gewaltiger Sound und Dylan warf dabei alle Hemmungen ab. Er nahm Elvis-Posen ein, wippte auf den Absätzen nach hinten, ging mit seiner Gitarre in die Hocke; gemeinsam mit den Backgroundsängerinnen schrie er den Refrain (»MADE! BEFORE! THE FOUNDATION!«), als würden die Wörter in ihn hineingeschleudert.

Und dann – nach weiteren neuen Songs, nach einer Zugabe, als die Show bereits seit knapp zwei Stunden lief – war es Zeit für »Pressing On«: Dylans Song, wie sich herausstellte, und einer seiner besten. Der am Klavier sitzende Dylan wechselte sich beim Leadgesang mit den Sängerinnen ab und das Ausdrucksspektrum seiner Stimme nahm mit einem Mal zu; sie war schmerzlich, beängstigend, aber dennoch ohne jede Anstrengung. Es war das hohe appalachische Wehklagen seiner frühen Balladen: zeitlos, prägnant, ungezwungen, unentrinnbar.

Als die Begleitband zurückkam, um den Song gemeinsam mit den anderen zum Abschluss zu bringen, begab Dylan sich in die Mitte der Bühne, wo er sich den Mikrofonständer schnappte und zur Seite kippte, so wie Rod Stewart, und die Performance weitete sich aus, bis sie jede Gefühlsnuance einzubeziehen schien. Als der Song einen Kulminationspunkt erreichte, begann Dylan auf und ab zu springen. Der Song ging weiter; er ging vielleicht noch zehn Minuten weiter, aber von mir aus hätte er auch noch die ganze Nacht weitergehen können.

Aus THEMEN VON SOMMERLICHEN ORTEN
New West
28. Juli 1980

Diese Kolumne sieht sich außerstande, ein Gerücht zu bestätigen, dem zufolge die Veröffentlichung von Bob Dylans zweitem »wiedergeborenen« Album, *Saved*, hinausgezögert wurde, weil sich jemand an dem für das Cover bestimmten Gemälde zu schaffen gemacht hatte, auf dem mehrere Hände zu sehen sind, die von unten nach der ausgestreckten blutenden Hand Jesu Christi greifen. Wie verlautet, soll jemand eines Nachts in die Fabrik von CBS eingebrochen sein und die Hand des zweiten Bittstellers von links dermaßen geschickt übermalt haben, dass es so aussah, als würde Jesus der Stinkefinger gezeigt. Der Übeltäter soll bereits gefasst worden sein; ein Gerücht, dem zufolge in seinem Adressbuch Elvis Costellos Name notiert sei, konnte ebenfalls nicht bestätigt werden.[21]

Bob Dylan, »Pressing On«, auf *Saved* (Columbia, 1980). Im Vergleich zur Liveversion vom Warfield Theater wirkt diese Studioaufnahme starr und leblos; obwohl die Eingangspassage ein gewisses Leuchten ausstrahlt, leidet der Rest des Songs an einem gesanglichen und instrumentalen Overkill; das Ganze wird heruntergehämmert mit einer an Hysterie grenzenden, vor unnötigen Arabesken strotzenden Orchestrierung. Seine wahre Stimme fand der Song im Grunde erst knapp dreißig Jahre später, in Todd Haynes' 2007 herausgekommenem Film *I'm Not There,* mit Christian Bale (der die entsprechende Szene spielte) und John Doe (der den Gesang dazu beisteuerte). Auf dem Soundtrackalbum, wo eine Hälfte dieser Kombination fehlte, war es nicht halb so überzeugend.

21 Man kann nie wissen; 1983 wurde das Gemälde auf dem Cover von *Saved* durch eine konventionelle Illustration ersetzt, die Bob Dylan mit seiner damaligen Begleitband auf der Bühne zeigt.

Aus BLINDER TERROR – REAL LIFE ROCK TOP TEN, 1980
New West
Januar 1981[22]

»Like a Rolling Stone«, gehört im Longhi's, Lahaina, Maui, Hawaii, am 22. Februar. Longhi's ist das Paradebeispiel einer entspannenden Oase; als ich mich an jenem Vormittag dort aufhielt, war das Radio des Lokals auf den Sender eingestellt und dudelte Popsongs, reine Hintergrundmusik, die man nicht weiter registrierte. Auf einmal ertönte Bob Dylans größter Song. Nach und nach wandte sich die träge Gästeschar von ihrem Frühstück ab (Ananas und Bloody Marys). Füße begannen im Takt zu wippen, Gespräche verstummten. Alle *hörten zu,* und jeder sah ein bisschen lebendiger aus, als der letzte Ton verklungen war. Es war ein verblüffender Augenblick: der schlagende Beweis, dass »Like a Rolling Stone« als Muzak völlig ungeeignet ist.

    Und Dylan selbst? Nun, die Konzerte bei seiner Rückkehr ins Warfield Theater in San Francisco stellten ähnliche Auftritte des Jahres 1979 bei Weitem in den Schatten. Die damaligen Shows hatten noch zu hundert Prozent aus Bibel-Rock bestanden. Diesmal verhießen die Werbeplakate Nostalgisches: All deine Lieblingsstücke von früher! Der sich so inbrünstig zu Jesus bekennende Dylan schien auf den ersten echten Ausverkauf in seiner Karriere hinzusteuern: eine traurige Konzession an jenes Publikum, das ihn früher auf Händen getragen hatte,

---

[22] Deutsche Erstveröffentlichung in: Greil Marcus, *Im faschistischen Badezimmer: Punk unter Reagan, Thatcher und Kohl – 1977 bis 1994*, Rogner & Bernhard, Hamburg 1994, S. 220 f.

oder ein jämmerliches Eingeständnis, dass er ohne dieses Publikum nicht leben konnte. Die Musik strafte diese Vorstellung Lügen. Beim letzten Auftritt seines zweiwöchigen Gastspiels präsentierte Dylan eine raue, gut gelaunte Show mit allem, was ihm am Herzen lag an jenem Abend: hart synkopierte Gospelmusik, eine Ballade aus den Appalachen (inklusive Autoharp), Little Willie Johns »Fever«, Dave Masons überraschend passendes »We Just Disagree«, eine Handvoll eigener, älterer Nummern. Es war der siebzehnte Jahrestag der Ermordung John F. Kennedys; Dylan beendete das Konzert mit »A Hard Rain's A-Gonna Fall«, das er 1962 geschrieben hatte, vor dem Hintergrund der Kubakrise – vielen Geschichtsbüchern zufolge Kennedys Sternstunde. Der Song war knallhart, gehässig, erbarmungslos ... und versöhnlich, und er klang so, als hätte Dylan ihn erst in der Nacht davor komponiert. Es heißt, neunundneunzigeinhalb Prozent seien nicht genug, doch in diesem Fall traf das nicht zu.

TEIL DREI
UND ACHT JAHRE DAVON
1985–1993

NUMMER EINS, TENDENZ STEIGEND
Artforum
Mai 1985[23]

Der verstorbene Lester Bangs zur Fernsehübertragung der Second Annual Rock Music Awards 1976, einer Veranstaltung, die moderiert wurde von Alice Cooper und Diana Ross:

> Der Höhepunkt des Abends war die Verleihung der Public Service Awards für »vorbildliches soziales Engagement«. Alice Cooper beteuerte, dass »Persönlichkeiten aus der Rockmusikszene entgegen anderslautenden Gerüchten im Wesentlichen und vor allem Menschen sind. Menschen mit den gleichen Träumen, Sehnsüchten und Gefühlen wie alle anderen auch. Sie sind ehrgeizig, aber nicht egoistisch oder egoman – sie sind engagiert! ... Moment mal, ich kann das hier auf der Karte nicht lesen. Obwohl ihre Karrieren so viel Zeit verschlingen, opfern sie jede Minute, die sie erübrigen können, für ...« Diana: »... für, ich möchte sagen, für den Stolz der Musikbranche – für den Public Service Award.« Harry Chapin kriegte einen Public Service Award für seinen Beitrag zum Welthungerjahr, und Bob Dylan kriegte einen für seine Bemühungen, Rubin »Hurricane« Carter aus dem Gefängnis zu holen ... und dann kam Diana Ross mit dem ganz großen Knaller: »Also

---

[23] Deutsche Erstveröffentlichung in: Greil Marcus, *Im faschistischen Badezimmer: Punk unter Reagan, Thatcher und Kohl – 1977 bis 1994*, Rogner & Bernhard, Hamburg 1994, S. 349–354.

echt mal, Leute, in den USA formiert sich gerade eine unglaublich tolle Bewegung; besorgte Bürger, die finden, dass Wale ein Recht auf Leben haben. Und David Crosby und Graham Nash wollen ihre ganz persönliche Betroffenheit in Wort und Musik zum Ausdruck bringen, und darum veranstalten sie ein Benefizkonzert, damit die Wale überleben können. Ich finde das einfach fantastisch und wir ehren die beiden mit dem fünften Public Service Award. Also, noch mal, ich glaube nicht, dass die Jungs heute abend hier sind, aber wir werden den Preis für sie in Empfang nehmen. «

Alice meldete sich mit einer kleinen Gemeinheit zu Wort: Da gerade von Walen die Rede sei, Flo und Eddie säßen unten im Saal ... Und Diana Ross fuhr fort: »Nein, also echt jetzt, ich weiß hundertprozentig, dass vielen von meinen Freunden das Thema unheimlich wichtig ist, und es geht da um was, wofür ich persönlich mich wahnsinnig gerne interessieren würde.«

Seit damals hat sich kaum etwas geändert. Rockstars opfern noch immer jede Minute, die sie erübrigen können, für den Stolz ihrer Branche. Neu ist nur, dass die Rock Music Awards inzwischen von den American Music Awards abgelöst wurden und dass man die Wale gegen Äthiopier ausgetauscht hat.

Nicht lange nach der AMA-Fernsehübertragung im Januar schlossen sich mehr als vierzig Musiker zusammen, um gemeinsam eine Platte aufzunehmen, deren Erlös für die Äthiopien-Hungerhilfe bestimmt war. AMA-Moderator und -Hauptgewinner Lionel Richie hatte den Song schon geschrieben, zusammen mit Michael Jackson; Quincy Jones machte den Produzenten. Diana Ross, Bob Dylan, Bruce Springsteen, Tina Turner, Willie Nelson, Steve Perry, James Ingram, Kenny Rogers, Paul Simon und der ganze Rest »gaben ihre Egos an der Garderobe ab«, nannten sich USA for AFRICA und nahmen »We Are the World« auf. Oscar Wilde hätte wahrscheinlich gesagt, dass der ein ganzer Kerl sein muss, der zuhören kann, ohne lauthals loszulachen. Oder das Kotzen zu kriegen.

Während ich also den Boden wischte, musste ich dann aber doch zugeben, dass die Melodie von »We Are the World« gar nicht so übel ist – allerdings lässt sich eine vagere Komposition über höchst konkretes Elend kaum vorstellen. Im Kleingedruckten auf dem Plattencover heißt es: »›U(nited) S(upport of) A(rtists) for AFRICA‹, die Gruppeninitiative ›Künstler helfen Afrika‹ ... hat sich dazu verpflichtet ... alle CBS-Records zufließenden Erlöse aus dem Verkauf von ›We Are the World‹ ... für dringende Hilfsmaßnahmen – Nahrungsmittel und Medikamente inbegriffen – in den USA und in Afrika bereitzustellen«, während in dem Song mit keinem einzigen Wort davon die Rede ist, warum so etwas überhaupt nötig ist. In der ersten Strophe von »We Are the World« lässt man uns wissen: »There are people dying« (wer hätte das gedacht); in der letzten Strophe: »When you're down and out« (die Äthiopier sind »fix und fertig«?) »... if you just believe there's no way we can fall.« Im Klartext bedeutet das: Wenn die Äthiopier an USA for AFRICA glauben, dann werden die Stars ihre eigenen Hoffnungen verwirklichen können. So viel zum Thema Äthiopien.

Die Grammatik hilft hier nicht weiter, aber die Berücksichtigung größerer Zusammenhänge trägt zur Erhellung bei: Die Superstars von USA for AFRICA hatten mit dem riesigen Medienrummel um ihre Bemühungen gerechnet und konnten insofern davon ausgehen, dass sich uns ihre ungefähre Motivation schon irgendwie mitteilen würde. Sind also die entscheidenden Worte, »There are people dying«, einmal gesagt, dann ist das Problem formuliert und der Song kann sich getrost dessen Lösung zuwenden – und die besteht in einer Lobeshymne, mit der die versammelte Rockprominenz sich selbst bejubelt.

»There's a choice we're making / We're saving our own lives« – so lauten die Schlüsselzeilen von »We Are the World«, die unermüdlich wiederholt werden. Dylan singt sie, Cyndi Lauper singt sie, Ray Charles singt sie, Stevie Wonder singt sie. Im Rahmen einer Mainstreammusik, wie sie im Buche steht, ist Charles schlicht hervorragend, Wonder hört sich ganz nett an, Springsteen klingt wie Joe Cocker und Dylan … also, einen Komiker, der eine derart plumpe Dylan-Parodie riskiert, würde man gnadenlos von der Bühne lachen. Aber das ist nicht der Punkt. Hier geht es allein um Wiedererkennbarkeit: Die objektive Parodie hat einen größeren Wiedererkennungswert und bessere Verkaufschancen als die subjektive Darbietung. Der Punkt ist vielmehr der, dass der Hunger in der Welt für eine maßlose Selbstverherrlichung ausgeschlachtet wird – für eine kollektive Selbstverherrlichung, und genau darauf ist die Musikbranche so stolz. Von Melanie Klein stammt die These, das Kleinkind projiziere sein Ich auf die Welt und versuche instinktiv, sie sich einzuverleiben, und eben das und nicht mehr bleibt von »We Are the World«, wenn man den ganzen Wust durchaus lobenswerter, aber naiver Absichten beiseiteschiebt. Den ganzen Showbizschmus von »We are the world, we are the children / We are the ones who make a brighter day« kann man vergessen; aber man sollte sich genau anhören, wie die Sänger von USA for AFRICA ihr kollektives Ich auf die Welt projizieren und sie sich auf diesem Wege einverleiben. Kann schon sein, dass die Äthiopier nichts zu essen haben, aber wenigstens bekommen diese Leute ein paar Äthiopier zu essen.

Die unterschwellige Botschaft von »We Are the World« ist in meinen Augen eindeutig destruktiv. Die Botschaft lautet: Die Armen sind unsere ständigen Begleiter; es gibt ein WIR, bestehend aus dir und mir, und dieses WIR sollte DENEN helfen, denen, die anders sind als wir; indem wir ihnen helfen, kommen wir ein Stück voran auf dem beschwerlichen Weg ins Himmelreich (»We're saving our own lives«); Hunger, ob in den USA oder in Afrika, ist eine Naturkatastrophe, Gottes höchst eigener Ratschluss, eine Prüfung – eine Prüfung vielleicht für jene Amerikaner, die »aus freien Stücken« obdachlos sind und hungern, denn wenn dem nicht so wäre, wie in Gottes Namen hätte diese Leute sonst ein solches Schicksal treffen können? Und wenn dem so ist, gilt dasselbe dann nicht auch für die Äthiopier? Aber – lässt man das Kleingedruckte und den minimalen Beitrag, den USA for AFRICA für die Hungerhilfe in Amerika (zehn Prozent) abzweigt, einmal außer Acht – führt die spektakuläre Mobilmachung gegen das Elend in Äthiopien nicht zu einer Bagatellisierung des amerikanischen Elends und werden seine politischen Ursachen nicht von einem Strohfeuer des guten Willens weggeblendet? Eine schlechte Politik, der möglicherweise echte Sehnsüchte zugrunde liegen, vermag Auslöser einer guten Kunst zu sein; schlechte Kunst hingegen, der grundsätzlich geheuchelte oder völlig entstellte Sehnsüchtejizugrunde liegen, kann nur Auslöser einer schlechten Politik sein. Dieses pauschale Genörgel ist genauso vage wie »We Are the World« – aber in dem Song verbirgt sich eine Botschaft, die viel konkreter ist, als irgendjemand beabsichtigt haben kann.

Wie schon 1984 mit Michael Jackson war auch 1985 die Premiere des neuen Pepsi-Werbespots der eigentliche Höhepunkt bei der Fernsehübertragung der Grammy-Verleihung. Lionel Richie, der als Pepsi-Sprecher 8,5 Millionen Dollar kassiert, schlenderte durch einen dreiminütigen Werbespot, der als die längste Fernsehwerbung seit Bestehen des Mediums angepriesen wurde. Das Thema wurde mit dem Holzhammer bearbeitet. »Wisst ihr, wir sind alle eine neue Generation«, sagte Richie, »und wir haben unsere Entscheidung getroffen« – und das ist vor allem, so sagte er, ohne es offen auszusprechen, die Entscheidung für Pepsi und gegen Coke.

Erstmals hatte sich Pepsi in den Sixties an diesem Thema versucht – damals wurde der Slogan »The Pepsi Generation« propagiert. In der Ära des Generationenkonflikts, in der Ära einer scheinbar autonomen Jugend, hatte dieser Spruch dennoch keinen Erfolg. Die Sixties waren zwar eine Zeit des Überflusses, aber die vorherrschende Ideologie war antimaterialistisch; der Anbiederungsversuch des Konzerns ging ins Leere. Die »neue Generation«, von der Richie in seinem Werbespot schwärmt, ist tatsächlich neu – die Post-Sixties-Generation, ist allumfassend und nimmt jeden aus dieser verflossenen Ära bereitwillig auf; die Mitglieder dieser Generation haben, glaubt man den Medien, Utopismus gegen Selbstverwirklichung eingetauscht und sind trotzdem unentwegt auf der Suche nach sinnvoller genutzter Zeit, die sie mit der Familie oder ihren Freunden verbringen können oder mit Themen, für die sie sich persönlich wahnsinnig gerne interessieren würden – solange diese Themen weit genug weg sind, sagen wir mal, so um die 15 000 Kilometer.

Unter uns gesagt war der Pepsi-Werbespot von 1985 miserabel: ein unausgegorener Mischmasch, ein bisschen Musikvideo von Lionel Richie und ein bisschen Werbespot für Lebensversicherungen. Im Vergleich mit dem Breakdance-Spot für Mountain Dew war er einfach nur lang. »We Are the World« dagegen ist ein toller Werbespot. Das Ding hört sich an wie ein Pepsi-Jingle – und die Zeile »There's a choice we're making« verschmilzt in ihrer permanenten Wiederholung mit Pepsis urheberrechtlich geschütztem Slogan »The Choice of a New Generation« – ein Effekt, den die bei Pepsi unter Vertrag stehenden Songschreiber Michael Jackson und Lionel Richie mit hoher Wahrscheinlichkeit nicht beabsichtigt hatten und der, mit noch höherer Wahrscheinlichkeit, bestimmt kein Zufall ist. In seiner Eigenschaft als Popsong sagt »We Are the World« mehr über Pepsi aus als über Äthiopien – und der eigentliche Erfolg der ganzen Veranstaltung dürfte wohl weniger darin liegen, dass ein paar Äthiopier überleben, oder jedenfalls ein bisschen länger leben werden, als sie es sonst getan hätten, sondern vielmehr darin, dass Pepsi die Schlüsselwörter seines Werbefeldzugs von Ray Charles, Stevie Wonder, Bruce Springsteen und dem ganzen Rest gesungen kriegt, und das, ohne einen Pfennig zu bezahlen. Aber das ist nur der vorübergehende, unterschwellige Effekt. Wenn man die langfristigen Auswirkungen auf das wirkliche Leben unter dem Aspekt der pop-geopolitischen Ökonomie betrachtet, dann werden jene Äthiopier, denen jetzt der Hungertod erspart bleibt, am Ende nicht bloß am Leben sein, sondern Pepsi trinken, und nicht Coke.

Während die amerikanischen Musiker für ihre USA-for-AFRICA-

Sessions zusammenkamen, machten sich ihre kanadischen Kollegen daran, eine eigene Äthiopienplatte zu produzieren. Einer von ihnen war Neil Young. »Man kann die Schwachen nicht einfach nur immer unterstützen«, hatte er im Oktober 1984 geäußert. »Man muss den Schwachen beibringen, auf eigenen Füßen zu stehen, auch wenn sie vielleicht nur ein Bein haben, oder sogar nur ein halbes.« Aber wieso dann diese Äthiopien-Benefiz-Session? Mann, das war doch was, wofür er persönlich sich wahnsinnig gerne interessiert hätte.

USA for Africa, »We Are the World« (Columbia, 1985, #1). Im Jahr 2010 organisierten Lionel Richie und Quincy Jones gemeinsam mit dem Produzenten RedOne und mit Will.i.am von den Black Eyed Peas anlässlich des fünfundzwanzigjährigen Jubiläums eine Neuauflage, »We Are the World 25 for Haiti«, die unter dem Namen Artists for Haiti veröffentlicht wurde (Columbia, #2). Die Performance, insbesondere in dem Video zu dem Song, war von einer schier unglaublichen Affektiertheit: Die Sängerinnen und Sänger in dem riesigen Chor – darunter Justin Bieber, Tony Bennett, Jennifer Hudson, Jeff Bridges, Barbra Streisand, Usher, Fergie, Janet Jackson, Michael Jackson (in einem Videoclip, nicht aus dem Jenseits), Jamie Foxx (Ray Charles in *Ray*), Enrique Iglesias, Celine Dion, Pink, Lil Wayne, Mary J. Blige, Josh Groban, T-Pain und dazu noch Dutzende andere, inklusive Brian Wilson und Al Jardine von den Beach Boys – schienen vom Ausdruck ihres Mitgefühls und ihres Schmerzes regelrecht verzehrt zu werden. Dagegen wirkte die Originalversion von 1985 wie »Ready Teddy«.

VOLL DANEBEN

über Wilfrid Mellers' *A Darker Shade of Pale:*
A Backdrop to Bob Dylan
1985 [24]

Dies ist ein wirres und verwirrendes Buch über eine wirre und verwirrende Gestalt: Bob Dylan, 1941 in Duluth, Minnesota, geboren als Robert Allen Zimmerman. In den frühen Sechzigerjahren machte er auf sich aufmerksam als selbst ernannter Erbe des Dust-Bowl-Balladensängers Woody Guthrie, mit Songs, die auf eine gesellschaftliche Veränderung drängten und die ihm den Beinamen »das Gewissen der Jugend Amerikas« eintrugen; Mitte der Sechzigerjahre, es waren glückliche Zeiten, erschien er als eine Reinkarnation der dandyhaften Bohemiens des Paris von Baudelaire und zugleich als ein angehender König des Rock'n'Roll, der mit Metaphern um sich warf, aus denen niemand schlau wurde und die doch jeder verstehen konnte, alles angetrieben von einem Sound, der so unbändig und so gewaltig war, dass niemand in der Popmusik, weder er selbst noch jemand anders, seitdem wieder daran herangereicht hat; als sich das Jahrzehnt seinem traurigen Ende näherte, zog er sich aus der Pop-Arena zurück, um sich als ein gewitzter, ruhiger Privatdetektiv mit den Freuden und Pflichten des Alltagslebens zu befassen; in den Siebzigerjahren trat er als lebende Legende und als strauchelnder Troubadour in Erscheinung; 1979 wurde er zum wiedergeborenen Christen (»Wahrscheinlich begeht seine Mutter jetzt

---

24 Verfasst für die *New York Review of Books*; unveröffentlicht.

gerade die Schiwa für ihn«, sagte sein Produzent zu mir, als Dylans Abkehr vom jüdischen Glauben publik wurde) und verdammte die Schwachen im Geist und die in der Seele Verderbten mit allem, was ihm zu Gebote stand, und das war nicht mehr viel; jetzt soll er wieder in die Welt zurückgekehrt sein; an der Oberfläche eine dermaßen verwirrende Spur, dass selbst ein angeheuerter Indianer sie nicht lesen könnte; unter der Oberfläche eine spezifisch amerikanische Suche, die einen spezifisch amerikanischen Kulminationspunkt erreicht hat. Bruce Springsteen erzählte gern die Geschichte über ein Haus, das er einmal in der Wüste von Arizona entdeckt hatte: Im Grunde war es eher eine Skulptur, die ein Einsiedler vom Stamme der Navaho aus dem sich entlang des Highways ansammelnden Müll errichtet hatte. An der Einmündung der unbefestigten Straße, die zu dem Haus führte, befand sich ein handgemaltes Schild: »Dies ist das Land voll Frieden, Liebe und Gerechtigkeit – und ein Land ohne Gnade«. Aber womöglich ist jene Metapher viel zu perfekt und die Suche bloß eine rein persönliche, ihr Rhythmus lediglich der von Dylan, nichts Gemeinsames, nichts, was mit anderen geteilt wird. »Wie ist es denn so?«, fragte mich eine Freundin nach Dylans erstem christlichen Album. »Es ist höhnisch«, sagte ich, »es ist scheinheilig, es hat keine Spur von Mitgefühl ...« »Ah, ich verstehe«, unterbrach sie mich. »Man hätte ja auch nicht ernsthaft erwartet, dass er sich *ändert*, oder?«

Wilfrid Mellers war Redakteur bei der Zeitschrift *Scrutiny*, als Bob Dylan noch in Kniehosen herumlief. Jahrelang war er ein angesehener Musikprofessor an der Universität von York; in einer Nation, wo der Begriff »amerikanische Kultur« hämische Witze über australischen Wein hervorruft, war er beinahe der Einzige, der die amerikanische Musik ernst nahm. Und was sein Wissen über die amerikanische Musik betrifft – die ältesten weißen Balladentraditionen, die Minstreltradition, die Salonmusik des 19. Jahrhunderts, die Kunstmusik des 20. Jahrhunderts, Jazz, Broadway, Blues, Country and Western, Rock'n' Roll –, so können sich, wenn überhaupt, nur wenige amerikanische

Musikwissenschaftler mit Mellers messen und nur wenige von ihnen begegnen dieser Musik mit einer so offenkundigen Liebe wie er. In Mellers' Schriften ist Wissen eine Form von Liebe: Es sucht nach Verbindungen. Sein unvergleichliches *Music in a New Found Land* (1964) ließ Charles Ives, den Mississippibluessänger Robert Johnson, Marc Blitzstein, Charlie Parker, John Cage und noch Hunderte andere dieselbe tiefenstrukturelle Sprache sprechen, ohne dass sie dabei auch nur ein einziges Mal ihre eigenen Stimmen kompromittierten; Mellers entdeckte Bedeutung in jeder Nuance eines Tons. Inspiriert von D. H. Lawrences *Studies in Classic American Literature* (und vielleicht auch von Leslie Fiedlers *Love and Death in the American Novel*) ließ er Cooper, Hawthorne, Emerson, Thoreau, Melville und Whitman das Territorium kartografieren, welches amerikanische Musiker bewohnen müssten, wollten sie etwas über ihre besondere Version der *condition humaine* sagen, was sich zu sagen lohnte; das war sein Bezugsrahmen. Es ist ein Skandal, dass niemand in Amerika seinem Beispiel gefolgt ist.

A Darker Shade of Pale will Bob Dylan mit diesen amerikanistischen Begriffen erfassen, doch die Präsentation liegt schon vom ersten Ton an daneben: »Seit mehr als zwanzig Jahren«, schreibt Mellers in seiner Einleitung, »ist Dylan ein Wortführer der jungen Leute ... er ist zum mythischen Vertreter einer Generation und einer Kultur geworden.« Die zweite Behauptung ist das, worauf Mellers mit seinem Buch hinauswill, doch das hanebüchene Klischee der ersten Behauptung wirft jede Menge Fragen auf. Ist Mellers vielleicht der Sixtiesfantasie von der ewigen Jugend aufgesessen? Die jungen Leute, für die Dylan schon lange kein Wortführer mehr ist, sind mittlerweile in die Jahre gekommen. (»Mr. Masterson ist schon seit zwanzig Jahren als ein bemerkenswerter ›zorniger junger Mann‹ bekannt«, schrieb Frederick Crews in seiner *Pooh-Perplex*-Parodie auf Leslie Fiedler – im Jahr 1963.) Nach diesem unbeholfenen Auftakt lässt Mellers seinen New-Found-Land-Roadster warm laufen und düst dann geradewegs aus seinem Buch hinaus. Der Abschnitt »The Backdrop«, der die erste Hälfte von Mellers' Studie einnimmt, verfolgt weiße Folkmusiktraditionen, von uralten schottischen Waulking-Songs bis zu Elvis Presley. Doch trotz der bizarren These, so herausragende moderne Vertreter dieser Tradition wie Dock Boggs, Roscoe Holcomb, Jimmie Rodgers, die Carter Family, Hank Williams und Presley selbst seien »für den Historiografen wohl in erster Linie als Vorläufer von Bob Dylan von Bedeutung«, führt Mellers' Untersuchung der weißen volkstümlichen Musik Amerikas nicht zu Dylan. Mellers setzt diesen Gedankengang in dem mit »Bob Dylan« übertitelten Abschnitt nicht fort, er baut nicht darauf auf; der Leser vergisst die erste Hälfte des Buches, nachdem er ein paar Seiten der zweiten gelesen hat.

Der Leser vergisst »The Backdrop«, weil dieser Teil, wenn er nicht zu »Bob Dylan« führt, im Grunde genommen nirgendwohin führt. Während er sich fragt, wo denn die schwarze Version der musikalischen Tradition von »The Backdrop« ist (in diesem Buch taucht sie nicht auf, auch wenn Mellers am Ende dieses Teils darauf insistiert, dass eine reife amerikanische Popmusik, d.h. die von Dylan, die »weiße Euphorie« mit der »schwarzen Realität« verschmelzen müsse), wird der Leser in einem fort mit Mellersismen wie der Kategorisierung sämtlicher musikalischer Darbietungen als »positiv« oder »negativ« bombardiert, ganz zu schweigen von den Kategorisierungen weißer Euphorie und schwarzer Realität – und ohne die vollständig herausgearbeiteten Themen von *Music in a New Found Land* resultiert das Ganze in einer Anhäufung von musikalischen Fakten, die nicht mit einer gesellschaftlichen Bedeutung versehen, sondern dieser Bedeutung beraubt werden. Es gibt durchaus Anklänge an Mellers' einstmals luziden Sinn für größere Zusammenhänge – zum Beispiel Kapitelüberschriften wie »The Monody of Deprivation« oder »The Liquidation of Tragedy and Guilt« –, doch dies sind bloß Anklänge. Mellers' kurze, aber fundierte Huldigungen an den unterschätzten Holcomb oder den noch obskureren Nimrod Workman (welch herrlicher Name!) sind interessant, so wie seine vielfältigen Attacken gegen Scott Wiseman als einen »Verbesserer« der Countrymusik deplatziert sind (auch wenn der ehemalige Folksänger Wiseman, eine Personifizierung des Trivialen, den guten Mellers in den Dreißiger- und Vierzigerjahren mit seinen Duetten und Comedynummern mit seiner Partnerin Lula Belle vermutlich in den Wahnsinn getrieben hat), doch weder Workman noch Wiseman werden dazu gebracht, miteinander zu kommunizieren, geschweige denn mit Dylan.[25] Der Gesamteindruck, den man in »The Backdrop« erhält, ist der, dass während eines sehr langen Zeitraums, in dem die weiße amerikanische Musiktradition zwischen Positivem und Negativem hin und her pendelte, wahnsinnig viel passiert ist und es nun mit einem Mal 1962 ist und damit an der Zeit, über Bob Dylans Debütalbum zu reden. Wieso nicht? Gibt es sonst noch was, über das Sie gern reden möchten?

Mellers' Sprache kollabiert, zusammen mit seinem Begriffsapparat. *A Darker Shade of Pale* fehlt durchgängig die Klarheit und die eigenwillige Eloquenz von Mellers' früheren Büchern; die nüchterne Freimütigkeit wird durch etwas ersetzt, was offenbar ein Versuch ist, hip zu klingen, doch am Ende klingt das Ganze nur herablassend – und ich glaube, dass Mellers selbst mit vorgehaltener Pistole die amerikanische Musik nicht absichtlich von oben herab behandeln könnte. Trotzdem springt einem das grässliche Beispiel, eines von vielen, aus seinem Buch an: Man kann den jungen Elvis, der als Heranwachsender Gottesdienste der Pfingstbewegung besuchte, genauso wenig als einen »Jesusfreak« bezeichnen, wie man irgendetwas Substanzielles aussagen kann, wenn man Jonathan Edwards als einen Sektenführer bezeichnet. Die Verbindungen zwischen Edwards, der Pfingstbewegung und dem gegenwärtigen christlichen Fundamentalismus sind real (Dylan ist oder

---

[25] Auch wenn Dylan sein Möglichstes tat, um mit Wiseman zu kommunizieren, als er 1961 in East Orange, New Jersey, eine Amateuraufnahme von dessen 1939 erschienenem »Remember Me (When the Candle Lights Are Gleaming)« machte; ein Fragment dieses Songs taucht sogar in D. A. Pennebakers *Dont Look Back* auf, seinem 1967 herausgekommenen Dokumentarfilm über Dylans zwei Jahre zuvor absolvierte Tournee durch das Vereinigte Königreich.

war der Jesusfreak!), doch durch eine solche Ausdrucksweise werden sie missachtet – sie ist, literarisch gesehen, dasselbe wie mit den Händen zu essen.

Wenn er Dylans Karriere nachzeichnet, dann hört Mellers genau hin, doch es kommt nur wenig dabei heraus. Es gibt keine Dramatik, keinen Hauch von Risiko oder von einer Vision – bis Mellers in den mittleren und späten Siebzigerjahren anlangt und sich nicht nur Dylans Soundtrackmusik für Sam Peckinpahs Film *Pat Garrett and Billy the Kid* (in dem Dylan in einer sonderbaren Nebenrolle als ein gewisser »Alias« mitwirkte) und *Desire* vornimmt, sondern auch die mit einer Truppe von Kumpanen und Trittbrettfahrern bestrittene »Rolling Thunder«-Tournee, den daraus resultierenden, von Dylan zusammengestellten Film *Renaldo and Clara* und das grässliche *Street-Legal*-Album und gipfeln tut das Ganze schließlich in einer Analyse der christlichen Alben von *Slow Train Coming* (1979) bis *Shot of Love* (1981). Hier, wo er Dylans ausdruckslosesten Gesang, seine uninspirierteste musikalische Begleitung und seine am wörtlichsten zu nehmenden Songtexte unter die Lupe nimmt – wo er Werke untersucht, bei denen Dylans Verbindungen zu amerikanischen Musiktraditionen, ob säkular oder sakral, praktisch nicht vorhanden sind, Werke, deren Armseligkeit sich als Reichhaltigkeit rechtfertigt angesichts der Gnade, Gott auf ihrer Seite zu haben –, hier geht Mellers seinem Material tiefer auf den Grund, ohne das Ganze jedoch wirklich auf den Punkt zu bringen. Im Anschluss daran beginnt er sein letztes Kapitel – wo er Dylan nicht bloß als einen Vertreter einer Generation oder einer Kultur betrachtet, sondern als die ultimative Verkörperung des amerikanischen Mythos, als eine Gestalt, die buchstäblich alles ist: »Jude und Indianer, Weißer und Neger«, Heide und Christ, Mitglied der Gesellschaft und Außenseiter sowie obendrein noch Mann und Frau – es würde einen nicht wundern, hätte er Dylan außerdem noch einen gewissen Prozentsatz Bison attestiert. Nichts hat den Leser darauf vorbereitet; es erfolgt völlig willkürlich. Was geht hier vor?

In den Mittsechzigerjahren, als Dylan die Musik machte, auf der seine Legende noch immer beruht, als er das Kapital ansammelte, von dessen Zinsen er seitdem lebt, da war es nichts Ungewöhnliches, wenn seine Songtexte in die normale, alltägliche Rede einflossen: »Let me eat when I'm hungry / Let me drink when I'm dry / Give me dollars when I'm hard up / Religion when I die«, sang Dylan auf einer frühen, unveröffentlichten Aufnahme, wobei er die zweite Person Singular des alten »Moonshiner«-Folksongs durch die erste ersetzte. Man darf vermuten, dass die Amerikanismen von *A Darker Shade of Pale* – die, aus ihrem Kontext herausgelöst, wenig Sinn ergeben und sich manchmal im Reich des Absurden bewegen (Mellers verlangt zumindest eine poetische Anerkennung der im 16. und 17. Jahrhundert verbreiteten Theorie, der zufolge die Indianer als Nachkommen der zehn verlorenen Stämme Israels Juden *waren*) – im Grunde nur ein Vorwand für das sind, worüber Mellers sich eigentlich verbreiten möchte. Selbst in *Music in a New Found Land* zeigte Mellers eine Schwäche für die Transzendentalisten, die er dem Nostalgiker (Cooper), dem Orgiasten (Whitman) und den Schwarzmalern (Hawthorne und Melville) vorzog; die grundlegende amerikanische Erfahrung, so schrieb er, bestehe darin, »wiedergeboren« zu werden, auch wenn er dies nicht in einem religiösen Sinn meinte. Selbst in den Sixties waren explizite christliche Metaphern in Dylans Songtexte und in seine Persona eingewoben (»Ich erwarte, dass man mich hängen wird wie einen Dieb«, sagte er 1965 auf einer umwerfenden Pressekonferenz; etwa zur gleichen Zeit posierte er für ein Foto auf den Knien, ein primitives, hölzernes Kreuz umklammernd). Bei der Lektüre von *A Darker Shade of Pale* könnte man auf den Gedanken kommen, dass Mellers' Exegese des achten Dezenniums nicht durch vier Jahrhunderte amerikanischer Musik oder durch zwei Jahrzehnte Dylan-Musik motiviert wurde, sondern durch Dylans skandalöse Konversion von einem nominellen Juden zu einem radikalen Christen.

Seit mehr als zehn Jahren ist dieser große Kritiker vom Thema der Transzendenz besessen: von *Twilight of the Gods: The Music of the*

Beatles (1973) über *Bach and the Dance of God* und *Beethoven and the Vision of God* bis zu dem weniger eindeutig betitelten Dylan-Buch, das auch *The Message of Bob Dylan: Believe or Die* heißen könnte. Zum Abschluss des letzteren zitiert Mellers Tocquevilles *Über die Demokratie in Amerika*, jenen fabelhaften Text, der, wie die Kultur der amerikanischen Demokratie selbst, allen Leuten alles Mögliche bieten kann, solange man darauf achtet, nicht zu lange an ein und derselben Stelle zu verharren. »Was mich betrifft, so bezweifle ich, dass der Mensch jemals eine völlige religiöse Unabhängigkeit und eine vollkommene politische Freiheit ertragen kann«, schrieb Tocqueville, »und ich bin geneigt zu denken, dass er, ist er nicht gläubig, hörig werden, und ist er frei, gläubig sein muss.« (Warum hat das keiner Solschenizyn erzählt?) Es mag so scheinen, als ginge Dylans Verkündigung des Evangeliums »über die Grenzen des gesunden Menschenverstands hinaus«, sagt Mellers (»ganz zu schweigen von dem gesunden Maß an Barmherzigkeit«, fügt er hinzu), doch »die Entwicklung der amerikanischen industriellen Technokratie« habe eine Situation geschaffen, »der mit dem gesunden Menschenverstand möglicherweise nicht mehr beizukommen ist«. Das ist der große Deus ex Machina der Nachkriegsästhetik: die Atombombe. Die wurde sogar von Perry Miller auf die Bühne gezerrt, um sein *Errand into the Wilderness* abzuschließen – allerdings, so glaube ich, ohne dem Ganzen Mellers' Botschaft des »Glaube oder stirb!« anzuheften.

Während *A Darker Shade of Pale* mit seinem Gewirr von interkulturellen, interethnischen und intergeschlechtlichen Amputationen und Transplantationen ausklingt, streckt sich ein Arm weiterhin nach dem Licht aus. Dylans letztes Wort »muss nicht in engen christlichen Begriffen interpretiert werden, auch nicht von Dylan selbst« – dennoch »ist die christliche Antwort womöglich insofern die überzeugendste, als sie historisch und zugleich eine göttliche Offenbarung ist« (die jüdische Anti-Defamation League und die Muslim Benevolent Society erheben ihre Stimme: Ja, sind unsere das denn nicht?), und diese Antwort muss, so wie alle Antworten, »nicht als ein Ende, sondern vielmehr als ein Anfang verstanden werden«, was besagen soll (und an dieser Stelle fragt sich der Leser »Tut es das?«, noch bevor er erfahren hat, was dieses »es« überhaupt ist), Dylan habe recht, wenn er behauptet, dass »unsere viel gepriesene Zivilisation, ob christlich oder heidnisch, am Ende ist, wenn wir nicht wiedergeboren werden; und dass sie ihr Schicksal verdient haben wird.«

1963 sang Dylan »Let Me Die in My Footsteps«, einen Protestsong gegen Atombunker; dieses Buch ist der Atombunker eines Kritikers. Mellers hat sich jede Menge Auswege offengehalten, jedoch nicht genug. Ja, als die sich selbst erfindende Kreatur, deren Geist und deren Seele so leer sind wie der sich vor ihm ausbreitende Kontinent (Mellers winkt zurück zu John Locke), muss der Amerikaner wiedergeboren werden, wieder und wieder, wenn er überhaupt ein Amerikaner sein soll – doch was sagt uns das über Melville, Lincoln, Faulkner oder Ned Cobb (der wahre Name hinter Theodore Rosengartens *All God's Dangers: The Autobiography of Nate Shaw*), die die amerikanischsten Amerikaner sind, die wir kennen, und deren Werk und Leben von dem geprägt wurden, was sie sich zu erinnern vorstellten? Der weiße Amerikaner muss wiedergeboren werden in einer »kreativen Vermischung« (Mellers) mit Schwarz und Rot – das sagte Melville in *Moby Dick*, das sagte Mark Twain in *Adventures of Huckleberry Finn* und das sagten Lawrence und Fiedler, aber sagten sie demnach nicht, dass der neue Mensch machtlos in die Sünden und Missetaten seiner Vergangenheit zurückbefördert wird? Als Dylan sich zu diesen Autoren hinzugesellte – in den Mittsechzigerjahren, mit den Alben *Bringing It All Back Home*, *Highway 61 Revisited* und *Blonde on Blonde* –, da suchte er nicht nach Antworten, sondern nach Fragen. Mellers hingegen spricht von der Kapitulation des antinomischen Willens (aus dem sich der neue Mensch selbst erschafft), einer Kapitulation vor der Ordnung Gottes, einer Unterordnung der menschlichen Vielfalt unter eine zumindest symbolische Messiaserscheinung (Dylan als weiß-schwarz-rot-christlichjüdisch-heidnisch-männlich-weiblich-liberal-konservativ) als einziger Alternative zum nuklearen Holocaust. Vor ein paar Jahren las ich einen Artikel über Stanley Marsh III., den texanischen Millionär und Förderer der berühmten Cadillac Ranch der Ant-Farm-Kommune; er erzählte von seinen abendlichen Plaudereien mit dem Paläoanthropologen Richard Leakey, der seinen Drink abzustellen pflegte, um den Mann, der sein nächstes Projekt finanzieren konnte, wenn er wollte, zu mustern und Marsh dann zu erklären, was genau hinter seinen Grabungen nach ein, zwei oder drei Millionen Jahre alten Knochensplittern steckte, und dabei ging es nicht um so etwas Profanes wie das Rätsel der Ursprünge der Menschheit. Nein, *wenn ich beweisen kann, dass die gesamte Menschheit von einem gemeinsamen Vorfahren abstammt und dass wir somit alle eins sind, dann ist Krieg eine Torheit, dann würde es keine Kriege mehr geben...*

Erinnern Sie sich an Bob Dylan? 1965 landete er einen Hit mit »Like a Rolling Stone«. 1984 erzählte er einem alten Freund, einem Mann, den er kannte, seitdem die beiden 1960 Studenten und Folkmusikfans an der University of Minnesota gewesen waren, dass er aufgeschmissen sei: Sein Publikum verlange die alten Songs oder zumindest die Songs, die es kannte. Er hatte gerade pflichtgemäß *Real Live* herausgebracht, eine überflüssige Kollektion von nun schon zum vierten Mal recycelten Greatest Hits; die Alternative seiner Plattenfirma wäre eine fünf Alben umfassende Retrospektive gewesen, wie sie einem Verstorbenen gebührt hätte. Es komme ihm so vor, als sei er bereits tot, sagte er. Wenn er auftrete, säßen die Leute still da, als bloße Konsumenten. Er war zu einer Vergegenständlichung geworden und sein Publikum hatte sich freiwillig ebenfalls zu einer gemacht. Er wolle, so erzählte Dylan seinem Freund, von den großen Hallen wegkommen, wo die Erwartungen festgelegt waren durch die Plakate und Annoncen, die den Auftritt einer Legende ankündigten. Er wolle fortan in kleinen Clubs spielen – vielleicht in Südamerika. Dort sei er nur ein Gerücht. Er könne dort ohne irgendwelchen Ballast ankommen und, wie Melville 1851 an Hawthorne schrieb, mit »nichts als einer Reisetasche – das heißt dem Ich« unterwegs sein.[26] Doch Dylans Manager, die Konzertveranstalter und seine Plattenfirma wollten nichts davon wissen; sie hatten ihn bereits dazu gezwungen, sein evangelikales Bühnenrepertoire mit alten Lieblingssongs zu spicken, und am Ende sollte er dann nur noch solche evangelikalen Nummern bringen, die ebenfalls als alte Lieblingssongs präsentiert werden konnten. *Real Live*. Hatte es jemals ein Bob-Dylan-Album mit einem so nichtssagenden, dämlichen, nihilistischen Titel gegeben? Dagegen war *Bob Dylan's Greatest Hits, Vol. II* die reinste Poesie.

Wir reden hier nicht über das Schicksal der Welt. Wir reden über jemanden, der sich darum bemüht, seinen Weg zum nächsten Publikum zu finden und somit zum nächsten Song, der sich diesem Publikum zu präsentieren lohnte, oder zu dem nächsten Song, der ihm dieses neue Publikum zuführen könnte: die Popgleichung, das Popparadoxon. Wir reden hier über den nächsten Hit und darüber, ob es dem vierundvierzigjährigen Popsänger Bob Dylan jemals gelingen wird, etwas herauszubringen, was die Leute »Like a Rolling Stone« vergessen lässt, oder ob ihm dies nicht gelingen wird. Als Popmusikkünstler wird Bob Dylan nur dann wiedergeboren, wenn er mit etwas aufwarten kann, was die Leute seinen größten Hit vergessen lässt – und nicht nur das, sondern auch wer er war und was er war, als er diesen Hit hatte.

Mellers streift kurz die 1977 nach zwölf Jahren Ehe vollzogene hässliche Scheidung Dylans – ein Ereignis, das geradewegs zum funda-

---

26 Dieser Freund war der 1936 in Warren, Minnesota, geborene und 2006 in New York City verstorbene Paul Nelson, ein großartiger Kritiker, der den Essay über Bob Dylan für die ursprüngliche Ausgabe von *The Rolling Stone Illustrated History of Rock & Roll* (Jim Miller [Hrsg.], Rolling Stone-Random House, New York 1976) beisteuerte; er diente als ein Vorbild für die Figur des Perkus Tooth in Jonathan Lethems Roman *Chronic City* (Doubleday, New York 2009). Was Dylan Nelson damals erzählte, wurde zu einem Unterton der mittleren Kapitel von Dylans *Chronicles, Volume One* – dort sah er sich an einer Stelle als eine an Theodore Dreisers Hurstwood erinnernde verkrachte Existenz, als einen Penner, der in einer Gasse am Hinterausgang eines Theaters herumlungert, in dem er selbst aufgetreten ist, doch diese Tournee durch kleine Clubs in Südamerika machte er nie.

mentalistischen Christentum geführt zu haben scheint, da es die zur Rechtfertigung eines solchen Bruchs notwendige antifeministische Theologie bereitstellte – und er hat recht, wenn er in diesem Zusammenhang meint, die Biografie eines Künstlers sei für das Werk eines Künstlers letztlich ohne Belang. Wir sehen, was wir sehen, wir lesen, was wir lesen, wir hören, was wir hören, auf unsere eigene Weise, und die Aufgabe des Kritikers besteht darin, uns beim Sehen, Lesen und Hören Hilfestellung zu leisten. Eine auf persönlichen oder sozialen Tatsachen basierende Kritik ist nur bei Werken von Nutzen, zu deren Verständnis solche Tatsachen unerlässlich sind – bei einer direkten Konfrontation mit *Moby Dick* oder mit Lincolns zweiter Amtsantrittsrede kümmert es im Grunde niemanden, wer wer und was was war. Doch wenn die Biografie irrelevant ist, dann ist die Metaphysik möglicherweise so bedeutungslos wie die Herstellung von Zusammenhängen fruchtbar ist.

Mellers' Buch ist so angelegt, dass es Zusammenhänge herstellt, sein eigentliches Ziel liegt hingegen woanders. Als Mellers 1964 in *Music in a New Found Land* über Robert Johnson schrieb, war der 1938 verstorbene Johnson praktisch noch immer ein Unbekannter. Ein seine Aufnahmen von 1936 und 1937 enthaltendes Album war 1961 auf den Markt gekommen; nur wenige hatten davon Notiz genommen. Mellers wies nicht nur auf Johnsons Existenz hin. In einem Abschnitt des Buches erläuterte er, was er in der versteckten Gewalt von Johnsons Rhythmen noch sehr viel deutlicher wahrnahm als in der expliziten Gewalt von Johnsons Worten: die Vollendung und die Überwindung des Mississippi Country Blues, einer Musikform, die von ein paar Männern in einem kleinen, entlegenen Flecken erschaffen wurde und die Jahrzehnte später der Popmusik überall auf der Welt ihren Stempel aufdrücken sollte. Es wurde alles in Scherben geschlagen, schrieb Mellers: Die Scherben liegen da, und diejenigen, die sie aufsammeln können, werden es tun und man wird sich ihrer erinnern, und diejenigen, die dies nicht können, wird man vergessen. Etwas so Kraftvolles wie diese Musik kann niemals untergehen, sagte Mellers, und tatsächlich ist es die Explosion selbst, die diese einstmals eng umgrenzte Musikform für jedermann zugänglich gemacht hat. Diese Erkenntnis war, für 1964, mehr als hellsichtig; selbst 1973 war dies für Dylan nur halbwegs offenkundig, als er sein *Writings and Drawings* mit der Widmung »To the magnificent Woodie Guthrie and Robert Johnson who sparked it off« versah. Doch in *A Darker Shade of Pale* wird alles durcheinandergeworfen. Darin geht es nicht um die musikalische Vergangenheit Amerikas (»The Backdrop«), ja noch nicht einmal um deren jüngste, individualisierte Version (»Bob Dylan«), das heißt um jemanden, der die Scherben zusammenzufügen und eine gemeinsame Sprache zu erneuern versucht, sondern vielmehr um das Bedürfnis nach einer Sprache, die überhaupt nicht spezifisch amerikanisch ist, einer Sprache, die gut anderthalb Jahrtausende älter ist als das schwarze oder das weiße Amerika. Mellers' Buch will darauf hinaus, dass Bob Dylan – als die ultimative Verkörperung dessen, was Emerson als den exemplarischen Menschen bezeichnete, als »der erste weiße amerikanische Dichter-Komponist-Sänger, dessen Genie sowohl kreativ [er schreibt seine eigenen Songs] wie interpretativ [er singt anderer Leute Songs] ist« – die Welt erretten kann. Kein Wunder, dass er auf Feuerland auftreten möchte.

Im Verlauf der beiden letzten Jahrzehnte ist Mellers' Werk genauso implodiert wie das von Dylan – aber womöglich kann Dylan es als ein Lebenszeichen ansehen, dass *A Darker Shade of Pale* mehr über Mellers' Karriere aussagt als über seine eigene. Vielleicht wird sein neues Album ja so gut sein, wie gemunkelt wird; sollte es das nicht sein, so definiert *Highway 61 Revisited*, das ich beim Verfassen dieser Rezension ein Dutzend Mal abgespielt habe, nach wie vor, was Popmusik sein kann. Mit diesem Album, einer Aneinanderreihung von positiven Negationen, die mit der grenzenlosen Weite von »Like a Rolling Stone« beginnt und mit dem langen Herbst von »Desolation Row« endet und in der die Schatten von Dock Boggs, Robert Johnson, Roscoe Holcomb, Hank Williams, Elvis Presley und Hunderter anderer herumgeistern – mit diesem Album schuf Dylan eine Musik, die sich auch heute noch immer nicht mit der Welt abzufinden vermag, die diese Musik erschaffen oder, wie der Dandy und Dieb Lacenaire in Marcel Carnés *Kinder des Olymp* sagt, abschaffen wollte. Dylan verschmolz weiße Euphorie und schwarzen Realismus; in »Tombstone Blues« teilten Beethoven und Ma Rainey das Bett; wie in dem *Moby-Dick*-Kapitel »Die Weiße des Wals« und in der Antwort der Mannschaft auf Ahabs Rede auf dem Achterdeck, wie in Lincolns »jeder Tropfen Blut, der unter Peitschenhieben hervorquoll, wird durch einen anderen abbezahlt, der durch das Schwert fließt«, nahm Dylan alle Schuld auf sich in einem Geist sprichwörtlicher Ekstase. Am Rande von *A Darker Shade of Pale* hat Mellers recht – doch für Dylan muss es tröstlich sein, dass die Publikation, die das Wie und das Warum erklären könnte, noch immer ebenso auf sich warten lässt wie das Ende seiner Karriere.

Wilfrid Mellers, *A Darker Shade of Pale: A Backdrop to Bob Dylan*, Oxford University Press, New York 1984. Dies war Mellers' vierzehntes Buch; danach veröffentlichte er noch neun weitere. Im Laufe der Jahre habe ich es immer wieder aus dem Regal gezogen – wegen dieser oder jener Passage über Waulking-Songs, wegen sonderbarer Sänger aus den Appalachen, die für Mellers das poetische Herz ihrer Traditionen verkörpern, auch wenn diejenigen, die diese Traditionen verkaufen, noch nie von diesen Sängern gehört haben.

SCHON WIEDER EIN COMEBACK-ALBUM
Village Voice
13. August 1985

Pompöse, alberne Songs, so etwas wie die Balladen des späten Elvis, vorgetragen mit einem aufgedrehten Nölen anstelle jener schwülstigen, aber dennoch beeindruckenden Presley-Intonation ... ein paar Anklänge an die Basement Tapes, »Tears of Rage« in dem neuen »I'll Remember You« ... »Clean Cut Kid«, eine Art »Protestsong«, es hat einen Beat, keine Frage, aber FUNK ist es nicht –

Sollte einen das kümmern? Wären da nicht diese Vorabrezensionen im *Rolling Stone* und in *Time* gewesen – diese Lobeshymnen à la *Ja, das ist es! Das ist das richtige Comeback! Ganz anders als das letzte!* –, so hätte man das neue Bob-Dylan-Album vielleicht einfach ignorieren können. Aber hier ist es nun, *Empire Burlesque*, eine weitere leere Batterie. Also warum nicht?

Sich dieses Album anzuhören, mutiert binnen kürzester Zeit zu einer Suche nach Lebenszeichen. Davon gibt es gerade so viel, dass Sie weiter hinhören, falls das Ihre Vorstellung von guter Unterhaltung sein sollte. Legen Sie ihm Ihr Ohr auf die Brust: Ja, »When the Night Comes Falling from the Sky« ist zu lang (schon der Titel ist zu lang, um nicht zu sagen pleonastisch; hatte Dylan nicht einmal ein feines Händchen für Formulierungen?), aber diese Nummer kommt irgendwie in Gang und sie bleibt auch irgendwie in Gang. Halten Sie ihm einen Spiegel vor den Mund – er beschlägt, kaum merklich. Die Bläsersektion ist absolut sinnlos, die Gitarre gniedelt endlos und noch sinnloser vor sich hin, aber Sly & Robbie, ein unerlässlicher Bestandteil des für jede Comeback-LP angeheuerten Kontingents prominenter Musiker, finden einen Groove und sie behalten ihn bei. Es bleibt ein Schatten von jener unheilvollen Gewissheit, die die 1974 aufgenommene Liveversion von »All Along the Watchtower« antrieb, die das 1976 eingespielte »Hurricane« vor seinen grässlichen Reimen rettete und die dafür sorgte, dass diese Nummer wie ein in einer Wand vibrierendes Messer stecken blieb – nur ein Schatten, aber immerhin. In manchen Momenten scheint Dylan zu vergessen, dass er singt, und dies sind die Momente, wo er dann tatsächlich singt.

Die Frage ist, ob man sich dieses Zeug wirklich anhören will. Berühren einen die Auszüge und Schnipsel, die man möglicherweise im Radio zu hören oder auf MTV zu sehen bekommt? Überraschen sie einen? Provozieren sie eine Reaktion? Stellt irgendetwas davon so hohe Anforderungen an einen wie Foreigners »I Want to Know What Love Is«? Trotz all des optimistischen Hypes, den die Kritiker um Sly & Robbie und Ron Wood & Mick Taylor und das Mischpultgenie Arthur Baker entfachen – *ernsthaftes Plattenmachen* nach Jahren des »Das bekommen wir in einem Take in den Kasten«-Dilettantismus etc. –, ist es noch immer die Stimme, die einen packt oder nicht; die Stimme ist das, was zählt. Und abgesehen von wenigen Momenten ist es dieselbe Stimme, an der Dylan nun schon seit 1978 zu ersticken scheint, seit *Street Legal*.

Selbst auf dem zehn Jahre davor erschienenen *John Wesley Harding* (halten Sie sich das vor Augen: 1968 währte Dylans Karriere bereits sieben Jahre, ein Bruchteil ihrer heutigen Dauer, und die Legende war bereits fest etabliert, war bereits die Medusa, der man sich stellen, die man zurückweisen oder akzeptieren, der man entkommen musste) – selbst damals gab es Momente, wo Dylan, als Sänger, krank klang. Bei »I Pity the Poor Immigrant« zum Beispiel: Seine Stimme igelte sich in seiner Kehle ein, Willen und Verlangen kollabierten unter bleiernen

Vokalen. Es war schwer zu sagen, woher diese schwere Last stammte, aber die Unbeschwertheit von »Down Along the Cove« und das lebhafte Auf und Ab von »As I Went out One Morning« ließen einen das im Nu vergessen. Doch seit *Street Legal* beeinträchtigt dieser kranke Klang, dieser schmerzhafte Klang, Dylans gesamte Stimme.

Im Reich des Klischees sind Schmerz und Blues untrennbar miteinander verknüpft, doch dies ist alles andere als eine Bluesstimme, das heißt eine Stimme, die von ihrem Besitzer davontreibt, die zu ihrem Erzeuger zurückstarrt, die von solchen Dingen wie »my second mind« spricht. Der Schmerz in Dylans Stimme vermittelt sich als Irritation, bestenfalls als Verbitterung. Es ist ein Genöle, das sich zumeist als gewieft und mit allen Wassern gewaschen präsentiert, doch hört man genauer hin, so ist es die Stimme eines Miesepeters – eines Griesgrams, der uns glauben machen will, er habe schon alles gesehen, aber der sich eigentlich nur darüber beklagen möchte, dass ihm das, was er gesehen hat, nicht gefallen hat. Oder liegt es vielleicht auch daran, dass denjenigen, die ihn sich angesehen haben, nicht gefallen hat, was sie zu sehen bekamen, dass es ihnen nicht genug gefallen hat, dass es ihnen nicht auf die angemessene, die mysteriöse richtige Weise gefallen hat?

Empire Burlesque ist genauso konfus wie *Street Legal*. Im Unterschied zu *Infidels* oder zu den evangelikalen Alben war *Street Legal* ein Karriereschachzug vor einem Hintergrund der Orientierungslosigkeit und das Gleiche gilt für *Empire Burlesque*. Es klingt nicht so dumpf wie *Street Legal* – das Album hat einen klaren, perfekt ausbalancierten Sound –, aber es ist ebenfalls dumpf, auf eine andere Weise. Mit Ausnahme des letzten Tracks, »Dark Eyes«, einer nur von akustischer Gitarre und Mundharmonika begleiteten Solodarbietung Dylans, stellt es zu nichts und niemandem eine Beziehung her. Es ist die pure Entropie: Wenn sich die Nacht vom Himmel herabsenkt, dann vergeht sie einfach.

Nach dem 1983 erschienenen, halbwegs profitablen *Infidels* wurde eine bereits fertiggestellte, fünf LPs umfassende Retrospektive mit jeder Menge unveröffentlichtem Material auf Eis gelegt – die Bilanzen zeigten, Dylan war noch nicht reif für die Geschichtsbücher. Stattdessen wurde der Schnellschuss *Real Live* auf den Markt geworfen. Die Banalität des Titels war ein gefundenes Fressen für die Rezensionen, die, falls sie überhaupt erschienen, vernichtend waren; das Album lag wie Blei in den Regalen der Plattenläden. Es enthielt Dylans aufregendste Performances seit dem 1975 erschienenen *Blood on the Tracks*, dem einzigen richtigen Comebackalbum, das er jemals gemacht hat. Bei der *Real-Live*-Version von »Tangled Up in Blue« marschierte Dylan durch die Strophen, als wisse er nicht nur, was diese sagten, sondern auch, was sie nicht sagten, und so veränderte er den Text von vorne bis hinten. Er spielte mit dem Song, er lachte mit ihm, er erweckte ihn zum Leben, wobei er die neuen Zeilen zweifellos aus dem Stegreif entwickelte. Es erinnerte mich daran, dass die Leute im Publikum laut zu lachen pflegten, wenn er 1965 allein auf einer Bühne stand und das damals noch unveröffentlichte »Desolation Row« zum Besten gab – die Leute lachten und er musste grinsen. Seine Musik war keine Last, von der er erwartete, dass sein Publikum sie schulterte, nein, sie war ein Abenteuer und jedem im Publikum stand es frei, daran teilzunehmen oder nicht. Es ging dabei nicht um Bob Dylan; nur Vollidioten fragten sich, ob dieser oder jener Song vielleicht von Joan Baez handelte.

Als Folksänger hat Bob Dylan mich eher kalt gelassen; er war großartig, keine Frage, doch als Rocker war er besser, einer der vier oder fünf markantesten, durchdringendsten Rock-'n'-Roll-Sänger aller Zeiten. In den Mittsechzigerjahren, als er der Elvis-Legende nachjagte und auf der Bühne seine Hände zu einem Megafon formte, durch das er hindurchschrie, um das Getöse der hinter ihm postierten Hawks zu übertönen, da hatte seine Stimme mehr von Dock Boggs, Buell Kazee und anderen Sängern aus den Appalachen als jemals zuvor. Wenn er seine damaligen Shows mit »Like a Rolling Stone« hatte ausklingen lassen, konnte es vorkommen, dass er sich hinter die Bühne stahl und mit Johnny Cash ans Klavier setzte, dann tauchte er ein in ein amerikanisches Folk-Idiom, das so alt war, dass seine Stimme zu einer Verkörperung von Kultur wurde. Er war in der Geschichte und gleichzeitig im Hier und Jetzt verwurzelt, doch in seiner derzeitigen Musik gibt es keine Wurzeln. Das ohne Begleitband eingespielte »Dark Eyes« spricht einen nicht deshalb an, weil es ein unechtes, vorgefertigtes Gefühl von Folkiewurzeln heraufbeschwört, sondern weil es der einzige Song des gesamten Albums ist, in dem Dylan nicht über irgendein ominöses, unbekanntes, unerkennbares, paranoides »sie« oder »du« singt: »sie«, die aus dem anständigen Jungen einen Killer gemacht haben, »du«, die mich nicht mehr so liebt, wie ich geliebt werden muss. »Dark Eyes« berührt einen, weil Dylan hier, als Sänger, als Stimme, zu jemandem spricht. Dass dieser Jemand er selbst ist, macht nichts: Er wendet sich nicht an ein starres Objekt, an einen Feind oder eine Feindin, wie er es sonst überall auf dem Album zu tun pflegt. Dylan legt die Stimme des griesgrämigen Propheten ab und kommt ins Träumen und das Ergebnis ist eine Unterhaltung – man kann sich vorstellen, selbst daran teilzuhaben.

Das Thema von *Empire Burlesque*, sowohl in den Texten wie in der Stimme, die diese Texte herüberbringt, lässt sich kurz und bündig zusammenfassen: Die Hölle, das sind die anderen. Die charakteristischsten Zeilen stammen aus »Trust Yourself«: »If you want somebody you can trust, trust yourself ... you won't be disappointed when vain people let you down.« In diese Sackgasse ist Dylan schon vor Jahren eingebogen; *Empire Burlesque* ist eine Ansammlung von poppigen Variationen der berühmt-berüchtigten, keineswegs ironisch gemeinten *Street-Legal*-Zeilen »Can you cook and sew / Make flowers grow / Can you understand my pain?«

Ich glaube nicht, dass es sich zu fragen lohnt, ob das auf irgendeine Weise den Stand der Dinge im Jahr 1985 widerspiegelt: den Zusammenbruch der Popcommunity, die Aufsplitterung des Publikums, den Großen Frust – Sie wissen schon, was ich meine. Ich glaube, es ist bloß etwas Persönliches, aber ich möchte keine Spekulationen über die Ursache anstellen. Was könnte der Ausweg für jemanden sein, der einmal fünfzig Staaten, vierhundert Jahre und vier Jahreszeiten mit seiner Stimme einfing? Ich weiß es nicht, aber vielleicht ist es etwas, was mit der Stimme beginnt, etwas, was die Stimme voller macht und weniger von sich eingenommen. Nicht Demut, nicht Bedauern – vielleicht Kortison, vielleicht eine ordentliche Dosis Dock Boggs.

Bob Dylan, *Empire Burlesque* (Columbia, 1985).

PURER SOLIPSISMUS
Artforum
April 1986

In seinem 1984 erschienenen Buch *Rock Stars* stellte Timothy White die ketzerische Behauptung auf, die Musik Bob Dylans bedeute unter dem Strich weniger als Gene Vincents »Be-Bop-a-Lula«. Dylans Songs seien »von der ›Zeit-und-Ort‹-Sorte«, meinte White, während »Be-Bop-a-Lula« als etwas »Eigenständiges« existiere – es sei »ein Gefühl, eingefangen in einem Song, und zwar uneingeschränkt, ohne jegliche Grenzen.« Dylans Songs hingegen seien selbst Grenzen und zusammen ergäben sie einfach eine Landkarte; sie erzählten einer bestimmten Generation, einem bestimmten Poppublikum, wo es sich befand. Sei dieses Publikum einmal verschwunden, so würden mit ihm auch diese Songs verschwinden. 1969 hatte Nik Cohn in *Pop from the Beginning* ins gleiche Horn gestoßen: »Mir hat eine Zeile aus ›Book of Love‹ von den Monotones mehr bedeutet als das ganze *Blonde-On-Blonde*-Album von Bob Dylan.«

Es ist an der Zeit, auf dieses Argument einzugehen, wenn auch nur, weil – ein Vierteljahrhundert nachdem Dylan seine berufliche Karriere im Folkmilieu von Greenwich Village begann und einundzwanzig Jahre nachdem er mit »Like a Rolling Stone« das Zentrum des Rock'n'Roll erstürmte – der Markt derzeit förmlich überschwemmt wird von der kategorischen Behauptung, dass seine Songs gar nicht als etwas Eigenständiges existieren müssen: dass die Landkarte an die Stelle des Territoriums getreten sei, das sie angeblich beschreibt. Wilfrid Mellers' kritische Studie *A Darker Shade of Pale*, Robert Sheltons *No Direction Home: The Life and Music of Bob Dylan* und Dylans eigener Sammelband mit Songtexten, *Lyrics 1962–1985*, sowie die fünf Alben umfassende Retrospektive *Biograph* – jedes dieser Werke präsentiert, auf seine jeweilige Weise, Dylans Musik als etwas Selbstreferenzielles: Jeder Song ergibt allein wegen seiner Position auf der Landkarte einen Sinn, einer Landkarte, die nun nicht mehr ein alltägliches, allgemein zugängliches Territorium beschreibt, sondern die Karriere eines Menschen. Der Zuhörer bleibt dabei außen vor; er guckt aus der Ferne zu und fühlt sich geehrt, weil ihm dies gestattet wird.

Dadurch wird man dazu gebracht, sich mit Dylans Werk auseinanderzusetzen – über es nachzudenken, es sich anzuhören, es zu erfühlen –, indem man dazu wahlweise Dylans mythischen Status (Mellers), seinen heroischen Status (Shelton) oder seinen kulturellen Status (*Lyrics*, *Biograph*) heranzieht. Das heißt, man wird davon abgebracht, sich mit seinem *Werk* auseinanderzusetzen. Mellers konstruiert Dylans Karriere als eine stetige Weiterentwicklung – von einem Künstler, der sich zunächst diverse Folktraditionen aneignete und sich dann in den ultimativen Amerikaner verwandelte, in den ultimativen Neuen Menschen: weiß-schwarz, europäisch-amerikanisch, jüdisch-christlich, männlich-weiblich. Innerhalb einer solchen Struktur funktioniert jeder Song, aber keiner findet statt. Bei Shelton verfolgt man die chronologische Odyssee eines Menschen, der unentwegt versucht, »es auf seine Weise zu machen«; das Hauptaugenmerk gilt der Herausarbeitung dessen, was genau »seine Weise« ist, und somit sind Songs nichts weiter als Vorkommnisse in einem exemplarischen Prozess der Selbstverwirklichung. Auf *Biograph* werden Aufnahmen aus den Jahren von 1962 bis 1985 ohne Rücksicht auf ihre chronologische Abfolge durcheinandergewürfelt, um zu sagen, dass unter Dylans Musik buchstäblich alles zu verstehen sei, was »Dylan«, als eine Art bewegliches Konzept, irgendwann einmal gemacht hat. Als pauschale Prämisse ebnet das die Musik ein: »Just Like a Woman« wertet seinen unmittelbaren Nachbartrack,

»On a Night Like This«, auf, während »Just Like a Woman« von »On a Night Like This« herabgewürdigt wird. Egal ob Mellers, Shelton oder Dylan selbst die Geschichte erzählt, Dylans Performances, als Momente, in denen er etwas gemacht hat, in denen tatsächlich etwas passiert ist, werden als Musik vollkommen banalisiert, mögen die Ansprüche, die für sie geltend gemacht werden, noch so hoch sein. Jede Performance existiert nur im Zusammenhang der größeren Geschichte, die erzählt wird und die nun überhaupt keine große Geschichte mehr ist. Es wird unmöglich, die Geschichte zu verstehen, die Dylans Karriere tatsächlich erzählt: zu verstehen, dass Dylan zu bestimmten Zeitpunkten wirklich etwas gemacht hat (zum Beispiel 1965 *Highway 61 Revisited* oder 1967 die Basement Tapes) und dass ihm dies zu anderen Zeitpunkten (zum Beispiel 1963 mit »Blowin' in the Wind« oder 1974 mit seiner Comebacktournee) nicht gelungen ist.

»Klingt irgendwie ersatzmäßig«, sagte ein Freund von mir, als wir uns zum ersten Mal Bob Dylans Version von »Blowin' in the Wind« im Radio anhörten. Er meinte damit: unecht, aus zweiter Hand – von irgendwo übernommen. Diese berühmte Hymne der Bürgerrechtsbewegung war – ungeachtet ihrer phänomenalen Wirkung (sie führte Menschen zusammen, sie gab ihren Hoffnungen und Ängsten einen Ausdruck, sie eignete sich hervorragend zum Mitsingen, sie machte Sam Cooke dermaßen neidisch, dass er »A Change Is Gonna Come« schrieb) – von ihrem ersten Auftauchen an ein Beweis für Whites Zeit- und-Ort-Behauptung: ein Song, der nicht *über* eine Zeit und einen Ort, sondern eher *von* diesen geschrieben worden war, eine zwangsläufige Übertragung von Ereignissen in eine poetisierte Reflexion. »Blowin' in the Wind« wehte selbst im Wind. Dylan schnappte es sich; der Song wurde so bereitwillig aufgenommen, weil die Leute ihn gewissermaßen schon gehört hatten. Bei »This Wheel's on Fire« von den Basement Tapes hat sich etwas völlig anderes abgespielt – insofern, als jemand etwas schuf, das es nicht gegeben hätte, hätte sich dieser Jemand anders verhalten. Wirkliche Musik ist eine universelle Sprache, weil sie mit vielen Zungen redet: Egal wie wirkungsvoll die apokalyptischen Bilder und Klänge von »This Wheel's on Fire« die apokalyptische Stimmung des Jahres 1967 widerspiegelten, der Song ließ sich nicht auf eine fixe, an eine bestimmte Zeit und an einen bestimmten Ort gekoppelte Bedeutung festnageln. »This Wheel's on Fire« schuf seine eigene Zeit und seinen eigenen Ort: Man hat es 1967 als ein Ereignis gehört und man hört es auch heute noch so, nicht als einen Kommentar zu einem Ereignis oder als ein Vorkommnis in einer Karriere oder als einen Baustein eines Mythos. Eine solche Sicht der Dinge fehlt bei *Biograph* oder in den Büchern von Mellers und Shelton nicht nur, nein, sie wird von ihnen geradezu ausgeschlossen. Innerhalb des von ihnen gesteckten Rahmens ist es nicht möglich, darüber nachzudenken, warum »This Wheel's on Fire« echt und warum »Blowin' in the Wind« unecht ist (oder, wenn Sie wollen, auch umgekehrt) oder warum »A Change Is Gonna Come« so viel befriedigender ist als »Blowin' in the Wind«. Eine Performance bestätigt lediglich eine andere und erklärt dabei jede alternative Art der Wahrnehmung für ungültig, wenn die Karriere zum Ursprung aller Bedeutung erhoben wird.

Ein Individuum zum Ursprung der Bedeutung des Werks dieses Individuums zu erklären, läuft auf puren Solipsismus hinaus. Es verhindert, darüber nachzudenken, wie Bedeutung erzeugt wird – zu erleben, wie Bedeutung erzeugt wird, oder zu erleben, wie eine bestimmte Performance damit fortfährt, Bedeutung zu erzeugen, weit über ihre angebliche Zeit und ihren angeblichen Ort hinaus. Man schließt aus, dass Dylans Karriere womöglich keinen ästhetischen Fortschritt beschreibt, sondern vielmehr die Widerlegung der Vorstellung eines solchen Fortschritts ist, dass es sich um eine Geschichte von beidem, Triumph und Tragik, handelt, dass die Tatsache, dass das 1964 eingespielte »It Ain't Me, Babe« auf einem Album direkt neben »You Angel You« von 1974 platziert wird, einer Verhöhnung unserer größten Hoffnungen gleichkommt. Ignoriert man jedoch die Perspektive von *Biograph* und hört selbstständig zu, so wird ein wirkliches Ereignis möglich.

»You Angel You« ist poppiger Schrott, eine Bestätigung von rein gar nichts. »It Ain't Me, Babe« war schon immer ein feiner Song, doch auf *Biograph* – remastert, mit einer in den Vordergrund gemischten Stimme, die bei jedem Wort ihre Form verändern darf – ist es schlichtweg überwältigend und zertrümmert den dubiosen Kontext, in den man es gezwängt hat.

Hier bewegt sich Dylan von der Gewissheit zu einer Vieldeutigkeit, die ihn dermaßen erschreckt, dass er wieder zu der Gewissheit zurückkehrt, deren Falschheit er gerade offenbart hat. Seine ganze Karriere rückt in den Brennpunkt – als ein unaufhörlicher Versuch, die Wahrheit zu sagen, so wie er sie sieht, untermauert von wirtschaftlichen Aspekten, vom Mythos und von der Tatsache, dass er nichts Besseres zu tun hat. Seine Karriere ist ein Versuch, die Sorte von Wahrheit zu sagen, die man nur dann finden kann, wenn man erzählt, was man bereits zu wissen glaubt, und wenn man beim Erzählen merkt, wie eitel dieses Unterfangen ist.

Es ist töricht zu erwarten, jemand erreiche dies allein dadurch, dass er der ist, der er ist – zu jeder Zeit, an jedem Ort. Es dürfte sich eher so verhalten, dass das Zusammenfließen von dem, wer man ist, mit bestimmten Zeiten und Orten besagte Momente produziert und dass andere Verbindungen dazu nicht in der Lage sind. Die Frage, wie die Performance eines Songs Bedeutung erzeugt, steht noch im Raum; das Gleiche gilt für die Frage, wie ein Song Bedeutung vortäuscht.

Timothy White, *Rock Stars*, Stewart, Tabori and Chang, New York 1984, S. 139.

Nik Cohn, *Pop from the Beginning*, Weidenfeld & Nicholson, 1969. Überarbeitete Fassung unter dem Titel *Awopbopaloobop Alopbamboom*, Paladin, London 1970; dt. *AWopBopaLooBop ALopBamBoom – Nik Cohn's Pop History*, aus dem Englischen übertragen von Teja Schwaner, Rowohlt Taschenbuch Verlag, Reinbek bei Hamburg 1971, S. 141.

Wilfrid Mellers, *A Darker Shade of Pale: A Backdrop to Bob Dylan*, Oxford University Press, New York 1984.

Robert Shelton, *No Direction Home: The Life and Music of Bob Dylan*, Beech Tree, New York 1986.

Bob Dylan, *Lyrics, 1962–1985*, Knopf, New York 1985; dt. *Lyrics: Songtexte 1962–1985*, Deutsch von Carl Weissner u. Walter Hartmann, Zweitausendeins, Frankfurt a. M. 1987.
—, *Biograph* (Columbia, 1985).
—, »Blowin' in the Wind«, auf *The Freewheelin' Bob Dylan* (Columbia, 1963).
—, »This Wheel's on Fire«, auf *The Basement Tapes* (Columbia, 1975).

REAL LIFE ROCK TOP TEN
Village Voice
21. Juni 1986

7) Bob Dylan: »Silvio« (Columbia). Eine Nummer von Robert Hunter, dem Texter von Grateful Dead, doch der Knackpunkt ist nicht der, dass die Dead sie ursprünglich abgelehnt hatten. Der Knackpunkt ist das Arrangement, das so simpel gestrickt, so vorhersehbar ist, als habe man es bei Bill Haley abgekupfert. Dylan hat immer in einem ungewöhnlichen Tempo gesungen, mit einer Idiosynkrasie von Rhythmus und Metrum, der nur bestimmte Musiker zu folgen vermochten: Wenn er singt, dann improvisiert er oder er macht nichts, doch das hier ist noch weniger als nichts. »Silvio« verrät, dass von Dylans Stil so wenig übrig geblieben ist, dass er nicht einmal in der Lage wäre, einen überzeugenden Budweiser-Werbespot hinzubekommen – in einem durchschnittlichen Budweiser-Werbespot steckt mehr musikalische Freiheit als in dieser Aufnahme hier. Dylans Musik ist inzwischen allenfalls als Neurotizismus von Interesse.

Village Voice
15. Juli 1986

6) Bob Dylan mit Tom Petty und den Heartbreakers: »Lonesome Town« (Greek Theatre, Berkeley, 13. Juni). »Ricky Nelson hat viele von meinen Songs gespielt, jetzt möchte ich einen von seinen spielen.« Eine nette Geste und es hat funktioniert. Was den Rest der Show betraf, so er-

setzte Dylan emotionale Nuancen durch ein so hartnäckig vorgetragenes, mechanisches Brüllen, dass mich mein Sitznachbar fragte, ob als Nächstes vielleicht »99 Bottles of Beer on the Wall« käme, und als Dylan dann seine nächste Nummer anstimmte, war es unmöglich, sie als etwas anderes zu hören – zwei Strophen später merkten wir, dass es sich um eine beschleunigte Version von »Rainy Day Women # 12 & 35« handelte.

Village Voice
9. September 1986

9) Robert Shelton: *No Direction Home – The Life and Music of Bob Dylan* (Beech Tree). Shelton publizierte im September 1961 die allererste Besprechung eines Dylan-Auftritts und seither ist er nicht mehr von Dylan losgekommen. Nachdem er mehr als zwanzig Jahre daran gesessen hat, ist sein Buch jetzt erschienen, ein 578-seitiger Wälzer, der vor Unverständnis trieft. Wie Myra Friedman in ihrer Janis-Joplin-Biografie *Buried Alive* neigt auch Shelton dazu, den Leser zu unterschätzen, und glaubt, buchstäblich alles erklären zu müssen. In seinem Buch gibt es keine Spur von Spiel und Entdeckung; und die nicht enden wollende Suche nach Quellen und Bedeutungen öffnet die Story nicht, nein, sie verengt sie. Doch Dylans Unterhaltungen mit Shelton, von 1962 bis 1985, alle bislang unveröffentlicht, sind beispiellos, was ihre Aufrichtigkeit und Freimütigkeit betrifft: Sie geben dem Buch seine Existenzberechtigung. Schneiden Sie also diese Seite heraus und gehen Sie damit in den nächsten Buchladen. Ziehen Sie das Buch aus dem Regal und lesen Sie dann die Seiten 14–18, 24–25, 38–40, 60, 63, 90–91, 109–110, 124, 129, 131, 188, 195, 279, 280–281, 287, 341–362, 479–481, 485–486, 491–492. Viel Spaß!

BOB SPITZ,
DYLAN: A BIOGRAPHY
Washington Post Book World
8. Januar 1989

Dies ist ein unangenehmes Buch und ein sehr lebendiges. Es wimmelt darin von falsch buchstabierten Namen, falsch zitierten Songtexten und frappierenden Fehlinformationen (der Rockpromoter Bill Graham erscheint darin als »der Typ, der die Hells Angels als Ordner für seine Veranstaltungen anheuerte« – was schlichtweg falsch ist), aber auch von genauso vielen Coups, was die Interviews und die Recherche betrifft. Mitunter ist es offenkundig, dass Spitz, Autor zweier weiterer, jedoch nicht annähernd so interessanter Bücher zum Thema Popmusik, keine Ahnung hat, wovon er spricht; und manchmal, wenn er Situationen rekonstruiert, die zwanzig oder dreißig Jahre zurückliegen, möchte man kaum glauben, dass er nicht persönlich dabei gewesen ist. Hanebüchene Geschichtsklitterungen (amerikanische Jugendliche mögen 1963 »politisch aktiv« gewesen sein, schreibt Spitz, doch sie »kehrten der Bürgerrechtsbewegung damals den Rücken und engagierten sich zunehmend in der fortschrittlichen Arbeiterbewegung« – eine Behauptung, die jeder Grundlage entbehrt) wechseln sich ab mit ausführlichen, luziden Beschreibungen der Aufnahmesessions, aus denen die berühmten Alben *Blonde On Blonde* und *John Wesley Harding* hervorgingen. Seine von saloppen Kommentaren (»Und ihr italienisches Temperament – *mama mia!*«) oder hellseherischem Geschwafel (»Als Suze über den Bug des Schiffs schaute, hinaus auf den friedlichen

Ozean, wie sollte sie da das Chaos voraussehen können, das sie zu Hause in New York erwartete?«) durchsetzte Prosa kann einem Leser den Magen umdrehen, doch sie kann die eine oder andere Situation auch perfekt auf den Punkt bringen – zum Beispiel Dylans erste Auftritte nach seiner 1979 erfolgten Konversion zum fundamentalistischen Christentum, eine sich über zwei Wochen erstreckende Serie von Konzerten in San Francisco. »Offenbar nahmen die Fans an, das Ganze wäre so etwas wie die legendären Marathonauftritte, die die Grateful Dead in der Stadt ablieferten«, fabuliert Spitz. »›Vierzehn Shows, Mann – der totale Wahnsinn! Die werden wir uns alle reinziehen!‹ Junge, Junge – sie sollten ihr blaues Wunder erleben!«

Nach fast drei Jahrzehnten regelmäßiger Presseberichterstattung, nach mindestens zwei bereits erschienenen, ausführlichen Biografien (eine davon, Robert Sheltons *No Direction Home*, kam erst vor zwei Jahren auf den Markt) und über einem Dutzend kritischer Untersuchungen, nach Tourneereminiszenzen sowie etlichen Anthologien und Bildbänden sind die groben Umrisse der Bob-Dylan-Story fast schon ihr eigenes Klischee: die Kindheit in einer jüdischen Mittelschichtfamilie und die Rock-'n'-Roll-Jugendzeit in den 1940er- und 1950er-Jahren in Hibbing, Minnesota; in den frühen Sixties die Entdeckung der Folkmusik an der University of Minnesota und anschließend der aufsehenerregende Durchbruch in der Folkszene von Greenwich Village. 1963 und 64, mit »Blowin' in the Wind« und *The Times They Are A-Changin'*, der Aufstieg zum »Gewissen einer Generation«; 1965 und 66 die schockierende Abkehr vom sozialen Realismus und von den Protestsongs zugunsten des schonungslosen elektrischen Dramas und Paradoxons von »Like a Rolling Stone«, *Highway 61 Revisited* und *Blonde On Blonde*, einer Musik, so reichhaltig und bei Konzerten mit einer solchen Vehemenz dargeboten, dass sie ihre Zeit nicht bloß widerspiegelte, sondern tatsächlich veränderte. 1966 und 67 der Rückzug aus dem selbst erzeugten Mahlstrom von Ruhm und Exzess. Und seitdem – durch eine Phase der Zelebrierung des Familienlebens, gefolgt von einer Scheidung, durch eine Phase des religiösen Fanatismus, gefolgt von einer Kapitulation vor einem stinknormalen Karrierismus – immer wieder der Versuch, eine Stimme zu finden, die dem bereits Geleisteten mehr als nur Fußnoten hinzufügen könnte – ein nunmehr fast ein Vierteljahrhundert währender Versuch, Fitzgeralds Diktum zu widerlegen, dem zufolge es in amerikanischen Lebensläufen keine zweiten Akte gibt. Spitz ist der erste Biograf Dylans, der diese sattsam bekannte Geschichte als eine Gelegenheit für etwas anderes als Erstaunen und Ehrerbietung nutzt: zur Aufdeckung des Ehrgeizes, der Grausamkeit, der Verwirrung und der Selbstsucht (»der harte Kern der Selbstsucht«, wie Raymond Chandler es einmal formulierte, »der notwendig ist, wenn man sein Talent voll ausbeuten will«), die diese Geschichte geprägt haben.

Spitz greift dabei zu etwas, was man mittlerweile als Goldmanismen bezeichnen kann, nach dem Popbiografen Albert Goldman und dessen Büchern über Lenny Bruce, Elvis Presley und John Lennon: ein außerordentliches Vertrauen auf bislang ignorierte (wenn auch häufig marginale) Quellen, eine satirisch-ironische Melodramatik (»Das Konzert war *religiös*, Mann! … was für eine Mizwa!«) und das Beharren des Autors auf seiner Überlegenheit gegenüber seinem Material – auf seiner absoluten Hipness – als die Mittel, die seiner Stimme Autorität verleihen sollen. Goldmans Bücher werden angetrieben von einer kindischen Abneigung gegen ihre Protagonisten, einer Abneigung, die sich zu einer abgrundtiefen Verachtung steigert. Obwohl Spitz sich Dylan gegenüber keineswegs verächtlich verhält, führt seine Übernahme des goldmanschen Ansatzes dazu, dass die übrigen Protagonisten der Geschichte mit Verachtung überschüttet werden, unbedacht, sinnlos, als seien seichte Witzeleien mit Einsichten gleichzusetzen. »Hohe, breite finnische Wangenknochen«, schreibt Spitz über Dylans Highschoolfreundin Echo Helstrom, »siamesische Augen, ein blasser, kreideweißer Teint und volle, sinnliche Lippen, die leicht geöffnet waren und um jede Art von männlicher Zuwendung bettelten – ja, sie war ein verdammt heißer Käfer!« Der Dylan, der diese Dinge laut Spitz empfunden haben soll, wird zu einem Bündel von Hormonen und Helstrom zu einer Hure.

Dieser Ansatz macht sich jedoch bezahlt, wenn Spitz den grotesken Purismus der Folkszene der frühen Sixties aufs Korn nimmt, eines sektenartigen Milieus, in dem von einem selbst geschriebene Songs verpönt waren und in dem die Provenienz einer Ballade wichtiger war als ihre Interpretation; Dummköpfe erscheinen als Dummköpfe. In etwa fünfzig Prozent des Buches weicht die Verachtung einer erfrischenden, von Neugier erfüllten Pietätlosigkeit gegenüber der herkömmlichen Fassung der Dylan-Story. Wenn Spitz Musikern, die mit Dylan zusammengearbeitet haben, Erinnerungen entlockt, wird die Erschaffung einer epochalen Musik auf den Boden der Wirklichkeit zurückgeholt und das Ganze avanciert zu einem faszinierenden Bericht über Langeweile, Entdeckung, Überraschung und Befriedigung. Und im nächsten Atemzug verzapft er wieder irgendwelchen Stuss: Etwa wenn Dylan 1975 in einem Frauengefängnis auftritt – vor einem Publikum aus »dicken, schwarzen Mamas«.

Was einem dieses Buch vermitteln kann, ist ein Eindruck von der unglaublichen Intensität, die Dylans Leben und Werk in den frühen und mittleren Sechzigerjahren kennzeichnete, dem Zeitraum, in dem Dylan sich einen Namen gemacht und in dem er eine Welt erschaffen hat; kein anderes Buch fängt dies so gut ein, arbeitet so gut heraus, dass das der Zeitraum ist, auf den es ankommt. Gleichzeitig bleibt völlig im Dunkeln, wie es zu dieser Verwandlung kommen konnte. Es scheint so, als sei ein junger Mann über den Zeitgeist gestolpert und dabei so geschickt hingefallen, dass er den Zeitgeist für einen Moment fest auf den Boden presste, bis dieser ihn abschüttelte und ihm das Genick brach. Spitz kann die Gefühle nachempfinden und beschreiben, die Dylan zu einer ekstatischen Performance bewegten, doch er kann nicht über Musik schreiben, nicht erzählen, was passierte, während die Show stattgefunden hat. Er kann bislang unbekannte Geschichten ausgraben und sie auf eine packende Weise erzählen, zum Beispiel die von einem Schwarzen, der den heranwachsenden Dylan mit der Vielfalt der amerikanischen Musik bekannt machte, doch er kann einem nicht vermitteln, wie Dylan diese Lektion aufnahm. Er kann die Gefahren des Abgrunds umreißen, der sich in »Like a Rolling Stone« auftat, und haarklein mit unveröffentlichten Filmaufnahmen von einem zugedröhnten Dylan auf dem Rücksitz einer Limousine ausmalen, doch er vermag nicht zu sagen, was ein Sprung in den Abgrund möglicherweise wert gewesen ist.

Spitz' Buch ist amüsant und es ist abstoßend. Es ist bewundernswert, dass Spitz bis Seite 233 kein Wort über Dylans Sexleben verliert; die kein grässliches Detail aussparende Schilderung einer Nacht, die ein einsamer Dylan 1975 mit einer Frau verbracht haben soll, ist daher ein Schock, eine ungeheuerliche Geschmacklosigkeit in einem Buch über jemanden, der noch lebt – nur weil Spitz irgendeine bemitleidenswerte Frau aufgetan hat, die darauf brannte, ihre Story auszuposaunen, muss er das, was geschehen ist, nicht vor uns ausbreiten, denn das ist eine Sache, die weder ihn noch uns etwas angeht. Und so blättert man vor und zurück, fasziniert, verärgert, erstaunt, angewidert. Spitz' Buch beweist eins: Die Klischees der Bob-Dylan-Story sind nach wie vor lebendig und die Story harrt noch immer des Autors, der sie erzählen kann.

Bob Spitz, *Dylan: A Biography*, McGraw Hill, New York 1989.

DER MYTHOS VON DER OFFENEN STRASSE

Clinton St. Quarterly
Frühjahr 1989[27]

Als man mich dazu einlud, einen Vortrag über Popmusik und die Vorstellung von der offenen Straße zu halten, fiel mir als erster Song Chuck Berrys »Promised Land« ein, das 1964 herauskam. Mit vollkommener Unbekümmertheit und beispielloser Verve erzählte dieser Song die Geschichte des »poor boy«, der von Norfolk, Virginia, mit »California on his mind« aufbricht. So macht er sich auf den Weg – und innerhalb weniger Minuten durchmessen Chuck Berry und sein Held den gesamten Kontinent. Der arme Junge reist per Bus, per Auto, per Eisenbahn und schließlich (er kanns kaum fassen) per Flugzeug, und zwar erster Klasse. Unterwegs widerfahren ihm allerlei Pannen und Katastrophen, doch es gibt immer Leute, die ihm helfen, und stets kann er seinen Weg fortsetzen.

Der beste Moment ist der, wo er sich über den Wolken ein T-Bone-Steak genehmigt (»à la carty« heißt es in der entsprechenden Textzeile und man kann Chuck Berry grinsen sehen; *er* weiß, wie man das Wort richtig ausspricht, aber er weiß auch, dass der arme Junge das nicht weiß), und dieser Moment ist so vollkommen, dass man sich fragt, warum das Flugzeug denn überhaupt landen muss. Die Ankunft in Los Angeles ist nicht der erwartete Höhepunkt, sondern eher eine Ernüch-

---

27 Ein Vortrag, gehalten am 4. Oktober 1988 im Walker Art Center in Minneapolis.

terung. Nichts könnte an die Reise heranreichen, die der arme Junge gerade hinter sich hat.

Dies ist ein Song, der die Freiheit feiert: ein Entkommen. Es ist auch ein Song, der von Geld handelt: Obwohl der arme Junge keins hat, hat er Freunde und er leidet nie an Mangel. Es ist ein Song, der den Raum feiert: die Unbeschwertheit der gesamten Performance, die singenden Töne auf der Gitarre, das unbändige Leben der Melodie – jedes dieser Elemente ist abhängig von einem weiten Land, einem Land, das zu groß ist, um es tatsächlich erfassen zu können, einem so ausgedehnten und vielgestaltigen Raum, dass kein Erdkundebuch ihn wirklich zu erklären vermag. Und es ist ein Song, der vom Gefangensein handelt. Chuck Berry hatte das Land schon mehrmals durchquert, bevor er »Promised Land« schrieb – im Rahmen der strapaziösen Rock-'n'-Roll-Package-Tourneen der Fünfzigerjahre, bei denen man in einem Reisebus für einmalige Konzerte von Ort zu Ort zog und als die weißen Performer in anständigen Hotels unterkamen und in Restaurants speisten, während sich Schwarze wie Chuck Berry in weiten Teilen des Landes mit verlausten Absteigen begnügen mussten und aus Papiertüten aßen. Berry machte auch komfortable vierzehnstündige Flüge von Küste zu Küste, wenn er in Hollywood seine Hits für irgendwelche Musikfilme im Vollplayback »singen« musste – doch darum ging es nicht in »Promised Land«. Als er den Song in den frühen Sechzigerjahren schrieb, saß er im Gefängnis, wo er eine Haftstrafe wegen eines angeblichen Verstoßes gegen den Mann Act verbüßte. Er fantasierte. Wie wäre es wohl, die Gefängnismauern hinter sich zu lassen, wie wäre es, jede Stunde einen anderen Ort sehen zu können, anstatt jeden Tag ein und dieselbe Zelle?

Da Chuck Berry als Songwriter immer ein Realist war, ließ er die Reise des armen Jungen jedoch nicht ohne Komplikationen über die Bühne gehen. Er betrachtete sich eigentlich als einen Zyniker, doch für sein Publikum war er ein Romantiker und deshalb versah er die Reise mit einem Happy End. Und da er als Songwriter wusste, dass es die

Details sind, die einen Song funktionieren lassen, die dafür sorgen, dass ein Song im Kopf des Zuhörers haften bleibt, musste er sicherstellen, dass die Details stimmten – und das erwies sich als ein Problem. »Ich erinnere mich daran«, verriet Chuck Berry 1987 in seiner Autobiografie, »dass ich beim Schreiben von ›Promised Land‹ enorme Schwierigkeiten hatte, an einen Straßenatlas von den Vereinigten Staaten zu gelangen, damit ich die Reiseroute des Poor Boy nachprüfen konnte, das heißt den Weg von Norfolk, Virginia, nach Los Angeles. Die Strafanstalt dachte damals nicht im Traum daran, mir eine Landkarte zur Verfügung zu stellen, aus Angst, ich könnte mir damit einen Fluchtweg ausbaldowern.«

Wenn man sich diesen wunderbaren Song anhört, sich die Bilder von Bewegung und Freiheit durch den Kopf gehen lässt, wie sie die amerikanische Landschaft bietet, dann hält man unwillkürlich inne und fragt sich, was für einen Song Chuck Berry wohl geschrieben hätte, wäre er nicht inhaftiert gewesen – wie seine Version von der offenen Straße ausgesehen hätte, wäre er tatsächlich auf dieser Straße gewesen. Was in »Promised Land« fehlt, ist Kontrolle: Souveränität, ein Sänger, der tatsächlich Herr seines Schicksals ist.

In den Mittfünfzigerjahren, als Chuck Berry erstmals in den Charts auftauchte, bevor er ein fettes Bankkonto hatte, da sang er nie als der »poor boy«, ganz im Gegenteil. Er fuhr in einem Auto herum. Er besaß seinen eigenen Schlitten – zuerst einen Ford V8, dann einen Cadillac – und er fuhr, wohin er wollte. »Maybellene«, »You Can't Catch Me«, »No Money Down« – die Straße gehörte ihm. Gegen Ende von »You Can't Catch Me« steigt er in die Lüfte empor: In den Fünfzigerjahren glaubte jeder, es würde nur noch wenige Jahre dauern, bis die Autos fliegen könnten, und Chuck Berry war immer auf der Höhe der Zeit. Doch das Gefühl am Ende von »Promised Land« ist nicht das eines Triumphs, nicht das uneingeschränkte Gefühl einer Befreiung, das man verspürt, wenn »You Can't Catch Me« ausklingt – nein, es ist ein Gefühl der Erleichterung. Er hats geschafft; er ist in Kalifornien angekommen; es ist vorbei. Es gibt nichts mehr zu sagen. Die Geschichte ist zu Ende.

Dass die Freiheit hinter dieser großartigen Geschichte von der offenen Straße eine Fantasie war – eine Gefängniszelle –, erzählt uns etwas über Songs, die von der offenen Straße handeln: Im Rock 'n' Roll sind sie Fantasien und obendrein zumeist noch billige Fantasien. Früher oder später wird man sich damit beschäftigen müssen, wohin man gehen möchte, und das heißt, man muss anerkennen, dass man von irgendwo aufbricht, dass man nicht vollkommen frei ist. Wohin man auch geht, man schleppt immer die Bürde seiner Zeit und seiner Herkunft mit sich herum. Man wird sie nie los. Man kann nur dann überallhin gehen, wenn man von nirgendwoher kommt, und keiner kommt von nirgendwoher.

In diesem Sinne gibt es im Rock 'n' Roll überhaupt keine echten Songs über die offene Straße – zumindest keine guten. Per Definition führt die offene Straße zu keinem bestimmten Ziel. Sie ist der »Endless Highway«, wie der Titel des schlechtesten Songs von The Band lautet; »The road goes on forever«, wie Gregg Allman in »Midnight Rider« leiert, dem Vorläufer des Allman-Brothers-Opus »Ramblin' Man« und diverser anderer Sorry-Babe-die-Straße-ruft-mich-Nummern. Es gibt zahllose Songs dieser Sorte, darunter auch Lynyrd Skynyrds »Free Bird«, doch keiner davon verbreitet die aufregende, schicksalhafte Atmosphäre des harten, wunderschönen »Can't You See« der Marshall Tucker Band, wo der Sänger schwört, er werde vor sich selbst weglaufen, »'til the train run outta track«. Kann es das geben? Diese Blueszeile lässt einen innehalten. Was wird der Sänger dann tun? Er weiß es nicht, aber er weiß, er wird sich für irgendetwas entscheiden müssen.

Dasselbe Gefühl bekommt man bei Bruce Springsteens »Thunder Road«. Wenn man das Glück hat, diesen Song im Autoradio zu hören, und wenn man dabei freie Fahrt hat, dann verlangen die Akkorde ein höheres Tempo; jedes Mal wenn Springsteen sich auf ein Wort wirft oder eine Gitarrensaite anschlägt, drückt er deinen Fuß aufs Gaspedal.

Doch selbst wenn er »These two lanes will take us anywhere« singt, weiß man irgendwie – sagt *er* irgendwie –, dass der Sänger und seine Freundin keine Ahnung haben, wohin sie fahren sollen, dass sie es noch nicht einmal über die Stadtgrenze hinaus schaffen werden. Die durch den Wunsch zu entkommen hindurchschimmernde Realität des Gefangenseins ist das, was dem Song seine Spannung verleiht, seine Kraft. Es ist kein Zufall, dass der nächste Roadsong, den Springsteen nach »Thunder Road« herausbrachte, »Racing in the Street« war. Inzwischen sind ein paar Jahre ins Land gegangen und der Held ist älter, müde. Seine Freundin ist sogar noch müder als er. Das »anywhere«, zu dem diese beiden Fahrspuren ihn und seine Freundin einmal führen sollten, ist darauf zusammengeschrumpft, wie schnell er im Rahmen einer Wette ein paar Häuserblocks entlangrasen kann, während sie zu Hause bleibt.

Bei diesen Songs reden wir von Autos, von Geld, von Besitz, von Privatsphäre – doch das ist nicht der Ursprung des amerikanischen Songs von der offenen Straße. Der liegt in den Balladen des neunzehnten Jahrhunderts, und im frühen zwanzigsten Jahrhundert nahm er im Blues und in der Countrymusik Gestalt an. Der Song von der offenen Straße war der Song eines Menschen, der kein Geld hatte, keine Vorstellung, wohin er gehen sollte, und kein Zuhause, das ihm zusagte. Also machte er sich auf die Socken – er zog zu Fuß den Highway entlang oder er sprang auf einen Güterzug auf. In manchen dieser Songs gab es eine Spur von Humor, doch die meisten waren düster, ja, sogar unheilvoll. Der Highway war Hank Williams' »Lost Highway« – ein Song, der einem eine Gänsehaut über den Rücken jagen kann.

Das Umfeld, das diese alten Songs heraufbeschworen, war stets ein soziales. Der Sänger verließ seine Gemeinde, seine Familie, sein vertrautes Milieu von Freundschaft, Liebe, Verpflichtung, Frömmigkeit, Arbeit und Respekt. Man wurde geboren, man tat, was von einem erwartet wurde, und man starb; für manche war dieses Leben ein Gefängnis und deshalb kehrten ihm diese Sänger den Rücken – oder sie stellten es sich vor, wodurch die gewaltige amerikanische Landschaft zu einer Art Fantasiegebilde wurde. Als der Mississippibluessänger Robert Johnson 1936 »Sweet Home Chicago« sang, da fungierte »Chicago« im Text des Songs als ein Ort, der so entlegen war wie die »Philippine Islands« in »Dust My Broom«; und »California« war für Johnson ein ebenso mythischer Ort wie »Ethiopia«. Auf eine inspirierende und zugleich mitleiderregende Weise war es keine Erfahrung, die so viele von der Straße handelnde Blues- und Countrysongs hervorbrachte, sondern ein Wunsch. Oder, anders formuliert, die Straße war eine Utopie und Utopie bedeutet, wörtlich übersetzt, Nirgendwo.

Bevor wir uns wieder auf die Vordersitze von Chuck Berry und Bruce Springsteen begeben, müssen wir kurz innehalten und uns daran erinnern, dass die Straße zu der Zeit, als Songs wie »Dust My Broom« geschrieben wurden, Landstreicherei bedeutete – ein Leben, wie es heutzutage die Obdachlosen führen, die wir in unseren Städten sehen. In Berkeley, wo ich zu Hause bin, gehe ich jeden Morgen in eine Coffeebar und dort sehe ich seit fünf oder sechs Jahren immer dieselben fünf oder sechs obdachlosen Männer. Sie haben keinen festen Wohnsitz – keine Wohnung, kein Haus –, dennoch haben sie irgendeinen Platz, wo sie leben: Sie ziehen nicht von Ort zu Ort. In den Zwanziger- und Dreißigerjahren, als Landstreicherei als strafbare Handlung galt, war das anders; Menschen ohne Geld und ohne Hoffnung, an welches zu gelangen, lebten auf der Straße. Das war kein romantisches Abenteuer. In den Hobo-Camps, die Robert Johnson und Jimmie Rodgers aus eigener Erfahrung kannten, waren Angst, Hunger, Alkoholismus, Diebstahl, Vergewaltigung und Mord an der Tagesordnung. Aber manchmal erlebte man dort auch Zuwendung, Kameradschaft, Liebe, Loyalität und Respekt.

Dies ist der schwache Hauch von Lebensfreude, der durch die Roadsongs jener Zeit weht – ein sehr schwacher Hauch. In den Zwanzigerjahren, als er noch ein junger Mann war, sprang William O. Douglas, später Richter am Supreme Court, in seinem Heimatstaat Washington auf einen Güterzug auf und landete in einem Hobo-Camp in Chicago. Er lebte unter den Landstreichern, aß ihr Essen, trank vielleicht auch ihren mit Brennspiritus versetzten Fusel, doch sie spürten, dass er nicht dort sein musste, und sagten ihm, er solle verschwinden – nicht weil sie sich daran störten, dass er, ein Sohn aus gutem Hause, sich unters gemeine Volk mischte, sondern weil sie das Leben, das sie führten, niemandem wünschten.

Wir sind alle mit Roadmovies vertraut: Damit meine ich nicht Audrey Hepburn und Albert Finney in *Two for the Road*[28], sondern zwei Typen auf der Flucht vor irgendetwas, inklusive jeder Menge Verfolgungsjagden. Die Geografie des Landes liefert immer eine tolle Kulisse, atemberaubende Landschaftspanoramen, und man kann sich anderthalb schöne Stunden machen. Allerdings erinnere ich mich nicht mehr an den Titel des letzten Roadmovies, das ich mir angesehen habe, ich meine das mit Robert De Niro und Charles Grodin, wo den beiden das Geld ausgeht, aber am Ende der reiche Typ ein paar Hunderttausend Dollar aus seinem geheimen Geldgürtel zieht und sie dem armen Typen schenkt – die Roadmovies der Dreißigerjahre waren aus einem anderen Holz geschnitzt. Als der Roadsong erfunden wurde, da führte die Straße in den Roadmovies nirgendwohin, wie in *The Grapes of Wrath*[29] oder in *Wild Boys of the Road*[30], einem Warner-Brothers-Film über verängstigte Teenager, die nach Kameradschaft suchen, obwohl sie keinen Anlass haben, etwas anderes zu erwarten als den Tod. Deshalb verbreiten die Roadsongs der Vorkriegsjahre immer ein Gefühl der Auswegslosigkeit – nicht unbedingt ein Gefühl des Scheiterns, da an so etwas wie Erfolg noch nicht einmal zu denken ist, sondern der Katastrophe oder der Kapitulation, einer Hinnahme der Tatsache, dass man nicht tun kann, was immer man tun möchte, dass man nicht sein kann, was immer man sein möchte. Man kann noch nicht einmal damit anfangen,

---

28 *Zwei auf gleichem Weg* (Regie: Stanley Donen, USA 1966).
29 *Früchte des Zorns* (Regie: John Ford, USA 1940).
30 *Kinder auf den Straßen* (Regie: William A. Wellman, USA 1933).

sich vorzustellen, was man eigentlich sein möchte, wohin man eigentlich gehen könnte. Auf jener Straße, ohne Geld, ohne Familie, ohne die Chance, Freundschaften zu knüpfen, ist jeder Ort genau so wie der letzte und der letzte Ort war genau so, wie es der nächste sein wird.

Die bekanntesten modernen amerikanischen Mythen von der Straße sind Jack Kerouacs Roman *On the Road* und der Film *Easy Rider* – ich gestehe, ich habe das Buch nie gelesen und den Film nie gesehen, denn beide schienen mir immer so unsäglich dumm, wenn mir jemand davon vorschwärmte und mir erklären wollte, was ich mir da entgehen ließe. Ich habe mir den Albert-Brooks-Film *Lost in America*[31] angesehen, in dem ein reicher Geschäftsmann beschließt, sich »on the road« zu begeben, um, inspiriert von *Easy Rider* und mit Kerouac-Rosinen im Hinterkopf, »Amerika zu entdecken«. Er verkauft sein Haus und ersteht ein 80 000-Dollar-Wohnmobil – und als das Ganze dann nicht so läuft wie erwartet, sagt er sich, komm, vergiss es, und nimmt die Stelle in New York an, die er eigentlich abgelehnt hatte. So wie es keine offene Straße gibt, wenn es ein bestimmtes Ziel gibt, so gibt es auch keine offene Straße, wenn man jederzeit wieder nach Hause zurückkehren kann – und diese Mittelschichtversuche, auf Kolumbus' Spuren zu wandeln, bargen nie ein Risiko. Peter Fonda und Dennis Hopper mischten sich in *Easy Rider* unters gemeine Volk, und dass sie am Ende des Films von irgendwelchen Rednecks abgeknallt wurden, fügte der Sache nichts hinzu. Jack Kerouac ging nach Hause, zog wieder bei seiner Mutter ein und entwickelte sich zu einem erzkonservativen Spinner. Der Mythos lebt – Kerouac wird noch immer alljährlich als der Apostel der Anarchie gefeiert, als der Verfechter der Freiheit, tun und sagen zu können, was immer man will. Doch die Freiheit ist eine tückische Sache. Auf der Straße, so schrieb Kerouac in *On the Road*, ja, unter diesem gewaltigen Himmel wünschte ich mir, ich wäre ein Neger, voller Leben und Instinkt, und ... Und, erwiderte ihm James Baldwin,

---

31 *Kopfüber in Amerika* (Regie: Albert Brooks, USA 1985).

ich wünschte mir, ich hätte sehen können, wie du diesen Schwachsinn auf der Bühne des Apollo-Theaters in Harlem vorliest, und ich wünschte mir, ich wäre dort gewesen, um zu verfolgen, was anschließend passiert wäre. Tatsächlich gab es im Apollo einen ziemlich stabilen Haken an der Wand, doch ich glaube, Baldwin dachte an etwas noch Drastischeres.

Ein Song über die offene Straße, der diese Widersprüche, diese Unklarheiten, nicht enthält, ist eine Lüge – sich »Free Bird« anzuhören ist daher letztlich nicht befriedigender, als sich James Taylor anzuhören, wie er »Fire and Rain« singt und wie sehr er sich darin um sich selbst sorgt, oder, was das betrifft, sich Patti Smith anzuhören, wie sie »People Have the Power« singt und wie sehr sie sich darin um ihre Mitmenschen sorgt. Dieses Zeug tut niemandem weh – ein Nachdenken ist nicht erforderlich, es besteht kein Bedürfnis nach einem Sound, der Zweifel beinhaltet, oder nach einer Melodie, die auf Ungewissheit beharrt. »Free Bird« ist Freiheit, »Fire and Rain« ist Sensibilität, »People Have the Power« ist nobel – wenn es so einfach ist, müssen wir uns um nichts mehr einen Kopf machen.

Es gibt jede Menge Rock-'n'-Roll-Roadsongs, das heißt Songs über einen Performer, der sich »on the road« befindet. Diese Straße ist in der Regel langweilig, strapaziös, doch die meisten Roadsongs mischen allenfalls eine Prise Déjà-vu oder Ennui unter das von ihnen geschilderte Amüsement. Bob Segers »Turn the Page« tut das nicht und deshalb ist es ein echter Roadsong: Diese Straße will kein Ende nehmen, er wäre lieber ganz woanders, doch er hat keine Wahl. Er ist kein wilder Bursche, der auf einer Tournee die Sau rauslässt, er ist kein Tramp, er erledigt einen Job – doch er ist nicht sein eigener Herr. Er glaubt noch nicht einmal an das, was er tut, während er den Song singt, doch er weiß nicht, was er sonst tun könnte. Also schreibt er einen Song über das, was er nicht tut, und was er nicht tut, ist das, was er eigentlich tun möchte: etwas in den Köpfen seines Publikums bewirken, in die Geschichte eingehen, seine Spuren hinterlassen.

Lässt man »Night Moves« außer Acht, so ist »Turn the Page« Segers großartigster Song. »Turn the Page« ist langsam, so wie ein Bus, der die Route 66 hinunterfährt, denn dieser Bus ist immer langsam, egal was sein Tacho sagt – trotz des berühmten, mitreißenden Songs, in dem sie besungen wird, ist die Route 66 womöglich der langweiligste Highway der USA. So wie Seger seinen Song singt, scheint jedes Wort alle anderen infrage zu stellen, zu konterkarieren. Der Song handelt vom puren Überdruss, er ist eine Geschichte über die Notwendigkeit, sich zur nächsten Show aufzuraffen, die sich dann nicht als so befriedigend herausstellt, dass sich die Mühe gelohnt hätte. Der Song hat einen Hintergrund: Seger schrieb ihn in den frühen Siebzigerjahren, als man in vielen Gegenden zwischen New York und San Francisco hasserfüllte Blicke erntete, wenn man dort als Langhaariger hindurchkam, Blicke, die einen verletzten, die einen demütigten, die sagten: »Ich bin ein gesetzestreuer Bürger und das ist dein Glück, denn sonst wärst du bereits tot.« Seger fängt dies alles in seinem Tonfall ein: In seiner Stimme gibt es kein Selbstmitleid, sondern nur Scham. Dies ist eine Straße, die, was immer das bedeuten mag, ins Nirgendwo führt – die Tournee wird nie enden, da er nie groß rauskommen wird. Und an dieser Stelle überwindet ein Song seinen eigenen Realismus, denn Bob Segers Schicksal nahm einen anderen Verlauf. Heute wohnt er in Hollywood, in einem Penthouse, als Multimillionär, doch der Song klingt noch immer so wahr, dass man sagt: »Na und! Du hast es verdient! Selbst wenn du nie wieder einen passablen Song schreiben solltest!«

Ein paar Jahre nach »Turn the Page« machte Seger »Against the Wind« – ein netter Song, ein Riesenhit, eine Art Fortsetzung von »Turn the Page«. Seger bestand ausdrücklich darauf, dass er sich nach wie vor auf der Straße ins Nirgendwo befand, dass er sich nach wie vor abrackerte und dem tristen Alltag zu entkommen versuchte, mochte sein Bankkonto noch so fett sein, und obwohl »Against the Wind« in formaler Hinsicht, in puncto Eleganz und Stil, ein besserer Song war, war er wertlos. Ich mag »Against the Wind« – es enthält die für einen Mittelschichtroadsong typische Romantik, die unter dem Strich auf *Sorry, Mom, die Straße ruft mich* hinausläuft –, doch ich weiß, der Song ist verlogen, und ich weiß, es kostete Seger nichts, ihn zu schreiben. Ich weiß, dass es den Mann, der »Turn the Page« schrieb, alles kostete, was er hatte, um jenen Song zu schreiben, und deshalb schmerzt es, sich ihn anzuhören. In »Turn the Page« ist Seger der junge William O. Douglas, der noch nicht einmal jemanden hat, der sich die Mühe macht, ihm zu sagen, er solle verschwinden, der ihm sagt, er könne mit seinem Leben etwas Besseres anfangen.

Die offene Straße, als eine Vorstellung, als eine Vision von der geografischen Unendlichkeit Amerikas, leistet ein Versprechen: Sie wird ein Ort voller Überraschungen sein, ein Ort, wo buchstäblich alles passieren kann. Doch während sich der Song von der offenen Straße im Laufe der Jahrzehnte weiterentwickelte, wurde die offene Straße zu der Straße, die man bereits kannte, die einem in Fleisch und Blut übergegangen war, zu der Straße, auf der man fahren konnte, ohne zu überlegen, ohne zu gucken. Der Roadsong wurde zu einem Klischee, dem sich ein guter Songwriter oder Sänger bewusst *widersetzen* muss – der Songwriter muss einem ein Bein stellen. Er muss einen dazu bringen, dass man *He, Moment mal!* sagt, wenn man die Straße entlangfährt, die man sein Leben lang mehr oder weniger unbewusst entlanggefahren ist: *Was ist das für ein Baum, der da vorne mitten auf der Straße wächst? Der ist mir noch nie aufgefallen!*

Genau das passiert in der Musik von Bruce Springsteen – wenn sich das Mädchen auf der Türstufe in »Thunder Road« in Caril Fugate verwandelt, wie sie in »Nebraska« auf ihrer vorderen Veranda steht. Sie werden sich daran erinnern oder Sie haben vielleicht davon gehört: 1958 fuhr Charley Starkweather zu dem Haus in Lincoln, wo seine Freundin Caril wohnte; nachdem er ihre Eltern und ihre Halbschwester, die noch ein Baby war, umgebracht hatte, machten sich die beiden davon. Sie befanden sich auf der Straße, wo sie alles machen konnten, was sie wollten, und, wie Springsteen seinen Starkweather sagen lässt, wobei er mit dem Finger über die Landkarte fährt und mit einer Stimme singt, die so offenkundig von jenseits des Grabes kommt,

> Through the badlands
> Of Wyoming
> I killed every
> Thing in my path

Starkweather und Fugate lebten einen Roadsong; 1982, vierundzwanzig Jahre später, schrieb Springsteen ihn dann. Es gab ihn jedoch schon. Starkweather und Fugate wussten nicht, was sie unterwegs erwartete, sie wussten nicht, wie weit sie kommen würden, aber sie wussten, die zwei Fahrspuren könnten sie überallhin führen. Sie wurden gefasst – doch, wie Starkweather seinem Vater kurz vor der Hinrichtung schrieb, »zum ersten Mal hatten ich und Caril mehr Spaß«. In seinem Song verschließt Springsteen nicht die Augen vor diesen Tatsachen – er geht über sie hinaus. Er lässt Starkweather wie einen denkfähigen Menschen reden: »They declared me / Unfit to live / Said into that great void / My soul'd be hurled« – ja, *das* ist ein Roadsong, das Gelobte Land, die Ewigkeit. Gelobtes Land – dies bedeutet im Grunde, dass man alles tun kann, was man will – es bedeutet, dass das von der offenen Straße vermittelte Gefühl von Bewegung einen dazu bringt, Dinge tun zu wollen, die zu tun man sich nie vorstellen könnte, befände man sich nicht auf dieser Straße. Wer hat das noch nicht erlebt? Wer hat sich noch nie unverwundbar gefühlt, wenn er mit Vollgas und einem tollen Song im Radio einen Highway entlanggebraust ist? Welche Songs haben sich Charley Starkweather und Caril Fugate damals angehört? Welche Songs mochten sie, bei welchen Songs sagten sie *Ja, das bin ich, das sind wir*, während ihr Auto schneller und schneller wurde und die beiden das Gefühl verspürten, niemand könne ihnen etwas anhaben, niemand könne sie einholen – welche Songs bedeuteten ihnen etwas, damals im Jahr 1958? Es ist viel über Starkweather und Fugate geschrieben worden: Es hat TV-Dokumentationen gegeben, es hat den Spielfilm *Badlands* gegeben, doch niemand ist auf die Idee gekommen, diese Frage zu stellen. Starkweather ist tot und Fugate schweigt eisern.

Die offene Straße im modernen amerikanischen Song muss schließlich wieder zu Chuck Berrys »Promised Land« zurückkehren: Absolute Freiheit, die ein absolutes Gefangensein beinhaltet, und umgekehrt. Wenn der Song von der offenen Straße ein Song sein soll, der kein festes Ziel hat – wenn wir die Route 66 also ausschließen müssen (»It winds from Chicago to L. A.«, keine Umwege erlaubt) –, so gibt es noch zwei weitere erwähnenswerte Songs. Einer davon ist Springsteens »Stolen Car«, der 1980 herauskam, auf *The River*, dem Album, das auch »Hungry Heart« enthielt, seinen ersten Top-10-Hit.

»Hungry Heart« war eine Lüge, so wie Bob Segers »Against the Wind«, als Song jedoch nicht einmal ansatzweise so gut. Ein Typ mit einer Familie am Hals macht sich davon und kehrt nie wieder zurück: Das ist alles, was man über ihn weiß, und alles, was man über ihn wissen muss. »Stolen Car« verkörpert die andere Seite dieses Songs: kein fetziger Refrain, keine Melodie zum Mitsingen, sondern bloß kärglicher, ruhiger, purer Tod, der sich nicht einstellen will. Der Song ist kurz, doch seine eigentliche Dauer wird von diesen klassischen Blueszeilen umrissen: »Minutes seem like hours / Hours seem / Just like days.«

Die Geschichte, die »Stolen Car« erzählt, ist die gleiche: Ein Ehemann macht sich davon. Damit haben sich die Gemeinsamkeiten aber auch schon erschöpft. »I'm driving a stolen car / Down on Eldridge Avenue / Each night I wait to get caught / But I never do.« Der Song ist zu langsam für jemanden, der behauptet, er fahre mit einem Auto – man kann förmlich spüren, wie er die Straße entlangschleicht, mit fünfzehn Stundenkilometern, mit zehn Stundenkilometern, und wie er beim Fahren einen Cop nach dem anderen passiert und darauf wartet, dass sie ihn festnehmen – doch die Cops ignorieren ihn, es ist, als sei er nie geboren worden. Er fährt im Kreis. »She asked if I remembered the letters I wrote / When our love was young and bold / She said last night she read those letters / And they made her feel / One hundred years old.« Das kommt ihm jetzt jung vor.

Die Details, die »Hungry Heart« ausblendet, sind vorhanden, die Menschen, die im Song vorkommen, sind echt. Der Mann fährt in seiner Stadt wieder und wieder im Kreis herum – vielleicht tut er dies schon seit Wochen, seit Jahren, vielleicht ist er der Typ, auf den die Leute deuten und dann sagen »He, das ist der Bursche, der hier jeden Tag um vier Uhr nachmittags durchkommt, als wolle er, dass jemand von ihm Notiz nimmt« –, doch niemand nimmt ihn wahr, so wie es bei einem Obdachlosen der Fall ist, der seit fünf, sechs Jahren immer an derselben Straßenecke herumsteht. Die Story, die er erzählt, erinnert an eine Geschichte, die der Gitarrist Roy Buchanan, der sich letzten Monat umgebracht hat, einmal erzählte, eine Geschichte über die kalifornische Kleinstadt, in der er aufgewachsen war: »Manchmal wird es hier so still, dass man eine Pistole in seinem Innern abfeuern könnte« und niemand – doch das sagte er nicht, weil er es für selbstverständlich hielt – würde es hören. Der Mann, der »Hungry Heart« singt, befindet sich auf der offenen Straße von »Free Bird« und »Ramblin' Man«. Der Mann in »Stolen Car« befindet sich in seinem Haus, in seiner Gefängniszelle, und er fantasiert wie Chuck Berry, als dieser »Promised Land« schrieb. Die offene Straße ist ein Bild ihrer selbst geworden – was sie womöglich schon immer gewesen ist.

Es gibt noch eine weitere Straße, über die ich hier reden möchte – ich meine den Highway 61, eine Straße, die Sie alle kennen. Als ich Bob Dylans Song »Highway 61 Revisited« 1965 zum ersten Mal hörte, war ich völlig gefesselt. Der Highway 61 war für mich auf der Stelle eine mystische Straße, ein Ort der Heimsuchungen und der Visionen. Etwa dreitausendzweihundert Kilometer von meinem Wohnort entfernt, war er offenbar ein Ort, wo alles passieren konnte, wo, so sagte der Song, bereits alles passiert war, wie man sehen konnte, wenn man die Augen aufmachte. Der Highway 61 war der Mittelpunkt des Universums. Wenn man intensiv genug nachdenkt, wenn man klar genug sieht, sagte Bob Dylan, dann begreift man, dass die gesamte menschliche Geschichte, dass jede erdenkliche Kombination von Story und Syntax unmittelbar vor unseren Augen liegt, dass die offene Straße die Straße ist, die man am besten kennt. Der Song explodiert.

Höre ich mir »Highway 61 Revisited« heute an, so spielt es für mich keine Rolle, dass die offene Straße in der amerikanischen Musik ein beschränktes, schichtspezifisches, sexistisches und praktisch ausschließlich von Weißen behandeltes Thema ist. Wo, bitte schön, sind die großen Roadsongs von Otis Redding oder von Wilson Pickett (sorry, aber »Mustang Sally« ist keiner)? Oder von Aretha Franklin? In Al Greens einzigem Song von der offenen Straße geht es um jemanden, der auf der Suche nach Gott von Kneipe zu Kneipe zieht. Aus Sicht dieser Sänger und Sängerinnen kann man seinem Zuhause nicht den Rücken kehren, bevor man dort nicht alles ins Reine gebracht hat, und wenn man sein Zuhause verlässt, so erwartet einen draußen nicht die Freiheit, sondern das Exil. Können Sie sich vorstellen, dass Prince einen Song über die offene Straße singt? Schon allein diese Frage zu stellen, offenbart deren Absurdität. Was würde Prince diese Vorstellung sagen? Und »Little Red Corvette« handelt nicht von einem Auto – auch wenn dieser Song die ultimative Verinnerlichung des Bildes von der offenen Straße sein könnte.

Bob Dylan kam aus der Tradition der Blues- und Countrysänger der Zwanziger- und Dreißigerjahre. Sich davonmachen, den Highway hinunter, fünfhundert Meilen von zu Hause entfernt, nicht wissen, wohin man geht, alles hinter sich zurücklassen – kein anderer, und sicherlich kein so netter, der Mittelschicht entstammender, jüdischer Excollegestudent aus Hibbing, Minnesota, bekam das jemals so überzeugend hin. Als Bob Dylan 1962, auf seinem Debütalbum, den alten Bluessong »Highway 51« sang, da klang er durch und durch authentisch. So wie Bob Dylan auf seinen frühen Platten sang, hätte er jemand sein können, der im achtzehnten Jahrhundert in Virginia zur

Welt gekommen war, der 1849 zum »Goldrausch« in Kalifornien aufgetaucht, in den 1890er-Jahren nach Alaska aufgebrochen und 1910 unten in Mexiko eingetroffen war – die Straße war die Geschichte, sie erzählte die Geschichte, die Geschichte erzählte dich.

Als ich 1966 nach Minnesota kam, klemmte ich mich sogleich hinters Lenkrad und steuerte schnurstracks den Highway 61 an – ich war mir sicher, an jeder Auffahrt erwartete mich eine Offenbarung. Als ich dann auf den Highway fuhr, war es natürlich so, als würde man auf einen x-beliebigen Highway fahren. Nichts passierte. Trotzdem büßte der Song nichts von seiner Kraft ein – eine Kraft, die er auch heute noch ausstrahlt. »OUT ON HIGHWAY 61«, schrie Dylan und kein Sänger konnte mehr Bedeutung, mehr Witz und Ironie in einen Schrei legen als der Bob Dylan der Mittsechzigerjahre. Abraham erhält den Befehl, seinen Sohn zu opfern – draußen auf dem Highway 61, sagt Gott. Ein Mann muss fliehen, vor wem oder was, das erfahren wir nicht – der Highway 61 ist der einzige Weg. Müll muss entsorgt werden (vierzig rot-weiß-blaue Schnürsenkel, alles klar?) – der Highway 61 ist der ideale Ort dafür. Ein Drama von Rassenmischung und Inzest spielt sich ab – na, wo wohl? Da ist ein Spieler, der eine prima Idee hat – lasst uns den nächsten Weltkrieg entfesseln. Er trifft einen Promoter – nun, der ist schockiert, aber er weiß, wo.

Das war 1965. Als Bob Dylan und die Band 1974 zum ersten Mal seit acht Jahren wieder gemeinsam auf Tournee gingen – und acht Jahre waren eine Ewigkeit, legt man die Geschwindigkeit zugrunde, mit der sich das Popkarussell damals zu drehen pflegte –, da spielten Bob Dylan und die Band »Highway 61 Revisited«, eine Nummer, die sie in den Sixties nie gespielt hatten. Es war der einzige Song, der sie aus dem Gleichgewicht brachte, der sie verunsicherte, der sie zu dem Eingeständnis zwang, dass sie, als Musiker, nicht wussten, wohin die Reise ging.

Los, lasst uns ein paar Tribünen am Straßenrand aufbauen und von dort aus den Weltuntergang beobachten! Warum nicht? Die offene

Straße steckt voller Überraschungen. Alles kann passieren. In diesem Song passiert tatsächlich alles, und so beiläufig. Warum nicht? Man befindet sich draußen auf der offenen Straße – keine Metapher, sondern nun die Sache selbst. Es ist eine Tatsache, eine Erfahrung, von der man berichtet. So wie die offene Straße kein festes Ziel hat, so hat sie auch keinen festen Ausgangspunkt – *Sorry-Babe-die-Straße-ruft-mich* genügt hier nicht. Das Schockierende an »Highway 61 Revisited« besteht darin, dass die beiden Fahrspuren, die einen überallhin führen werden, einen Ort beschreiben, wo Menschen tatsächlich leben, wo sie sich ihren Fantasien hingeben, wo sie festsitzen.

Der Song hätte auch »No Way Out« heißen können. Ich kenne nur einen Song mit diesem Titel; »I got you, I got you – *and there's no way out*«, lauten die Zeilen, die aus dem Song hervorschießen wie die Hände einer Spukgestalt. All die Roadmovies, all die Verfolgungsjagden, all die Flüge all der freien Vögel kommen in »Highway 61 Revisited« zum Stillstand. Man hört einen Mann, wie er auf dem Höhepunkt seines kommerziellen und mythischen Erfolgs verkündet, Freiheit bedeute Gefangensein – alles kann passieren, sagt er, jedoch nur zu Hause. Er stellt sich alles innerhalb der Grenzen des Vertrauten vor; wie Chuck Berry in »Promised Land« gibt er zu, dass die Reise nichts ist, was er nach Lust und Laune gestalten kann.

Der Song von der offenen Straße geht zu weit zurück – bis zu einer Zeit, als es noch keine Straßen gab, als man noch zu Fuß unterwegs war. Daniel Boone sehnte sich nach Ellbogenfreiheit; das Land verhieß diese und so begab er sich auf die Suche danach. Andere Leute traten in seine Fußstapfen; aus ihren Spuren wurden dann Straßen. Schließlich erreichten diese Straßen das Ende des Kontinents; sie machten wieder kehrt und überzogen den Kontinent kreuz und quer mit Highways.

Der eigenartigste Song von der offenen Straße ist Canned Heats »On the Road Again«, wo Al Wilson zum fatalistischen Brummen der Band davon singt, dass er an einen Ort entkommen möchte, der nicht existiert. Doch das ist nicht real. »Highway 61 Revisited« ist real, weil es darauf beharrt, dass die offene Straße das dir vertraute Terrain ist, deine eigene Straße – dass diese Straße der Ort ist, wo alles passieren kann.

Ich glaube, dass das tatsächlich so ist, und ich glaube, es ist besser, dort nach Überraschungen zu suchen, wo man lebt, und nicht dort, wo man noch nie gewesen ist und wohin man nicht gehört: wo man sich letztlich, wie Kerouac oder Fonda, unters gemeine Volk mischt. Ich erinnere mich daran, wie ich 1970 zum ersten Mal Allen Ginsbergs »Howl« las und an der Zeile hängen blieb, in der es heißt, »der Kosmos vibrierte in Kansas unwillkürlich unter den Füßen«. »In *Kansas*?«, sagte ich geringschätzig zu einem Freund. »Was für ein Kosmos vibriert denn in *Kansas*?« Heute weiß ich, dass Ginsberg die Stadt, wo es passierte, hätte nennen müssen, und die Straße, so wie Dylan den »Highway 61« nannte. »Hör mal«, sagte mein Freund, »jeder kann den Kosmos in Japan, in China oder in Indien vibrieren lassen. Aber den Kosmos in Kansas vibrieren zu lassen – das bedeutet, Ginsberg war wirklich *dort*.«

Allen Ginsberg mischte sich nicht unters gemeine Volk. Im Unterschied zu seinem Freund Kerouac suchte er nicht nach etwas, was er nicht war, nein, er versuchte zu werden, was er werden wollte, was er bereits war. Der Kosmos vibriert für mich noch immer in »Highway 61 Revisited«: immer wenn ich am Lenkrad sitze und an den Song denke – man hört ihn heute nicht mehr im Radio, aber man kann ihn sich ins Gedächtnis rufen –, und die Nummer des Highways, auf dem ich mich dann gerade befinde, spielt keine Rolle.

Als ein Klischee ist die offene Straße eine Sackgasse; sie beginnt im Nirgendwo und dorthin führt sie auch. Doch versteht man sie als eine implizite Metapher – wie bei »Promised Land«, einem Griff nach der Freiheit aus einer Gefängniszelle, oder bei Springsteens »Stolen Car«, in dem das besagte Auto nie gestohlen wurde, oder bei »Highway 61 Revisited«, das sich einfach auf eine regionale Straße bezog –, so kann alles passieren und man wird es erkennen, begreifen und die damit verbundenen Kosten abwägen.

Und genau darum geht es heute bei der Vorstellung von der offenen Straße, heute, wo wir einen Kontinent, dessen Überquerung einmal Monate dauerte, binnen weniger Stunden überfliegen können – und dabei nichts von ihm sehen. Es spielt keine Rolle mehr, wie lange es dauert, ihn per Auto oder zu Fuß zu überqueren – die schnellste Geschwindigkeit definiert den Ort. Doch die Vorstellung von der offenen Straße in deiner eigenen Stadt, in deinem eigenen Kopf, in deiner eigenen Zelle ist ein Widerspruch in sich und deshalb wird sie nie verschwinden. Als eine Tatsache ist die offene Straße heute eine Fantasie; als eine Fantasie werden wir sie nie verlassen.

Chuck Berry, »Promised Land« (Chess, 1964).
—, *The Autobiography*, Harmony, New York 1987, S. 216 f.

Bob Seger, »Turn the Page«, von *Back in '72* (Capitol, 1973).
— & the Silver Bullet Band, »Turn the Page«, auf *Live Bullet* (Capitol, 1976).

Bruce Springsteen, »Thunder Road«, von *Born to Run* (Columbia, 1975).
—, »Racing in the Street«, von *Darkness on the Edge of Town* (Columbia, 1978).
—, »Stolen Car«, von *The River* (Columbia, 1980).
—, »Nebraska«, von *Nebraska* (Columbia, 1982).

Bob Dylan, »Highway 61 Revisited«, von *Highway 61 Revisited* (Columbia, 1965).
—, »Highway 61 Revisited«, auf *Before the Flood* (Asylum, 1974).

Joyce Harris, »No Way Out« (Infinity/Domino, 1961). Enthalten auf *The Domino Records Story* (Ace, 1998).

REAL LIFE ROCK TOP 10
Village Voice
14. November 1989

9) Bob Dylan: *Oh Mercy* (Columbia). Ein Produzentenalbum, wohlgeformt und luftleer. Mit Daniel Lanois in der Rolle des Regisseurs, der gern seine Markierungen auf den Boden kreidet, die Dylan in der Rolle des Schauspielers zu beachten hat.

Village Voice
7. April 1990

1) Pete Seeger: »A Hard Rain's A-Gonna Fall« von *We Shall Overcome – The Complete Carnegie Hall Concert, June 8, 1963* (Columbia). Ich hörte diesen Dylan-Song zum ersten Mal, als Seeger ihn sang, nur wenige Tage vor dem »Marsch auf Washington«, wo Martin Luther King Dylans Armageddon durch eine Vision der Befreiung ersetzte. Aber beide, King und Dylan, bedienten sich derselben apokalyptischen Sprache, einer Diktion, die nie die von Seeger gewesen ist. Damals, vor siebenundzwanzig Jahren, wirkte seine Version des Songs – ob live auf der Bühne oder auf dem ursprünglichen, eine einzige LP umfassenden Mitschnitt des Carnegie-Hall-Konzerts – wie ein abschließendes Statement, doch heute ist offenkundig, dass der Moment die Musik machte. Bekanntermaßen ging Seeger jegliches Bluesfeeling ab und »Hard Rain« beweist, dass er auch kein Gefühl für Countrymusik, ja noch nicht einmal für Childballaden hatte; als Woody Guthrie oder als Big

Bill Broonzy war er Henry Ward Beecher, der Inbegriff des für die Abschaffung der Sklaverei eintretenden Yankees. Diese Performance dokumentiert eines der bedeutendsten musikalischen Ereignisse der amerikanischen Nachkriegszeit, doch das Ereignis ist nun nicht mehr musikalisch; um zu hören, wie beängstigend der Song ist, muss man sich anhören, wie Bryan Ferry ihn singt.

Artforum
März 1991

1) Diverse Radiosender: Formatverletzung (15. Januar). Nachdem man es sich schon vor Jahren abgewöhnt hatte, im bunten Mischmasch der Radioklänge so etwas wie einen roten Faden oder ein Thema zu erwarten, war es ein Schock, an diesem sonderbaren, ungewissen Tag zu bemerken, dass das Medium plötzlich zu einem sprach, in einer Art Feier des Grauens. Egal welchen Sender man einstellte, überall wurde einem dieselbe Konversation vorgesetzt – Beklemmung und böse Vorahnungen auslösende Nummern wie Edwin Starrs »War« (oder Bruce Springsteens Coverversion davon), Freda Paynes »Bring the Boys Home«, Country Joe and the Fishs »I-Feel-Like-I'm-Fixin'-to-Die Rag«, Gang of Fours »I Love a Man in a Uniform«, Creedence Clearwaters »Bad Moon Rising«, Peter Gabriels »Here Comes the Flood«, das von einer namentlich nicht genannten Frau vorgetragene »Will Jesus Wash the Blood from Your Hands« und »I Wanna Be Your Man« von den Beatles (eine willkommene Unterbrechung, eine Verletzung des neuen Formats innerhalb des alten – schlichtweg fabelhaft). Bob Dylans »Masters of War« und der Plastic-Ono-Band-Klassiker »Give Peace a Chance« wirkten blass und neunmalklug, zu abgehoben in diesem Durcheinander von konfusen, völlig willkürlichen Emotionen, moralisch isoliert (allerdings nicht so sehr wie das Smile-Button-Video zu der »Give Peace a Chance«-Neuauflage des von Sean Lennon und Lenny Kravitz

auf die Beine gestellten Peace Choir, ein Clip, der von Furcht und Schrecken so weit entfernt war, dass seine wahre Botschaft womöglich darin bestand, dass Cyndi Lauper endlich eine Möglichkeit gefunden hatte, wieder bei MTV aufzutauchen). Aus all diesen Stimmen, einschließlich derjenigen von Songs, die bloß in deinem Kopf herumgeisterten – Elvis Costellos »(What's So Funny 'Bout) Peace, Love and Understanding« vielleicht oder Metallicas »One« oder Laurie Andersons »O Superman« (»Your military arms«, so unglaublich sanft, »your petrochemical arms«) –, ragten die Pogues mit »And the Band Played Waltzing Matilda« heraus. Das ist ein langer, langsamer, unerträglich verbitterter, in der Ich-Form vorgetragener Bericht eines australischen Kriegskrüppels, der von Gallipoli zurückgekehrt war; Shane MacGowan resümiert siebzig Lebensjahre, um den Mann erklären zu lassen, warum er sich wünscht, er wäre niemals zurückgekehrt, wobei aus jeder Textzeile Scham und Erstaunen drangen. Als am darauffolgenden Tag der Krieg begann, lief auf HBO *Top Gun* und im Radio war wieder alles so wie vorher.

REAL LIFE ROCK TOP 10
Artforum
Sommer 1991

Bob Dylans *the bootleg series, volumes 1–3 [rare & unreleased] 1961–1991* (Columbia) enthält eine Schattenversion seiner gesamten Karriere, eingebettet in achtundfünfzig Performances, die von einer 1961 in Minnesota entstandenen Amateuraufnahme bis zu einem Outtake von seinem 1989 erschienenen Album *No Mercy* reichen; dazwischen finden sich, auf insgesamt drei CDs verteilt, weitere Outtakes, Konzertaufnahmen, Alternativtakes, Probenaufnahmen und Demos für Musikverlage, in einer mehr oder weniger chronologischen Reihenfolge. Vieles davon ist Schrott, eine Geschichte voll unvollendeter Ideen oder unüberwundener Klischees, ein Buch aus Fußnoten. Andere Teile wirken als Unterbrechungen – des Ganzen oder dessen, was man gerade so macht – und erzeugen Momente, die aus der Chronologie herausspringen, die dieser jäh Einhalt gebieten und sie auf sich selbst zurückwerfen. Manche scheinen keinen Kontext zu benötigen und auch keinen zu schaffen; manche scheinen zusammenzugehören und ergeben eine Geschichte.

Wir beginnen mit dem vierten Track:

1) »No More Auction Block«, von einem Auftritt im Gaslight-Café in Greenwich Village, Ende 1962. Der Song wurde bereits in der Zeit vor dem Bürgerkrieg komponiert, von entlaufenen Sklaven, die die in Neuschottland gelegene Endstation der sogenannten Underground Rail-

road erreicht hatten. Unter dem Titel »Many Thousands Gone« wurde der Song 1862, zur Mitte des Bürgerkriegs, von Soldaten der Nordstaaten wahrscheinlich zum ersten Mal schriftlich fixiert, genau ein Jahrhundert bevor Bob Dylan ihn in einem ansonsten eher mittelmäßigen Set unterbrachte, das überwiegend aus Standardnummern der damaligen New Yorker Folkszene bestand: »Barbara Allen«, »Motherless Children«, »The Cuckoo« und dergleichen.

Hier beginnt die Nummer mit ein paar schnellen, aber voneinander isolierten Gitarrentönen, die auf der Stelle ein Gewicht verheißen, an das keiner der an diesem Abend sonst noch gesungenen Songs heranreichen wird. Während der gesamten Performance unterdrückt der Klang der Gitarre die Melodie; statt einer Melodie ertönt ein eigenartiges Summen, das womöglich der Klang ist, den die Geschichte erzeugt, wenn sie sich für ein paar Minuten auflöst. Es ist nicht die schauspielerische Darstellung, die ein Sänger abliefern könnte, oder eine Verkörperung, sondern ein den Sänger verwandelndes Einfühlungsvermögen, das jegliche Distanz überwindet, und zwar nicht die Distanz der Personifikation oder der Rassenzugehörigkeit, sondern die der Zeit. Wenn Dylan »No more / Auction block / For me« singt – und dann, viel langsamer, »No more / No more« –, dann bezieht er sich nicht auf irgendein Symbol. Das Auktionspodest ist vielmehr ein Gegenstand, ein Ding, das man anfassen kann, auf dem Menschen Aufstellung genommen haben: »Many thousands gone.« Das Stocken und Zögern im Gesang ist so beredt, so vielsagend, dass es Bilder heraufbeschwört, die weit über die hinausgehen, die im Text vorkommen, etwa »die Kutscherpeitsche« oder das »Glas voll Salz«. Ich musste unwillkürlich an Tommie Smith und John Carlos denken, zwei schwarze Mitglieder der amerikanischen Olympiamannschaft von 1968, wie sie in Mexico City auf dem Siegerpodest standen, beide mit gebeugtem Haupt und einer emporgestreckten, schwarz behandschuhten Faust, nachdem sie ihre im 200-Meter-Lauf gewonnene Gold- beziehungsweise Bronzemedaille entgegengenommen hatten. Ein kleiner Protest gegen den Rassismus, eine stumme Verurteilung der Ermordung Martin Luther Kings, doch sie entfachten damit einen Sturm der Entrüstung: Nachdem die beiden einer Verhaftung nur um Haaresbreite entgangen waren, schickte man sie umgehend nach Hause. Das weltweit ausgestrahlte Bild der beiden schien die Nation in Angst und Schrecken zu versetzen, und hört man sich heute an, wie ein einundzwanzigjähriger jüdischer Folkie sechs Jahre vor jenem Ereignis »No More Auction Block« sang, so kann man spüren, warum dies so war. In der symbolischen Matrix, die sie mit ihrer Geste schufen, wurde Smith und Carlos plötzlich bewusst, worauf sie da standen – und alle anderen begriffen es genauso plötzlich.

Wir überspringen zwölf Tracks:

2) »Who Killed Davey Moore?« von einem Konzert in der Carnegie Hall, 26. Oktober 1963. Ein zeitgebundener, vor Betroffenheit triefender Nachruf auf einen Boxer, der nach einem Kampf mit Sugar Ramos seinen im Ring erlittenen Verletzungen erlag – 1971 sollte Dylan beim ersten Ali-Frazier-Duell persönlich unter den Zuschauern sein –, aber auch ein Songwriting, so raffiniert und befriedigend wie Neil Sedakas und Howard Greenfields »Calendar Girl«. Der Text, in dem buchstäblich alle – der Ringrichter, die Fans, der Manager, der Wetter, der Sportreporter und der Gegner – zu Wort kommen und feierliche Unschuldsbeteuerungen von sich geben, besteht fast ausschließlich aus wörtlicher Rede; die Füllsel zwischen den Zeilen (»It's hard to say, it's hard to tell«) können einem wie Geniestreiche vorkommen. Man kann hier eine neue Art von Energie spüren: den Kitzel, es richtig hinzubekommen.

Wir überspringen einen Track:

3) »Moonshiner«, ein Outtake von *The Times They Are A-Changin'*, 12. August 1963. »Ich treffe all diese Töne«, erwiderte Dylan 1965, nachdem ein Interviewer Caruso erwähnt hatte, »und wenn ich will, kann ich den Atem dreimal so lange anhalten.« Er muss dabei an diese Bal-

lade aus den Appalachen gedacht haben – fünf Minuten voller Spannung, einzelne Töne aus der Kehle des Sängers und aus seiner Mundharmonika, die in der Luft gehalten werden, als würden sie den Tod mit sich bringen, ließe man sie von dort oben herab.

Wir überspringen einen Track:

4) »The Times They Are A-Changin«', ein Piano-Demo, 1963.

Dylan drängt unerbittlich voran, mitten durch die offensichtlichen Klischees des Songs hindurch. Zeiten ändern sich; Ereignisse sind physisch präsent; die Kraft der Geschichte treibt diese Performance an und man ahnt womöglich, dass man sich dieser Kraft lieber nicht in den Weg stellt.

Wir überspringen einen Track:

5) »Seven Curses«, ein Outtake von *The Times They Are A-Changin'*, 6. August 1963. Ein Pferdedieb wird gefasst, seine Tochter versucht, ihn mit Geld vor dem Galgen zu bewahren, der Richter verlangt stattdessen eine Nacht mit ihr, sie zahlt diesen Preis, ihr Vater wird trotzdem gehängt – scheinbar angesiedelt und geschrieben im feudalen England (von dort stammt die Melodie), ist dies eine einfachere, elementarere Version von »The Lonesome Death of Hattie Carroll«, Dylans wahrscheinlich bestem Protestsong, doch es ist unmöglich, die Position des Erzählers zu bestimmen. Der Groll und die Hoffnungen der vorausgegangenen, von Unterdrückung und Rebellion handelnden Nummern, »No More Auction Block«, »Who Killed Davey Moore?«, »Moonshiner«, »The Times They Are A-Changin'« oder anderer, die jemand anders von *the bootleg series* auswählen würde, sind in dieser Performance allgegenwärtig, jedoch mit einem Fazit: So etwas wie Veränderung gibt es nicht. Jene alte Melodie erweist sich nicht als das Skelett des Songs, sondern als dessen Fleisch; sie führt ihre eigenen, unausgesprochenen Worte mit sich und diese lauten: »Es geschieht nichts Neues unter der Sonne.«

Wir überspringen sechs Tracks:

6) »Sitting on a Barbed Wire Fence«, ein Outtake von *Highway 61 Revisited*, 15. Juni 1965. Ein Chicagoblues mit einem Howlin'-Wolf-Lachen. Ein Inbegriff rhythmischer Hipness, vor allem in dem Moment, wo Dylan zum ersten Mal »Al*right*« sagt – denn er verleiht diesen beiden Silben mehr Bedeutung, mehr Verstohlenheit, mehr reglose Brando-Dean-Bedrohlichkeit, als jeder richtigen Textzeile dieser Nummer.

Wir überspringen einen Track:

7) »It Takes a Lot to Laugh, It Takes a Train to Cry«, ein Alternativtake von den Aufnahmesessions zu *Highway 61 Revisited*, 15. Juni 1965. Als habe er ein Jahr zu lange damit gewartet, es ordentlich krachen zu lassen und die Beatles in ihre Schranken zu verweisen: ein stürmisches Dahinpreschen. Und nach etwa einer Minute ein unbekümmerter Extremismus, so wie bei der letzten Minute von Velvet Undergrounds »Heroin« – das, als es 1967 herauskam, zu sehr danach klang, als würde Bob Dylan es singen.

Wir überspringen einen Track:

8) »She's Your Lover Now«, ein Outtake von *Blonde on Blonde*, 21. Januar 1966. Eine unversöhnliche, gerade noch kohärente Tirade, bei der es jedoch weniger um die namenlose »Sie« des Songtitels geht, sondern eher um das Rumoren, das sich wiederholt zu einem explosiven Zusammentreffen von Gitarre, Klavier, Bassgitarre, Schlagzeug, Orgel, Wörtern und Gesang steigert – ein Zusammentreffen, das nie zweimal am selben Punkt anlangt. Das Klavier wird in den Liner Notes wahlweise Paul Griffin (der bei »Like a Rolling Stone« und auch bei Don McLeans »American Pie« mitspielte) oder Richard Manuel zugeordnet, doch ich gehe jede Wette ein, dass Bob Dylan derjenige gewesen ist, der hier in die Tasten gehauen hat. Kein anderer Pianist könnte seinem

Gesang folgen; kein Sänger könnte diesem Klavier folgen, ohne es dabei zu spielen.

Wir überspringen einundzwanzig Tracks:

9) »Blind Willie McTell«, ein Outtake von *Infidels*, 5. Mai 1983. Zwischen »No More Auction Block« und »She's Your Lover Now« liegen gerade einmal drei Jahre; zwischen »She's Your Lover Now« und diesem Song hier sind es mehr als siebzehn. Siebzehn Jahre, gekennzeichnet durch gute wie schlechte Arbeiten, zahllose Comebacks, eine Scheidung, musikalische Orientierungslosigkeit, die verzweifelte Suche nach einem Thema (eine Suche, die miserable Songs über die Legionärskrankheit und den Baseballspieler Catfish Hunter hervorbrachte), einen Rückzug in einen stinknormalen Karrierismus und, am schockierendsten, den Übertritt zu einer ausgesprochen vorstädtischen Version des fundamentalistischen Christentums und das anschließende Wiederauftauchen als ein fanatischer Verkünder des Evangeliums. »You came in like the wind«, sang er 1981 in der *bootleg-series*-Nummer »You Changed My Life« an die Adresse Jesu: »Like Errol Flynn.« Und vielleicht verschwand er auch wieder wie dieser; nach drei Alben, die seine Wiedergeburt als Christ feierten, schien Dylan mit *Infidels* ins irdische Leben zurückzukehren und die Kritiker bejubelten ein weiteres Comeback, eine Rückkehr zu alter Form: »License to Kill«, »Neighborhood Bully« und »Union Sundown« klangen wie … Protestsongs!

Vielleicht waren sie das, aber »Blind Willie McTell« war mehr. Es verwandelt all die alten, geheiligten Rebellen und Opfer, die nicht nur durch *Infidels*, sondern durch Dylans gesamtes Œuvre geistern, in Staub und bläst sie dann weg. Angeführt von Dylan am Klavier und in seinen Fußstapfen Mark Knopfler an der Gitarre, reißt diese Nummer die Geschichte an sich: Der Sänger findet nicht das Böse in der Welt, nein, er findet, dass die Welt böse ist. Die ganze Welt ist ein Auktionspodest; alle sind Bieter, jeder steht zum Verkauf: »Smell that sweet magnolia blooming / See the ghost of slavery ships.«

Der Song ist detailliert, die Sprache ist weltlich, die Stimmung ist endgültig. Es ist der letzte Tag vor dem Tag des Jüngsten Gerichts, mit Ausnahme einer Sache, einer ebenso mysteriösen wie beeindruckenden unlogischen Schlussfolgerung, die jede Strophe, jede Szene von Verderbtheit und Scheitern abschließt wie ein Gong: »Nobody can sing the blues / Like Blind Willie McTell.« Der Prophet beantwortet seine eigene Prophezeiung also mit einem Rätsel, das selbst er nicht zu erklären vermag; der Sänger resümiert und transzendiert seine gesamte Karriere; und der Zuhörer, der sich nach wie vor in dieser Welt befindet, schaltet seine Stereoanlage aus, verlässt das Haus und macht sich auf die Suche nach einer Antwort.

10) Blind Willie McTell, *Last Session* (Prestige, 1960). Willie McTell wurde 1898 oder 1901 in Georgia geboren; dort starb er auch 1959. Seine ersten Plattenaufnahmen machte er 1927 und seine letzte Bühne war ein Stück Brachland hinter dem Blue Lantern Club in Atlanta, wo Pärchen parkten, um zu trinken und Sex zu haben; McTell zottelte von Auto zu Auto, um jemanden zu finden, der für einen Song vielleicht etwas Kleingeld lockermachte. 1956 überredete ihn der Besitzer eines Plattenladens dazu, vor einem Tonbandgerät Platz zu nehmen, und dort sang und erzählte er dann von seinem Leben und seiner Zeit.

DYLAN ALS HISTORIKER
San Francisco Focus
Juli 1991 [32]

Bob Dylans »Blind Willie McTell« bewegt sich in einem Kreis von Bildern – Zeltgottesdienste von Wanderpredigern, Plantagen aus der Zeit vor dem Bürgerkrieg, die Peitsche des Sklaventreibers, Arbeitskolonnen aneinandergeketteter Sträflinge, grell geschminkte Frauen, betrunkene Lebemänner – und beschwört noch eine Menge anderer herauf. Vielleicht fühlt man sich an Ingmar Bergmans *Das siebente Siegel* erinnert: an die Straße, die Max von Sydow als Ritter aus dem dreizehnten Jahrhundert zu Anfang des Films entlangreist, von den Kreuzzügen zurückgekehrt, um in seinem eigenen Land nach Gott zu suchen. Stattdessen findet er die Pest und den Todesengel, wahnsinnige Mönche und einen Zug von Flagellanten, Folterknechte und, auf einem riesigen Scheiterhaufen, eine Hexe im Kindesalter, die ihrer Verbrennung entgegensieht. Die Hexe ist von ihrer Schuld überzeugt, und der Ritter unternimmt nichts gegen ihre Bestrafung, obwohl ihm eigentlich klar ist, dass die Schuld bei seinem Heimatland liegt, bei seinem Reich des offenkundig Guten und Bösen; auch wenn es sich um eine Schuld handelt, die seine – sechshundert Jahre später von einem Filmregisseur mit Flüchen belegte – Welt nie wird sühnen müssen. Doch all dies anzusprechen, oder auch nur etwas davon anzusprechen, und dann in die von »Blind Willie McTell« beschriebene Welt einzutauchen, käme

---

32 Deutsche Erstveröffentlichung in: Greil Marcus, *Der Mülleimer der Geschichte: Über die Gegenwart der Vergangenheit*, Rogner & Bernhard, Hamburg 1996, S. 109–118.

einer Verletzung des Zeitgefühls gleich, das in diesem Song herrscht – es wäre ein zu schneller Einstieg.

»Blind Willie McTell« wurde 1983 eingespielt. Der Song gehörte zu den unter den Tisch gefallenen Aufnahmen für das Album *Infidels*, das Dylans ersten künstlerisch-kommerziellen Schritt heraus aus seinem Selbstverständnis als wiedergeborener Christ markierte – jener schockierenden Apostasie eines Menschen, der als Jude geboren und erzogen worden war –, ein Selbstverständnis, von dem seine drei davor erschienenen Alben geprägt gewesen waren: *Slow Train Coming, Saved* und *Shot of Love,* Produkte, die zunehmend fader wurden und durch ihr penetrantes Herauskehren einer überkommenen Ideologie beinahe für die endgültige Zerstörung einer subjektiven, kritischen Stimme gesorgt hätten. Jesus sei die Antwort, sagten diese Alben; teilte man diesen Glauben nicht, wollte man nicht einsehen, dass Antworten das waren, worauf es ankam, dann war man verflucht. »How does it feel«, schienen die christlichen Songs zu fragen, »to be on your own, with no direction home, like a complete unknown?«, und die Antwort dieser Songs lautete: Wie in der ewigen Verdammnis! Trotz seines Titels machte *Infidels* (= Ungläubige) einen weltlichen Eindruck; das Album wimmelte von Protestsongs. Krieg war schlecht, Kapitalismus war schlecht, *Infidels* war ein Renner. Die Kritiker lobten das Album und die Radiosender spielten es. Hört man es sich heute an, kann man sich denken, warum »Blind Willie McTell« aussortiert wurde. Der Song wäre den Gewissheiten und der Gehässigkeit der übrigen Musik in die Quere gekommen, hätte sie aufgehoben und Lügen gestraft.

Immer noch zu schnell. »Blind Willie McTell« beginnt verhalten – mit Zögern, Zweifeln, dann aber mit dem unbeirrbaren Eigensinn, der für den Blues charakteristisch ist. Die Aufnahme ist eigentlich nur das Produkt einer Probesession. Eine frühere, mit einer kompletten Rockband eingespielte Version landete im Papierkorb. Die vorliegende Aufnahme klingt wie ein Versuch Dylans, jenem Song auf die Spur zu kommen, den er im Innern des Songs gehört haben muss. Hier schlägt er auf dem Klavier ein Des an, aus der dorischen Tonreihe, die wie eine Moll-Tonart wirkt, düster und bedrohlich. Diese Tonart bringt ihn zurück zu den traditionellen Balladen und den Country-Blues-Songs, die seine ersten musikalischen Schritte geprägt hatten, und zurück zu den Wurzeln der christlichen Musik, wie wir sie kennen, zurück zu den Anfängen des gregorianischen Gesangs und der darin zum Ausdruck gebrachten Frömmigkeit. Die Gitarre Mark Knopflers setzt unmittelbar nach diesem Ton ein, gibt den Takt an, doch das registriert man kaum. Was man empfindet, ist eine Art Stille, eine Leere, so als würde Dylan sich dagegen sperren, auf seinen ersten Ton irgendwelche Töne folgen zu lassen, die dazu passen könnten. Dann schlägt er ein Es an, dann wieder ein Des – und damit ist der Song auf seinem Weg.

Man muss kein Experte in Sachen Notation oder Musikgeschichte sein, um die Dramatik dieses Augenblicks spüren zu können. Die Botschaft ist klar, denn sie ist tief eingebettet in eine über tausendjährige Musikkultur, in anspruchsvolle und banale Musik genauso wie in profane und heilige Musik. Sie lautet: *Genau das ist es. Diese Töne sind das letzte Wort!*

Wer war, wer ist Bob Dylan? In den turbulenten mittsechziger Jahren – als er die Musik machte, ohne die heute kaum mehr ein Hahn nach ihm krähen würde – stand fest, dass Dylan jemand war und sich seinem Publikum als jemand präsentierte, der seiner Zeit voraus war. (»Ich bin gerade mal zwanzig Minuten voraus«, sagte Dylan damals zu John Lennon, »ich kann also jederzeit eingeholt werden.«) Als die Politik der Protestbewegungen jener Dekade nach und nach zu Slogans geronn, plädierte Dylan Ende 1965 dafür, bei Demonstrationen keine Forderungen auf Plakate und Transparente zu setzen, sondern puren Dada (»... Spielkarten mit dem Karobuben drauf und dem Pikass. Bilder mit Maultieren oder meinetwegen irgendwelche Wörter... ›Kamera‹, ›Mikrofon‹, ›locker‹, Wörter eben – Namen von berühmten Leuten.«) Als die Beatles 1968 mit ihrem hyperpsychedelischen Album *Sgt. Pepper's Lonely Hearts Club Band* herauskamen, konterte Dylan mit einer Musik, die so klang, als hätte sie ein literarisch beschlagener, extrem nachdenklicher Hank Williams 1953 einspielen können, ein knappes Jahr bevor Elvis Presley seine ersten Singles aufnahm (einmal unterstellt, Hank Williams hätte damals noch gelebt). Heute kann niemand sagen, wer Bob Dylan ist. Wer ist dieser Mann, der kurz vor seinem fünfzigsten Geburtstag bei der Fernsehübertragung der Grammy-Preisverleihung, wo man ihn für sein »Lebenswerk« auszeichnete, »Masters of War« zum Besten gab, seinen achtundzwanzig Jahre alten Protestsong gegen Waffenhändler? Er sang ihn so, als wollte er den Bann des Golfkrieges brechen, jenes Krieges, der – wenn man von CBS auf CNN umgeschaltet hätte – live im Fernsehen zu verfolgen gewesen wäre. Dylan nuschelte die Worte so sehr, dass man den Song zunächst nur an seiner Melodie wiedererkannte, einer Melodie, die von Dylans Begleitband – einem Hipstertrio, das die Kaffeehäuser der Beatgeneration und Chicagoer Blueskaschemmen heraufbeschwor und keinerlei Zugeständnisse an irgendjemands Zeitgefühl machte – aus jener alten, nur von akustischer Gitarre begleiteten Folkballade herausgewrungen wurde, die man vielleicht noch im Kopf hatte. Die Gleichungen, die Dylan heute anbietet, können nicht in Faktoren zerlegt werden. Er rührt nicht mehr die Jesus-Trommel, doch deren Echos hallen noch immer in jedem Interview wider: seine Abscheu vor lasterhaften Frauen und ungezügelter Lust, sein Beharren auf den Sünden anderer. Liest man Interviews und gehen diese plötzlich über unverfängliche Karrierereminiszenzen hinaus, kann man beinahe sehen, wie die Augen, die einmal eine ganze Ära in einem Bild festzuhalten schienen, so ausdruckslos werden wie die eines Sektenanhängers. Doch das passiert nicht in »Blind Willie McTell«.

Es ist schon seit Längerem klar, dass man Dylan nicht mehr als einem bahnbrechenden Neuerer zuhört; »Blind Willie McTell« belegt, dass seine größte Begabung mittlerweile darin besteht, die Vergangenheit zu vergegenwärtigen, sie greifbar zu machen – und darin, zu beweisen, dass wir, wie der Ethnologe H. L. Goodall jr. formuliert hat, »außer dem Leben, das wir führen, noch ein Leben leben, das wir nicht führen«. Kunst wird unter anderem deshalb gemacht, um dieses Leben freizulegen – um es uns vorzuführen. Und genau das ist es, was in »Blind Willie McTell« passiert.

Jene verhaltenen, einleitenden Töne setzen ein Zeichen: »Seen the arrow on the doorpost / Saying ›This land is condemned / All the way from New Orleans / To Jerusalem‹«!« »From New Or-lee-ans to Jer-u-sa-lem«, singt Dylan, wobei er die Worte dehnt und streckt, bis diese Songzeile den Erdball zu umkreisen scheint, wieder und wieder. Das Zeichen setzt eine Suche in Gang – und den einzigen aktiven Vorgang des Songs: »I traveled through East Texas / Where many martyrs fell.« Ansonsten ist »Blind Willie McTell« passives Beobachten, Wahrnehmen: *Ich sah, ich hörte*. Oder ein Befehl, ein Appell an den Zuhörer, ebenfalls zu beobachten und wahrzunehmen: zu sehen, zu hören und zu *riechen*. Während eine Szene nach der anderen Konturen annimmt und wieder verblasst, sind alle Sinne hellwach, registrieren aber nichts als Verfehlungen. Es gibt keinerlei Hoffnung, weder auf aktive Einflussnahme noch auf Veränderung; es gibt nichts als Verbrechen und Scheitern, nichts als »Macht und Gier«. In der Offenbarung des Johannes, dem letzten Buch des Neuen Testaments, öffnet das Lamm Gottes die sieben Siegel eines Buches, und mit jedem gebrochenen Siegel werden furchtbare Visionen freigesetzt; erst das siebente Siegel vermag Gottes endgültigen Willen zu offenbaren. In »Blind Willie McTell« sind die ersten sechs Visionen gegenwärtig, werden hinunter auf die Erde geholt, in den Alltag, doch das siebente Siegel fehlt. Es gibt bloß eine ganz und gar gottlose Bekräftigung, die nichts mit einer Vergebung der Sünden oder auch nur mit dem Wissen um die Sünde zu tun hat. Ich bin viel herumgekommen, bekennt der Sänger, ich habe viel gesehen und viel gehört, aber wissen tue ich nichts. Oder fast nichts. Denn eines weiß ich: »I traveled through East Texas / Where many martyrs fell / And no one can sing the blues like / Blind Willie McTell.«

Als Dylan diesen Song 1983 aufnahm, war der 1898 in Georgia geborene Willie McTell bereits vierundzwanzig Jahre tot. Sein Werk findet man auf historischen Archivaufnahmen. McTell sang religiöse Songs, zotige Songs, kleine Geschichten in Songform, Rags, Blues … praktisch alles, was die Leute auf der Straße für ihr Geld von ihm hören wollten. Seine wohl berühmteste Komposition ist der »Statesboro Blues«, ein Stück, mit dem die Allman Brothers 1971 einen Hit landeten. Er spielte zwölfsaitige Gitarre – ein Instrument, mit dem ihn, wie er erzählte, Blind Lemon Jefferson bekannt gemacht hatte, ein Bluessänger, der seinem Geburtsort in Osttexas erwiesenermaßen den Rücken zukehrte, um kreuz und quer durch den amerikanischen Süden zu ziehen, allerdings in Chicago »fiel«, wo er im Jahre 1929 der Legende nach auf offener Straße erfroren sein soll. McTell sang mit einer weichen, einschmeichelnden Stimme, völlig unpassend, so könnte man meinen, für einen Bob-Dylan-Song, über die Widerspenstigkeit des Tags des Jüngsten Gerichts – darüber, wie der Tag des Jüngsten Gerichts sich vor jenen Gläubigen zurückzieht, die sehnsüchtig seiner harren.

Die verlockendste Herausforderung von »Blind Willie McTell« besteht womöglich darin, in der Musik seines Namensgebers all jenen Dingen auf die Spur zu kommen, die Bob Dylan darin gehört haben mag. Bei Dylans Song denkt man, dass es in allen Szenen, die der Sänger beobachtet, jeden Augenblick zu einer Offenbarung kommen wird, doch stattdessen gibt es immer nur den schlichten, jede Strophe beschließenden Refrain – »No one can sing the blues like …«, »But nobody can …« und einmal, verblüffenderweise, »I KNOW NO ONE CAN …« –, der den Beobachter von einer Szene zur nächsten führt. Wenn die Zelte des Erweckungsgottesdienstes abgebrochen, zusammengefaltet und verstaut werden, hört der Sänger nichts als den Schrei einer Eule und malt sich dabei vielleicht aus, dass er diese Eule sei: »The stars above / The barren trees / Was his only audience.« Er sieht eine Prostituierte und einen Gecken »mit schwarzgebranntem Whisky in der Hand«, und bei dieser Zeile legt Dylan ein Ausmaß von Ekel und Schmerz in seine Stimme, das bei Textpassagen, in denen weitaus schlimmere Dinge zur Sprache kommen, nie erreicht wird: »See them big plantations burning«, singt er mit beinahe lakonischer Wehmut, »hear the cracking of the whip / Smell that sweet magnolia blooming / See the ghosts of slavery ships.«

Diese Zeilen bedürfen auch keines weiteren Ekels. Sie führen den Zuhörer in eine unabänderliche Vergangenheitsgegenwart, der keiner entkommen kann; sie lassen ihn in eine offene Wunde fassen, die sich nie ganz schließen wird. Vor einhundertsechsundzwanzig Jahren stellte Abraham Lincoln sich in seiner zweiten Amtsantrittsrede vor, der Bürgerkrieg könne so lange fortdauern, »bis jeder Tropfen Blut, der unter Peitschenhieben hervorquoll, durch einen anderen abgezahlt wird, der durch das Schwert fließt«.

Diese Schuld ist aber noch immer nicht abgebüßt, und »Blind Willie McTell« verdeutlicht, dass dies auch niemals der Fall sein wird – am nachhaltigsten mit dem verbrauchten, müden Tonfall von Dylans Stimme. Der Sänger kann sie nicht abbüßen und Jesus genauso wenig. Dass der Sänger etwas gefunden hat, was selbst Jesus nicht abbüßen kann, ist auf gewisse Weise sein überzeugendstes Glaubensbekenntnis, der Beweis dafür, dass er seinen Glauben bis an die Grenzen geführt hat, Grenzen, die für ihn mit den Verbrechen der Welt identisch sind.

Hinter all den Zeilen des Songs scheint sich ein ganz bestimmter Satz zu verbergen: »Es ist alles ganz eitel … es ist alles ganz eitel« – *Prediger 1,2*. Und so überrascht es nicht, dass »Blind Willie McTell« dieselbe Quelle zitiert, die Worte »denn Gott ist im Himmel«, oder dass Dylan die daran anschließenden Worte »und du auf Erden« abändert zu »und wir alle wollen, was sein ist« – er also die Bibelworte ins Bittere kehrt, indem er darauf beharrt, dass wir uns von Gott losgesagt haben und in seinem Antlitz bloß noch unsere eigene Gier und Machtbesessenheit wiedererkennen. Das Buch des Predigers Salomo ist allerdings nicht bloß etwas, das in »Blind Willie McTell« so nebenbei zitiert wird: »Blind Willie McTell« ist eine Version davon. Dylans Song und die Klagelieder des alttestamentarischen Buches – »die Reden des Predigers, des Sohnes Davids, des Königs zu Jerusalem« – handeln gleichermaßen von der unerbittlichen Lektion, die die Welt für alle Gläubigen parat hat – für jeden, der an irgendetwas glaubt, sei es an Jahwe, an Jesus, an irdische Gerechtigkeit, an Geld, an die Liebe oder auch nur an eine Welt, die bei genauerem Hinsehen besser ist, als man denkt –, wenn man für einen Augenblick nicht nur Macht und Gier erkennen kann, sondern auch einen Anflug von Würde und Gerechtigkeit. »Ich sah die Arbeit, die Gott den Menschen gegeben hat, dass sie sich damit plagen«, sagte der König. »Er hat alles schön gemacht zu seiner Zeit, auch hat er die Ewigkeit in ihr Herz gelegt; nur dass der Mensch nicht ergründen kann das Werk, das Gott tut, weder Anfang noch Ende ... Denn wo viel Weisheit ist, da ist viel Grämen, und wer viel lernt, der muss viel leiden.« Vollkommenheit wurde uns ins Herz gelegt, als eine Lektion für alle, denn noch nicht einmal die besten Menschen sind dieser Vollkommenheit würdig. Sogar diese verstehen Vollkommenheit in erster Linie als eine Plage, denn sie besitzen die Gabe, »des Bösen, das unter der Sonne geschieht«, gewahr zu werden.

»Es geschieht nichts Neues unter der Sonne«, doch für den Zeugen ist jedes Verbrechen neu. Dem kann Dylan nur sein »Nobody can sing the blues / Like Blind Willie McTell« entgegensetzen – was angesichts der ständig neuen Art, auf die er diese Zeile singt, angesichts des grenzenlosen Vorrats an gespenstischer Kameradschaft, den er darin zu sehen scheint, vollauf genügt, zumindest für die Dauer des Songs.

Ohne sein verhaltenes Tempo auch nur ein einziges Mal zu variieren – Dylans Piano hält einen vertrackten, offenen Countryrhythmus ein, der hin und wieder aufbraust und losdonnert, als sei der Mississippi-Bluesmusiker Skip James von den Toten auferstanden, um höchstpersönlich in die Tasten zu greifen –, kommt »Blind Willie McTell« auf dem nackten Melodiegerippe von »St. James Infirmary« daher, jenem alten Bluesstandard, von dem Bobby »Blue« Bland die womöglich beste – ganz sicher aber die zerbrechlichste und schmerzlichste – Interpretation vorgelegt hat. Dass er sich auf diese Quelle bezieht, gibt Dylan in der letzten Strophe zu erkennen, in der sich der Sänger im »St. James Hotel« befindet – obwohl es hier vielleicht noch eine zweite Quelle gibt. Geistesverwandter ist nämlich eine frühe Aufnahme eines obskuren Bluessängers namens Richard »Rabbit« Brown (ungefähr 1880–1937), von dem das breite Publikum im Jahre 1962 erstmals Notiz nahm, allerdings bloß deshalb, weil er in den Liner Notes zu Dylans Debütalbum *Bob Dylan* als musikalisches Vorbild aufgeführt wurde. Browns Blues wurde 1927 eingespielt, in dem Jahr, als McTell seine ersten Aufnahmen machte, und ist nach dem Viertel von New Orleans benannt, in dem sein Komponist zu Hause war: »James Alley Blues«. Dylans Neufassung, oder Neuinterpretation, des brownschen »James Alley Blues« – einmal unterstellt, dass es sich bei »Blind Willie McTell« um nichts anderes handelt – spricht jeder sinnvollen Genealogie amerikanischer Musik Hohn. Die Melodie ist anders; es gibt weder eine Analogie zu Browns eigentümlichem perkussivem Gitarrensound, einem blechernen Gescheppchen, noch zu Browns Humor (»'Cause I was born in the country / She thinks I'm easy to rule / She try to hitch me to her wagon / She want to drive me like a mule«). Doch die Grundstimmung ist die gleiche: das übernatürliche, abgrundtief Fremde, eine Stimme wie aus einer anderen Welt, mitten unter uns; das Alltägliche, in den Hintergrund gedrängt von etwas schwer Fassbarem, Bedrohlichem; eine Atmosphäre des Unheimlichen, ein Beharren auf Paradoxie und Verfluchung.

Dylan hat den »James Alley Blues« 1961 gesungen, bei einer Privatvorstellung in der Wohnung eines Freundes, und seine nicht gerade weltbewegende Interpretation bei dieser Gelegenheit auf Band mitgeschnitten; es kann sein, dass er sich den »James Alley Blues« danach nie wieder angehört hat, doch wer diesen Song einmal gehört hat, der wird ihn nie mehr vergessen können. So wie Brown bei seinem Song, dessen Kraft wenig mit dem Text zu tun hat, muss auch Dylan bei »Blind Willie McTell« sein ganzes Leben im Blickfeld gehabt haben, und beim Zuhören gewinnt man Zugang zu jedem einzelnen Leben, das sich in diesem Song regt; man wird in seinen Bann gezogen. Der Song hat so viel zu bieten, dass selbst ein Skeptiker in den Sog von Dylans Glauben an Jesus geraten kann, denn »Blind Willie McTell« ist zweifellos ein Ergebnis seiner »Wiedergeburt« als Christ und gehaltvoll genug, um dem Zuhörer ähnliche Wahrnehmungen zuteilwerden zu lassen, wie sie der Sänger macht, mit wenig mehr im Gepäck als eben diesem Song – so wie der Sänger, ein Einsiedler, von Gott getrennt oder von Gott befreit, zu guter Letzt kaum mehr besitzt als seine Erinnerungen an einen alten Bluessänger.

Bob Dylan, »Blind Willie McTell«, aufgenommen am 5. Mai 1983, mit Mark Knopfler, Gitarre, enthalten auf *the bootleg series volumes 1–3 [rare & unreleased] 1961–1991* (Columbia, 1991).
—, »Blind Willie McTell«, aufgenommen im April oder Mai 1983, enthalten auf *The Genuine Bootleg Series* (Bootleg). Ein übertriebener, effekthascherischer Gesang mit einer ausgemacht konventionellen Begleitung einer kompletten Band: eine Produzentenaufnahme. Die Mundharmonika ist allerdings ganz nett.
—, »Blind Willie McTell«, eine Aufnahme von einem Konzert im August 1997, enthalten in De-luxe-Ausgaben von *Time Out of Mind* (Columbia 1997/1998). Eine Art »field recording« – als sei das Ganze von jemandem im Publikum mitgeschnitten worden. Aufwühlend, harsch und leidenschaftlich, aber nie so richtig im Lot. Die erste Hälfte einer Zeile – »Well, I've traveled« – kann tief und zuversichtlich klingen, während die zweite – »through East-Texas« – flehend, niedergeschlagen wirkt. Das »Jerusalem«, das man von der Knopfler-Studioversion kennt, wird hier, wie fast immer auf der Bühne, zu einem »New Jerusalem«, was überall sein kann; siehe den Eintrag vom 15. März 2009 auf rightwingbob.com.
—, »James Alley Blues«, aufgenommen von Tony Glover in Bonnie Beechers Wohnung in Minneapolis, Mai 1961; siehe *The Minnesota Tapes, disc 1* (Bootleg); aufgenommen am 23. November 1961 in der Wohnung von Eve und Mac MacKenzie in New York; siehe *I Was So Much Younger Then* (Dandelion Bootleg).

Richard »Rabbit« Brown, »James Alley Blues« (Victor, 1927). Enthalten auf *Anthology of American Folk Music* (Folkways, 1952; Smithsonian Folkways, 1997) und, mit Browns anderen vier Aufnahmen, auf *The Greatest Songsters (1927–1929)* (Document, 1990). Zu den weiteren bemerkenswerten Aufnahmen des »James Alley Blues« zählen die von Jeff Tweedy, Roger McGuinn und Jay Bennett auf der Anthologie *The Harry Smith Connection* (Smithsonian Folkways, 1998) und die von David Johansen and the Harry Smiths auf *David Johansen and the Harry Smiths* (Chesky, 2000).

REAL LIFE ROCK TOP 10
Artforum
Dezember 1991

6) Brian Morton: *The Dylanist* (HarperCollins). Dieser Roman handelt von einer jungen Frau, deren Erwachsenwerden geprägt wird durch das Leben, das ihre Eltern gelebt und aufgegeben haben, zwei ehemalige Kommunisten, die noch immer ihren alten Überzeugungen anhängen, und was in Milde und voller Anmut beginnt, verhärtet sich dann auf eine stille, unspektakuläre Weise. Bob Dylan ist Sally Burkes Idol, ihr Talisman – sie ist eine Dylanistin, wie ein junger Gewerkschafter zu ihr sagt (»Du bist zu hip, um an etwas anderes zu glauben als an deine eigenen Gefühle«), in einer Situation, in der sie sich für eine Bootlegausgabe der unergründlichen, nie veröffentlichten Basement-Tapes-Nummer »I'm Not There« begeistert. »Dies«, sagt sie, »ist womöglich der beste Song, der jemals geschrieben wurde«, und damit hat sie recht, doch in ihren späten Zwanzigern nabelt sie sich auch von Dylan ab: »Wenn sie seine Platten betrachtete, fiel ihr nichts ein, was sie davon hören mochte.« Wer sie ist, steht am Ende noch mehr in den Sternen – ein Leben, charakterisiert durch einen Widerspruch, dem Dylan und sogar ihre Eltern möglicherweise entkommen sind, doch ihr gelingt das nicht: »Im Unterschied zu ihren Eltern würde sie in dem Engagement für eine Veränderung der Welt nie ein Zuhause finden. Doch angesichts ihrer Überzeugung, dass sie in einer Welt lebte, die verändert werden musste, würde sie wohl immer obdachlos sein.«

Artforum
Januar 1993

1) Lou Reed: »Foot of Pride«, präsentiert bei Columbia Celebrates the Music of Bob Dylan, Madison Square Garden, New York, 16. Oktober 1992 (übertragen im Radio und im Pay-per-View-Fernsehen). Bei Dylans 1983 eingespielter Originalversion klingt dieser lange und kraftvolle Song so, als sei er vage von Lou Reed beeinflusst. Bei Reeds Version zieht der Tag des Jüngsten Gerichts herauf und begleitet von Booker T., Duck Dunn und Steve Cropper, also den MGs abzüglich des verstorbenen Al Jackson, führt Reed die Attacke an. Alle Schulden sind beglichen, noch ehe die erste Zeile beendet ist; und fortan ist die Nummer mehr denn je die von Reed als die von Dylan. Die vielen Jahre voll schwerfälliger, eher deklamierter als gesungener Songs sind wie weggeblasen – hier packt sich Reed einen Ton, bringt ihn zum Klingen, wringt alles aus ihm heraus: Er ist drauf und dran, wie Jimi Hendrix sagte, den Himmel zu küssen. Zum ersten Mal seit Urzeiten *singt* Reed, stürzt sich in jeden Refrain wie Jan Berry, als sollte Jan Berry die Dead Man's Curve schließlich doch noch meistern – so wie er geschrieben wurde, ist der Refrain dermaßen stark, dass jeder von ihnen den Eindruck erweckt, der letzte sein zu müssen, da ihm nichts mehr folgen könnte. Lou, das musst du unbedingt veröffentlichen!

Bob Dylan, »Foot of Pride«, auf *the bootleg series volumes 1–3 [rare & unreleased] 1961– 1991* (Columbia, 1991).

Lou Reed, »Foot of Pride«, enthalten auf Bob Dylan, *The 30th Anniversary Concert Celebration* (Columbia, 1993).

TEIL VIER
NEUES LAND GESICHTET
1993–1997

REAL LIFE ROCK TOP 10
Artforum
Februar 1993
mit Roots and Branches
Image (San Francisco Examiner)
17. Januar 1993

2) Bob Dylan: *Good As I Been to You* (Columbia). Solo eingespielte Versionen von sehr alten Balladen und Bluesstandards aus der Vorkriegszeit, veröffentlicht am letzten 3. November, der zufällig auch der Tag der Präsidentschaftswahlen war: »anderer Leute Songs«, doch diese Songs sind ebenso gut die von Dylan wie die von irgendjemand sonst und er singt sie mit einer Autorität, die der entspricht, mit der er 1962 Blind Lemon Jeffersons »See That My Grave Is Kept Clean« vortrug. Diese Autorität ist allerdings nicht dieselbe: Jetzt steckt mehr Freiheit in ihr. »Little Maggie« wird immer wegen seiner Melodie gespielt, doch Dylan zielt auf das Drama dieses Songs ab, das Drama eines schwachen, verängstigten Mannes, der eine untreue Trinkerin liebt. Die Musik wird unterbrochen, gedehnt, abrupt zurückgerissen: Jede Zeile beginnt mit einem Halt und an ihrem Ende verklingt sie einfach. Die eher historischen Nummern – Sachen wie »Canadee-I-O« oder »Arthur McBride«, im 18. und 19. Jahrhundert angesiedelte Geschichten, die, um es ganz unverblümt zu sagen, von imperialistischem Klassenkrieg und primitiver kapitalistischer Ausbeutung handeln – werden personalisiert, wobei Dylan sich die in der Ich-Form präsentierten Geschichten dermaßen zu eigen macht, als habe er sie zweimal durchlebt. Während

die raue, strapazierte Stimme und die Dunkelheit der in der Gitarre versteckten Melodien die undatierbare Vergangenheit von »Blackjack Davey« mit dem frühen zwanzigsten Jahrhundert von »Sittin' on Top of the World« verknüpfen, hört man, wie sich die alten Songs in einer einzigen Story auflösen: Variationen der Geschichte von den Arglosen, die sich auf lange Reisen ins Unbekannte begeben, und von den grausamen Enttäuschungen, die sie erleben, sobald sie ihr Ziel erreicht haben. Erst nach einer Weile, wenn die Melancholie und die Verbitterung zu groß für eine einzige Stimme erscheinen, beginnt man diese Geschichten als *Geschichte* zu hören, als mehr als nur die Misere eines einzelnen Menschen. Am Ende wird diese Geschichte von allen geteilt, der Sänger ist lediglich ihr Sprachrohr, ein Medium für private Miseren innerhalb einer umfassenderen Katastrophe; diese Songs sind ebenso gut deine wie die von irgendjemand sonst. Was die Tücke, die Verschlagenheit, den angenehmen Zynismus in der Stimme des Sängers betrifft, so behält er diese durchgehend bei – und man wundert sich, warum jemand, der hin und wieder so klar gesehen hat wie Natty Bumppo, ausgerechnet jetzt *diese* Geschichte als eine Version des amerikanischen Erbes aus dem Hut zaubert.

Artforum
März 1993

3) Michael Jackson, Aretha Franklin, Kenny Rogers, Bill Clinton, James Ingram, Stevie Wonder, Tony Bennett, Dionne Warwick, Michael Bolton, Kinderchöre, Erwachsenenchöre und mehr: »We Are the World«, bei An American Reunion, der Feier im Vorfeld von Clintons Amtseinführung auf der Mall of America (HBO, 17. Januar). Es mag sein, dass hinter der guten Laune dieser Performance nichts weiter steckt als Propaganda, ein fantastischer Glanz von kollektiver Selbstbeweihräucherung, ein Schleier, der eine neue Regierung umgibt, die das Land so

hinterlassen möchte, wie sie es vorgefunden hat. Doch wie John F. Kennedy wider seinen eigenen Willen bewies, oder wider seine eigene Gedankenlosigkeit, können falsche Versprechungen von denjenigen aufgegriffen werden, die nur die Melodie hören und sich nicht ums Copyright scheren. Wenn, wie es Robert Ray von den Vulgar Boatmen formuliert, »der *Klang* von Dylans Stimme die Weltsicht vieler Menschen mehr veränderte, als es seine politische Botschaft tat«, so kann man das Gleiche über den Klang von Kennedys Stimme und sein politisches Wirken sagen. Und das Gleiche könnte für Bill Clintons Verhalten gelten und für seinen politischen – im Unterschied zu seinem persönlichen – Instinkt, schon beim ersten Anzeichen von Problemen einen Rückzieher zu machen. Die Wankelmütigen herrschen, doch sie regieren nicht; es sind Sehnsüchte freigesetzt worden, die nun in der Luft schweben, und man weiß nicht, wo sie landen werden.

8) Bob Dylan: »Chimes of Freedom«, An American Reunion (HBO). Ja, er klang fürchterlich, aber haben Sie das Jackett gesehen? Purpurrot, mit schwarzen Applikationen? An einem Abend, an dem Michael Jackson noch weniger einem Menschen ähnelte als die Mickey-Mouse-Männer in einem Disneylandwerbespot, sah Dylan so aus, als habe er sich kürzlich eine Herrenmodenboutique in Nashville zugelegt.

NEUES VOM FRIEDHOF

Interview
Dezember 1993

Zum zweiten Mal in weniger als einem Jahr hat Bob Dylan eine unproduzierte, lediglich von akustischer Gitarre und Mundharmonika begleitete Kollektion traditioneller Blues- und Folksongs veröffentlicht. Als eine leise Stimme von der Seitenlinie – ja, sogar aus der Wildnis – zeichnet *World Gone Wrong* auf seine Weise die Zurückweisung von Ruhm, Verantwortung und Autorität nach, die Nirvana vergeblich auf *In Utero* zu inszenieren versucht haben, ihrer Reaktion auf den Starstatus, den sie mit *Nevermind* erlangt hatten, einem Album, das sie heute als einen Fehler ansehen, da es zu vielen Leuten gefallen hat – ein Problem, das Dylan nicht haben wird. *Good As I Been to You*, sein 1992 erschienenes Election-Day-Special, war Dylans eindrucksvollste Musik seit ... nun, seit dem letzten Mal, wo er Sie aus den Socken gehauen hat, wann immer das gewesen sein mag. In den *Billboard*-Charts ging diesem Album auf Platz 51 die Puste aus und es schaffte es nicht in die *Village-Voice*-Bestenliste der nationalen Musikkritiker. Ein Fehlurteil! Dylan erwachte in den alten Klamotten von »Canadee-I-O«, »Hard Times« und »Frankie & Albert« zu neuem Leben. Er erwachte wieder als Sänger, so wie jetzt auch auf *World Gone Wrong*; und als Sänger erwacht er nun in den Verzögerungen und Auslassungen seiner Phrasierungen, wie schon auf *Good As I Been to You*, auch als Philosoph.

Auf beiden Alben dreht sich die Musik um Werte: um das, was zählt, und um das, was nicht zählt, um das, was überdauert, und um das, was nicht überdauern sollte. Die Art der Darbietung ist bescheiden, aber keineswegs nachlässig. Dylan findet den Fatalismus – die böse Vorahnung – in den alten, gewundenen Melodien von »Love Henry« und »Jack-a-Roe« auf *World Gone Wrong*, so wie er es auf *Good As I Been to You* bei »Jim Jones« und »Blackjack Davey« getan hatte, und als Philosoph erwacht er hier zu neuem Leben als Torwächter, als Wache. »Für mich sind all diese Sachen traditionelle Musik«, hatte er 1966 gesagt. »Traditionelle Musik basiert auf Hexagrammen: Ihre Ursprünge findet man in alten Legenden, in Bibeln, in Pestepidemien und sie kreist um kaputte Typen und Tod. All diese Songs über Rosen, die aus den Gehirnen von Menschen sprießen, und über Liebende, die eigentlich Gänse und Schwäne sind, die sich dann in Engel verwandeln – diese Songs werden nie sterben. Diese paranoiden Leute, die davor Angst haben, jemand könnte kommen und ihnen ihr Klopapier wegnehmen – *die* werden sterben! Songs wie ›Which Side Are You On‹ oder ›I Love You, Porgy‹ – das sind keine Folkmusiksongs. Das sind politische Songs. Die sind *jetzt schon* tot.«

Das ist genau die Diktion, derer sich Dylan in den Liner Notes zu *World Gone Wrong* bedient, wo er die Herkunft und die Bedeutung der Songs erläutert. »Was mich an dem Song reizt«, schreibt er über »Lone Pilgrim« (die einzige Komposition auf *World Gone Wrong*, die einem namentlich genannten Autor zugeordnet wird und keinem Blues- oder Folkvorläufer), »ist, wie der Irrsinn des Versuchs, dem Ich etwas vorzumachen, an einem bestimmten Punkt beiseitegetan wird – die Erlösung & die Bedürfnisse der Menschheit rücken in den Vordergrund & die Hegemonie nimmt sich eine Atempause.« Zu »Stack A Lee«, der archetypischen Geschichte des schwarzen Outlaws und der wahrscheinlich bekanntesten Nummer von *World Gone Wrong*, schreibt er: »Was genau sagt der Song? Er sagt, kein Mensch erlange Unsterblichkeit über öffentliche Anerkennung. Die Wahrheit ist in Dunkel gehüllt ... der Song sagt, der Hut eines Mannes sei seine Krone. Futurologen würden darauf beharren, dass dies eine Geschmacksfrage sei.«

Über Blind Willie McTells »Broke Down Engine« heißt es: »Es handelt von Variationen des menschlichen Begehrens – das tiefe Brummen in Metren & Silben. Es handelt von den Düpierten des Wirtschaftslebens & von politischen Einstellungen, die auf Gleisen zusammenstoßen ... es handelt von Vieldeutigkeit, vom Schicksal der privilegierten Elite, von Flutkontrolle – davon, wie man die rote Morgendämmerung beobachtet und keine Lust hat, sich anzuziehen.«

Dylan erhebt Anspruch auf eine absolute und uneingeschränkte Bedeutung der Songs, die er jetzt singt. Der Trick besteht darin, in diesen Songs auch nur einen Bruchteil dessen zu hören, was Dylan darin hört: ob es sich dabei um McTells »Broke Down Engine« von 1931 handelt oder um Dylans heutige Version, um Dylans »Blood in My Eyes« oder um das Original der Mississippi Sheiks von 1931, um William Browns »Ragged & Dirty« von 1942 oder um dieselbe Geschichte ein halbes Jahrhundert später. Dylan hört in jeder Nummer eine vollständige Welt, eine chiliastische Oper; wer die Platte kauft, nimmt sie mit zu sich nach Hause, legt sie auf und wird ein Alltagsdrama vernehmen, in das sich gelegentlich und unerklärlicherweise Andeutungen des Unheimlichen (»Rosen, die aus den Gehirnen von Menschen sprießen, und Liebende, die eigentlich Gänse sind«) einschleichen. »Ragged & Dirty«, ein koketter Blues, strotzt vor sinnlicher Begierde; die Art und Weise, auf die Dylan in das Stück hineingleitet, wobei er das Tempo kaum beschleunigt, ist eine einzige, sich über eine komplette Strophe erstreckende Verführung. »Stack A Lee« ist eine im Quicksteptempo vorgetragene Kombination aus echtem Verbrechen und Friedhofshumor: »Taken him to the cemetery, they failed to bring him back.« Doch Dylan hört in diesen prosaischen amerikanischen Witzen ebenso viel Mystizismus wie Politik in dem fast schon artusschen »Love Henry«, in dem ein Papagei gegen seine Herrin aussagt, die ihren Liebsten ermordet hat.

In »Blood in My Eyes« versucht ein Mann, etwas mit einer Prostituierten in Gang zu bringen. Man kann das Alter in seiner Stimme spüren; man kann auch spüren, dass er wahrscheinlich impotent ist. Die Müdigkeit, die Angst vor einer Demütigung, die Verzweiflung, die in der Stimme des Mannes liegt, wenn er die Situation beschreibt, die Art, wie er hofft, das zu bekommen, was ihm vorschwebt – das alles ist fast schon zu schmerzvoll. Der einzig süße Moment ist der, wo der Mann sich von den Dollars und Cents des Alltags entfernt und in den Refrain hineingleitet, »Got blood in my eyes / For you«. Das offenkundig unerfüllbare Verlangen des Mannes ist so intensiv und seine Einsamkeit so groß, dass er in diesem Moment glaubt, allein diese Frau könne ihn davon erlösen. Doch wer so einsam ist, wie Dylan diesen Mann – und vielleicht auch den Zuhörer – gemacht hat, dem dürfte buchstäblich alles recht sein, was ihn aus dieser Isolation herausholt: ein Abenteuer in einem fernen Land, der Mord an einer Liebsten, der Kuss Gottes.

Spielt man *World Gone Wrong* ab, wobei Dylans kratzige, scheinbar geringschätzige Stimme schnell kräftig wird, ernst, eindringlich, aber auch zerbrechlich, so gehen all diese Dinge nahtlos ineinander über. Die Musik beschreibt einen Kreis, aus dem es keinen Ausweg geben muss. Und wenn man Dylans Hinweise aufgreift und die von ihm genannten Originalversionen der Songs ausfindig macht – »I've Got Blood in My Eyes for You« von den Mississippi Sheiks oder Doc Watsons »Lone Pilgrim« –, so dürfte einem eine gewisse Diskrepanz zwischen den alten und den neuen Versionen auffallen. Die älteren Sänger klingen so, als seien sie darum bemüht, alles richtig zu machen. Dylan klingt nicht so. Er klingt so, als wolle er mit Haut und Haaren in diese alten Songs eintauchen und sich dann darin verirren.

Bob Dylan, über traditionelle Musik, zu Nat Hentoff, »The Playboy Interview« (*Playboy*, März 1966), enthalten in: Jonathan Cott (Hrsg.), *Bob Dylan: The Essential Interviews*, Wenner Books, New York 2006, S. 98.
—, *Good As I Been to You* (Columbia, 1992).
—, *World Gone Wrong* (Columbia, 1993).

Mississippi Sheiks, »I've Got Blood in My Eyes for You« (1931), auf *Complete Recorded Works in Chronological Order (1931–1934)* (Document, 1991).

—, »The World Is Going Wrong«, auf *Complete Recorded Works in Chronological Order, Volume 3 (15 December 1930 to 24 October 1931)* (Document, 1994).

Doc Watson, mit Gaither Carlton, Fiddle, »Lone Pilgrim«, auf *The Watson Family* (Folkways 1963; Smithsonian Folkways 1993); »field recordings« von Ralph Rinzler, Eugene W. Earle, Archie Green und Peter Siegel, 1961–1963.

THE 30TH ANNIVERSARY CONCERT CELEBRATION
Spin
November 1993

Sind Tribute-Alben nicht schrecklich? Bei bombastischen All-Star-Gala-Konzerten – wo ein Performer nach dem anderen auf die Bühne kommt, aus Verbundenheit mit jemandem, im Gedenken an jemanden oder um sich für irgendeinen wohltätigen Zweck zu engagieren – erwartet niemand so etwas wie ernst zu nehmende Musik. Die Artefakte, die solche Shows hinterlassen, sind reine Souvenirs. Selbst das legendäre Woodstock brachte nur eine einzige Nummer hervor, über die man heute noch spricht: Jimi Hendrix' Version von »The Star-Spangled Banner«.

Als sich am 16. Oktober 1992 ein beeindruckendes Aufgebot von Stars im New Yorker Madison Square Garden einfand, um Bob Dylans Songs zu spielen und ihm dafür zu danken, dass er den Körper der populären Musik angeblich mit einem Kopf versehen hatte, da durfte man das erwarten, was viele der beteiligten Performer dann auch ablieferten: respektvolle oder eigensinnige oder halbwegs befriedigende Darbietungen von Leuten wie Eric Clapton, John Mellencamp und den Clancy Brothers. Es bestand kein Grund zu der Annahme, dass immer wieder Performer vortreten und ihre eigene Karriere vergessen machen würden, indem sie in einem Bob-Dylan-Song nach etwas griffen, was man vorher noch nie gehört hatte. Als es passierte, war es ein Schock und es ist noch immer einer.

Die Tonaufnahmen sind hier lediglich eine Landkarte; das Video ist das Territorium. Man kann hören, was Johnny Winter – begleitet, wie fast alle an diesem Abend, von der Traumkombination aus Booker T. and the MGs sowie den beiden Schlagzeugern Jim Keltner und Anton Fig – mit »Highway 61 Revisited« anstellt, doch seine Performance kann man im Grunde nicht hören. Der Sound ist boshaft, hip, schnell, tumultuös, so wie er es auf *Second Winter* war, dem großen unbeachteten Album von 1970. Doch es ist Winters äußere Erscheinung, die diesen Song in andere Welten katapultiert. Er kommt auf die Bühne, spindeldürr, die Arme übersät mit Tattoos von Hexenzeichen und Hoodoosymbolen, Tätowierungen, die eher wie Kaposisarkome aussehen, Tätowierungen, die, so scheint es, einen Großteil des Fleisches weggefressen haben, mit dem er offenbar seine Gitarre zu spielen gedenkt.

Es ist eine heidnische Erscheinung. Der Song wird mit »God said to Abraham, kill me a son« beginnen, doch Winter sieht so aus, als sei er bereits geopfert worden. Und dann, während Winter reglos und mit geschlossenem Mund dasteht, ertönen wie aus dem Nichts unheimliche Schreie und Stöhnlaute. Es ist, als wisse der Song, was gleich passieren wird, und als zucke er davor zurück, als sträube er sich dagegen, gespielt zu werden. Doch Winter hat noch gar nicht richtig angefangen. Dann spielt er den Song, rammt sich durch ihn hindurch, und als er damit fertig ist, verschwindet er einfach.

Lou Reed sieht nicht so aus, als werde er etwas Ungewöhnliches tun. Ganz in Schwarz – welche Überraschung! – und mit einer Brille auf der Nase kommt er auf die Bühne, um »Foot of Pride« zu singen, eine Nummer, die Dylan von seinem 1983 erschienenen Album *Infidels* weggelassen hatte. Es ist ein unglaublich langer Song: an die zwei- oder dreihundert Strophen, etwa eine halbe Million Wörter. Reed liest den Text von einem Notenständer ab. Das ist ziemlich irritierend, bis Reed den ersten Refrain erreicht hat; dann erzielt der biblische Fluch der Nummer seine Wirkung. Das gewaltige Getöse, das von der Bühne ausgeht, scheint an kein Individuum gebunden; das Schwindelgefühl, das der Sound erzeugt, reißt einen nicht nach unten, sondern zieht einen nach oben. Reed könnte auf dem Kopf stehen und es würde einen nicht kümmern. Er hat ein Ungeheuer erschaffen und nun reitet er darauf.

Hört man es sich heute auf *John Wesley Harding* an, dann ist »All Along the Watchtower« kühl, düster, eine Geschichte über die Vorhölle, erzählt im Fegefeuer: »Two riders were approaching / The wind began to howl«, lauten die letzten Zeilen und sie lassen den Zuhörer in einer Einöde zurück. Jimi Hendrix' Version dieses Sturmwinds braust seit fünfundzwanzig Jahren durch den Äther; es ist wahrscheinlich die stärkste Coverversion eines Bob-Dylan-Songs, die jemals aufgenommen wurde.

Neil Young tritt an, um zu beweisen, dass der Song gerade erst zu sprechen begonnen hat. »All Along the Watchtower« ist kein Klassiker, sondern ein Epos, wie Jon Landau einmal über Wilson Picketts »In the Midnight Hour« (womöglich *die* Sternstunde von Booker T. and the MGs) gesagt hat. »All along the watchtower«, sagt Young gegen Ende seiner Performance wieder und wieder vor sich hin, als habe er die Kraft dieses Bildes erst in diesem Augenblick erfasst. Was er mit dem Song angestellt hat, läuft auf einen modernen Krieg hinaus; hört man sich nach Youngs Version die von Dylan an, so ist das so, als hörte man zum ersten Mal in seinem Leben Robert Johnson, einen Mann, der gestorben ist, bevor man selbst geboren wurde, an einem Ort, an den man nie gelangen wird, von dort verbannt durch die Tatsache, dass man diesen Mann nie einholen wird.

All dies ist jedoch bloß Kunst. Was mit Roger McGuinn und »Mr. Tambourine Man« passiert, ist etwas völlig anderes: das richtige Leben, die sich direkt vor deinen Augen vollziehende Verwandlung eines Menschen. Gut aussehend und nur ein bisschen unsicher, stolz und zugleich verlegen, kommt er auf die Bühne geschritten, um sich zu Tom Petty and the Heartbreakers zu gesellen. Er steigt in den Song ein, mit den gleichen bimmelnden Tönen von seiner zwölfsaitigen Rickenbacker und mit der gleichen hohen Beach-Boys-Stimme, die »Mr. Tambourine Man« 1965 zu einem Nummer-eins-Hit gemacht hatten. Doch nachdem er die eine, die einzige Strophe des Songs hinter sich gebracht hat, die die Byrds in all den Jahren gesungen haben, stürzt er sich in die nächste.

Er ist ein völlig anderer Mensch. Die Stimme ist nun fester; der Körper wippt vor und zurück. Da ist mit einem Mal eine Leidenschaft, wie man sie bei diesem Mann vorher noch nie erlebt hat. Beim »and« von »And if you hear vague traces« schwingt sich seine Stimme empor und das Wort zerbricht in Stücke, die dann herniederschweben als Fragmente irgendeiner schottischen Ballade, doch McGuinn ist schon dabei, die harten Konsonanten der folgenden Wörter in Waffen zu verwandeln, wird zum Schmied bei »*skkkkk*ipping reels of rhyme« – die Performance ist roh, rücksichtslos, eine Rache für ein Verbrechen, das nicht benannt wird.

Diese rachsüchtige Einstellung ist etwas, was man in Dylans eigenem Werk überall hören kann, auch wenn er einmal behauptete, alle seine Songs endeten mit »Good luck«. Das kann man ebenfalls hören: Die Show bietet das eine oder andere strahlende Lächeln, ja, eine ganze Menge davon, doch das Beste kommt praktisch erst zum Schluss, nachdem Dylan und all die anderen »Knockin' on Heaven's Door« beendet haben. Die starre Maske, die Dylan während der letzten Nummern des Konzerts an den Tag gelegt hat, bricht mit einem Mal auf, kaum merklich, doch er scheint anzuerkennen, dass er womöglich etwas zu hören bekommen hat, was er vorher noch nie gehört hatte, nicht einmal in seinem Kopf.

Bob Dylan, *The 30th Anniversary Concert Celebration* (Columbia, 1993).
—, *The 30th Anniversary Concert Celebration* (Columbia Music Video, 1993). Die einzige derzeit im Handel erhältliche DVD-Fassung ist das vermurkste *Tribute to Dylan* (101 Distribution, 2009), das die Performances von Winter, Reed und Young weglässt und einem stattdessen nicht nur John Mellencamps schauderhaftes »Like a Rolling Stone« zumutet, sondern auch Nanci Griffiths und Carolyn Hesters affektiertes »Boots of Spanish Leather« und den öligen Richie Havens mit »Just Like a Woman«.

REAL LIFE ROCK TOP 10
Artforum
Sommer 1993

7) Bob Dylan über Guns N' Roses' Coverversion seines »Knockin' on Heaven's Door«, in *The Telegraph* 42 (Sommer 1992): »Guns N' Roses sind okay, Slash ist okay, aber es gibt etwas an ihrer Version des Songs, das mich an den Film *Invasion of the Body Snatchers*[33] erinnert. Ich frage mich immer, wer sich in eine Art Klon verwandelt hat und wer noch er selbst ist. Und darauf scheine ich nie eine Antwort zu finden.«

---

33 *Die Dämonischen* (Regie: Don Siegel, USA 1956).

»LIKE A ROLLING STONE« NACH NEUNUNDZWANZIG JAHREN
Interview
April 1994

Als ich kürzlich *Sweet Nothings* las, eine Anthologie mit Gedichten zum Thema Rock'n'Roll, da musste ich immer wieder an zwei Szenen in Jim Sheridans Film *In the Name of the Father*[34] denken.

In der ersten rennt der von Daniel Day-Lewis gespielte Belfaster Kleinkriminelle Gerry Conlon vor Polizisten und Soldaten davon. Während er durch winzige Seitengassen hastet, verfolgen ihn die gewaltigen, alles verzehrenden Akkorde von Jimi Hendrix' »Voodoo Child (Slight Return)« wie ein Dinosaurier in *King Kong*. Hendrix' Gitarre könnte ein feuerspeiender Rachen sein: Der von Hendrix entfachte Lärm, seine Präsenz, stürmt von allen Seiten auf Conlon ein, bläst ihm seinen heißen Atem in den Nacken, lacht ihm ins Gesicht, bringt ihn zum Stolpern. Die Verfolgungsjagd ist aufregend, beängstigend und die Musik ist genau richtig – sie fügt der Szene so viel hinzu. Doch das ist auch schon alles, was sie tut. Die Verwendung der Hendrix-Nummer ist eine simple, herkömmliche Orchestrierung, etwas, was man überall finden kann. Man hat das schon gesehen – etwa in einer Szene von *The Harder They Come*[35], wo die Maytals-Nummer »Pressure Drop« auf genau die gleiche Weise gegen Jimmy Cliff eingesetzt wird.

Die zweite Szene kommt kurz danach. Gerry Conlons sturer, ver-

---
[34] *Im Namen des Vaters* (Irland/Großbritannien/USA 1993).
[35] Regie: Perry Henzell, Jamaika 1972.

antwortungsbewusster Vater hat beschlossen, dass sein Tunichtgut von Sohn Belfast verlassen und nach London übersiedeln soll. Conlon ist sofort damit einverstanden: London 1974, noch immer ein Ort voller Hippies und besetzter Häuser, ein Ort, der Drogen und freie Liebe verheißt. Er kann es kaum erwarten, dorthin zu kommen. Er geht an Bord einer Fähre von Belfast nach England und er trifft einen Freund. Die beiden holen sich ein Bier, werfen eine Münze in die Jukebox, und als die ersten Klänge von Bob Dylans »Like a Rolling Stone« ertönen, heben sie ihre Gläser, um auf die Abenteuer anzustoßen, die sie erwarten, auf ihr neues Leben in einem neuen Land.

Hier orchestriert die Musik nicht das, was die Schauspieler machen; nein, es verhält sich genau andersherum. Die Verfolgungsjagd könnte auch ohne Hendrix auskommen; diese Szene hingegen ist ohne den Sound auf der Leinwand nicht vorstellbar. Sheridan verwendet lediglich die Fanfare, die den Song eröffnet – diese satte, wirbelnde, unerbittlich ansteigende Flut von Hoffnung und Verhängnis, von Verheißung und Gefahr. Man hört bloß Dylans Begleitband, wie sie die ersten Schritte in den Song macht, während Conlon und sein Freund ihre ersten Schritte in ihr neues Leben machen; die Musik wird ausgeblendet, als Dylan zu singen beginnt. Diese Szene ist dermaßen stark, in emotionaler Hinsicht so klar, dass sie einen geradewegs aus der Story hinausbefördern kann und bei diesem perfekten Moment verweilen lässt, dieser kleinen Utopie, die im Verlauf der nächsten Stunde brutal in Stücke geschlagen wird.

Unter den Gedichten in *Sweet Nothings: An Anthology of Rock and Roll in American Poetry* gibt es Orchestrierungen, die Sheridans Verwendung von Hendrix entsprechen, zum Beispiel in Yusef Komunyakaas »Hanoi Hannah«, wo eine nordvietnamesische Radio-DJane Tiraden auf amerikanische GIs loslässt, die den nächsten Angriff erwarten: »Ihr messerscharfer Song schneidet / tief wie die Kugel eines Heckenschützen.« Wird die Musik einfach bloß benutzt, so erhält man das Äquivalent zu schlechter Rockkritik. Die Momente, wo Dichter den Raum dafür schaffen, dass ein Song seinen eigenen Anspruch auf eine neue Weise geltend machen kann, sind die Momente, die das Buch zum Singen bringen, die einen an die eigenen Erfahrungen als Zuhörer erinnern, daran, wie man sich an eine dieser unmittelbaren musikalischen Utopien zu klammern versuchte, während diese schon wieder verschwand. Das Beispiel, zu dem ich immer wieder zurückkehre, ist David Rivards Gedicht »Cures«.

Ein Mann und eine Frau sitzen in ihrem Wohnzimmer, nach einem Streit, der die beiden wütend, beschämt und gelangweilt zurückgelassen hat. Sie haben die Stereoanlage aufgedreht, um ihre eigenen Gedanken zu übertönen; aus irgendeinem Grund spielen sie den Song »Mystery Train« ab, »wo Elvis sich ins Dunkel einbezieht«. Die Szene entwickelt sich nicht weiter; sie rührt sich nicht von der Stelle, so wie das in seinem Wohnzimmer sitzende Paar – »jeder Zweifel ein bisschen größer / als das Verlangen«.

Das Gedicht geht noch weiter, doch Rivard hat es mit den gerade zitierten Zeilen abgeschlossen; als sich das Paar diesen von Bewegung, von Gefahr, Angst, Wollust, Verfolgung und Triumph erfüllten Song anhört, lässt er die beiden erstarren, macht ihnen die Tiefe der Lähmung bewusst, die sie befallen hat – jeder Zweifel ein bisschen größer als das Verlangen, und je länger ein Zweifel anhält, umso größer wird er.

Als Elvis Presley und Sam Phillips »Mystery Train« 1955 in Memphis aufnahmen, da taten sie das vermutlich nicht, um irgendwelchen Menschen die eigene Schwäche vor Augen zu führen. Doch die Menschen benutzen Songs nicht so, wie es irgendjemand beabsichtigt hat. In ihren wahrsten Momenten benutzen Songs die Menschen, so wie es Mikroben tun – ohne Absicht, ohne Gehirn. Das wirkliche Mysterium, das sich in Rivards Gedicht auftut, hat nichts mit einem Eisenbahnzug zu tun; es dreht sich darum, wie Songs in das Leben von Menschen Eingang finden, wie sie sich dort für immer festsetzen. Ihre Schönheit, in ihrer intensivsten Ausprägung, könnte eher ein Vorwurf sein als eine Verheißung. In »Cures« sind es die Leidenschaft und die Unbekümmertheit der Musik, die definieren, wie viel die beiden Menschen, die sich diese Musik anhören, aufgegeben haben, wie sehr sie sich gegenseitig, wie sehr sie sich selbst aufgegeben haben – so wie die gleich einem Theatervorhang aufgehenden Jukeboxklänge in *In the Name of the Father* die Kostbarkeit all dessen definieren, was wenig später wie vom Erdboden verschluckt sein wird.

Jim Elledge (Hrsg.), *Sweet Nothings – An Anthology of Rock and Roll in American Poetry*, Indiana University Press, Bloomington, IN, 1994.

DOCK BOGGS
Interview
August 1994

Wir fuhren durch das Kohlerevier rings um Norton, einer in den Appalachen gelegenen Stadt im südwestlichen Zipfel Virginias. Im Autoradio lief ausschließlich Countrymusik und es war eine Orgie von Seichtheit. Travis Tritt, Tanya Tucker, Randy Travis und ein Haufen weniger bekannter Namen, alle holten sie das Letzte aus den derzeit angesagten Formeln zur Verklärung des Landlebens heraus, eine anbiedernde, kumpelhafte Art zu singen, muntere, die guten alten Zeiten beschwörende Fiddleklänge und, natürlich, immer ein Happy End – sodass einem ein paar Takte aus Billy Ray Cyrus' »Words by Heart« von einem Kassettenrekorder in einem Gemischtwarenladen schließlich vorkamen wie eine Eruption von Leidenschaft und Schmerz, von Realität.

Vielleicht hatten wir an dem Tag einfach nur Pech: Es gab keinen Garth Brooks, abgesehen von »American Honky-Tonk Bar Association«, einem Mischmasch aus sattsam bekannten Zutaten. Keinen George Jones, bloß Alan Jacksons kitschiges »Don't Rock the Jukebox«. »I wanna hear some *Jones*«, sang Jackson, wobei seine Phrasierung, wie bei allem, was er macht, vor Verlogenheit triefte. Die Fiddleklänge waren das Schlimmste. Nach einer Weile waren sie keine Musik mehr, sondern Semiotik: Sie vermittelten nichts außer dem Zeichen des Traditionalismus. Es war nicht einfach so, dass ein Fiddlepart wie der andere klang, dass bei jedem Song dasselbe Fiddleprogramm abgespult wurde. Es war so, als spielten hier keine Menschen aus Fleisch und Blut, sondern als stammte jeder Part aus diesem unterirdischen Tresorraum in Nashville, wo sie das Allzweck-Fiddle-Sample aufbewahren.

Iris DeMent hätte hier ein Gegengewicht bilden können. Ihr sauberes, sittsames, angsterfülltes Geträller, das nicht nur die Angst vor den eigenen Begierden einfängt, sondern auch die Angst vor der Welt im Großen und Ganzen, hätte eine andere Geschichte erzählt. Doch DeMents Musik – bei der der Traditionalismus nur die Türöffnung zu einem Haus ist, das der Zuhörer selbst bauen muss – lief nicht im Radio, egal welchen Sender man einstellte. Ich gab es schließlich auf und schob ein Dock-Boggs-Tape in den Kassettenrekorder des Autos.

Dock Boggs wurde 1898 in Norton geboren. Fast sein ganzes Leben lang arbeitete er in den Kohlengruben der Umgebung, abgesehen von einem Intermezzo als Schwarzbrenner, in den Zwanzigerjahren, und von seiner Zeit als Berufsmusiker, zwischen 1927 und 1929, in der er zwölf Nummern für die Plattenfirmen Brunswick und Lonesome Ace aufnahm. 1963, auf dem Höhepunkt des Folkmusikrevivals, wurde er wiederentdeckt – an dem Ort, wo er immer gelebt hatte. Danach nahm er drei Alben auf und absolvierte Festival- und Konzertauftritte überall in den USA. Boggs starb 1971 in Norton. Er besaß – wie der Maler Thomas Hart Benton schon sehr früh erkannt hatte (er versuchte jeden, der ihm über den Weg lief, für Boggs' Version der alten Ballade »Pretty Polly« zu begeistern) – eine der markantesten und unheimlichsten Stimmen, die die amerikanische Sprache jemals hervorgebracht hat.

In Boggs' 1927 aufgenommenem »Country Blues« sieht sich ein Herumtreiber mit dem ganz gewöhnlichen, alltäglichen Verderben konfrontiert. Das Banjo, das Boggs als Weißer wie eine Bluesgitarre spielt, peitscht eine eigenartige Sorte von Fatalismus voran: ein Verhängnis, das es eilig hat. Gegen Ende des Songs (»When I'm dead and buried / My pale face turned to the sun« – Boggs drängt einen in die alten, weit verbreiteten Zeilen hinein, bis man die seltsame Rassenumwandlung zu erahnen beginnt, auf die sie anspielen) steigt und fällt der Gesang, er springt in die Höhe und stürzt unvermittelt ab, als wolle er sagen, *Los, bringen wirs hinter uns!* 1963 nahm Boggs »Oh Death« auf – »Can't you spare me over for another year?« – und man kann sich die Antwort des Sensenmanns vorstellen, eine Erwiderung, die sechsunddreißig Jahre zuvor, als Boggs den Song zum ersten Mal sang, ebenso passend gewesen wäre: *Geht in Ordnung, Mann. Ganz wie du willst. Das juckt mich nicht. So, wie du dich anhörst, bist du bereits tot.*

In Norton kaufte ich mir eine Ausgabe des *Coalfield Progress* (»Eine fortschrittliche Tageszeitung, die unserer Bergregion seit 1911 zu Diensten steht« – ein Jahr zuvor hatte Boggs in den Kohlengruben zu arbeiten begonnen). Darin wurde ein Vortrag von Sharyn McCrumb im nahe gelegenen Clinch-Valley-College angekündigt, einer Schriftstellerin, die ihre Karriere mit humoristischen, in England spielenden Kriminalromanen begann und die jetzt ernsthafte, vielschichtige Kriminalromane schreibt, die im Hochland der Appalachen angesiedelt sind und deren Titel jeweils aus einer der Mordballaden stammen, die mit diesen Bergen so untrennbar verbunden sind wie der Dunst, dem sie ihre blaue Färbung verdanken. Im ersten dieser Bücher, *If Ever I Return, Pretty Peggy-O*, unterhält sich eine Folksängerin mit einem Sheriff über einen dieser Mountainsongs, der, wie sich später herausstellt, einen wichtigen Hinweis zur Aufklärung eines aktuellen Mordfalls liefert: »Diese Ballade stammt aus der Zeit um 1700, doch die Leute haben den Text ständig variiert, um ihn den Verbrechen anzupassen, die in ihrer Heimat gerade für Gesprächsstoff sorgten ... Ständig gibt es ein neues totes Mädchen zu besingen ... Das Komische an den amerikanischen Versionen ist, dass darin nie gesagt wird, warum das Mädchen ermordet wird«, sinniert sie. »Es ist schwanger, das versteht sich von selbst ... So viele Songs zu diesem Thema. ›Omie Wise‹. ›Poor Ellen Smith‹ ... So viele ermordete Mädchen. Alle schwanger und alle so voller Zutrauen.«

»Pretty Polly« könnte McCrumbs Ausgangstext sein; in den englischen Versionen dieser Ballade ist Pollys Schwangerschaft ein Teil der

Geschichte. In Boggs' Version wird dies, in Einklang mit McCrumbs These, mit keinem Wort erwähnt, doch es gibt dort etwas mehr oder zumindest etwas anderes. Das Böse in seinem Gesang – eine psychotische Vehemenz, die kein »vernünftiges« Motiv mehr erkennen lässt – annulliert die musikwissenschaftliche Geschichte des Songs. Wenn Boggs den Song singt, dann spielt sich das darin geschilderte Ereignis hier und heute ab.

Fährt man durch die Umgebung von Norton, so kann man dort auf die Spuren eines Kulturkrieges stoßen, einer Konfrontation zwischen Bekundungen wie Boggs' »Country Blues« oder »Pretty Polly« und den in der Landschaft verstreuten Kirchen und Schildern: JESUS IS THE ANSWER, JESUS IS WAITING oder, in einer Talsenke, ein schlichtes, irgendwie unversöhnlich wirkendes, weiß angestrichenes Holzhaus mit drei düsteren Kreuzen unterhalb des Schriftzugs HOUSE OF PRAYER. Gegenüber dem leidenschaftlichen Verlangen nach einem Entkommen, nach einem privaten Exil, das man aus Boggs' Songs heraushören kann, fungierte die Kirche als die letzte Versuchung des nihilistischen Sängers: als etwas, was ihn dazu bewegen wollte, seinen Zorn, seine Verweigerungshaltung, seine Freiheit aufzugeben.

Und dieser Krieg tobt heute noch. In der Umgebung von Norton gab es keinen Song im Radio, der auch nur davon geträumt hätte, einen Scheck auszustellen, den Gott nicht einlösen könnte. Mit einer Ausnahme: Oben in den Bergen, als ich den Sendersuchlauf des Radios drückte, drang mit einem Mal Genesis' »Jesus He Knows Me« aus den Lautsprechern. Auf einem Popsender und in seiner Videofassung ist diese Nummer eine billige Satire auf Fernsehprediger, aus der Perspektive eines englischen Touristen. Umgeben von der Frömmelei, der Zuversicht und den simplen Antworten der diesjährigen Heroen der Countrymusik war sie jedoch ein Schock und von der gleichen Boshaftigkeit wie »Country Blues«. »Mein Gott«, sagte die Person neben mir auf dem Beifahrersitz. »Was hat das denn hier verloren?«

Dock Boggs, *Country Blues* (Revenant, 1997). Aufnahmen von 1927 bis 1929. Anmerkungen von Jon Pankake und GM.
—, *His Folkways Years 1963–1968* (Smithsonian Folkways, 1998). Anmerkungen von Mike Seeger und Barry O'Connell.

Sharyn McCrumb, *If Ever I Return, Pretty Peggy-O* (1990). Ballantine, New York 1991, S. 161.

REAL LIFE ROCK TOP 10
Artforum
Februar 1995

5) James Marsh, Regie: *Highway 61 Revisited* (Arena Television/BBC, 1993). Dieser zu einer mit »Tales of Rock'n'Roll« betitelten, in den USA nicht ausgestrahlten TV-Reihe gehörende einstündige Dokumentarfilm – eine »Biographie eines Songs« – konzentriert sich auf eine der inspiriertesten Aufnahmen von Bob Dylan und auf die Lebensader der Nation, nach der sie benannt ist. Eine Überraschung jagt die nächste: »Blind Willie McTell« untermalt historische Filmaufnahmen von Demonstrationen der Bürgerrechtsbewegung, ein Geist, der die Worte der Heroen von damals in nichts auflöst; ein rohes, klimperndes Klavierdemo von »Like a Rolling Stone«, das sich in die Hymne verwandelt, die wir alle kennen, während New York City in unserem Blickfeld auftaucht; Dylans alter Kumpel John Bucklen, wie er Tonbandaufnahmen aus ihrer Highschoolzeit zu Gehör bringt. Bucklen und der damalige Bobby Zimmerman sprechen so selbstbewusst ins Mikrofon des Tonbandgeräts, als wüssten sie, dass wir ihnen eines Tages zuhören würden, dass wir beurteilen würden, ob Dylans Behauptungen, Johnny Cash sei »stinklangweilig« und Elvis sei ein Dieb, überzeugend klingen (nicht völlig). Dylan hämmert Little Richards »Jenny, Jenny« in die Tasten. Er singt »Little Richard« – den Song. Seinen Song. Und der ist ebenfalls gut.

»Little Richard«, »Jenny, Jenny« und zwölf weitere Ausschnitte von Tonbändern, die John Bucklen 1958 in Hibbing, Minnesota, aufgenommen hat, finden sich auf *I Was So Much Younger Then* (Dandelion Bootleg).

BOB DYLAN NACH DEN KONGRESSWAHLEN VON 1994
Interview
März 1995

Ich gebe zu, dass mich das Bob-Dylan-Segment in dem am 30. Dezember ausgestrahlten Jahresrückblick von NBC News aus der Fassung gebracht hat. Nach der unvermeidlichen Bobbits / Simpson / Tonya / Michael Jackson-Montage und einem ähnlich deprimierenden Zusammenschnitt von Bildern aus Ruanda, Bosnien, Haiti und Tschetschenien gab es heitere Filmaufnahmen von Newt Gingrich und anderen prominenten Republikanern, wie sie ihren Sieg vom November feierten – wozu im Hintergrund Dylans 1964 entstandene Aufnahme von »The Times They Are A-Changin'« (»Come senators, congressmen / Please heed the call / Don't stand in the doorway / Don't block up the hall«) ertönte. Trotz der von Gingrich sofort nach der Wahl vorgenommenen Identifizierung der scheinbar längst dahingeschiedenen Gegenkultur als dem Gegner, den es innenpolitisch am schärfsten zu bekämpfen gelte, klang der Song auf eine so unheimliche Weise passend, dass man den Eindruck gewinnen konnte, die Republikaner hätten sich nun sämtliche Rechte daran beschafft, so wie sie sich auch die Mehrheit im Kongress beschafft hatten. Die von NBC ausgewählte musikalische Untermalung für diese Szene deckte sich fast schon zu perfekt mit dem neuen TV-Werbespot, den die Fast-Food-Kette Taco Bell etwa zur gleichen Zeit anlaufen ließ und der eine Burrito-plus-CD-

Werbeaktion ankündigte (man bekommt einen Sampler mit Nummern von General Public, Cracker und den Spin Doctors: »Manche nennen es ›alternative‹ oder ›new rock‹ – wir nennen es einfach ›dinner music‹«), zu Filmaufnahmen von gut gelaunten jungen Leuten, die Taco-Bell-Filialen in Danceclubs umfunktionierten. »Lasst euch das nicht entgehen«, sagte der Sprecher mit einer einschmeichelnden Stimme, die dann plötzlich und unerwartet ernst wurde: »Denn es gibt ... keine Alternative!«

Andererseits störte es mich kein bisschen, dass Dylan der Wirtschaftsprüfungsfirma Coopers & Lybrand kürzlich die Erlaubnis erteilte, »The Times They Are A-Changin'« in einem TV-Werbespot zu verwenden, seinen sicherlich berühmtesten, auf der Stelle schlagworttauglichen Protestsong – in den Mittsechzigerjahren eine unvermeidliche Bekräftigung der Macht der Bürgerrechtsbewegung, die Seele der Nation zu erretten. Ich denke, alle Songs sollten auf diese Weise zur Versteigerung kommen. Ähnlich wie bei der Bild-Ton-Collage von NBC (die vielleicht von Tim Robbins' *Bob Roberts* inspiriert war, seinem 1992 herausgekommenen fiktiven Dokumentarfilm, in dem ein stramm rechtsgerichteter Folksänger und Politiker mit »The Times They Are A-Changin' Back« für Aufsehen sorgt) ist es eine Möglichkeit, um herauszufinden, ob Songs, die die Leute mit sich herumschleppen, Songs, die an eine bestimmte Zeit und an einen bestimmten Ort gebunden scheinen, eine radikale Umpflanzung in einen neuen Kontext überleben können oder ob diese Umpflanzung ihnen den Garaus macht.

Die Beatles-Nummer »Revolution« wird sich möglicherweise nie wieder von ihrer Verwendung in einem Nike-Werbespot erholen, doch Coopers & Lybrand krümmten »The Times They Are A-Changin'« kein Haar. Als Bob Dylan es in seiner am 17. und 18. November, knapp eine Woche nach dem Wahltag, aufgezeichneten und am 14. Dezember ausgestrahlten MTV-*Unplugged*-Show sang, da strotzte es vor neuem Leben. Umgeben von einer quicklebendigen Band, übernahm Dylan mit einer akustischen Gitarre die Führung und holte mehr aus den inneren Melodien des Songs, aus seinen versteckten Rhythmen heraus als jemals zuvor. Er verlangsamte den Song, als wolle er ihm eine Chance geben, die Geschichte einzuholen, die ihn überflüssig gemacht haben sollte. Oder hatte man eher den Eindruck, dass der Song auf der Lauer lag und einen Hinterhalt vorbereitete? Während der gesamten Performance konzentrierte sich Dylan auf bestimmte Zeilen, Wörter oder Silben, wobei er hinter undurchdringlichen, pechschwarzen Sonnenbrillengläsern um sich blickte, als wolle er fragen: »Hört ihr das? Hört ihr zu? Wer seid ihr? Warum seid ihr hier?« Die in den vorderen Reihen des Publikums platzierten Leute waren jung genug, um von dieser Show direkt zur Aufzeichnung des Taco-Bell-Werbespots zu gehen, ohne dabei aus dem Takt zu kommen, doch einen solchen Rhythmus zu brechen schien das zu sein, was Dylan an diesem Abend mit »The Times They Are A-Changin'« vorhatte.

Betonung war der Motor der Performance, wobei auf eine ruhige Weise beißende Töne vor allem das »If your time to you is worth savin'« hervorhoben, eine Formulierung, die 1964 bestimmt klang und die heute verzweifelt und verlassen klingt – eine tiefere Herausforderung. Aber vielleicht waren diese Worte, so wie sie hier gesungen und gespielt wurden, nun zum ersten Mal eine Herausforderung. Wenn Dylan irgendetwas zelebrierte, als er diese Nummer wieder hervorkramte, so war es ein Gefühl von Gefahr und Bedrohung. Der Song nahm ein neues Gesicht an und man konnte dies hören, so als pflanze er ein neues Gesicht auf eine neue Zeit. Der Eindruck, den er vermittelte, war nun nicht mehr *Es wird eine neue Zeit anbrechen*, sondern *Nehmt euch in Acht!* Was sich in dem Song auftat, war nicht die Zukunft, sondern eine Leere. Und das erfolgte völlig unbeschwert, mit einem Spaß an der Musik um ihrer selbst willen: Dylans Gesten und sein Mienenspiel strahlten Spaß und Vergnügen aus, genauso wie sein schwarz gepunktetes weißes Hemd. Man musste in dieser Performance nicht das hören, was ich in ihr hörte, doch was man meiner Meinung nach nicht hören konnte, war ein altes Greatest-Hits-Schlachtross, das noch einmal auf die Bühne gezerrt wurde, um den Erwartungen des Publikums zu entsprechen.

»The Times They Are A-Changin'« war jedoch keineswegs der Höhepunkt der Show; das war wahrscheinlich »With God on Our Side«. Mit seinem offenbar einem Grundschullehrbuch von 1952 entnommenen Überblick über die von Amerika geführten Kriege sorgte es für die gleiche Irritation, mit der die Cranberries in ihrem Song »Zombie« spielen. Darin sticht das Wort 1916 hervor, weil die Erwähnung eines Ereignisses, das stattfand, bevor das Zielpublikum des Songs geboren war, heute eine bizarre Verwendung der Popsprache darstellt. Es ist eine merkwürdige Verletzung einer Kunstform, die nichts so effektiv verkauft wie Narzissmus.

Als Jim Miller vor sieben Jahren Bob Dylans Auftritt beim Live-Aid-Benefizkonzert beschrieb, da sprach er, im Rahmen der vielleicht besten Kurzzusammenfassung von Dylans Karriere, von einer »Wachspuppe«, einer »leblosen Pop-Ikone«, einer »Mumie«. Der Typ, der 1994 auf der Bühne stand, erinnerte eher an einen Detektiv, der seine eigenen Songs untersuchte – und sie dann als Hinweise betrachtete und ihnen folgte, wohin immer sie führten, zu dem wahren Rätsel, dem wahren Verbrechen. Das in letzter Zeit allgegenwärtige Auftauchen dieser Pop-Ikone im Medium Pop ist der Moment des Counting-Crows-Songs »Mr. Jones«, wo Adam Duritz »I want to be Bob Dylan!« schreit – eine ebenso herrliche wie unlogische Folgerung. Was in aller Welt soll das bedeuten? Was es bedeutet, Bob Dylan zu sein, ist heute eine offene Frage, anders als noch vor einigen Jahren, als dies scheinbar noch nicht der Fall war. Wie Taco Bell behauptet, gibt es heutzutage möglicherweise weniger offene Fragen, als man gedacht haben könnte.

Bob Dylan, *MTV Unplugged* (Columbia 1995).

Cranberries, »Zombie«, auf *No Need to Argue* (Island, 1994).

Jim Miller, »Bob Dylan«, *Witness* 2–3 (Sommer/Herbst 1988). Eine gekürzte Fassung findet sich in: Elizabeth Thomson u. David Gutman (Hrsg.), *The Dylan Companion*, Delta, New York 1990.

Counting Crows, »Mr. Jones«, von *August and Everything After* (DGC, 1993).
—, »Mr Jones«, Albumversion plus akustische Versionen (DGC, 1994).

FREIE REDE UND FALSCHE REDE

Threepenny Review
Sommer 1995[36]

Eine Formulierung, die Ruth im letzten oder vorletzten Satz ihres Vortrags verwendete, ließ mich aufhorchen – ich meine die Stelle, wo sie »Ich bitte Sie, in Erwägung zu ziehen« sagte. Diese kleine, überleitende Floskel detonierte in meinem Kopf wie eine winzige Bombe. Die gleiche Wendung hatte Mario Savio gegen Ende seiner berühmten Rede auf den Stufen der Sproul Plaza verwendet, gestern vor dreißig Jahren, kurz vor dem großen Sit-in, das den Höhepunkt des Free Speech Movement einleitete. Für mich hat diese Wendung immer die Redeweise verkörpert, die im Free Speech Movement vorherrschte, den Respekt vor dem Publikum oder den Zuhörern oder der Menge oder wie immer man es nennen möchte, das völlige Fehlen des Gefühls einer Bevormundung aufgrund eines angeblichen oder tatsächlichen Wissensvorsprungs, des Gefühls, dass der Redner einen belehren wollte – es war eine Art Höflichkeit, aber es war auch das genaue Gegenteil

---

[36] Ein paar Wochen nach den Wahlen von 1994, bei denen die Demokraten ihre Mehrheit in beiden Häusern des Kongresses an die Republikaner verloren, fand auf dem Campus der University of California in Berkeley eine Feier anlässlich des dreißigsten Jahrestages des Free Speech Movement statt. Dieser aus dem Stegreif gehaltene und von einem Tonbandmitschnitt transkribierte Vortrag wurde am 3. Dezember im Rahmen einer Podiumsdiskussion mit dem Titel »Die aktuelle politische Situation« gehalten: Die anderen Redner waren Ringo Hallinan, Jack Weinberg, Ruth Rosen und Mario Savio, der als Letzter zu Wort kam. Die *Threepenny Review* veröffentlichte Savios ebenfalls extemporierten Vortrag und den von mir, ohne diese in die Form eines Essays zu bringen.

einer Tirade, das genaue Gegenteil eines von sich überzeugten Redners, der sich im Besitz der Wahrheit glaubt und der von seinen Zuhörern lediglich erwartet, dass sie diese Wahrheit akzeptieren. Deshalb wollte ich hier kurz darauf hinweisen. Es war ein Augenblick, der mir gefallen hat.

Also, ich bin Kritiker. Ich schreibe in erster Linie über Musik, aber auch über Romane und Filme. Und man hat mich zu dieser Veranstaltung eingeladen, damit ich die aktuelle politische Situation aus einer kulturellen Perspektive erörtere. Vielleicht habe ich eine Perspektive, doch ich weiß nicht, wie aktuell diese ist. Ich weiß, dass ich mir die Klemme, in der unser Land während der nächsten paar Jahre stecken wird, noch nicht einmal ansatzweise vorstellen kann. Als mir ein Freund eine Top-10-Liste von Songs zuschickte, die man nach den Kongresswahlen abspielen müsste, da korrigierte ich seine Liste und meine Nummer eins war ein alter Rod-Stewart-Song mit dem Titel »I've Been Drinking«. Ich kriege diesen Song nicht mehr aus meinem Kopf heraus.

Bevor ich zu dieser Veranstaltung aufgebrochen bin, fiel mir eine Sache ein – natürlich kommt einem in diesem Zusammenhang zuallererst die Redefreiheit in den Sinn. Ein Romanautor namens Steve Erickson hat etwas über die Redefreiheit gesagt, das mir gefällt. Er hat gesagt: »Die Verfassung gewährt niemandem Redefreiheit. Sie geht davon aus, dass wir sie bereits haben. Sie sagt schlicht und einfach, dass die Regierung sie uns nicht wegnehmen kann.« Ich glaube, das ist etwas, was die berühmteren unter unseren Performancekünstlern nicht verstanden haben, denn sie scheinen das Recht auf freie Meinungsäußerung mit dem Bezug eines Regierungsstipendiums gleichzusetzen – und wenn ihnen ihr Regierungsstipendium gestrichen wird oder wenn man ihnen so ein Stipendium verweigert, dann scheinen sie das mit einer Aberkennung des Rechts auf freie Meinungsäußerung gleichzusetzen. Ich glaube nicht, dass das so funktioniert. Ich glaube, dass sich die Redefreiheit mitunter dort manifestiert, wo man es am wenigsten erwartet. Und das Wichtigste in der Domäne der freien Meinungsäußerung besteht darin, dass man sie als solche zu erkennen vermag.

Ich möchte Ihnen heute einfach ein Beispiel für eine freie und eins für eine unfreie Meinungsäußerung vorstellen – als etwas, das sie im Kopf behalten sollten, denn während der kommenden Jahre werden wir mit unzähligen Beispielen für eine falsche Rede konfrontiert sein, einer Rede, die vorgibt, die Rede des Widerstands zu sein, die Rede der Verweigerung, die Rede von einer Alternative zu dem, was wir in den Zeitungen lesen und was wir abends im Fernsehen sehen, doch das wird sie mitnichten sein. Und wir werden, allerdings weniger häufig, auf Explosionen stoßen, manche davon totgeboren, manche davon stumm, bei denen eine echte freie Rede stattfindet.

Um meine beiden Beispiele vorstellen zu können, werde ich in der Zeit zurückgehen, zu exakt diesem Wochenende, allerdings nicht vor dreißig, sondern vor neunundzwanzig Jahren. Damals fanden in Berkeley zwei Ereignisse statt, die mir seitdem wieder und wieder durch den Kopf gegangen sind. Das erste war eine Art Jubiläumsfeier für das Free Speech Movement und natürlich wählte man als Datum, so wie heute, den Tag des großen Sit-ins. Und das merkwürdigste Tableau wurde auf den Stufen zur Sproul Hall präsentiert. Dort hatten Figuren Aufstellung genommen, die riesige Papiermascheemasken trugen. Ich meine, nicht bloß Masken von der Größe eines menschlichen Kopfes, sondern Masken, die, sollte mir meine Erinnerung keinen Streich spielen, mindestens einen Meter hoch waren. Sie erinnerten an Mr.-Peanut-Figuren und es schien fast so, als könnten sie kaum laufen mit diesen riesigen Dingern auf ihren Schultern. So, wie ich mich daran erinnere, waren es mehrere Figuren, aber eine davon stellte Mario Savio dar, der in jenem Jahr nicht in Berkeley war, und eine andere Clark Kerr, den damaligen Universitätspräsidenten. Und dann gab es eine Art Rangelei zwischen der Savio-Figur und der unglücklichen Kerr-Figur. Es war, wenn man so will, ein Kasperletheater; die Savio-Figur besiegte die Kerr-Figur, die sich dann mit Schimpf und Schande davonstahl. Das war witzig, das war unterhaltsam und es war ein willkommener Ersatz, denn der Mann, den die Leute eigentlich hören wollten, war nicht da.

Doch dann passierte etwas, das das gesamte Ereignis ins Hässliche umkippen ließ. Der Typ im Innern des Savio-Gebildes hatte eine Rede vorbereitet, mit der er irgendetwas brandmarken wollte, das die Universitätsverwaltung unternommen hatte, um gewisse Erfolge, die das Free Speech Movement im Vorjahr erzielt hatte, wieder rückgängig zu machen. Und so hielt er seine Rede aus dem Innern der Savio-Gestalt. Es war möglicherweise der entfremdetste, widersinnigste, unmenschlichste, roboterhafteste Versuch, eine politische Rede zu halten, den ich jemals erlebt habe. Ich glaube, wir werden jetzt jede Menge Leute erleben, die sozusagen in die Kleidung anderer Leute schlüpfen, um anzuprangern, um zu kritisieren, um zu behaupten, sie verfügten über Alternativen – allerdings auf eine Weise, die im Grunde kein individuelles Ich erkennen lässt, keine persönliche Manifestation von Zuversicht, von Macht, von Fantasie.

Am selben Wochenende, vielleicht war es am Abend jenes Tages – ich kann mich nicht mehr genau erinnern, aber es war am 3. Dezember 1965 – kam Bob Dylan in die Stadt. Er trat im Berkeley Community Theatre auf, mit einer Band, die einige Jahre später als The Band bekannt werden sollte, sich damals aber noch The Hawks nannte – es war eine Bluesband, die Dylan irgendwo aufgegabelt hatte. Zu jener Zeit war ein landesweiter hitziger Disput entbrannt, der einem heute ziemlich bizarr vorkommt, eine Auseinandersetzung, bei der es darum ging, ob Bob Dylan sich ans Establishment verkauft hatte, weil er der Folkmusik und der akustischen Gitarre Lebewohl gesagt hatte, um kommerziellen, kulturell minderwertigen Rock'n'Roll zu spielen und elektrisch verstärkten Krach zu produzieren. Es war äußerst erfrischend, es war äußerst interessant, dass das an jenem Abend im Berkeley Community Theatre niemanden kümmerte. Die Leute saßen ungeduldig da, als Dylan seinen akustisch-folkigen Soloauftritt absolvierte. Die allgemeine Stimmung war: »Los, mach hin! Sieh zu, dass du damit fertig wirst! Wir wollen die Band sehen!«

Wie mein Freund Howard Hampton einmal gesagt hat, agierte Dylan zu jener Zeit auf der Bühne, als besäße er ein Talent dafür, eine lässige Nebenbemerkung zur Verdammung einer ganzen Gesellschaftsordnung werden zu lassen. Die Art und Weise, wie er ein Wort oder eine Wendung betonte, ließ einen plötzlich den Kopf herumreißen, als hätte man einen Schlag in den Nacken bekommen. Die Art und Weise, wie er einen Arm ausstreckte, konnte einen glauben machen, man sei plötzlich gepackt worden, jemand habe alle grundlegenden Annahmen infrage gestellt, an denen man sein Leben bis dahin ausgerichtet hatte. Nun, an jenem Abend lieferte er eine Show ab, die ohne Frage die mitreißendste Performance war, die ich jemals von irgendjemandem gesehen habe.

Mein Freund Howard Hampton hat auch noch etwas anderes über die Musik gesagt, die Bob Dylan damals machte. Hampton ist ein junger Mann – er ist Anfang dreißig, er war damals nicht dabei, er denkt nicht nostalgisch. Er formuliert eine Kritik an der Gegenwart, die auf dem basiert, was er aus der Vergangenheit heraushört. Und sein Argument lautet folgendermaßen: Zu behaupten, dass das, was jemand wie Bob Dylan heute macht, wo er seine Karriere um ihrer selbst willen fortzuführen versucht, dem entspreche, was er vor Jahren gemacht hat, als er seiner Karriere überhaupt erst einen Sinn, eine Legitimation verlieh – zu behaupten, beides sei das Gleiche, ist obszön. Und es bedeutet auch, wie er sagte, die Politik der letzten zwanzig Jahre fortzusetzen, eine Politik, die sich herausgebildet hat, um genau jene Art von Ansprüchen zu unterdrücken, die Bob Dylans Rede einmal erhoben hat.

Ein Kulturkrieg wird eingeleitet und es erfolgt ein Gegenangriff. Und ein Teil dieses Gegenangriffs besteht schlicht und einfach darin, die Vorstellung zu zerstören, eine Performance könne mehr sein als nur eine Performance, Entertainment könne mehr sein als nur Entertainment. Was waren die Ansprüche, die Bob Dylan 1965 an jenem Abend in Berkeley an die Gesellschaft stellte?

Nun, in ihrer einfachsten und zugleich komplexesten Ausprägung war es ein Bedürfnis, frei zu sein. Dylan bot ein Drama der Freiheit dar. Und es war beängstigend, es war verwirrend. Es war ein Drama, bei dem man zuerst den Schutt beiseiteräumt – alles, was einem den Weg versperrt. Man sieht, in einem Spiegel, der nicht existiert, was es bedeuten könnte, sein wahres Ich zu sein. Ist der Schutt weggeräumt, so ist da die Freude, die sich daraus ergibt, dass man entdeckt: »O Gott, ich kann laut sagen, was ich denke!« Und hat man diese Entdeckung gemacht, so ist da die Angst, tatsächlich von dieser Fähigkeit Gebrauch machen zu müssen, tatsächlich aufzustehen, wie es jemand vor ein paar Minuten getan hat, inmitten einer Menschenmenge, und etwas zu sagen, das die Leute vielleicht gar nicht hören wollen. Ob man dem, was gesagt wird, zustimmt oder nicht, es lohnt sich stets, sich zu vergegenwärtigen, wie viel Mut dies erfordert. Es erfordert eine gehörige Portion Mut!

Was an jenem Abend passierte und woran ich mich nach wie vor erinnere, war das genaue Gegenteil der reduzierten, eingeschränkten Art von Rede, wie ich sie am ersten Jahrestag des Free Speech Movement auf der Sproul Plaza erlebt hatte. Es war eine erweiterte Art von Rede, wie ich sie hier in Berkeley während des Free Speech Movement kennengelernt und wie ich sie seitdem in der Politik gelegentlich wahrgenommen habe. Sie ist ein Schrei. Sie ist eine Geste. Sie verwandelt sich in ein Gespräch. Sie beginnt vielleicht, wenn eine Verweigerung auf eine Regel stößt. Und man fragt sich sofort, ob man einen Schritt vor oder einen Schritt zurück machen soll. Man fragt sich sehr schnell: »Also, ob ich es tun will oder nicht – habe ich das Recht dazu?« Man fragt sich sehr schnell, ob die Institution, die meint, sie könne dir dieses Recht verleihen oder es dir vorenthalten, irgendeine Legitimation dazu hat. Und dann hinterfragt man sehr schnell die Legitimation von Institutionen überhaupt. Und zu guter Letzt – das kann fünf Minuten später erfolgen, aber auch fünf Tage oder fünf Jahre später – hinterfragt man den Sinn des Lebens. Und genau das passierte an jenem Abend bei Dylans Auftritt. Genau das passierte bei einigen Reden, die ich im Laufe der Jahre gehört habe, bei Reden, die auf diese oder jene Weise, wenn auch nicht immer wortwörtlich, dieses »Ich bitte Sie, in Erwägung zu ziehen« enthalten – denkt mit, glaubt nicht einfach, was ich euch sage, schaut, ob es einen Sinn ergibt!

Ich denke, die große kulturelle Herausforderung der kommenden Jahre wird darin bestehen, zwischen wahrer und falscher Rede zu unterscheiden. Und Letztere dürften wir wesentlich häufiger zu hören bekommen, nicht nur von anderen, sondern möglicherweise auch von jedem von uns. Ich danke Ihnen für Ihre Aufmerksamkeit.

Die Rede, die Mario Savio am 2. Dezember 1964 auf der Sproul Plaza hielt, wurde dokumentiert auf *Is Freedom Academic? A Documentary of the Free Speech Movement at the University of California at Berkeley* (KPFA-Pacific Radio LP, 1965). Einen Film von seiner Rede kann man auf YouTube finden.

Bob Dylan, *Long Distance Operator* (Wanted Man Bootleg, aufgenommen am 4. Dezember 1965 im Berkeley Community Theatre).

REAL LIFE ROCK TOP TEN
Artforum
Januar 1997

5) Bob Dylan, »All Along the Watchtower«, von *The Concert for the Rock & Roll Hall of Fame* (Columbia). Vorläufig der einzige legal veröffentlichte Beweis dafür, dass das, was Dylan und seine Wahnsinnscombo (Winston Watson, Tony Garnier, Bucky Baxter, John Jackson) 1995 auf der Bühne veranstalteten, keine Fata Morgana war – und bis zum Erscheinen von *Having a Rave-Up with Bob Dylan!* der einzige Beweis dafür, dass es eine brillante Idee ist, in seinen Fünfzigern als ein Leadgitarrist zu debütieren, der die Synkope als den Ursprung aller Werte erachtet.

The Concert for the Rock & Roll Hall of Fame (Columbia, 1996). Mit jeweils einem Song von Aretha Franklin, James Brown, Johnny Cash, Booker T. and the MGs, Sam Moore und Bob Dylan sowie dreien von Melissa Etheridge.

ALL DIESE NUTZLOSE SCHÖNHEIT
*Vortrag auf der Tagung Stars Don't Stand Still in the Sky,
Dia Center for the Arts, New York
14. Februar 1997*

Als Elvis Costello »All This Useless Beauty« veröffentlichte, den Titelsong eines 1996 erschienenen Albums, da rauschte der Song an mir vorbei; ich hörte ihn im Grunde nicht. Das änderte sich erst, als Costello den Song erneut herausbrachte: in einer Liveversion, die im Mai 1996 in San Francisco aufgenommen worden war, im Rahmen einer USA-Tournee, bei der er sich lediglich von seinem Pianisten begleiten ließ, und außerdem noch in einer Version, die die Band Lush auf seinen Wunsch hin aufgenommen hatte. Ich höre »All This Useless Beauty«, vor allem in der Version von Lush, als die Titelmelodie dieser Konferenz – oder als deren Anti-Titelmelodie, denn in diesem Song stehen die Sterne still. Die Zeit bleibt stehen.

Laut »All This Useless Beauty« blieb die Zeit schon vor Langem stehen. Der Song beginnt in einem Museum. »Der folgende Song handelt von einer Frau, die durch eine prächtige Gemäldegalerie spaziert«, erklärte Costello, als er die Nummer in San Francisco ansagte. »Die Wände hängen voller Bilder, die die idealisierte Schönheit der klassischen Antike zeigen, und sie wirft einen Blick auf ihren alles andere als vollkommenen Lebensgefährten aus dem späten zwanzigsten Jahrhundert – und sie sagt ›Ach…‹« Costello singt den Song aus voller Kehle, die Wörter sind allesamt vollendet, abgerundet. Vor ein paar Jahren traf ich ihn zufällig in der Galleria dell'Accademia in Florenz, wo wir beide Michelangelos *David* bestaunten – ich kann Costello diesen Song nicht singen hören, diesen Song über all die nutzlose, in einem Museum angehäufte Schönheit, ohne mir dabei eine ähnlich vollkommene, marmorne Umgebung vorzustellen. Bei der Performance in San Francisco sang Costello sogar einen Refrain auf Italienisch. Jeder kann sich selbst vorstellen, welche Gemälde sich die Frau in Costellos Galerie möglicherweise anschaut – ich stelle mir präraffaelitische Szenen von Edward Burne-Jones vor, Sachen wie *Die goldene Treppe*, wo eine stattliche Anzahl hellenischer Jungfrauen eine Treppe herabsteigt, um an irgendeiner nicht sichtbaren Zeremonie teilzunehmen, oder wie *Der Baum der Vergebung*, wo Eva Adam umklammert hält und Adam verzweifelt versucht, sich aus ihrer Umarmung zu befreien. Was immer sich die Frau anschauen mag – in der eintönigen, treppauf, treppab laufenden Kadenz von »All This Useless Beauty« stellt sie sich laut Costello vor, »how she might have lived / Back when legends and history collide«.

Das ist eine bemerkenswerte Zeile, die in dem Song beiläufig geäußert wird – Costello lässt sie einfach aus der Story hinausdriften, die er nur ansatzweise erzählt –, und das in diesen Worten steckende Gefühl des Erstaunens, ihre Ausstrahlung von Verlust und Kapitulation, entspricht Bob Dylans Kommentar zu Peter Guralnicks Elvis-Presley-Biografie. »Elvis, wie er auf dem Pfad zwischen Himmel und Natur wandelt«, sagte Dylan und diese Worte sind die besten, die er in den letzten zwei Jahrzehnten geschrieben hat. Diese Worte sind so ausgewogen und so explosiv, dass sie die folgenden Formulierungen seines Kommentars, die gar nicht mal so übel sind, umgehend in Klischees verwandeln: »in einem Amerika, das noch weit offen war, zu einer Zeit, als noch alles möglich war.«

Es war diese Zeile, die für mich die Zeit stillstehen ließ. »When legends and history collide« – wenn das, was wir für harte Tatsachen halten, und das, was für uns vage erinnerte, kaum beschreibbare Ideale sind, gegeneinander zu Felde ziehen oder sich jeweils in das andere verwandeln. Ich denke, das ist es, was beide, Costello und Dylan, zum Ausdruck bringen wollten: Geschichte wird zur Legende, der Himmel wird zur Natur, und umgekehrt, sei es auf einem Gemälde von einem uralten Wald oder auf einer neuen Art von Rhythm-&-Blues-Platte. Doch die Verheißung ist nur da, um wieder weggenommen zu werden. In diesem Song ist die Zeit, »wo Legenden und Geschichte kollidieren«, die Zeit, wo alles möglich ist, vergangen, sofern es diese Zeit überhaupt jemals gegeben hat. »Those days are recalled on the gallery wall«, heißt es anschließend in dem Song, doch die Frau in der Galerie wurde zu spät geboren; sie hat jene Tage verpasst. Sie hat sie verpasst – genau das ist das Wort, das Costello verwendet, wie irgendein Sixtiesveteran, der jemandem von Woodstock erzählt: »Ich bin da gewesen, Mann, und du hast es *verpasst*.« Alles, was die Frau nun hat, ist eine harte Tatsache in Gestalt eines Klotzes von Lebensgefährten, der an ihrer Seite zusammengesackt ist, während sie von den an der Museumswand prangenden Idealen der Vergangenheit verspottet wird. Sie wartet, sagt der Sänger, »for passion and humor to strike«, doch nichts passiert. Es ist die Kollision von Geschichte und Legende, die all diese nutzlose Schönheit an den Wänden hervorgebracht hat – nutzlos, weil ihre einzige Funktion nun darin besteht, den Betrachter oder die Betrachterin daran zu erinnern, was jetzt nicht mehr möglich ist – wenn man naiv genug ist, um zu glauben, dass einmal alles möglich gewesen ist.

Costello singt den Song als eine Tragödie – eine schöne Tragödie. Die Ironie verfliegt im Verlauf der Performance. Die Worte – so langsam, so sorgfältig artikuliert, als könnte etwas in ihnen oder in ihm zerbrechen – scheinen bei den Refrains in seiner Kehle zu beben. Es ist schmerzvoll. In der Interpretation von Lush wird aus dem Song jedoch etwas völlig anderes. Während der letzten zwanzig Jahre hat sich in Costellos Stimme eine ganze Konstellation von Sängern und Sängerinnen niedergelassen, die bei ihresgleichen hohes Ansehen genießen: Billie Holiday, Frank Sinatra, Tony Bennett, George Jones, Patsy Cline,

Sarah Vaughan, Dusty Springfield, Lotte Lenya. Wirft Costello sich mit Haut und Haaren in ein Stück Musik hinein, so hebt dieses vom Boden ab – auf gewisse Weise landet es an der Museumswand, um all der nutzlosen Schönheit, die dort hängen mag, Gesellschaft zu leisten. Als Punk war Costello immer ein Klassizist; er war immer zu sehr ein Plattenfan, um die Welt seinem Sound zu lange in die Quere kommen zu lassen. Lush sind eine viel jüngere Band: zwei Gitarristinnen und Sängerinnen, Emma Anderson und Miki Berenyi, die eine aus zwei Männern bestehende Rhythmusgruppe anführen. Als eine Popgruppe haben sie immer nach dem Punk in ihrem Sound gesucht und bei »All This Useless Beauty« finden sie ihn. Da gibt es keine Pose, kein unechtes Gehabe; was sie mit dem Song anstellen, lässt Costello wie einen Schauspieler erscheinen. Was Lush bei »All This Useless Beauty« bewirken, ist der Schock des Realismus – wie der Moment in Human Leagues »Don't You Want Me«, wo sich die Sängerin zu Wort meldet und voller Ernst ihre Geschichte erzählt, auf eine so naturalistische Weise, dass man praktisch nicht mehr wahrnimmt, dass sie singt.

Die tragische Aura, die Costello seinen Geschichten von den jetzt hinter uns liegenden Welten verleiht, ist das, was seine eigene Geschichte von der nutzlosen Schönheit emporhebt, was diese Geschichte verschönert. Doch Anderson und Berenyi führen sich in der Gemäldegalerie wie zwei Schulmädchen auf, die dort einen Klassenausflug verbringen – zum x-ten Mal. Sie sind smarter, als ihnen guttut; deshalb handeln sie sich bei Unternehmungen wie diesen auch immer Ärger ein. Sie sind misstrauisch, sie denken zu viel, sie stellen in einem fort Fragen – und deshalb wird hier aus der Tragik von Costellos Originalversion Verbitterung. Diese Mädchen, die die gewöhnlichsten, alltäglichsten Ereignisse in diesem Song, in dieser Galerie durchspielen, wissen, wozu die idealisierten Bilder der klassischen Antike da sind. Wo Costello einen Verlust empfindet, da sehen Anderson und Berenyi Lug und Trug – und ihre dünnen, schrillen, entschlossenen Stimmen, die sich Wort für Wort durch den Song hindurchzwängen, die nichts als selbstverständlich hinnehmen, sagen nur eins: Dieses Zeug hier an der Wand – glaubt ihr, ihr könnt uns damit zum Narren halten?

Eine ganze Welt der Mystifikation tut sich in dieser Performance auf, ein umfassender gesellschaftlicher Schwindel oder ein kurzer, eisiger Blick auf eine ganze Gesellschaft, die um einen Schwindel herum aufgebaut ist: der Schwindel der Schönheit, des Idealismus, der Schwindel, der die Wirklichkeit aus dem Leben, das man tatsächlich führt, entfernt, tagein, tagaus, und der diese Wirklichkeit an eine Museumswand befördert oder in die Vergangenheit, zu ihrer sicheren Aufbewahrung. In Costellos Performance gibt es Momente der Koketterie; in der von Lush gibt es nichts dergleichen. Hört man es sich mehr als nur ein paarmal an, so ist Lushs »All This Useless Beauty« in seiner Zurückhaltung, in der Art und Weise, wie es Costellos eleganten Refrain in eine ganz normale Alltagssprache überführt, genauso hart, genauso rebellisch, genauso illusionslos wie alles in »Anarchy in the U.K.«. Und dennoch – wenn man in der Vorhölle der gegenwärtigen Zeit herumsitzt und von Zeiten träumt, in denen Geschichte und Legenden kollidierten, wenn man darauf wartet, dass Leidenschaft und Humor zuschlagen, dann zählt zu den Dingen, auf die man wartet, ein Song wie dieser, ein Song, der seine Gestalt und seine Farbe verändern kann, je nachdem wer ihn singt, ein Song, der wie eine Wunderlampe ist. Hier kollidieren Costellos Version und die von Lush, genauso wie die Vergangenheit und die Gegenwart, das Tragische und das Gewöhnliche, Schönheit als ein nutzloser Vorwurf und Schönheit als ein zwangsläufiges Nebenprodukt, das sich daraus ergibt, dass man sich auf ein einzelnes Ereignis oder ein einzelnes Gefühl konzentriert, bis es so scheint, als könne es das gesamte Leben enthalten. Sich darauf konzentrieren – das ist alles, was die Frau in der Gemäldegalerie mit ihrer Enttäuschung über ihren Freund macht. Dank Emma Andersons geisterhafte Altstimme, die bei den Refrains hinter Miki Berenyis unsentimentalem, schmucklosem Leadgesang schwebt, ist der Song, so wie Lush ihn interpretieren, wunderschön und allenfalls so nutzlos wie dein Leben, denn diese Stimme verkörpert eine Vorstellung davon, wie die Dinge sein sollten oder wie sie sein könnten, eine Utopie, die hinter harten Tatsachen hervorschimmert, hinter der Geschichte unserer alltäglichen Niederlagen, Beleidigungen und Demütigungen. »All This Useless Beauty« offenbart sich als ein Song, der davon handelt, was fehlt, wenn dem Leben eine mythische Dimension fehlt – und was fehlt, ist das Gefühl, Teil einer Geschichte zu sein, die größer ist als man selbst, einer Geschichte, die einen aus sich selbst herausbefördern kann, heraus aus der Banalität und dem immer gleichen Trott des eigenen Lebens, das möglicherweise durch die Stadt oder den Ort begrenzt wird, wo man zu Hause ist. Es ist allerdings eine Tatsache, dass Geschichte und Legenden jeden Tag kollidieren und dass wir stets ein Teil dieser Kollision sind.

Nehmen Sie den vielleicht größten und langlebigsten aller Popmythen: den Mythos vom Rock'n'Roll als einem Mittel der sozialen oder sogar revolutionären Veränderung. Als ein Mythos ist es nicht notwendigerweise eine falsche Geschichte, aber ob wahr oder falsch, es ist eine große Geschichte, eine Geschichte, die jede Menge Raum bietet – Raum für jeden, der an dieser Geschichte teilhaben möchte, Raum für jeden Anfang oder für jeden Schluss, den man ihr möglicherweise geben möchte. Diese Geschichte ist schon viele Male erzählt worden; abhängig von der intellektuellen oder politischen Einstellung wird sie mit Aggression oder Selbstrechtfertigung erzählt, mit Hochmut oder Verlegenheit, als ein Zeugnis von Ehrgeiz oder Naivität. Kürzlich stieß ich auf die extremste Version dieser Geschichte, die mir bislang untergekommen ist, in *Twigs of Folly*, einer unveröffentlichten Abhandlung des Historikers Robert Cantwell, dem wir *When We Were Good* verdanken, das mit Abstand beste Buch über das Folkrevival der Fünfziger- und Sechzigerjahre.

Eines der von Cantwell behandelten Themen ist ein Typus, den er den »ungeniert spuckenden Amerikaner« nennt. Er übernimmt diese Formulierung von Fanny Trollope, einer Engländerin, die 1830 die jungen Vereinigten Staaten besuchte und sich über den neuen demokratischen Menschenschlag wunderte, der ihr dort begegnete: Herumtreiber und Raubeine und Frauen, die in Höhlenwohnungen hausten – Menschen, die, wie Cantwell es formuliert, den Sprung von »alle Menschen sind gleich geschaffen« zu »alle Menschen sind gleich« vollzogen hatten.

Diese sind, für Cantwell, die wahren Träger des Mythos von der Gleichheit, durch die Jahrzehnte hindurch: nicht alle von ihnen Rechtsbrecher im herkömmlichen Sinn, aber zweifellos eine Linie von moralischen Outlaws und alle von ihnen letztlich unzivilisierbar. Sie lehnen alle sozialen Unterschiede ab und verspotten jeden Anspruch auf Überlegenheit. Sie sind die romantischen, die reizbaren, die heroischen oder engstirnigen außenseiterischen Amerikaner, aber nichtsdestoweniger die einzigen wahren Amerikaner: Gestalten wie Abraham Lincoln und Lyndon Johnson, John Henry und Calamity Jane, Mike Fink und Jack Johnson, Railroad Bill und Georgia O'Keeffe, Louise Brooks und Marlon Brando, James Dean und Charles Starkweather. Aber überlassen wir das Wort nun Cantwell:

War der ungeniert spuckende Amerikaner in den 1830er-Jahren ein Flachbootmann, ein Trapper oder ein fliegender Händler, in den 1850er-Jahren ein schwarz geschminkter Minstrel, in den 1860er-Jahren ein Soldat der Konföderierten, in den 1880er-Jahren ein sich im Westen verdingender Cowboy und in den 1930er-Jahren ein Flüchtling aus den Dürregebieten der Dust Bowl, so war er in den 1950er-Jahren ein Typ, dessen Stimme aus jeder Jukebox ertönte, aus jedem Radio und von jedem Plattenspieler. Was waren Buddy Holly, Jerry Lee Lewis, die Everly Brothers, Carl Perkins, Eddie Cochran, Gene Vincent, Sanford Clark, George Hamilton IV., Roy Orbison und, allen voran, Elvis Presley denn anderes als ungeniert spuckende Amerikaner?

Der ungeniert spuckende Amerikaner war zu einem Rockabillystar geworden.

Die einleitenden Klänge von »Heartbreak Hotel«, das Presleys regionale Popularität zu einer landesweiten Hysterie anschwellen ließ, schlugen einen Spalt in die massive, kilometerdicke Mauer von Reglementierung, Standardisierung, Bürokratisierung und Kommerzialisierung, die die amerikanische Gesellschaft der Nachkriegszeit prägten, und durch diesen Riss ließen sie eine regelrechte Flut jenes menschlichen Schmerzes und jener Frustration herausschießen, die sich seit Jahrzehnten hinter dieser Mauer angestaut hatten. Elvis war begehrenswert und begehrend, der Sohn eines kleinen Pachtfarmers aus Mississippi, mit keinen Vorzügen außer der gottgegebenen erotischen Kraft, die sein 300-PS-Haar zum Glänzen brachte, der hellenischen Schönheit seines Gesichts, den genitalen Nervenenden in seiner Stimme und dem höhnischen Lächeln auf seinen Lippen, in dem mehr nackte ablehnende ideologische Kraft steckte als in allen Schriften von Thomas Paine, Karl Marx und Wladimir Iljitsch Lenin zusammen.

Lassen wir es dahingestellt sein, ob dieser Mythos, diese Geschichte, die Cantwell erzählt oder wiedererzählt, wahr ist oder falsch, ob sie eine Vision von Ganzheit ist oder bloß die eitle Selbstbeweihräucherung einer bestimmten Generation. Was immer es sein mag, so wie Cantwell es präsentiert, ist es eine Geschichte, an der man teilhaben kann, die einen genau dort platziert, wo Geschichte und Legenden kollidieren, die einem möglicherweise dabei helfen kann, seinen eigenen Platz in der Gesellschaft zu finden, oder außerhalb davon. Es ist eine komplexe Geschichte – eine Geschichte von Schulden, die fällig werden, von der Rückkehr des Unterdrückten und von vielem mehr –, doch zu allererst ist es ein Mythos von Befreiung, Erbe und Neuanfang, alles wild durcheinandergemischt.

Man konnte an diesem Mythos teilhaben, indem man sich Platten anhörte oder sich über Platten in die Wolle geriet, indem man Platten kaufte oder über sie schrieb oder indem man selbst welche machte, indem man sich für oder gegen diese oder jene Popfigur entschied – oder indem man sich öffentlich zu einer solchen Figur bekannte, während man sich insgeheim, in einem Geheimnis, das man nicht nur vor anderen hütete, sondern irgendwie auch vor sich selbst, völlig mit einer Figur identifizierte, die jeder, den man kannte, belächelte oder verachtete. Es war ein Mythos, an dem man teilhaben konnte, indem man ihn auf die Entscheidungen, die man in seinem Leben traf, Einfluss nehmen ließ: die Entscheidung für oder gegen einen Freund, für oder gegen einen Collegebesuch, für ein bestimmtes Studienfach und gegen ein anderes, die Entscheidung, welche Klamotten man trug und welche man aussortierte – und, letztlich, die Entscheidung, welchem Land, welchem von einem selbst definierten Land man angehören wollte, sofern man überhaupt irgendeinem Land angehören wollte.

Das ist der Mythos – wie er in den Sechzigerjahren ausgelebt wurde, wie er empfangen, übermittelt, erfunden, kodifiziert und schließlich als eine selbstverständliche Tatsache empfunden wurde, als eine Legende von Geschichte. In den Fünfzigerjahren – Cantwells Epoche der Flut, des Moments, in dem sich alles änderte – gab es diese Legende noch nicht. Es gab lediglich Ereignisse. Der Mythos musste warten – und zu der Zeit, als er auftauchte, war die Geschichte verblichen, genug verblichen, um durch die Legende ersetzt zu werden. Und das ist im Grunde die Weise, auf die man an einem Mythos partizipiert: indem man sich daran beteiligt, ihn zu konstruieren, ihn zu erfinden. Was diesen speziellen Mythos hervorbrachte, war in diesem oder jenem Ausmaß der Sinn oder Unsinn, den die erste Generation von Popkritikern in die Welt gesetzt hatte. Macht dies den Mythos unwahr? Natürlich nicht. Es macht ihn zu einem eigenartigen und alles beherrschenden Standard, einem Standard, dem alle Popmusik, die auf das erste Auftauchen des Rock'n'Roll folgte, entsprechen muss, den sie überwinden oder zerschlagen oder irrelevant machen muss. Es ist ein Standard, den jede Platte und jede Performance irgendwie bestätigen oder zurückweisen muss.

Doch so wie Robert Cantwell den Mythos der Poptransformation herausarbeitet – den er schlicht und einfach, wenn auch dramatisch, als Geschichte beschreibt –, ist es nicht schwer, einen weiteren, giftigen Mythos wahrzunehmen, der sich darin verbirgt, als passe er den rechten Augenblick ab: ein Keim in der Idee der Gleichheit, jener Idee, die Cantwells »ungeniert spuckende Amerikaner« so vehement verfechten, ein Keim, der sich nicht herausbilden wird, um zu beweisen, dass wir alle auf derselben Ebene von Legitimität existieren können, sondern um zu beweisen, dass manche Menschen echt sind und andere falsch. Dies ist der Mythos der Authentizität oder der Reinheit – die Idee, das echte Kunst oder echte Kultur frei von niederen Beweggründen sei, dass sie in einer Sphäre existiere, in der es keine persönlichen Interessen gibt, keine besonderen Egos, in der es keine Form von Selbstsucht gibt, ganz zu schweigen von Verlogenheit oder Habgier.

Dieser Mythos schreibt die Geschichte nicht weniger um, als es der Mythos der Poptransformation tut, und auf eine gewaltsamere Weise. Die früheste Version dieses Mythos wurde nicht schriftlich ausgearbeitet; sie war keine Fiktion, sie wurde tatsächlich gelebt. Es handelte sich dabei um die Payola-Untersuchungen der späten Fünfziger- und frühen Sechzigerjahre. Diese basierten auf der von selbst ernannten Sittenwächtern und publicitysüchtigen Politikern verfochtenen Überzeugung, der zufolge es nur einen einzigen Grund dafür geben konnte, dass die Ätherwellen von Müll verseucht waren und dass anständige Kinder, weiße Kinder, der anständigen Kultur den Rücken gekehrt hatten: Jemand musste die Diskjockeys und die Programmgestalter der Radiosender bestochen haben, damit sie dieses Zeug abspielten, das man sonst nie zu hören bekommen hätte. Oder, anders formuliert, Rock'n'Roll war selbst Payola: eine Verschwörung. Der Rock'n'Roll war ein Schwindel, nicht unähnlich jenem anderen, in den Fünfzigerjahren von den Medien an die Wand gemalten Schreckgespenst, der unterschwelligen Werbung. Die Angst vor Payola und vor unterschwelliger Werbung waren gleichermaßen Versionen des alles beherrschenden Mythos der Nachkriegszeit: der Furcht, der Kommunismus könnte sich, so wie die Samenschoten in *The Invasion of the Body Snatchers*, Amerikas bemächtigen, während es schlief. Damals, in den späten Fünfzigerjahren, war das für die Leute keine bloße Einbildung, sondern eine reale Bedrohung. In Hollywoodfilme eingeschmuggelte kommunistische Botschaften würden, so wie das dem Wasser der öffentlichen Wasserversorgung beigemischte Fluorid, den Willen oder sogar die Gehirnsubstanz schwächen, bis die Amerikaner keinen Widerstand mehr leisten könnten. Und im Radio, bei Teenagern überall in den USA, war dies bereits geschehen.

Eine andere Version dieses Arguments entstand im Rahmen des Folkrevivals, das zur selben Zeit wie die Payola-Skandale Gestalt annahm. Popmusik, Rock'n'Roll, galt dort als Müll, als das pubertäre Vergnügen, das es nach Ansicht weiter Teile der Gesellschaft war, als etwas, dem man über kurz oder lang entwachsen würde. Der Rock'n'Roll war korrumpiert; es ging dabei nur ums Geld; es ging dabei nur um Nachahmung, jedes Gefühl eine Heuchelei, jede Geste von irgendwo übernommen. Doch in der Folkmusik – die alte, von Generation zu Generation weitergereichte Musik aus den Appalachen, Blues, Reels und Storysongs, Balladen, die so klangen, als hätte sie der Wind selbst geschrieben – kam die Seele des Sängers zum Vorschein. Bei ihrer Darbietung jeglichen Kunstanspruchs entkleidet, brachte diese Musik eine nackte Person hervor, die nicht lügen konnte. Die Sprache, die dem Mund dieser Person entströmte, war rein; das Motiv – einfach die Wahrheit zu sagen – war rein; und die Darbietung dieser Musik machte beide, den Sänger und den Zuhörer, zu wahren Menschen, die nicht lügen konnten, weil sie es nicht wollen konnten.

Eine aktuelle Version dieser Version des gegen den Pop gerichteten Mythos findet man in Fred Goodmans Buch *The Mansion on the Hill*, das von der angeblichen Kollision zwischen Kunst und Kommerz in der zeitgenössischen Popmusik handelt. Da die Popmusik hier in einem kapitalistischen Umfeld Gestalt annimmt, wird sie zwangsläufig deformiert und korrumpiert, bis weder der Performer noch der Zuhörer zwischen Wahrheit und Lüge zu unterscheiden vermag. Bedenkt man, dass die Popmusik genauso gut als eine Form von Kapitalismus angesehen werden kann wie jede andere Kunstform, dann ist Goodmans Version dieses Mythos einigermaßen bizarr.

Bevor Bob Dylan 1965 von der Folkmusik zum Rock'n'Roll überwechselte, war der Rock'n'Roll laut Goodman ein »Medium trivialer Unterhaltung«. Es gab dort keine wie auch immer geartete Expressivität, keinerlei Authentizität, sondern nur – Zeug. Geld und irgendwelche Klänge. Doch im Unterschied zu der Geschichte, wie sie normalerweise erzählt wird – ein von den Beatles reanimierter Rock'n'Roll wischte die Folkmusik von der kulturellen Landkarte –, behauptet Goodman, die Folkmusik habe, durch Dylans Wirken, die Regeln der Popmusik grundlegend erneuert. Laut Goodman konnte der Rock'n'Roll nun mit einem Mal die Wahrheit hervorbringen: wahre Botschaften und wahre Menschen. Man konnte sich selbst treu sein; dem eigenen Selbst musste man treu sein. Doch da man mit dem Rock'n'Roll nach wie vor Geld verdienen konnte – tatsächlich mehr als jemals zuvor –, ergab sich ein fataler Widerspruch.

Trotz der in *The Mansion on the Hill* gemachten Andeutungen, dass der Mann, der einmal die Zeile »Geld redet nicht, es flucht« schrieb, irgendwie nichts dagegen hat, zu, nun ja, zu fluchen, war Bob Dylan rein geblieben, wie Goodman in einem Radiointerview anlässlich der Veröffentlichung seines Buchs sagte. »Da ist auf der einen Seite Dylan und auf der anderen Seite sind all die anderen«, sagte er. »Dylan hat nie eine Platte gemacht, um Geld zu verdienen; er hat nie eine Platte gemacht, um einen Hit zu landen.« Worauf jeder richtige Popfan erwidern sollte: »Nun, wenn Bob Dylan nie eine Platte gemacht hat, um einen Hit zu landen, dann sollte er schleunigst damit anfangen. Es ist noch nicht zu spät dafür.« Doch dieses ganze Konzept, diese ganze Unterscheidung, ist einfach nur lächerlich – und dennoch ist dieser Mythos der Reinheit, dieser Folkvirus, heute der maßgeblichste

Popmythos, den es gibt. In England definierte er den Punk, von der ersten Minute an, wobei einige Fans beinahe einen schriftlichen Nachweis des lupenreinen Arbeiterklassebackgrounds der Musiker erwarteten, bevor sie dazu bereit waren, sich ernsthaft mit einer Platte zu beschäftigen, und er definiert auch weite Teile des heutigen Punkmilieus. Das ist das Umfeld, in dem Adam Duritz von den Counting Crows in Berkeley zu Hause war, und es war dieser Mythos, der ihn, weit mehr als alles, was sich auf eine Attitüde reduzieren lässt, aus der Stadt vertrieb. Er schrieb seine Songs, er gründete erst diese Band und dann jene, er machte seine Musik, folgte dieser, wohin sie ihn führte, und seine Musik schlug ein – und plötzlich, in einem Drama, das Kurt Cobain in seinem Innern ausfocht, wo er sich selbst attackierte und gnadenlos herunterputzte, war Duritz in den Straßen seiner Heimatstadt ein Paria, der von seinen früheren Freunden und Szenekumpels beschimpft oder wie Luft behandelt wurde. Duritz hatte nicht nur die Reinheit der Punkgemeinde von Berkeley verraten, nein, er war so etwas wie eine wandelnde Seuche: Wer ihm zu nahe kam, der konnte sich anstecken. Das ging alles so nahtlos auf die Folkies zurück, die das Kingston Trio als eine Bande von falschen Fuffzigern abqualifizierten – ungeachtet der Tatsache, dass das Kingston Trio im Grunde die Gruppe gewesen war, die das Folkrevival ausgelöst hatte.

Angesichts der immensen Bedeutung von Popmythen – und es gibt jede Menge davon, ineinander verwobene und sich überlappende Geschichten darüber, was es bedeutet, ein Performer oder ein Teil eines Publikums zu sein, über Liebe und Tod, über Identität und Gesichtslosigkeit und so weiter und so fort – kann es ein Schock sein, wenn man auf Performances stößt, die vollkommen frei von jeglichem Mythos zu sein scheinen, die offenbar völlig autonom entstehen, als entstünden sie aus sich selbst heraus. Dass dies möglich sein könnte, ist vielleicht der faszinierendste Popmythos überhaupt. Aber Mythos hin, Mythos her, genau dies habe ich auf *Golden Vanity* gehört, einem Bob-Dylan-Bootleg, das mir ein Freund aus Deutschland zukommen ließ.

In den frühen und mittleren Neunzigerjahren inszenierte Bob Dylan ein eigenartiges, für viele unverständliches oder irrelevantes kleines kulturelles Drama. Auf der Bühne präsentierte er häufig schockierend brachiale Versionen seiner alten Songs, dargeboten von einer kompakten, unerbittlich rockenden Band, mit ihm selbst als Leadgitarristen, wobei es geschehen konnte, dass die gesungenen Abschnitte eines Songs in den Schatten gestellt wurden von langen, vor sich hin mäandernden Instrumentalpassagen, die mitunter leiser und leiser, ja fast völlig still wurden, um dann unvermittelt, wie »Twist and Shout« von den Isley Brothers, in einen noch größeren Lärm auszubrechen. Seit 1990 hat Dylan keine eigenen neuen Songs mehr veröffentlicht, sondern nur noch Platten mit alten Blues- und Folkstandards. Und *Golden Vanity* enthält ausschließlich Songs dieser Sorte – die ältesten der alten Songs, Balladen und Lieder, die Hunderte von Jahren auf dem Buckel haben, in Form von Liveaufnahmen, die zwischen 1988 und 1992 von Leuten im Publikum gemacht wurden. Manche der Songs sind allgemein bekannt, Nummern, die in den Tagen des Folkrevivals praktisch jeder gesungen hat, »Barbara Allen« oder »Wild Mountain Thyme«. Manche sind obskur, jedenfalls für mich: »Eileen Aroon«. Es handelt sich um die Sorte von Songs, wie sie Bob Dylan 1960 und 1961 in St. Paul und Minneapolis aufgenommen hat, auf billigen Tonbandgeräten in noch billigeren Wohnungen von Studenten oder Dropouts, denn damals schienen diese Songs ein Schlüssel zu sein: ein Schlüssel zu einem anderen Land und zu einem anderen Ich, eine exotische Musik, die, wie jede exotische Musik, ein anderes Leben verhieß.

In den frühen Sechzigerjahren konnte der damals zwanzig- oder einundzwanzigjährige Dylan diese Songs mit Fleisch und Blut versehen. Während er sang, tauchten all die Gestalten aus den alten Balladen vor einem auf, die Männer und Frauen, die Lords und Ladys, die Geister und Dämonen. Doch als Dylan dieselben Songs nun in seinen späten Vierzigern und frühen Fünfzigern sang, war alles, was diese

Songs früher einmal bedeutet hatten – als Talismane des Folkrevivals, als Fetische der Reinheit und Authentizität, als Schlüssel zu einem Königreich –, in Vergessenheit geraten. Was diese Songs einmal bedeutet hatten, als Wissen, als eine Reihe von Regeln, ist in der Form des Punk weitergegeben worden, nicht in der Form von »Little Moses«, »Two Soldiers« oder »The Wagoner's Lad« – und so erscheinen diese Songs, auf einer Bootleg-CD, nicht als Kultur, sondern als eine Art Widerspruch, als eine Anomalie oder Unterbrechung, die aus dem Nichts auftaucht: eine Sprache ohne Kontext, eine Fremdsprache.

Dylan singt diese alten Songs mit einer düsteren, verbitterten, gedämpften Stimme, als wisse er, dass sie die Wahrheit über das menschliche Dasein enthalten, von der Geburt bis zum Tod, und als wäre diese Wahrheit für jeden offenkundig, könnten die Songs so gesungen werden, wie sie gesungen werden sollten, oder könnten sie so gehört werden, wie sie gehört werden sollten – könnte sich die Welt, nur für einen Moment, in einem vollkommenen Gleichgewicht befinden. Leidenschaft hebt diese Songs empor, eine Sehnsucht, die so heftig ist, dass man es kaum glauben kann, dass man es sich kaum anhören kann. Ein Rückzug, ein Sichzurückziehen angesichts einer Welt, die schon immer so gewesen ist, wie sie heute ist, und die niemals anders sein wird, lässt den Sänger schließlich vor sich selbst zurückweichen und er scheint überhaupt nicht zu singen. Doch im Publikum, von wo aus diese Aufnahmen gemacht wurden, mit Handmikrofonen und versteckten Tonbandgeräten, gibt es eine völlig andere Welt, eine von ganz normalen Leuten bevölkerte Welt.

Diese Leute schreien und gackern, sie knurren wie Hunde, sie juchzen Deadheadjuchzer und sie jauchzen Hippiejauchzer, sie äffen einander nach, geben sich mit ihren Stimmen lauthals High Five, bellend und betrunken. Es ist einfach unglaublich. Dies ist keine Kollision von Geschichte und Legende – die Kollision, aus der Mythen entstehen, wobei sich der Mythos als eine neue Sprache herausbildet, die niemand lernen muss, so wie bei den Teenagern und dem Rock'n'Roll in den Fünfzigerjahren, oder wo sich der Mythos, sollte die Kollision arrangiert worden sein, als eine neue Sprache ausbreitet, die jeder lernen muss. Hier, bei diesen Aufnahmen, wo sich das, was der Sänger macht, und das, was das Publikum macht, gegenseitig aufheben, gibt es keine Geschichte und auch keine Legende. Die Jahrhunderte des Beharrens in den uralten Songs, die Dylan singt, und der uralte Sänger, der er dabei zu sein scheint, lassen den Lärm der Menge als Vandalismus erscheinen; die Weigerung der Menge, dem Sänger zuzuhören, lässt die Weisheit der Songs und den vor Leidenschaft erfüllten Körper des Sängers als Eitelkeit erscheinen. Das Resultat ist die unwiderstehlichste Musik oder das unwiderstehlichste Ereignis, das ich seit einer Ewigkeit gehört oder erlebt habe: irritierend, verwirrend, so beschaffen, dass man es sich unmöglich anhören kann, aber mitunter auch so, dass man sich ihm unmöglich entziehen kann. Man hört, wie sich jemand darum bemüht, etwas, das er als zeitlos ansieht, das für ihn jenseits der historischen Zeit liegt, wieder in gewöhnliche Zeit zu verwandeln, während andere ihn instinktiv daran zu hindern versuchen.

Es gibt keinen Mythos, den ich aus dieser Sache hervorziehen oder den ich um sie drapieren könnte. Es ist ein neues Ereignis, etwas, das bislang noch keine Geschichte hat – so wie die beiden Schreie, die Sleater-Kinneys »Little Mouth« eröffnen, oder wie das Film-noir-Thema in DJ Shadows »Stem/Long Stem« oder wie tausend andere Dinge, die jeder von uns in diesem Zusammenhang anführen könnte.

Elvis Costello, »All This Useless Beauty«, auf *All This Useless Beauty* (Warner Bros., 1996). In seinen Anmerkungen zu einer 2001 erschienenen Wiederveröffentlichung des Albums schreibt Costello, er habe den Song ursprünglich für die britische Folksängerin June Tabor geschrieben, die ihn für ihr 1992 veröffentlichtes Album *Angel Tiger* (Green Linnet) aufnahm, wo es »tatsächlich mit mehr Zorn dargeboten wurde als bei meiner eigenen Version« – für mich hört es sich jedoch eher an wie ein Konzertvortrag im Abendkleid. »Keiner dieser Songtexte« schrieb Costello über »All This Useless Beauty«, »Little Atoms«, »You Bowed Down« und noch weitere Songs, »enthielt eine wie auch immer geartete Wut auf die Charaktere, sondern lediglich Enttäuschung darüber, dass sie sich mit so wenig zufriedengegeben hatten.«

—, »All This Useless Beauty«, von Costello & Nieve, auf »San Francisco Live at the Fillmore« (15. Mai 1996), von *Los Angeles San Francisco Chicago Boston New York* (Warner Bros., 1996). Ein einzigartiges Dokument einer einzigartigen Tournee: eine Box mit fünf kurzen CDs, deren Material (fünf oder sechs Songs pro Stadt) von live im Radio übertragenen Auftritten stammt, die Costello und der Attractions-Pianist Steve Nieve im Mai 1996 absolviert hatten. Das Highlight ist möglicherweise eine mehr als sieben Minuten lange Version von »My Dark Life«, ebenfalls von dem Auftritt in San Francisco. Die Performances sind durch die Bank makellos und zugleich explosiv, reserviert und zugleich einladend, privat und zugleich öffentlich, mit Geräuschen vom Publikum, die mal bewundernd und mal respektlos sind, mal begeistert und mal gedämpft, die reale Atmosphäre von realen Räumen. »Es sind keine Aufnahmen von perfekt produzierten Hightechkonzerten«, sagte Costello damals. »Es sind Aufnahmen von zufällig mitgehörten Konzerten.«

Lush, »All This Useless Beauty«, enthalten auf Elvis Costello & the Attractions, *You Bowed Down* (Warner Bros., 1996).

Robert Cantwell, »Twigs of Folly« (unveröffentlicht, 1997).

Fred Goodman, *The Mansion on the Hill: Dylan, Young, Geffen, Springsteen, and the Head-on Collision of Rock and Commerce*, Times Books, New York 1996.

Bob Dylan, *Golden Vanity* (Wanted Man Bootleg). Zu den darauf enthaltenen Songs zählen u. a. »The Girl on the Green Briar Shore«, »When First Unto This Country«, »Trail of the Buffalo«, »Man of Constant Sorrow« und »Lakes of Pontchartrain«.

TEIL FÜNF
NEUES LAND GEFUNDEN
1997–1999

VERFRÜHTE NACHRUFE
Interview
August 1997

Ich war gerade in England, um für ein Buch über Bob Dylans 1967 entstandene Basement-Tapes-Aufnahmen die Werbetrommel zu rühren, als die Zeitungen Ende Mai meldeten, bei Dylan sei eine seltene Herzerkrankung festgestellt worden und er habe möglicherweise nicht mehr lange zu leben. Das Merkwürdige daran war der scheinbare Eifer, mit dem diese Neuigkeit verbreitet wurde. Man konnte fast schon einen Seufzer der Erleichterung hören: »Mein Herr, ich bringe Euch frohe Kunde – die Sixties sind vorbei! Endlich können wir dieses Kapitel abschließen!«

Wenn diese Ära 1997 noch immer nicht vorbei war, durfte man wohl davon ausgehen, dass sie es nie sein würde. Das erklärte indes nicht, warum sich die Presse nicht auf eine sachlich-nüchterne Berichterstattung beschränkte – Erläuterungen der Diagnose, Informationen über die Absage von Dylans damals kurz bevorstehenden Tourneen durch das Vereinigte Königreich und Europa –, sondern diese Nachrichten mit verfrühten Nachrufen befrachtete. In fast allen Zeitungen wurden längere Überblicke über Dylans Karriere an die neuesten Meldungen über seinen Gesundheitszustand angehängt. Manche Tageszeitungen brachten ganzseitige Essays, in denen über die mögliche Fortdauer des Einflusses der »Stimme einer Generation«, wenn nicht gar des Mannes oder der Generation selbst spekuliert wurde. Doch das war nicht nur in Großbritannien so. Auch amerikanische Zeitungen griffen auf die Dienste von Nachrufverfassern zurück. Die Nachrichtensendungen im Fernsehen verlangten nach Kritikern – nicht nach medizinischen Sachverständigen –, die tief durchatmen und die Sache auf den Punkt bringen sollten. Unter Einsatz seines gewohnten Talents, das Saloppe mit dem Oberflächlichen zu verknüpfen, fing *Newsweek* die Stimmung mit einer unerreichten Vulgarität ein und zerfetzte den Schleier von Ernst und Feierlichkeit, dessen man sich anderswo bediente: »Die schlimme Nachricht, die letzte Woche im Wind wehte, war die, dass Bob Dylan möglicherweise sterben wird … Bob Dylans Herz in Gefahr? Das klang wie das Totengeläut für die Gegenkultur.« Man kann diese Leute fast schon geifern hören, oder? Doch warum diese atemlose Vorwegnahme eines Todes, der in Wahrheit doch schon vor Langem eingetreten war?

Das hängt, glaube ich, teilweise mit der Angst zusammen, ein Sänger, der einmal die vagen und sich ändernden Bedrohungen und Warnungen seiner Zeit in eine Sprache übertragen konnte, die man sofort und auf eine unwiderstehliche Weise verstand, könnte dies vielleicht ein weiteres Mal schaffen. Teilweise hängt es auch mit dem zusammen, was Gerri Hirshey in einem kürzlich im *Rolling Stone* erschienenen Artikel über Dylans Sohn Jakob (der mit seiner Band, den Wallflowers, dieses ganze Frühjahr hindurch in den Top Ten war) als die »törichte kulturelle Kurzsichtigkeit« bezeichnete, »die unserem Land schon seit Langem zu schaffen macht: Wir wissen nicht, was wir von Künstlern halten sollen, die die Unverfrorenheit besitzen, ihre eigenen Revolutionen zu überdauern.« Das ist aber noch nicht alles. In der Basement-Tapes-Nummer »This Wheel's on Fire« – heute, auf eine eher beängstigende Weise, die Titelmelodie der BBC/Comedy-Central-Sitcom *Absolutely Fabulous* und dort wiederholt eingesetzt in Gestalt von Julie Driscolls verschlagener, unmissverständlicher Interpretation der Zeile »If your mem'ry serves you well« – deutete Dylan an, dass Künstler, die nicht abtreten, sobald ihr angeblicher Moment vorüber ist, eine lästige Erinnerung an Versprechen sind, die ihre Fans, vielleicht noch mehr als die Künstler selbst, nicht haben halten können. Deshalb kann man sich fast schon die elegische, auf der Kommentarseite abgedruckte Begräbniskarikatur vorstellen, auf der ein paar Leute zu sehen sind, wie sie Asche verstreuen, und darunter die Bildunterschrift: »Jetzt weht auch Bob Dylan im Wind ...«

Autorisierte Medienarroganz und ausgemachte Mediendummheit sträubten sich, als diese Beinahefeier stattfand, gegen die womöglich wenig bekannte, aber unbestreitbare Tatsache, dass Bob Dylan, ungeachtet, wie krank er war – nach seiner Entlassung aus der Klinik sagte er: »Ich dachte tatsächlich, ich würde bald Elvis begegnen« –, nicht nur eine reale Person blieb, sondern auch ein Künstler, der heute Werke abliefert, die zum Besten zählen, was er jemals gemacht hat. Im Verlauf der 1990er-Jahre hat er seine Musik radikal umgekrempelt und sich zu diesem Zweck eine kompakte, coole kleine Band herangezogen; er hat seine lange Zeit blockierte Kehle mit zwei muffig-moderigen, ätzenden, auf verstohlene Weise ambitionierten Alben voller traditioneller Songs freigeräumt und sich auf der Bühne neu erfunden, nicht als ein Prophet oder als ein Karrierist oder als eine abgehalfterte Erinnerung an bessere Zeiten, sondern als ein Gitarrist. Seine Shows begannen vor Leben zu sprühen: Als ich ihn zum letzten Mal auf der Bühne erlebt habe, vor zwei Jahren, da erinnerte der ausgedehnte Schrei, der seine erste Nummer eröffnete, an eine Fahne, die sich entfaltete.

Der Mann, der – tot oder lebendig – so hoffnungsvoll als eine Gestalt aus der Vergangenheit beerdigt wurde, als ein Gefangener einer Gegenkultur, der er den Rücken gekehrt hatte, lange bevor diese von selbst verschwand, hat die letzten sieben Jahre überwiegend damit verbracht, den rechten Augenblick abzuwarten. Anfang dieses Jahres nahm er ein neues Album auf, seine erste Kollektion von selbst geschriebenen Songs seit 1990, die, so vermute ich, erst dann herausgebracht wird, wenn Jakob Dylan dafür in den Charts Platz gemacht hat. Sollte es tatsächlich herauskommen, so dürfte es Dylans erstes Album in gut zwanzig Jahren sein, bei dem sich diejenigen, die es womöglich zu hören bekommen, fragen werden, wie in aller Welt sie daraus schlau werden sollen.

Die Platte unterscheidet sich völlig von allen anderen, die Dylan bislang veröffentlicht hat, obwohl einem die Musik hier und da vertraut vorkommt: Sie verbreitet die Atmosphäre eines gestampften Lehmfußbodens, mit losen Enden und ausgefransten Rändern in den Songs – Songs, die unvollendet und zugleich endgültig klingen. Die Musik scheint eher gefunden als gemacht, das Prosaische vertreibt das Kunstvolle. Das Ganze gipfelt in »Highlands«, einem schmucklosen, weder orchestrierten, noch dramatisierten Monolog, der, wehmütig und gebrochen, verbittert und belustigt, einen Tag und zugleich ein Leben Revue passieren lässt. In dem Song, so wie ich ihn eines Nachmittags in diesem Frühjahr in einem Büro von Sony Records in Los Angeles gehört habe, geht es um einen Mann, der in einem von Ed Kienholz' grässlichen möblierten Zimmern haust, im vor sich hin gammelnden Zentrum irgendeiner moribunden Stadt – Cincinnati, Hollywood, das zeitlose, typisch amerikanische Nowheresville, wie man es aus David Lynchs *Blue Velvet* kennt. Und dieser Mann steht auf und macht einen Spaziergang, vielleicht zum ersten Mal seit Wochen. Im Verlauf des Songs gibt er seine Abenteuer wieder, erinnert sich an die Menschen, die er kennengelernt hat, und an die, denen er aus dem Weg gegangen ist. Auf eine gewisse Weise geschieht nichts; aus einer anderen Perspektive wird ein ganzes Leben aufgelöst. Der Song ist der Traum von jemand anderem, doch während Dylan den Song singt, ist man selbst derjenige, der diesen Traum träumt. Und man kann nicht aufwachen.

»Wie lange hat das gedauert?«, fragte ich den Sony-Mitarbeiter, der mich mit dem Tape allein gelassen hatte. »Sieben Minuten? Acht?« »Siebzehn«, erwiderte er. Und dies stammt von dem Mann, den so viele bereits beerdigen wollten: von einem Sänger, der mit sechsundfünfzig Jahren in der Popgleichung kein Faktor mehr ist, aber der die Uhr noch immer besiegen kann.

REAL LIFE ROCK TOP 10
Artforum
September 1997

9) Midway Stadium/Vorverkaufsstelle: Annonce für ein bevorstehendes Konzert (*City Pages*, Minneapolis, 18. Juni). Sie kennen sicher diese Annoncen für einstmals berühmte Rockheroen, die nun in irgendwelchen Bars auftreten müssen, von denen man noch nie etwas gehört hat und wo der Promoter immer den Titel des einen großen Hits unter den Namen des Künstlers oder der Band setzen lässt, in der Hoffnung, Sie werden sich vielleicht noch an den Song erinnern, selbst wenn Sie den oder die Interpreten schon lange vergessen haben: EVERY MOTHER'S SON (»COME ON DOWN TO MY BOAT«) – GINO'S – KEIN VERZEHRZWANG! – NUR DIESE EINE VORSTELLUNG! Doch das hier war ein Schock und immerhin eine Annonce für einen Auftritt im Rahmen der Minnesota State Fair:

> LIVE, IN EIGENER PERSON:
> Der »sagenhafte!!!«
> BOB
> DYLAN
> »Blowing in the Wind«

Ganz abgesehen davon, dass es nicht »Blowing« heißt, sondern »Blowin'«.

Artforum
Oktober 1997

10) Bob Dylan: *Time Out of Mind* (Columbia). Ein Western, der mit Clint Eastwoods Gesicht am Ende von *Unforgiven*[37] beginnt und sich dann umdreht und in den Osten zurückkehrt wie ein Unwetter.

---

37 *Erbarmungslos* (Regie: Clint Eastwood, USA 1992).

EINE LANDKARTE, DIE MAN WEGWERFEN KANN

San Francisco Examiner Magazine
2. November 1997[38]
Fünfzig Staaten und vierhundert
Jahre in der Stimme

Die Herausforderung von Bob Dylans *Time Out of Mind* (Columbia) – seiner ersten Sammlung selbstgeschriebener Songs seit 1990 – liegt darin, dass man die Platte so nehmen muss, wie sie ist. Es hat keinen Zweck, nach hoffnungsvollen Botschaften oder autobiografischen Bekenntnissen zu suchen (»Es ist ein Trennungsalbum, stimmts?«, sagte ein Freund in Reaktion auf die vielen Stücke über verlorene Liebe und ein gebrochenes Herz). Seit Langem hat kein bedeutender Künstler irgendeiner Sparte ein so düsteres und dunkles Werk veröffentlicht – und mit bedeutender Künstler meine ich jemanden, der einen Ruf, ein Publikum zu verlieren hat. *Time Out of Mind* ist allein durch handwerkliches Können, durch die Hingabe des Musikers an sein Material gestaltet. Die Welt mag sinnlos sein; ihm bleibt nichts anderes übrig, als dem Nichts eine Form zu geben.

Zuerst wirkt die Musik schlicht erschreckend in ihrer Bitterkeit, in ihrer Verweigerung von Trost und Gefälligkeit. Dann wird sie als eine Art konventionelle Sammlung von Liedern erkennbar, bis plötzlich ein

---

[38] Deutsche Erstveröffentlichung unter dem Titel »›Everything looks far away‹. Das neue Dylan-Album: Fünfzig Staaten und vierhundert Jahre in der Stimme«, in: *DIE ZEIT*, Nr. 42, 10. Oktober 1997, S. 59 (Übersetzung: Brigitte Jakobeit).

Bogen in einem der Stücke – wenn Dylan etwa mit der Abgeklärtheit eines Lebens, das einer hinter sich gelassen hat, die scheinbar traditionelle Zeile »I been to Sugartown I shook the sugar down« in »Tryin' to Get to Heaven« los wird oder im ruhigen Fluss von »Highlands«, einem fast siebzehnminütigen Stück, das so bescheiden mysteriös daherkommt, dass man meint, es hätte die ganze Platte durchweben können, ohne sich zu erschöpfen – jedes beiläufige Hören verbietet und jeder Wortspielerei, jeder leisen Aussage klare Kontur gibt und eine abgeschlossene, ganze Erzählung offenbart.

Die Geschichte beginnt mit dem Sänger, dem Erzähler, der durch verlassene Straßen zieht, und sie schließt, als er durch die Straßen einer fast ausgestorbenen Stadt wandert: »Must be a holiday«, murmelt er vor sich hin, als interessiere es ihn nicht im Geringsten, ob nun Feiertag ist oder nicht. Bilder von Obdachlosigkeit und endloser Wanderschaft treiben Lied auf Lied voran. Manchmal suggeriert das Motiv einen Mann, der gar kein Zuhause möchte. »I know plenty of people«, erzählt er uns einmal, »put me up for a day or two«; manchmal ruft es Erinnerungen an die Landstreicherheere der großen Depression in den dreißiger Jahren wach oder an den Filmregisseur in Preston Sturges' *Sullivans Reisen* (1941), der, als Hobo verkleidet, wie ein fahrender Vagabund auf Güterwagen reist, um der breiten Masse nahezukommen, den Enteigneten und Gezeichneten – und feststellt, dass sich die Fetzen der Armut und Anonymität leichter anlegen als abstreifen lassen, dass sie nicht bloß die Symbole des Reichtums und des Ruhms verbergen, sondern sie auch auflösen.

Wie in jenem alten Film, der entstand, als die Depression allmählich im Schlund des Zweiten Weltkrieges verschwand, wird auch ein anderes Land sichtbar, wenn *Time Out of Mind* läuft. Es ist weniger die Insel für ein gebrochenes Herz als vielmehr eine Art Halbwelt, eine verwüstete Landschaft, in der jeder jederzeit landen könnte.

Dieses Land ist so ruhig wie die Ebenen, seine Eintönigkeit wird nur unterbrochen durch die Gewalt des Tons und der Synkopen, der harten Wahrheiten oder harten Rhythmen einer Band, die gehetzt aufeinander folgen wie Menschen, die aus einem brennenden Haus fliehen. »I thought some of 'em were friends of mine, I was wrong about 'em all«, singt Dylan in »Cold Irons Bound« und lässt seine Wörter vom peitschenden Rhythmus treiben. Doch das Wort »all« bleibt auf diesem Rhythmus eigentlich unbetont; die Dramatik von *Time Out of Mind* liegt in der seltsam vermittelten Vehemenz, in den Augenblicken, da ein einzelner mit fünfzig Staaten und vierhundert Jahren in seiner Stimme zu sprechen scheint, aber diese Vehemenz ist nie vordergründig. Die Melodie der ganzen Zeile ist nicht betont, sie ist geschwungen – »wrrrrrong about 'em alllll« –, steigt beim ersten Wort an und fällt beim letzten wieder ab, und eine Orgel rauscht wie Wind durch das Lied. Die Landschaft, von Song zu Song mit Namen wie »Missouri«, »New Orleans«, »Baltimore«,»Bostontown« versehen, wird vorübergehend durch die Bewegung, die auf ihr stattfindet, ausgelöscht, und der Sänger verschwindet außer Hörweite; wenn er zurückkehrt, hat sich nichts verändert. Das Land, das auftaucht, ist sehr alt und dennoch frisch und scharf zu erkennen, offenbar kann es sich endlos erneuern. Gleichzeitig ist es sehr jung und alles andere als kaputt. »I got new eyes«, singt Dylan sehr sachlich in einer der tödlichsten Zeilen seines Schreiberlebens: »Everything looks far away.« Verbale, melodische und rhythmische Fragmente aus alten Blues- und Folksongs passen so natürlich und scheinbar so unvermeidlich wie Atem in die Melodien von *Time Out of Mind*. Dass das Wiederauftauchen der vergessenen Vergangenheit in einer leeren Gegenwart ein Talisman von *Time Out of Mind* ist, schlägt sich im Aufdruck nieder, den Dylan für seine CD gewählt hat: dem klassischen Viva-tonal/Electrical-Process-Label der Plattenfirma Columbia aus den späten Zwanzigerjahren, einem Label, das eine Serie mit »Race«- oder Negro-Aufnahmen veröffentlichte, eine weitere mit »Old Time« oder Country.

Dylans Platte dreht sich so leicht auf diesem alten Label, wie sich auch manche Chorusse und Verse in den Songs scheinbar von selbst schreiben. Sie werden mit einer beiläufigen Ruppigkeit hingeworfen, die nahelegt, dass Dylan genau weiß, der Hörer wird sie nach einer halben Zeile automatisch vervollständigen, noch ehe er, Dylan, sie gesungen hat: »That's all right, mama, you / Do what you gotta do«, quäkt er gedehnt in »Million Miles«. Doch das Label weist auch in die Vergangenheit, bis nichts mehr darauf zu lesen ist. Auch wenn vieles von der Musik hier vorbestimmt ist, scheint doch mehr aus dem Nichts zu kommen, jenem Nichts, das sowohl die Gegenwart wie die Zukunft des Landes darstellt, in dem Dylans Geschichte stattfindet. Immer wieder stellt der Geschichtenerzähler die gleiche Frage, mit Resignation und verschlagenem, überraschendem Humor, mit dem Gespür eines Streichorchesters aus Georgia oder den leeren Augen eines Totengräbers, und manchmal lächelt er fast, wenn er fragt, »if everything is as hollow as ist seems«.

Wenn man die Songs auf *Time Out of Mind* hört, hat man oft das Gefühl, als beobachte man Menschen, die durch Drehtüren gehen: so abstrakt und vage und unberührbar ist die Atmosphäre. Man kann ebenso erwarten, dass jemand gleich wieder erscheint oder für immer verschwindet. Genauso ist es in der zentralen Szene in »Highlands«, in der ein Mann ein Restaurant betritt. Es ist leer bis auf die Bedienung. Die beiden plänkeln, flirten beinah, und im nächsten Moment – einem Moment der Müdigkeit, der Langeweile, der Erinnerung an zu viele ähnliche Situationen oder einfach wegen eines einzigen Wortes, das im falschen Ton gesagt wurde – stirbt die Stimmung. Der Raum, die Stadt draußen, das Land ringsum, seine ganze Geschichte und alle Musikstücke und dramatischen Szenen, die so ruhig in diese eine Szene einfließen und von ihr ausgehen – Josh White's »One Meat Ball«, Skip James' »Hard Time Killin' Floor Blues« von 1931, Jack Nicholsons Hühnchensandwich-Dialog in *Five Easy Pieces*, »Wild Mountain Thyme«, Dylans eigenes »Desolation Row« –, dies alles, vom Song bis zum Land, wird plötzlich feindselig und kalt. Die Bedienung kehrt ihm einen Augenblick lang den Rücken zu, und die Luft in dem Restaurant ist jetzt so gemein, dass man genauso erleichtert ist wie der Sänger, als er sich still von seinem Stuhl stiehlt. Man kann spüren, dass man wie er die Muskeln anspannt. Dennoch ist es kaum nötig, dass Sänger und Song zur Tür hinaus auf die Straßen von Boston gelangen, um sich vorstellen zu können, dass dies vielleicht die letzte Unterhaltung war, die der Sänger je hatte – oder in Boston, wo seine Nation ihren Anfang nahm, die letzte Unterhaltung, die gerade noch die Möglichkeit einer Geschichte andeutete, die noch nicht erzählt war.

Das ist das Neue an *Time Out of Mind* und dem Land, das die Songs durchreisen, als wäre die Platte eine Karte, die man einmal liest und dann wegwirft, weil man sie ohnehin nicht vergisst, ob man will oder nicht: Obwohl die Platte aus Fragmenten und Phrasen und Riffs besteht, weit älter als jeder lebende Mensch, aus Bruchstücken alter volkstümlicher Sprachen, die scherzen und grummeln, als wäre es das erste Mal, entsteht ein Bild von einem Land, das sich selbst aufgebracht hat, und der eigenartige Reiz von *Time Out of Mind* liegt in seiner Vollständigkeit, seiner absoluten Weigerung, an sich selbst zu zweifeln.

Diese neue Geschichte kommt nicht aus dem Nichts, oder zumindest ist sie keine einsame Stimme in der Wildnis. Dieselbe zynische, beschädigte, höhnische, absolut sichere Billigung des eigenen Nihilismus zeichnete in den letzten Jahren Bill Pullmans Gesicht aus, in Filmen wie *The Last Seduction*, *Malice*, *Lost Highway* und in Wim Wenders' neuem Film *The End of Violence* – denn genau wie *Time Out of Mind* eine Ende-des-amerikanischen-Jahrhunderts-Platte ist, die mit einer Rückzugsfantasie in die schottischen Highlands endet, in das Grenzland, in dem die ältesten Balladen zuerst auflebten, ist Bill Pullman in diesen Filmen der absolute Ende-des-amerikanischen-Jahrhunderts-Mann.

In *The End of Violence* spielt er einen Filmproduzenten, dessen Leben sich, ähnlich wie das von Preston Sturges' Regisseur John L. Sullivan (dargestellt vom all-American Boy Joel McCrea), radikal ändert.

Zuerst sehen wir ihn aus seinem Glaspalast auf ganz Los Angeles blicken, umgeben von Computern und Mobiltelefonen; bald läuft er in abgerissenen Kleidern herum, gehört zu einem Trupp spanisch sprechender Gärtner, hievt sein Laubgebläse hoch und bewegt sich unsichtbar durch die perfekt gepflegten Anwesen, wo er, nur Tage zuvor, an seinen eigenen Gärtnern vorbeischaute wie ein feiner Herr: Er trägt eine alte Baseballmütze auf dem Kopf, seine Augen blinzeln gegen die kalifornische Sonne; verrückterweise blinzeln sie auch nach innen, als könne er es nicht ertragen, sich selbst länger anzusehen. Unsichtbar für alle anderen, ein Herumtreiber, vermisst er nichts, aber je mehr er begreift, um so geringer wird sein Bedürfnis, irgendetwas zu irgendjemandem zu sagen. Wer würde schon zuhören?

Diese Frage muss Bob Dylan sich nicht stellen, wenn er in »Tryin' to Get to Heaven« seine Harmonika spielt, bis der Song sich selbst aufbaut wie »Be My Baby« von den Ronettes als Folkversion. Auch wenn er heute oft als Erscheinung aus der Vergangenheit bezeichnet wird, als jemand, der inzwischen an die verschwommenen Grenzen der Popwelt gedrängt ist, könnte Dylan sehr wohl zur Antwort geben, wenn die Musik so kompromisslos ist wie auf *Time Out of Mind*, kommt es eben auf die alten Songs und die Leute an, die in ihnen vorkommen; die toten Straßen in seinen neuen Stücken, die irgendwie so verlassen sind wie die Straßen seines »Talkin' World War III Blues« von 1963, werden sich um sich selbst kümmern müssen. Und vielleicht steht Dylan gar nicht so am Rand, wie es aussieht; vielleicht ist er längst nicht der Spinner oder Popaußenseiter als vielmehr eine Verkörperung der kulturellen Erinnerung, mit der er in *Time Out of Mind* spielt. Im Mai dieses Jahres baute eine Soulband in der College-Stadt Iowa City auf der Dubuque Mall ihre Verstärker auf, und bald schmetterte eine Frau Chaka-Khan-Imitationen und trieb die nachmittäglichen Straßensänger in die Ecken, wo ihre Mundharmonika-und-akustische-Gitarren-Vorträge von Prince' »Purple Rain« und dem »I Will Dare« der Replacements kaum zu hören waren. Gegen Abend wurden die Leute jünger, die Kellerbars lauter, die Straßensänger zahlreicher – um zehn stand ungefähr alle sechs Meter einer, jeder wirkte gleich verloren und übersehen, jeder mit einer Freundin in verehrender Bereitschaft –, und das Repertoire wurde ambitionierter: »These Foolish Things«, »She Belongs to Me«, der alte Folksong »Railroad Bill«, irgendwas, das von Phil Ochs gewesen sein musste, das »Singer Not the Song« der Rolling Stones. Jeder Sänger schien nichts weiter zu wünschen, als wie Bob Dylan zu klingen, und auf seine Art klang auch jeder so.

Bob Dylan, *Time Out of Mind* (Columbia, 1997). Die Ausgabe von 1998 enthält eine Bonus-CD mit »field recordings« live dargebotener Versionen von »Love Sick«, »Cold Irons Bound«, »Can't Wait« und »Blind Willie McTell«, wobei Letzteres die Zeit stillstehen lässt.
—, *Not Standing in the Doorway with the Dirt Road Blues (Just Yet)* (Rhythm Rhizome/ Wild Wolf Bootleg mit zwischen 1997 und 1999 aufgenommenen Liveversionen von *Time-Out-of-Mind*-Songs).
—, *Life on the Square* (Boss Bootleg mit zwischen 1999 und 2004 aufgenommenen Liveversionen sämtlicher Songs von *Time Out of Mind*).

EIN SCHRITT ZURÜCK
New York Times
19. Januar 1998

1997 verkauften die Wallflowers, Jakob Dylans Band, vier Millionen Exemplare ihres zweiten Albums, *Bringing Down the Horse*. Im Windschatten der Hitsingle »One Headlight« hielt es sich fast das ganze Jahr hindurch in den Top Ten und dank der Single »Three Marlenas« ist es nach wie vor im Radio zu hören.

Fünfunddreißig Jahre nach der Veröffentlichung seines ersten Albums war Bob Dylan, Jakob Dylans Vater, überall in den Nachrichten. Im Mai sorgte er weltweit für Schlagzeilen, als er wegen einer möglicherweise tödlichen Herzentzündung ins Krankenhaus eingeliefert wurde. Im September trat er in Bologna vor dem Papst auf. Im Oktober veröffentlichte er *Time Out of Mind*, sein erstes Album mit selbst geschriebenen Songs in sieben Jahren, ein Opus, das von der Kritik einhellig gelobt wurde. Und im Dezember ehrte ihn das Kennedy-Center in Washington.

Angesichts dieser Koinzidenz von Ereignissen wandte sich eine der renommiertesten Tageszeitungen des Landes an diverse »Experten«, die sich zu der Frage äußern sollten, ob Jakob Dylan in fünfunddreißig Jahren vielleicht einen ähnlich langen Schatten werfen werde, wie es sein Vater heute tut.

Warum sollte er? Das ist eine blöde Frage und dazu auch noch eine irrelevante. Weil so viel Geld auf dem Spiel steht, scheint es bei der Popmusik um Karrieren zu gehen. Doch unter der Oberfläche, vielleicht auf der Ebene, wo das Geld tatsächlich verdient wird, geht es bei der Popmusik im Grunde um einen sozialen Sachverhalt. Jemand hat etwas zu sagen, was das ganze Land, ja sogar die ganze Welt, möglicherweise hören möchte und vielleicht hat er nur dieses eine Mal etwas Derartiges zu sagen. Die maßgeblichen Werte der Popmusik scheinen in der Anhäufung von Ruhm und Reichtum zu liegen. Sie könnten aber auch in der Art und Weise gefunden werden, wie ein Song deinem Tag eine andere Richtung verleihen kann und dann verschwindet.

Ein Sänger oder eine Sängerin erreicht dich mit einem Song. Sie müssen dich nicht mit einem weiteren Song erreichen und du musst nicht darauf reagieren, sollten sie es versuchen. Ob bewusst gehört oder zufällig mitgehört – im Radio, in einer Bar, von jemandem gesummt, der neben dir in einer Warteschlange steht –, ein Song lenkt dich von dem Weg ab, den dein Tag eingeschlagen hat. Einen Moment lang verändert er dich. Aber du kannst ihn genauso sehr vergessen, wie du dich von ihm verfolgt fühlen kannst, bis du ihn erneut hörst.

Oder, besser gesagt, du könntest *versuchen*, ihn zu vergessen. Womöglich wird es dir nicht gestattet. Ein Hitsong, den man nicht mag, ist ein Mysterium, das an Folter grenzt. Ich kann verstehen, dass jedes weibliche Wesen in meinem Bekanntenkreis Jakob Dylan für das hübscheste Ding hält, das derzeit auf zwei Beinen herumläuft, aber musste er einem dieses »One Headlight« gleich so lange auftischen, bis der Frühling vom Herbst abgelöst wurde? Es war, als schaute man jemandem dabei zu, wie er ein aus vier Teilen bestehendes Puzzle zusammenlegt, wieder und wieder.

Wie alle omnipräsenten Hitsingles war »One Headlight« so banal, dass es einem allenfalls einen leichten Kopfschmerz bescherte, und natürlich konnte man jederzeit den Sender wechseln. Um eine Migräne zu erzeugen, bedarf es einer großartigen Single wie Hansons »MMM-Bop«, der allgegenwärtigsten Scheibe des vergangenen Jahres. Man braucht ein Stück Musik, das auf eine so deliriöse Weise eingängig, auf eine so heimtückische Weise fantastisch ist, dass man den Sender nicht wechseln kann, einen Song, den man auch dann noch hört, wenn man das Radio ausgeschaltet hat.

Das war die Story eines Sketches, den man sich für den kürzlichen Auftritt von Hanson in *Saturday Night Live* ausgedacht hatte: Die drei noch im Teenageralter befindlichen Hanson-Brüder betreten eine Fahrstuhlkabine. Plötzlich kommen zwei Terroristen (die Gastmoderatorin Helen Hunt und der zum festen Ensemble gehörende Will Ferrell) hereingestürmt, schließen die Tür und richten Schusswaffen auf die Jungs. »MMMBop« hat die beiden in den Wahnsinn getrieben und dasselbe wollen sie jetzt mit Hanson machen. Mit Wattepfropfen in ihren Ohren stoppen die Terroristen den Fahrstuhl zwischen zwei Stockwerken, schieben »MMMBop« in einen auf den REPEAT-Modus eingestellten Gettoblaster – und dann warten sie ab.

Es dauert nur eine Stunde oder so, bis der erste Hanson den Verstand verliert; sein Mund verzerrt sich zu einem grässlichen Grinsen. Ein paar Stunden später gibt ein zweiter Hanson nach. Der dritte steht jedoch weiterhin quietschvergnügt da und tappt mit dem Fuß im Takt der Musik auf den Boden. Mr. Ferrell nimmt die Wattepfropfen aus seinen Ohren; ein Lächeln huscht über sein Gesicht und auch er beginnt, sich zur Musik zu bewegen. Als Ms. Hunt merkt, dass er zum Feind übergelaufen ist, bleibt ihr keine andere Wahl, als ihn auf der Stelle zu erschießen.

Das ist eine Möglichkeit, mit dem Mysterium einer Hitsingle fertigzuwerden. Doch manche Singles, wie der derzeitige Wallflowers-Hit »Three Marlenas«, sind Mysterien, die sich verstärken, bis sie schließlich aus den Ätherwellen hinausschweben und sich in Luft auflösen.

Der Song befasst sich mit den Nöten von Leuten, die kein Geld haben und auch keins erwarten. Jakob Dylan spielt auf seiner Gitarre eine simple Kadenz, die er nie variiert. Eine schrille Orgel lässt die Leute, über die er singt, größer als ihr kümmerliches Leben erscheinen, ja sogar heroisch. Dann verstummt die Orchestrierung und es ist nur noch die Gitarre übrig, um den Takt zu markieren. Das ganze Stück hält inne und der Sänger sagt, ach, zur Hölle damit! Er wird sich ein Auto beschaffen und eine Spritztour machen, mit offenem Verdeck und voll aufgedrehtem Radio. Der voyeuristische Tonfall seiner Beschreibung anderer Leute weicht einem verbittert-lässigen James-Dean-Knurren. »I'm going right out of state«, sagt er. »Now, I ain't looking back until I'm going / Right through heaven's gate.«

Er dehnt das Wort »heaven« so weit aus, wie es geht. Er setzt alles, was er hat, auf dieses eine Wort und auf das nächste, jedoch ohne seine Karten aufzudecken. Obgleich er keine Miene verzieht, wirkt die Formulierung »heaven's gate« wie ein Magnet, der aus allen Richtungen Metaphern anzieht und damit das Loch füllt, das sich in der Musik aufgetan hat.

Das Loch wird mit den neununddreißig Mitgliedern der Sekte Heaven's Gate gefüllt, die im letzten März kollektiv Selbstmord begingen, lange nachdem »Three Marlenas« aufgenommen wurde, aber bevor es im Radio auftauchte und sich dort festsetzte. Es wird gefüllt mit Genesis 28, 12–17, wo sich ein verängstigter Jakob seine Leiter zur »Pforte des Himmels« emporträumt, und mit »Horch! Lerch' am Himmelstor singt hell« aus dem Verführungslied im zweiten Akt von Shakespeares *Cymbeline*.

Jakob Dylans Song ist erfüllt vom Gefühl der sich unerbittlich anbahnenden Katastrophe in Michael Ciminos 1980 herausgekommenem Film über den Johnson County War von 1892, wo der gemalte Schriftzug »Heaven's Gate« auf einer in einem Zelt untergebrachten Rollschuhbahn in Sweetwater, Wyoming, prangt. In dieser bescheidenen Rollschuhbahn fungierte T-Bone Burnett, der frühere Bob-Dylan-Begleitmusiker und Produzent des Wallflowers-Albums *Bringing Down the Horse*, als Leiter der »Heaven's Gate Band« des Films.

Jakob Dylan beschwört all diese Metaphern herauf, indem er nichts weiter tut, als in unserer Kultur zu agieren, und alle Fragen nach einer bewussten Absicht sind müßig. Sein Song ist mit Ereignissen beladen, die er niemals hat voraussehen können, und mit Analogien, die ihm möglicherweise gar nicht bewusst sind, und dadurch erzeugt er das Gefühl, dass der Sänger, wohin immer er in seinem Song fahren mag, niemals von dort zurückkehren wird. Es ist so, als rechne der Sänger damit, dass das Himmelstor verschlossen sein wird, ja, als hoffe er dies sogar, damit er durch dieses Tor hindurchrasen und es niederreißen kann.

Beim Zuhören kann man fast sehen, wie dies geschieht, doch das Bild wird nie so richtig scharf. Also hört man aufmerksamer zu, wann immer »Three Marlenas« im Radio läuft, weil man dem Mysterium, das dieser Song darstellt, unbedingt auf den Grund gehen möchte – so lange, bis man es schließlich satthat, es zu versuchen. Und eines Tages merkt man, dass der Song im Radio läuft, und man hört darin überhaupt nichts mehr. Wie so viele Singles ist die Platte dorthin zurückgekehrt, woher sie gekommen ist, wo immer das sein mag.

Wallflowers, »One Headlight« und »Three Marlenas«, auf *Bringing Down the Horse* (Interscope, 1996).

Hanson, »MMMBop« (Island, 1997).

Michael Cimino's »Heaven's Gate« – Original Soundtrack, Musik komponiert von David Mansfield (United Artists, 1980; wiederveröffentlicht auf Rykodisc, 1999).

DREISSIG PLATTEN ÜBER AMERIKA

Rolling Stone
28. Mai 1998

1) Chuck Berry: »Promised Land« (Chess, 1964). Das Gelobte Land – und dies ist die dazugehörige Landkarte. Sie nimmt Gestalt an, wenn der »Poor Boy« von Norfolk, Virginia, aufbricht, um die USA zu entdecken: eine Reise, die von Armut zu Wohlstand führt, von einem Greyhoundbus zu einem Flugzeug, das auf dem LAX landet. Alle Popmusik, die Amerika zu ihrem Thema macht – egal ob sie auf eine Tragödie zusteuert oder auf die vollkommenste Harmonie – fließt von diesem Berg herab.

2) Carl Perkins: »Blue Suede Shoes« (Sun, 1956). »Trampel nicht auf mir herum«, mit einem Lächeln und einer freundlich ausgestreckten Hand.

3 & 4) Chuck Berry: *More Chuck Berry* (Chess, 1955–1960) und die Beach Boys: *The Best of the Beach Boys, Vol. 2* (Capitol, 1962–1966). Die Landkarte beginnt sich zu füllen, mit Schwarzen und Weißen, mit Autos und mit Mädchen – großartige Abenteuer bis tief in die Nacht hinein. »Let it rock«, kommandierte Chuck Berry; »I get around«, erwiderten die Beach Boys cool, ein Auto voller Typen auf dem Gipfel der Welt. In diesem Land gibt es keine Gefahr oder Bedrohung, die ein guter Song nicht zu bannen vermag.

5) Dion: »Abraham, Martin and John« (Laurie, 1968). Der Song zerreißt mir das Herz. Manchmal kann ich es nicht ertragen, ihn mir anzuhören, das Land vor mir auftauchen zu sehen, das es nun nicht gibt.

6) Bob Dylan: *Highway 61 Revisited* (Columbia, 1965). Hier draußen ist das Leben eine ununterbrochene Mutprobe. Ein zusammengekniffenes Auge erblickt ein Land voller Bedrohlichkeit, und eine Stimme, die aus jedem Bundesstaat kommen könnte, oder aus allen zugleich, beschreibt eine Nation geprägt von Hysterie, und beschreibt dann diese Nation aufs Neue, als einen grässlichen, aber irgendwie auch aufregenden Witz – der keine Pointe hat.

7 & 8) ZZ Top: *Eliminator* (Warner Bros., 1983) und Tarnation: *Gentle Creatures* (4 AD, 1995). Dieselbe Straße, aber keine Bange: Sie brauchen Convenience-Stores, die die ganze Nacht geöffnet sind? Sie brauchen Stundenmotels? Die gibt es hier, direkt an der Interstate, und dazu auch noch preiswert.

9) Bobby »Blue« Bland: *Two Steps from the Blues* (Duke, 1961). Das St.-James-Spital gibt es hier auch – und eine Nation von Fremden.

10) Pere Ubu: *Pennsylvania* (Tim/Kerr, 1998). Sie verlassen also die Interstate und gelangen in vergessene Kleinstädte und tun so, als könnten auch Sie in dieses Diner da drüben gehören – als könnten auch Sie eins der Gespenster dort sein.

11) Bruce Springsteen: *Nebraska* (Columbia, 1982). Die Landkarte schrumpft auf einen einzigen Staat zusammen, wo einmal, während Chuck Berry sang, ein Teenager und seine Freundin in ihr Auto stiegen und losfuhren: »And ten innocent people died«, singt Springsteen als Charlie Starkweather, ohne Freude und ohne Bedauern. Es sind die

frühen Reagan-Jahre; Reichtum ist zum Maß aller Dinge geworden und Starkweather ist zurückgekehrt als der Prophet dieses Nihilismus.

12) »5« Royales: »The Slummer the Slum« (King, 1958). Allerdings kann sich die Landkarte jederzeit wieder öffnen. »Don't try«, sagt der Sänger, den Rhythmus nach jeder dieser Zeilen auf tödliche Weise verzögernd, »to figure out / Where I come from«, und man bekommt tatsächlich nicht heraus, woher er kommt. In dieser Nummer gibt es zwei Amerikas – ein schwarzes, armes und ein weißes, reiches –, doch es gibt darin auch eine einzige, allen gemeinsame Kirche: die, wie der verstorbene Robert Palmer sie nannte, Church of the Sonic Guitar. Lowman Pauling brennt sie nieder und errichtet sie von Grund auf neu.

13) Barrett Strong: »Money (That's What I Want)« (Anna, 1960). Geld als das Maß der Freiheit, der Sound eines Aufruhrs, das Streben nach Glück in der Manier eines brachialen Durchbruchs durch die Verteidigungsreihe einer gegnerischen Footballmannschaft.

14) Allen Ginsberg: *Holy Soul Jelly Roll – Poems and Songs, 1949–1993* (Rhino Word Beat, 1994). Bürgerrecht: Wie man es bekommt, wie man es nutzt.

15) Prince: *Dirty Mind* (Warner Bros., 1980). Eine Orgie, veranstaltet in Minnesota, von Schwarzen und Weißen, Christen und Juden; der erste und der vierzehnte Verfassungszusatz in die Tat umgesetzt und einem Test unterzogen.

16) Randy Newman: *Sail Away* (Reprise, 1972). Ein Sklavenschiff als die *Titanic*: nichts kann schiefgehen. Das Schiff segelt glorreich in die Charleston Bay – und versenkt das Land.

17) Jimi Hendrix: *Woodstock* (MCA, 1994). So wie er es erzählte, war »The Star-Spangled Banner« die Geschichte einer Nation, die sich selbst in Stücke riss und dann die Flagge in Form einer Flickendecke zusammennähte. Sein Gesicht ist noch immer darin zu erkennen.

18 & 19) Fastbacks: *In America – Live in Seattle 1988* (Lost and Found, 1996) und Martina McBride: »Independence Day« (RCA, 1993). Patriotismus aus Seattle und Nashville: »Who says the government's on your side?«, fragt eine Frau lapidar, während eine andere lauthals erklärt, dass die Regierung überhaupt nicht von Bedeutung ist – nicht auf heimischem Boden, wo »die Unabhängigkeitserklärung einen Unterschied macht« (Herman Melville).

20) Bill Parsons: »The All-American Boy« (Fraternity, 1958). Elvis lernt Uncle Sam kennen: »Ah, I'm gonna cut yo' hair off …«

21) Geto Boys: *We Can't Be Stopped* (Rap-A-Lot, 1991). Im Innern des nie endenden Festzugs der Selbstbeweihräucherung des weißen Amerikas gibt es ein schwarzes Loch – ein paar Häuserblocks des Fifth Ward von Houston –, wo das Leben dermaßen instabil ist, dass es sich nicht so verhält, dass Körper ihre Seelen nicht finden können, sondern so, dass Seelen ihre Körper nicht finden können.

22) Bob Dylan: *John Wesley Harding* (Columbia, 1968). Ein Schwarz-Weiß-Western aus den 1950er-Jahren, in Szene gesetzt von einer Minstreltruppe aus den 1870er-Jahren, die aus Puritanern des 17. Jahrhunderts und aus Veteranen des amerikanischen Freiheitskrieges besteht.

23) Alexander »Skip« Spence: *Oar* (Columbia, 1969). Noch ein Western: Cowboys sitzen rings um ein Lagerfeuer und singen alte Cowboylieder. Das Einzige, was ihrer Ansicht nach noch größer ist als das

Land, ist der Himmel. Die Unermesslichkeit der Nation überwältigt sie. Dann werden sie von ihr verschluckt.

24) Sly and the Family Stone: *There's a Riot Goin' On* (Epic, 1971). Es gab zumindest einmal einen Aufruhr. Dies ist der Sound, der übrig bleibt, wenn das Ganze vorbei ist und niemand darüber reden will, was passiert ist – und darüber, was nicht passiert ist.

25) X: *Los Angeles* (Slash, 1980). Sie verpassten Philip Marlowe eine Heroin-Injektion. Er blieb an dem Fall dran. Und an der Nadel.

26) James Brown: »Night Train« (King, 1962). Noch immer auf den Schienen.

27) The Stax/Volt Revue: *Vol. 1, Live in London* (Stax, 1967). »Hold On, I'm Comin'« ist eine Neuinszenierung – nicht der Platte, sondern des V-E-Day, des Tags des alliierten »Victory in Europe«.

28) Firesign Theatre: *How Can You Be in Two Places at Once When You're Not Anywhere At All?* (Columbia, 1969). Ach, Sie haben es noch nicht gehört? Die USA haben den Zweiten Weltkrieg *verloren*. Aber, hey, wenn Sie hier leben würden, so wären Sie inzwischen zu Hause.

29) Laurie Anderson: »O Superman« (One Ten, 1981). Das heißt, falls es ein Zuhause gibt. Es gibt keins, sagt eine Frau, so sanft, so sorgfältig, jedes Wort an seinen jeweiligen Ton geheftet. Vielleicht gab es mal ein Zuhause, vor langer Zeit, auf den Weiten der Prärie, auf dem Fluss ... jetzt gibt es nur noch Macht und wir sind lediglich Bestandteile ihrer Aura, eines Traums, der unserer nicht bedarf, eines Traums, der so vollständig ist, dass wir ihn selbst träumen würden, wenn wir könnten.

30) Sam Cooke: »A Change Is Gonna Come« (RCA, 1965). Cooke war bereits tot, als seine Antwortplatte auf Dylans »Blowin' in the Wind« im Radio auftauchte. Das neue Land, das Cooke forderte – im Grunde ein altes Land, das eingangs erwähnte Gelobte Land, ohne den Pferdefuß der Absonderung und Ausschließung –, flammte auf in seinem Gesang, in seinem ganzen Körper; dann verglomm es. Der Song ist nach wie vor eine Anklage der folgenden Jahrzehnte, die an der Nummer vorübergingen, wie man auf der Straße an einem Obdachlosen vorübergeht.

TISCHABFÄLLE
East Bay Express Books
August 1998

Bei einer Lesung im Black Oak Books in Berkeley trug Scott Spencer vor einer kleinen Zuhörerschar Passagen aus seinem siebten Roman vor und er begann mit dem Anfangskapitel. Man schreibt das Jahr 1973 und Billy Rothschild, der Icherzähler von *The Rich Man's Table*, ist neun Jahre alt. Er und sein bester Freund, die beide ihre Väter nie kennengelernt haben, treiben sich auf der 6th Avenue in Greenwich Village herum und spielen ihr Lieblingsspiel: »Ist das dein Dad?« Einer der Jungen deutet auf der Straße auf irgendeinen Mann – es kann sich um einen zerlumpten Junkie handeln, aber auch um einen gut aussehenden Maler – und fragt den anderen »Ist das dein Dad?«, woraufhin der Junge, dem die Frage gestellt wird, zu dem Mann hingehen muss, um *ihn* danach zu fragen.

Als ich das Buch las – es handelt augenscheinlich von dem Versuch eines jungen Mannes, seinen weltberühmten, mehr als legendären Vater dazu zu bewegen, ihn als seinen Sohn anzuerkennen –, empfand ich dies als eine beängstigende Prämisse. So wie Spike Lee sich darauf versteht, dich zum Hinschauen zu bringen, so versteht Spencer sich darauf, dich mit Worten zu packen. Die Jungen beginnen mit ihrem Spiel; Spencer zieht dich in ihr Spiel hinein und es scheint viel aufregender zu sein als »Verstecken« oder »Räuber und Gendarm«. Was wird der Junge zu dem Mann sagen? Wie wird der Mann reagieren? Und was ist, wenn – was ist, wenn dieser, wer immer er sein mag, tatsächlich sein Vater ist? Natürlich ist es unmöglich, aber falls es doch möglich sein sollte? Was geschähe dann?

Im Black Oak forcierte Spencer die Geschichte nicht – er ließ sie sich entfalten. Die auf dem Papier nervös wirkende Geschichte handelte, so wie Spencer sie erzählte, von der Unbeschwertheit der Knabenzeit. Eine Menge Schriftsteller werden auf einer Lesereise, wenn sie vor dem zurückweichen, was sie geschrieben haben, entweder eintönig oder blumig, bis man keine Verbindung mehr erkennt zwischen dem Menschen, der da vor einem sitzt, und den Worten, die aus seinem Mund kommen, oder sie blähen die Bedeutung jedes Kommas und jedes Punktes auf, maßlos verliebt in den von ihnen erschaffenen Zauber. Spencer schien sich in seiner Geschichte zu Hause zu fühlen; er las so, als vertraue er ihr, womit ich sagen will, er las so, als vertraue er seinen Lesern.

Als Billy und sein Freund an diesem Tag ihr Spiel spielen, reagiert ihr Opfer: Wer immer der Mann ist, er scheint Billy irgendwie zu kennen und nennt ihn beim Namen. Also stürmt Billy nach Hause zu seiner Mutter, Esther Rothschild, einer unkonventionellen Künstlernatur, wie sie im Buche steht, und sie merkt, dass die Zeit gekommen ist: Sie wird all die nebulösen, erfundenen Geschichten aufgeben müssen, die sie ihm seit Jahren aufgetischt hat, um ihm zu erklären, warum es nie einen Vater gegeben hat. Sie wird ihrem Sohn reinen Wein einschenken müssen. Und das tut sie nun auch. »Es ist Luke«, sagt sie. »Luke Fairchild … ich bin mit ihm zwei oder drei Jahre zusammen gewesen.« Billy kniet sich auf den Boden und zieht eine der alten LPs seiner Mutter aus dem Regal und da ist es, da sind die beiden auf dem Plattencover. »Luke und Esther gingen die Bleecker Street entlang, mit dem Wind im Rücken, einer Brise, die die Kragen ihrer identischen Wildlederjacken hochklappte und ihnen die Haare zerzauste. Die beiden schienen wunschlos glücklich und verliebt. Sie trugen Stiefel, Jeans und ihre Körper strahlten Selbstvertrauen und Zufriedenheit aus. Luke hatte einen Gitarrenkoffer an seiner linken Schulter hängen; Esther trug ein mit Apfelsinen gefülltes Einkaufsnetz, in dem auch noch ein Stangenweißbrot von Zito's steckte ...«

The Rich Man's Table bleibt nach dieser Passage eine faszinierende Lektüre: als ein Comicbuch (neulich, in einem anderen Buchladen, entdeckte ich, in einer Warteschlange stehend, einen Stapel von Spencers Roman, holte mir ein Exemplar, kehrte an meinen Platz zurück und las eine halbe Seite, bis ich am Ladentisch an die Reihe kam). Jeder Leser, der sich von *The Rich Man's Table* angesprochen fühlt – der sich angezogen fühlt von dem Umschlagfoto mit einem Doppelgänger des Bob Dylan der Mittsechzigerjahre, einer Gestalt, die ihre untere Gesichtshälfte neckisch-verschämt mit einem Umhang bedeckt –, wird das Pärchen auf dem oben beschriebenen Albumcover sofort wiedererkennen, dem Cover, so erfahren wir, eines Luke-Fairchild-Albums mit dem Titel *Village Idiot*. Es handelt sich um Bob Dylan und Suze Rotolo, wie sie, Arm in Arm, auf dem Cover von *The Freewheelin' Bob Dylan* abgebildet sind, Dylans zweitem, ihm den Durchbruch bescherenden Album. Es war eines der romantischsten und einprägsamsten Bilder der frühen Sixties. Als LP-Cover brachte dieses Bild so viel von seiner Zeit auf den Punkt, und von der Zukunft, die diese Zeit zu verheißen schien, dass es eine Art schwarzes Loch geblieben ist, etwas in sich Geschlossenes, pure Anziehungskraft, ein Bild, das jedes Scheitern seiner Zeit und jeden Verrat daran aufsaugt und obendrein auch noch jedes zukünftige Scheitern und jeden zukünftigen Verrat. Spencer kann sich nicht vorstellen, ohne dieses Tableau auszukommen – oder er versucht es nicht.

Es wird unmöglich, etwas über »Luke Fairchild« zu lesen, ohne nicht sofort *Dylan, Dylan, Dylan* zu denken, ohne automatisch zu glauben, Spencer serviere einem hier pikantes Insiderwissen, den unter den Tisch gekehrten, in einer seriösen Bob-Dylan-Biografie deplatzierten Schmutz, wenn er einen durch Luke Fairchilds Karriere führt, durch all die Episoden von Masturbation, Heroin, Treulosigkeit, Unehrlichkeit, Schizophrenie und stinknormalem, kleinlichem Egoismus.

Im Black Oak bestritt Spencer jede solche Absicht und auch jeden Gedanken an einen verkaufsfördernden Anreiz. Ursprünglich wusste er von Dylan kaum mehr, als er den Liner Notes zu seinen Alben entnehmen konnte, sagte er; er begann, eine der landläufigen Biografien zu lesen, legte diese aber schnell wieder beiseite, weil er nicht wollte, dass seine Geschichte von Tatsachen dominiert wurde. Sein Buch mag zwar nicht von Tatsachen dominiert sein, doch es wird ganz und gar dominiert von Bob Dylans Platz in der öffentlichen Vorstellungskraft. Seit fast vierzig Jahren haben sich Leute in Bob Dylan wiedererkannt und die Bücher, die sie selbst gern geschrieben hätten, in seine Songs hineingelesen. Dieser Bob Dylan ist ein Teerbaby. Es scheint, als sei Spencer mit seiner Hand daran kleben geblieben, als er sich nur ein bisschen davon auf die Stirn schmieren wollte.

Im weiteren Verlauf des Buches interviewt ein älterer Billy, der nun selbst ein Buch über Luke Fairchild schreibt, diverse Geliebte und Rivalen, um die vielen Lücken zu füllen, und er verzweifelt beinahe an dieser sinnlosen Suche nach dem Sinn des Lebens, der für ihn offenbar darin besteht, als erwachsener Mann Fairchild zu fragen: »Bist du mein Dad?«, und ihn diese Frage dann bejahen zu hören – und was das Interesse des Lesers an diesem Roman wachhält, ist die Spannung, die sich daraus ergibt, ob es Spencer irgendwie gelingen wird, seine festgeklebte Hand freizubekommen. Man hofft unentwegt, dass er dies schafft – weil sich dann möglicherweise ein wirkliches Leben zu einer neuen Story entwickeln würde oder weil einer alten Story dann zumindest eine neue Dimension verliehen würde.

Das geschieht jedoch nie. Es geschieht noch nicht einmal ansatzweise: Das ganze Buch ist durchsetzt mit Zitaten aus Texten von Fairchilds Songs und das Problem besteht nicht darin, dass diese sich wie die verschlungensten, verquastesten lyrischen Ergüsse im Dylan-Songbook lesen, wie etwas aus »Sad-Eyed Lady of the Lowlands« oder aus »Chimes of Freedom« –

> Now the tents are all folded
> The circus shrinks in the rain
> The kid's disappeared on a southbound train

– nein, das Problem besteht darin, dass Spencer oder, genauer gesagt, Billy jeden Fairchild-Song auf die gleiche reduktionistische, idiotisch-autobiografische Manier interpretiert wie diejenigen unter den Dylan-Fans, die jeden Dylan-Song unter Verweis auf die Droge oder die Frau erklären, die Dylan benutzte, als er den Song schrieb. Sich vorzustellen, dass die in diesem Roman zitierten Songs jemals in der Welt existiert haben, für sich genommen, losgelöst aus dem Kontext dieses Schlüsselromans, hieße, die Existenz der Welt zu bezweifeln. Warum haben sich die Millionen von verzweifelten Fans in *The Rich Man's Table* buchstäblich an jedes Wort Fairchilds geklammert, als die Sixties den Siebzigerjahren wichen, ja sogar noch bis zum heutigen Tag, wenn dieser Mann immer nur von sich selbst geredet hat?

Dass man Bob Dylan zum Thema eines Romans oder zum Sprungbrett dafür machen kann, ohne dabei umgehend in der gerade beschriebenen literarischen Sackgasse zu landen, hat Don DeLillo vor genau einem Vierteljahrhundert mit *Great Jones Street* vorexerziert. DeLillos Dylan, der hier Bucky Wunderlick heißt, der Icherzähler von *Great Jones Street*, hat sich, so wie Dylan 1966, aus der Welt des Pop zurückgezogen. Und er hat, so wie Dylan 1967, eine Kollektion von eigenartigen, auf der Stelle mythologisierten Aufnahmen gemacht, die jeder hören will und die, so findet Wunderlick, niemand zu hören bekommen soll: Sachen, die Dylans Basement Tapes dermaßen verwandt sind, dass DeLillo sie einfach »the Mountain Tapes« nennt. Das ist DeLillos Ausgangspunkt – und schon nach wenigen Seiten hat er seinen Bob Dylan (dessen Vorbild 1973, in dem Jahr, in dem die Handlung von *The Rich Man's Table* beginnt, noch immer ein Phantom war, ein Sänger, der sich in den vorausgegangenen sechs Jahren nur ein paar Mal in der Öffentlichkeit hatte blicken lassen) mit einer Reihe von Charakteren umgeben, die so seltsam, so bedrohlich und so aufdringlich sind, dass sich ihre paranoiden Versionen der Wirklichkeit gegen alle anderen Versionen durchsetzen.

Bucky Wunderlick ist müde; seine Skepsis ist dermaßen ausgeufert, dass er daran zu zweifeln begonnen hat, ob er wirklich existiert und, falls dies so ist, er überhaupt existieren sollte. Was Bob Dylan anbelangt, so versinkt dieser in den gleichen Zweifeln, die über kurz oder lang auch die des Lesers sind. Als sich der Roman seinem Ende nähert, ist Wunderlick dazu bereit, alles zu glauben, und dem Leser ergeht es genauso. »Sie sind weich, nicht hart«, sagt einer der vielen Typen, die die Mountain Tapes in die Finger bekommen wollen, am Telefon zu Wunderlick. »Sie gehören nicht zum Underground, ganz im Gegenteil.« Er erklärt ihm alles haarklein, so wie es vorher schon andere in DeLillos Roman getan haben.

»Der wahre Underground ist der Ort, wo die Macht zu Hause ist. Das ist das bestgehütete Geheimnis unserer Zeit. Sie gehören nicht zum Underground. Ihre Leute sind keine Undergroundleute. Die Präsidenten und Premierminister sind diejenigen, die die Undergroundentscheidungen treffen, die die wahre Undergroundsprache sprechen ... Das ist der Ort, wo die Dinge ins Rollen gebracht werden ... wo die Gesetze gebrochen werden, ganz tief unten, weit unterhalb der Ebene der Speedfreaks und der Dealer, die das Heroin verschneiden.«

Die ganze Hipsterwelt sei bloß eine Szene, erklärt der Mann am Telefon Wunderlick, und die Szene sei bloß eine Illusion, eine Kostümierung für die Straße: »Illusionen haben mich dazu gezwungen, mein Leben zu ändern.« Und er habe es getan, sagt er. »Soll ich Ihnen verraten, wie ich versucht habe, damit zurechtzukommen? Wo ich hingegangen bin und wie ich dort hingekommen bin?« »Ja, klar«, sagt Wunderlick. Er klingt vage interessiert: An diesem Punkt des Buches ist das Geheimnis des Daseins für ihn etwa genauso spannend wie die dritte Frage des Abends bei *Jeopardy!* Doch man kann es kaum erwarten, die Antwort zu hören.

»Soll ich es Ihnen verraten? Wollen Sie wissen, was ich gemacht habe?«

»Ja, klar.«

»Nun, ich ging die einsame Straße hinunter zum Heartbreak Hotel.«

Inzwischen hat man Bob Dylan völlig vergessen; und DeLillo denkt auch nicht mehr an ihn. So wie DeLillo schwebt man nun frei in einer Geschichte umher, die, wo immer sie begonnen hat, ihr eigenes Machtprinzip etabliert hat, die ihre eigene Daseinsberechtigung erschaffen hat. Und aus diesem Grund lese ich Romane: um genau diese Luft zu schnuppern. Mir ist schleierhaft, warum Scott Spencer *The Rich Man's Table* geschrieben hat.

Scott Spencer, *The Rich Man's Table*, Knopf, New York 1998.

Don DeLillo, *Great Jones Street*, Houghton Mifflin, Boston 1973.

FOLKMUSIK HEUTE – DAS GRAUEN
Interview
Oktober 1998

Unterhalten sich Leute heute über Folkmusik, so reden sie vermutlich nicht über die große Nacht am Lagerfeuer, die Bob Dylan letztes Jahr auf seinem Album *Time Out of Mind* mit den Gespenstern der alten amerikanischen Musik verbrachte, oder über die kaputte Countrymusik von Palace und Wilco, die mitunter aus einer ebenso tiefen Mine zu stammen scheint. (»You sound like a hillbilly«, sang Dylan 1962, als er wiedergab, wie ein potenzieller Arbeitgeber auf seinen ersten Auftritt in einem New Yorker Coffeehouse reagierte. »We want folk singers here.«) Die Folkmusik, über die man heute fast überall stolpern kann, versucht nicht, dich zu irritieren, dich zu verunsichern, so wie es dieses andere Zeug tut. Sie versucht, dich von etwas zu überzeugen – dich dazu zu bringen, mit ihr übereinzustimmen. Womöglich hat sie es auf dein Geld abgesehen, aber vor allem möchte sie deine Stimme haben.

Diese Musik kommt in allen möglichen Stilen und Verpackungen daher. Da sind Patti Smiths Predigten und Elegien und Ani DiFrancos tyrannisierende Beichten und geheime Händedrücke, allesamt inszeniert als eine von vorn bis hinten durchkonzipierte Feier von Authentizität und Unabhängigkeit – hey, die Frau hat in neun Jahren elf Alben auf ihrem eigenen Righteous-Babe-Label herausgebracht und zeigt den Majors weiterhin die kalte Schulter! Da haben wir die ins Kraut schießenden Revivals und Huldigungen, die um Pete Seeger und Woody

Guthrie veranstaltet werden und deren Spektrum sich von einem Stapel von Wiederveröffentlichungen auf Smithsonian Folkways bis zu *Mermaid Avenue* erstreckt, einer von Billy Bragg und Wilco vorgelegten nüchternen Ausarbeitung unvollendeter Guthrie-Songs; und dazu gehören auch noch Steve Earles schauderhaftes, das Verschwinden der Linken bejammerndes »Christmas in Washington« und Bruce Springsteens oftmals herzzerreißendes *The Ghost of Tom Joad*.

Da gibt es Dan Berns verbissene Versuche, Bob Dylan und gleichzeitig Mutter Teresa zu verkörpern, und die Indigo Girls, die mit ihrem Hit »Shame on You« Sex, Humor, Rhythmus und Politik tatsächlich auf eine überzeugende Weise verbinden, und da ist der nach James Taylor klingende Radiowerbespot für die Supermarktkette Lucky. Es ist für jeden etwas dabei. Doch bevor man den möglicherweise riskanten Schritt wagt und sich anhört, wie Nanci Griffith auf *Where Have All the Flowers Gone: The Songs of Pete Seeger* »If I Had a Hammer« singt oder wie Bern wegen Monica Lewinsky und wegen des Bombenanschlags von Oklahoma City in Tränen ausbricht, sollte man sich vielleicht eine Szene aus *National Lampoon's Animal House*[39] in Erinnerung rufen.

Es ist »Toga Night« bei der miesesten Studentenverbindung auf dem Campus, irgendwo an der Ostküste, zur Zeit der Kennedy-Regierung, und ein als römischer Senator verkleideter und bereits betrunkener John Belushi kommt aus seinem Zimmer herabgestiegen, um an den Festivitäten teilzunehmen. Auf der Treppe stößt er mit einem fein herausgeputzten Strebertypen zusammen (Stephen Bishop, der sich hier durchaus selbst spielen könnte): Dieser bezaubert gerade ein paar Stufen voll Verbindungsstudentinnen mit seiner Interpretation von »I Gave My Love a Cherry«. Belushi hält inne. Ein nachdenklicher Ausdruck huscht über sein Gesicht, als ginge ihm eine fundamentale Frage der Ontologie durch den Kopf oder als müsste er gleich einen Vortrag über die Zerstörung Karthagos halten. Seine Miene verdüstert sich.

---

39 *Ich glaub', mich tritt ein Pferd* bzw. *Animal House – Im College sind die Affen los* (Regie: John Landis, USA 1978).

Mit einem Mal hört man dieses unschuldige kleine Volkslied so, wie er es hört: als einen eklatanten Widerspruch zu allem, was in der Geschichte der Menschheit wichtig und wahr ist. Und so beschwört Belushi den Geist von »Louie Louie« herauf: Er entwindet Bishop die Gitarre und zerschmettert sie mit einem einzigen Schlag. »Sorry«, sagt er, als er ihm die Trümmer zurückgibt. Manchmal, so scheint er uns zu sagen, als er die Treppe hinunterstolpert – manchmal muss man einfach das Richtige tun!

Es gibt neununddreißig Performances in der Oper der Aufgeblasenheit, der Rührseligkeit, der Herablassung und der Kinderchöre, die sich hinter *Where Have All the Flowers Gone* verbirgt, und nicht alle davon sind schlecht, so wie auch nicht alle Protestsongs schlecht sind. Roger McGuinn könnte keine schlechte Version von »The Bells of Rhymney« abliefern, das ein großartiger Protestsong ist, und John Stewart könnte »Old Riley« keinen Schaden zufügen, einer Nummer, die vom Banjospielen handelt. Doch die Reinheit des Herzens, die Gewissheit der Rechtschaffenheit, die Ausblendung jeglichen Zweifels und die glatte, gediegene und absolut harmlose Oberfläche der Musik, was immer ihr Stil sein mag – das alles wirkt wie eine Krankheit. Während man sich durch diese Doppel-CD hindurchkämpft – die viel weniger über die Unbezähmbarkeit der menschlichen Seele zu sagen hat als das kürzlich veröffentlichte 4-CD-Set *Bird Call! The Twin City Stomp of the Trashmen*, das einer Band gewidmet ist, die man nur wegen ihres einzigen Hits kennt, dem 1963 herausgekommenen »Surfin' Bird« –, merkt man, dass Seegers Songs, ob sie nun von ihm selbst vorgetragen werden oder von Judy Collins, Richie Havens, Bragg, Tim Robbins, Odetta, DiFranco, Bruce Cockburn oder von sonst wem, im Grunde immer nur von einer Welt handeln: von seiner. »So I ask the killers, do you sleep at night?«, singen Kim und Reggie Harris mit tiefer Betroffenheit und unerträglicher Frömmigkeit in »Those Three Are on My Mind«, Seegers Huldigung an die drei Bürgerrechtsaktivisten, die 1964 in Mississippi von Mitgliedern des Ku-Klux-Klan ermordet wurden, und in der wirklichen Welt gibt es auf diese Frage eine ganz einfache Antwort: »Ja.«

Dan Bern lässt sich nicht anmerken, dass er in diese Gesellschaft gehört, denn eigentlich kommt er als eine Art Folkieausgabe von John Belushi daher. Er ist ein Typ aus dem Mittleren Westen, der seinen Humor auf der Zunge trägt. Er weiß, dass man ihn als einen »New Dylan« apostrophieren wird, doch er glaubt, er werde dies überleben. Seine ausgeprägte Vorliebe für gebrochene Rhythmen kommt als eine Bekräftigung eines radikalen Individualismus daher: Ein Song ist das, was Bern für einen Song hält, selbst wenn dieser sich wie eine Aneinanderreihung von Fehlern anhört. Er will um jeden Preis anecken: Klassenclown, Scherzbold, Furzchampion, Brandstifter – Bern ist zu allem bereit. Er beginnt sein zweites ausgewachsenes Album, *Fifty Eggs*, mit einer grenzdebilen Tirade, in der es um die Größe seiner Eier geht; das ist albern und das ist komisch. Doch selbst wenn man darüber lacht, nach der Hälfte der Nummer wird man mit der Nase darauf gestoßen, dass es eine Satire auf den Männlichkeitswahn ist. Bern möchte nicht, dass man glaubt, er glaube, seine Eier seien so groß wie der Jupiter. Man kann sagen, er sei ein Arschloch, kein Problem – aber auf der falschen Seite, niemals. Das Gleiche gilt für die Songs »Cure for AIDS«, »Chick Singers« und »Different Worlds«, die von sexueller Freiheit, Sexismus und Rassismus handeln; es sind keine schlechten Songs, doch sie legen es so sehr darauf an, zu gefallen, während sie gleichzeitig so tun, als wollten sie dir unter die Haut gehen, dass man über kurz oder lang nichts mehr glaubt, was aus Berns Mund kommt. Er verhält sich wie der letzte Mensch auf Erden, von dem man sich auf einer Party in ein Gespräch verwickeln lassen wollte.

Es heißt, John Belushi habe einem auf einer Party ebenfalls mächtig auf den Senkel gehen können, doch es ist jammerschade, dass er nicht mehr unter uns weilt, um diesen guten Kampf ein weiteres Mal aufzunehmen. Die Lebenseinstellung, die er vor langer Zeit auf jener Treppe in Stücke schlug, treibt bei uns nach wie vor ihr Unwesen.

Billy Bragg and Wilco, *Mermaid Avenue* (Elektra, 1998).

Where Have All the Flowers Gone – The Songs of Pete Seeger (Appleseed, 1998).

Trashmen, *Bird Call! The Twin City Stomp of the Trashmen* (Sundazed, 1998).

Dan Bern, *Fifty Eggs* (Work, 1998).

ALTE SONGS IN NEUEN SCHLÄUCHEN
Interview
April 1999

Der Popmoment, der mich in jüngster Zeit am stärksten berührt hat, erfolgt am Ende von *Little Voice*[40], wo der von Michael Caine dargestellte abgebrannte, schmierige Künstleragent betrunken auf die Bühne eines Nachtclubs steigt und eine schauderhafte, an Selbstkasteiung grenzende Version von Roy Orbisons »It's Over« zum Besten gibt. Seine ständige, jahrzehntelange Präsenz im Radio hat diesen klassischen Song völlig glatt geschliffen, doch nun wird er so brachial in die Geschichte von jemand anderem hineingezerrt, dass man ihn womöglich nie wieder als ein kleines unschuldiges Objekt, als eine Art Spielzeug hören kann. Nun ist er in ein Spiel verpflanzt worden, das vom wirklichen Leben handelt – oder in das Spiel des Lebens überhaupt.

Caines Szene wollte mir nicht mehr aus dem Kopf gehen. Ich begann, darüber nachzudenken, wie Songs überleben – und eine Weise, auf die Songs überleben, besteht darin, dass sie sich verändern. Sobald man sich diesen Blickwinkel zu eigen macht, ist es so, als höre man einen neuen Radiosender: einen vampirhaften, surrealistischen Sender, wo niemand weiß, wie viel Uhr es ist, und wo alles gleichzeitig geschieht.

Manchmal passiert das auf eine unterschwellige Weise, irgendwo an den Rändern, in Filmsoundtracks oder in Werbespots. Der Song

---

40 Regie: Mark Herman, Großbritannien 1998.

wird nur ein wenig auf der Landkarte verschoben, an der wir uns für gewöhnlich orientieren – allerdings auf eine Weise, die ihn uns, in einem oder in zehn Jahren, mit völlig anderen Ohren hören lässt und die auch die Assoziationen verändert, die er in uns weckt. Es heißt immer, Popsongs seien der Soundtrack unseres Lebens, was im Grunde nichts weiter bedeutet, als dass sie Behälter für Nostalgie sind. Doch Leben verändern sich und das Gleiche gilt für Soundtracks. Auch wenn die Songs dieselben bleiben.

Etta James' »At Last« war 1961 ein Nummer-zwei-Hit in den R&B-Charts und ein bescheidener Pop-Hit. Danach fristete es ein unauffälliges Leben in einem kleinen, netten Haus in einer ärmlichen Straße – bis im letzten Jahr der Musiksupervisor von *Pleasantville*[41] an die Tür klopfte. So wie James den Song interpretierte, war er ein sachtes Ausatmen nach Jahren des stummen Erduldens, ein Ausbruch von Leidenschaft, so voller Zweifel, dass diese Leidenschaft davon beinahe erdrückt wird, und im Film wurde diese Nummer herangezogen, um die romantischste Szene zu untermalen: Ein Junge und ein Mädchen, frisch verliebt und zum ersten Mal allein zusammen, fahren auf die lauschige Waldeslichtung der örtlichen Lovers' Lane, wobei die neuen, für sie ungewohnten Gefühle Farbe in ihre schwarz-weiße Sitcomwelt der 1950er-Jahre strömen lassen. Dieses bukolische Idyll war jedoch zu schön, um es dem Film zu überlassen – und jetzt, nur wenige Monate nach der Uraufführung von *Pleasantville*, kann man die gleiche Szene noch einmal sehen, haarklein nachgestellt, Baum für Baum und Blatt für Blatt, in einem Jaguarwerbespot. Doch während der Song im Film eine vergessene Stimme ist, die zurückgeholt wird, um zu sprechen, als wäre es das erste Mal, um die von ihm musikalisch untermalten jungen Leben zu segnen, ist er in diesem Werbespot völlig deplatziert. Er ist zu beschaulich, zu ruhig, um das zu bewirken, was der Werbespot beabsichtigt: dich dazu zu bringen, dass du etwas haben willst, und zwar auf

---

41 *Pleasantville – Zu schön, um wahr zu sein* (Regie: Gary Ross, USA 1998).

der Stelle. Und so macht der Song kehrt und geht weg – nicht zurück in die Geschichtsbücher, sondern zurück nach Pleasantville.

Wohin Bob Dylans »The Lonesome Death of Hattie Carroll« gegangen ist, ist eine knifflige Frage. Angeblich schrieb Dylan diesen Song, nachdem er 1963 am sogenannten Marsch auf Washington teilgenommen hatte, wo er und andere auf den Stufen des Lincoln Memorial für Gleichheit vor dem Gesetz gesungen hatten. Zu der Zeit erschien ein Zeitungsartikel über einen jungen Weißen aus gutem Hause in Baltimore, einen gewissen William Zantzinger, der auf einer Abendgesellschaft in angetrunkenem Zustand eine Schwarze erschlagen hatte.[42] Der Song, den Dylan über diesen Vorfall schrieb, war feierlich, elegant und fast unerträglich schmerzvoll. In der letzten Strophe wurde sein Song verbittert, böse und er platzte damit heraus, was für ihn der Dreh- und Angelpunkt dieser Geschichte war: »For penalty and repentance ... A six-month sentence.« Hört man genau hin, so hat man den Eindruck, dass Dylan die letzte Formulierung kaum von der Zunge geht. Die Wörter stocken und taumeln, als würde der Sänger nie über diesen Schock – »Zur Strafe und als Buße ... sechs Monate Gefängnis« – hinwegkommen.

Vierunddreißig Jahre später, 1997, liefen im Fernsehen drei Folgen der in Baltimore angesiedelten Krimiserie *Homicide*, in denen es um den Mord an einem haitianischen Hausmädchen ging, das bei einer wohlhabenden schwarzen Familie aus Baltimore angestellt war; der von James Earl Jones gespielte Vater hatte seinen schuldigen Sohn gedeckt.

---

42 Die einundfünfzigjährige Hattie Carroll arbeitete in dem Hotel, wo besagte Abendgesellschaft stattfand, und der vierundzwanzigjährige Zantzinger überschüttete sie dort mit rassistischen Schimpfwörtern und schlug sie mit einem Spielzeugspazierstock. Kurz darauf erlitt sie einen Schlaganfall und starb. Nach einem armseligen Leben, in dem er mehrfach angeklagt und verurteilt wurde – unter anderem weil er armen schwarzen Familien Wuchermieten abgenötigt hatte, für Wohnungen, die ihm nicht gehörten – starb Zantzinger 2009 im Alter von neunundsechzig Jahren. Bis an sein Lebensende verfluchte er Bob Dylan dafür, dass dieser seinen Namen zu einem Synonym für das Böse gemacht hatte: »Er ist ein nichtsnutziger Hurensohn«, sagt er in Howard Sounes' 2001 erschienener Biografie *Down the Highway: The Life of Bob Dylan*. »Er ist ein verlogener Scheißkerl.«

Warum? Wegen William Zantzinger, sagt Jones' Charakter, und er erzählt die alte Geschichte mit Bob Dylans Worten, als seien sie jetzt Teil einer Bibel, als solle das Verbrechen eines Schwarzen gegen das eines Weißen aufgerechnet werden, Auge um Auge, Zahn um Zahn – selbst wenn die Augen, die sich für immer geschlossen haben, in beiden Fällen die Augen einer armen Schwarzen sind. »In the courtroom of honor, the judge pounded his gavel, to show that all's equal and that the courts are on the level«, erklärt Jones dem von Andre Braugher gespielten Detective, der zu jung ist, um sich daran zu erinnern, und so lange nach dem Ereignis oder vor dem neuen Ereignis, dass er aus Jones' Tonfall unmöglich schlau werden kann: »The ladder of law has no top and no bottom.« Doch das Gesetz hatte für Zantzinger ein Oben und ein Unten, sagte Jones: Hat mein Junge nicht das Gleiche verdient? Ein Song, der einmal klar und unmissverständlich war, der so klang, als könnten seine Worte über dem Portal eines Gerichtsgebäudes in Stein gemeißelt sein, schien nun nicht mehr den geringsten Sinn zu ergeben.

Dann, am 8. Dezember des vergangenen Jahres, brachte der in Princeton lehrende Geschichtsprofessor Sean Wilentz die Sache ein weiteres Mal aufs Tapet, als er vor dem Rechtsausschuss des Repräsentantenhauses aussagte. Unter den Mitgliedern einer Gruppe von Hochschullehrern, die sich aus diversen verfassungsrechtlichen Gründen für eine Zurückweisung des Amtsenthebungsverfahrens gegen Präsident Clinton aussprachen, schien Wilentz aus dem Nichts zu kommen, ein kampflustiger, zorniger Mann, der den republikanischen Abgeordneten nicht mehr Respekt zollte, als er einem gut gekleideten Lynchmob gezollt hätte. Er widersprach dem Argument, »dass wir der Rechtsstaatlichkeit Genüge tun, zumindest auf eine symbolische Weise, wenn wir ein Amtsenthebungsverfahren gegen den Präsidenten einleiten, denn dadurch beweisen wir nachdrücklich, dass kein Amerikaner über dem Gesetz steht und dass die Leiter des Gesetzes kein Oben und kein Unten kennt.« Unsinn, sagte er: Die Vergehen, die man Clinton vorwirft, gefährden keinen einzigen Verfassungsgrundsatz – und sollten Sie für das Amtsenthebungsverfahren stimmen, aus irgendeinem Grund, der außerhalb der Verfassung liegt, aus Rache oder in gewinnsüchtiger Absicht, so »wird die Geschichte Sie aufspüren und zur Rechenschaft ziehen.«

Mit diesen letzten Worten eroberte Wilentz die Stimme des Songs zurück, den er, in Form eines nicht ausgewiesenen Zitats, in die offiziell protokollierte Geschichte unserer Nation eingehen ließ – eine Stimme voll unterdrückter, verbitterter Wut. (»Ich hatte es satt«, sagt Wilentz, »dass Henry Hyde über Clinton herzog, als sei dieser William Zantzinger.«) Auf seine Weise sang Wilentz einen Bob-Dylan-Song genauso schlecht, wie Michael Caine in *Little Voice* »It's Over« singt – und genauso eindringlich. Ich kann mir Roy Orbisons Originalversion nicht mehr anhören: Verglichen mit Caines Version klingt sie aufgeblasen und gekünstelt, während die von Caine voller Schweiß und Selbsthass steckt. Der Song selbst ist womöglich vorbei – oder, besser gesagt, ein für alle Mal von jemandem angeeignet worden, der ihn nie mehr zurückgeben wird. Und was Dylans Song anbelangt, so kann man sich vorstellen, dass er, so wie der von Etta James, seine Reise gerade erst begonnen hat, dass er nun ein Mutant ist, ein Geschöpf, dem die Glieder abfallen und auf dem seltsame Wunden auftauchen, Wunden, die sich zu völlig neuen Körpern entwickeln.

Bob Dylan, »The Lonesome Death of Hattie Carroll«, von *The Times They Are A-Changin'* (Columbia, 1964). Am 9. Februar 2010 sang Dylan im Weißen Haus anlässlich der Veranstaltung A Celebration of Music from the Civil Rights Movement eine langsame, karge, nachdenkliche Version des Titelsongs dieses Albums; es ist schwer vorstellbar, dass »The Lonesome Death of Hattie Carroll« jemals etwas von seiner Kraft einbüßen wird oder dass dieser Song die Veranstaltung nicht abrupt zum Stillstand gebracht hätte, wäre Dylan an jenem Abend auf die Idee gekommen, ihn anstelle von »The Times They Are A-Changin'« zu präsentieren. Zu einer exemplarischen Interpretation des Songs siehe Christopher Ricks' »Bob Dylan«, in: Wendy Lesser (Hrsg.), *Hiding in Plain Sight*, Mercury House, San Francisco 1993.

Homicide: Life on the Street (NBC), »Blood Ties«, Folgen 78–80, ausgestrahlt am 17., 24. und 31. Oktober 1997. *Homicide: The Complete Season 6* (A&E Home Video, 2005).

TEIL SECHS
HIMMEL UND HÖLLE
2000–2001

DER MANN AUF DER LINKEN SEITE

Rolling Stone
20. Januar 2000

Die schönsten Worte über Rick Danko, der am 10. Dezember 1999 im Alter von sechsundfünfzig Jahren entschlief, wurden vor vierunddreißig Jahren, fast genau an Dankos Todestag, von dem verstorbenen Ralph J. Gleason geschrieben. Bob Dylan war damals mit seiner neuen Begleitband, den Hawks, nach San Francisco gekommen. Der von ihnen entfachte Lärm war überwältigend und fast alle Augen konzentrierten sich auf die Bühnenmitte, wo sich die Action abzuspielen schien, wo Dylan und der Leadgitarrist Robbie Robertson sich bei den Refrains einander zudrehten und Kopf an Kopf und Hand an Hand spielten. Gleason hingegen blickte wie gebannt auf die linke Seite der Bühne, wo sich der junge Bassist in einem unheimlich eleganten, aber irgendwie auch gewaltsamen Rhythmus bewegte, als halte er die übrige Band in seinem Griff wie eine Peitsche – als sei er insgeheim der Wissenschaftler hinter der Alchemie. In seinem im *San Francisco Chronicle* publizierten Artikel über Dylans Konzerte in der Bay Area resümierte Gleason Dankos Performance noch prägnanter und bezog sich auf den Betonzylinder, der auf dem Telegraph Hill über der Stadt emporragt: »Er sah aus«, schrieb ein Mann, der bereits über Konzerte von Hank Williams, Louis Armstrong, Dizzy Gillespie und Elvis Presley berichtet hatte, »als könnte er den Coit Tower in Schwingungen versetzen.«

Bei einem Song, der auf der Dylan-Hawks-Tournee entwickelt wurde, kann man hören, wie das passiert: bei »Tell Me, Momma«, wie es am 17. Mai 1966 in Manchester, England, gespielt wurde. Damals verwendete die Combo diese Nummer als Einstieg in ihre Konzerte; bei dieser Performance, an diesem Abend, bricht sie sie weit auf. Es hat immer jede Menge Gospel in Rick Dankos Bass gegeben, jede Menge Motown, wobei die Finger von Funk Brother James Jamerson die kurze Entfernung zwischen Detroit und Dankos gleich hinter der Grenze gelegenem Heimatort in Ontario überbrückten. Das kraftvolle, synkopierte Wummern, das »Up on Cripple Creek« von The Band eröffnet, die sich verdichtende Attacke bei ihrer Democoverversion von Marvin Gayes »Don't Do It«, das Pulsieren in »Chest Fever« – das ist pure Energie, pure Kontrolle. Doch bei »Tell Me, Momma« hört man einen Hipster, jemanden, der sich von nichts und niemandem überraschen lässt, der weiß, dass er jeder Geschichte eine neue Wendung verleihen kann, der in die andere Richtung schauen wird, wenn es dich trifft. Mit einer Unbekümmertheit, wie es sie später, nachdem sich die Hawks in The Band verwandelt hatten, nur noch im Ausnahmefall geben sollte, stürzt sich jeder auf der Bühne in Manchester in diese Performance hinein: Dylan schwebt über dem Geschehen wie ein Adler, der aus einer panisch dahinstürmenden Rinderherde emporsteigt und wieder auf sie herniederstößt, nur um das Vieh weiter anzutreiben, allerdings nicht geradeaus, sondern zur Seite, ein verschmitztes Grinsen auf seinem Gesicht, während Danko die Attacke aufrechterhält und gleichzeitig auf den Moment wartet, wo er sich daraus lösen und einen Schritt zurück machen wird, um die anderen an die Kandare zu nehmen. Es ist nur eine aus drei Tönen bestehende rhythmische Figur, die immer dann wiederkehrt, wenn der Song eine Sekunde lang einen Fixpunkt benötigt, wenn die Jungs über eine Klippe hinausgeschossen sind und einfach weitermachen, nachdem sie kurz nach unten geblickt und beschlossen haben, dass es sie nicht kümmert. *Rrrram-bam-bam* sagt Danko mit seinem Bass, wobei er das ganze gewaltige Stück Musik zum

Schlagzeuger hinüberschnipst. Diese Bewegung ist so lässig, kommt so überraschend, dass es den Bruchteil einer Sekunde dauert, bis der Schlagzeuger den Song übernimmt, indem er auf ein Becken drischt, um die Musik dann wieder an die Gruppe insgesamt weiterzureichen. Es ist das Coolste, was ich jemals gehört habe.

Wenn die Band den Rock'n'Roll 1968 und 1969, mit *Music from Big Pink* und *The Band*, neu definieren konnte, so lag das daran, dass die fünf mit einer solchen Übereinstimmung sangen und spielten, dass es sinnlos gewesen wäre, die Beiträge der einzelnen Mitglieder voneinander zu trennen. War es der Bass oder die Gitarre, war es das Schlagzeug oder waren es die Saiten, war es Dankos Stimme hinter der von Levon Helm, war es Richard Manuels Stimme, die sich an Danko wandte? In dem unschätzbaren Videodokumentarfilm *Classic Albums: The Band* lassen Helm, Garth Hudson, Robertson, Danko und Produzent John Simon den Zuschauer sehen und hören, wie die Songs aufgebaut wurden. Sie sitzen an einem Mischpult, wo sie die Tonspuren separieren und die Sounds isolieren. Es ist eine magische Übung, doch selbst in ihrem separierten Zustand kann man hören, dass, zu diesem Zeitpunkt in der Karriere der Band, kein Sound dazu gedacht war, die Aufmerksamkeit auf sich zu lenken, sondern dass sich jeder Sound mit den anderen zu einem Ganzen verbinden sollte. Darin liegt das tiefste Vermächtnis, das Danko gemeinsam mit den anderen Mitgliedern der Band damals, 1968 und 1969, begründete: in einer Handvoll Songs – »The Weight«, »King Harvest (Has Surely Come)«, »To Kingdom Come«, »Chest Fever«, »Up on Cripple Creek« –, bei denen sich große Künstler in der Anonymität ihrer eigenen Kunst verlieren konnten, in einer Musik, die aus einer Zeit vor ihrer Geburt zu stammen schien und die sie zweifellos überdauern würde.

Als in den 1970er-Jahren die Kameraderie aus der Musik der Band verschwand, ersetzte Dankos Gesang – bei »Stage Fright« oder bei seiner Version der Four-Tops-Nummer »Loving You Is Sweeter Than Ever« – den Stil, den er als Teil eines größeren Ensembles hatte, durch die Manierismen eines Sängers, der sich nicht exponieren wollte. Das Stocken in seiner Stimme wurde zu einer Art Masche; die Ausgelassenheit seines Fiddlespiels bei »Rag Mama Rag« wich der Starrheit eines Sängers, der seine eigenen Platten imitierte. Doch zu einer Zeit, von der niemand angenommen hätte, dass es seine letzten Lebensjahre sein sollten, kam der Soulsänger, der schon immer in Danko geschlummert hatte, schließlich zum Vorschein. Auf *High on the Hog* und *Jubilation*, zwei kaum beachteten Alben, die Danko, Helm und Hudson in den 1990er-Jahren unter dem Namen The Band veröffentlichten – ohne den 1976 ausgestiegenen Robertson und ohne Manuel, der 1986 Selbstmord begangen hatte –, sprach Danko eine neue Sprache. »Book Faded Brown« und das großartige, schmerzerfüllte »Where I Should Always Be« bestanden aus Vergebung und Bedauern, aus einer Selbsterkenntnis, die man lieber nicht hätte, aus Verlust und aus der Sorte von Lächeln, die nur eine vertane Chance hervorzubringen vermag. Wie sich herausstellte, waren es die letzten Chancen und keine davon wurde vertan.

Bob Dylan, »Tell Me, Momma«, auf *The Bootleg Series Volume 4 – Bob Dylan Live 1966 – The »Royal Albert Hall« Concert* (Columbia, 1998).

The Band, »Don't Do It«, enthalten als »Baby, Don't You Do It«, auf *Crossing the Great Divide* (Genuine Bootleg Series Bootleg).
—, »Where I Should Always Be«, auf *High on the Hog* (Pyramid, 1996).
—, »Book Faded Brown«, auf *Jubilation* (River North, 1998).

Classic Albums: The Band, Regie: Bob Smeaton (1996; Eagle Rock, 2005).

REAL LIFE ROCK TOP 10
Salon
7. Februar 2000

10) Bill Clinton, »Rede zur Lage der Nation« (27. Januar). »Wir sind nach wie vor eine neue Nation«, sagte Clinton. »Solange unsere Träume mehr Gewicht haben als unsere Erinnerungen, wird Amerika für immer jung bleiben.« »Hätte Reagan das besser formulieren können?«, fragte mich ein Freund und die Antwort lautet, nein, er hätte es nicht besser formulieren können, oder nicht einmal halb so gut. Reagan wäre die Anspielung auf einen Dylan-Song nicht so locker von der Zunge gegangen und ich bezweifle, dass Reagan getan hätte, was Clinton nur einen Absatz zuvor getan hatte – als er, gefangen in den verschlüsselten Metaphern der amerikanischen Rede, einen unserer Staatsmänner aus der Zeit der Unabhängigkeitserklärung ein gewisses Haus in New Orleans erwähnen ließ (»Als die mit dem Entwurf unserer Verfassung betrauten Männer ihre Arbeit erledigt hatten, stand Benjamin Franklin in der Independence Hall und sinnierte über ein Gemälde mit einer tief stehenden Sonne am Horizont. Er sagte: ›Ich habe mich oft gefragt, ob es sich dabei um eine aufgehende oder um eine untergehende Sonne handelt. Heute weiß ich‹, sagte Franklin, ›es ist eine aufgehende Sonne.‹«). Oder, wie ein anderer Freund sagte: »Los, schieb die Animals-CD rein.«

WO LIEGT DIE
»DESOLATION ROW«?

Threepenny Review
Frühjahr 2000

James Ensors 1888 entstandenes Monumentalgemälde *Der Einzug Christi in Brüssel im Jahre 1889* zeigt, was man sieht, wenn man von Bob Dylans »Desolation Row« nach draußen schaut. Es lohnt sich, daran zu erinnern, dass beide Werke irrsinnig komisch sind – oder dass Ensors Gemälde zumindest heute in erster Linie komisch wirkt und dass die Leute nicht mehr aus dem Lachen herauskamen, als sie Dylan »Desolation Row« zum ersten Mal singen hörten.

Niemand lachte über *Der Einzug Christi in Brüssel*, als Ensor das Bild zum ersten Mal vorstellte. Fast niemand bekam es zu sehen. »Les XX«, die angeblich avantgardistische Brüsseler Künstlervereinigung, die seine Werke 1884 zum ersten Mal ausgestellt hatte, wies es zurück. Sie hatten seine Gemälde schon früher abgelehnt und er war sich sicher, seine Feinde in der Vereinigung hielten sein Werk von der Öffentlichkeit fern, damit sie ungeniert seine Ideen stehlen konnten. Er war damals erst achtundzwanzig, doch in den vergangenen drei Jahren waren die Themen seiner besten Werke Ablehnung, Demütigung, Verhöhnung, Folter und Kreuzigung gewesen, mit Christus im Mittelpunkt der Bilder, bis Ensor sich selbst an die Stelle Christi setzte. Doch »Die Zwanzig« verweigerten Ensor die Befriedigung, ihn als denjenigen anzuerkennen, der er war, und ihn mitten im Stadtzentrum anzunageln; dann hätte ihm womöglich jeder in die Augen sehen müssen.

Sie stellten ihn einfach kalt. Ensors Vater, ein Geächteter in einer von Frauen dominierten Kaufmannsfamilie, ein nutzloser Mensch, der für die Musik und den Alkohol lebte, war ein Jahr zuvor betrunken im Rinnstein gestorben; und Ensor sollte fortan ein ähnliches Leben führen, allerdings auf einer größeren Bühne. Er hatte von seiner eigenen Kreuzigung fantasiert, doch nun war sein großes Gemälde das Kreuz, unter dessen Last er ächzte, als beide, er und sein Bild, aus der Stadt verbannt wurden. So avancierte er, wie es die Kunsthistorikerin Libby Tannenbaum 1951, zwei Jahre nach Ensors Tod, nicht gerade subtil ausdrückte, zu einem Künstler, »der die Menschheit verachtete und hasste«, oder, wie es der belgisch-amerikanische Kritiker Luc Sante erst im letzten Jahr formulierte, zum »tödlichsten Zyniker in der gesamten Kunstgeschichte«. Schon seine enormen Ausmaße, sein überwältigendes visuelles Tohuwabohu, seine Legionen von Bürgern, die nach Brüssel hineinströmen, um Karneval zu feiern, und der unglaubliche Coup, den die Stadtväter mit der diesjährigen Hauptfigur des Festumzugs gelandet haben – MEINE DAMEN UND HERREN! JA, HIER IST ER, DIREKT AUS JERUSALEM, JESUS CHRISTUS HÖCHSTPERSÖNLICH! –, legen nahe, dass das Gemälde als ein unbeantwortbares Schlusswort konzipiert war. Und auf seine Weise war es das auch: Niemand antwortete. Wenn einen niemand hört, hat man dann überhaupt etwas gesagt? Die ganze Stadt, ja, die ganze Welt war auf dem Gemälde präsent: Geschäftsleute, Soldaten, die Regierung, Kunstkritiker, der Bischof, der Teufel, Menschen mit Masken, Menschen, deren Gesichter aussehen, als seien sie aus Teig geformt, alle völlig aus dem Häuschen angesichts der Chance, in die unmittelbare Nähe einer wirklichen Berühmtheit zu gelangen – ein einsamer, verwirrt aussehender Jesus, der im Zentrum dieses Menschengewimmels auf einem Esel dahergeritten kommt – und diesen Menschen dann, am Ende des Umzugs, ans Kreuz zu nageln. Was für eine fantastische Allegorie auf den totalen Bankrott der modernen Gesellschaft, auf die gesamte Geschichte der Menschheit! Und niemand nahm davon Notiz.

Ensor schleppte das Ungetüm zurück in seine Wohnung über dem Souvenirladen, den seine Mutter im Seebad Ostende führte, hängte es dort an die Wand und starrte während der nächsten sechzig Jahre auf den Strudel, den er geschaffen hatte, den er gesehen hatte, der für ihn gemacht worden war: all die Scheinheiligen und Lügner und Betrüger und Dummköpfe von Brüssel, von Belgien, von Europa, eigentlich jeder Mensch auf Erden, jeder, der sein Genie nicht erkannte, der es noch nicht einmal zu erkennen versuchte – jeder, jeder, jeder auf dem Bild und jeder, der es sich jemals ansehen würde.

Jeder: diejenigen, die das Bild sahen, als es schließlich zum ersten Mal öffentlich ausgestellt wurde, im Jahre 1929, im Rahmen einer Ensor-Retrospektive, auf der der belgische König Ensor zum Baron ernannte – als man, wie Libby Tannenbaums ätzendes Verdikt lautete, ihn feierte wegen seiner in den frühen 1880er-Jahren unternommenen postimpressionistischen, präexpressionistischen Experimente mit Konturen und Farbe, während seine blasphemischen, schockierenden Werke aus den späten 1880er- und den 1890er-Jahren abgetan wurden als »das bedauerliche Resultat irgendeiner außergewöhnlichen Krankheit, die den Künstler in seinen frühen Zwanzigern geschwächt hatte«. Jeder: diejenigen, die ihn in späteren Jahren in seiner Wohnung besuchten, um ihm ihre Hochachtung zu bezeigen, um seine Bilder zu bestaunen, während der alte Mann in einer Ecke saß und, wie Allen Ginsberg, selbst komponierte Lieder auf einem Harmonium spielte. Jeder: diejenigen, die heute ins Getty-Museum in Los Angeles kommen und sich dort das Bild ansehen. *Der Einzug Christi in Brüssel* war ein ungeheurer, ultimativer Affront und niemand von den »Zwanzig« hatte Schwierigkeiten, dies zu erkennen. Dazu genügte ein einziger Blick. Dieses Gesicht mit an Würste erinnernden Wangen, dieses verfaulende weiße Monstrum, das nicht wie ein Mensch, sondern eher wie eine Made aussieht, diese Leute mit Nasen so lang wie Arme – bin ich damit gemeint? Niemand hielt das für witzig.

Bob Dylan hat es zu seinem Beruf gemacht, Hinweise fallen zu lassen, die niemand aufgreift. Wie er gegen Ende von »Desolation Row« unumwunden zugab, kann man jeden in dem Song erkennen, ohne sich selbst zu erkennen: Jeder kennt Einstein, Ophelia, Romeo, T. S. Eliot, Ezra Pound, Casanova, den barmherzigen Samariter, Aschenputtel, Kain und Abel, den Glöckner von Notre-Dame, das Phantom der Oper und jeder weiß, dass diese jemand anders sind. Und so gleiten die Zeilen einfach so an einem vorbei: »I had to rearrange their faces, and give them all« – das Wort »all« dehnt sich aus zu »aaaaaaaallllllll«, bis es die Wörter verschluckt, die ihm vorausgehen – »and give them all another name.« Na ja, könntest du aus dem Publikum erwidern, das könnte ich trotzdem nicht sein: Bob Dylan kennt nicht mal meinen Namen. Das erinnert daran, wie der verstorbene Robert Shelton, in den Sixties ein Dylan-Chronist und Vertrauter Dylans, darauf bestand, der ahnungslose Reporter in »Ballad of a Thin Man« könne unmöglich ihm nachempfunden sein: »Ich bin dick«, sagte er.

Wie bei Ensors Gemälde wird das Auge des Zuhörers in »Desolation Row« auf einen Zirkus des Grotesken gerichtet: ein Schönheitssalon voller Matrosen, ein Polizeichef, der onaniert, während er eine Seiltänzerin liebkost, eine ganze Stadt in Verkleidung. Doch wer immer sie sind, fast alle Charaktere, die in dem Song vorkommen, haben eines gemeinsam: Sie sind nicht frei. Sie sind Gefangene von Richtern, Ärzten, Folterern, einer kompletten Geheimpolizei, und das Schlimmste daran ist, dass sie diese womöglich aus ihrem eigenen Innern rekrutiert haben. Wenn sie nicht frei sind, so liegt es daran, dass sie Gefangene ihrer eigenen Ignoranz sind, ihrer eigenen Eitelkeit, ihrer eigenen Kompromisse, ihrer eigenen Feigheit. Doch so, wie sie gesungen werden, hallt in den traurigsten Zeilen des Songs all das wider, was ein Mensch einmal gewesen ist, was er gewesen sein könnte, was er nie wieder sein wird. »You would not think to look at him, but he was famous long ago«, wobei das »long« so lange ausgedehnt wird, wie es geht, »lonnnnnng«, bis zurück zu der Zeit, wo der Einstein, der der

Mann damals war, nicht einmal den Einstein erkennen würde, der er heute ist.

Dylan nahm »Desolation Row« zum ersten Mal am 2. August 1965 in New York auf – was vermutlich auch das erste Mal war, dass er den Song sang. Am 4. August nahm er ihn ein weiteres Mal auf, für die Version, die den Abschluss seines Albums *Highway 61 Revisited* bilden sollte. Sein Auftritt beim Newport-Folk-Festival, der mit Buhrufen, Pfiffen, Wut, Verwirrung und Schweigen quittiert worden war, lag erst eine gute Woche zurück. Es war das erste Mal seit seiner Highschoolzeit, dass der für seine folkige Gitarre und seine proletarische Mundharmonika bekannte Troubadour mit einer Rock-'n'-Roll-Band aufgetreten war. Einer seiner ersten eigenen Songs, den er 1958 in Hibbing, Minnesota, geschrieben hatte, trug den Titel »Little Richard« und Little Richard war nicht Woody Guthrie, die Stimme der Enteigneten, der Poet der Great Depression, ein Mann, vom Wind umtost und aus Staub gemacht. Nein, Little Richard war kein Mann des Volkes. Little Richard war ein Freak in lila Klamotten, mit einem Pfund Pomade im Haar und einer fingerdicken Schicht Make-up im Gesicht. Rock'n'Roll war eine schamlose Anbiederung an den Massengeschmack, etwas, was das Gute in einem besudelte, indem es einen an den Meistbietenden verkaufte und einem notfalls auch Werbeslogans auf den Rücken pappte – so wie das Spruchband mit dem Schriftzug »Colman's Mustard«, das sich auf früheren und späteren Versionen von Ensors *Der Einzug Christi in Brüssel* in unmittelbarer Nähe eines Transparents befindet, auf dem »Heil Jesus! König von Brüssel!« steht.

»Was sagen Sie zu dem Vorwurf, dass Sie Ihr Talent sinnlos vergeuden?«, fragte der Kritiker Nat Hentoff Dylan in seinem berühmten *Playboy*-Interview; das war Anfang 1966, als die Empörung über Dylans Ketzereien ihren Höhepunkt noch nicht erreicht hatte. »Ich bin gerade mal vierundzwanzig«, sagte Dylan. »Die Leute, die das gesagt haben – waren das Amerikaner?« Es waren Amerikaner. Für viele in der Welt der Folkmusik – Leute, die ihre eigene Stimme in der von Bob Dylan vernommen hatten, die ihre eigene Rechtschaffenheit bestätigt gesehen hatten, wenn sie sich von Dylans Songs gegen Rassismus und Krieg angesprochen fühlten, von seinen Appellen, eine Gesellschaft von Lügen durch eine auf Wahrheit gegründete Gemeinschaft zu ersetzen –, für viele, die diese Songs als ihre eigenen ansahen, waren eine elektrische Gitarre und eine laute Begleitband nichts weiter als eine Version der Reklame für Colman's Mustard. In Newport hatte ihnen ein Prophet, dem sie blindlings vertraut, in den sie all ihre Hoffnungen gesetzt hatten, den Rücken gekehrt und auf diesem Rücken befand sich nicht der blaue Jeansstoff des Arbeiters, das Kostüm, das er bis dahin immer getragen hatte, sondern eine schwarze Lederjacke.

Vier Tage nach seinem Auftritt in Newport nahm Dylan »Positively 4th Street« auf, seine verbitterte, sarkastische Replik auf die Greenwich-Village-Folkies, die seit Jahren um ihn herumscharwenzelt waren und über ihn getratscht hatten und die sich zu jener Zeit noch unschlüssig waren, auf wessen Seite sie sich schlagen sollten. Es war vermutlich die schärfste Abrechnung, die jemals auf Band aufgenommen wurde – auch wenn viele in Minnesota, wo Robert Zimmerman aus Hibbing erstmals zu Bob Dylan mutierte, davon überzeugt sind, in dem Song gehe es um die 4th Street in Minneapolis. Das von Helden und Schurken aus der gesamten abendländischen Kultur wimmelnde »Desolation Row« war weniger eindeutig, weniger an einen Ort gebunden, denn es war eine ganze Welt – und aus diesem Grund war der Song selbst für den Sänger nicht immer leicht zu finden.

Zuerst versuchte Dylan, es mit einem Bass, gespielt von Harvey Brooks, seiner eigenen akustischen Gitarre und einer elektrischen Gitarre aufzunehmen, letztere gespielt von dem eigens aus Nashville angereisten Charlie McCoy, dem vielseitigsten Musiker aus der Music City USA. Aber das Ganze entwickelt keinen Groove; wieder und wieder versucht McCoy, das Durcheinander von Leuten, über die Dylan singt, mit einem klirrenden, antreibenden Gitarrensound zu ordnen; er versucht, die Strophen mit einem kratzenden, schrillen Rhythmus zu beschließen, doch Dylan scheint vor der Story des Songs zurückzuweichen und man sieht nie mehr als einen Haufen kostümierter Gestalten. Einen Monat später, in der Hollywood Bowl, wo Dylan den Song erst zum zweiten Mal vor einem Publikum zum Besten gibt, bedient er sich einer durchdringenden, humorlosen Stimme und verwandelt diesen damals schockierend langen, elfminütigen Song in etwas wesentlich Kleineres: in einen Protestsong, obwohl man ein begeistertes junges Mädchen »It's so groovy!« schreien hören kann, nachdem Dylan die Nummer beendet hat. Erst beim zweiten Versuch in New York nahm »Desolation Row« Gestalt an und diesmal spielte McCoy eine akustische Leadgitarre.

Die Gitarren sind nicht elektrisch, es gibt kein Schlagzeug, und doch ist der Song Rock'n'Roll – hinsichtlich dessen, was er verlangt, und hinsichtlich der Art und Weise, wie er es verlangt. McCoys Gitarrenspiel zu Beginn der Performance ist blumig, überaus dekorativ, und es entspannt den Zuhörer und vielleicht auch den Sänger. McCoy fängt das South-of-the-Border-Feeling ein, das über weiten Teilen von *Highway 61 Revisited* schweben sollte, und verlässt sich dabei am stärksten auf »El Paso«, den dieser Grenzstadt gewidmeten Marty-Robbins-Hit von 1959, so wie Dylan bei »Like a Rolling Stone«, dem Song, der das Album eröffnet, auf einen Ritchie-Valens-Hit von 1958 zurückgegriffen hatte – »Es ist immer sehr befriedigend, die Akkordwechsel von ›La Bamba‹ zu einem neuen Song umzuarbeiten«, sollte Phil Spector es einige Jahre später formulieren. Doch McCoy wird im weiteren Verlauf des Songs zusehends energischer. Er achtet eher auf den Rhythmus als auf die Melodie. In der Instrumentalpassage nach der Strophe, in der die *Titanic*, wie in so vielen amerikanischen Folksongs dieses Jahrhunderts, ihrem Schicksal entgegenfährt, hämmert McCoy so lange gegen Dylans dampfendes Mundharmonikaspiel an, bis die beiden das Schiff gemeinsam zu versenken scheinen. Dylans Performance hat nichts Diskretes. Er singt – gelegentlich schreit er auch –, als werde er von einer kompletten Band begleitet, als müsse er sich gewaltsam Gehör verschaffen. Er ist heiser, hält sich aber nicht zurück. Er beschleunigt manche Strophen, während er andere verlangsamt, und er veranschaulicht das Recht des Songs, seine Charaktere aus buchstäblich jedem Land und jeder Epoche zu beziehen, wobei er sich für die Einstein-Strophe als Scheherazade kostümiert – und er zieht dich vollkommen in seinen Bann. Der Song wirkt nicht wie eine lustige, sondern wie eine traurige, gebrochene Allegorie, nicht so, als sei die Geschichte, die er erzählt, ein Mysterium, sondern etwas völlig Selbstverständliches, so selbstverständlich wie der letzte Krieg oder der nächste.

Gut drei Wochen nachdem er es aufgenommen hatte, sang Dylan »Desolation Row« erstmals in der Öffentlichkeit, am 28. August in Forest Hills in New York, zwei Tage vor der Veröffentlichung des Songs und des Albums, das er besiegelte. Es war Dylans erster Auftritt seit dem Newport Folk Festival. Nach der ersten Hälfte des Konzerts, einem Soloauftritt mit akustischer Gitarre, sollte er mit einer Band auf die Bühne zurückkehren und dann würde, wie er wusste, der Ärger beginnen. Viele waren allein deshalb gekommen, um Ärger zu machen. Tatsächlich war es das gemeinste, wütendste Publikum, mit dem Dylan sich in den USA jemals konfrontiert sehen sollte. Doch da zunächst vertraute Songs auf eine vertraute Weise dargeboten werden, führen sich diejenigen im Publikum, die gekommen sind, um gegen den abtrünnigen Protestsänger zu protestieren, mehr oder weniger gesittet auf – oder sie lassen sich ihre Verärgerung zumindest nicht anmerken.

Dylans Tonfall für diesen neuen Song ist cool und sein Betonungsstil, die Art und Weise, wie er dieses oder jenes Wort herausstreicht, ist zum Brüllen komisch. Die gesamte Performance ist hinreißend, als gehe sie davon aus, dass jeder den Witz kapieren wird. Keiner der Anwesenden hat den Song jemals gehört, doch das Publikum ist sofort Feuer und Flamme, lacht entzückt über jede zweite Zeile und gerät bei den Worten »Everyone is either making love, or else expecting rain« völlig aus dem Häuschen, als sei »Regen zu erwarten« das Lustigste, was es jemals gehört hat. Das Gefühl ist das einer Befreiung, als fühlten sich die Leute pudelwohl in ihrer Haut. Gleichzeitig spürt man aber auch, dass sie sich privilegiert fühlen, dass sie das Gefühl haben, am richtigen Ort zu sein – hier, wo der Tribun einer neuen Kultur in einer Geheimsprache spricht, die fürs Erste keine Übersetzer benötigt –, und das zur richtigen Zeit – jetzt, wo die Welt sich zu verändern scheint und man den Eindruck hat, man sei ihr um einen Schritt voraus und blicke bereits zurück.

»Haben Sie jemals diesen klassischen Jungentraum gehabt, Präsident der Vereinigten Staaten zu werden, wenn Sie groß sind?«, fragte Nat Hentoff Dylan für den *Playboy*. »Nein«, erwiderte dieser. »Als ich ein Junge war, da war Harry Truman Präsident, und wer wollte schon Harry Truman sein?« »Nun, nehmen wir einmal an, Sie wären der Präsident. Welche Ziele würden Sie sich für Ihre ersten tausend Tage setzen?« – ein merkwürdiger Versprecher, denn damit bezog Hentoff sich nicht auf Franklin Roosevelts erste hundert Tage, die traditionelle Frist zur Bewertung der Leistung eines Präsidenten, sondern auf die tausend Tage John F. Kennedys, der knapp zwei Jahre zuvor einem Attentat zum Opfer gefallen war – so als würde man Präsident Dylan mehr Zeit zubilligen. »Also«, sagte Dylan, »nur so aus Spaß und weil Sie darauf beharren. Als Erstes würde ich wahrscheinlich das Weiße Haus umsiedeln. Es stünde dann nicht mehr in Texas« – und das war kein Versprecher, sondern Dylans Art auszudrücken, was er von Kennedys Ersatzmann, Präsident Lyndon B. Johnson, hielt – »sondern an der New Yorker East Side. McGeorge Bundy müsste auf jeden Fall seinen Namen ändern und General McNamara müsste eine Waschbärenfellmütze und eine Sonnenbrille tragen. Ich würde auf der Stelle den Text von ›The Star-Spangled Banner‹ umschreiben und die Grundschüler müssten nicht mehr ›America the Beautiful‹ auswendig lernen, sondern ›Desolation Row‹«.

Als Dylan im Herbst 1965 kreuz und quer durch die USA tourte, blieb »Desolation Row« eine Komödie, oder die Leute hörten es weiterhin auf diese Weise, hörten es als etwas, was man aus der Ferne betrachtet, als kämen sie nicht darin vor. Doch im Frühjahr 1966, als die Tournee England erreichte – wo die Empörung über Dylans Übertritt in die Poparena in einem Hass gipfelte, der alles in den Schatten stellte, was Dylan in seinem Heimatland erlebt hatte –, da veränderte sich die Nummer.

Am 10. Mai, in Bristol, scheint Dylan das Lächeln in der Melodie zu suchen – der Song ein Boot, mit dem man lossegeln kann. »Puts her hands in her back pockets / Bette Davis style« – als er diese Zeilen singt, ist es so, als sei die ganze Story ein Bedauern, eine Geschichte voller Trauer, deren einziges Thema all das ist, was man verloren hat. Am 27. Mai, in der Royal Albert Hall – »Desolation Row« sollte erst acht Jahre später wieder gesungen werden, auf Dylans ausgedehnter Comebacktournee von 1974, und da auch nur ein einziges Mal –, ist die Performance ein Spiegelkabinett, mal boshaft, mal lustig, mal weniger lustig. Die in dem Song vorkommenden Charaktere werden veranschaulicht; sie scheinen physisch präsent zu sein, weil sie es, vielleicht, zum ersten Mal auch sind: Die Leute im Publikum sind in dem Song und es gibt keinen erkennbaren Weg, der aus ihm herausführt. Der Song wird als eine Vision präsentiert, als Gnosis, als Geheimwissen – als etwas, das vielleicht denjenigen zugänglich ist, die zuhören, vielleicht aber auch nicht.

In Manchester, zehn Tage zuvor, fand der Song vielleicht seine wahre Gestalt; die Performance ist in emotionaler Hinsicht auf eine Art vollkommen, an die die anderen nicht heranreichen. Anfangs verstümmelt Dylan seine Worte, schneidet sich von ihnen ab, distanziert sich von den geschilderten Vorgängen, macht sich ebenso sehr zu einem Beobachter wie jeden im Publikum. Doch im weiteren Verlauf der Darbietung scheint der Song ein Zeitlupentempo anzunehmen, obwohl der ursprüngliche Takt beibehalten wird. Man registriert eine Eintönigkeit, einen Mangel an dramatischem Effekt, der angesichts der Geschichten, die hier erzählt werden – Aschenputtel, das sich seine eigene Desolation Row macht, Casanova, der dafür bestraft wird, dass er auf diese Straße geht, Ophelia, der dort der Zugang verwehrt wird –, selbst etwas Dramatisches hat. Das ist das Gefühl: Jemand erzählt eine sehr alte Geschichte oder, genauer gesagt, er vollzieht ein Ritual, präsentiert ein Rätsel, das jeder kennt und das bislang noch niemand gelöst hat. Der Song hört auf, ein Song von Bob Dylan zu sein; was den Tonfall, die Art, sich zu geben, die Diktion und seine Furchtlosigkeit anbelangt, könnte er auch »Barbara Allen« singen.

Hörte man sich »Desolation Row« zu der Zeit an, als es herauskam – angezogen von seinem Abfallhaufen der abendländischen Zivilisation –, so konnte man fast eine Antwortplatte auf Richard Huelsenbecks 1920 erschienene Abhandlung *En avant Dada* hören, wo dieser die ernst gemeinte Frage »Was ist die deutsche Kultur?« stellte und sie gleich selbst kategorisch beantwortete, in Klammern und hinter einem Doppelpunkt, als sei das Ganze zu offenkundig, um sich damit eingehender zu befassen: »(Antwort: Dreck).« Huelsenbeck und die anderen Dadaisten wollten die Welt dazu bringen, in denselben Spiegel zu schauen, den James Ensor aufgestellt hatte, fast dreißig Jahre bevor sie in Zürich ihr Cabaret Voltaire eröffneten. Die wortlosen Gedichte und die verrückten Tänze der Dadaisten, ihre Beschimpfungen eines jeden, der Eintritt zahlte, um sie zu hören, waren ihre Antwortplatte auf *Der Einzug Christi in Brüssel*. Wie die Dadaisten sagt Dylan in »Desolation Row«, dass Kultur bestenfalls Verfall sei und schlimmstenfalls Betrug. Während sich seine Charaktere durch den Song bewegen, folgt er ihnen, nur um zu erfahren, dass fast niemand das bewahrt, was er hat, seine essenzielle Humanität, seine »Sonderbegabung« – um zu erfahren, dass fast jeder sein Erstgeburtsrecht für ein Linsengericht verkauft. Und so verbreitet dieser Abfallhaufen einen Übelkeit erregenden und zugleich berauschenden Geruch von verpassten Chancen, von Torheit, Irrtum, Narzissmus, Sünde. In dieser Atmosphäre – und der Song erzeugt tatsächlich seine eigene Atmosphäre, sein eigenes Wetter – scheint alles wertlos. »Desolation Row«: Die Wörter scheinen dem Abfallhaufen lediglich einen Namen zu geben. Doch das war, wie ein Freund voller Entsetzen zu mir sagte, nachdem er sich den Song zwanzigmal hintereinander angehört hatte, keineswegs so: »Es gefällt ihm auf der Desolation Row!«

Al Kooper spielte nicht nur auf *Highway 61 Revisited* Orgel und Klavier für Dylan, sondern auch in Forest Hills und in der Hollywood Bowl; die Desolation Row, sagt er en passant in seiner Autobiografie, *Backstage Passes & Backstabbing Bastards*, sei die Eighth Avenue in New York City. Damals zählte diese Straße zu jenen Gegenden, wo einem empfohlen wird, nachts sicherheitshalber in der Mitte des Fahrdamms zu gehen, da einem von den Autofahrern, die einen nicht sehen können, weniger Gefahr drohe als von den Gestalten, die sich auf dem Bürgersteig herumtreiben. In »Visions of Johanna«, einem Song von dem im Mai 1966 veröffentlichten Album *Blonde on Blonde*, den Dylan bereits seit dem vorausgegangenen Herbst unter dem Titel »Seems Like a Freeze-Out« bei seinen Konzerten gespielt hatte, erhält man einen Eindruck vom Leben aus dem Innern der Desolation Row, eine Landkarte davon. Man könnte sich ohne Weiteres in einer Wohnung an der Eighth Avenue befinden und aus dem Fenster hinausschauen.

Der Song erzeugt einen muffig-moderigen Raum, wo ein leiser Luftzug Staubflusen über den Fußboden bläst. In den Ecken haben einige Leute Sex, andere spritzen sich Heroin oder dösen matt vor sich hin. Es ist die perfekte Boheme-Utopie, ein Ort des Rückzugs, der Vereinzelung, der Düsterkeit. Es ist Poe aus vierter Hand, Baudelaire aus dritter Hand, weitergereicht von den zahllosen Leuten, die an den Mythos vom verkannten Künstler glauben, vom Visionär, den die Gesellschaft zu seinem eigenen Schutz ins Exil verbannen muss – in ein Exil mitten in seiner Gesellschaft, was seine Demütigung total und endgültig macht, doch das ist auch die Gefahr. Das ist die einzige Karte, die dem Künstler geblieben ist, und mit dieser Karte kann er das Spiel ändern. Der Künstler wird die Gehässigkeit der Gesellschaft mit eigenem Hohn und Spott erwidern. Der Unterschied besteht darin, dass die Gesellschaft nur in Parolen und Klischees spricht – »Die doktrinären

Fanfaren sind immer erfolgreich«, wie ein in *Der Einzug Christi in Brüssel* in die Höhe gehaltenes Transparent besagt –, während der Künstler eine neue Sprache erfindet, um genauso sonderbar zu sprechen wie dieses Gemälde, mit der gleichen eigenartigen Kraft. Das ist die Idee.

Der muffig-moderige Raum, in dem dieses Wunder bewirkt wird, ist natürlich selbst ein Klischee, doch gibt es irgendeinen Ort, wo man lieber wäre? Es gibt keinen Ort, wo der Sänger von »Desolation Row« lieber wäre – oder Aschenputtel, Casanova, Einstein, als er noch elektrische Violine spielte, oder der barmherzige Samariter, der in *Der Einzug Christi in Brüssel* bloß ein Gesicht in der Menge ist. Sie stecken ihre Köpfe aus dem Fenster hinaus, um die wenigen anzusprechen, die es ihrer Ansicht nach möglicherweise verdienen, in ihren Kreis aufgenommen zu werden, und sie lachen über die sich durch die Straße wälzenden Menschenmassen, über all diejenigen, die nicht genug wissen, um bei ihnen um Einlass zu bitten. Diese Stimme in »Desolation Row« und in »Visions of Johanna« ist die Stimme von Jack Kerouac, wie sie in *Pull My Daisy*, Robert Franks und Albert Leslies 1960 herausgekommenem Film über die Beatnikszene, aus dem Off zu hören ist. »Schau dir all diese Autos da draußen an«, sagte er. »Nichts als eine Million schreiender Tattergreise, die von Benzintankwagen überfahren werden. Also wirf ein Streichholz darauf.« Das ist das Gefühl aus dem Innern des Raums von »Visions of Johanna«, nur dass es dort auch eine gewisse Mattigkeit gibt, die darauf hindeutet, dass man den ganzen Tag lang Streichhölzer werfen könnte, ohne dass etwas Feuer fängt.

Von der Mitte der 1880er-Jahre bis zum Ende des neunzehnten Jahrhunderts ging James Ensor viel weiter als Dylan im Jahr 1965 oder in den Jahren danach; er führte auch ein viel armseligeres Leben. Als ein Prophet artikulierte er seine Prophezeiungen und ließ die Welt diese erdulden. Sein 1891 entstandenes Gemälde *Skelette im Streit um einen Räucherhering* enthält nicht nur die Schäbigkeit des neuen Kleinbürgertums, sondern auch die Schlacht an der Somme; dieses schaurige Bild von »zwei Skeletten in Husarenuniformen, die mit ihren Zähnen an jeweils einem Ende eines gesalzenen Räucherherings zerren«, ist, wie Luc Sante meint, »ein prägnantes Resümee seines Jahrhunderts und zugleich eine Vorhersage über das kommende.« Ensors in den 1880er-Jahren entstandene Christusradierungen – wo, bei *Der Kalvarienberg*, die Lettern INRI auf dem Kreuz durch ENSOR ersetzt werden – kulminieren in *Satan und die phantastischen Scharen peinigen den Gekreuzigten*, einem Bild, auf dem sich Teufel, Affen und Menschen am Fleisch Christi laben. Die Verrenkungen auf dem Bild, die unnatürlichen Posen, die seine Protagonisten einnehmen, wenn sie sich durch die Lüfte winden, erinnern an mitteleuropäische Holzschnitte aus dem fünfzehnten Jahrhundert, die den Antichrist zeigen, wie er von Dämonen in die Höhe gehoben wird, um zu beweisen, dass er fliegen kann, dass er Gott ist. Die 1888 entstandene Radierung *Kampf der Dämonen* ist eine Explosion von Skatologie und Sadismus, ein einziger Horrortrip, so überfüllt und instabil wie eines der zeitgenössischen Orgienbilder von Sue Williams: Egal auf welches Detail man sich konzentriert – das in den Anus gerammte Schwert, der Krebs mit dem menschlichen Gesicht, die sich erbrechende Fledermaus –, unmittelbar daneben geschieht etwas noch Grässlicheres. George Grosz' beeindruckendstes Gemälde, das 1918 entstandene *Leichenbegängnis (Widmung an Oskar Panizza)*, auf dem Berlin als ein von schwarz wirkenden Rottönen und rot wirkenden Schwarztönen beleuchteter Hexenkessel der Verdorbenheit erscheint, ist bloß eine Bestätigung von Ensors 1896 entstandener Prophezeiung *Der Tod verfolgt die Menschenherde*, wo ein riesiges Skelett von den Dächern aus seine Sense schwingt, während die unten auf der Straße fliehenden Menschenmassen wie ein Kornfeld zu wogen scheinen.

Diese Bilder haben nichts Frommes an sich, genauso wenig wie *Der Einzug Christi in Brüssel*, und es gibt dort etwas, was über Blasphemie hinausgeht. Ensor war antiklerikal eingestellt, wissen seine Biografen zu berichten, doch wie so viele, die die Kirche hassten, gefiel ihm die Vorstellung von Jesus: rein, unschuldig, aufrichtig, der erste Märtyrer und der letzte. Manche sagen sogar, Ensor habe *Der Einzug Christi in Brüssel* nicht gemalt, um zu verdammen, sondern um die Gottlosen wieder auf den Pfad der Rechtschaffenheit zu bringen. Doch Ensors Christusbilder, auf denen er erst das Gesicht des Erlösers durch sein eigenes ersetzt, um dann auch noch seinen Namen auf das Kreuz zu schreiben, führen nicht zum Pfad der Rechtschaffenheit. Sie ergeben ihre eigene Art von schwarzer Messe, so wie es auch Ensors stilles, unscheinbares Gemälde *Die verärgerten Masken* tut, ein Werk aus dem Jahr 1885. Dort sitzt ein Mann an einem Tisch, eine Flasche vor sich, einen Hut auf dem Kopf und eine Schweineschnauzenmaske vor dem Gesicht. Eine Frau steht in der Türöffnung, einen Stab in der Hand, eine spitze Haube auf dem Kopf und eine Brille mit dunklen Gläsern über ihren Augen. Die Nase der Frau ist riesig und knollenartig, ihr Kinn ragt hervor wie eine Geschwulst; man kann nicht erkennen, ob sie eine Maske trägt oder ob dies ihr wirkliches Gesicht ist. Ja, die beiden wollen zum Karneval gehen – doch gleichzeitig sagt einem diese auf sadistische Weise prosaische Szene, dass etwas Unaussprechliches passieren wird, sobald die beiden den Raum verlassen. Man weiß, dass der Karneval, zu dem sie gehen, nicht in den öffentlichen Straßen stattfindet, sondern auf der Desolation Row, dem Ort, wo die alten Ketzer, die Hexen, die Vorfahren der Bohemiens der modernen Welt ihre Zeremonien abhalten.

Ensor mag seine eigene Zurückweisung in der von Christus wiedererkannt oder sich gewünscht haben, die eine könnte die andere rechtfertigen, doch sein künstlerisches Werk legt sein eigenes Zeugnis ab und dieses unterscheidet sich kaum von dem, das Wilhelm Fraenger in seiner Abhandlung *Hieronymus Bosch: Das Tausendjährige Reich* zitiert: eine Aussage, die ein gewisser Konrad Kannler 1381 bei einem Verhör vor einem Inquisitionsgericht machte, wo er sich nicht nur als »Bruder Christi« und als »neuer Adam«, sondern auch als »Antichrist in gutem Sinn« bekannte und sich außerdem noch als »Ebenbild des unschuldigen Lammes« zum Vorsitzenden des Weltgerichts berufen fühlte.

Zu seinem Glück stand Bob Dylan mit einem Fuß in der Ketzerkammer, in der Bohemienmansarde, im privilegierten Raum der Desolation Row, während er als der Popmusiker, der er 1965 auf so glamouröse Weise geworden war, mit dem anderen Fuß auf der Straße stand, wo er nicht so tun konnte, als würde er sich von anderen groß unterscheiden. Und so wurde »Desolation Row« im Laufe der Zeit zunehmend zu einem Bild, das in der Zeit fixiert war, zu einer Story, die man in ihrer originalen Stimme hören konnte, als sei es zum ersten Mal. Es wurde zu einem Ort, den man eigentlich nicht wiederbesuchen konnte, im Unterschied zu dem Highway, nach dem das Album benannt ist, das »Desolation Row« enthält. Als Dylan den Song 1995 auf MTV präsentierte, im Rahmen seines *Unplugged*-Konzerts, mit der hervorragenden Band, die ihn während der 1990er-Jahre begleitete, da war der Song nicht eine Sache für sich, sondern ein Verweis auf etwas anderes.

Doch wie Dylan 1997 verdeutlichen sollte, als er sein Album *Time Out of Mind* mit dem langen, vor sich hin mäandernden »Highlands« abschloss, waren die Grenzen zwischen der Desolation Row und der Außenwelt zu jener Zeit schon lange verschwunden. So wie die Felder der alten amerikanischen Republik des ebenfalls aus Minnesota stammenden F. Scott Fitzgerald weichen auch Dylans Highlands vor einem zurück, sobald man sich ihnen nähert, und so schweben sie in der Luft als ein Bild des Guten: ein Bild, von dem der Sänger sagt – als er durch eine Welt spaziert, in der er sich kaum dazu durchringen kann, den Mund aufzumachen, und in der ihn ohnehin niemand hören würde –, er könne es notfalls von dort herunterholen und verinnerlichen. Täte er dies, so würde es jedoch nicht mehr da oben in der Luft schweben, als ein Bild von der Welt, wie sie sein sollte, und so lässt er es lieber dort, wo es ist.

Jenen alten, muffig-moderigen Raum gibt es noch immer, aber außer dem Sänger ist schon seit Jahren niemand mehr dort gewesen; er hätte nichts gegen ein bisschen Gesellschaft einzuwenden, doch er kann auch darauf verzichten. Wie Dylan Richard Avedons Mitarbeiterin Doon Arbus zu der Zeit erzählte, als »Highlands« zum ersten Mal zu hören war, glaubte man im alten Folkmilieu, »man gehöre einer Elite an, einer besonderen Gruppe von Menschen, die sich als unterdrückte Außenseiter betrachteten. Man glaubte, man gehöre einer alternativen Gemeinschaft an, einer verschworenen Gemeinschaft … Diese Gemeinschaft ist zerstört worden. Ich weiß nicht, was sie zerstört hat. Manche Leute sagen, es gebe sie noch immer. Ich hoffe, es gibt sie noch … Ja, ich hoffe, es gibt sie noch. Ich weiß, ich bin noch immer ein Mitglied einer geheimen Gemeinschaft. Vielleicht bin ich deren einziges Mitglied, verstehen Sie?«

Bob Dylan: »Desolation Row«, aufgenommen am 30. Juli 1965, mit Harvey Brooks, Bass, und Charlie McCoy, elektrische Gitarre. Enthalten auf *The Genuine Bootleg Series* (Bootleg).
—, »Desolation Row«, mit Charlie McCoy, akustische Gitarre. Auf *Highway 61 Revisited* (Columbia, 1965).
—, »Desolation Row«, Los Angeles, 3. September 1965. Enthalten auf *We Had Known a Lion* (Vigotone Bootleg). Mit einer ausgezeichneten Konzertbesprechung von Shirley Poston.
—, »Desolation Row«, Bristol, UK, 10. Mai 1966. Enthalten auf *Away from the Past* (Wild Wolf Bootleg).
—, »Desolation Row«, aufgenommen in der Royal Albert Hall, London, 27. Mai 1966. Enthalten auf *Genuine Live 1966* (Wild Wolf Bootleg).
—, »Desolation Row«, aufgenommen in der Manchester Free Trade Hall, 17. Mai 1966. Auf *The Bootleg Series, Vol. 4 – Bob Dylan Live 1966 – The »Royal Albert Hall« Concert* (Columbia, 1998).
—, »Desolation Row«, auf *MTV Unplugged* (Columbia, 1995).

Al Kooper: *Backstage Passes & Backstabbing Bastards* (1998), aktualisierte Ausgabe, Hal Leonard, New York 2008.

Wilhelm Fraenger: *Hieronymus Bosch: Das Tausendjährige Reich – Grundzüge einer Auslegung*, Winkler-Verlag, Coburg 1947. Eine Abhandlung über das eher unter dem Namen »Der Garten der Lüste« bekannte Triptychon (ca. 1500), S. 34 f.

Doon Arbus, in Richard Avedon und Arbus: *The Sixties*, Random House, New York 1999, S. 210.

The Superhuman Crew: Painting by James Ensor, Lyric by Bob Dylan, John Harris (Hrsg.), J. Paul Getty Museum, Los Angeles 1999. Ensors *Der Einzug Christi in Brüssel im Jahre 1889*, untermalt vom Text zu »Desolation Row«. Dieser Artikel war ursprünglich das Manuskript zu einem Vortrag, den ich anlässlich der Veröffentlichung von Harris' Buch am 14. Oktober 1999 im Getty-Museum hielt.

HIMMEL UND HÖLLE
REAL LIFE ROCK TOP 10
Salon
12. Juni 2000

7) Bob Dylan: »Blowin' in the Wind« (live) auf *The Best of Bob Dylan, Volume 2* (Sony UK). Bei diesem siebenminütigen, undatierten »field recording« aus den 1990er-Jahren ist der Song weniger eine Botschaft als eine Gelegenheit zum Musizieren, mit jeder Menge Gitarre. Der Song weht nun selbst im Wind und ist seinem Autor schon vor langer Zeit davongeweht; an diesem Abend koppeln sich die Leute vorübergehend an ihn an, wobei der Autor kaum mehr Anspruch auf die Komposition hat als das Publikum. Das Selbstvertrauen und die Arroganz eines jüngeren Mannes – *Kapiert ihr das nicht?* – sind dem Bedauern und dem Schmerz eines älteren Mannes gewichen. Der Song ist allerdings kein Oldie. Charlie Sexton und Larry Campbell befördern die Nummer mit ihrem Backgroundgesang in eine neue, höhere Tonlage und mit einem Mal ist »Blowin' in the Wind« nicht nur eine Gelegenheit zum Musizieren, sondern eine Herausforderung an die Zukunft, es zum Schweigen zu bringen.

Salon
26. Juni 2000

7) Lieblingsalben von Kandidaten für die Wahlen zum US-Senat in Minnesota, aus dem »So You Want to Be a Senator«-Fragebogen des Magazins *City Pages*, Minneapolis, 31. Mai. Mike Ciresi (Democratic-Farmer-Labor Party, 54): »Anns Lieblingssongs« (von der Ehefrau zusammengestellte Kompilation mit Lieblingssongs des Kandidaten); David Daniels (Grassroots – die Partei, nicht die gleichnamige Musikgruppe –, 45): Bob Marley & the Wailers, *Natty Dread*; Leslie Davis (Independence Party, Jahrgang 1937): *Janis Joplin's Greatest Hits*; Mark Dayton (DFL, 53): Jefferson Airplane, *Volunteers*; Dick Franson (DFL, 71): »Sämtliche Alben von Frank Sinatra«; James Gibson (Independence Party, 47): »mein Hochzeitsalbum«; Jerry Janezich (DFL, 50): Meat Loaf: *Bat Out of Hell*; Steve Kelly (DFL, 47): Mary Black, *Collected*; David Lillehaug (DFL, 46): Kansas, *Greatest Hits*; Steven Miles (DFL, 50): Bob Dylan, *Time Out of Mind*; Erik D. Pakieser (Libertarian Party, Jahrgang 1969): Beastie Boys, *Paul's Boutique*, Ice Cube, *Death Certificate*, das *White Album* der Beatles; Ole Saviour (DFL, 50): Rolling Stones, kein Album genannt; Rebecca Yanisch (DFL, 47): Van Morrison, *Moondance*; Rod Grams (Republican Party, amtierender Senator): keine Antwort.[43]

Salon
10. Juli 2000

5/6) Colson Whitehead: *The Intuitionist* (Anchor) und Bob Dylan: »I'll Keep It with Mine«, von *Biograph* (Columbia, 1985). In Dylans müdem Pianodemo von 1965 geht es darum, ob man in einen Zug einsteigen

---

43 Mark Dayton gewann.

soll oder nicht; Whiteheads 1999 veröffentlichter Roman ist ein metaphysischer Thriller über die Inspektion von Aufzügen, und die folgenden Zeilen aus Whiteheads gnostischem Lehrbuch »›Theoretical Elevators, Volume Two‹, von James Fulton« könnten als eine Übersetzung von Dylans Song verfasst worden sein: »Du stehst auf einem Bahnsteig. Wegen der Angst, den Zug zu verpassen, wegen einer sklavischen Fixiertheit auf die Zeit, bleiben dir noch zehn Minuten bis zur Abfahrt des Zuges. Es gibt so vieles, was du deiner Begleitung noch nie gesagt hast, und so wenig Zeit, es zu artikulieren. Die Jahre haben sich um die einfachen Worte gerankt und du hättest reichlich Zeit gehabt, diese Worte auszusprechen, wären die Jahre nicht dazwischengekommen und hätten sie überwuchert. Der Schaffner geht auf dem Bahnsteig auf und ab und fragt sich, warum du nichts sagst. Du bist ein Schandfleck auf seinem Bahnsteig und auf seinem Fahrplan. Sprich, finde die Worte, der Zug bereitet sich schon auf die Abfahrt vor!«

Salon
7. August 2000

10) *Bob Dylan: The American Troubadour*. Regie: Stephen Crisman, Buch: Ben Robbins (A & E, 13. August). Dieser zweistündige Dokumentarfilm veranschaulicht auf beeindruckende Weise das Prinzip der »fairen Nutzung« urheberrechtlich geschützten Materials. Ohne die Erlaubnis zur Verwendung von Material, an denen der in dieser TV-Biografie Porträtierte das Copyright besitzt, von einem aktuellen Interview ganz zu schweigen, behelfen sich die Filmemacher mit gelegentlichen Ausschnitten aus historischen Fernsehaufzeichnungen von Interviews und mit dermaßen vielen Schwenk- und Zoomaufnahmen von Standfotografien, dass man meinen könnte, die fragliche Karriere habe sich in der Zeit vor der Erfindung der bewegten Bilder abgespielt; von den im Film erwähnten Songs ist immer nur ein einziger Refrain zu hören und

jede Menge Zelluloid wird den Erklärungen und Reminiszenzen einiger weniger Zeitzeugen gewidmet, von denen sich Todd Gitlin, in den Sixties einer der Köpfe der Students for a Democratic Society und heute Soziologieprofessor an der NYU, als der David Halberstam seiner Generation entpuppt. Nebenbei gibt es Spuren einer unerzählten Geschichte: Ein circa 1958 entstandenes Tape von Dylans Highschoolcombo, den Golden Chords, auf dem sie mehrstimmig eine selbst komponierte Doo-Wop-Nummer zum Besten geben (»I'll be true, I love you, yes I do« – nach einer Weile klingt dies exakt wie eine der frühen Buddy-Holly-Imitationen des aus Fargo stammenden Bobby Vee), ist gar nicht so weit entfernt von Dylans 1967 entstandenem Basement-Tapes-Song »Don't Ya Tell Henry«, wie er hier von Levon Helm von The Band dargeboten wird. Der sechzigjährige Helm hatte gerade eine Krebstherapie hinter sich und das sieht man ihm auch an. Man hört es ihm an: Mit einer kaum vernehmbaren Raspelstimme, die Mandoline fest an seine Brust gepresst, beschwört er eine schlichte Musik herauf, die diejenigen, die sie singen, überleben wird – was nicht heißen soll, dass Leute wie Helm oder Dylan einräumen würden, dass dem Pfandrecht, das der Tod an ihrem Leben hat, der Vorzug gebühre gegenüber dem, das die Musik an ihren Seelen hat.

Salon
13. November 2000

1) Ethan und Joel Coen: *O Brother, Where Art Thou?*[44] (Touchstone Films). Drei entflohene weiße Kettensträflinge geraten bei ihrer Flucht in Mississippi in eine Reihe von Sketchen über »old-time music« – es beginnt damit, dass sie einen jungen, adrett gekleideten Schwarzen in ihrer Klapperkiste mitnehmen, den Bluessänger Tommy Johnson, wie

---

44 dt. *O Brother, Where Art Thou? – Eine Mississippi-Odyssee.*

sich herausstellt, der soeben seine Seele an den Teufel verkauft hat, um sein Gitarrenspiel zu vervollkommnen, und der jetzt losrocken möchte. Im Unterschied zu dem jüngeren Robert Johnson prahlte Tommy Johnson (»Cool Drink of Water Blues«, 1928, obwohl man ihn hier Songs von Skip James spielen lässt) mit dieser Transaktion. (Was könnte cooler sein?) Als er in der Version der Coen-Brüder vom Ku-Klux-Klan geschnappt wird und rituell gelyncht werden soll, glaubt er, der Teufel fordere die Einlösung ihres Pakts nur früher ein als erwartet.

Es ist eine Szene, die an *The Birth of a Nation*[45] erinnert, in kultureller Hinsicht allerdings dermaßen blasphemisch ist, dass es dafür im Grunde keine Vorbilder gibt. Auf einer Lichtung wirbeln mitten in der Nacht Hunderte von Ku-Klux-Klan-Mitgliedern in blütenweißen Roben herum wie eine Collegemarschkapelle während der Halbzeit, wobei sie blitzschnelle, perfekt choreografierte Bewegungen ausführen, als sei ihnen dies in die Wiege gelegt worden. Nach einer Weile stehen sie still und nehmen eine Formation ein, bei der sie dem Großmeister ins Auge sehen. Johnson wird vorgeführt – und dann ertönt, von einer hohen Plattform, durch die Maske des Großmeisters hindurch, die furchterregendste, klangvollste, vollkommenste Version des uralten Bittgesangs »Oh Death«, die man sich vorstellen kann. Während der lange, verwickelte Song seinen Fortgang nimmt, mit keiner Begleitung außer dem Publikum, dem Opfer und der Nacht, verwandelt sich ein Akt der Lynchjustiz in eine Philosophiestunde – und die dann folgende slapstickartige Flucht kann das Frösteln, das einen bei dieser Szene beschleicht, nicht lindern.

2) *O Brother, Where Art Thou? – Music from the Original Soundtrack* (Mercury). Charakteristischerweise überträgt sich die Dynamik des Films nicht auf die aus ihm herausgelösten Songs – selbst wenn es sich um dieselben Aufnahmen handelt, etwa das unbändige »I Am a Man of

---

[45] *Die Geburt einer Nation* (Regie: D. W. Griffith, USA 1915).

Constant Sorrow«, das die drei Sträflinge mit Johnson bei einem Radiosender aufnehmen. Aus den modernen Neuschöpfungen von Ralph Stanley, Alison Krauss, Gillian Welh, Emmylou Harris, der Cox Family und den Whites sticht eine historische Aufnahme hervor: Harry McClintocks 1928 entstandene, den Vorspann des Films untermalende Version der Hobo-Camp-Hymne »The Big Rock Candy Mountain«.

3) 3. November, aus dem Äther: Ein Freund schreibt mir: »Ich schlief ein, als die Fernsehsender verkündeten, Bush habe die Wahl in Florida für sich entschieden, und als ich etwa anderthalb Stunden später aufwachte, hatte sich das Blatt wieder gewendet und Bush lag zu diesem Zeitpunkt mit 500 Stimmen hinten – kurz darauf schnitt jemand beim Sender auf eine Einstellung mit einem Elvis-Imitator (in schwarzer Alltagskleidung, aber mit den Koteletten, der Frisur und der Pilotensonnenbrille), vermutlich in Nashville, die Hände zu einem stillen Gebet gefaltet. Ja, so ein Abend war das!«

4) Al Gore: Huntington, West Virginia (4. November). Damit wir nicht vergessen (auch wenn wirs garantiert vergessen werden), dass Al Gore am Ende des Wahlkampfs doch noch den Ton traf, den er so lange hatte vermissen lassen. Als Reaktion auf George W. Bushs richtige, aber dennoch bizarre Behauptung (wegen ihrer, da sie aus Bushs Mund kam, rein zufälligen Richtigkeit), der zufolge »die Leute in Washington die Sozialversicherung behandeln wollen, als sei sie irgendein Bundesprogramm«, sagte Gore: »Das war kein Versprecher. Es war Ausdruck einer tief verwurzelten Feindseligkeit der anderen Seite, die Propagierung einer Jeder-gegen-jeden-und-jeder-für-sich-selbst-Mentalität, einer Grundhaltung, die ...« Und hier verlieren sich Gores Worte in den kommenden vier Jahren.

5) Bono: »Vorwort« in *Q Dylan* (*Q*, Oktober 2000). »Man dient seiner Zeit am besten, indem man sie verrät«, sagt Bono über Bob Dylan, mit

einem Zitat aus Brendan Kennellys *The Book of Judas*. Er fährt fort: »Die Sixties sind der eigentliche Anachronismus. Seit damals heult Dylan aus einer Art von Vergangenheit, die wir offensichtlich vergessen haben, aber nicht vergessen dürfen. Das ist für mich der springende Punkt. Er unterminiert ständig unseren Drang, in die Zukunft zu sehen.«

6) Richard Carlin und Bob Carlin: *Southern Exposure: The Story of Southern Music in Words and Pictures* (Billboard Books). In erster Linie Bilder, die den Zeitraum von den 1880er- bis zu den 1950er-Jahren umspannen – Bilder von Musikern, die die Musik machten, die in den 1920er-Jahren bereits das letzte Wort einer anderen Welt war. Es ist die wahre Welt von *O Brother, Where Art Thou?*, insbesondere auf einer fleckigen, verblassenden Fotografie: Es zeigt einen feschen, gut aussehenden, dunkelhaarigen Mann mit dunklen, zusammengekniffenen Augen unter einem breitkrempigen Hut, die den Betrachter fixieren. Foulardkrawatte, Jackett, Weste, Uhrkette, sein Five-String-Banjo in der Hand: Er ist der Dandy, der Frauenjäger – man wacht neben ihm auf und er ist längst über alle Berge. In Warren Smiths unwiderstehlich langsamer, lockender Rockabillynummer von 1957 ist er der Mann mit einem »Red Cadillac and a Black Moustache«, doch in Lee Smiths 1992 erschienenem Roman *The Devil's Dream* und von dort zurück zur Carter Family im Jahre 1940 und dann den Kreis zu Bob Dylans 1992 herausgekommenem Album *Good As I Been to You* schließend, ist er Black Jack Davey. In Anbetracht der Geschichten, der gebrochenen Herzen, der zärtlichen Erinnerungen oder erotischen Träume, die er in Hope, Arkansas, zurückgelassen haben mag (wo dieses Foto irgendwann in den 1890er-Jahren aufgenommen wurde), ist er auch Bill Clinton.

7/8) Kasimir Malewitsch: *Dynamischer Suprematismus*, 1915/16, und Bill Woodrow: *Twin-Tub with Guitar*, in der Tate Modern, London (noch bis Jahresende). Bei einem schier überwältigenden, penibel konzeptionierten, langen Gang durch die Kunst des zwanzigsten Jahrhunderts stachen diese beiden Werke hervor. Die im Manifesto Room der History/Memory/Society-Abteilung an den Wänden hängenden alten Plakate und Flugblätter schreien und stampfen mit den Füßen auf, während sie den Futurismus, das Bauhaus, Kandinskys Neues Theater und auch den Suprematismus ankündigen, und in einer Ecke sprengt Wyndham Lewis' *Blast* England in Stücke. Zwischen ein paar anderen Gemälden hängt der Malewitsch, ein gekipptes, aber aufrecht stehendes Dreieck: ein stilles, bescheidenes Werk. Von irgendwo in Russland zieht es all die lärmenden Zukunftsmanifeste in seine Abstraktion hinein und lässt sie verstummen. In seiner Abstraktion scheint das Werk jedenfalls klar zu sprechen – über die *Leichtigkeit* der Erneuerung und Umgestaltung der Welt, der sie konstituierenden Elemente des Lebens. Schaut man allerdings länger hin, so beginnt das Dreieck wie eine Gestalt zu wirken, wie eine Idee, eine Person, jemand mit einem Namen. Die das Dreieck umreißenden Streifen und Rechtecke sind nun Arme, Augen und Kopfbedeckungen – die Gestalt gestikuliert. Sie ist nun fettleibig, absurd, bedrohlich und ihre Identität ist auf der Stelle erkennbar: Alfred Jarrys gehasster und geliebter Père Ubu, der auf Jarrys eigenen Holzschnitten die gleiche Form zeigt, den gleichen faschistischen Marsch über alles hinweg, was ihm in die Quere kommen mag – und nun, bei seinem Aufbruch in den Neuen Tag, irgendwie moralisch geläutert.

Ivan Chtcheglov, 1953, »Formular für einen Neuen Städtebau«: »Angesichts der Wahl zwischen der Liebe und einem automatischen Müllschlucker haben sich junge Leute überall auf der Welt für den Müllschlucker entschieden.« Moment mal, sagt der 1948 im Vereinigten Königreich geborene Bill Woodrow in dem ihm gewidmeten Raum in der Still-Life/Object/Real-Life-Abteilung. Für sein Werk hat er den Umriss einer elektrischen Gitarre in das schmutzige Metallgehäuse einer aus der Nachkriegszeit stammenden Hotpointwaschmaschine gefräst, die »Gitarre« aber nicht daraus entfernt, sodass beide Teile weiterhin aneinander haften wie ein noch immer mit seinem Wirt verbundener parasitischer Zwilling. Die Kuratoren erläutern: »Die Skulptur kombiniert auf originelle Weise zwei zentrale Symbole der westlichen Konsumgesellschaft.« Moment mal: Warum nicht zu Kunst avancierter Funktionalismus, oder Kunst, versteckt in einem Gebrauchsgegenstand, Sehnsucht, verborgen in einem profanen Bedürfnis? Woodrow: »Die Gitarre war eine Pop-Ikone und die Waschmaschine war ein alltägliches Haushaltsgerät. Also brachte die Skulptur beides zusammen, wie etwas aus dem wirklichen Leben.« Moment mal: Warum nicht der schöpferische Drang, wie er sich aus dem Wunsch nach Behaglichkeit herauslöst und an dessen Stelle tritt? Man kann sich ohne Weiteres vorstellen, dass dies Pete Townshends Diddelbogen ist, seine erste Gitarre.

9) Ein Mann mittleren Alters, der mit einem Pappbecher voll Kleingeld wie mit einer Rumbakugel rasselt (an der Ecke von 6th Avenue und 13th Street, New York, 5. November). Er legte eine unglaublich eindrucksvolle R&B-Nummer hin, eine Kombination von »C. C. Rider« und praktisch jedem Stück von Bo Diddley, und erst als ich dem Mann mein Kleingeld in den Becher geworfen und mich bereits um einen halben Häuserblock von ihm entfernt hatte, schälte sich der Song aus seinem Rhythmus heraus: Elvis Presleys erste Single, »That's All Right«.

10) Pere Ubu, 25th Anniversary Tour (Knitting Factory, New York, 14. Oktober). »Das lange Abgleiten in Irrsinn und Verfall«, kündigte Bandleader David Thomas an. Als der Synthesizerspieler Robert Wheeler seine Hände über zwei selbst gebastelten Theremins hin und her bewegte – wer ein Theremin spielt, sieht zwangsläufig so aus, als wollte er einen verhexen –, wirkten die kleinen Metalldinger nicht wie Musikinstrumente, sondern eher wie UFOs, und die hohen, schrillen Töne, die

ihnen entfuhren und wie Sumpfgas durch die übrige Musik trieben, klangen wie die Schreie von Kreaturen, die darin gefangen waren – so oder so ähnlich dürften sich außer mir noch viele andere Leute fühlen, während ich dies hier schreibe, am Tag nach der Wahl.

Salon
28. *November*

Bizarre, zu 100 Prozent aus Zitaten bestehende Sonderausgabe!

1–3) Alan Berg und Howard Hampton, per E-Mail, am Wahlabend und danach. Berg, 6. November: »Um meine Nervosität zu bekämpfen, werde ich mir, bis alles vorbei ist, nichts außer den fünf Bootleg-CDs von Dylans Basement Tapes anhören.« 9. November: »Ich hätte nicht gedacht, dass ich die Zeit haben würde, mir alle *fünf* CDs anzuhören. Als die Sache unangenehm wurde, kurz bevor sie das Ergebnis aus Pennsylvania durchsagten, begann ›Clothesline Saga‹ und damit war Pennsylvania abgehakt. Im Moment bin ich gerade bei ›We carried you / In our arms / On Independence Day‹. Keine Frage, mit welcher Nummer das Ganze am Ende ausklingen wird: mit ›I'm Not There‹.« Hampton, 18. November: »Heute habe ich den einzigen angemessenen Song abgespielt, den ich finden konnte: ›I Was in the House When the House Burned Down‹.«

4) Fran Farrell: »I Want to Be Teenybopped: Teen Star Sex Fantasies« (*Nassau Weekly*, Princeton, N. J., 19. Oktober). »Jordan Knight von den New Kids on the Block war der erste Typ, an den ich beim Masturbieren gedacht habe ... Während meine Freundinnen noch mit ihren Barbiepuppen spielten, stellte ich mir vor, ich hätte Sex mit Jordan und manchmal auch einen flotten Dreier mit ihm und Joey, hinten in ihrem großen Tourneebus. Ich habe Jordan also kennengelernt, als ich zehn

war; und von da an gings bergab. Schneller Vorlauf, zehn Jahre später, London, England. Ich gehe die Straße entlang und plötzlich sehe ich ein Plakat, das tollste Plakat, das mir jemals untergekommen ist – Jordan Knight hat hier heute um vier Uhr einen Auftritt! Ich kann mein Glück nicht fassen. Dann denke ich: Das ist kein Glück, nein, das ist Schicksal! Wir haben uns vor zehn Jahren kennengelernt, aber jetzt kann er legal mit mir Sex haben!!!! Also stehe ich VIER STUNDEN Schlange. Ja, vier Stunden, für diesen ehemaligen Teenieschwarm. Die Schlange war voll von pickligen fünfzehnjährigen Mädchen mit schwerem britischen Akzent und grässlich schiefen Zähnen. Da stand ich also, inmitten einer Meute von verschwitzten, hässlichen Mädchen, die sich die Seele aus dem Leib schrien nach einem abgehalfterten Popstar aus den Achtzigern. Aber als er dann auf die Bühne kam …«

5) Senator Joseph Lieberman: Gratulation zu Bob Dylans fünfzigstem Geburtstag (US-Senat, 24. Mai 1991). »Vor fünfundzwanzig oder dreißig Jahren hätte ich mir schwer vorstellen können, dass Bob Dylan, dessen Musik zu jener Zeit ein fester Bestandteil meines Lebens war, einmal fünfzig Jahre alt sein würde, ein Alter, das er am heutigen Tag erreicht. Und ich hätte mir noch schwerer vorstellen können, dass ich mich eines Tages im Senat der Vereinigten Staaten öffentlich über seine Leistungen auslassen würde.

Damals, im Jahre 1963, hätte wahrscheinlich kein Kongressmitglied über Bob Dylan geredet, jedenfalls nicht im Plenarsaal des Senats oder des Repräsentantenhauses; und wenn doch, dann nicht wohlwollend. Schließlich war er derjenige, der über sie sagte: ›Come senators, congressmen, please heed the call / Don't stand in the doorway, don't block up the hall.‹ Die Zeiten haben sich also geändert, obwohl Dylan nach wie vor recht hat, wenn man bedenkt, wie viele Probleme weiterhin ungelöst sind. Ich bin mir sicher, er singt diese Worte heute noch mit der gleichen Überzeugung und Intensität, mit der er sie vor achtundzwanzig Jahren gesungen hat.[46]

Es gibt etwas Rätselhaftes an Bob Dylan, und das ist irgendwie überraschend, wenn man bedenkt, wie freimütig er sich durch seine Musik ausgedrückt hat. Doch dieses Rätsel resultiert meiner Meinung nach aus Dylans Weigerung, die Rollen zu spielen, die die Gesellschaft ihm zuschreiben möchte – Rollen wie die des Superstars, des Rockidols, des Propheten. ›I try my best to be just like I am / But everybody wants you to be just like them.‹«

6) David Thomson: *The Big Sleep* (BFI Publishing). Über Lauren Bacall, den Regisseur Howard Hawks und *To Have and Have Not*[47]: »Betty wurde 1924 geboren, und als sie den Kinderschuhen entwachsen war, sah sie aus wie niemand sonst auf der Welt. Ich meine, wie soll man diese junge Frau beschreiben, die aussehen konnte wie ein jüdischer Teenager, wie ein eurasischer Vamp, wie eine slawische Urmutter und wie der Rauch, der einem in die Augen gerät – und das alles bevor Howard Hawks sie in die Finger bekam. Fügen Sie noch die Behauptung hinzu, Betty sei erst siebzehn gewesen, und Sie können erkennen, was für ein weit offenes Land Amerika damals war.«

7) Ishmael Reed: über den Tanz »Jes Grew«, der sich 1920, nach der Wahl Warren G. Hardings, »des ersten ›Race‹-Präsidenten«, über die ganzen USA ausbreitet wie eine Epidemie, und über den »Antonisti-

---

[46] Wie oben angemerkt, aber detaillierter: »WASHINGTON – Ein halbes Dutzend Kongressabgeordneter saß nur wenige Meter entfernt, unter den Kristallkronleuchtern im East Room des Weißen Hauses, als Bob Dylan mit unbewegtem Gesicht ›The Times They Are A-Changin'‹ sang. ›Come senators, congressmen, please heed the call‹, krächzte er. ›Don't stand in the doorway, don't block up the hall.‹ Sein Tonfall war rau, aber fast schon wehmütig; er hatte seine alte Ermahnung in einen herbstlichen Walzer verwandelt. Danach verließ er die Bühne und schüttelte Präsident Obama die Hand. Das Ganze war Teil der Veranstaltung ›In Performance at the White House: A Celebration of Music from the Civil Rights Movement.‹« Jon Pareles, »Music That Changed History and Still Resonates«, *New York Times*, 10. Februar 2010.
[47] *Haben und Nichthaben* (Regie: Howard Hawks, USA 1944).

schen Wallflower-Orden«, eine geheime Bruderschaft, die diesem Tanzfieber Einhalt gebieten will, aus *Mumbo Jumbo* (Scribner, 1972). »Die Reporter, die über das Jes-Grew-Phänomen berichten, haben heute alle Hände voll zu tun gehabt. Der Vormittag begann damit, dass Dr. Lee De Forest, der Erfinder der Drei-Elektroden-Vakuumröhre, die das Radio im großen Maßstab erst ermöglicht hat, bei einer gut besuchten Pressekonferenz einen Ohnmachtsanfall erlitt, nachdem er sich zur Verteidigung seiner nun in die Klauen des Jes Grew geratenen Erfindung geäußert hatte: ›Was haben Sie meinem Kind angetan? Sie haben es hinausgeschickt auf die Straße, in den Lumpen des Ragtime, um bei jedermann Geld zu sammeln. Sie haben es zum Gespött der Intelligenz gemacht, zu einem wahren Pestgeruch in den Nüstern der Götter der Ionosphäre.‹«

Der Industriemagnat Walter Mellon: »Der Jes Grew blockierte die Radioröhren, was Dr. Lee De Forest dazu veranlasste, auf der Pressekonferenz gegen ihn Einspruch zu erheben … Angesichts der derzeitigen Verkaufszahlen von Radiogeräten dürfte damit bis 1929 ein Umsatz von 600 000 000 Dollar zu erzielen sein, richtig?«

Der Erste Oberpriester des Wallflower-Ordens: »Ja, das stimmt, Mr. Walter Mellon.«

»Angenommen, die Leute hätten nicht das Geld, um sich Radios leisten zu können. Das wäre doch eine interessante Vorsichtsmaßnahme gegen diese Jes-Grew-Sache, oder?«

»Worauf wollen Sie hinaus, Mr. Mellon?«

»Nun, die Liquidität des Jes Grew hat zu einer völlig überhitzten Situation geführt. Man hört nur noch: mehr, mehr, mehr, steigert das Wachstum … Angenommen, wir machen ein paar Tempel dicht … ich meine Banken, angenommen, wir nehmen Geld aus dem Umlauf heraus – wie könnten die Leute dann die Brutstätten des Jes Grew unterstützen, die Nachtclubs, die Jukeboxschuppen, die Flüsterkneipen? Angenommen, wir würden eine Steuer auf Tanzböden erheben und Jes-Grew-Propagandisten wie Musiker und Tänzer aus dem Verkehr ziehen, seine Macher, diejenigen, die für den unwiderstehlichen Reiz des Jes Grew verantwortlich sind. Angenommen, wir ziehen die Musiker aus dem Verkehr, lassen sie wegen erfundener Drogendelikte verhaften und zu ungewöhnlich langen und strengen Haftstrafen verurteilen. Angenommen, wir subventionieren überall im Land Hunderte von Sinfonieorchestern und starten von der Regierung gesponserte Kampagnen zur Popularisierung des Walzers …«

»Aber würden solche Maßnahmen nicht zu einer Wirtschaftskrise führen?«

»Möglicherweise, doch es würde der Attraktivität des Jes Grew ein Ende bereiten, und kommt es zu einer Panik, so wird es eine kontrollierte Panik sein. Es wird unsere Panik sein.«

8) Hal Foster, »Election Diary«: über ein Wort, das bald wieder aus unserem Wortschatz verschwunden sein wird (*London Review of Books*, 30. November). »Chad … aus irgendeinem Grund muss ich dabei stets an den Schauspieler Troy Donahue denken und ich stelle ihn mir dann eingedrückt, schwanger, hängend oder ausgestanzt vor.«

9) Colin B. Morton: über Metallica und Napster in »Welsh Psycho: Extracts from the Teenage Diary of Colin B. Morton« (*Clicks and Klaangs* #3, Oktober/November). »William Hague, der Vorsitzende der britischen Conservative Party, meldete sich kürzlich zu Wort, um einen Mann in Schutz zu nehmen, der einen Jugendlichen erschossen hatte, als dieser widerrechtlich sein Privatgrundstück betrat. Kurz darauf benutzte die Conservative Party ohne Genehmigung die Musik von Massive Attack, um die Idee zu propagieren, dass wir keine Steuern zahlen und uns nicht um die Kranken kümmern müssen. Hagues eigener Logik zufolge müssten Massive Attacks Daddy G und 3D das Recht haben, alle Mitglieder der Conservative Party zu erschießen, weil diese sich ihr geistiges Eigentum widerrechtlich angeeignet haben. Entweder es gibt kein geistiges Eigentum oder sie haben das Recht dazu. Hague

kann nicht beides gleichzeitig haben. (Na ja, er kanns, aber das ist eine völlig andere Geschichte).«

10) Spezieller »Vorwärts in die Vergangenheit«-Nachtrag zur Wahl – Francis Russell, *The Shadow of Blooming Grove: The Centennial of Warren G. Harding* (McGraw-Hill, 1968), wo sich der der Progressive Party angehörende Zeitungsredakteur Brand Whitlock zu der von der Republican Party beschlossenen Nominierung Warren G. Hardings zum Nachfolger Woodrow Wilsons äußert: »Ich gelange immer mehr zu der Auffassung, dass wir als Präsidenten keinen brillanten Kopf brauchen, sondern vielmehr zuverlässige, mittelmäßige Männer, vorausgesetzt, sie verfügen über einen gesunden Menschenverstand, ein gutes Urteilsvermögen und gute Manieren.«

Salon
19. März 2001

4/5) Low: *Things We Lost in the Fire* (Kranky) und Peter S. Scholtes: »Hey, We're in Duluth« (*City Pages*, Minneapolis, 7. Februar). »When they found your body / Giant Xs on your eyes / And your half of the ransom«, singt Alan Sparhawk in dem Song »Sunflower«, »The weather hadn't changed« – die letzte Zeile stammt von mir, wäre hier aber keineswegs deplatziert. Dieses für seine Gelassenheit bekannte Trio aus Duluth – wo sich Bob Dylan vor zweiundvierzig Jahren im National Guard Armory bei Buddy Hollys drittletztem Konzert unter den Zuschauern befand – fängt ein, wie unbedeutend das menschliche Verlangen angesichts eines Winters in Minnesota ist, obwohl die Musiker durchblicken lassen, dass sich das Wetter von ihnen aus nicmals ändern müsste. Oder, wie Scholtes es in seiner von den Twin Cities ausgehenden Reisereportage formuliert, wenn er das »bei den Bewohnern von Duluth aufkommende Gefühl einer bei den Bewohnern von Duluth aufkommenden Ahnung« – also Anzeichen einer an die Öffentlichkeit dringenden Termitenkultur – auf den Punkt bringt: »Wenn es eine Gewissheit im Herzen der Aura von Duluth gibt, so ist es der Lake Superior. Der See ist immer da und er ist immer kalt. Er wird immer da sein und er wird immer kalt sein. Es gibt an der physischen Landschaft dieser Ecke des Sees nichts, was einen Besuch in diesem Frühjahr dringlicher erscheinen ließe als einen im nächsten.«

7) *When Brendan Met Trudy*[48], Regie: Kieron J. Walsh, Drehbuch: Roddy Doyle (Collins Avenue / Deadly Films 2). Als Kultur – als eine Abbildung dessen, was es bedeutet, in einem Lachkabinett von Repräsentationen ein glückliches, ja beinahe erfülltes Leben zu führen – ist das Drehbuch zu diesem Film so sexy wie das Lächeln in den Augen von Flora Montgomery. »Er macht Filme«, sagt die von Montgomery gespielte junge Diebin zu ihrer Wärterin, als sie ihren Freund, einen Lehrer, beschreibt, und das macht er auch: Amateurfilme, wie nach einem Drehbuch von Godard, mit Iggy Pop, Kevin Spacey und Jean-Claude Van Damme in den Hauptrollen von *Remedial Action*. Wie an der Stelle, als er in einen seiner Schüler hineinläuft, einen Teenager, dessen Namen er sich nie merken kann. »Dylan«, erinnert ihn der Junge, während seine Eltern im Hintergrund über das ganze Gesicht strahlen angesichts des einzigen Zeichens einer Hipness, die ihnen das britische Klassensystem schon vor langer Zeit ausgetrieben hat. »Mr. ... Tambourine Man«, sagt der Lehrer, der den Namen des Schülers bereits wieder vergessen hat, aber den Namensbezug in eine größere Geschichte überführt. Der Junge hat keine Ahnung, wovon sein Lehrer da spricht.

---

48 dt. *Brendan trifft Trudy.*

Salon
2. *April 2001*

5) *The Early Blues Roots of Bob Dylan* (Catfish). Ein umgekehrtes Tributealbum – indem es die Originalversionen versammelt, lässt das Set den heutigen Künstler seinen Vorfahren Anerkennung zollen, ob er es möchte oder nicht. Doch es geht hier nicht um Bob Dylan. Gleich am Anfang, bei dem 1931 von den Mississippi Sheiks aufgenommenen »I've Got Blood in My Eyes for You«, hört man, wie sehr er sich den Song zweiundsechzig Jahre später zu eigen gemacht und umgekrempelt hat – die Struktur mag die gleiche sein, die Seele ist eine andere. Bei diesem Album geht es eher um das weite musikalische Spektrum, das dabei berücksichtigt wurde – Booker T. Sapps' obskures »Po' Laz'rus« von 1935, Will Bennett, wie er 1929 der Melodie von »Railroad Bill« folgt wie ein Mann, der in einem Kanu flussabwärts paddelt, Reverend J. C. Burnett, wie er 1928 in der Kirche einer schwarzen Gemeinde »Will the Circle Be Unbroken« intoniert. Es macht einem bewusst, was für ein unentdecktes Land da draußen noch immer zu finden ist. Wenn Bukka White 1939, gegen Ende des Albums, in der Strafanstalt Parchman Farm in Mississippi, die hohen, klingelnden Akkorde von »Po' Boy« anzuschlagen beginnt, seine Stimme ein unaufhörliches Wimmern, als wisse er, dass er sich nur auf diese Weise bei Gott Gehör verschaffen kann, dann erreicht man dieses Land und man will nicht glauben, dass man es wieder verlassen muss. Man selbst kann es – Bukka White konnte es nicht.

Salon
1. *Mai 2001*

2) No Depression in Heaven – An Exploration of Harry Smith's *Anthology of American Folk Music*, produziert von Hal Willner (Getty Center,

Los Angeles). Den Reigen eröffnete Geoff Muldaur, der in den Sixties ein fester Bestandteil der Folkszene von Cambridge war. Er erinnerte an einen freundlichen Kleinstadtapotheker, aber als er seinen Mund öffnete, kam Noah Lewis' »Minglewood Blues« (1928) heraus wie ein Tiger. »Du wirst heute Abend wieder jede Menge Leute killen, nicht wahr?«, fragte der Fiddler Richard Greene Rennie Sparks von der Handsome Family, die zu den vier oder fünf Künstlern unter vierzig oder unter fünfzig zählte, die bei dieser Veranstaltung auftraten. »Ja, das ist das, was ich am besten kann«, erwiderte sie charmant. Sparks schreibt Texte über Mord und klinische Depression, die ihr Ehemann Brett singt; sie sagte die Blue-Sky-Boys-Nummer »Down on the Banks of the Ohio« (1936) als einen Song an, in dem »eine Frau abgeschlachtet wird, damit der Fluss voll bleibt«. »Diese Nummer klingt, als käme sie vom Mars«, sagte Greene, bevor er in den »Indian War Whoop« (1928) von Floyd Ming and His Pep Steppers einstieg (eine neue Version untermalt die Verhaftung von Baby Face Nelson in *O Brother, Where Art Thou?*). Es klang wie Slim Whitmans »Indian Love Call«, die Nummer, die in *Mars Attacks!* die Köpfe der Marsianer explodieren lässt.

Die vierzehnköpfige Band drohte, in Süßlichkeit abzugleiten, doch dann begann Garth Hudson zu spielen. Er war überall gleichzeitig. Sobald man eine Nummer zu erkennen glaubte – »Home Sweet Home«, »Shenandoah« –, verschwand sie. Er war ein Avantgardepianist in einem Nonstopkintopp des Jahres 1915, unter seinen Fingern nahmen vergessene Nackedeifilmchen und in düsteren Schlössern angesiedelte Gruselepen Gestalt an. Und dann kam, wie eine Predigt, vom Hintergrund der Bühne eine tiefe, volle, entschlossene Frauenstimme, die darauf bestand, dass die Great Depression Gottes Wille sei, eine Strafe für unbekannte, ja noch nicht einmal begangene Sünden, und dass es nur einen einzigen Ausweg gäbe, nämlich den Selbstmord. »I'm going where there's no Depression«, wie die Carter Family 1936 auf ihrem Weg in den Himmel gesungen hatte. »There'll be no hunger, no orphan children crying for bread / No weeping widows, toil or struggle.« Die Sängerin war Maud Hudson, und als sie, voller Würde, zu den Zeilen »No shrouds, no coffins / And no death« gelangte, da erkannte man, dass der Song nicht etwas so Bescheidenes wie das Ende eines menschlichen Lebens verlangte, sondern das Ende der natürlichen Ordnung: das Ende der Welt.

Salon
14. Mai 2001

Spezialausgabe zur Absurdität des weltweiten Gedenkens an Bob Dylans 60. Geburtstag am 24. Mai!

1) Diese Kolumne sieht sich außerstande, eine Meldung zu bestätigen, der zufolge Bob Dylan am 1. Mai bei seinem Konzert in Asheville, N. C., seinen Oscar®-prämierten Song »Things Have Changed« darbot, wobei das Ding selbst für jedermann sichtbar auf einer Lautsprecherbox platziert war. Ob wahr oder falsch, diese Story reicht nicht heran an den Abend, an dem Michael Richards in der *Tonight Show* auftauchte und seinen gerade gewonnenen *Seinfeld*-Emmy als Halskette trug.

2/3) Bob Dylan: »You Belong to Me« auf *Natural Born Killers – A Soundtrack to an Oliver Stone Film*, produziert von Trent Reznor (nothing/Interscope, 1994), und »Return to Me« auf *The Sopranos: Peppers & Eggs – Music from the HBO Original Series* (Sony). Hört man sich seine verblüffend sanfte Version von »You Belong to Me« auf dem *Natural-Born-Killers*-Soundtrack an, so kann man sich vorstellen, dass Jo Stafford über Dylans Coverversion der Nummer, mit der sie 1952 ihren größten Erfolg erzielte, gelächelt hätte. Und man kann sich vorstellen, was Dean Martin über die Coverversion seines Hits von 1958, und seine beste Aufnahme, gesagt hätte. Wahrscheinlich hätte er gar nichts gesagt, sondern Dylan nur mit der gleichen höhnischen Grimasse bedacht, die Robert Mitchum Johnny Depp in Jim Jarmuschs *Dead Man* zeigt. Ein Blick, der sagt: »Was, du bist immer noch da?«

4) *A Nod to Bob: An Artists' Tribute to Bob Dylan on his Sixtieth Birthday* (Red House). Suzzy und Maggie Roche können es sich nicht verkneifen, dich mit der Nase darauf zu stoßen, wie clever es von ihnen war, sich »Clothesline Saga« herauszupicken, einen von Dylans coolsten Songs, doch inmitten dieser Kollektion von gelangweilten und andächtigen Folkie-Huldigungen – deren zumeist herablassende Art durch den Schleier der Hommage hindurchschimmert – wirkt die bohemienhafte Pose der beiden wie die pure Rock-'n'-Roll-Rotzigkeit. Sollten Sie sich allerdings jemals danach gesehnt haben, »I Want You« in Form eines Gebets zu hören, so ist dies hier definitiv Ihre Scheibe!

5) Achtung! Neuer Dylan! Robbie Fulks: *Couples in Trouble* (Boondoggle). Fulks besitzt die unheimliche Fähigkeit, Songs zu schreiben, die den Eindruck erwecken, sie seien Erinnerungen aus einem früheren Leben – einem Leben, gelebt im England des siebzehnten Jahrhunderts. Dieses Album beginnt mit einer Nummer namens »In Bristol Town One Bright Day« – »A stranger he came calling«, sagt diese andere Person durch Fulks. Es ist eine neue – oder unentdeckte – Version von »The Daemon Lover«, aus der Blut tropft: »And on his lips the strangest words seemed so meek and common.« Sie wollen eine Warnung haben? Das ist ein Feueralarm! Es ist genau die Sorte von Song, die Dylan nächste Woche in seine Konzerte schmuggeln würde, hätte er sie nicht bereits aufgenommen, als »House Carpenter« (1962, auf *the bootleg series, volumes 1–3*) und als »Blackjack Davey« (1992, auf *Good As I Been to You*«). Was Fulks anbelangt, so handelt es sich beim Rest seines Albums um Don McLean in knallbunten Klamotten.

6) *Duluth Does Dylan* (Spinout). Bands, die noch immer dort leben, wo Bob Dylan geboren wurde, tauchen ohne Respekt in sein Œuvre ein, und wenn sie wieder herauskommen, klingen sie so jung, wie sie sind. Nicht alles davon ist gut und manches ist wirklich schauderhaft, aber nur wenig ist voraussagbar – nicht Chris Monroes tief winterliche Coverzeichnung oder das von den First Ladies durch den Wolf gedrehte »Father of Night« oder die Art und Weise, wie der Refrain von »Like a Rolling Stone« wiederholt in der von den Black Labels eingespielten *Wo, hast du noch mal gesagt, sind wir? Und wer bist du überhaupt?*-Interpretation von »Rainy Day Women #12 & 35« auftaucht: »Everybody must get stoned, like a rolling stone« – warum ist vorher noch niemand auf diese Idee gekommen?

7) Achtung! Alter neuer Dylan! Bob Marley & the Wailers: *Catch a Fire: Deluxe Edition* (Tuff Gong / Island). Bevor er die bei Sessions in Jamaika entstandenen Aufnahmen für dieses Album von 1972 veröffentlichte – zu den Songs zählten »Stir It Up«, »Kinky Reggae«, »400 Years«, »Slave Driver« und »Stop That Train« –, ließ Produzent und Labelbesitzer Chris Blackwell ihnen in London noch eine Reihe von Overdubs hinzufügen. Dieses Set präsentiert auf einer CD die Originalaufnahmen – darunter zwei unveröffentlichte und unbearbeitet gebliebene Nummern – und auf einer zweiten CD *Catch a Fire*, wie es beinahe, aber letztlich doch nicht weltweit Feuer fing.

»Concrete Jungle« – hier wie es erstmals in Jamaika als Single veröffentlicht wurde – war stets die Nagelprobe, die es einem erlaubte, den echten Stoff von seiner Verfälschung zu unterscheiden. Dieser eindringliche Protest gegen die spezifischen politischen und wirtschaftlichen Zustände im damaligen Jamaika und gegen die Last der Geschichte, der Sklaverei, die jedes Mal, wenn der Sänger zu denken, zu sprechen oder zu handeln versucht, auf ihn herabsinkt wie ein Elefantenfuß, ist in der ursprünglichen Version der Wailers um einiges schlichter – karg, der Sound offen, der Backgroundgesang so klar, dass man jedes Wort verstehen kann. Trotz der Backgroundsänger und des sorgfältigen, makellosen Rhythmus der Band ist dies das Testament eines einzelnen Mannes, ein Werk voller Würde.

In London fügten der aus Texas stammende John »Rabbit« Bundrick einen Orgelpart und der aus Alabama stammende Wayne Perkins einen Gitarrenpart hinzu; der Backgroundgesang wurde gedämpft und bekam irgendwie eine noch stärkere Präsenz. Es gibt ein langes, langsames Intro und Perkins stiehlt sich in das Thema hinein wie ein Fremder, der eine Bar zu betreten versucht, ohne dass jemand Notiz von ihm nimmt, doch schon nach ein paar Takten Musik holt er sein Geld hervor. Aston Barretts Bass, auf Jamaika nur ein besserer Zähler, ist hier gewaltig; es ist dieser Bass, der, gemeinsam mit Bundricks Garth-Hudson-artigen Tentakeln, eine Stimmung erzeugt, bei der man nicht mehr zwischen Fluch und göttlichem Strafgericht zu unterscheiden vermag, zwischen Zukunft und zu spät. Von Anfang an stellt der Sound alles in Zweifel und bringt jeden auf dieser Platte in Gefahr.

Im weiteren Verlauf des Songs scheinen die Backgroundsänger Marleys Leadgesang zu umkreisen, auf diesen zu deuten, lächelnd, stirnrunzelnd, zustimmend oder die Zustimmung verweigernd, und über kurz oder lang verschwindet alles Prosaische aus der Performance: Der weinende Chor besteht aus den »many thousands gone« von »No More Auction Block«. *Where Dead Voices Gather*: So nennt Nick Tosches sein demnächst erscheinendes Buch über den in den 1920er-Jahren aktiven, als Neger geschminkten weißen Minstrelsänger Emmett Miller – dieser Remix von »Concrete Jungle« ist einer der Orte, wo sich jene toten Stimmen versammeln.

Die ganze Zeit über hat Perkins abgewartet, gelegentlich ein Lebenszeichen oder einen Riff von sich gegeben, einen Kommentar oder einen Kontrapunkt, wie der Mann in der Bar, der den Typen, der in dem Laden das Sagen zu haben scheint, den Bruchteil einer Sekunde zu lange fixiert hat, der sein Glas auf eine etwas andere Weise hält als jeder andere im Raum, der einen weiteren Drink bestellt, mit Worten, die englisch sind, aber spanisch klingen. Als Marley sich zurückzieht, nimmt Perkins seinen Platz ein. Das Solo, das er spielt, ist von der Form her so zurückhaltend und vom Ton her so leidenschaftlich, dass es den Schmerz in Marleys Story in einen Traum überführt, der weder mit Worten noch mit Bildern zu beschreiben ist. Es ist ein Traum von einer Flucht, von dem fliehenden Mann, der gefasst wird, der entkommt, bloß um wieder gefasst zu werden, bis sich das Solo, in einem schockierenden Moment, mit einem Mal abwendet und nach innen kehrt, in sich selbst versinkt, als wolle es sagen, dass diese Platte enden wird – doch die Story selbst kann nicht enden. Nicht gut; noch nicht einmal schlecht. Und du kannst das Ende nicht abwarten. »400 Years«? Du hast angenommen, es bezöge sich auf die vergangenen vier Jahrhunderte, doch es bezieht sich auf die kommenden.

8) Bob Dylan: *Live: 1961–2000: Thirty-Nine Years of Great Concert Performances* (Sony Japan). Sechzehn Tracks, von dem 1961 in Minneapolis aufgenommenen »Wade in the Water« bis zu »Things Have Changed« von einem Konzert im letzten Jahr in Portsmouth, England. Der Hammer: »Dead Man, Dead Man« – die Studioversion erschien 1981 auf *Shot of Love* –, aufgenommen im selben Jahr in New Orleans. Dieses »Dead Man« ist eine Bilderbuchwarnung vor dem Teufel, wenn man es sich so anhört, als würde man lesen; hört man es auf die übliche Weise, so ist es ein Pokerspiel und der Sänger gewinnt.

9) Achtung! Prä-Dylan! Robert Cantwell: »›Darkling I Listen‹: Making Sense of the *Folkways Anthology*«, ein Vortrag bei der Veranstaltung »Harry Smith: The Avant-Garde in the American Vernacular« (Getty Center, Los Angeles, 20. April 2001).[49] Über alte amerikanische Musik, wie sie erstmals in den 1920er-Jahren auf Schallplatte aufgenommen

---

[49] Enthalten in Cantwells *If Beale Street Could Talk: Music, Community, Culture* (University of Illinois Press, Urbana und Chicago 2009) und in Andrew Perchuk u. Rani Singh (Hrsg.), *Harry Smith: The Avant-Garde in the American Vernacular* (Getty Publications, Los Angeles 2010).

und 1952 von Harry Smith zu seiner *Anthology of American Folk Music* zusammengestellt wurde – welche angesichts des Ausmaßes, in dem er sie verinnerlicht hat, in den späten Fünfziger- und frühen Sechzigerjahren Bob Dylans Kopfkissen gewesen sein könnte. Die Tonaufnahmen entsprachen nicht ganz den Songs und die Performances der Songs entsprachen auch nicht ganz den Songs, behauptete Cantwell: Als diejenigen, die Dylan einmal als die »traditionellen Leute« bezeichnete, vor sieben Jahrzehnten neuen Maschinen gegenübersaßen, da führte das zu »Gedankenexperimenten, zu wissenschaftlich-technischen Fiktionen – neuer als neu, sozusagen, und älter als alt. Was uns schließlich zum zentralen Rätsel der *Anthology* führt: Wie können *jene* Performances ihren Weg in *diese* Tonaufnahmen gefunden haben? Oder, noch besser gesagt, wie können diese Tonaufnahmen ihren Weg in jene Performances gefunden haben? Fragen, die sich überhaupt nicht stellen würden, hätte Harry uns nicht mit einer noch profunderen Frage konfrontiert: *Was ist eine Tonaufnahme?*«

Mit den seltsamen alten Klängen (»Es ist der Schall der alten Aufnahmen, den wir haben, es sind nicht die Aufnahmen selbst«), sagte Cantwell, »platzierte Smith uns ungefähr dort, wo sich diejenigen befanden, die sich Edisons Phonographen anhörten, also, phänomenologisch gesprochen, in den ersten Wochen seiner öffentlichen Vorführung, wo, wie der Redakteur des *Scientific American* schrieb, ›die Maschine sich nicht nur nach unserem Befinden erkundigte und uns fragte, wie uns der Phonograph gefalle, sondern uns auch davon in Kenntnis setzte, dass es ihr gut gehe, und uns ein herzliches Lebewohl sagte.‹ Bei weiteren Demonstrationen fielen junge Frauen in Ohnmacht; führende Wissenschaftler waren davon überzeugt, das Ganze sei ein Bauchrednertrick; eine Yale-Professor erklärte, der Apparat sei lediglich ein übler Scherz. Was war das für eine Maschine, die die menschliche Stimme rauben konnte? Die abwesende Leute präsent machen konnte – oder verhielt es sich so, dass sie anwesende Leute verschwinden ließ? Die die menschliche Stimme unsterblich machte, sie aber gleichzeitig abschaffte? Was soll man über eine Maschine sagen, die die Toten wieder zum Leben erweckt, sie im selben Moment aber wieder begräbt?« Noch nie ist die von Smith getroffene Auswahl – Sachen wie »Rocky Road« von den Alabama Sacred Harp Singers oder Blind Lemon Jeffersons »See That My Grave Is Kept Clean« – so gut in *Worte* gefasst worden, im Unterschied zu den Versuchen, sie in weitere *Tonaufnahmen* zu überführen, wie zum Beispiel Dylans Versionen des letztgenannten Songs auf seinem Debütalbum von 1962 und, fünf Jahre später, bei den Basement-Tapes-Sessions.

10) Anonymer Dylan-Fan (E-Mail, 7. Mai). »Der ganze Presserummel um Bobs Geburtstag erinnert mich an diesen Countrysong aus den Fünfzigerjahren: *I forgot to remember to forget* – bloß in einer aktualisierten Fassung – *I forgot, then remembered then forgot then remembered then remembered why I never should have forgotten in the first place.*«

TOMBSTONE BLUES

Los Angeles Times Book Review
20. Mai 2001

Richard Fariña kam am 20. April 1966 bei einem Motorradunfall in der Nähe von Carmel ums Leben, im Anschluss an eine Party, auf der man das Erscheinen seines ersten Romans, *Been Down So Long It Looks Like Up to Me*, gefeiert hatte; er war gerade erst neunundzwanzig. Fariña, der nicht nur als Romanautor in Erscheinung trat, sondern auch als Musiker, Songwriter, Sänger und Fabulant, verführte zu seinen Lebzeiten viele Menschen und auch noch etliche nach seinem Tod. Zu den Letzteren zählt David Hajdu, der Verfasser einer viel gepriesenen Biografie von Duke Ellingtons Arrangeur und engstem Mitarbeiter Billy Strayhorn.

»Wer genoss das Leben mehr als dieser Mann, der aus jeder Mahlzeit ein Bankett zu machen versuchte, aus jeder Aufgabe eine Mission, aus jeder Konversation ein Theaterstück, aus jeder Zusammenkunft eine Party?«, fragt Hajdu in *Positively 4th Street: The Lives and Times of Joan Baez, Bob Dylan, Mimi Baez Fariña and Richard Fariña*. »Mit Dick zusammen zu sein war etwas, was man fühlte«, sagte ein Freund aus Carmel. »Es war nichts, was dir äußerlich war, was du dir anschautest oder sahst. Es war etwas, was dich durchflutete.« Thomas Pynchon, mit dem er seit ihrer gemeinsamen Collegezeit befreundet war, verehrte ihn. Frauen konnten ihm nicht widerstehen. Führte Fariña wirklich Geheimaufträge für die IRA aus, wie er behauptete? Wir werden es nie erfahren.

Hajdu lehnt sich ziemlich weit aus dem Fenster. Er wettet, dass ein ungelebtes, ein vorzeitig geendetes Leben – ein Leben, unbefleckt von Misserfolg, Niedergang oder Verrat – die Leben überschatten kann, die tatsächlich gelebt wurden, die nach jenem goldenen Moment weitergingen, an dem alles möglich schien, das heißt die Welt der amerikanischen Folkmusik von den späten 1950er- bis zu den Mittsechzigerjahren.

In dieser Story erscheinen die Cambridger Folksängerin Joan Baez – seit der Veröffentlichung ihres Debütalbums im Jahre 1960 für viele die Verkörperung einer moralischen Reinhait, wie sie in der damaligen amerikanischen Gesellschaft ihresgleichen suchte – und ihre jüngere Schwester, die Gitarristin Mimi Baez, Fariñas zweite Ehefrau, als verwirrte, manipulierte, liebeskranke Frauen, die zwischen zwei mächtigen Männern hin und her gerissen sind.

Auf der Seite des Lebens befindet sich Fariña, aus Brooklyn, gut aussehend, exotisch (der Vater Kubaner, die Mutter Irin), ein aufrichtiger männlicher Freund, ein launischer Liebhaber, jemand, der gern lacht und dem seine Kunst über alles geht. Auf der Seite des Todes befindet sich der Sänger und Songwriter Bob Dylan, »ein jüdischer Junge aus der Provinz«.

Dieser Dylan ist wahnsinnig talentiert, jedoch in erster Linie als Dieb; er versteht es, auf den Zeiten zu reiten, als wären sie ein Pferd, ja, er kann sogar zur Stimme einer Generation avancieren, ohne sich jemals wirklich auf diese Zeiten einzulassen, mit einem Auge immer nach einer Fluchtmöglichkeit schielend. Als Mensch ist er distanziert, im Folkmilieu kein Kamerad, sondern eher ein Spion; er ist mürrisch, »blass und weich … kindlich, fast schon feminin«, »ein kleiner spastischer Gnom« – »diese kleine Kröte«, wie Baez ihn laut Hajdu charakterisiert. Und ohne Fariña, von dem, wie sich ein Freund erinnert, die Idee stammte, Folk und Rock zu verschmelzen (»Dick sagte: ›Wir sollten ein völlig neues Genre erfinden. Lyrik, gepaart mit Musik, aber nicht mit Kammermusik oder mit Beatnikjazz, Mann! Nein, mit Musik, die einen Beat hat. Lyrik, zu der man tanzen kann. Boogielyrik!'«), hätte Dylan nie Karriere gemacht: Er wäre noch nicht einmal auf den originellen Gedanken gekommen, stets ein Notizbuch dabeizuhaben, um seine Ideen aufzuschreiben, »wie es Richard Fariña schon seit seiner Collegezeit zu tun pflegte.« »Fariña hielt Bob diesen kleinen Vortrag«, erzählt der Folksänger Fred Neil Hajdu, so wie Fariña es anderen erzählte: »Er sagte zu Bob: ›Wenn du ein Songwriter sein willst, Mann, dann sieh zu, dass du dir jemanden beschaffst, der deine Sachen singt!‹ Verstehen Sie«, sagt Neil, »Bob und ich, wir schrieben beide Songs, aber ich konnte singen. Fariña sagte ihm klipp und klar: ›Weißt du, was du tun musst, Mann? Du musst dich mit Joan Baez zusammentun! Die Frau ist dermaßen spießig, die lebt noch im letzten Jahrhundert. Sie braucht dich, damit du sie ins zwanzigste Jahrhundert holst, und du brauchst jemanden wie sie, der deine Songs singt. Sie ist deine große Chance, Mann! Du musst lediglich damit anfangen, Joan Baez zu vögeln.‹« Das war 1961, in New York, und 1963 sollte es schließlich so kommen. Sie sangen zusammen; sie stiegen zusammen ins Bett. Und natürlich war es eine Freakshow: »Als Solisten hatten sie beide ein öffentliches Image, das im Grunde asexuell und androgyn war – Joan, die jungfräuliche Sängerin, Bob, der knabenhafte Poet«, schreibt Hajdu. »Der Gedanke, die beiden könnten eine sexuelle Beziehung haben, war nicht erregend, sondern überraschend und verwirrend: Wie soll *das* funktionieren?«

Aber vielleicht sollten wir jetzt einmal tief durchatmen, uns den Schweiß von der Stirn tupfen und Hajdus Karriere- und Beziehungsrekonstruktionen ad acta legen; und nicht nur diese, sondern auch seine totale Leichtgläubigkeit, was solche Weggefährten betrifft, die heute in Vergessenheit geraten sind und es nun möglicherweise nicht ertragen können, dass der in die Geschichte eingegangene Bob Dylan nach wie vor Songs schreibt und singt, die die Leute hören wollen; seine Coups in puncto Recherche (die unveröffentlichten oder unredigierten Interviews, die der verstorbene Dylan-Biograf Robert Shelton mit Dylan und anderen geführt hat und die nun im Experience Music Project in Seattle archiviert sind); seine Fähigkeit, den von ihm Interviewten Äußerungen zu entlocken, die kein günstiges Licht auf sie werfen (»Als ich anfing, übernahm ich vieles von Debbies Bühnenshow«, sagt Baez über die Cambridger Sängerin und Gitarristin Debbie Green. »Sie hatte ein gewisses Talent, aber null Ehrgeiz. Ich wusste ganz genau, wo ich hinwollte – sie nicht. Ich habe Debbie nicht geschadet. Ich habe mir nur das eine oder andere bei ihr abgeschaut.«); und seine Unfähigkeit zu dramatisieren, die letztlich seine Unfähigkeit ist, dem Leser zu vermitteln, warum die von ihm erzählte Geschichte überhaupt erzählenswert ist. Vielleicht sollten wir dies alles vergessen und uns stattdessen wieder anhören, wie diese Geschichte damals, für das Land insgesamt, Gestalt annahm.

»Fair young maid, all in a garden«, beginnt die wahrscheinlich aus dem siebzehnten Jahrhundert stammende Ballade »John Riley«, wie sie auf dem 1960 erschienenen Album *Joan Baez* zu hören ist: Ein schlichtes melodisches Muster von Baez' Gitarre flattert vorbei wie ein kleiner Vogel, während ihm ein gedämpfter Basslauf folgt wie eine Katze, und es ist weniger ihre Stimme – die Stimme eines Menschen, der bereits gestorben ist, nun aber über die Erde wandelt, um die Lebenden zu warnen –, sondern vielmehr ihre stille, verhaltene Vortragsweise, die dem Zuhörer damals das Gefühl vermittelte, dass er in ein anderes Land gestolpert war – ein Gefühl, das sich auch heute noch beim Zuhörer einstellen kann. Es war, als wachte man als Erwachsener oder als halbwegs Erwachsener auf, um zu entdecken, dass all die Märchen aus der Kindheit wahr waren – und dass man, wenn man es wollte, statt der Karriere oder des Krieges, die einen erwarteten, diese Märchen ausleben konnte. Mit ein paar alten Songs – die ein Drama des Sichversteckens und des Entkommens ergaben, der physischen Niederlage und der geistigen Eroberung, wobei dieses Drama nicht nur mit der Leidenschaft ihrer Stimme versehen wurde, sondern auch mit der physischen Präsenz des Körpers, aus dem diese Stimme kam – lockte Baez dich zu einem Spalt in der unsichtbaren Mauer, die deine Stadt umgab. Was würde es bedeuten, etwas dermaßen tief zu empfinden, fragten Menschen überall im Land die Musik, die sie hörten, während die Musik die gleiche Frage an sie richtete.

Bob Dylan, dessen Mitbürger in dem im Norden von Minnesota gelegenen Hibbing nicht hätten sagen können, wovon genau ihre Stadt ein Vorort war, präsentierte sich 1962 auf dem Cover von *Bob Dylan* als Tramp – das heißt als jemand, der in Hobo-Camps übernachtet und gesehen hatte, wie sich Männer mit Brennspiritus den Verstand wegsoffen, und der die Namen der Leute vergessen hatte, die ihm eine Nacht lang wie die besten Freunde vorgekommen waren. Obwohl es in Hajdus Buch nicht den geringsten Hinweis darauf gibt, dass Dylan jemals so etwas wie Humor an den Tag legte, abgesehen von diesem oder jenem privaten, nur Eingeweihten verständlichen Scherz, sind viele der Songs auf *Bob Dylan* witzig (»Been around this whole country«, sagt er über den Ortsnamen, der 1962 jedem im Folkmilieu ein fester Begriff war, »but I never yet found Fennario«), allerdings auch düster. Unter dem Strich ist das Album eine Kollektion von alten Songs über den Tod. Sie fordern den Sänger heraus – *kannst du mich singen?* –, und er fordert sie heraus – *könnt ihr mir etwas verwehren, das mir gehört?* Es war eine Zeit, in der fast jeder annahm, es werde zu einem Atomkrieg kommen, irgendwo, irgendwann, wenn nicht gar überall und für immer. Es war eine Zeit, in der schwarze Amerikaner ihr Leben aufs Spiel setzten und es mitunter auch verloren, wann immer sie ihre Stimme erhoben oder einen Schritt aus dem Land machten, in das sie hineingeboren worden waren, um in ein neues Land einzutreten, das Land, das ihnen und allen anderen versprochen worden war. Der Tod ist real, sagte der Zwanzigjährige, der auf *Bob Dylan* sang; an eine Tür klopfend, die vielleicht eigens für diesen Zweck gebaut worden war, war der Sound, den Dylan produzierte, nicht lächerlich, weil er recht hatte.

Das ist das öffentliche Drama, das in Hajdus Buch lediglich in Gestalt des Privatlebens vorkommt, und als die beteiligten Akteure diesem Drama während der folgenden Jahre nachgingen, fügte Fariña ihm nichts hinzu. Überschwängliche Würdigungen der 1965 erschienenen Fariñas-Alben *Celebrations for a Grey Day* und *Reflections in a Crystal Wind* können nicht darüber hinwegtäuschen, dass Mimi Fariña nicht singen konnte oder dass Richard Fariñas bemerkenswerteste Kompositionen, mit Ausnahme von »Reno Nevada«, hölzerne, oberflächliche Imitationen von »A Hard Rain's A-Gonna Fall« und anderer Dylan-Songs waren. Da Fariña nicht zu einem kulturellen Neuerer hochstilisiert werden kann – sein Roman ist, trotz Pynchons glühender Lobeshymnen, eine Sixtieskuriosität –, verwendet Hajdu viel Zeit darauf, Fariña als ein personifiziertes Fest zu porträtieren, als einen ungebundenen Geist, als jemanden, der bereits das war, was jeder, in der besseren Welt, über die Baez und Dylan zu singen schienen, sein würde. Hajdu zitiert aus einem Brief, den der verheiratete Fariña der damals noch im Teenageralter befindlichen Mimi schrieb: »Fakt ist, meine Mishka, dass ich es satthabe, in den Städten dieser müden Welt herumzuhüpfen & nicht zu wissen, was dort abging, bevor ich eintraf. Für mich allein wäre es wohl okay, doch ich bin nicht mehr allein … Nimm meine Hand für eine Weile, Baby, und drück sie ein bisschen.«

Warum lesen wir so was? Weil Mimi Fariña David Hajdu diesen Brief überlassen hat? Es ist gruselig, und zwar nicht nur, weil der affektierte Stil von 1963 nicht gut gealtert ist, sondern weil man die Privatsphäre anderer Menschen verletzt, wenn man deren peinliche Briefe liest, und tut man dies, so wird man dazu gezwungen, auch seine eigene Privatsphäre zu verletzen. Doch weil Fariña nicht lange genug lebte, um die Wahrheit oder die Lüge seines Lebens zu beweisen, ist Hajdu auf derlei Dinge angewiesen.

»Richard begann nie mit dem Buch, das er als Nächstes geplant hatte«, sagt Hajdu. »Darin wollte er seine Erfahrungen mit Mimi, Joan Baez und Bob Dylan zu Papier bringen.« Das sind die letzten Worte in Hajdus Buch. Fariñas Fackel wurde weitergereicht, sollen sie uns sagen, doch die musikalischen und schriftlichen Zeugnisse, die uns bekannt sind – die von Baez, von Dylan und von Fariña –, legen den Gedanken nahe, dass diese Fackel nie so richtig entzündet wurde.

David Hajdu, *Positively 4th Street: The Lives and Times of Joan Baez, Bob Dylan, Mimi Baez Fariña and Richard Fariña*, Farrar, Straus & Giroux, New York 2001.

WHEN FIRST UNTO
THIS COUNTRY
Granta
Winter 2001

Ich lebe in Berkeley, Kalifornien. Seit beinahe zwanzig Jahren spaziere ich fast jeden Tag den gleichen steilen, sich windenden Hügel empor, auf einem gepflasterten Stück Straße namens Panoramic Way, das direkt hinter dem Footballstadion der University of California beginnt. Vor ein paar Jahren, als meine Begeisterung für Harry Smiths *Anthology of American Folk Music* – eine Begeisterung, die mich um 1970 herum ergriff – zu einer Obsession wurde, begann ich mir auszumalen, Smith habe in dieser Straße gewohnt.

Ich wusste, dass Smith 1923 in Portland, Oregon, geboren worden und in und um Seattle herum aufgewachsen war; dass er als Teenager die Zeremonien und Gesänge örtlicher Indianerstämme aufgenommen und 1940 damit begonnen hatte, kommerziell veröffentlichte Blues- und Country-78er aus den 1920er- und 1930er-Jahren zu sammeln. 1952, in New York City, als seine Sammlung bereits Zehntausende von Scheiben umfasste, stellte er vierundachtzig Nummern von überwiegend vergessenen Performern zu einer Anthologie zusammen, die er anfangs, schlicht oder arrogant, *American Folk Music* betitelte: ein auf dubiose Weise legales Bootlegset mit Aufnahmen, die ursprünglich von solchen damals noch immer aktiven Labels wie Columbia, Brunswick und Victor veröffentlicht worden waren. Noch im selben Jahr von Folkways Records in Form von drei Doppel-LPs herausgebracht – jeweils zwei

Langspielplatten mit »Ballads« (traditionelle Nummern oder solche mit einem aktuellen Bezug), »Social Music« (von Tanzmusik bis zu Kirchenliedern) und »Songs« (Aufnahmen, bei denen die jeweiligen Sänger eine allgemein bekannte Geschichte so präsentierten, als sei sie ganz und gar ihre eigene) –, avancierte Smiths Set unter dem abgeänderten Titel *Anthology of American Folk Music* zum Grundstein des amerikanischen Folkmusikrevivals der späten 1950er- und frühen 1960er-Jahre.

Im Laufe der Zeit fand die *Anthology* zunehmend Eingang in die Beatnikenklaven, in Bohemezirkel an den Colleges und in die damals aufkeimende Folkszene von Greenwich Village, Cambridge, Chicago, Philadelphia, Berkeley, Detroit, Wichita – überall, wo es einen unorthodoxen Plattenladen oder eine vorurteilsfreie öffentliche Bibliothek gab. In den frühen 1960er-Jahren war die *Anthology* zu einer Art Lingua franca geworden, oder zu einem Passwort: Für Leute wie Roger McGuinn, der später den Byrds angehörte, oder Jerry Garcia, den Gründer der Grateful Dead, für Folkmusiker wie Dave Van Ronk, Eric Von Schmidt oder John Fahey und für den Dichter Allen Ginsberg war sie der geheime Text eines geheimen Landes. 1960 führten Jon Pankake und andere Mitglieder des Folkmilieus an der University of Minnesota in Minneapolis den damals neunzehnjährigen Bob Dylan in die, wie Pankake es später nennen sollte, »Bruderschaft der *Anthology*« ein; die Präsenz von Smiths Musik in der von Dylan ist eine Art Unterfutter für die Präsenz jener Musik in Amerika und in der Welt insgesamt gewesen. Von damals bis heute sind Strophen, Melodien, Bilder und Refrains der *Anthology* Dylans eigener Musik immer dicht auf den Fersen und gleichzeitig um eine Nasenlänge voraus gewesen und am eindringlichsten gilt dies für das Insistieren der *Anthology* auf einem okkulten, »gotischen« Amerika des Schreckens und der Erlösung, das in das offizielle Amerika der Angst und des Erfolgs eingebettet ist – denn Smith siedelte Mordballaden, Ausbrüche von religiöser Verzückung, moralische Warnungen und hedonistische Exzesse auf ein und derselben Wert- und Bedeutungsebene an.

Als Smith 1991 bei der Festveranstaltung der American Academy of Recording Arts & Sciences einen Preis für sein Lebenswerk entgegennahm, nach fünfzig Jahren experimentellen Filmemachens, der Jazzmalerei, schamanistischer Vorlesungen und, vor allem, einer Existenz am Rande der Gesellschaft, da sagte er: »Ich habe miterlebt, wie Amerika durch Musik verändert wurde.« Er starb 1994.

Drei Jahre später, als seine Anthologie von Smithsonian Folkways Records als ein Boxset mit sechs CDs wiederveröffentlicht wurde, sollte deren unheimliches Porträt des amerikanischen Ethos das Land erneut beunruhigen und irritieren. Doch dieses Ereignis musste erst noch stattfinden, als ich über Harry Smith und den Panoramic Way nachzugrübeln begann. Ich wusste, dass Smith von den Mittvierzigerjahren bis Ende 1950 in Berkeley gelebt hatte und dass er den Löwenanteil seiner Plattensammlung dort zusammengestellt hatte. Nun, er musste irgendwo gewohnt haben und der Panoramic Way, fand ich, sah so aus, als ob er dort gewohnt haben könnte.

Es handelt sich um eine leicht verwahrloste alte Wohngegend mit unvorhersehbaren kunsthandwerklichen Akzenten à la William Morris an den mit braunen Schindeln gedeckten Glattputzhäusern – eine eigenartige Ansammlung von Schornsteinen auf einem der Häuser, an einem anderen ein Springbrunnen in Form eines Medusenhauptes, das aus einer Betonwand herausragt, sodass das aus dem Mund sprudelnde Wasser nach unten abfließt und der Medusa im Laufe der Jahrzehnte einen langen Vollbart aus grünem Moos beschert hat.

Die Mehrzahl der Häuser am unteren Teil des Hügels ist den Blicken der Passanten entzogen. Man sieht dort fast nie jemanden kommen oder gehen. Keine Bürgersteige. Tagsüber Rehe und wilde Truthähne; nachts Waschbären, Opossums und sogar Kojoten. Überall Hagebuttensträucher, Pflaumenbäume, Japanische Mispeln, wilder Rosmarin und Fenchel. Wald und Tummelplätze von Eichhörnchen und anderem kleinen Getier, steinerne Treppen, die den Hügel von oben bis unten durchschneiden. Ein stets düsterer, von gigantischen

Sequoien überschatteter Pfad. Die majestätische Kurve des Fundaments eines von Frank Lloyd Wright entworfenen Hauses. Eine Straße, bei der man sich vorstellen könnte, dass sich hinter jeder Haustür irgendetwas Eigenartiges, Verlockendes, Verbotenes oder Unaussprechliches abspielt. Die totale Boheme, die absolute Sammelwut – wo in Berkeley hätte Harry Smith wohnen können, wenn nicht hier?

Ich hatte gelesen, dass Smith eine Zeit lang in der Kellerwohnung eines Anthropologieprofessors, Balladenexperten und Plattensammlers namens Bertrand Bronson gewohnt hatte, und so hielt ich Ausschau nach Souterrainwohnungen, die möglicherweise infrage kamen. Ich entschied mich schließlich für eine in einem auffälligen Haus, das direkt an einer der steinernen Treppen stand und so aussah, als sei es aus dem Boden gewachsen; es war von einem verwilderten Garten umgeben, in dem allerlei Keramikmonster und eine Nachbildung des Kreml herumstanden. Dann vergaß ich die ganze Sache.

Zwei Jahre später las ich in einem Buchladen in San Francisco aus einem meiner Bücher, dessen zentrales Kapitel Smiths *Anthology* gewidmet war. Hinterher trat ein Mann mit einem weißen Rauschebart an mich heran und begann über Harry Smith zu reden, über das Plattensammeln, über ein Lagerhaus in Richmond, das dichtgemacht wurde, nur wenige Tage bevor sie das Geld zusammengekratzt hatten, um die Bestände aufzukaufen, über Bop City, den Nachtclub im Fillmore District, wo an einer der Wände Smiths monumentales Bebopwandgemälde geprangt hatte, ein Bild, auf dem Töne zu sehen waren, keine Performer – ich vermochte ihm kaum zu folgen.

Den Namen des Mannes registrierte ich bloß nebenbei, und das auch nur, weil ich ihn vorher schon einmal gehört hatte: Lu Kemnitzer. »Diese kleine Wohnung«, sagte er, »da habe ich ihn oft besucht, am Panoramic Way in Berkeley, wo –«»Moment mal!«, unterbrach ich ihn. »Harry Smith hat am Panoramic gewohnt?« Das Ganze schien völlig irreal. Kemnitzer sah mit einem Mal wie die Medusa vom Panoramic aus. Ich versuchte, die Nerven zu bewahren. »Wissen Sie noch«, fragte ich Kemnitzer, der mir nun wesentlich älter vorkam als noch vor ein oder zwei Minuten, »welche Nummer Harry Smiths Wohnung gehabt hat?« Kemnitzer schaute mich an, als hätte ich ihn gefragt, ob er sich daran erinnere, wo er derzeit wohne – ob er, nun ja, seinen Weg nach Hause finden würde. »Fünfeinhalb«, erwiderte er.

Inzwischen war es bereits zu spät und am Panoramic viel zu dunkel, um nach einer Hausnummer zu suchen. Ich konnte den nächsten Morgen kaum erwarten. Und da war es dann: eine unscheinbare weiße Tür in einer grau verputzen Mauer, winzige Fenster: eine Zelle. Vielleicht zehn Schritte gegenüber von der Souterrainwohnung, die ich mir zwei Jahre zuvor ausgeguckt hatte.

Und seit jenem Tag will ich jedes Mal, wenn ich bei meinen Spaziergängen auf dem Panoramic an Harry Smiths ehemaligem Domizil vorbeikomme, an der Tür anklopfen, um den heutigen Bewohnern – in den letzten vier Jahren habe ich dort, typisch für den Panoramic, nie jemanden zu Gesicht bekommen – zu erzählen, wer einmal dort gewohnt hat. Wer einmal dort gewohnt und dort garantiert einen Geist hinterlassen hat, wenn nicht gar eine ganze Kohorte davon. »Suche«, lautete 1946 eine winzige Annonce in der September-Ausgabe der Zeitschrift *Record Changer*:

RACE- UND HILLBILLY-VOKALAUFNAHMEN
AUS DER VORKRIEGSZEIT.
Bascom Lamar Lunsford, Jilson Setters, Uncle Eck Dunford, Clarence Ashley, Dock Boggs, Grayson and Whittier, Bukka White, Robert Johnson, Roosevelt Graves, Julius Daniels, Rev. D. C. Rice, Lonnie McIntorsh, Tommy McClennan u. ä.
HARRY E. SMITH, 5 ½ Panoramic, Berkeley 4, California.

Sie befanden sich noch immer in jenem kleinen Raum – sie mussten dort sein. Sie klangen auf ihren eigenen Schallplatten wie Geister, schon viele Jahre bevor Harry Smith nach ihnen zu suchen begonnen hatte – und ihrer schwarzen 78-U/min-Körper beraubt, würden sie nun sicherlich noch mehr wie Geister klingen.

Ich begann, mir auszumalen, was ich den Bewohnern sagen würde. Nur wenige Schritte von der Haustür von Nummer 5 ½ entfernt befindet sich eine Gedenktafel, die an Henry Atkins erinnert, den Stadtplaner, der dieses Wohnviertel 1909 entworfen hat. Ich würde also sagen: »Guten Tag! Ich frage mich, ob Sie wissen, wer früher einmal in Ihrer Wohnung gewohnt hat. Sehen Sie die Gedenktafel da drüben? Nun, diesem Mann gebührt ebenfalls eine solche Tafel. Er hat, nun ja, er hat Bemerkenswertes geleistet.« Nein, das würde nicht klappen. Das hörte sich fast so an, als wollte ich Mitglieder für eine neue Sekte rekrutieren. Eine bessere Idee: Nimm ein Exemplar der *Anthology* mit. Halte es in die Höhe. »Das hier ist eine Kollektion von alter amerikanischer Musik. Erst in diesem Jahr«, könnte ich (den Londoner Kunstkurator Mark Francis zitierend) sagen, »erklärte ein Mann in einem Vortrag in Paris, wenn jemand auch nur halbwegs an diese Kollektion als einen Schlüssel zum Erinnerungsvermögen der Moderne herankomme, dann allenfalls James Joyce. Und dieses Werk ist genau hier entstanden, in Ihrer Wohnung! Ich wollte nur, dass diejenigen, die hier wohnen, sich dieser Tatsache bewusst sind.« Nach ein paar Wochen nahm diese Fantasievorstellung eine unerwartete Wende. Nun wollte ich die *Anthology* einfach überreichen und dann, nach Vollbringung dieser guten Tat, kehrtmachen und davongehen – doch dann würde mir diese Person eine Frage stellen. »Das klingt ja interessant«, würde sie sagen. »Worum geht es dabei?«

Ja, worum geht es dabei? Wie soll man das erklären – nicht nur jemandem, der die *Anthology* noch nie gehört hat, der noch nie von der *Anthology* gehört hat, sondern auch sich selbst, insbesondere wenn man sich Smiths faszinierend-verstörendes Werk schon seit Jahren oder seit Jahrzehnten anhört. Eine Antwort, die mir spontan einfiel: »Es geht um tote Präsidenten«, würde ich sagen. »Um tote Hunde, tote Kinder, tote Geliebte, tote Mörder, tote Helden – und darum, wie herrlich es ist, zu leben.«

Das hörte sich gut an, als es mir zum ersten Mal durch den Kopf schoss, doch danach klang es mir viel zu gelackt. Ich erkannte, dass ich keine Ahnung hatte, worum es bei Harry Smiths Songkollektion ging. Als ich im Herbst 2000 ein für Mitglieder des Lehrkörpers veranstaltetes Seminar über die *Anthology* abhielt – bei dem auch das seit Jahrzehnten als apokryph eingeschätzte Volume 4 einbezogen wurde, Smiths vorwiegend mit Aufnahmen aus der Zeit der Great Depression bestückte Songkollektion, die in jenem Jahr schließlich doch noch auf dem Revenant Label des verstorbenen John Fahey erschienen war –, da erkannte ich, dass ich keine Ahnung hatte, was die *Anthology* war. Eine Gruppe von Professoren – aus den Fachbereichen Anglistik, Germanistik, Musik, Geschichte, Amerikanistik und Kunstgeschichte – hatte rings um einen Tisch Platz genommen. Ich hatte sie gebeten, sich die CDs zu Hause anzuhören, und nun wollte ich von jedem Seminarteilnehmer wissen, welcher Song ihr oder ihm am besten gefallen hatte. »Der Song über den Hund«, sagte eine Frau – sie meinte Jim Jacksons »Old Dog Blue« von 1928. »Warum?«, fragte ich. »Ich weiß nicht«, sagte sie, genau wie jeder andere Zuhörer. »Ich hab mir die Sachen beim Geschirrspülen angehört und diese Nummer ist mir irgendwie im Gedächtnis geblieben.« Es gab eine Reihe von Stimmen für »die Cajunsongs«, das heißt für Delma Lachneys und Blind Uncle Gaspards »La Danseuse«, Columbus Fruges »Saut Crapaud«, beide von 1929, und das 1933 herausgekommene »Home Sweet Home« von den Breaux Frères: Namen und Titel, die mir nie aufgefallen waren, obwohl ich mir die ursprüngliche *Anthology* dreißig Jahre lang immer wieder angehört hatte – offenbar nicht gründlich genug.

Für diese neuen Zuhörer stachen diese Performances – die allesamt von »Volume Two: Social Music« stammten, dem Teil der *Anthology*, der bei ihren Fans in 1960er-Jahren für gewöhnlich den wenigsten Anklang fand – aus den anderen heraus. Ich war darüber enttäuscht, dass niemand Bascam Lamar Lunsfords »I Wish I Was a Mole in the

Ground« (1928) nannte, den verführerischsten unlösbaren Song, den ich jemals gehört habe, oder Richard »Rabbit« Browns »James Alley Blues« (1927), die, wie ich finde, beste Platte, die jemals gemacht worden ist. Na schön, dachte ich mir, über Geschmack lässt sich nicht streiten. Und im Grunde *kennen* sie dieses Zeug ja auch nicht – mich hatte es beim ersten Anhören ja auch nicht gleich gepackt. Ich wies jedoch auf den »James Alley Blues« hin. »Meinen Sie diesen Typen, der wie Cat Stevens klingt?«, fragte jemand. Ich war völlig entgeistert und ließ das Thema auf der Stelle fallen.

Die Diskussion gewann wieder an Fahrt, als ich jeden am Tisch bat, die Performance zu nennen, die ihr oder ihm am wenigsten gefallen habe. Da war ein Philosophieprofessor, der in einer der späteren Sitzungen, als wir uns Smiths *Volume 4* vornahmen, darauf insistierte, es gebe eine unverkennbare, frappierende Ähnlichkeit zwischen dem Bradley Kincaid der Nummer »Dog and Gun« von 1933 und allem, was Pat Boone jemals auf Vinyl veröffentlicht habe. Sein erster Beitrag zum Seminar bestand nun darin, auf »die verblüffenden Echos der Stonemans im Frühwerk von The Captain & Tennille« hinzuweisen, wobei er sich auf »The Mountaineer's Courtship« von Ernest und Hattie Stoneman (1927) und »The Spanish Merchant's Daughter« von der Stoneman Family (1928) bezog. »Hattie Stoneman«, warf ein Kunstgeschichtsprofessor ein, »sollte ertränkt werden.«

Eine Englischprofessorin gestand, sie könne »diese ausdruckslosen Stimmen« nicht ertragen – sie meinte die appalachischen Stimmen: Clarence Ashley, Dock Boggs, die Carter Family, G. B. Grayson, Charlie Poole, Lunsford. »Was soll das?«, fragte sie. »Ich meine, warum singen die so?« »Vielleicht ist das eine Art von Desinteresse«, vermutete ein junger Professor der Musikwissenschaft. »Jeder kennt diese Songs. Sie haben diese Songs ihr Leben lang gehört. Also sind sie davon gelangweilt.« »Es scheint so, als kümmere es diese Leute nicht, ob ihnen jemand zuhört oder nicht«, sagte der erste Professor. »Das ist womöglich das, was mir daran missfällt. Als benötige man uns nicht.« »Ich glaube nicht, dass das Desinteresse ist«, sagte ein Germanistikprofessor, der, wie sich herausstellte, in den Bergen von Kentucky aufgewachsen war. »Es ist Fatalismus. Es ist Machtlosigkeit. Es ist die Überzeugung, dass sich nie etwas ändern wird, egal was man tut – und dazu gehört auch das Singen eines Songs. Von daher haben Sie irgendwie recht – es spielt tatsächlich keine Rolle, ob wir zuhören oder nicht. Die Welt wird noch immer dieselbe sein, wenn der Song vorbei ist, egal wie der Song gesungen wird oder wie viele Leute ihn sich anhören.«

»Uncle Dave Macon ist nicht so«, sagte jemand über den Lieblingsonkel der Grand Ole Opry. »Stimmt«, meinte der Lasst-uns-Hattie-Stoneman-ertränken-Professor, »der ist *teuflisch*!«

Ich merkte, dass ich den Boden unter den Füßen verlor – oder dass *Harry Smiths Anthology of American Folk Music* mit einem Mal in ein Territorium führte, das sich völlig von den Ländern unterschied, die ich bislang darin entdeckt hatte. »Es ist dieses ›Kill yourself!‹«, sagte jemand anders, als er diese Vorstellung aufgriff, und plötzlich schien es so, als sähe jeder im Raum Hörner aus dem Schädel dieses freundlichen alten Banjospielers wachsen, als sähe jeder, wie sich dessen Buck-Dance-Holzschuhe in Pferdefüße verwandelten. Sie redeten über sein »Way Down the Old Plank Road« (1926), einen der übermütigsten, ekstatischsten, befreitesten Schreie, die Amerika jemals ausgestoßen hat. Wie konnte man darin den Teufel erkennen?

»Kill yourself!«, schreit Uncle Dave Macon gegen Ende des Songs, nach einer aus »The Coo Coo« übernommenen Strophe, in der auf einem Berg ein Gerüst errichtet wird, nur um von dort aus die Mädchen vorbeispazieren zu sehen, und nach einer in vielen Folksongs auftauchenden Strophe, in der die Frau des Sängers am Freitag stirbt und dieser am Montag wieder heiratet. »Kill yourself!« Er meinte, wie es mir immer offensichtlich zu sein schien – nun ja, eigentlich war es nie offensichtlich gewesen. Er meinte, wenn das Leben so gut ist, dass es nicht mehr besser werden kann, dann könne man sich auch gleich – umbringen? Folgte das nicht daraus? Vielleicht meint er aber auch nur

»Scream and shout, knock yourself out«, »Shake it, don't break it«, also im Grunde »Love conquers all«.

So klingt er allerdings nicht. Er klingt riesig, wie irgendein heidnischer Gott, der über der im Song beschriebenen Szene aufsteigt, nicht als Zeremonienmeister, sondern als Richter. »Die Aussicht auf die Apokalypse scheint Uncle Dave irgendwie zu gefallen«, sagte der Verfechter der Theorie, Macon sei ein Gesandter des Teufels. Die anderen nickten und einen Moment lang hörte ich es auch: Uncle Dave Macon will dich tot sehen. Ich hörte das wirklich Teuflische an diesem Moment: Wenn Macon »Kill yourself!« sagt, dann klingt das wie eine gute Idee – wie ein Mordsspaß. Und das Gleiche kann man in Macons »The Wreck of the Tennessee Gravy Train« hören, das Harry Smith in seinem *Volume Four* unterbrachte. Man schrieb das Jahr 1930 und Macon quetschte so viele journalistische Informationen, wie es in Bob Dylans »Hurricane« gibt, in diesen etwa nur ein Drittel so langen Song hinein, während er durch das finanzielle Ruinenfeld seines Heimatstaates tanzte – die betrügerische Anleiheemission, die zusammengebrochenen Banken, die gestohlenen Gelder – und dabei immer wieder »Follow me, good people, we're bound for the Promised Land« schrie. »Kill yourself!« So würde der Teufel klingen, sänge er »Sympathy for the Devil«: korrekt.

Macon auf diese Weise zu hören war so, wie die Version von »I Wish I Was a Mole in the Ground« zu hören, die Dylans einstiger Kumpel Bob Neuwirth aufgenommen hat. Dank Harry Smith war dieser Song jedem in Greenwich Village geläufig: 1966 tauchten Bascom Lamar Lunsfords Zeilen »A railroad man, he'll kill you when he can / And drink up your blood like wine« in Bob Dylans »Memphis Blues Again« auf. Neuwirth sang die rätselhafteste Textstelle des Songs, »I wish I was a lizard in the spring«, als »I wish I was a lizard in your spring«. Ach. Ja, genau. Logisch. Ist doch offensichtlich!

Die meisten der unzähligen Kommentare, die die Wiederveröffentlichung der *Anthology of American Folk Music* im Jahre 1997 hervorrief, verstanden die Musik als einen Kanon und die Performer als exemplarische Vertreter des Volkes. In dem Raum, in dem wir uns befanden, war von diesen Vorstellungen nichts zu spüren. Die Seminarteilnehmer setzten sich mit Uncle Dave Macon auseinander, nicht mit der Tradition, die er möglicherweise verkörperte. Es war Hattie Stoneman, die ertränkt werden musste, nicht weiße Landfrauen aus Virginia im Allgemeinen. Wenn man einen Song nicht mochte, musste man ihm auch keinen Respekt entgegenbringen.

1940 nahmen die Folkloristen Frank und Anne Warner in North Carolina die von einem Sänger namens Frank Proffitt vorgetragene Version einer aus der Gegend von Wilkes Country stammenden Ballade mit dem Titel »Tom Dooley« auf, in der es um einen Mord im neunzehnten Jahrhundert ging: eine gewisse Laura Foster war von ihrem ehemaligen Lover, Tom Dula, und dessen neuer Flamme, Annie Melton, umgebracht worden. Der Song begann sich zu verbreiten und 1958 landete das Kingston Trio, eine aus Collegestudenten bestehende Gruppe aus Menlo Park, Kalifornien (zufälligerweise mein Heimatort und 1958 die tollste Nachkriegsvorstadt, die man sich vorstellen konnte, der ideale Ort, um im Auto die Main Street rauf und runter zu gondeln), mit seiner Version einen landesweiten Nummer-eins-Hit.[50] Die vollständige Geschichte des Songs kann man in *When We Were Good* nachlesen, Robert Cantwells Buch über das Folkrevival – oder zumindest die Geschichte bis 1996, dem Erscheinungsjahr des Buches.

Im Jahr 2000 veröffentlichte das Label Appleseed Records *Nothing Seems Better to Me*, eine Kollektion von »field recordings« der Warners, auf der Frank Proffitt mit etlichen Nummern vertreten war. Die Liner Notes enthalten einen Brief Proffitts aus dem Jahr 1959. »Ich habe für die Kinder einen Fernsehapparat gekauft«, schrieb er.

---

50 »Ich glaubte ... Dave Guard vom Kingston Trio«, sollte Bob Dylan 2004 in seinem Buch *Chronicles* schreiben. »Ich glaube, dass er die arme Laura Foster umbringen wollte oder schon umgebracht hatte. Ich glaube auch, dass er andere Leute umbringen konnte. Ich glaube nicht, dass er nur Spaß machte.«

Als ich mir eines Abends irgendwelchen Unsinn anschaute, tauchten plötzlich drei junge Burschen auf dem Bildschirm auf, mit Gitarre und Banjo, und sie begannen, Tom Dooly zu singen. Sie kasperten herum und wackelten mit den Hüften. Mir wurde ganz schwummrig, so als hätte ich einen lieben Angehörigen verloren. Ja, mir schossen die Tränen in die Augen und ich ging raus, auf den Bergkamm hinauf, und ich schrie laut auf und dann schaute ich rüber nach Wilkes, dem Land von Tom Dooly ... Ich schaute rüber zu den Bergen und sagte, warum, lieber Gott, müssen die mir meine schönen Erinnerungen stehlen ... Dann schrieb mir Frank Warner und er erzählt mir, unser Song sei irgendwie von anderen aufgeschnappt worden. Der Schock war vorbei. Ich machte mich wieder an meine Arbeit. Ich begann zu erkennen, dass die Welt größer war als unsere Berge hier in Wilkes und Watauga. Die Leute waren Brüder, sie mochten alle die einfache, die schlichte Lebensweise. Ich begann, diejenigen zu bemitleiden, die noch nie in ihrem Leben an einem offenen Kamin gedöst hatten ... Zu leben bedeutete, unterschiedliche Auffassungen zu teilen, unterschiedliche Lebensweisen. Ich schaute in den Spiegel meines Herzens – du bist kein Junge mehr. Gib Leuten wie Frank Warner alles, was du hast. Du darfst nicht mehr von Bergkamm zu Bergkamm denken. Du musst von Ozean zu Ozean denken.

Das ist die in den Sechzigerjahren übliche, klassische Sichtweise dessen, was Folkmusik ist, wie sie funktioniert, wie sie vom herrschenden Diskurs der Zeit vereinnahmt und in eine seelenlose Ware verwandelt wird – die klassische Sichtweise dessen, wer oder was die einfachen Leute sind und wie sie sich ihre Herzensgüte bewahren, selbst wenn ihnen alles genommen wird, was sie haben. So wie Faulkner es am Anfang von *Schall und Wahn* in einer Einführung formulierte, in der er das Schicksal seiner Romanfiguren zusammenfasste und wo er auch die schwarze Dienerin Dilsey erwähnte, sie aber in ihren Leuten, in ihrem Volk aufgehen ließ: »Sie harrten aus«.

In meinem Seminarraum gab es kein solches *Sie*, als die Smith-Scheiben am Tisch herumgereicht wurden. Die allumfassende Frömmigkeit von Frank Proffitts Brief – ein Brief, den ich übrigens keine Sekunde lang für echt gehalten habe, der sich so liest, als könnte ihn sich ein der Volksfront angehörender Folklorist im Jahre 1937 aus den Fingern gesogen haben, ein Brief, der ideologisch einfach zu perfekt ist, um wahr zu sein – hätte die Diskussion, die hier stattfand, nie und nimmer überlebt. Sie wäre hier niemals zu Wort gekommen.

Ich ging nach Hause und legte die *Anthology* auf. Ich hatte irgendwo gelesen, der Fotograf und Filmemacher Robert Frank habe sich in den Fünfzigerjahren immer wieder den einundzwanzigsten Song auf dem »Social Music«-Doppelalbum angehört – das 1929 aufgenommene »He Got Better Things for You« von den Memphis Sanctified Singers –, als müsste es für ihn auf der Welt keine andere Musik mehr geben. Ich hatte hin und wieder versucht, etwas von dem zu hören, was Frank darin gehört haben musste, aber ohne Erfolg. An diesem Abend aber war mit einem Mal alles da – als sei das Ganze, wieder einmal, vollkommen offensichtlich gewesen.

Smith hatte die Sängerinnen namentlich nicht genannt, denn er konnte deren Identität zweifellos nicht in Erfahrung bringen. In den ergänzenden Anmerkungen, die der Folklorist Jeff Place 1997 zu der wiederveröffentlichten *Anthology* beigesteuert hat, findet man ihre Namen: Bessie Johnson, Leadgesang, Melinda Taylor, Sally Sumler, mit Will Shade, von der Memphis Jug Band, an der Gitarre. Johnson beginnt verhalten, mit kleinen, gemessenen Schritten. »Kind friends, I want to tell you«, sagt sie freundlich. Dann verstärkt sich ihr fast schon maskulines Vibrato; es wird mit jedem Schritt gutturaler, gröber. Wenn sie »Jesus Christ, my saviour« singt, ist Jesus *ihr* Erlöser, nicht deiner. Ihre Kehle scheint in Fetzen zu gehen. Angesichts dieser Heftigkeit und der Heftigkeit der folgenden Worte – »He got the Holy Ghost and the fire« – ist es ein zorniger Gott, der dich hier von Anfang an anstarrt. Uncle Dave Macon, ein Gesandter des Teufels? Dies hier ist viel beängstigender. Aber dann, als die erste Strophe endet, scheint die ganze Performance, die ganze Welt zurückzufallen, zurückzuweichen und beinahe alles wieder zurückzunehmen: die Drohung, die Missbilligung, die Verdammung. Jedes Wort tritt deutlich hervor, vor allem wenn die Titelzeile des Songs erreicht wird. »He got better things for you« – die Worte scheinen Bessie Johnson von der Zunge zu gleiten, in der Luft zu verschwinden, und was zurückbleibt, ist die leise Ahnung, dass sich dein Leben von Grund auf verändern könnte, würdest du dich ganz und gar auf diesen Song einlassen.

Die *Anthology of American Folk Music* war gründlich auf den Kopf gestellt und von innen nach außen gestülpt worden, das stand fest. Für mich war Rabbit Browns »James Alley Blues« noch immer die beste Platte aller Zeiten, doch nun stach plötzlich eine andere Performance heraus, die ich bis dahin noch nie so richtig wahrgenommen hatte, nämlich »Rocky Road« (1928) von den Alabama Sacred Harp Singers. Das war keine Aufnahme, es war ein Kinderkreuzzug! Das im selben Jahr von dieser Gruppe aufgenommene und ebenfalls auf der *Anthology* enthaltene Spiritual »Present Joys« hatte einen tiefen, reifen Bass, einen klaren, durchdringenden Leadgesang eines Mannes, den man sich als den Nachbarschaftsfriseur vorstellen kann, aber auch als einen Farmer oder als einen Prediger, der die überschwänglichsten Momente der Nummer übernimmt, während die Frauen der Sänger die Musik ausfüllen. Das Stück dauert zu lange – man hört, wie gut sie die Nummer kennen, wie komplett sie ist, wie vollendet. Es ist ein professionelles Stück Arbeit. Aber bei »Rocky Road« – »Ohhhhhh-La-la / La la / La la la« – scheinen zehn oder zwanzig oder auch hundert Kinder zu singen, während sie auf einem Feld direkt am Rand einer Klippe Ringelreihen tanzen. Als sei es eine Nummer von Little Richard und als sei ich wieder elf Jahre alt – ich hörte kein einziges englisches Wort oder wollte keins hören. Man musste keine Sprache kennen, um diese Musik hören zu können; sie lehrte es dich. Nicht, dass sie mich vorher jemals etwas gelehrt hätte. Man muss bereit sein, Gott zu akzeptieren, sagen Songs wie diese; man muss bereit sein, Songs zu hören.

Je schöner, je lebensechter die Empfindungen sind, die von einem Besitz ergreifen, wenn man sich alte Schallplatten anhört oder alte Fotografien anschaut, umso schwerer fällt es einem, über die Tatsache hinwegzusehen, dass die Menschen, die man hört oder sieht, tot sind. Sie tauchten auf der Erde auf und sie verließen sie wieder und es kann einem so vorkommen, als ob ihr Überleben in Ton- oder Bilddokumenten ein bloßer Zufall sei – als seien sie in Wahrheit, wie es in den von James Agee am Ende von *Let Us Now Praise Famous Men* zitierten Apokryphen heißt, »umgekommen, als wären sie nie gewesen; und als hätten sie nicht gelebt, als sie noch lebten«. Doch so hören sich die Alabama Sacred Harp Singers in »Rocky Road« nicht an. Die Menschen, die hier singen, werden mit jeder Zeile jünger. Am Ende des Songs entsteigen sie gerade dem Mutterleib. Spielen Sie den Song wieder und wieder ab, so können Sie hören, wie diese Menschen erwachsen werden – aber nur ein bisschen. Man hört, wie sie wiedergeboren werden, ein ums andere Mal.

Es ist unmöglich, sich vorzustellen, dass diese Menschen jemals sterben könnten. Das ist auch das, was sie selbst sagen, natürlich – es ist ja ihr Text. Tausende von Menschen haben in Tausenden von Jahren genau dasselbe gesagt. Doch sie haben es nicht *getan*.

Harry Smith sagte einmal, sein primäres Interesse an der amerikanischen Folkmusik gelte den darin zutage tretenden »Grundmustern«. Es ist unwahrscheinlich, dass er damit das meinte, was andere Plattensammler gemeint hätten: das typisch männliche, pubertäre Interesse an Klassifizierungen, das letztlich hinausläuft auf: *trainspotting*, Lokomotivnummernsammeln. Die Musik wird penibel sortiert nach Region,

Stil, Genre, Instrumentierung, Songgenealogie und, vor allem, nach der rassischen Zugehörigkeit der Performer.

Smiths Platzierung von Aufnahmen und Performern ergibt überall in seinen Anthologien Muster. Einige dieser Muster sind problemlos zu erkennen, etwa die Aneinanderreihung von Morden, Attentaten, Zugunglücken, Schiffskatastrophen und Pestilenz, mit der er seine »Ballads«-Kollektion ausklingen lässt. Manche Muster sind äußerst schattenhaft – man ahnt lediglich, dass zwei Songs, die in einem formalen Sinn absolut nichts gemein haben, vom selben Gott in Auftrag gegeben wurden. Aber in keinem Fall wird der Performer zu einem Gefangenen seiner Darbietung – durch die Erwartungen, die das Publikum oder der Performer selbst an diese gehabt haben könnte. Ein Sänger ist schlitzohrig, ein Betrüger; ein anderer Sänger ist bereits auf der anderen Seite angekommen, jenseits des Todes, jenseits jeglicher Möglichkeit, noch von irgendetwas überrascht zu werden; ein dritter Sänger lacht dem zweiten ins Gesicht.

Es ist interessant, dass die meisten der von Smith auf seiner ersten *Anthology* dokumentierten und viele der auf seinem *Volume 4* enthaltenen Songs – Bekenntnisse von Mördern und Heiligen, Geschichten von Flucht und Einkerkerung, Schreie nach Gerechtigkeit und Rache, Heimsuchungen durch das Wetter und durch das Übernatürliche, Songs, die, in ihrer Gesamtheit, beim Zuhörer ein Gefühl der Gefahr, der Ungewissheit hinterlassen, ein morbides Verständnis von Vergangenheit und Zukunft – schon seit Generationen gesungen worden waren, das heißt, lange bevor die von Smith zusammengestellten Aufnahmen entstanden waren. Doch die Aufnahmen, die er aussuchte, offenbaren die Fähigkeit bestimmter Künstler, sich als Körper zu präsentieren, als Wille, als Verlangen, als gerettet, als verdammt, als Liebe, als Hass – als habe ihre Einzigartigkeit sie aus den musikalischen Historiografien und ökonomischen Soziologien herausgelöst, in die sie nach Ansicht von Forschern und Gelehrten gehören.

In der Folkmusik, wie sie gemeinhin verstanden wurde, als Smith sich ans Werk machte, verhielt es sich so, dass der Song den Sänger sang. Smiths Werk hingegen ist modern: Der Sänger singt den Song. Seine Anthologien sind ein Ausdruck von Subjektivität – ein Ausdruck dessen, was es bedeuten könnte, in einer Stadt oder in einem Land zu leben, wo jeder, der einem begegnet, seine eigene Meinung hat und wo keiner jemals den Mund hält.

Eine solche Gesellschaft lehnt es nicht bloß ab, nach einem Kanon zu fragen, sie weist diesen zurück. Werfen Sie einen Blick auf den angeblichen Kanonverfasser. Smith sprach von dem »allgemeinen Hass«, den er sich eingehandelt habe. Er kleidete sich wie ein Tramp und lebte auch oft wie einer. Er behauptete, ein Serienkiller zu sein. Er bestritt, jemals mit einem anderen Menschen Geschlechtsverkehr gehabt zu haben, und viele, die ihn näher kannten, meinten, sie hätten sich tatsächlich nie vorstellen können, dass er welchen gehabt habe. Feinde und sogar Freunde beschrieben ihn als einen Krüppel, als einen Drogensüchtigen, als einen Freak, als einen Penner. »Als ich noch jünger war«, erklärte Smith 1976 in einem einsamen Moment einem Collegestudenten, der ihn telefonisch um seine Hilfe bei einer Seminararbeit gebeten hatte, »da dachte ich, dass die Gefühle, die mir damals zu schaffen machten – dass ich denen entwachsen würde, dass die Angst oder die Panik oder wie man es nennen soll, verschwinden würde, doch mit fünfunddreißig, da hat man irgendwie den Verdacht, und mit fünfzig, da weiß man schließlich, dass man sie nie loswerden wird, seine Neurosen oder wie man diese Dinge nennen soll – seine Dämonen, seine vollendeten Zeremonien, was weiß ich.«

Ein Kanon? Was man hinter diesen Anthologien erkennt, ist ein Mann, der selbst nie den Mund hielt – 1952 ein junger Mann in seinen späten Zwanzigern, von der Westküste und nun in New York City, ein Mann, der seine persönliche Eigenartigkeit nahm und sie dem Land aufzwang, seinen Status als jemand, der nirgendwo dazugehörte und dies vielleicht auch gar nicht wollte, seine Identität als jemand, der sich von allen anderen unterschied und der so war, wie niemand sonst sein wollte.

Es war seine Version des »folk process«. Er würde eine Nation voraussetzen, ein gemeinsames Dilemma, eine Verheißung und einen Fluch, denen kein Bürger entkommen könnte; er würde eine nationale Identität voraussetzen und diese dann neu schreiben. Er würde sie neu schreiben, nach Lust und Laune, nach seinem Geschmack, gemäß dem, was ihm, dem Herausgeber (wie er sich selbst nannte), zusagte.

Eine solche Einstellung kennt keine Ehrfurcht gegenüber der Folkmusik, gegenüber der Authentizität, sie schert sich nicht um die Frage, wer genau das »Volk« ist und wer nicht, oder darum, wessen Werk der Vergangenheit mit Respekt begegnet und wessen Werk die Vergangenheit bloß ausbeutet – und deshalb hat sich Harry Smiths Projekt möglicherweise als so fruchtbar erwiesen, als so ertragreich. Er zeigt den Amerikanern, dass ihre Kultur tatsächlich die ihrige ist – was bedeutet, dass sie damit machen können, was sie wollen.

In meinem Seminar über Harry Smiths Anthologien der amerikanischen Folkmusik schlug ich vor, die rings um den Tisch versammelten Teilnehmer sollten sich vorstellen, dass die in den Performances auftauchenden Charaktere – die Charaktere, die in den Balladen über historische Ereignisse genannt oder porträtiert wurden, genauso wie diejenigen, die darin nur implizit und anonym vorkamen, in den Fiddlestücken oder in den Schreien nach Erlösung, die repräsentativen fiktiven Männer und Frauen in den Geschichten, die so erzählt wurden, als hätten sie sich tatsächlich ereignet – eine Stadt bevölkerten, eine Gemeinde. Falls die Songs tatsächlich eine solche Stadt bildeten, welche Rollen oder Funktionen würden die Seminarteilnehmer dann den diversen auf den Anthologien vertretenen Performern in dieser Gemeinde zuordnen? Die Reaktion auf diesen Vorschlag war alles andere als enthusiastisch. »Na ja«, sagte jemand nach einer Weile, »ich kann mir Uncle Dave gut als den örtlichen Zahnarzt vorstellen.« »Wenn dies eine

Gemeinde ist«, sagte jemand anders, »dann möchte ich ihr lieber nicht angehören.« »Natürlich möchte niemand dieser Gemeinde angehören«, sagte eine Bibliothekarin nach der Seminarstunde, frustriert und wütend. »Diese Leute sind doch alle arm!«

Aber keiner von diesen Leuten ist genau wie die anderen. Tatsächlich ist keiner von ihnen auch nur derjenige, der er oder sie eigentlich hätte sein sollen. Denn von keinem von ihnen hätte man erwartet, dass er aus der Masse seiner Mitmenschen heraustreten und sich allein vor diese hinstellen würde, um zu sagen, was er zu sagen hat, um diejenigen, die dastehen und zuhören, mit der Vorstellung zu begeistern, auch sie könnten eine solche Stimme haben, um all diejenigen zu beschämen, die dastehen und zuhören, weil ihnen die Courage fehlt, mehr als nur das zu tun.

Ich finde, das ist ein großartiger Sieg, ein Sieg über Jahrzehnte, in denen wir diejenigen, die den Mut hatten, ihre Stimme zu erheben, in den Soziologien ihrer Armut verloren hatten, denn nun kann jeder diese Männer und Frauen hören und diejenigen, die sie besingen – als etwas Einzigartiges, als Menschen, bei denen nicht unbedingt davon auszugehen war, dass wir ihre Stimmen jemals vernehmen würden. Doch haben wir uns diese Perspektive einmal zu eigen gemacht, so muss sie umgekehrt werden. Wenn wir nun die Künstler sehen, die Harry Smith vorgefunden hat, wie sie auf ein gemeinsames Dilemma starrten, jeder aus seiner persönlichen Perspektive, so ist es möglicherweise an der Zeit, sie zurückzuschicken, nicht in die Soziologien, von denen sie einst ignoriert wurden, sondern in ihre Republik, wo jeder ein moralischer Akteur ist: ein Bürger.

Diese Republik ist keine Stadt, sondern ein Zug – ein Zug, der, jedenfalls als Song, den Bahnhof erst vor Kurzem verlassen hat. »You know you won't be back«, sagt Bruce Springsteen zu Beginn seines Songs »Land of Hope and Dreams«, den er 1999 bei Konzerten zu spielen begann – also nimm mit, was du tragen kannst. »This train«, sagt er – und kehrt Woody Guthries Gospelzug um, der bekanntermaßen

»keine Spieler mitnimmt« – »Carries saints and sinners / This train / Carries losers and winners / This train / Carries whores and gamblers.« »This train«, singt er, während ihn die Stimmen der Mitglieder seiner Band umkreisen wie Schatten, »Carries lost soul ramblers / This train carries broken hearted / Thieves and souls departed / This train / Carries fools and jails.«

Anthology of American Folk Music, herausgegeben von Harry Smith (Folkways, 1952; Smithsonian Folkways 1997).

Harry Smith's Anthology of American Folk Music, Volume 4 (Revenant, 2000).

Bob Dylan, *Chronicles, Volume One* (Simon & Schuster, New York 2004), Deutsch von Kathrin Passig und Gerhard Henschel, Hoffmann und Campe, Hamburg 2004, S. 264.

Robert Cantwell, *When We Were Good: The Folk Revival*, Harvard University Press, Cambridge 1996.

Nothing Seems Better to Me: The Music of Frank Proffitt and North Carolina – The Warner Collection, Volume II (Appleseed, 2000). Enthält siebzehn Performances von Frank Proffitt, darunter »Tom Dooley« von 1940 und von 1959.

William Faulkner, *Schall und Wahn* (Originalausgabe: *The Sound and the Fury*, New York 1929), aus dem Amerikanischen von Helmut M. Braem und Elisabeth Kaiser, Diogenes Verlag Zürich, Lizenzausgabe des Verlages Volk und Welt, Berlin 1983, S. 25.

Bruce Springsteen and the E Street Band, »Land of Hope and Dreams«, von *Live in New York City* (Columbia, 2001).

LIVE 1961–2000 – THIRTY-NINE YEARS OF GREAT CONCERT PERFORMANCES
Rolling Stone
5. Juli 2001

Die, nimmt man es mathematisch genau, einen Zeitraum von vierzig und nicht neununddreißig Jahren umspannenden sechzehn Tracks dieses offiziellen, aber an ein Bootleg erinnernden japanischen Albums scheinen aus dem Nichts zu kommen. »Dead Man, Dead Man«, von 1981 aus New Orleans, stürmt an einem vorbei wie eine Bande von Dieben. Der posierende Gospel von »Wade in the Water«, 1961 in einer Wohnung in Minneapolis aufgenommen, ist irgendwie nicht so unecht, wie er klingt. »Things Have Changed« wurde letztes Jahr in Portsmouth, England, aufgenommen; hört man es heute, so scheint es von seinem Oscar ebenso unbeeindruckt wie vom Benzinpreis oder vom Sinn des Lebens.

Dieses Album ist ein Bob-Dylan-Konzert. Kommt Bob Dylan heutzutage auf die Bühne, so sind alle Songs gleich alt. »Handsome Molly«, eine 1962 in New York aufgenommene Ballade aus dem neunzehnten Jahrhundert, scheint bei dieser Performance Hunderte von Jahren älter zu sein als die Urversion, wie ein Traum aus der Vergangenheit – doch wo immer Bob Dylan heute Abend auftreten mag, er könnte diesen Song noch älter erscheinen lassen und das heißt noch gegenwärtiger.

Das Gleiche gilt jedoch auch für Dylans eigenes, 1974 mit The Band aufgenommenes »Knockin' on Heaven's Door«. Auch diese Nummer führt dich zurück ins neunzehnte Jahrhundert, wo sie ihren Platz hat – doch das Gesicht auf dem Song hat sich verändert. Der alte Mann in der Musik ist nicht mehr Slim Pickens, wie er in Sam Peckinpahs 1973 herausgekommenem Western *Pat Garrett and Billy the Kid*[51] auf dem Boden sitzt, zum Sterben bereit, während im Hintergrund der Song ertönt; der alte Mann ist nun der Sänger oder wer immer diesem zuhören mag. »Slow Train«, von Dylans 1987er-Tournee mit den Grateful Dead, ist nun nicht mehr die Flagge des gegen Ende der 1970er-Jahre erfolgten Übertritts des Sängers zum fundamentalistischen Christentum, sondern ein Hoffnungszeichen, das sich nur wenig von dem 2000 in Portsmouth aufgenommenen und das Album eröffnenden Bluegrass-Spiritual »Somebody Touched Me« unterscheidet – ein Song, der genauso beängstigend ist wie die am darauffolgenden Abend aufgenommene Version von »Things Have Changed«.

Wie bei jedem Konzert gibt es auch hier die Nummern, die einen vom Hocker hauen, und die Sachen, die nicht unbedingt hätten gespielt werden müssen, und welche das jeweils sind, hängt von einem persönlich ab. Mein Highlight ist das 1968 anlässlich eines Woody Guthrie Memorial Concert mit The Band aufgenommene »Grand Coulee Dam« – hier präsentiert als ein feuchtfröhliches Rockabilly-Rave-up bei der Party, die von den Erbauern des Damms geschmissen wurde, an dem Abend, als dessen Entlastungswehr zum ersten Mal geöffnet wurde. Diese Nummer und »Dead Man, Dead Man«. Der Sänger und die Leute um ihn herum blicken dem Teufel ins Auge, fordern ihn dazu heraus, ihnen das Leben zu nehmen. Plötzlich kann man spüren, wie der Teufel zu zittern beginnt, wie ein Vampir, dem man ein Kreuz unter die Nase hält. Dann kommt »Born in Time« und man sagt sich, hey, dies ist der richtige Moment, um die Toilette aufzusuchen.

---

51 dt. *Pat Garrett jagt Billy the Kid.*

Dort gibt es jedoch eine lange Schlange und deshalb verpasst du »It Ain't Me, Babe«. Es wird nie wieder so gesungen und gespielt werden wie an diesem Abend des Jahres 1975. Und du hast es verpasst. Oder du hättest es verpasst, gäbe es dieses Album nicht.

HANDSOME MOLLY
Mojo
Juni 2001

Höre ich mir *Live 1961–2000* an, so kommt es mir so vor, als sei die darauf enthaltene Performance von »Handsome Molly« das Unglaublichste, was Bob Dylan jemals auf einer Bühne zum Besten gegeben hat – ich meine die Art und Weise, wie er diesen Song im Herbst 1962 im Gaslight Café präsentiert hat.

Stellen Sie sich vor, Sie kommen Ende Oktober oder vielleicht auch Anfang November 1962 in dieses Lokal in Greenwich Village. »Folk music« ist total angesagt, tatsächlich das Einzige, was zählt – wenn man es schafft, nicht an John F. Kennedy und Nikita Chruschtschow zu denken, wie sie gerade um das Schicksal der Menschheit pokern, oder an die Freedom Riders, die Aktivisten der Bürgerrechtsbewegung, die unten in Alabama halb totgeschlagen werden, oder daran, ob man in dieser Nacht vielleicht jemanden abschleppen oder wieder allein nach Hause gehen wird. Vermutlich haben Sie Bob Dylan schon einmal auftreten sehen; natürlich haben Sie schon von ihm gehört. Sie sind zu cool, um Ihrer Bewunderung öffentlich Ausdruck zu verleihen, von Ihrem Neid ganz zu schweigen. Vielleicht haben Sie auch ein bisschen Angst. Wäre es nicht langsam an der Zeit, dass sich dieser Typ als der Blender entlarvt, der er sein muss?

Sie sind spät ins Gaslight gekommen, um zu demonstrieren, dass Sie nicht auf diesen Schuppen angewiesen sind, als wollten Sie nur kurz die Szene abchecken, bevor Sie woandershin gehen. »›No More

Auction Block‹, Mann!«, sagt jemand, um Ihnen klarzumachen, was Sie verpasst haben. Ja, sicher, als sei dieser Bob Dylan ein entlaufener Sklave – er ist nicht der Erste, der diese Nummer durchzuziehen versucht. Sie entspannen sich, als er in »Ain't No More Cane on the Brazos« einsteigt. Es scheint, als langweile ihn dieser Song ein wenig, oder das Lokal, oder Leute wie Sie (*Ach, Unsinn! Was sollte er denn gegen mich haben?*). »Cocaine« – na ja, das spielen sie doch alle. Die Gitarre klingt ganz nett – aber diese Finger-Picking-Technik hat mittlerweile jeder drauf und die Gitarre ist verstimmt. Dann »Coo Coo«. Einen Moment lang befinden Sie sich irgendwie nicht mehr im Gaslight: Die Wände sind mit einem Mal durchsichtig und Sie können den Vogel, der draußen herumflattert, direkt durch sie hindurchfliegen sehen. Dann singt er, er werde nach West Texas zurückkehren, und Sie wissen, dass er das nicht tun wird.

Und dann ist er hundert Jahre alt und Sie sind es ebenfalls. »Oh, I wish I was in London, or some other seaport town – I'd put my foot on a steamboat, sail the ocean 'round.« »Londonnnnnnn-ummmmmm«, sagt er, als sei dies kein wirklicher Ort, sondern bloß eine Vorstellung, zu weit entfernt, um zu glauben, dass es diese Stadt tatsächlich gibt. Jetzt sind es nicht mehr die Mauern, die gleich verschwinden werden, es ist der Boden unter Ihren Füßen. Dieser Bob Dylan scheint alle Zeit der Welt zu haben, so wie die Toten. Die haben es nie eilig. Was immer Sie denen zeigen könnten, haben die schon gesehen.

Er klimpert bloß auf den Saiten herum, spielt einen Akkord, der eine Melodie andeutet, die ihn irgendwie nicht zu kümmern scheint, jedenfalls nicht auf der Gitarre – die Stimme schwebt über der Melodie und überlässt es Ihnen, sich die Melodie dazu vorzustellen. Sie wollten es erneut sagen – dieses Geklimper, das kriegt doch jeder hin –, doch Sie sind nicht mehr Sie selbst. Ihre Erinnerungen sind nicht mehr Ihre eigenen. Ihre Erinnerungen sind nun ersetzt worden durch die eines liebeskranken Mannes, der bereits unter der Erde lag, als Ihre Eltern geboren wurden. Dieser Mann reist um die ganze Welt, um vor seinen Erinnerungen an Handsome Molly zu fliehen, wobei ihm bewusst ist, dass ihr Gesicht umso unauslöschlicher wird, je weiter er sich von ihr entfernt. Sie sehen dieses Gesicht vor sich; genau jetzt, in diesem Augenblick, lockt es Sie zu all dem hin, was Sie jemals verloren haben.

Sie verlassen das Gaslight. Dies hier ist keine Folkmusik, jedenfalls keine Folkmusik, wie sie Mark Spoelstra, Tommy Makem, Joan Baez, Pete Seeger oder Martin Carthy machen würden. Dies hier ist keine Geste. Dies ist kein Ausdruck von Respekt. Es lässt sich nicht in die Kategorien Gut und Böse fassen. Sie ahnen, dass Sie den Rest Ihres Lebens damit verbringen werden, diesen Bob Dylan einzuholen. Schließlich wird er irgendwo, irgendwann ins Stolpern geraten.

Bob Dylan, *Live 1961–2000 – Thirty-nine years of Great Concert Performances* (SME, 2001).
—, *Live at the Gaslight 1962* (Columbia Legacy, 2005). Enthält »The Cuckoo«, »Cocaine«, »West Texas« und »Handsome Molly«. Mit Anmerkungen von Sean Wilentz.
—, »No More Auction Block«, auf *the bootleg series volumes 1–3 [rare & unreleased] 1961–1991* (Columbia, 1991).
—, *Second Gaslight Tape* (Wild Wolf Bootleg). Enthält »Ain't No More Cane on the Brazos«.

REAL LIFE ROCK TOP 10
Salon
16. Juli 2001

2) Clarence Ashley: *Greenback Dollar – The Music of Clarence »Tom« Ashley, 1928–1933* (County). Ashley (1895–1967) war einer der größten der sogenannten »old-timey«-Sänger, die im ersten Drittel des zwanzigsten Jahrhunderts so sangen, als sei das neue Jahrhundert ein Trugbild, das bald wieder verschwinden würde, als könnten einen nur solche Songs dauerhaft interessieren, die es schon lange vor der eigenen Geburt gegeben hatte. Er wurde auf den Namen Clarence getauft und nahm unter diesem Namen auch Platten auf, aber jeder kannte ihn nur als Tom; als der Markt für »old-timey«-Musik in den Dreißigerjahren zusammenbrach, verschwand der Schallplattenkünstler Clarence Ashley, doch der Performer Tom Ashley trat weiterhin auf. 1960, bei einem Fiddlertreffen in North Carolina, wurden er, der Gitarrist Clint Howard und der Fiddler Fred Price von dem Folkloristen Ralph Rinzler angesprochen, der von ihnen wissen wollte, ob sie einen gewissen Clarence Ashley kannten, einen Sänger, dessen unergründliche Aufnahmen von »The Coo Coo Bird« (1929) und »House Carpenter« (1930) Harry Smith in seine *Anthology of American Folk Music* aufgenommen hatte. »Clint Howard erinnert sich an diesen Moment«, kann man im Booklet zu *Greenback Dollar* lesen: »Fred und ich kannten Tom seit Urzeiten, doch wir kannten ihn eben nur als Tom. Also sagte ich: ›Nein, den kenne ich nicht. Kennst du einen Clarence Ashley, Tom?‹ Tom wollte schon ›Nein‹ sagen, doch dann besann er sich wieder: ›Mensch, Clarence Ashley, das

bin doch ich!'« Als öffentlicher Künstler begann er ein zweites Leben, doch in musikalischer Hinsicht unterschied sich dieses kein bisschen vom ersten. Schon als junger Mann hatte Ashley den quäkenden, verwirrten Tonfall eines alten Knackers. Er ergötzte sich an den knochentrockenen Mysterien von »Haunted Road Blues« und »Dark Holler Blues«. Doch diese Nummern zählen, so wie »The Coo Coo Bird« und »House Carpenter«, zur E-Musik des »old-timey«-Genres. Auf *Greenback Dollar*, das Aufnahmen von den diversen Stringbands Ashleys sowie seine Soloaufnahmen enthält, sind die U-Musik-Niederungen wesentlich stärker repräsentiert; hier regieren Jux und Tollerei. Ashley trat mit schwarz geschminktem Gesicht in Minstrel- und in Medicineshows auf; man kann das Feixen des als Neger maskierten weißen Entertainers in seinem unglaublich obszönen »My Sweet Farm Girl« hören, wo er es schafft, Cunnilingus und Anilingus in einer einzigen Strophe unterzubringen. In Ashleys detaillierten Versionen der sich auf wahre Verbrechen beziehenden Balladen »Frankie Silvers«, »Old John Hardy« und »Naomi Wise« kann man aber auch die gemeinsame, geheime Kultur des amerikanischen Südens hören. Und in einer extrem gehässigen Interpretation von »Little Sadie« kann man einen Mann hören, der einen Grund gehabt hätte, seinen Namen zu vergessen.

Legends of Old Time Music (Vestapol/Rounder). Eine Videoanthologie, deren Highlight Ashleys Performance von »The Cuckoo« ist – aufgenommen auf der Straße, irgendwann in den frühen 1960er-Jahren. Begleitet von Fred Price, Clint Howard und dem Gitarristen Tex Isley, erklärt Ashley dem Folkloristen D. K. Wilgus, was es bedeutete, in den 1920er-Jahren nach New York zu reisen und für Columbia Plattenaufnahmen zu machen: »Was wussten die Leute, die die Platten produzierten, von dieser Musik?« »Nicht das Geringste«, erwidert Ashley und dann hebt er die Karten ab.

The Other Side of the Mirror – Bob Dylan Live at the Newport Folk Festival, 1963–1965 (Regie: Murray Lerner, Columbia Legacy). Enthält Filmaufnahmen von Bob Dylan, wie er »Only a Pawn in Their Game«, »Blowin' in the Wind« und ähnliche Songs zum Besten gibt (»With God on Our Side« im Duett mit Joan Baez), während der direkt hinter ihm sitzende Ashley seinen Hut zurechtrückt, mit einer unangezündeten Zigarre herumspielt, sein Banjo vom Knie nimmt und es auf den Boden stellt, um es dann wieder auf sein Knie zu heben, also alles Menschenmögliche versucht, um die Contenance zu wahren.

MANCHMAL KLINGT ER VERRÜCKT ...

New York Times
2. September 2001

Bob Dylan: »*Love and Theft*« (Columbia 85975), angekündigtes Erscheinungsdatum: 11. September

Da ist ein alter Mann, der in Ihrem Viertel wohnt und der seine Tage wegsäuft, als wären es Flaschen. Er lebt allein, in einem kleinen Haus, obwohl man auch andere darin verschwinden sieht: »Samantha Brown, lived in my house for about four or five ... months«, verkündet er eines Tages auf der Straße, wobei seine Stimme reißt wie ein Stück Stoff. »I never slept with her eeeeeven once.« Als ob das jemanden interessierte.

Ein merkwürdiger Mensch, nicht nur wegen seiner komischen Art zu nicken, wenn du an ihm vorübergehst, sondern auch wegen des Tonfalls, in dem er spricht, wenn er innehält, um sich die Zeit zu vertreiben – mal flüstert er dir etwas Vertrauliches zu, mal schwingt er eine Rede –, aber irgendwie ist er auch normal. Er nickt, er vertreibt sich die Zeit. Hin und wieder bittet er jemanden zu sich herein, dich und deine Frau oder einen anderen Nachbarn, und führt die Besucher in seinen Salon – der tatsächlich ein Salon ist. Ein paar alte, bequeme Sessel, Regale voller Bücher. Da gibt es ein Klavier mit einer Reihe von Notenblättern, die in der Ablage unter der Klavierbank liegen, manche davon handgeschrieben: seine eigenen Songs.

Nicht alles ist altmodisch. Der 65er-Mustang in der Garage und der 59er-Cadillac draußen am Bordstein scheinen eine Zukunft zu verheißen, die nur noch nicht angebrochen ist. Zusammen mit den geblümten Lampenschirmen und Brücken gibt es einen CD-Player und Hunderte von CDs, bei denen es sich jedoch überwiegend um Blues- und Countryaufnahmen aus den 1920er- und 1930er-Jahren handelt. »Schauen Sie nach, ob Sie was davon hören wollen«, sagt er immer, ohne die Augen von einem zu lassen, während man sich etwas aussucht.

Er ist ein Erklärer. Einer der Songs, den er am Klavier vorträgt, einer seiner eigenen Songs, heißt »Po' Boy«, obwohl die Nummer wie der Folksong »Cocaine« klingt. Mit einer knochentrockenen Verszeile (»Call down to room service, say send up a room«) und einem »Klopf, klopf! Wer ist da?«-Witz erzählt dieser Song eine Geschichte über den verlorenen Sohn. Als er sieht, dass du dir eine CD von Bukka White ausgesucht hast, die dessen Version oder zumindest einen gleichnamigen Song enthält – 1939 aufgenommen, wie der Mann dir erklärt, im Parchman Farm Penitentiary in Mississippi –, da lehnt er sich in seinem Sessel zurück und lässt den Schwall von Gitarrentönen, die diesen »poor boy long way from home« direkt in den Himmel zu befördern scheinen, über sich strömen wie einen Regenschauer. Danach zeigt er dir Ramblin' Thomas' »Poor Boy Blues« von 1929 (»Ein Straßensänger aus Dallas«, sagt er) und dann Chuck Berrys »Promised Land« von 1964, einen Song über die Odyssee, die den »Po' Boy« von dessen Heimatort Norfolk, Virginia, bis nach Los Angeles führt.

Berry schrieb den Song, als er im Bundesgefängnis in Springfield, Missouri, eine Strafe abbrummte, erzählt dir der Mann (»Als er einen Straßenatlas haben wollte, um die Reiseroute richtig hinzubekommen, glaubten sie, er plane eine Flucht!«), doch er kommt gerade erst in Fahrt. »In dem Song geht es eigentlich um die Bürgerrechtsbewegung, verstehen Sie, um die Freedom Riders; er plant die Busroute des Po' Boy so, dass sie nicht durch Rock Hill kommen, in South Carolina, eine Stadt, wo der Ku-Klux-Klan das Sagen hat, und dann bricht der

Bus in Birmingham, Alabama, zusammen, wo der Klan eine Kirche in die Luft gejagt und dabei vier kleine Mädchen getötet hatte, das war 1963, das Ganze ›turned into a struggle‹, verstehen Sie. Aber das können Sie alles in diesem Buch *Deliberate Speed* nachlesen, das ein Professor namens W. T. Lhamon geschrieben hat.« Niemand weiß, wovon er spricht, aber die Story klingt irgendwie romantisch.

Die Songs, die der Mann selbst geschrieben hat, haben angenehme Titel wie »Bye and Bye« oder »Moonlight«. Das unecht wirkende Zahnpastalächeln, mit dem er diese Songs singt und spielt, verrät, wie er sie einmal zu verkaufen versucht hat. Manchmal klingen sie lächerlich sentimental – nicht wie Hoagy Carmichaels »Stardust«, sondern eher wie Jeanette MacDonalds und Nelson Eddys »Indian Love Call« – oder es taucht ein Salon aus dem neunzehnten Jahrhundert vor dir auf und du glaubst, die alten, sentimentalen Lieder zu hören, die von Heimat und Brautwerbung handeln, von Familie, Tod und Erneuerung, doch die Songs des Mannes wirken irgendwie schräg. Sie sind nicht so glatt wie die veröffentlichten Nummern, die ihnen in der Ablage unter der Klavierbank Gesellschaft leisten – aber man merkt, dass sie genau so sind, wie sie sein sollen. Sie enden häufig mit einer säuerlichen Note, mit einem Stich, ja sogar mit einer Gewalt, wie sie in Salons nicht geduldet wurde.

Der Mann unternimmt mitternächtliche Spaziergänge, streift durch die Straßen, bis an den Stadtrand sogar, wobei er vor sich hin murmelt und über all die Dinge schimpft, die er hasst, über all die Dinge, die er zerstören möchte. Oder er predigt. Oder er erzählt schmutzige Geschichten, wild gestikulierend, mit flatternden Haaren. Eines Nachts hörte man ihn über eine Frau schwadronieren, so schien es, doch dann verwandelte er sich ebenso schnell in einen General auf einem Pferd wie sich das Pferd in eine Kanzel verwandelte und der General in einen Propheten. »I'm going to spare the defeated, I'm going to speak to the crowd«, sagte er, wer immer er sein mochte. »I'm going to teach peace to the conquered, I'm going to *tame* the proud.«

Manchmal klingt er verrückt, doch gleichzeitig kann er auch verführerisch klingen, vor allem in seiner offensichtlichen Verachtung für alle, die der Mann am liebsten tot sähe, unter der Erde, für immer aus dieser Welt verbannt. Man registriert etwas Seltsames und Glamouröses in seiner Stimme: So, wie du dich möglicherweise fühlen würdest, hättest du den Mut, auf diese Weise zu reden. Und es kann direkt in seinem Haus geschehen. Plötzlich spricht er mit einer solchen Eindringlichkeit, dass du seine Tiraden als Songs hörst und dir eine Band hinter ihnen vorstellst. Er beginnt, laut zu sprechen, voller Wut, klimpert irgendwelche Bluesriffs auf dem Klavier, um dann mit aller Kraft in die Tasten zu hauen, bevor er sich zu dir umdreht und dir erklärt, wie viel Spaß er gehabt habe und wie viel Spaß er möglicherweise – und hier klingt er unheimlich, bedrohlich – noch haben werde. »You say my eyes are pretty and my smile is nice«, sagt er, obwohl du kein Wort von dir gegeben hast. »I sell it to you at a reduced price.«

Einmal erzählte er eine Geschichte über eine Überschwemmung, dann begann er zu singen, ohne sich dabei auf dem Klavier zu begleiten. »Sie müssen sich dazu ein Banjo vorstellen«, hatte er gesagt. Was dann folgte, war eher mystisch als real. Es war die große Mississippi-Überschwemmung des Jahres 1927, es war Noahs Sintflut, es war Iowa im vergangenen Frühjahr, es war das gesamte letzte Jahrhundert als ein einziger riesiger Fehler, ein ganzes Jahrhundert, das nach seiner Säuberung schrie, das darum bat, fortgespült zu werden, bevor es zu spät war. »He made it to Kansas City«, sagt er über jemanden namens Big Joe Turner. In seinem Mund schienen diese Worte aber auch andere einzubeziehen, die den Kontinent durchquerten: Davy Crockett, Jesse James, John Henry, Stagger Lee, Railroad Bill. Im Innern der Geschichte spielt er mit alten Songs, etwa mit der Appalachenballade »The Coo Coo«, wobei er deren unverfängliche Texte gründlich umkrempelt oder deren versteckte Boshaftigkeit ans Tageslicht holt.

»The coo coo, she's a pretty bird, she warbles as she flies«, sagt er voller Vergnügen, um sich unmittelbar darauf in den von Robert

Mitchum gespielten Prediger in *The Night of the Hunter*[52] zu verwandeln, wobei er noch immer lächelt: »I'm preaching the Word of God, I'm putting out your eyes.« Anschließend setzt er sich wieder ans Klavier und singt davon, dass er hoffe, seine Liebste werde sich mit ihm im Mondschein treffen. Dann fällt er in Ohnmacht und alle gehen nach Hause.

Die Geschichten, die die Leute von ihren Abenden im Haus des Mannes erzählen, sind längst zur lokalen Legende geworden. Doch am stärksten sticht das daraus hervor, was die Leute »Sugar Baby« nennen werden: die Nachricht, die der Mann auf seinem Anrufbeantworter hinterlässt, wenn er die Stadt verlässt. Bedenkt man, was die Leute zuvor gehört haben, so kann man sich vorstellen, dass sie beim Anhören dieser Nachricht deren langsame, bedächtige Worte in einen Gesang überführen und den Gesang in eine elegante Orchestrierung aus langsamen, bedächtigen Akkorden – in etwas, das ihnen auch noch Jahre später im Kopf herumgeistern wird. »Sugar Baby« werden sie dann noch immer zueinander sagen, vermutlich auch dann noch, wenn der Mann längst gestorben ist. Es wird zu einer Art Redewendung mit der Bedeutung »So ist das Leben nun mal« oder »Daran lässt sich nichts ändern«.

Manche Leute werden sich daran erinnern, wie der Mann ein Album eines Burschen namens Dock Boggs hervorzuholen pflegte, eines starr dreinblickenden Sängers aus den Bergen Virginias, der, wie der Mann erklärte, seine ersten Plattenaufnahmen im Jahre 1927 gemacht hatte; und dann spielte er immer einen Song namens »Sugar Baby« ab. Das war echt harter Stoff, das Psychogramm eines potenziellen Mörders. »Sugar Baby« – so nannte Boggs seine Liebste und man war sich nicht sicher, ob die Frau den Song überleben würde. In der Nachricht, die der Mann auf seinem Anrufbeantworter hinterlässt, scheint »Sugar Baby« – die Worte, die jeden Refrain einleiten – der Name eines Pfer-

---

52 *Die Nacht des Jägers* (Regie: Charles Laughton, USA 1955).

des zu sein. Das Gefühl – der Eindruck eines Lebens, das aufgebraucht ist, vergeudet, wie jedes Leben schließlich vergeudet ist, der Eindruck, dass man die Erde verlässt, als habe es das Leben, das man gelebt hat, nie gegeben – ist jedoch das gleiche. Das Gefühl besagt, man habe alle Zeit der Welt, um Bilanz zu ziehen, wenn auch nur in dem Hauptbuch, das man in seinem Herzen aufbewahrt, um noch ausstehende Rechnungen zu begleichen, um Witze zu erzählen, von denen man beinahe hofft, dass sie niemand kapieren wird. »I'm staying with Aunt Sally«, sagt der Mann auf dem Anrufbeantworter, »but you know, she's not really my aunt.« Du musst lachen und dann zieht dich etwas in seinem Tonfall in die Leere hinab, aus der er zu dir spricht. Wie in seinem Salon hat er dich dazu gebracht, dass du dich in seinem Exil wohlfühlst.

Das ist bloß eine Geschichte. Doch »*Love and Theft*«, Bob Dylans erstes Album mit eigenen Songs seit vier Jahren, ist ein Album voller Geschichten, von denen manche zu Ende erzählt werden, während die bemerkenswertesten lediglich angedeutet werden. Für »High Water (For Charley Patton)« gilt beides.

Der wahrscheinlich 1891 geborene Patton, einer der Begründer des Mississippi Delta Blues, machte Plattenaufnahmen von 1929 bis zu seinem Tod im Jahre 1934. »Seine Vokale waren lang ausgewalzt, von innen aufgepumpt; sie dehnten sich fast bis zur Unkenntlichkeit aus«, schrieb Tom Piazza kürzlich, um zu charakterisieren, wie schwer es sein kann, sich Patton anzuhören – doch in der provozierenden Verschwommenheit seines Gesangs, schrieb Piazza, »öffnete er für sich ein Fenster in der Zeit«. Und es ist dieses Fenster, durch das Dylan hindurchspaziert wie durch eine Tür. Obwohl man Transkriptionen des Textes von Pattons 1929 erschienenem »High Water Everywhere« finden kann, könnte Pattons Gesang kaum tiefer unter Wasser begraben sein: »Ich bin fest davon überzeugt, und zwar schon seit Jahren«, sagt jemand, der den alten, historischen Blues kennt wie niemand sonst, »dass Charlie Patton bei ›High Water‹ kein Englisch singt.« Verglichen mit dem Schutt in Pattons Stimme klingt das Geröll in Dylans Stimme möglicherweise so glatt wie Glas, doch die Undurchdringlichkeit von Pattons Song gibt es auch in dem von Dylan: in Rätseln und Parabeln.

In Dylans »High Water (For Charley Patton)« breitet sich die Überschwemmung Strophe für Strophe weiter aus, nimmt und zerstört mehr und mehr Leben, macht jedem klar, dass die Freiheiten unter der Verfassung nichts sind, verglichen mit dem, was Gott in dieser Nacht von einem verlangt. »You're dancing with whom they tell you to«, lässt Dylan eine gewisse Bertha Mason sagen, »or you don't dance at all.«

»It's bad out there«, endet eine Strophe. »It's tough out there.« »Things are breaking up out there.« Doch dann erhebt sich mitten aus der Katastrophe eine Fabel, als schaffe sie sich ihren eigenen Raum in diesem Mahlstrom. »Well«, sagt Dylan, »George Lewes told the Englishman, the Italian and the Jew« (die gerade in eine Bar hineinspaziert sind):

»›You can't open your mind, boys
To every conceivable point of view‹
They got Charles Darwin trapped out there on Highway 5
Judge says to the High Sheriff, »I want him dead or alive
Either one, I don't … care‹«

Diese Geschichte löst sich genau in dem Moment in einem Rätsel auf, als sie klar zu sein scheint – und sie wird sich genauso lange behaupten wie jede der Geschichten auf Dylans klassischem Album *Highway 61 Revisited* von 1965; diese hier könnte eine Strophe daraus sein. Doch das Herzstück von *»Love and Theft«* – das Fenster, das Dylans neue Musik in der Zeit öffnet – ist dieses abschließende »care«, das hinten von seiner Zeile herabfällt wie ein menschlicher Körper, der aus einem Fenster stürzt, mit dem gleichen dumpfen Aufschlag. Eine ganze Welt der Zurückweisung, des Nichts, des Humors, wie er Menschen zu eigen ist, die tot in der Gegend herumlaufen, weil der Friedhof voll ist –

eine ganze Lebenseinstellung und eine ganze Art, über das Leben zu sprechen, tut sich in diesem einen Wort auf, in der Art und Weise, wie es weggeworfen wird, und was es damit wegwirft. Wie Raymond Chandler seinen Privatdetektiv Philip Marlowe 1953 in *The Long Goodbye* mit der gleichen Stimme sagen ließ: »Es hängt alles davon ab, wo man steht und welches persönliche Interesse man hat. Ich hatte keins. Es kümmerte mich nicht.« Dann machte sich Marlowe auf den Weg und löste den Fall.

REAL LIFE ROCK TOP 10
Salon
4. September 2001

1) Große Momente des Pop (aus der Abteilung »Zu schön, um wahr zu sein«): Valerie Mass, »People«-Kolumne (*Denver Post*, 6. August). »In einem Interview mit dem Londoner *Mirror* nahm Elton John kein Blatt vor den Mund, als er über sein früheres alkoholgetränktes, drogenumnebeltes Leben sprach ... John erzählte, Bob Dylan und George Harrison seien einmal auf einer von ihm veranstalteten Party in Los Angeles aufgetaucht, aber er sei nicht in der Lage gewesen, ein vernünftiges Gespräch mit den beiden zu führen. ›Ich hatte schon etliche Martini intus und Gott weiß wie viel Kokain. Also plapperte ich wild drauflos und schlug vor, Dylan solle mit mir nach oben gehen und meine Klamotten anprobieren ...‹«

2) Bob Dylan: »Summer Days«, von »*Love and Theft*« (Columbia). Apropos neue Klamotten anprobieren – vor vier Jahren kartografierte Dylans viel gepriesenes Album *Time Out of Mind* ein Land von verlassenen Straßen und verwaisten Städten, und nichts von dem, was hier passiert, hätte dort passieren können. »Waaaal« – in diesem Song wird »Well« immer als »Waaaal« artikuliert und »Yes« immer als »Yaaaaaaasss«, die pure Minstreldiktion, wie es sich für ein Album geziemt, das offenbar nach Eric Lotts 1993 publizierter Studie *Love and Theft: Blackface Minstrelsy and the American Working Class* benannt worden ist –, »Waaaal, I'm standing on a table, I'm proposing a toast to the

King«, schreit der Sänger aus dem Innern eines am Highway gelegenen Nachtlokals, wo eine Western-Swing-Band einen Jitterbugbeat hinlegt, als schwinge sie ein Lasso. Auf der Tanzfläche wirbeln Frauen durch die Luft und die Körper der Paare klatschen aneinander wie Handtücher in einer Umkleidekabine. Der Sänger tänzelt quer durch den Raum, in einem Anzug von Nudie und mit einem Stetson auf dem Kopf. Bedarf es noch eines weiteren Beweises dafür, dass in dieser Nacht nichts schiefgehen kann? »Why don't you break my heart one more time«, sagt er glücklich und zufrieden zu der Frau an seiner Seite, »just for good luck?« Das letzte Wort dehnt er aus, als könne er es nicht ertragen, sich von ihm zu verabschieden.

HIGH WATER EVERYWHERE[53]
Rolling Stone
25. Oktober 2001

»Wo ist das Gebäude? Ist es eingestürzt? Wo ist es?«
Joe Disordo, der aus dem World Trade Center 2 entkommen konnte, zum Einsturz des World Trade Center.

Sie schauten hinunter und sahen die letzten Erschütterungen: Die Lichter der Autos zuckten durch die Straßen, wie Tiere, die in einem Labyrinth gefangen sind und erregt einen Ausgang suchen, die Brücken waren mit Autos verstopft, die Zufahrten Adern aus ineinanderfließenden Scheinwerfern, funkelnde Engpässe, in denen sich nichts mehr bewegte, und schwach drang das verzweifelte Sirenengeheul bis hinauf zum Flugzeug …
  Das Flugzeug befand sich über den Spitzen der Wolkenkratzer, als die Stadt plötzlich und abrupt wie in einem Beben verschwand, so als hätte sich die Erde geöffnet, um sie zu verschlingen. Es dauerte eine Weile, bis sie merkten, dass die Panik die Kraftwerke erreicht hatte – und dass die Lichter von New York ausgegangen waren.
Ayn Rand, *Atlas Shrugged*, 1957

---

[53] Deutsche Erstveröffentlichung unter dem Titel »Im Darkroom des Bewußtseins – Eine Bohrung in die Tiefen der amerikanischen Seele«, in: *Frankfurter Allgemeine Sonntagszeitung*, 11. November 2001, S. 23 (Übersetzung: Matthias Fienbork).

Es war ein idealer Tag, als ich den Bombenanschlag auf das Pentagon verübte. Der Himmel war blau, die Vögel sangen. Und die Schweine würden endlich bekommen, was sie verdient hatten.

Ich sage ›ich‹, obwohl den Bombenanschlag nicht ich verübt habe – wir waren es, in dem Sinn, dass die Organisation ihn geplant und die Verantwortung dafür übernommen hat – aber es ist mir immer schwergefallen, das so aufzuschreiben, und ich dachte, wenn ich es mutig ausspreche – ›Ich habe den Anschlag auf das Pentagon verübt‹ – würde es mich befreien.

Diese Darstellung ist zwangsläufig unvollständig. Manches kann nicht im Einzelnen geschildert werden. Einige Freunde und Genossen sitzen seit Jahrzehnten im Gefängnis, andere wurden monatelang eingesperrt, weil sie sich weigerten, vor Gericht auszusagen oder Schriftproben zu liefern. Für die Beteiligten war das mit konkreten Folgen verbunden, auch das gehört zu dieser Geschichte. Aber der Staat war im Unrecht, und wir waren im Recht. Wir reden nicht, wir sagen nichts. Wir legen keine Geständnisse ab.

Bill Ayers, *Fugitive Days*, 2001

»Die terroristischen Anschläge waren furchtbare Gräueltaten. Vom Ausmaß her reichen sie wohl nicht an viele andere heran – etwa an die 1998 von Clinton angeordneten Bombenangriffe auf den Sudan, bei denen die Hälfte der pharmazeutischen Vorräte vernichtet und eine unbekannte Anzahl von Menschen getötet wurde.«

Noam Chomsky, 13. September 2001

»Seit der Besetzung der US-Botschaft in Teheran 1979 hat sich die (amerikanische) Öffentlichkeit im Laufe der Jahre halbwegs an die Vorstellung gewöhnt, dass es im Nahen Osten Leute gibt, die Amerika nicht gewogen sind ... Solange unter den Trümmern noch das klägliche Piepsen von Handys zu hören ist, wird die Frage, ob die Vereinigten Staaten irgendetwas getan haben könnten, was einen so furchtbaren

Hass hervorruft, den meisten Menschen wohl als unanständig erscheinen. Dies überhaupt zu denken ist vorerst tabu.«
Christopher Hitchens, *Guardian*, 13. September

»Was wir am Dienstag sahen, so schrecklich es auch ist, könnte eine Kleinigkeit sein, wenn Gott tatsächlich weiterhin den Vorhang hebt und es zulässt, dass die Feinde Amerikas uns geben, was wir vermutlich verdient haben … Die Abtreibungsbefürworter tragen hier eine gewisse Verantwortung, weil Gott nicht mit sich spaßen lässt. Und wenn wir 40 Millionen kleine unschuldige Babys töten, ist Gott wütend. Ich glaube wirklich, dass die Gottlosen, die Abtreibungsbefürworter und die Feministinnen, die Schwulen und Lesben, die ihren Lebensstil eifrig als Alternative anpreisen, die Bürgerrechtler, die People for the American Way – auf all diese Leute, die Amerika säkularisieren wollen, zeige ich mit dem Finger und sage: Ihr habt mit dazu beigetragen, dass dies passieren konnte.«
The Reverend Jerry Falwell, »The 700 Club«, 13. September

»Die Verantwortung für Gewalttaten liegt bei denen, die sie verüben.«
Salman Rushdie, »In Good Faith«, 1990

»Das Wasser stieg, bis in mein Bett – Gott, das Wasser wogte heran, bis an mein Bett. Ich dachte, ich mach eine Reise, Gott, tagelang, während ich schlief.«
Charley Patton, »High Water Everywere«, 1929

»Zum ersten Mal, außer während des Bürgerkriegs und des Weltkriegs, hatten die Leute in Amerika Angst, auszusprechen, was ihnen auf der Zunge lag. Auf den Straßen, im Zug, im Theater blickten sich die Menschen um, bevor sie es wagten, zu sagen, dass beispielsweise im Westen eine Dürre herrschte, denn jemand konnte ja glauben, sie würden den Präsidenten für die Dürre verantwortlich machen! … Jeder Mensch

empfand jederzeit namenlose und allgegenwärtige Furcht. Jeder war so nervös wie Leute in einem Seuchenbezirk. Bei jedem plötzlichen Geräusch, bei unerwarteten Schritten, bei jedem Briefumschlag mit einer unbekannten Schrift erschraken die Leute; und monatelang fühlten sie sich so unsicher, dass sie nicht loslassen, nicht richtig schlafen konnten. Und je ängstlicher sie wurden, desto mehr verloren sie ihren Stolz.«
Sinclair Lewis, *It Can't Happen Here*, 1935

»High water rising, rising night and day / All the gold and silver being stolen away / Big Joe Turner looking east and west from the dark room of his mind / He made it to Kansas City, 12th Street and Vine / Nothing standing there.«
Bob Dylan, »High Water (For Charley Patton)«, 2001

»Das Schiff? Großer Gott, wo ist das Schiff?«
Herman Melville, *Moby Dick*, 1851

TEIL SIEBEN
FINDE EIN GRAB
2001–2004

REAL LIFE ROCK TOP 10
Salon
26. November 2001

3) findagrave.com. Es war Connie Nisinger, eine Highschoolbibliothekarin aus dem Mittleren Western, die der Ansicht war, dass dieser interessanten Website noch ein Bild von der letzten Ruhestätte Billy Lyons' fehlte, jenes Mannes, der am ersten Weihnachtsfeiertag 1895 in St. Louis erschossen und dessen Leichnam seitdem durch unzählige Versionen von »Stag-o-lee«, »Stacker Lee«, »Stack A Lee« und »Stagger Lee« geschleift wurde. Klicken Sie »Search by name« an, tippen Sie »William Lyons« ein und Sie können sich Lyons' Grab auf dem St. Peter's Cemetery in St. Louis, Sektor 5, Grabstelle 289, anschauen. Die Website erlaubt es Ihnen, »Blumen und eine Notiz für diese Person zu hinterlassen«: Wenn Sie weiterklicken, können Sie stattdessen auch eine Zigarre oder ein Bier hinterlassen. Zu den eingeblendeten Werbebalken gehört »Contact Your High School Classmates«. Um deren Gräber zu finden?

Salon
10. Dezember 2001

10) Cameron Crowe: Regisseur, *Vanilla Sky* (DreamWorks/Paramount). Charles Taylor schreibt mir: »In *Vanilla Sky* stellen die Cruizesuzs, Tom und Penelope, das Cover von *The Freewheelin' Bob Dylan* nach. Gott steh uns bei!«

REDEN IST SILBER ...
Interview
Februar 2002

»Ich glaube nicht, dass sie es ertragen konnte, nicht mehr in den Schlagzeilen aufzutauchen«, sagte eine Professorin zwei Wochen nach Susan Sontags landesweit Aufsehen erregendem, im *New Yorker* veröffentlichten Kommentar zu den Massenmorden vom 11. September, wo sie diese als »eine Folge bestimmter amerikanischer Allianzen und Aktivitäten« bezeichnete – offenbar hielt sie es nicht für nötig, diese konkret zu benennen. Die eingangs zitierte Frau hatte Auschwitz überlebt und nach dem Krieg als Dissidentin drei Jahrzehnte in einem stalinistischen Regime zugebracht – mit zweiundsiebzig war ihr jegliche Dummheit ein Gräuel. Doch Sontag unterschied sich nicht von vielen anderen, von Romanautoren bis zu Journalisten, von Kolumnisten bis zu Philosophen, die sich nach jenem Tag zu Wort meldeten, um zu bestreiten, dass etwas geschehen sei, das uns dazu veranlassen sollte, die Welt mit völlig neuen Augen zu sehen. Ihre Einstellung hatte sich nicht um ein Jota verändert. Fast jedes Argument sollte dem Sprecher dazu gratulieren, dass er oder sie das Ereignis gewissermaßen schon hatte kommen sehen, bevor es überhaupt stattgefunden hatte. Die Sprecher hätten dasselbe sagen können, was Präsident Eisenhower einmal von sich gegeben hatte: »Die Dinge sind heute mehr als jemals zuvor wie sie sind.«

Künstler arbeiten vielleicht mehr im Dunkeln als die Angehörigen anderer Berufsgruppen – und ohne Künstler würde die Gesellschaft blind in die Zukunft tappen. »Ich akzeptiere das Chaos. Ich bin mir nicht sicher, ob es mich akzeptiert«, formulierte Bob Dylan es einmal – die besten Künstler vertrauen auf diesen Instinkt. Besonders in einer Zeit des Chaos – in der so viele darauf beharren, dass das, was man womöglich als Chaos empfindet, noch immer Ordnung sei – können Künstler jene Wildnis der Ungewissheit und des Zweifels erkunden und kartografieren, die die normale politische Sprache zu leugnen versucht. Anstatt zu kalkulieren, was den größten Nutzen bringen oder was den meisten Leuten gefallen werde, können Künstler auf ihre blinden Wetten vertrauen, ohne irgendwelche Folgen bedenken zu müssen. Dies bedeutet nicht, dass Kunst keine Folgen hat; es bedeutet, dass die besten Künstler die Tatsache akzeptieren, dass sie keine Kontrolle über die möglichen Folgen ihres Tuns haben. Doch die Sprache der Künstler – die Sprache, die ihre Werke sprechen – kann genauso dürftig sein wie die Sprache aller anderen.

Die am 11. September zum World Trade Center gerufenen Feuerwehrmänner und Polizisten – die, die überlebt haben, und die, die ums Leben gekommen sind – werden von vielen Menschen als Helden angesehen und dies hängt, wie ich finde, unter anderem damit zusammen, dass sie den Mund hielten, als sie ihre Stadt und ihre Mitbürger zu retten versuchten. Sie hatten weder die Zeit noch das Bedürfnis, zu rechtfertigen, zu entschuldigen oder zu erklären. Vielleicht sollten Sänger und Musiker, also Leute, die sich, so wie Politiker, im Rampenlicht der Öffentlichkeit artikulieren, etwas von den Feuerwehrmännern und Polizisten lernen, von Menschen, deren außerordentliches, aber zugleich alltägliches Heldentum dafür gesorgt haben dürfte, dass der Begriff Held in Zukunft nicht mehr so inflationär verwendet wird wie bisher.

Was Sänger und Musiker womöglich lernen sollten, ist dies: Wenn man nichts zu sagen hat, so ist man, als öffentliche Person, nicht dazu verpflichtet, etwas zu sagen. »Er machte unmissverständlich klar, dass sich der Song mit der Situation nach dem 11. September befasste«, erzählte mir James Sullivan, der Kritiker des *San Francisco Chronicle*, über Rufus Wainwrights Vorstellung seines Songs »Eleven Eleven« bei einem Konzert im vergangenen November. »Die ersten Zeilen lauteten ›Woke up this morning, it was 11:11‹ oder ›… the clock said 11:11‹ – ich erinnere mich noch genau, dass ich dachte: ›Oh-oh. Der berüchtigte Tagebucheintrag! Ich mag Rufus, ehrlich, doch diese Nummer wirkte auf mich wie eine Pflichtübung, die er als Songwriter irgendwie absolvieren musste.« Bei »America: A Tribute to Heroes«, dem ernsten 9/11-Benefizkonzert im September, präsentierte Bruce Springsteen seinen Song »My City of Ruins« – und dessen Refrain, »Come on, rise up! Come on, rise up!« hätte man am liebsten beantwortet mit: »Halt die Klappe, verdammt noch mal! Lass mir Zeit zu trauern! Lass mir Zeit zu hassen!«. Musste dieser Song, den er zwei Jahre zuvor für die Einwohner von Asbury Park, New Jersey, geschrieben hatte, tatsächlich in diesem völlig anderen Kontext gesungen werden? Wäre es nicht viel eindrucksvoller gewesen, viel schockierender, wenn ein so wortgewandter und ehrlicher Künstler wie Springsteen ans Mikrofon geschritten wäre und erklärt hätte, dass er vorläufig nichts zu sagen habe? Hätte er auf diese Weise nicht demonstrieren können, dass die Terroranschläge vom 11. September nicht die »Dosis Realität« waren, von der Susan Sontag sprach, sondern ein brutaler Riss in der Realität?

»Let us not talk falsely now«, sang Dylan in »All Along the Watchtower«, drei Jahre nach seinem Kommentar zum Chaos, mitten im Vietnamkrieg, kurz vor den Attentaten auf Martin Luther King und Robert Kennedy. Nicht falsch reden. Wie tut man das? In einer öffentlichen Krise, in der die eigene Gemeinschaft, noch mehr als man selbst, mit einer tödlichen Gefahr konfrontiert ist, von innen oder von außen, könnte es so sein, dass ein Bürger, und besonders ein Bürger, der gleichzeitig ein Künstler ist, ein falsches Reden vermeidet, indem er wirklich nur das Beste sagt, was er oder sie zu sagen hat. Und das bedeutet mitunter: gar nichts.

REAL LIFE ROCK TOP 10
Salon
25. Februar 2002

4/5) Dave Van Ronk: *The Folkways Years, 1959–1961* (Smithsonian Folkways) und *No Dirty Names* (Verve Folkways, 1966). Als er am 10. Februar im Alter von fünfundsechzig Jahren starb, hinterließ Van Ronk einen Born von Generosität und Zuneigung. Viele, vielleicht sogar die meisten, die sich in den 1960er-Jahren im Folkmilieu von Greenwich Village einen Namen machten, lernten die Klassiker von ihm – »In the Pines«, »Careless Love«, »Spike Driver's Moan«, »Betty and Dupree« –, doch wie *The Folkways Years* verdeutlicht, war es nicht sein Talent, die alten Songs wieder zum Leben zu erwecken, das Van Ronk von anderen Folksängern der damaligen Zeit abhob. Nur selten, wie bei dem erschütternden »Zen Koans Gonna Rise Again« von *No Dirty Names*, einer seiner wenigen Eigenkompositionen, sang er etwas, das jemand anders nicht besser gesungen hätte – der sarkastische Titel des Songs löst sich augenblicklich in einem von Selbsthass erfüllten Gesang auf, wenn der »Bürgermeister der MacDougal Street« aus seiner engen Durchgangszimmerwohnung nach unten auf die Junkies blickt, wie sie in den Hauseingängen Freier für ihre Frauen zu ködern versuchen. Van Ronk war anders, weil er das war, was so viele Leute gern wären, hätten sie die Zeit dazu: ein Mann, dessen Leben eine Geste des Willkommens war, ein Geschichtenerzähler, bei dessen Geschichten sich seine Zuhörer vorstellen konnten, selbst darin vorzukommen, während sie sich gleichzeitig in der Wärme von Van Ronks Gegenwart zurücklehnen und ihren eigenen Abenteuern lauschen konnten.

HOW GOOD CAN IT GET?
Interview
November 2002

»How Good It Can Get« ist eine der technisch perfekten Nummern, wie man sie von den Wallflowers gewohnt ist – und ein Schlüssel dazu, warum ihr neues Album, *Red Letter Days*, ein Durchbruch durch die Mauer aus Zurückhaltung und handwerklichem Können ist, hinter der die Gruppe bislang immer gespielt hat.

Seitdem die Band vor zehn Jahren, als Bandleader Jakob Dylan zweiundzwanzig war, mit *The Wallflowers* ihr Debüt gab, ist ihre Musik mit einer Unbeschwertheit durchs Radio gerollt, die Jakobs Vater immer gefehlt hat. Die aus dem 1996 erschienenen Hitalbum *Bringing Down the Horse* ausgekoppelte Single »One Headlight« dominierte das Radio 1997 in einem solchen Ausmaß, dass manche Leute meinten, Bob Dylan würde sein steinig-kieseliges Comebackalbum *Time Out of Mind* erst dann herausbringen, wenn sein Sohn dafür den Platz geräumt hätte.

Auf »How Good It Can Get« unterweist der Sänger eine Frau in Sachen Sex. »We'll make a lover / Out of you yet«, verspricht er ihr mit einer schier unglaublichen Herablassung – wobei im Hintergrund, wenn der Song seinen Fortgang nimmt, die Frage *Und wer verbirgt sich hinter diesem »Wir«?* herumgeistert. *Red Letter Days* hat bereits begonnen, mit der Das-Leben-ist-toll-Hymne »When You're on Top« – eine Nummer, die im Radio nicht wie eine Single klingt, sondern eher wie ein Werbespot (Musik, die auf eine dermaßen seichte Weise enthusiastisch ist, kann buchstäblich alles verkaufen), und es wird ausklingen mit »Here in Pleasantville« (die Enthüllung, dass in einem Ort namens Pleasantville nicht alles angenehm ist, dürfte wohl niemanden überraschen). In »How Good It Can Get« entsteht jedoch eine gewisse Dynamik und man fragt sich womöglich, warum der Musiker in Jakob Dylan sich bislang noch nie die Frage gestellt zu haben scheint, die in der Formulierung »How Good It Can Get« allenfalls notdürftig versteckt ist.

Die Frage, wie gut es werden kann, beantwortet er nun auf *Red Letter Days* – und das muss man gehört haben! Die Gewalt von »Everybody Out of the Water«, die hämmernden Refrains von »Too Late to Quit«, der sich steigernde Groove von »See You When I Get There«, der bedrohliche, an vor deinem Gesicht herumfuchtelnde Fäuste erinnernde Lärm von »Everything I Need«, die Kollisionen zwischen Prahlereien und Zweifeln in »Feels Like Summer Again« – etwas scheinbar so Unbedeutendes wie die Bereitwilligkeit, die Wendung »makes me sick« in eine Melodie einzustreuen, die niemandem etwas Böses zu wollen scheint –, all dies zeugt von einer Bereitschaft, zur anderen Seite durchzubrechen und zu schauen, was man von dort zurückschicken kann, wenn man es geschafft hat.

»Everybody Out of the Water« (das ursprünglich »New Frontier« hieß) ist zum Teil Fernsehen im letzten September, als man die Trümmer am New Yorker Ground Zero betrachtete und zu begreifen versuchte, was man da sah. Zum Teil ist es »London Calling« – so wie es 1979 auf dem gleichnamigen Album von The Clash erschienen ist, nicht wie im diesjährigen gruseligen Werbespot für Jaguar (von der Werbetussi »Dzz-schäg-ju-aah« ausgesprochen). Zum Teil ist es eine Antwortplatte auf Bob Dylans »Crash on the Levee (Down in the Flood)« von 1967 oder auf sein »High Water (For Charley Patton)« von 2001 – das eine Antwortplatte auf Pattons »High Water Everywhere« von 1929 war, welches wiederum eine Antwortplatte auf die Mississippi-Überschwemmung von 1927 war. Das Versprechen der Präsidentschaft John F. Kennedys – die sogenannte New Frontier, die, wie böse Zungen behauptet haben, nach dem Hotel benannt worden war, in dem Elvis Presley 1956 sein Debüt in Las Vegas gegeben hatte – schwebt über der Musik als die Summe aller gebrochenen Versprechen oder als das, was zurückbleibt, wenn das Hochwasser schließlich zurückgeht. Der Song gewährt kein Pardon, er lässt nur nach, um den Wolken die Gelegenheit zu geben, sich wieder zusammenzubrauen, um den erneuten Aufstieg des Rhythmus auf den Berggipfel des Songs noch aufregender zu machen, als er es beim letzten Mal war. »On your mark / Get set, let's go«, lautet die erste Zeile. Auf die Plätze, fertig, los! Kann die Musik mit ihrem Thema Schritt halten oder dieses sogar überholen?

»Everybody out of the water!«, schreit Jakob Dylan wieder und wieder. Als er gleich zu Anfang sagt: »The city's been leveled«, glaubt man ihm irgendwie nicht – noch nicht. Doch das Gitarrenthema, das sich eng um einen Punkt herumschlängelt, um den der Song aus einer ständig schrumpfenden Entfernung kreist, überzeugt dich davon, dass das Ganze ernst gemeint ist. Die Zeilen »This is the New Frontier / Everybody out of the water« wirken mit einem Mal beängstigend.

Und dann macht Dylan Sachen, die man nie und nimmer von ihm erwartet hätte. Das Wort »shit« tut weh. Das Wort »sucks« stellt eine Leere dar – die Art und Weise, wie er das Wort artikuliert, ist amerikanisches Englisch in Reinkultur, eine uneingeschränkte Ablehnung jeglicher Autorität, insbesondere der Autorität von Leuten, die sagen, alles werde gut ausgehen.

Letzteres ist die Botschaft, die Dylans Musik in der Vergangenheit vermittelt hat. Nun hat er ein Loch gegraben, das tief genug ist, um darin seine früheren Hits zu begraben – und wenn auf *Red Letter Days* angedeutet wird, die Dinge könnten tatsächlich eine positive Entwicklung nehmen, so kann man glauben, dass das nicht einfach so dahingesagt ist, dennoch dürfte es sich nicht so gut anfühlen wie die Behauptung, dass alles zum Teufel gegangen ist.

Wallflowers, *Red Letter Days* (Interscope, 2002).

REAL LIFE ROCK TOP 10
Salon
4. November 2002

10) Bob Dylan: »Train of Love«, von *Kindred Spirits: A Tribute to the Songs of Johnny Cash* (Lucky Dog). Sind Tribute-Alben nicht schrecklich? Dylan leistet fast nie gute Arbeit auf ihnen, doch hier, umgeben von Dwight Yoakam, Steve Earle (es ist gegen das Gesetz, ein Tribute-Album ohne ihn zu machen), Travis Tritt, Keb' Mo', dem unsäglichen Hank Williams Jr., Bruce Springsteen, Mary Chapin Carpenter, Sheryl Crow, Emmylou Harris und Rosanne Cash, haut er einen wirklich vom Hocker, allerdings erst, nachdem er kurz innegehalten hat, um ein Lebewohl zu winken: »Ich habe diesen Song bereits gesungen, bevor ich damit begann, selbst Songs zu schreiben«, sagt Dylan vor »Train of Love«. »Ich möchte mich bei Ihnen auch dafür bedanken, dass Sie damals für mich eingetreten sind.« Damals, auf der Bühne, beim Newport Folk Festival von 1965, wo, wie die aktuelle revisionistische Sichtweise besagt, im Grunde nichts passiert ist.

Salon
9. Dezember 2002

Sonderausgabe: Bob Dylan im Madison Square Garden!

1) Bühnenansage (MSG, 11. November). Seit Jahren ist jedes Dylan-Konzert von derselben Stimme mit denselben Worten eröffnet worden:

»Ladies and Gentlemen, bitte begrüßen Sie den Columbia-Schallplattenkünstler ... BOBDYLAN!« – der Name wird stets zu einem einzigen Wort zusammengezogen. Doch am 9. August erschien in den *Buffalo News*, im Vorfeld eines Konzerts in Hamburg, N.Y., ein Rückblick auf Dylans Karriere. Auf dem Zeitungspapier wirkte das Ganze ziemlich abgedroschen und klischeebeladen; es wortwörtlich als Dylans neue Bühnenansage zu hören, war ein purer Medienschock, die Irritation, die sich bei einem einstellt, wenn die Konventionen einer Form auf die einer anderen übertragen werden. Dies ist die Ansage, die das Publikum heute zu hören bekommt: »Ladies and Gentlemen, bitte begrüßen Sie den Poeta laureatus des Rock'n'Roll. Die Stimme der Verheißungen der Gegenkultur der Sechzigerjahre. Den Mann, der Folk und Rock unter einen Hut brachte, der in den Siebzigerjahren Makeup auflegte und in einem Nebel von Drogenmissbrauch verschwand, der wieder auftauchte, um *Jäh-sus* zu finden, der gegen Ende der Achtzigerjahre als ein ausgebranntes Idol von gestern abgetan wurde – und der plötzlich einen Gang hochschaltete und seit den späten Neunzigerjahren eine Musik veröffentlicht, die zur stärksten seiner Karriere zählt. Ladies and Gentlemen: Bob Dylan!«

2) »Masters of War« (MSG, 11. November). 1991, während des ersten Golfkriegs, kam Dylan bei der im Fernsehen übertragenen Verleihung der Grammy Awards mit seiner Band auf die Bühne und spielte »Masters of War« von 1963 – doch der Song war nicht so ohne Weiteres zu erkennen. Er war in seiner Performance begraben, als sei sein wahres Publikum die Geschichte.

Vor dem Hintergrund eines bedrohlich näher rückenden zweiten Golfkriegs gab es keine solche Verkleidung, als Dylan, nach sieben Nummern des ersten von zwei Konzerten im New Yorker Madison Square Garden, seine kleine Band einen Halbkreis bilden ließ, um eine akustische, fast schon kammermusikalische Version des Songs zum Besten zu geben. Sehr langsam, sehr verhalten gespielt, offenbarte einem die

Performance, wie gut der Song ist. Es war keine Frage der Bedeutung. Man konnte sich vorstellen, dass einen »Masters of War« auch dann noch ansprechen würde, wenn der letzte Krieg auf Erden vor neununddreißig Jahren stattgefunden hätte, wenn der Song, durch sein bloßes Erscheinen, Kriege ein für alle Mal aus der Welt geschafft hätte – so, wie der kürzlich bei Grabungen in Jordanien entdeckte und jetzt im Louvre ausgestellte siebentausend Jahre alte Gott einen noch immer anspricht, einen daran erinnert, woher wir kommen und wer wir einmal waren.

3) Coverversion: »(The Angels Wanna Wear My) Red Shoes«, von Elvis Costello, 1977 (MSG, 11. November). Er sang nicht über die roten Schuhe, nein, er hatte sich offenbar schlauer angestellt als die Engel, denn er trug sie.

4) *The Bootleg Series, Volume 5: Live 1975 – The Rolling Thunder Revue* (Columbia). Konfusion in fast jeder gesanglichen Darbietung, ein Pfund Zucker in fast jedem Arrangement. Richtig, die berühmte »legte Make-up auf«-Phase der 70er-Jahre.

5) Paul Muldoon, »Bob Dylan at Princeton, November 2000«, in: Neil Corcoran (Hrsg.), *»Do You, Mr. Jones?« – Bob Dylan with the Poets and Professors* (Chatto & Windus, UK). Muldoon ist Lyriker (zuletzt erschien von ihm *Moy Sand and Gravel*), Koautor von Warren Zevons »My Ride's Here« und Professor in Princeton. Diese neue Essaysammlung beginnt mit einem neuen Gedicht von Muldoon, in dem er zu einem Konzert zurückkehrt, das Dylan 2000 in Princeton gegeben hatte – es fand im dortigen Dillon Gym statt. »Weißt du was, Honey? Das nennen wir ein Homonym«, sagt der Icherzähler des Gedichts zu der Frau, die ihn zu diesem Konzert begleitet. Anschließend spielt Muldoon mit den vielfältigen Assoziationen – Hommage, Homunkulus, Homousianer –, die der Begriff »Homonym« weckt; das Prosaische

bewegt sich über eine merkwürdige Oberfläche. Dann thematisiert das Gedicht Dylans einzigen früheren Besuch in Princeton – im Jahr 1970, als Dylan dort nicht auftauchte, um ein Konzert zu geben, sondern um die Ehrendoktorwürde zu empfangen. »Er wollte keinen Talar tragen«, erinnert sich der Icherzähler. »Weißt du was, Honey? Das nennen wir Beunruhigung.«

6) Coverversion: »Something«, von George Harrison, 1969 (MSG, 13. November). Eine allerletzte Zugabe. Sehr geradlinig heruntergespielt. Musiker lieben diesen Song – Musiker bewundern die Fähigkeit, etwas zu komponieren, das gleichzeitig konventionell und anonym ist und für die nächsten hundert Jahre ein regelmäßiges Einkommen garantiert.

7) »Summer Days« (MSG, 11. November). Der Track, der dem seit sieben Jahren überfälligen, unveröffentlichten Livealbum *Having a Rave-up with Bob Dylan!* eine völlig neue Richtung gibt.

8) »Yea! Heavy and a Bottle of Bread« (MSG, 11. November). Dylans erste öffentliche Darbietung dieses Songs, seitdem er ihn vor fünfunddreißig Jahren mit den Hawks im Keller eines pinkfarbenen Hauses im Norden des Staates New York aufgenommen hatte. Zwei der fünf damals Beteiligten sind inzwischen tot. Das Haus stand kürzlich zum Verkauf, als eine Top-Dylan-Memorabilie. Die Nummer war noch immer ein Ausdruck purer amerikanischer Rastlosigkeit, des Überdrusses, der sich einstellt, wenn man meint, zu lange an einem Ort verweilt zu haben: »Pack up the meat, sweet, we're headin' out.«

9) »It's Alright, Ma (I'm Only Bleeding)« (MSG, 11. November). Von 1965. Das Publikum wartet immer darauf, bei der Zeile »Even the president of the United States sometimes must have to stand naked« in frenetischen Beifall auszubrechen. Inzwischen hat diese Nummer fast

ebenso viele Präsidenten überlebt wie Fidel Castro: Lyndon Johnson (Nackt dastehen? Kein Problem für jemanden, der gern Gäste empfing, während er auf der Kloschüssel saß), Richard Nixon, Gerald Ford, Jimmy Carter, Ronald Reagan, George Bush, Bill Clinton (der als Präsident bis auf die Haut ausgezogen wurde und bei dem man sich gut vorstellen kann, dass er die Zeile vor sich hin summt) und nun George W. Bush – die Zeile tangiert ihn nicht. Bush lebt im Panzer seiner Selbstermächtigung und schafft es womöglich, den Song zu überdauern.

10) »All Along the Watchtower« (MSG, 11. November). Die zweite von zwei Zugaben begann ziemlich eigenartig: Der Gitarrist Charlie Sexton entlockte seinem Instrument einige sparsame Töne, die einen weit entfernten Western heraufzubeschwören schienen – Jim Jarmuschs *Dead Man* vielleicht, mit Neil Youngs improvisiertem und zeitlosem Gitarrensoundtrack. In Wahrheit war es jedoch der Anfang von »Theme from *Exodus*«, der Titelmelodie des auf Leon Uris' Roman basierendem Spielfilm über die Gründung des Staates Israel, mit der das Klavierduo Ferrante & Teicher 1961 einen landesweiten Hit gelandet hatte. Ob man dieses Zitat erkannte oder nicht, es bewirkte, dass der Song, der im Begriff war, aus seiner eigenen Geschichte aufzutauchen, aus sich selbst herausgehoben wurde – einer von Dylans apokalyptischsten Songs, von 1968, einem Jahr, das einem wieder und wieder wie das Ende der Welt vorkam. Jetzt würde der Song mit einer neuen Stimme sprechen: Das war das Versprechen, das dieses kleine Intro machte.

Man konnte sich unmöglich vorstellen, dass Dylan den Song jemals mit einer größeren Vehemenz gespielt hatte oder dass die Performance, an diesem Abend, sechs Tage vor den Zwischenwahlen zum Kongress, nicht durch und durch politisch war, dass »All Along the Watchtower« hier nicht ebenso sehr ein Protestsong war wie »Masters of War«. Nicht, wenn man sich vergegenwärtigte, dass Dylan – nachdem er, Sexton und der Gitarrist Larry Campbell im Anschluss an die letzte Strophe eine überwältigende instrumentale Klettertour durch die

Themen des Songs absolviert hatten – ans Mikrofon zurückkehrte, um noch einmal mit wilder Stimme die erste Strophe zu singen, wobei er die Schlusszeilen über die Köpfe des Publikums hinweg- und aus dem Saal hinausschleuderte, als handele es sich dabei um einen Fluch: »Businessmen they drink my wine, plowmen dig my earth / None of them, along the line, know what – any – any of it – any of it is – worth.«

Salon
3. Februar 2003

6) *The Portable Sixties Reader*, Herausgeberin: Ann Charters (Penguin). Diese mehr als 600 Seiten umfassende und absolut ahnungslose Anthologie endet mit miesen Gedichten über den Tod der zehn angeblich bedeutendsten Toten des Jahrzehnts. Aber genug der Vorrede, hier ist der Countdown! Zehn: HEMINGWAY! Neun: MARILYN MONROE! Acht: JOHN F. KENNEDY! »When I woke up they'd stole a man away«, dichtet Eric Von Schmidt – hey, wer verbirgt sich hinter diesem »they«? Wie Donovan zu sagen pflegte: »I really want to know«, aber was solls. Sieben: SYLVIA PLATH! Sechs: MALCOLM X! Fünf: MARTIN LUTHER KING! Vier: *ROBERT* F. KENNEDY! Drei: NEAL CASSADY! Zwei: JANIS JOPLIN! Und, der Spitzenreiter dieses Rankings: JACK KEROUAC! Mit einem stinknormalen Nachruf aus dem *Harvard Crimson!* Klasse! Aber Janis starb 1970. Wenn sie es in die Top 10 schafft, warum dann nicht auch Jimi Hendrix? An dem Tag, als Hendrix' Tod publik wurde, spielte Captain Beefheart ein Sopransaxofonsolo, das mehr sagte als alles, was in diesem Buch hier steht.

City Pages
9. April 2003

3) Bob Dylan für Victoria's Secret (Fox, 4. März). »Auf dieser Welt gibt es nur zwei Dinge, die es wert sind, sich deswegen einen Kopf zu machen, und das sind Sex und Tod«, sagt ein »perverser Geschäftsmann aus dem Mittleren Westen« in Michael O'Donoghues und Frank Springers 1968 erschienener Comicserie *The Adventures of Phoebe Zeit-Geist*. Das ist die einzige Erklärung für den Werbespot, der Dylans selbstmörderisches »Love Sick« von 1997 heranzieht, um eine Montage von Unterwäschemodels zu untermalen, die unter schweren Augenlidern mürrisch dreinblicken. Es ist jedoch eine bessere Umgebung für Dylan als das fast vier Stunden lange, die Konföderation schönfärbende Bürgerkriegsepos *Gods and Generals*[54], das sein »'Cross the Green Mountain« enthält. Ich habe den Film nicht gesehen, doch ich kenne den TV-Trailer, in dem Robert Duvall als Robert E. Lee in einem Sessel sitzt und, mit dem Mund voller Melasse, murmelt: »Von nun an liegt alles in Gottes Hand«, als wolle er sagen: »Hey, gebt mir nicht die Schuld daran!« Andererseits ist »Love Sick« ein richtiger Song: Mit einer Länge von acht, sich schier endlos dahinschleppenden Minuten könnte »'Cross the Green Mountain« genauso gut der Film sein.

City Pages
16. Juli 2003

2) Bob Dylan in *Charlie's Angels: Full Throttle*[55] (Sony Pictures). Ken Tucker schreibt mir: »Nicht auf dem BRUTAL guten Soundtrackalbum zu diesem BRUTAL guten Film – wer braucht ihn dort, wenn es Nickelback und Kid Rock gibt, die gemeinsam eine BRUTAL gute

---

[54] Regie: Ronald F. Maxwell, USA 2002.
[55] dt. *Drei Engel für Charlie – Volle Power* (Regie: McG, USA 2003).

Coverversion von Elton Johns ›Saturday Night's Alright for Fighting‹ hinlegen? Nein, Dylan stiehlt sich in eine Szene hinein, in der eine BRUTAL gute Drew Barrymore ihre Habseligkeiten zusammenpackt, bevor sie das Angels-Hauptquartier verlässt, und unter den wenigen ihr am Herzen liegenden Besitztümern befindet sich ein Vinylexemplar von *Bringing It All Back Home*. Das wahre Mysterium dieses Films besteht also darin, wer für dieses Product-Placement gesorgt hat – in einem Film, in dem es nur so von Einstellungen wimmelt, in denen für Cingular Wireless und Body By Demi Reklame gemacht wird. Meine Vermutung? Crispin Glover hatte das Album am Set benutzt, um sich auf seine Rolle als ein verbitterter, religiös verbohrter Stummer vorzubereiten, und Regisseur McG machte genau das, worauf er sich am besten versteht: kulturelle Totems stehlen und diese auf billige, abgeschmackte Witze reduzieren, die beim Zuschauer das Gefühl hinterlassen, alles, was ihm lieb und teuer ist, sei BRUTAL in den Schmutz getreten worden.«

THE LOST WALTZ

Threepenny Review
Herbst 2004[56]

Die Geschichte von The Band beschreibt einen Bogen, der sich von Arkansas und Ontario in den 1950er-Jahren bis zum letzten Jahr des zwanzigsten Jahrhunderts spannt. Es ist ein beeindruckender, weit reichender Bogen, der Levon Helm (geboren 1940 in Marvell, Arkansas), Robbie Robertson (1943, Toronto), Rick Danko (1942, Green's Corners), Richard Manuel (1943, Stratford) und Garth Hudson (1937, London) durch die Jahre führte, als Ronnie Hawkins' und dann als Levons Hawks in den frühen Sixties kreuz und quer durch die USA und Kanada tingelten, und dann zu dem Lärm, den sie als namenlose Musiker entfesselten, als sie Bob Dylan bei dessen furiosen Konzerten 1965 und 1966 begleiteten, und schließlich zu ihrer brüderlichen Neugründung als The Band in dem Big Pink genannten Haus in Woodstock. Diese Kurve enthielt ihr Angebot einer neuen Musik und eines neuen Standpunkts – eines Standpunkts, der gleichzeitig ein Gespür für die Last war, ein Gespür für die Last, die in dem innerlich zerrissenen, aufgewühlten Amerika der späten Sechziger- und frühen Siebzigerjahre vor allem eine Art Schwerkraft darstellte. Der Bogen schwebte über dem Finale von The Last Waltz in San Francisco im Jahr 1976, ihrem Abschiedskonzert, nach dem Robbie Robertson die Gruppe ver-

[56] Dieser Text ist eine unwesentlich gekürzte Fassung der Liner Notes, die ich für *The Band – A Musical History* (Capitol, 2005) geschrieben hatte und die verständlicherweise abgelehnt wurden.

ließ, während der Rest als The Band weitermachte, allerdings kaum noch mit neuer, selbst geschriebener Musik und, auf eine irgendwie verfluchte Weise, auch ohne eine Stimme – stattdessen gingen sie mit ihrer eigenen Vergangenheit hausieren, in kleinen Clubs wie der Cheek to Cheek Lounge in Winter Park, Florida, wo sich Richard Manuel 1986 im Anschluss an einen Auftritt erhängte. Es war ein Bogen, der sich seinem Ende entgegenneigte, es jedoch ein weiteres Jahrzehnt lang nicht erreichte – ein Bogen, der erst im letzten Monat des Jahres 1999 den Boden berührte, als Rick Danko in Woodstock starb und Levon Helm und Garth Hudson den Arbeitsnamen The Band mit ihm sterben ließen.

Das ist die eine Art, auf die man die Geschichte erzählen kann – doch in der Musik der Band gibt es überall Momente, wo sich die Geschichte der Band selbst zu erzählen scheint. In »King Harvest (Has Surely Come)« sind diese Momente auch Vorfälle, oder Ereignisse, wo etwas passiert, was dann vorbei oder verloren ist, zurückgelassen von der Geschichte, die gleichzeitig auch der Song ist, eine Geschichte, die zu dem zurückkehrt, was verloren ging, als der Song seine nächste Wendung nahm, und somit ist der grausamste Moment des Songs der, wo er endet.

1969 erschien der Song als der letzte Track auf *The Band*, dem zweiten Album der Gruppe, doch in der Musik gibt es keine festgelegte Zeit. Die Musik klingt alt, aber auf die gleiche Weise, auf die eine Landschaft alt wirken kann; auf die gleiche Weise, auf die eine Landschaft verspricht, sie werde sich erneuern, weist die Musik in die Zukunft. Sie scheint ihr eigenes Überdauern vorauszusetzen, sie scheint davon auszugehen, eine Sprache zu sein, die man immer verstehen wird, und so ist es ein Schock, wenn man registriert, dass der Sänger vor allem davon überzeugt zu sein scheint, dass niemand verstehen werde, wovon er spricht, oder dass es niemanden kümmern werde, sollte er es doch verstehen.

»Corn in the fields ... Listen to the rice as the wind blows 'cross the water«: Levon Helm singt den ersten Refrain, als spreche er anstelle der Landschaft und nicht als eine Person, die einen Namen und ein Schicksal hat. Während er auf seine Becken schlägt und einen Kreis um sich herum zeichnet, lässt Garth Hudsons Clavinet Regen in das Bild einer Farm tropfen, ein Bild, das vor Geschäftigkeit und Lärm strotzt, vor Wetter und Arbeit, das dermaßen lebendig wirkt, dass man glauben kann, man höre das Getreide wachsen. »Ich erinnere mich noch aus meiner Jugendzeit daran, an Leute, irgendwo draußen auf dem Land, an einem Ort, den wir alle kennen, es mag ihn gegeben haben oder auch nicht«, sagte Robbie Robertson, fast dreißig Jahre nachdem er den Song geschrieben hatte, nachdem er ihn an der »Vorstellung ›A dry summer, then comes fall‹« festgemacht hatte, »denn *das* ist der Moment, wo das Leben beginnt! Es ist nicht, wie wir für gewöhnlich glauben, der Frühling, wo das Leben beginnt, sondern der Herbst – die Zeit, wo die Ernte eingebracht wird.«

Richard Manuel, der Geschichtenerzähler, ist in den Strophen des Songs eher ein Schauspieler als ein Sänger. Er zerrt die Worte aus seiner Kehle hervor, als erfordere dies all seine Kraft – mindestens genauso viel Kraft, wie die Band sie aufwendet, wenn sie die Rhythmen des Songs gegen dessen Melodie zieht –, und macht auf diese Weise klar, dass die idyllische Vision des ersten Refrains unmenschlich ist. Sie bietet keinen Raum für Misserfolg, Niederlage, Angst, Scham – für all das, woraus die Stimme dieses Mannes gemacht ist. Die warme Zuversicht jedes andächtigen »Corn … in the fields« ist seine ihn verhöhnende Erinnerung: die pleitegegangene Farm, die er zurückgelassen hat, lässt ihn nun durch Großstadtstraßen irren, in denen es von Pennern und Betrunkenen wimmelt. Während er die Katastrophen seines Lebens Revue passieren lässt – und dabei nie die Familie erwähnt, die mit ihm auf der Farm gearbeitet haben muss und die er nun genauso im Stich gelassen hat –, wird die Verzweiflung in seiner Stimme immer stärker, kläglicher, absoluter. Jedes Mal, wenn ihn das Versprechen der Bäume, der Wiese, des Mondes, der die Ernte feiernden Menschen in einem

Refrain umkreist, scheint das Versprechen ebenso uneinlösbar wie unleugbar, eine Wahrheit, die zugleich eine Lüge ist, eine Lüge, die zugleich eine Wahrheit ist.

Nichts in der Stimme des Mannes ist so erschütternd und mitleiderregend wie das Vertrauen, das er in die Gewerkschaft setzt, die, wie er felsenfest glaubt, ihn und alle, die so sind wie er, retten werde, eine Gewerkschaft für auf Gedeih und Verderb an Spekulanten ausgelieferte Farmer, eine Gewerkschaft für Fabrikarbeiter, die wie Maschinen behandelt werden und die man zum alten Eisen wirft, sobald sie nicht mehr verwendungsfähig sind – woher dieses Vertrauen stammt, ist unklar, und das spielt auch keine Rolle. Am größten ist die Verzweiflung in der laut herausgeschrienen, verzweifelten Glaubensbekundung des Mannes; sie ist dermaßen groß, dass seine Sprache dabei in Stücke fällt, dass das klassische Gelöbnis – »I'm a union man, now and always« –, noch während es gesprochen wird, zerfällt: »I'm a union and now always ...« Doch diese Angst zeigt sich womöglich noch stärker in dem völligen Mangel an Ironie, mit dem der Mann das Versprechen der Gewerkschaft beschreibt, auch wenn das gebrochene Versprechen des Landes, das er verlassen und das ihn ausgeschlossen hat, seine Worte überschattet: »Here come a man with a paper and a pen, telling us our hard times are about to end ...« In der amerikanischen Volkssprache bedeutet der Mann mit einem Stück Papier und einem Federhalter nur eins: Er ist der Betrüger, der dir die Hand schüttelt, der dir in die Augen schaut und der so lange seinen Charme spielen lässt, bis du mit deiner Unterschrift auf alles verzichtet hast, was du besitzt, und sei es auch nur dein Name. »I'm bound to come out on top«, sagt der Sänger und Richard Manuel bringt einen dazu zu glauben, dass der Mann in dem Song glaubt, was er sagt, und dann wendet man sich ab, zu beschämt, um noch länger zuhören zu können.

Oder das würde man zumindest tun, verwandelte sich der Song, wenn der Sänger seine Geschichte beendet, nicht in eine andere Geschichte: in eine komplexere, die unmöglich fixiert werden kann. In einigen wenigen Strophen hat der Song eine sich ständig wiederholende Geschichte eingefangen – ein Farmer und seine Farm in Wisconsin während der verheerenden Wirtschaftskrise der 1890er-Jahre, in Oklahoma und Arkansas während der Great Depression der 1930er-Jahre, während der Krise, die es nicht in die Nachrichten schafft: die, die eine Familienfarm in jedem Staat oder in jeder Provinz jederzeit heimsuchen kann. Der Mann hat einem jedoch nur erzählt, was er in Worte fassen kann – da ist aber etwas, was den Song irgendwie erst dann beginnen lässt, wenn die Worte geendet haben.

Man möchte kein Element der Musik von den anderen trennen; man möchte, dass einen die Musik packt und davonträgt, und das tut sie auch. Doch im Laufe der Jahre, wenn man zu dem Song zurückkehrt oder merkt, dass der Song zu einem zurückkehrt, im Radio, auf einem CD-Player in einem Laden – oder in dem Moment, wo man ihn zum ersten Mal abspielt und merkt, dass man nichts anderes mehr abspielen kann, und man sich den Song wieder und wieder anhört, als wollte man beweisen, dass die Musik tatsächlich so unerschöpflich ist, wie es scheint –, dann schälen sich die einzelnen Bestandteile der Musik von selbst heraus.

Der von Richard Manuel porträtierte Mann hat dir so viel erzählt, wie ihm möglich war; nun treten die anderen Mitglieder der Band einen Schritt vor, um das Ganze zu vollenden. Aus der Furcht des Mannes, aus seiner hoffnungslosen Suche nach einem wie auch immer gearteten Ausweg, entsteht eine völlig neue Geschichte. Robbie Robertson beginnt mit einem Gitarrensolo, das aus den spärlichsten Tönen besteht, die man sich vorstellen kann, aus Tönen, die so kantig und spröde sind, dass man beinahe spüren kann, wie sie zerbrechen, während sie sich biegen und winden. Die Geschichte, die diese Töne erzählen, handelt davon, dass man weitermacht, dass man nicht aufgibt; sie handelt von Entschlossenheit und Mut, von einer Suche und von einem Entkommen. Man sieht nicht mehr ein menschliches Wrack oder einen Dummkopf; man sieht einen Mann mit einem kühlen, klaren Blick, mit einem Leben vor sich, einem Leben, das er bereits zu führen begonnen hat.

Tief unter den schnellen und vorsichtigen Schritten von Robertsons Solo befindet sich so etwas wie ein unterirdischer Strom – oder welches Bild auch immer Garth Hudsons Orgel heraufbeschwört. Der Strom bricht an die Oberfläche und erzeugt ein Bild der Freiheit, eines Mannes, der nun am Ufer eines Flusses entlangläuft, sich dann ins Gras legt und in den Himmel hinaufschaut – ein Bild der Harmonie. Hudson hatte das Drama vorangetrieben, als der Sänger sein Herz ausschüttete, als er seine Ängste herausstieß und die Hoffnungen, die er vor lauter Angst kaum zu benennen vermochte; jetzt gibt es kein Drama mehr, einen Horizont, der zurückweicht, während der Mann ihn betrachtet, und der gleichzeitig verspricht, dass er nie enden werde. Wir glauben an eine lineare Zeit, an eine Akkumulation von Ereignissen, die uns und die Welt verändert hinterlassen; diese Story befindet sich in dem Solo, das Robertson oben spielt. Antike Völker glaubten an eine zirkulare Zeit, wo Veränderungen innerhalb eines Kreises stattfanden, während eine Jahreszeit der nächsten wich, doch der Kreis als solcher sich nie änderte, und Farmer spüren diesen Rhythmus, egal was ihre Kalender sagen: »A dry summer, then comes fall / Which I depend on most of all«, hat der Farmer dir erzählt und die Vollkommenheit jenes Kreises ist das, was man in der Musik hört, die Hudson tief unten macht. Der Sound wird leiser und leiser, sodass man die Ohren spitzen muss, um ihn zu hören, bis schließlich der Punkt erreicht ist, wo der Sound endgültig verklingt und ein für alle Mal verschwunden ist.

Die wahrste Geschichte, oder die schwerste, die fragmentarischste und gleichzeitig die vollständigste liegt noch unter der, die Hudson erzählt.

Während des Songs hat es das unterschwellige, aber unablässige Gefühl eines Kampfes gegeben, eines Widerstands gegen – ja, wogegen? Gegen das Schicksal? Gegen die elementare Banalität des Scheiterns eines einzelnen Menschen angesichts einer Welt, die dieses

Scheitern nicht registriert, die sich keinen Pfifferling darum schert. Die Schönheit der Welt, des Grases und des Himmels, der Blumen und des Mondaufgangs – soll dies alles bloß ein Trick sein, um Männer und Frauen glauben zu machen, die Welt sei, im Unterschied zu dem Gospelsong, den sie singen, tatsächlich ihr Heim? Von Anfang an kam dieses Gefühl des Widerstands von Levon Helms Basstrommel und von Rick Dankos Bass, beides miteinander verzahnt zu einem Tanz, der einen Schritt vor und einen Schritt zurück macht. Doch gegen Ende von »King Harvest«, wenn sich der Rhythmus, den die beiden hinlegen, aus der Musik herausschält, erkennt man, dass dieser das Wesentliche ist, das Fundament von allem, was in dem Song stattfindet, aber zugleich auch dessen Schlusswort, das Urteil, das der Song über sich selbst fällt.

Hören Sie genau hin: Das langsame, stetige Klopfen von Helms Trommelstock klingt wie ein Mann, der mit den Fingerknöcheln an den Stäben eines Verandageländers entlangfährt, hundertmal, tausendmal, ohne dabei etwas zu verändern, ohne ein Anzeichen dafür, dass sich jemals etwas verändern wird oder kann, geschweige denn sollte. Und der Sound, den Danko produziert – satt, pulsierend, kräftig –, ist der Sound eines Mannes, der auf sein eigenes Herz hört, oder auf etwas, das er weder sehen noch benennen kann, da es sich unter der Erde bewegt, unter seinen Füßen. Robertsons Gitarrensolo öffnet eine Straße nach draußen und folgt dieser, Hudsons umhüllende Melodien sind eine Umarmung, die nie abbricht, und Helms und Dankos ebenso unheimlicher wie schlichter Twostepp ist eine im Wind aufschlagende Tür in einem schon vor Jahren verlassenen Haus.

Die stärkste Musik der Band wirkte immer unvollendet, als sei dort nie alles gesagt worden – so wie Ronnie Hawkins' 1963 eingespielte Coverversion von Bo Diddleys »Who Do You Love« immer unvollendet wirken wird. Die Band ist vom ersten Trommelschlag an konzentriert bei der Sache, Robertson versprüht Blitze und gibt Hawkins' schwachem Gesang die nötige Unterstützung. Und dann endet die erste Strophe und der Song rast mit Vollgas über den Rand einer Klippe. Ein jenseitiges Grollen ertönt, als käme es direkt aus dem Boden, und es verwandelt sich in einen Schrei, der beinahe aus den Lautsprecherboxen nach dir greift, dann jedoch zurückweicht, als habe derjenige, von dem dieses Geräusch ausgeht, dir den Rücken gekehrt, um davonzulaufen, als habe er genauso viel Angst vor diesem Geräusch wie du. Robertson übernimmt das Ruder, von seiner Leadgitarre kommen Läufe, die diffus sind, gebrochen – was eine herkömmliche Bluesprogression sein sollte, entspricht Hawkins' nächtlichen Schreien auf eine abstrakte Weise, die genauso unmöglich zu ergründen ist. Eine weitere Strophe, ein weiterer Ausbruch von Wahnsinn, dann eine schnelle Folge von »Rollin' and Tumblin'«-Licks auf der Gitarre, die alles unter Dach und Fach bringen – wenn man davon absieht, dass dies der Moment ist, wo das Monster zurückkehrt, wo es durch die Hintertür hereinplatzt, während du die Vordertür bewachst, und sich mit einem Rhythmus emporreckt, den Hawkins als bloßer Sänger von Worten und Melodien nie gehabt hat – sein letzter Schrei legt sich um deinen Hals wie ein Würgegriff und Robertson besiegelt den Moment, als habe er die ganze Zeit über mit Hawkins unter einer Decke gesteckt.

Die Abstraktion sollte bleiben und sich zu einem Empfinden entwickeln, das alle Musiker der Band teilten: zu einer Wette, dass die Teile nicht zusammenpassen mussten, dass nichts erklärt werden musste, dass man durch Andeutungen und Warnungen tiefer kommunizieren konnte als durch Statements und Klischees. Aber »Who Do You Love« warf auch eine Frage auf: Würden Helm, Robertson, Danko, Manuel und Hudson, als sie allein weitermachten – als sie sich ihren Namen gaben und als sie ihren Sound fanden, als das Publikum ihre Musik aufnahm, als sei diese nicht bloß eine Reihe von Songs, die man sich anhören, sondern ein Land, in dem man leben konnte –, jemals an diese Schreie herankommen? Könnte ein Land ohne diese Schreie überhaupt vollständig sein?

Zwei Jahre später, als sie in einem Halbkreis rings um Bob Dylan spielen – mit Mickey Jones anstelle Levon Helms, der das Handtuch geworfen hatte, entnervt von Konzertbesuchern, die darüber empört waren, dass sich ein Folksänger, dessen Worte man verstehen konnte, einem Sound zugewandt hatte, der so gewaltig war, dass er von einem verlangte, eine Form von Bedeutung durch eine andere zu ersetzen –, sind die Hawks nicht diszipliniert. Sie sind locker. Man kann die Band hören, The Band, zu der sie ein Jahr später werden sollten, als Helm sich wieder zu ihnen gesellte. »Wir hatten seit Jahren zusammengespielt«, sollte Danko lange danach sagen. »Wir konnten praktisch voraussagen, was wir als Nächstes tun würden.« Hier, bei »Tell Me, Momma«, besteht der Kick darin, dass man genau das hört, aber auch darin, dass man nicht hören kann, was die Musiker hören müssen. Es scheint nicht real, wie ein federnder Ton von Dankos Bass mit einem Beckenschlag zusammenfällt, als habe es so etwas vorher noch nie gegeben, oder wie sich die Klänge von Hudsons Orgel um die Füße der anderen zu schlängeln scheinen und sie dazu zwingen hochzuspringen, während sie sich an den nächsten Akkordwechsel machen, wie die Rhythmusgruppe – aus welchen Instrumenten sie auch bestehen mag – scheinbar auf ihrem eigenen Gleis unterwegs ist, Robertson, wie er spielt, als sei er hier eine Person und dort eine völlig andere, wie jeder Musiker darauf vertraut, dass die anderen ihn besser kennen, als er sich selbst kennt, sodass kein Grund zur Panik besteht, denn obwohl die Musik mitunter wie ein Riesenrad wirkt, das sich zu schnell dreht, um sich nicht aus seiner Verankerung zu lösen und geradewegs vom Rummelplatz zu rollen, sind die Musiker in der Lage, es jederzeit zurückzurufen, einfach so.

Genau das kann man auf *Music from Big Pink* und *The Band* hören, wo die Band das Territorium mit ihren eigenen Stimmen umreißt. Man hört das Vertrauen, das ein Musiker in die anderen setzt, und man hört, wie sich dieser musikalische Wert in einen sozialen Wert verwandelt: Man hört dieses Vertrauen als Kameradschaft. Man hört dieses Kameradschaftsgefühl, wie es sich ausdehnt, um eine andere Art von

Territorium zu umfassen, während die Namen und Gesichter, die Orte und Ereignisse in den Songs ihre eigene Stadt bilden und dann ihre eigene neue Nation. Diese Nation mag den Eindruck erwecken, sie befinde sich irgendwo in der Vergangenheit, doch wie bei »King Harvest« verwenden die Songs alte Motive, um ein Drama in Szene zu setzen, in dem Veränderung illusorisch und Neuheit eine Form von Eitelkeit ist.

»Die Ursprünge von The Band waren nichts Besonderes und das, was ihre Musik heraufbeschwor, war unbestimmt, doch es umfasste die gesamte amerikanische Vergangenheit und deren gesamten Raum«, schrieb der Kritiker Nik Cohn 1973. »Kleinstädte zur Zeit des Bürgerkriegs, um die Jahrhundertwende, während der Great Depression; Saloons mit zerbrochenen Fensterscheiben, Tanzschuppen mit undichten Decken und Hotelzimmer mit nackten Glühbirnen … Goldräusche und Ölfunde, der ewige Traum vom Wohlstand; böse Schulden, Katzenjammer.« Und so begegnen sie einander und wenden sich wieder voneinander ab, die Charaktere in »The Weight«, »Across the Great Divide«, »We Can Talk About It Now«, »Chest Fever«, »Get Up Jake«, »Up on Cripple Creek« und einem halben Dutzend weiterer Songs: Sie fühlen sich voneinander angezogen, selbst wenn sie nach einem Ausgang suchen, sie öffnen den Mund, um ein einfaches »Ja« oder »Nein« zu sagen, aber hören stattdessen Parabeln herauskommen.

Die Leute in der von den Songs heraufbeschworenen Stadt vertrauen einander nicht, natürlich nicht. Warum sollten sie? Hast du in letzter Zeit mal durch deine Vordertür nach draußen auf die Straße geschaut? Hast du die Zeitung gelesen? Doch sie sind nicht in der Lage, so zu tun, als könnten sie nicht sehen oder hören. Der Sänger in »Lonesome Suzie« umarmt diese Frau gegen seinen Willen; der Mann in »Chest Fever« versucht, die Frau in dem Song zu retten – wobei sein Gesicht von einer Richtung in die andere gerissen wird, während ihm verschiedene Sänger ihre Stimme leihen –, oder er versucht zumindest herauszufinden, wer diese Frau ist, wie sie aussieht, wie sie heißt – und wenn du dich der von Leben wimmelnden Wildnis des Sounds hingibst, wo die alten Schreie aus »Who Do You Love« ihre Entsprechung in Übermütigkeit und Verwirrung finden, kannst du dir nicht vorstellen, dass die Leute in dem Song die Worte vielleicht besser verstehen als du. In »The Weight« trifft ein Reisender ein, der etwas zu erledigen hat, und jeder, den er kennenlernt, bürdet ihm eine zusätzliche Last auf; er bittet jeden um Hilfe und jeder, der ihn nicht anlächelt, lacht ihn aus. Es ist eine moderne Minstrelshow, jeder Charakter mit so etwas wie einem schwarz geschminkten Gesicht, vermummt als jemand, der er nicht ist. Es ist die reine Komödie – doch wie die Historikerin Constance Rourke 1930 geschrieben hat, gab es in der Minstrelshow immer einen dunklen Unterton, etwas, das kein schwarz geschminktes Gesicht jemals aufhellen konnte: einen Unterton der Niederlage und der Tragödie.

Hier ist die Lockerheit von »Tell Me, Momma« verspielter und das Vertrauen zwischen den Musikern tiefer. »Tell Me, Momma« verwendete ein schnelles Tempo, das fast alles verstecken kann – »The Weight« scheint von Strophe zu Strophe langsamer zu werden und in jedem Refrain mehr zu offenbaren. Der Sound ist voller Luft, voller Raum, doch es passiert einfach zu viel – gesanglich, instrumental, emotional, wobei das Geschichtenerzählen weniger durch einen Plot geformt wird als, einem endlos langen Witz ohne Pointe vergleichbar, durch die Abstraktionen von Auslassungen und unlogischen Folgerungen –, um alles gleichzeitig hören zu können oder um es überhaupt zu hören. In der Musik der Band gibt es kaum einen witzigeren Moment als den, wo der Reisende in der Stadt eintrifft und die erste Person, die ihm über den Weg läuft, fragt, ob sie wisse, »where a man might find a bed«, und daraufhin die Antwort erhält: »No.« Man ist genauso konsterniert wie der Sänger, man denkt sich, so wie es der Sänger tut, *ach, vergiss es,* doch das Frösteln, das er zu überspielen versucht, ist dir bereits in die Knochen gefahren. Ein Rätsel folgt auf das nächste und der Sänger vermag nicht zu sagen, ob die Stadtbewohner tot oder lebendig sind, ob sie real sind oder bloß Phantome; Schattenstimmen hallen als Echos in den Strophen wider und in den Refrains erheben sie sich.

Der Sänger, Levon Helm, spaltet sich auf in sich selbst, Rick Danko und Richard Manuel oder, genauer gesagt, die drei kommen zusammen als der eine Mann, der der Sänger sein muss. Sie kommen nicht als eine Stimme zusammen, sondern als mehrere, die einander ablösen und dich wissen lassen, dass das, was du zuerst nur als Echos wahrgenommen hast, von Anfang an voll und ganz präsent gewesen ist. Beim Refrain greift jetzt jede Stimme nach der letzten Silbe des letzten Wortes, das die Stimme vor ihr hinterlassen hat, und wenn die Stimmen bei einem einzelnen Wort, dem Wort »free«, fast gleichzeitig erklingen, bilden sie jene einzelne Stimme. Diese ist instabil, sie löst sich auf, sogar noch während sie entsteht, und obwohl jedes Wort, das zu diesem »free« hinführte – »Take a load off Fanny, take a load for …« –, voller Verblüffung steckt, voller Der-Witz-geht-auf-meine-Kosten-aber-zumindest-kapiere-ich-ihn, löscht dieser Unterton der Niederlage, der vor allem einer des Bedauerns ist, mit diesem einen Wort alles andere für einen Augenblick aus. Der Song tut sich auf wie eine Quelle und das Wort plumpst in diese hinein wie ein Stein; in gewissen Stimmungen beginnt man, selbst wenn der Song weitergeht, diesen nicht mehr zu hören, und man lauscht stattdessen nach dem Klang des Steins, wie er ins Wasser fällt, was man jedoch niemals hört.

Die Stadt, die durch die Sympathie in der Musik der Band entstand, war nicht notwendigerweise ein Ort, wo man gern leben wollte: Manchmal, wie im Fall von »Up on Cripple Creek«, lieferte sie märchenhaft einfache Antworten, aber häufig berücksichtigte sie überhaupt keine Antworten. Und auch die Band selbst lebte nicht lange in dieser Stadt. In jeder Kunst zahlt sich harte Arbeit aus, wenn man Glück hat, und es kommt zu einem Moment, wo man etwas tut, was man vorher nie hätte tun können – im Fall von The Band etwas, was keiner ohne die anderen jemals hätte tun können. Doch selbst wenn sich dieser Moment bemerkbar macht, selbst wenn man diesen Moment als das erkennt, was er ist, ist einem möglicherweise bewusst, dass er nicht von Dauer sein wird, und deshalb versucht man, alles aus ihm herauszuholen. Er war nicht von Dauer: Als die Band weitermachte, konnte man hören, wie sich die Stimmen und die Instrumente voneinander zu trennen begannen, während man sie vorher kaum auseinanderzuhalten vermochte. Eine bei den Sessions für das 1970 erschienene Album *Stage Fright* aufgenommene Alternativversion von »Daniel and the Sacred Harp« ist ein intimes Drama, bei dem Helm Partien summt, die bei der tatsächlich veröffentlichten Aufnahme von Danko auf der Fiddle gespielt werden sollten; man kann Menschen hören, die aufeinander eingehen, doch man kann auch die Entfremdung zwischen ihnen hören, bevor und nachdem man hört, wie sie aufeinander eingehen.

Bei einer Vielzahl von Aufnahmen hört man, was der Gruppe aus den Händen geglitten war – bei Richard Manuels »Share Your Love« von dem 1973 erschienenen Album *Moondog Matinee*, bei Levon Helms Gesang auf dem unveröffentlichten Take von »All La Glory«, bei Robertsons mit brüchiger Stimme vorgetragenem, beseeltem Demo für »Twilight«, bei »Chest Fever« und vor allem bei der *Last-Waltz*-Version von »The Night They Drove Old Dixie Down«, in der etwas, was 1969 eine Story gewesen war, die der Sänger dir von Angesicht zu Angesicht erzählte, nachdem er dich auf der Straße angehalten und zum Zuhören gezwungen hatte, zu einem Ereignis wurde, zur Geschichte, die über dem Sänger einstürzte, als sei sie ein Haus, das er, in seinem Schuldgefühl und in seiner Wut, selbst über sich zum Einsturz brachte. Man hört, was eine Person nun allein vollbringen muss, während Helm, Hudson, Danko, Robertson und Manuel einen Song früher nur dann zur Vollendung bringen konnten, wenn ihre individuellen Beiträge nicht von denen der anderen zu trennen waren. Man hört, was verloren gegangen war, und man hört, was nur wenigen anderen jemals gelungen ist.

REAL LIFE ROCK TOP 10

City Pages
3. Dezember 2003

7) Bobdylan.com – Store. Angebotene Artikel: »Self-Portrait Zierdecke«, »Masked & Anonymous T-Shirt«, »Johnny Rock ›I'll Be Your Baby Tonight‹ Korsett«.

City Pages
5. Mai 2004

5–7) Leslie Bennetts: »Not Across My Daughter's Big Brass Bed You Don't, Bob« (*Los Angeles Times*, 16. April); Mel Gibson, Produzent: *The Passion of the Christ – Songs Inspired By* (Universal South); Mirah mit dem Black Cat Orchestra: »Dear Landlord«, von *To All We Stretch the Open Arm* (YoYo). Bob-Dylan-Ausverkaufs-Alarm!!! Bennetts, die sich einen Namen machte, als sie Hillary Clinton auf den Seiten von *Vanity Fair* attackierte, hisst ein weiteres Mal die Flagge der moralischen Entrüstung. Diesmal echauffiert sie sich darüber, dass »ein Künstler, der einmal einen profunden Einfluss auf die amerikanische Kultur ausübte«, nun in einem Werbespot für Victoria's Secret auftaucht. Ja, da ist er, in der Stadt der Gondeln und Tizians; während im Hintergrund sein giftiges »Love Sick« ertönt, schielt er nach einer mit Engelsflügeln versehenen Frau in Büstenhalter und Slip und verleiht dem Satz »Venedig sehen und sterben« so eine völlig neue Bedeutung. Doch was ist mit dem ebenfalls aus der Einöde von Dylans 1997 erschienenem Album

Time Out of Mind stammenden »Not Dark Yet«, das auf einer Kollektion von zumeist alten Aufnahmen erscheint, die Mel Gibson herangezogen hat, um seinen eigenen Kinofilm zu feiern, und zwar auf eine Weise, die suggeriert, er selbst sei irgendwie verantwortlich für die Erschaffung dieser Aufnahmen? Bennetts hält einen Unterwäsche-Werbespot für Pädophilie, Gibson glaubt, ein Song, der einem Mann auf seinem Weg in die Finsternis folgt, handle von Jesus, und vielleicht haben die beiden ja recht – allerdings nicht so recht wie die einstige Riot-Grrrl-Chanteuse Mirah Yom Tov Zeitlyn, die, wie so viele vor ihr, einen profunden Dylan-Song auf eine Weise zu covern versteht, dass aus ihm der gesunde Menschenverstand spricht.

Interview
August 2004

4) Peter Carey: *Theft* (Knopf). »Wir wuchsen in einer Welt auf, die von der Kunst abgeschottet war. Wir hätten uns nie träumen lassen, dass es so etwas wie Kunst überhaupt gibt«, sagt ein australischer Maler in Careys neuem Roman, »und dann entdeckten wir, was man uns alles vorenthalten hatte.« Der Groll des Mannes ist verständlich, doch es ist trotzdem ein Schock, wenn Fragmente von Popsongs – eine ihm offenbar nicht vorenthaltene Kunstform – aus seinem Mund purzeln, als er über einen Kunstkritiker aus dem sechzehnten Jahrhundert herzieht: »Du bist auf die besten Schulen gegangen, okay, aber du bist nichts weiter als ein Schwätzer, der sich bei Cosimo de' Medici eingeschleimt hat. Ich war ein Stümper und ich kam durchs Badezimmerfenster rein.«

TEIL ACHT
GEGEN DIE UHR
2004–2010

CHRONICLES
Artforum
Dezember 2004

Statt *Volume One* könnte der Untertitel von Bob Dylans *Chronicles* auch »Ein Leben in den Künsten« lauten – in diesem Buch geht es in erster Linie um Kunst. Auf eine schlichte, bescheidene, sehr literarische Art wirft Dylan Schlaglichter auf Stationen seiner Karriere als Performer, die er vor allem als die Karriere eines Lernenden beschreibt, der sich immer wieder mit Wundern konfrontiert sieht. Die frühen Rock-'n'-Roll-Sänger sangen für ihn so, »als stünden sie am Steuer eines brennenden Schiffs«. »Was die Folksongs durch ihre Texte leisteten, führten Reds« – Red Grooms – »Sachen auf visueller Ebene vor – die Penner und Bullen, die irrsinnige Hektik, die beklemmend engen Gassen – die ganze jahrmarktsartige Vitalität. Red war der Uncle Dave Macon der Kunstwelt.« Das Buch handelt davon, etwas richtig hinzubekommen und es dann wegzuwerfen, um zu verfolgen, wo es landet – was immer *es* sein mag. Fast jeder Rezensent scheint eine Zeile aus der Passage zitiert zu haben, in der Dylan beschreibt, wie er sich in den frühen Sixties in den Archiven der New York Public Library vergrub und die Geschichte der Nation durchlebte, indem er Zeitungsartikel aus dem Jahrzehnt des Bürgerkriegs las und dabei »den allumfassenden Rahmen meiner künftigen Texte« entdeckte: »Amerika [ist] gekreuzigt worden, gestorben und wiederauferstanden.« Diese Zeile zieht die Aufmerksamkeit auf sich, auf eine Weise, die einen aus der von Dylan erzählten Geschichte hinauskatapultiert – doch dann folgen die lakonisch dahingeworfenen Zeilen, die einen wieder in die Geschichte hineinbefördern: »Ich stopfte so viel wie möglich von diesem Stoff in mich hinein, sperrte alles in eine verborgene Hirnkammer und kümmerte mich nicht mehr darum. Später konnte ich immer noch den Umzugswagen kommen lassen.« Dieses Buch ist der Umzugswagen.

Chronicles, Volume One (Simon & Schuster, New York 2004), Deutsch von Kathrin Passig und Gerhard Henschel, Hoffmann und Campe, Hamburg 2004, S. 16, 279, 91.

CHRONICLES
Rolling Stone
13. Januar 2005

Am letzten 2. November, am Abend des Wahltags, spielte Bob Dylan in Oshkosh, Wisconsin, »Masters of War«, seinen aus dem Jahr 1963 stammenden Protestsong gegen Waffenhändler. Die Nummer klang schon plump und selbstgerecht, als Dylan sie zum ersten Mal präsentierte. Warum war sie dann an diesem Abend so beängstigend, warum war die Vortragsweise so verhalten?

Warum lebt der Song noch? In Dylans *Chronicles* findet man die Andeutung einer Antwort. Bei diesem Buch handelt es sich nicht um die üblichen Memoiren, in denen sich alles immer nur um die Person des Autors dreht; es ist vielmehr ein »Bildungsroman«, in dem ein junger, auf der Suche befindlicher Mann die Geschichten von seiner Erziehung in der Kunst und im Leben erzählt, vom Lauf der Welt und wie dieser ihn geprägt hat. *Chronicles* ist ein Bericht über das Lernen und das Entdecken, wie es sich am nachhaltigsten in Minneapolis in den Jahren 1959 und 1960 und dann in den frühen Sixties in Greenwich Village vollzog, und es ist ein Bericht über die Frustration und das Scheitern in den darauffolgenden Jahrzehnten. Der alte Mann blickt zurück auf sein jüngeres Ich: weniger, um herauszufinden, wo er die falsche Abzweigung genommen hat (»Der Spiegel hatte sich gewendet«, schreibt Dylan über sich im Jahr 1987, »und ich konnte in die Zukunft sehen – einen alten Schauspieler, der die Mülltonnen hinter dem Theater nach vergangenen Triumphen durchwühlt«), sondern um noch einmal ganz von vorn zu beginnen. Es ist keine Brüskierung des Lesers, dass Dylans glorreiche Zeit in den Sixties und die seit den frühen 1990er-Jahren erfolgten verblüffenden künstlerischen Durchbrüche in diesem Buch mit keiner Silbe erwähnt werden: *Chronicles* kreist um die Pole, als sein Autor nichts wusste und als er nichts tun konnte. Und so ist es scharfsichtig, voller Zweifel, wobei der Autor Formulierungen, die einem sofort ins Auge stechen, freien Lauf lässt (»Der Spiegel hatte sich gewendet« – mein Gott, was mag wohl passieren, wenn der Spiegel sich *wendet*?), sie andererseits aber auch im Zaum hält, um der Geschichte zu dienen, um diese voranzutreiben oder um sie abzubremsen – und die Geschichte ist die eines Menschen mit einer Begabung, der er gerecht werden muss, sofern er herauszufinden vermag, was diese Begabung ist.

Und um genau diese Suche geht es in *Chronicles*. Der Geschichtenerzähler ist ein Detektiv (»Ich stellte das Radio aus, wanderte im Zimmer umher und blieb einen Moment lang stehen, um den Schwarz-Weiß-Fernseher einzuschalten«, schreibt Dylan im perfekten Tonfall, als ließe er Philip Marlowe durch seine Wohnung in Los Angeles spazieren. »Es lief *Wagon Train*.«), ein Spurenleser, der sich die Fußabdrücke anderer Menschen auf dem Waldboden ansieht. Er betrachtet die Welt aus der Ferne; sich selbst sieht er nur als eine Widerspiegelung des Lichts, das die Welt abstrahlt.

Da er Musiker ist, sind seine Reflexionen mitunter Echos, und manche dieser Echos sind Worte. »Mein Vater«, schreibt Dylan über Abraham Zimmerman, »war nicht so leicht davon zu überzeugen, dass die Wahrheit uns alle befreien werde« – und diese Worte hallen überall in dem Buch wider. Dies ist nicht einfach der starrsinnige Jude, der für Jesu Verkündigung, dass »die Wahrheit euch frei machen wird«, nichts übrig hat; es ist die Wahrheit, wie Dylan sie, an allen Ecken und Enden von *Chronicles*, auf Songs anwendet. Auf Folksongs. Auf alte Songs. Auf Songs, die sich dem Sänger widersetzen, die ihre Form verändern, sobald er glaubt, sie verstanden zu haben. Auf Songs, die den Sänger womöglich dazu zwingen, Tatsachen durch Rätsel zu ersetzen und Wissen durch Unwissen.

»Wer singt, muss seine Zuhörer dazu bringen, dass sie glauben, was sie hören, und das konnte Joan«, sagt Dylan über Joan Baez und deren 1960 aufgenommene Version von »Silver Dagger«, einer shakespeareschen Ballade aus den Appalachen, in der sich eine Mutter mit einem Messer bewaffnet, um die Männer von ihrer Tochter fernzuhalten. »Ich glaubte ihr, dass ihre Mutter jemanden umbringen konnte, den sie liebte ... Wenn schon sonst nichts, dann lehrt Folk einen doch wenigstens glauben.« »Ich wusste nicht, in welchem Zeitalter der Geschichte wir lebten oder worin dessen Wahrheit bestand«, schreibt er über Greenwich Village und die es umgebende Mainstreamkultur. »Wenn man die Wahrheit sagte, war das schön und gut, und wenn man die Unwahrheit sagte, war das immer noch schön und gut. Das hatte ich aus Folksongs gelernt ... Alles, woran man glaubte, konnte ebenso gut grundfalsch sein.« Die Folkmusik öffnete die Tür zu einem »Paralleluniversum«: »eine Kultur voller gesetzloser Frauen, Superschurken, dämonischer Buhlen und letzter Wahrheiten ... voller Landbesitzer und Ölmagnaten, Stagger Lees, Pretty Pollys und John Henrys – eine unsichtbare Welt.«

Folk war eine Realität von großartigeren Dimensionen. Sie überstieg das menschliche Begriffsvermögen, und wenn sie einen rief, konnte es passieren, dass man verschwand und von ihr verschluckt wurde. Ich fühlte mich heimisch in diesem Mythenreich, das nicht so sehr von Individuen bevölkert wurde als vielmehr von Archetypen, anschaulichen Menschheitsarchetypen von metaphysischer Statur – ungeschliffene Seelen, erfüllt von natürlicher Einsicht und innerer Weisheit. Und jeder gebührte ein gewisser Respekt. Ich konnte an das gesamte Spektrum glauben und es besingen. Es war so real, so viel lebensechter als das Leben selbst.

Songs, die sagen: *Ich bin wahr, aber es gibt keine Wahrheit. Zieh dir das rein, Kumpel!*

Es war, wie Dylan erzählt, die Herausforderung hinter seiner gesamten Karriere – das Pokerspiel, das er noch immer spielt. Und das ist auch der Grund dafür, dass ein alter Protestsong wie »Masters of War« an einem bestimmten Abend seine Form verändern, den Spiegel wenden und den Sänger dazu herausfordern kann, ihn zu singen, ihn wahr zu machen – »Folksongs sagen die Wahrheit über das Leben«, wie Dylan schreibt, »und das Leben ist mehr oder weniger eine Lüge.« Nein, vermutlich würde der Song niemanden befreien, außer vielleicht, für einen Augenblick, den Sänger. Doch das weiß man natürlich nie.

Chronicles, Volume One, a. a. O., S. 151, 37, 232, 264, 37, 242, 243, 75.

DIE WELTURAUFFÜHRUNG VON NO DIRECTION HOME

Telluride Film Festival
2. September 2005
Studies in Documentary Film
Januar 2007

Das vierunddreißigste Telluride Film Festival begann am 2. September, einem Freitag. Am Eröffnungsabend sah ich mir *Conversations with Other Women* an, ein Katz-und-Maus-Spiel zwischen einem Mann und einer Frau, die sich bei einer Hochzeitsfeier kennenlernen, und *Capote*, der mir gefiel – doch Philip Seymour Hoffman ist in der Rolle der Titelfigur dermaßen gut, dass er alle um ihn herum an die Wand spielt. Und ich bekam mit, wie sich Festivalbesucher über William H. Macy in *Edmond* und über *Brokeback Mountain* unterhielten.

Am nächsten Vormittag wurde *No Direction Home* auf den täglich aktualisierten Hinweistafeln angekündigt. Da das Festival den Film nicht in sein Programm aufnehmen und ihn auch nur einmal als eine Sneakpreview zeigen durfte, gab es kein Informationsmaterial, aus dem hervorging, um was für einen Film es sich handelte – und es gab auch keinen Hinweis darauf, dass es nur eine einzige Vorstellung geben würde. Ein paar Leute hatten etwas über den Film gelesen und wussten, dass es sich dabei um Martin Scorseses dreieinhalbstündigen Dokumentarfilm über Bob Dylan handelte, aber das war im Grunde schon alles. Die Leute wussten nicht, dass der Film Ende Mai 1966 aufhörte, als Dylan eine Welttournee im Vereinigten Königreich ausklingen ließ, in einem Hagel von wüsten Beschimpfungen, und anschließend einen Motorradunfall hatte und acht Jahre lang nicht mehr auf Tournee gehen würde. Sie wussten nicht, ob es ein Projekt war, an dem Scorsese ein Jahrzehnt lang gesessen hatte – oder ob er, wie es sich tatsächlich verhielt, das Ganze aus unzähligen Stunden von Interviews zusammengeschnitten hatte, die Dylans Manager Jeff Rosen während der letzten Jahre mit Dylan und mit Weggefährten Dylans aus Minnesota, aus New York und von sonst wo geführt hatte, wobei diese Interviewauszüge mit anderem Material kombiniert worden waren – mit Filmaufnahmen von Konzertdarbietungen, mit Ausschnitten aus Nachrichtensendungen, mit Archivfotos und mit Musik, berühmter und noch nie gehörter. Es gab also eine beträchtliche Zahl von Festivalbesuchern, die keine Ahnung hatten, um was für einen Film es sich handelte, und es gab einen Haufen Leute, die es wussten und die davon ausgingen, dass – wie den ganzen Samstag über gemunkelt wurde – der Publikumsandrang dermaßen groß sein würde, dass sie niemals einen Platz bekommen würden, und es deshalb auch gar nicht erst versuchten. In Telluride muss man anstehen, um einen Film zu sehen. An den ersten Tagen bilden sich die Warteschlangen für gewöhnlich eine Stunde vor Beginn der Vorstellung, manchmal auch früher, und häufig bekommen Leute keinen Platz mehr – doch da die meisten Filme drei- oder viermal gezeigt werden und es im Verlauf des Festivals auch Zusatzvorstellungen gibt, hat jeder die Chance, am Ende die Filme zu sehen, die er sehen möchte. Bei der einmaligen Vorführung von *No Direction Home* bewirkten Konfusion, Unwissenheit und eine pessimistische Einschätzung der Chancen, einen Platz zu ergattern, dass der Kinosaal, mit einem Fassungsvermögen von sechshundertfünfzig Zuschauern der größte der Stadt, bestenfalls zu zwei Dritteln gefüllt war.

Trotzdem herrschte im Publikum eine große Spannung und Vorfreude. Als ich den Film vorstellte, erwähnte ich, dass dies seine allererste öffentliche Vorführung sei, auch wenn ein anderes, namentlich nicht genanntes Festival die offizielle »Welturaufführung« ausrichten werde, doch die Leute im Publikum, so fuhr ich fort, könnten das Ganze nennen, wie sie wollten. Das machte sie noch aufnahmebereiter: Von Anfang an reagierte das gesamte Publikum auf das Geschehen auf der Leinwand mit einem Engagement – einer Kombination aus Wiedererkennen und Überraschung –, wie ich es bei keiner der anderen von mir besuchten Festivalvorführungen (*L'Enfant* von den Brüdern Dardenne, Michael Hanekes beängstigend kompromissloser *Caché*, *Walk the Line*, die Johnny-Cash-Story) erlebte. Die Leute lachten lauthals über alles, was auch nur ansatzweise witzig oder ironisch war. Sie ließen sich mit Haut und Haaren auf Dylan ein – auf seine harte, nachdenkliche, rätselhafte, nüchtern-sachliche Darstellung der Dinge. Es gab zustimmendes Gemurmel und anerkennende Seufzer. Da war die Irritation, die der Film bewusst hervorrufen will: Er beginnt mit einem unglaublich intensiven, von Gefahr durchströmten »Like a Rolling Stone«, live dargeboten auf der Bühne in Newcastle im Mai 1966, mit Dylan als einem Derwisch, besessen von einem Gott, dem man lieber nicht begegnen möchte, und dann wird der merkwürdige Titel »Many Years Earlier« eingeblendet, als sollte angedeutet werden, dass dies ein Film über eine Suche sei, eine Geschichte, die beschreibt, welche Art von Reise einen Menschen, egal ob es sich dabei um Bob Dylan oder sonst wen handelte, in eine Situation bringen würde, die so eigenartig und selbstzerstörerisch ist wie die, die den Auftakt des Films bildet.

Am Ende von Teil 1, nach etwa zwei Stunden, erhob sich das Publikum und brach in tosenden Beifall aus, obwohl die Leute darüber informiert waren, dass keiner der für den Film Verantwortlichen im Saal war (sehr ungewöhnlich in Telluride, wo der Regisseur eines Films fast immer anwesend ist, um sein Werk vorzustellen und um hinterher mit dem Publikum darüber zu diskutieren, häufig auch gemeinsam mit dem Produzenten oder dem Drehbuchautor oder den Hauptdarstellern – im Fall von *Capote* waren Hoffman und der Regisseur des Films, Bennett Miller, das gesamte Wochenende über da). Als sich die Leute während der zwanzigminütigen Pause über das bis dahin Gesehene unterhielten, hörte ich immer wieder Wendungen wie »Hättest du gedacht, dass ...« oder »Hast du gesehen, wie ...«, wobei sie sich auf diesen oder jenen Moment bezogen (etwa auf eine Szene am Anfang des Films, wo Dylan beschreibt, wie er als Kind eine völlig neue Welt entdeckte, als er zufällig auf Bill Monroes »Drifting Too Far from the Shore« stieß – eine Metapher, die einem im weiteren Verlauf des Films nicht mehr aus dem Kopf geht –, oder auf eine Szene mit Allen Ginsberg, wo dieser davon spricht, dass »Dylan und seine Stimme eins wurden, sich in eine Luftsäule verwandelten« – wobei ich unwillkürlich an eine »Salzsäule« denken musste: »Schau nicht zurück« – *sonst* ...). Der Drehbuchautor Larry Gross sagte zu mir: »Wissen Sie, woran mich dieser Film erinnert?« »Nein, woran?« »An Peter O'Toole in *Lawrence of Arabia!*«[57] Dann sprach er davon, wie Lawrence in diesem Film (und in John E. Macks Biografie *A Prince of Our Disorder*) zur Verkörperung seines Zeitalters werde, ohne dabei jemals seine Einzigartigkeit zu verlieren, aber auch, ohne sich jemals wirklich zu offenbaren. In *Lawrence of Arabia*, sagte Gross, nehme die soziale und politische Geschichte der damaligen Zeit Gestalt an, doch es sei Lawrence, der ihr diese Gestalt verleihe, nicht weil er eine Galionsfigur oder ein Wortführer sei, sondern weil er das Zeitalter auf irgendeine grundlegende und letztlich unerklärbare Weise repräsentiere – weil er das Wesen des Dramas dieses Zeitalters, das, was es braucht und was es will, persönlich auslebe – allerdings auf eine Weise, auf die es kein anderer tun würde oder könnte. Einige Leute wandten sich an mich, um zu erfahren, was in Teil 2 des Films geschehen würde, als wüssten sie es nicht, als habe die Art und Weise, wie sich Teil 1 entwickelt hatte – chronologisch, aber ständig den brodelnden Hexenkessel im Mai 1966 in England vor Augen –, tatsächlich stattgefundene, einem sattsam vertraute Ereignisse irgendwie in Zweifel gezogen oder als betrachteten sie das Geschehen auf der

---

[57] Lawrence von Arabien (Regie: David Lean, Großbritannien 1962)

Leinwand nicht als die Geschichte ihres eigenen Lebens, sondern als einen Spielfilm, dessen Ausgang ungewiss war.

Als Teil 2 begann, beschlich einen ein deutliches Gefühl der Gefahr: Man konnte spüren, wie die Einsätze von Minute zu Minute erhöht wurden. Die Absurdität eines Großteils der Filmaufnahmen aus dem Vereinigten Königreich war hässlich und zugleich amüsant – ein Fotograf, der Dylan auf einer Pressekonferenz dazu auffordert, er solle »an seiner Sonnenbrille lutschen«, eine Morddrohung aus einem Fernsprecher in einem Korridor und Dylan in seiner Garderobe, wie er sagt: »Es macht mir nichts aus, erschossen zu werden, aber ich möchte vorher nicht darüber informiert werden.« Viele Leute, darunter auch ich, waren schwer beeindruckt von den Interviews mit Joan Baez – von ihrem Humor, ihrer Unverblümtheit, ihrer durch und durch natürlichen Art. Scorsese legt einen guten Riecher an den Tag, ein feines Gespür nicht nur für die Auswahl der richtigen Stellen aus Rosens Interviews (der Greenwich-Village-Veteran Liam Clancy oder Baez sagen etwas, dem Dylan dann widerspricht oder das er abstreitet), sondern auch für *den* Moment, etwa als der Musiker Bruce Langhorne über den perfekten Einstieg der Begleitband in »Bob Dylan's 115th Dream« spricht. Die Leute waren hin und weg, sie mochten jedes einzelne Detail, wurden aber auch allmählich von dem Gefühl der eskalierenden Bedrohung ergriffen. Als die Geschichte, gegen Ende des Films, wieder zu ihrem Ausgangspunkt zurückkehrt, zu den Tagen im Mai 1966, wo die Fans Dylan beschimpfen und seine Performances von Tag zu Tag aggressiver werden, scheint es keinen Ausgang zu geben, keinen Ausweg, keine Möglichkeit, dass das Ganze weitergehen, aber auch keine Möglichkeit, dass es aufhören kann.

In *Walk the Line*, einer konventionell erzählten Erst-dies-dann-das-Filmbiografie, gibt es kurz nach Beginn des Films eine faszinierende Szene, in der Joaquin Phoenix als Johnny Cash um 1954 herum mit seiner kleinen Amateurband zu einem Vorsingen bei Sam Phillips' Label Sun geht. Sie bringen eine Gospelnummer, doch Phillips winkt mittendrin ab und sagt zu Cash: »Ich glaube Ihnen nicht.« Phoenix, als Cash, ist empört: »Behaupten Sie, ich glaube nicht an Gott?« Phillips erklärt ihm, es gehe nicht darum, den Leuten einen Song zu präsentieren, den sie schon ihr Leben lang gehört haben und den sie akzeptieren werden, ohne auch nur einen Gedanken daran zu verschwenden, wer ihn gesungen hat und warum – nein, es gehe vielmehr darum, die Leute dahin zu bringen, dass sie etwas akzeptieren, das sie vorher noch nie gehört haben: »Das Ganze hat nichts mit Ihrem Glauben an Gott zu tun, Mr. Cash, sondern nur damit, wie sehr Sie an sich selbst glauben.« Daraufhin tastet Cash sich unbeholfen in »Folsom Prison Blues« hinein. Erst am Ende des Films, als Cash tatsächlich im Folsom Prison auftaucht, um dort ein Konzert zu geben, glaubt man, dass Phoenix glaubt, er sei Cash, oder dass er glaubt, er könnte Cash gewesen sein.

Von diesem Mangel an Realität ist in *No Direction Home* nichts zu spüren, und zwar nicht deshalb, weil es sich dabei um einen Dokumentarfilm handelt. Es mag an Rosens Interviewtechnik liegen oder an Scorseses cineastischer Raffinesse, aber die Leute, die in dem Film zu Wort kommen – Dylans *Freewheelin'*-Freundin Suze Rotolo, wunderschön und überschwänglich, der stets ein Pokerface zur Schau stellende Mundharmonikaspieler Tony Glover, Dylans einstiger Intimus Bob Neuwirth, Leute, die in Dylans Leben eine Rolle gespielt haben und in deren Leben er eine Rolle gespielt hat –, versuchen offenbar nicht, Eindruck zu schinden, sich wichtig zu machen oder gut wegzukommen. Und es gibt da eine Art von Realität, die mit ästhetischen Repräsentationen offenbar nicht oder nur schwer zu erfassen ist. Das heißt, man kann von *Walk the Line* überwältigt sein und in Telluride waren das auch viele – doch wenn man *No Direction Home* mehr oder weniger zur selben Zeit sieht oder die beiden Filme verbindet, so kann *Walk the Line* sich nicht selbst erklären, wenn man ihn der Szene aus *No Direction Home* gegenüberstellt, in der Dylan und Cash, im Mai 1966 backstage in Leeds, gemeinsam »I'm So Lonesome I Could Cry« singen. (Dieses Filmmaterial ist bislang noch nie gezeigt worden – D.A.

Pennebaker hat es gedreht, doch bei seinem eigenen, unveröffentlichten Film über die 1966er-Tournee nicht verwendet und Dylan verwendete es nicht bei seinem nur alle Jubeljahre in den Kinos gezeigten *Eat the Document*.) Da ist Johnny Cash: Er ist dreiunddreißig, er sieht aus wie sechzig, wie eine Leiche, das Gesicht entstellt von Medikamentenmissbrauch und Schuldgefühlen, und die Frage, wie er in diesen kleinen Raum gekommen ist und wie er dort wieder herauskommt, wird unversehens zu der Frage, die *No Direction Home* gleich zu Anfang aufwirft, mit der in Newcastle abgelieferten Performance von »Like a Rolling Stone«.

Am Ende gab es zwei oder drei Minuten lang frenetischen Beifall – ein weiteres Mal, obwohl die Leute im Saal wussten, dass keiner da war, um ihn entgegenzunehmen. Sie blieben während des gesamten langen Abspanns im Saal, vielleicht weil sie befürchteten, es könnte noch etwas kommen, das sie auf keinen Fall verpassen wollten. Als der Abspann schließlich zu Ende war, brandete noch einmal Applaus auf. Und anschließend verharrten viele Leute weiter auf ihren Plätzen, als hofften sie, es würde für die wirklich Getreuen noch eine zusätzliche Filmrolle mit Outtakes geben.

No Direction Home (Regie: Martin Scorsese, PBS, Spitfire Pictures DVD, 2005).

BÜCHERBORDE – PAUL NELSON, 1936–2006

City Pages
12. Juli 2006

Irgendwann in den frühen 1970er-Jahren besuchte ich Paul Nelson in New York in seiner Wohnung in der Lexington Avenue. Paul und ich waren uns in den Jahren zuvor häufig begegnet, doch dieses Mal sah ich ihn zum ersten Mal ohne Kappe: An jenem Tag fand ich heraus, dass er unter seiner Kappe vollkommen kahl war. Bei sich zu Hause konnte er er selbst sein.

Paul war ein leidenschaftlicher Büchersammler: ein Experte, ein Fetischist. Auf seinen Bücherborden stauten sich unzählige Krimis aus den 1940er- und 1950er-Jahren, allesamt von der »hartgesottenen« Sorte: Erstausgaben in perfektem Zustand, zerfledderte Taschenbücher mit grellbunten Umschlägen. Hier und da waren Bücher auf Ständern platziert, wie Kunstwerke. Sie standen da, um betrachtet zu werden, um in sie hineinzulaufen, um zu reflektieren wie Spiegel. Er reichte mir *Five Sinister Characters*, ein 1945 erschienenes Paperback mit Detektivstories von Raymond Chandler: »Trouble Is My Business«, »Red Wind«, »I'll Be Waiting«. Auf der Umschlagillustration sah man eine reiche Frau mit einer schweren Halskette, einen gemein aussehenden Schurken mit Menjoubärtchen, einen Offizier aus dem Ersten Weltkrieg, einen chinesischen Mobster und eine Frau mit Hut samt Schleier – eine Frau, bei der es sich eindeutig um einen Mann handelte. Die kruden Porträts waren wie ein dünner Gazevorhang, der sich über den

Inhalt des Buches legte und einem vorgaukelte, bei der Lektüre bekäme man heraus, wer wer war, was einem dann natürlich nicht gelang. Paul war ein bescheidener, großzügiger Mensch mit dem trockensten Humor, den man sich vorstellen kann und der allein schon darin zum Ausdruck kam, wie er ein Auge zusammenkniff; man wusste, man sah noch nicht einmal einen Bruchteil dessen, was da war. Seine Wohnung war ein luftiger, angenehmer Ort, aber sie war auch eine Höhle. »P. N. hat einen Phone-Mate-Anrufbeantworter, den er rund um die Uhr eingeschaltet lässt, um alle Anrufe abzublocken, die er nicht entgegennehmen möchte«, schrieb Pauls enger Freund und Koautor Lester Bangs über jene Zeit in seinen Notizen zu einem Buchprojekt mit dem Titel »Alle meine Freunde sind Einsiedler« – damals musste man noch erklären, was ein Anrufbeantworter war. »Manchmal hebt er den Hörer ab, wenn ich nach dem Pfeifton meinen Namen gesagt habe. Doch oft lässt er es auch bleiben. Manchmal hebt er den Hörer wochenlang nicht ab.« Paul versteckte sich vor seiner Arbeit, dem Schreiben. Als Jim Miller und ich 1974 versuchten, von Paul die beiden Kapitel zu bekommen, die er für *The Rolling Stone Illustrated History of Rock & Roll* zu schreiben versprochen hatte – eines über Bob Dylan und eines über Rod Stewart, Leute, die er mochte und die ihn mochten –, hinterließen wir auf seinem AB zunächst Nachrichten, die wir für witzig hielten, und anschließend welche, von denen wir hofften, sie würden ihm einen Schrecken einjagen; wir drückten auf seine Türklingel, wir schrien von der Straße zu seiner Wohnung hinauf, wir schickten ihm Erpresserbriefe (ich kann mich nicht mehr erinnern, wen wir uns als Geisel ausgeguckt hatten). Wir hatten keine Ahnung, ob er sich in seiner Wohnung aufhielt oder nicht. Wir malten uns aus, er liege tot auf dem Fußboden – eine alltägliche, banale Fantasie, die jeder hatte – und man würde ihn erst finden, wenn die Nachbarn den Gestank nicht mehr ignorieren konnten. Jim und ich kapitulierten und begannen, uns nach anderen Autoren umzuschauen.

Schließlich bekamen wir die Artikel. Der über Dylan war eine Detektivstory. Paul war der Schnüffler; sein Revier war die Kulturszene. Seine Auftraggeber (vom »Manhattan Institute of Critical Enterprise« und von der »Majorities Enter the War League«) waren auf der Suche nach einem Helden, den sie fördern könnten, und sie meinten, Bob Dylan sei noch immer ein tauglicher Kandidat für diesen Job.

»Zur Mitte der Sechzigerjahre weckte Dylans Talent bei seinen Anhängern wie bei seinen Kritikern ein so intensives persönliches Interesse, dass sie bei ihm nichts mehr als einen Zufall gelten lassen wollten«, erklärte der Detektiv. »Begierig auf ein Zeichen verfolgten sie ihn auf Schritt und Tritt und warteten nur darauf, dass er einen Zigarettenstummel fallen ließ. Wenn er es tat, prüften sie die Überreste sorgfältig und suchten nach einer Bedeutung. Das Beängstigende daran ist, sie fanden diese auch – für sie waren derlei Dinge tatsächlich von Belang.«

»Mystisches Gelaber«, sagte einer der Auftraggeber, doch es war eine ganze Karriere in noch nicht einmal hundert Worten. Paul hatte Wochen benötigt, um diese Worte zu Papier zu bringen, und während der letzten dreißig Jahre sind sie mir immer wieder durch den Kopf gegangen. Viele Autoren gehen ihrem Beruf nach, ohne jemals etwas dermaßen perfekt hinzubekommen, mit Worten, auf die kein anderer gekommen wäre.

Paul Nelson, »Bob Dylan«, in: Jim Miller (Hrsg.), *The Rolling Stone Illustrated History of Rock & Roll*, Random House, New York 1976.
—, mit Lester Bangs, *Rod Stewart*, Delilah Books, New York 1981.

Neil Strauss, »The Man Who Disappeared«, *Rolling Stone* (28. Dezember 2006 – 11. Januar 2007).

FOLKMUSIK HEUTE – VERZÜCKUNG
City Pages
12. Juli 2006

»Mittlerweile einer der Alten, die von allen Modernen gepriesen werden« – das sagte Bob Dylan in seiner ersten *Theme Time Radio Hour*, einer Sendung, die fortan wöchentlich von XM Radio ausgestrahlt wird. Er meinte Muddy Waters, doch er hätte auch die überwiegend traditionellen, allerdings gründlich umgekrempelten und gegen den Strich gebürsteten Songs auf *Shaken by a Low Sound* meinen können, dem zweiten Album von Crooked Still, einer vierköpfigen Combo aus Boston. Kürzlich brachte die *New York Times* in ihrem Kunst- und Freizeitteil einen ihrer albernen Trendscoutingartikel, der sich diesmal dem »Freak Folk« widmete, eine Lobeshymne auf Musiker wie Devendra Banhart, auf Elfenstaub, Joanna Newsom, Bartkraulen, »das Vermonter Musikkollektiv Feathers« und Umarmungen. Crooked Still hätten dort nie und nimmer hineingepasst. In ihren Songs sterben Leute. Leute sind tot, noch ehe ihre Songs beginnen.

Crooked Still nehmen sich Songs vor, die schon zur Zeit des Folkrevivals der 1950er- und 1960er-Jahre alte Kamellen waren – »Railroad Bill«, »Little Sadie«, »Wind and Rain« –, sowie einige andere, die zwar genauso alt, aber noch nicht so abgelutscht sind – »New Railroad«, »Ain't No Grave«, »Lone Pilgrim« und »Ecstasy« –, und die Sängerin Aoife O'Donovan, der Cellist Rushad Eggleston, der Banjospieler Gregory Liszt und der Bassist Corey DiMario scheinen darauf zu vertrauen, dass die von ihnen ausgewählten Songs Dinge offenbaren können, die sie vorher noch nie offenbart haben. Jeder Song wirkt wie ein Buch, das auf Englisch und gleichzeitig in einer unbekannten Sprache geschrieben wurde. Liest man es, so liest man das, was jeder vor einem gelesen hat. Spricht man die Worte jedoch laut aus, so sagt man Dinge, die vorher noch nie gesagt worden sind.

O'Donovan passt die Charaktere in ihren Songs nicht an ihr Geschlecht an. Es ist ein Mann, der Little Sadie erschießt – ohne dass wir den Grund dafür erfahren, ein Gesicht, eine Hand, die eine Pistole umfasst, ein Finger, der den Abzug betätigt, und es ist die Unfassbarkeit dieser Tat, oder deren Offensichtlichkeit, die die Story schon seit so vielen Generationen am Leben erhalten hat –, und deshalb wird O'Donovan zu diesem Mann. Mit einer hohen, dünnen, aber dennoch eindrucksvollen Stimme, die zuerst an Alison Krauss, Sandy Denny oder die weniger bekannte Anna Domino von Snakefarm erinnert, betritt O'Donovan den Song wie durch eine Hintertür, die niemand außer ihr sieht. Als sie entdeckt, dass sie in den Zimmern des Songs allein ist, wird sie zu Goldlöckchen, das alle Betten ausprobiert – und während sie sich hinlegt, durchlebt sie noch einmal jeden Albtraum und jeden Liebesakt, den diese Betten miterlebt haben. Dann steht sie auf. Konfrontiert mit dem Richter in »Little Sadie«, mit dem Grabstein in »Lone Pilgrim«, mit dem Henker in »New Railroad«, mit Jesus in »Ain't No Grave« und mit den elysischen Gefilden in »Ecstasy«, weiß sie genau, was sie zu tun hat.

In »Little Sadie« ist es eine von Eggleston auf seinem Cello vollführte Drehung – es scheint tatsächlich so, als würde er das Instrument als solches drehen, als kehrte er einem dessen Rückseite zu –, die den Song für eine Art von Spannung öffnet, wie dieser sie womöglich niemals zuvor enthalten hat. Man erkennt mit einem Mal, dass es in dem Song um etwas anderes geht als die simple Geschichte von Mord und Gerechtigkeit, die sein Text erzählt; nun öffnet er sich zu etwas viel Unheimlicherem, dem mit der irdischen Justiz nicht beizukommen ist.

»Ain't No Grave« ist eine beschwingte Nummer, eine Synkopierung, die auf dem Cello aufbaut – es schubst jeden über den Rand der Welt hinaus und in die Tiefe, in einem Gefühl fröhlicher Unbeschwertheit, denn sie wissen, Gott wird da sein, um sie aufzufangen. Als Liszt sich mit seinem Banjo hinzugesellt – er zupft zunächst locker und entspannt, zieht dann aber das Tempo an und spielt wie mit zwei Instrumenten und vier Händen –, schüttelt man ungläubig den Kopf und fragt sich, wie man an den Ort gelangt ist, an den Liszt einen befördert hat, und man möchte nie wieder von dort fort. Auf die gleiche Weise versteckt sich die Band beinahe vor der Musik, die sie macht, als sie sich in »Ecstasy« hineinschleicht, denn dieses Lied aus dem 1844 veröffentlichten hinterwäldlerischen Gesangbuch *The Sacred Harp* gehört der Band nicht. Doch als sie es spielen, so langsam, dass der Rhythmus einem kompletten Stillstand so nahe kommt, wie es möglich ist, da lernen sie, dass dieses Lied noch nie jemandem gehört hat und auch nie jemandem gehören wird.

Die Songs, denen Crooked Still sich heute widmet, wurden einmal geschrieben, um ganze Länder von Erfahrung, Fantasie, Vergessen, Rache, Schuld und Entkommen einzufangen – Länder, die bereits verschwunden waren, als die Songs geschrieben wurden, Länder, die es gab, Länder, die erst noch entstehen mussten. Die Band nimmt sich der Songs an, als enthielten diese ein Wissen, das den Horizont derjenigen, die sie womöglich singen, bei Weitem übersteigt. »Hang me, oh hang me, I'll be dead and gone / It's not the hanging that I mind, it's the laying in the grave so long« – es sind nicht die Worte, die einem unter die Haut gehen, denn das Wissen steckt nicht in den Worten. Es steckt in den Melodien und hier kann man hören, wie sie der Sängerin das in ihnen enthaltene Wissen vermitteln, wenn Letztere sich nicht dagegen sträubt – etwa wenn sie beim Aufsagen eines Gebets lernt, dass Gott existiert.

Crooked Still, *Shaken by a Low Sound* (Signature Sounds, 2006).

REAL LIFE ROCK TOP 10
DIE SPUR VON TOTEN
Interview
November 2006

1) The Drones: *Gala Mill* (ATP/R). Diese Neuerscheinung interessierte mich schon allein deshalb, weil mich der Titel des letzten Albums dieser australischen Band, *Wait Long by the River and the Bodies of Your Enemies Will Float By*, an zwei meiner Lieblingsbandnamen erinnerte: When People Were Shorter and Lived Near the Water und And You Will Know Us by the Trail of Dead. Musste *Gala Mill* da nicht einfach großartig sein? Okay, der Titel ist nicht so toll, doch laut Pressemitteilung nahm dieses von dem Sänger und Gitarristen Gareth Liddiard angeführte Quartett das Album auf einer »abgelegenen 4000 Hektar großen Farm« auf Tasmanien auf. Da würde selbst Nick Cave vor Neid erblassen!

Nichts davon – und auch nicht die Musik, die die Band früher veröffentlicht hat – bereitet einen irgendwie auf das vor, was hier, vom ersten Moment an, passiert. »Jezebel« ist ein langer, deliriöser Song, der das ganze Chaos und den ganzen Horror der Gegenwart in einen einzelnen Menschen hineinzuziehen scheint, einen Menschen, der sich darum bemüht, diese Welt in sich aufzunehmen, sie dort, in seinem Innern, wegzusperren, eine Welt, die offenbar die Gestalt des Schulmassakers von Beslan annimmt, des grausamen Blutbads von 2004, das in diesem Lärm beinahe nachgestellt wird. Vor allem bei den Refrains, wo ein Brummen aufsteigt, in der Luft schwebt und dort verharrt – ein enervierendes Geräusch, dessen Ende man förmlich herbeisehnt –, vermag man nicht zu sagen, ob der Sänger bei seinen Vorhaben Erfolg haben wird oder nicht oder ob es vielleicht besser wäre, wenn er dabei scheiterte. Besser für wen? Man wird in diesen Song hineingezerrt, als sei man ein Gefangener. Die Performance ist ein Schocker – und das Album, in dem Echos von Neil Young und von Eleventh Dream Day anklingen und das, Song für Song, sein eigenes Territorium absteckt, kann sich von diesem Schock kaum erholen. Nicht bis zur letzten Nummer, einer neunminütigen Neuinterpretation einer traditionellen australischen Sträflingsballade – und danach wird man diese Band tatsächlich an der von ihr hinterlassenen Spur von Toten erkennen.

2) Broom: *Someone Still Loves You Boris Yeltsin* (Polyvinyl). Okay, aber sie spielen nicht »Are You Lonesome Tonight?« – Boris' Lieblingssong.

3) *Clerks 2*, Regie und Drehbuch: Kevin Smith (The Weinstein Company). Letzte Zeile des Films: »Heute ist der erste Tag vom Rest unseres Lebens« – was umgehend von Soul Asylums selbstmörderischem »Misery« konterkariert wird.

4) Grates: *Gravity Won't Get You High* (Dew Process). Wegen »Inside Outside« – schnell, verzweifelt, cool, ohne die geringste Angst vor seiner eigenen Cleverness. »I might live to tell the tale«, sagt Sängerin Patience, »of how young girls once rode a whale.«

5) Ellen Barkin: »Es ist Nacht in der großen Stadt …« *Theme Time Radio Hour with Bob Dylan* (XM Radio). Jede Woche, bevor Dylan als Diskjockey damit beginnt, seine Platten aufzulegen und seine Geschichten zu erzählen, tritt Ellen Barkin – die Frau, die vor langer, langer, langer Zeit in *Diner*[58] die Schallplatten ihres Ehemanns nicht wieder rich-

---

[58] *American Diner* (Regie: Barry Levinson, USA 1982).

tig ins Regal einsortieren konnte – einen Schritt zurück und zieht den Mikrofongalgen nach unten. Nach dieser stets gleichen Einleitung raunt sie Woche für Woche ein paar neue Zeilen, die eine Art fortlaufendes Gedicht ergeben: »Eine Frau spaziert barfuß durch die Straßen, ihre High Heels in einer Handtasche ... Ein Mann betrinkt sich und rasiert sich den Schnurrbart ab ... Eine Katze stößt eine Lampe um ... Ein Cop außer Dienst parkt vor dem Haus seiner Exfrau.« Belauert er sie? Oder haben die beiden noch immer Sex miteinander?

6) Cat Power: Live on KEXP (nur bei eMusic erhältlich). Vier bei einem Radioauftritt mitgeschnittene Nummern, mit nichts weiter als Gitarre und Klavier, doch eine komplettere Zusammenfassung dessen, was diese Frau ist und was sie macht, dürfte derzeit nirgendwo aufzutreiben sein. Das Ganze ist dermaßen ruhig, dass man nicht weiß, ob man den Atem anhalten oder laut schreien soll.

7) Robert Plant: *Nine Lives* (Rhino). 1982 trieb der ehemalige Led-Zeppelin-Derwisch in einem Ozean, den er ganz für sich allein hatte, ein Surfer auf einer Welle, die nie das Ufer erreichte. Das war »Far Post« – damals eine B-Seite und seitdem fast unmöglich aufzutreiben. Doch hier haben wir es nun. Man kann es jetzt den ganzen Tag über abspielen.

8) Bob Dylan: *Modern Times* (Columbia). In den mitunter trägen Rhythmen und trügerisch einfachen Textzeilen verbirgt sich eine tiefe Sehnsucht. Nach einer Spur von Toten.

9/10) Peter Stampfel: Karen Dalton, *It's So Hard to Tell Who's Going to Love You the Best* (1969: Koch, 1997), und die Holy Modal Rounders, *Alleged in Their Own Time* (Rounder, 1975). Auf *Gala Mill* covern die Drones »Are You Leaving for the Country«, einen Song, den sie von einer Aufnahme der in den Sixties zur Folkszene von Greenwich Village gehörenden Jazzsängerin Karen Dalton gelernt haben (»Meine Lieblingssängerin in diesem Laden«, sagt Dylan in *Chronicles* über das Café Wah? im Jahr 1961). Sie hatte eine beißende Stimme und sie führte ein Leben, das sich in dieser Stimme widerspiegelte – in seinem Song »Sally in the Alley« hielt Stampfel ihr Leben fest wie einen Handtaschenräuber. Er zieht den Text von »Sally« heran, um seine Anmerkungen zur Wiederveröffentlichung von Daltons 1969 erschienenem Album ausklingen zu lassen; er nahm den Song fast zwanzig Jahre vor Daltons Tod für das Holy-Modal-Rounders-Album *Alleged in Their Own Time* auf. Die Drones-Version von »Are You Leaving for the Country« wird man vergessen; Daltons Version (auf ihrem soeben wiederveröffentlichten, 1971 erschienenen Album *In My Own Time*) vergisst man möglicherweise auch. Doch »Sally«, ein Kinderlied über einen Junkie, wird man nicht vergessen.

EIN TRIP ZUR HIBBING HIGH

Daedalus
Frühjahr 2007[59]

»As I walked out …« Dies sind die ersten Worte von »Ain't Talkin'«, dem letzten Song auf Bob Dylans im Herbst 2006 veröffentlichten Album *Modern Times*. Es ist eine großartige Eröffnungszeile für praktisch alles: für einen Song, eine Lügengeschichte, eine Fabel, einen Roman, einen Monolog. Es ist eine Zeile, die einem die Welt erschließt. Und ich möchte herausfinden, wie man an den Punkt gelangt, wo diese Worte ihre wahre Autorität entwickeln, wo sie die Spannung aufgehen lassen wie einen Vorhang und sie jeden dazu bringen, dass er unbedingt erfahren will, was als Nächstes geschieht.

Für mich öffnete sich diese Straße im Frühjahr 2005, im Obergeschoss des einst berühmten und mittlerweile geschlossenen Buchladens Cody's Books in der Telegraph Avenue in Berkeley. Ich las dort aus meinem Buch über Bob Dylans »Like a Rolling Stone«. Ältere Besucher der Veranstaltung – Leute in meinem Alter – erzählten von den Dylan-Konzerten, die sie 1965 gesehen hatten: Im Dezember jenes Jahres war Dylan auf seiner ersten Tournee mit einer Band in Berkeley aufgetreten. Die Leute stellten Fragen – oder sie schwangen Reden. Und natürlich kam irgendwann der alte Spruch: »Wie kann jemand wie Bob Dylan aus einem Kaff wie Hibbing, Minnesota,

---

[59] Zuerst als Vortrag gehalten, am 16. November 2006 in der Morgan Library, New York, und am 25. März 2007 auf der von der University of Minnesota ausgerichteten Tagung »Highway 61 Revisited«.

kommen, einer heruntergekommenen Bergbaustadt am Ende der Welt?«

Eine Frau meldete sich zu Wort. Sie war etwa fünfunddreißig, vielleicht auch vierzig, jedenfalls eindeutig jünger als die anderen, die sich bis dahin an der Diskussion beteiligt hatten. Sie schnaubte vor Empörung. »Ist irgendjemand von Ihnen jemals in Hibbing *gewesen*?«, fragte sie. Daraufhin setzte ein allgemeines Kopfschütteln und verneinendes Gemurmel ein – bei mir genauso wie bei allen übrigen. »Sie sollten sich was schämen«, sagte die Frau. »Sie haben doch keine Ahnung, wovon Sie da reden. Wären Sie in Hibbing gewesen, dann wüssten Sie, warum Bob Dylan von dort kommt. Da gibt es sogar Lyrik an den Wänden. Überall, wo man hinschaut. Da gibt es Bars, wo sich Sozialisten und Wobblies hitzige Diskussionen geliefert haben, genauso wie Kommunisten und Trotzkisten, Diskussionen, die vor hundert Jahren begannen und die nach wie vor geführt werden. So ist das in Hibbing – und so war es auch, als Bob Dylan noch dort lebte.« »Ich kann mich nicht mehr daran erinnern, was sie sonst noch gesagt hat«, erwiderte meine Frau, als ich sie fragte, wie sie jenen Abend erlebt hatte. »Da habe ich nämlich schon begonnen, unseren Trip zu planen.«

Gemeinsam mit unserer jüngeren Tochter und deren Mann, die in Minneapolis wohnen, trafen wir ein Jahr später in Hibbing ein, zufälligerweise während der Dylan Days, den inzwischen alljährlich an einem Wochenende veranstalteten Feierlichkeiten zu Bob Dylans Geburtstag, in diesem Fall seinem fünfundsechzigsten. Es gab eine Bustour, die Premiere eines neuen Films und ein Restaurant namens Zimmy's veranstaltete einen Wettbewerb, bei dem der beste Dylan-Imitator gekürt werden sollte. Wir begaben uns jedoch direkt zur Highschool. Bei der Bustour am darauffolgenden Tag kehrten wir noch einmal dorthin zurück. Hibbing High: das war *die* Überraschung!

In seinem aufschlussreichen, 1993 publizierten Essay »When We Were Good: Class and Culture in the Folk Revival« führt einen der

Historiker Robert Cantwell zurück in die Vergangenheit und präsentiert einem das neue Amerika, das aus dem Zweiten Weltkrieg aufstieg: »War man ungefähr zwischen 1941 und 1948 geboren worden«, sagt er,

> das heißt hineingeboren in die neue Mittelschicht der Nachkriegszeit, so wuchs man in einer Wirklichkeit auf, die sich auf eine verwirrende Weise auflöste durch die Vermischung einer im Entstehen begriffenen Massengesellschaft und einer untergehenden Industriekultur … Rings um einen herum nahm undeutlich eine neue Umgebung Gestalt an, eine durch eine bestimmte Ordnung und Beschaffenheit gekennzeichnete Umgebung von neuen Nachbarschaften, neuen Schulen, neuen Geschäften, neuen Formen der Freizeitgestaltung und der Unterhaltung, die die Welt, in der die Eltern dieser Generation aufgewachsen waren, im Verlauf der 1950er-Jahre buchstäblich abschaffen sollte.

Dieser Satz ist typisch für Cantwells Stil. Offenbar selbstverständliche gesellschaftliche Veränderungen werden in der Domäne des Vertrauten angesiedelt und dann folgt etwas Ungeheuerliches: Während du dich in deine eigene Welt hineintastest, wird die Welt deiner Eltern *abgeschafft*.

Als jemand, der in so typischen kalifornischen Nachkriegsvororten wie Palo Alto und Menlo Park aufgewachsen ist, kenne ich das von Cantwell skizzierte Leben. Bob Dylan wuchs zwar nicht in den Vororten auf – Hibbing liegt nicht nahe genug bei Duluth oder einer anderen Stadt, um ein Vorort von irgendetwas zu sein –, doch auch er ist mit diesem Leben vertraut.

Cantwell spricht anschließend davon, dass der neue Wohlstand der 1950er-Jahre der damaligen Elterngeneration wie das Paradies vorgekommen sein muss, dass die Wünsche und Ziele dieser Generation für deren Kinder mehr oder weniger zu Selbstverständlichkeiten wurden. »Mit großer Wahrscheinlichkeit würde man später Arzt oder

Rechtsanwalt sein, Wissenschaftler oder Ingenieur, Lehrerin, Krankenschwester oder Mutter – Bilder, die dir in der Schule und zu Hause als Bilder deines zukünftigen Lebenswegs vor Augen gehalten wurden.« Und man besuchte, schreibt Cantwell,

> wahrscheinlich auch eine überfüllte öffentliche Schule, in der Regel ein Gebäude, das kurz vor Ausbruch des Ersten Weltkriegs errichtet worden war ... man musste seinen Tisch wahrscheinlich mit einem anderen Schüler teilen, und zusätzlich zu den üblichen Feuer- und Tornadoalarmübungen musste man von Zeit zu Zeit unter seinen Tisch kriechen, um dort Deckung vor einer imaginären Atombombenexplosion zu suchen.

Also, schreibt Cantwell, »gab es in dieser Vision eines Konsumparadieses auch einen unterschwelligen Beiklang von Vorsicht, ja sogar von Angst« – doch kehren wir wieder zu den Schulen zurück.

Die öffentlichen Schulen, die ich besuchte – die Elizabeth Van Auken Elementary School in Palo Alto und die Menlo-Atherton High School in Menlo Park –, waren nicht vor dem Ersten Weltkrieg gebaut worden. Sie waren nach dem Zweiten Weltkrieg gebaut worden, als Teil jener Welt, die sich bereits veränderte. Die Vergangenheit war noch immer präsent: Miss Van Auken, eine pensionierte, allseits beliebte Lehrerin, ließ sich jedes Jahr blicken, um mit uns den Geburtstag der Schule zu feiern. Als wir in der dritten Klasse die »Little House«-Bücher von Laura Ingalls Wilder lasen, schrieben wir der Autorin einen Brief und sie schrieb uns zurück. Doch die Vergangenheit verblasste zunehmend, als rings um die Schule neue Häuser emporschossen. Die ein paar Kilometer entfernte Menlo-Atherton High war eine schicke, moderne Anlage: eingeschossig, Flachdächer, riesige Fensterwände in jedem Klassenzimmer, großzügige Rasenflächen sowie drei Parkplätze, von denen einer strikt für die Schüler der Abschlussklasse reserviert war.

In den frühen 1960er-Jahren brachte die Schule Olympiaschwimmer hervor; einige Jahre später sollten Lindsey Buckingham und Stevie Nicks dort ihr Abschlusszeugnis erhalten und, wieder einige Jahre später, Fleetwood Mac zur erfolgreichsten Band der Welt machen. Die Schule sprühte vor vorstädtischem Wohlstand, Rock-'n'-Roll-Coolness, Surfergroßspurigkeit und San-Francisco-Ambitioniertheit – und verglichen mit der Highschool von Hibbing war sie ein schäbiger Schuppen. »Ich kenne Hibbing«, sagte Harry Truman 1947, als ihm John Galeb vorgestellt wurde, der aus Hibbing stammende National Commander der Vereinigung kriegsversehrter amerikanischer Veteranen. »Das ist die Stadt, wo die Highschool goldene Türknöpfe hat.«

Die Hibbing High ist das beeindruckendste öffentliche Gebäude, das ich, außerhalb von Washington, D.C., jemals gesehen habe. Auf Luftbildern ist sie ein wahrer Koloss: vier Stockwerke, 28 Meter hoch, mit 55 Meter langen Seitenflügeln, die von einer 125 Meter langen Front abgehen. Vom Boden aus betrachtet ist sie vor allem ein Monument gütiger Autorität, eine riesige Hand, die die Stadt, alle in ihr heranwachsenden Generationen, willkommen heißt in einer Höhle, in der der Schatz vergraben ist, das gesamte Wissen der Menschheit. Das Bauwerk spricht für die Gemeinde, für deren Glauben an Bildung, nicht bloß als einen Weg zu Erfolg und Wohlstand, zu Sicherheit, Ruhm und Ehre, sondern als einen Wert an sich. Diese Stadt, sagt das Bauwerk, soll die beste Schule der Welt haben. Auf der Plaza vor dem Gebäude ragt ein Obelisk empor, ein Kriegerdenkmal. An dessen vier Seiten befinden sich Platten mit den Namen der Schüler aus Hibbing, die im Ersten und im Zweiten Weltkrieg, im Koreakrieg und im Vietnamkrieg gefallen sind – die letzte dieser vier Platten ist nicht mit Namen versehen, sondern mit einem Gedenken an die Opfer der Terroranschläge vom September 2001. Hinter dem Denkmal befindet sich eine zum Eingangsportal des Gebäudes führende Treppe, die eines Staatskapitols würdig wäre. Da es ein später Freitagnachmittag war, sah man nirgendwo Schüler, doch die Türen standen offen.

Die Highschool von Hibbing wurde gegen Ende der Ära gebaut, in der Hibbing als »das reichste Dorf der Welt« bekannt war. Ein engagierter Bürgermeister, Victor Power, belegte US Steel, die Firma, die die riesigen Eisenerzgruben rings um das ursprüngliche Hibbing betrieb, mit einer Erzabbausteuer. Der 1913 nach einem Generalstreik gewählte Power lieferte sich heiße Schlachten mit den Verbündeten, die die Minengesellschaft im staatlichen Parlament und in der Justiz hatte, Auseinandersetzungen, die er alle gewann. Als man direkt unter Hibbing Eisenerzvorkommen entdeckte, setzten Power und andere durch, dass US Steel sechzehn Millionen Dollar bezahlen musste, um die komplette Stadt – Wohnhäuser, Hotels, Kirchen, öffentliche Gebäude – sechseinhalb Kilometer nach Süden zu verlegen. Die größeren Gebäude wurden jeweils in vier Teile zerlegt und im neuen Hibbing wieder zusammengesetzt wie Legosteine.

Die Steuereinnahmen im alten, nördlichen Hibbing waren unaufhörlich gestiegen; als ein Wohltätigkeitsverein, so heißt es, einmal Spenden sammelte, um das Geld bedürftigen Familien zukommen zu lassen, waren solche Familien nicht zu finden. In einem Manöver, das darauf abzielte, Unterstützung für eine Senkung der Körperschaftssteuer zu gewinnen, bot die Minengesellschaft im neuen, südlichen Hibbing sogar noch mehr Geld in Form von Spenden an, bei denen es sich genau genommen um Bestechungsgelder handelte. Mitglieder der städtischen Schulbehörde sorgten dafür, dass der Löwenanteil dieses Geldes in die zukünftige Hibbing High floss, die Bürgermeister Power als einen Teil des Preises für die Verlegung der Stadt verlangt hatte. Angesichts des offenbar gesicherten Wohlstands wählten die Bürger Power zugunsten eines Nachfolgers ab, der der Minengesellschaft freundlicher gesinnt war. Binnen Kurzem wurde ein Gesetz verabschiedet, das die öffentlichen Ausgaben pro Kopf auf jährlich einhundert Dollar begrenzte; danach wurde dieses Limit gesenkt und später noch ein weiteres Mal. Die Steuerbasis der Stadt begann zu schrumpfen; im Zweiten Weltkrieg, als die Stadt den Erzabbau nicht besteuern durfte, und nach dem Krieg, als die Minen so gut wie ausgebeutet waren, brach die Steuerbasis fast völlig weg. Am Ende stiegen die Minenbetreiber von Eisenerz auf Takonit um, ein eisenarmes Erz, das heute, in pelletierter Form, nach China exportiert wird, doch Hibbing kam nie wieder auf die Beine. In den 1950er-Jahren war es eine sterbende Stadt und die Schule ein siebtes Weltwunder aus einer vergangenen Zeit, eine Zikkurat, errichtet von einem schon lange vergessenen König. Doch sie war noch immer eine Zikkurat.

Als sie 1924 eröffnet wurde, hatte die Hibbing-Highschool vier Millionen Dollar gekostet, eine zu jener Zeit unvorstellbare Summe. Anfangs war sie eine klassische Zentralschule, die fast das gesamte pädagogische Spektrum abdeckte, vom Kindergarten bis zum Juniorcollege. Sie hatte drei Turnhallen, zwei überdachte Aschenbahnen und Werkstätten, wie es sie zukünftig an allen amerikanischen Highschools geben sollte – und, zusätzlich zu den klassischen Handwerken, noch eine Elektronikwerkstatt, eine Autowerkstatt sowie ein Gewächshaus. Zum fest angestellten Personal der Schule gehörten ein Arzt, ein Dentist und eine Krankenschwester. Und der Lehrplan umfasste ausführliche Kurse in den Fächern Musik, Kunst und Theater. Doch mehr als acht Jahrzehnte später musste man von all dem nichts wissen, um die besondere Aura des Ortes zu spüren.

Die imposante Freitreppe wurde im Innern des Gebäudes von einem Aufgang fortgesetzt, und als wir den emporstiegen, entdeckten wir dort keine Spur von Graffiti, kein Anzeichen des Verfalls an den mit verschlungenen Mustern aus bunten Fliesen versehenen Wänden oder an den Decken oder im gebogenen Holzwerk. Wir schauten hinauf zu altmodischen, aber dennoch beeindruckenden Wandgemälden, auf denen die Geschichte Minnesotas dargestellt wurde: kühne Trapper, umringt von unterwürfigen Indianern, gewaltige Bäume und frei umherziehende Tiere, hier der Wald, dort die im Entstehen begriffenen Städte. Der makellose, unberührte Zustand dieses Schulgebäudes wirkte eigenartig. Er zeugte nicht von Leere, von Hibbing High als einer Version von Pompeji High – auch wenn die ursprünglich für mehr als zweitausend Schüler konzipierte Schule heute nur sechshundert hat, zweihundert mehr als noch vor einigen Jahren –, und irgendwie wusste man, dass der Zustand des Gebäudes nicht von Disziplin zeugte. Was man spüren konnte, war eine Selbstachtung, die im Laufe der Jahre von einer Schülergeneration an die nächste weitergereicht worden war.

Wir folgten den leeren Korridoren, auf der Suche nach der legendären Aula der Schule. Ein Hausmeister ließ uns hinein und erzählte uns die entsprechenden Geschichten. Tausendachthundert Sitzplätze und überall farbiges Ornamentglas, sogar, in Form brennender Kerzen, vor dem Kasten mit dem Feuermelder. Auf großen, goldenen Gemälden am hinteren Ende des Saals warteten die Musen; sie lächelten auch über dem Bogen des Proszeniums, über einer Bühne, in deren Bretter sich das Gewicht der Unsterblichkeit eingeprägt hatte, als Folge der dort unternommenen Versuche, Vorgängern aus Tausenden von Jahren nachzueifern. »Kein Wunder, dass er zu Bob Dylan wurde«, sagte ein Besucher am nächsten Tag, als die Bustour an der Schule stoppte – er bezog sich auf den Talentwettbewerb, bei dem Dylan in diesem Saal mit seiner Highschoolband, den Golden Chords, aufgetreten war. Wer immer auf dieser Bühne stand, er konnte schimmernde Königreiche erblicken, die seiner harrten.

Es gab dort riesige, aus der Tschechoslowakei importierte und heute unersetzbare Kronleuchter, die pro Stück viertausend Dollar gekostet hatten, als sie in den 1920er-Jahren über den Atlantik verschifft worden waren. Wir befanden uns nicht in Hibbing, einer überflüssig gewordenen Bergbaustadt im Norden von Minnesota, nein, wir waren in der Oper von Buenos Aires gelandet. Doch wir waren in Hibbing; in einer Vitrine im Flur vor der Aula waren Erinnerungsstücke an Bob Dylans Highschoolzeit ausgestellt. Weitere Memorabilien gab es in der ein paar Häuserblocks entfernten öffentlichen Bibliothek, in einer kleinen Ausstellung im Kellergeschoss. Unter sattsam bekannten Talismanen und allem möglichen Krimskrams befand sich auch der Text zu dem 1958 entstandenen Golden-Chords-Song »Big Black Train«, einer Neufassung von Elvis' »Mystery Train« von 1954, die Monte Edwardson, LeRoy Hoikkala und Bob Zimmerman zugeschrieben wurde:

> Well, big black train, coming down the line
> Well, big black train, coming down the line
> Well, you got my woman, you bring her back to me
> Well, that cute little chick is the girl I want to see
>
> Well, I've been waiting for a long long time
> Well, I've been waiting for a long long time
> Well, I've been looking for my baby
> Searching down the line
>
> Well, here comes the train, yeah it's coming down the line
> Well, here comes the train, yeah it's coming down the line
> Well, you see my baby is finally coming home

Am nächsten Tag liefen wir die Howard Street rauf und runter, die Hauptstraße von Hibbing, und hielten Ausschau nach der Lyrik an den Wänden. »A NEW LIFE« lautete eine Werbung für ein Versicherungsunternehmen – war das gemeint? Gab es etwas in der Bierreklame da drüben, das sich zu einer Metapher zurechtbiegen ließ? Wovon hatte die Frau in Berkeley gesprochen? Wie wir später erfahren sollten, befanden sich die Wände mit der Lyrik nicht im Ort, sondern in der Highschool.

In der Schulbibliothek gab es Büsten, in Stein gemeißelte Weisheiten und Wandgemälde. Die Wandgemälde erzählten die Geschichte der Bergbauindustrie, in einem Stil, den Daniel Pinkwater in seinem für junge Erwachsene gedachten Roman *Young Adults* als »heroischen Realismus« bezeichnet hat. Da waren sechzehn lebensgroße Arbeiter zu sehen, die jene Nationalitäten verkörperten, die Hibbing geformt hatten: gebürtige Amerikaner, Finnen, Schweden, Italiener, Norweger, Kroaten, Serben, Slowenen, Österreicher, Deutsche, Juden, Franzosen, Polen, Russen, Armenier, Bulgaren und noch einige mehr. Auf der linken Seite gab es eine riesige Mine, auf der rechten ein in Rauchschwaden gehülltes Stahlwerk und in der Mitte, um die Früchte von Hibbing in alle Ecken der Welt zu transportieren, der Lake Superior. Die Inschrift über der Mine zitierte Tennysons »Oenone«, mit Artnouveau-Punkten zwischen den Wörtern:

LIFTING•THE•HIDDEN•IRON•
THAT•GLIMPSES•IN•LABOURED•
MINES•UNDRAINABLE•OF•ORE

– während man über der Fabrik lesen konnte:

THEY•FORCE•THE•BURNT•
AND•YET•UNBLOODED•STEEL•
TO•DO•THEIR•WILL

Das war die Lyrik an den Wänden – doch selbst das war nicht die wahre Lyrik in Hibbing. Die wahre Lyrik sollte uns im Klassenzimmer begegnen.

Nach der Besichtigung der Aula und der Bibliothek führte unsere Tour treppauf zu Zimmer 204, wo B. J. Rolfzen in den 1950er-Jahren fünf Jahre lang Englisch unterrichtet hatte – danach unterrichtete er fünfundzwanzig Jahre lang am Hibbing Community College. Der im Mai 2006 dreiundachtzigjährige, von den Folgen eines Schlaganfalls gehandicapte und sich in einem elektrischen Rollstuhl fortbewegende Rolfzen saß auf dem Lehrertisch in dem kleinen und, als sich rund vierzig Leute hineinzwängten, sofort stickigen Raum. Vor ihm befand sich ein kleines Podium. Vermutlich sollten wir uns seine Reminiszenzen an den ehemaligen Bob Zimmerman anhören – oder an Robert, wie Rolfzen ihn zu nennen pflegte. Er hielt eine kleine Schiefertafel in die Höhe, auf die er mit Kreide zwei Zeilen aus »Floater (Too Much to Ask)« geschrieben hatte, einem Song von Bob Dylans 2001 erschienenem Album »*Love and Theft*«: »Gotta sit up near the teacher / If you want to learn anything.« Rolfzen deutete auf den Tourteilnehmer, der auf dem Platz direkt vor dem Lehrertisch saß. »Ich stand immer vor dem Tisch, nie dahinter«, sagte er. »Und da hat Robert immer gesessen.« Er sprach über Dylans »Not Dark Yet«, einen Song von dem 1997 herausgekommenen Album *Time Out of Mind*: »›I was born here and I'll die here / Against my will‹«. »Das sehe ich ganz genauso. Ich werde hier bleiben. Was auf der anderen Seite ist, kümmert mich nicht.« Und nachdem er dies hinter sich gebracht hatte, erteilte er uns eine Unterrichtsstunde zum Thema Lyrik.

Er verteilte ein fotokopiertes Heft mit Gedichten von Wordsworth, Frost und Carver, aber auch mit Werken von ihm selbst und von der aus Minneapolis stammenden Dichterin Colleen Sheehey; er sprach mal über dieses und mal über jenes Gedicht, kam aber immer wieder auf die acht Zeilen von William Carlos Williams' »The Red Wheelbarrow« zurück.

> so much depends
> upon
>
> a red wheel
> barrow
>
> glazed with rain
> water
>
> beside the white
> chickens.

Er las das Gedicht mehrmals vor und variierte dabei die Betonung, bis die Wörter aus der Reihe zu tanzen schienen und ihre Bedeutung veränderten. Jedes Mal schien ein anderes Wort das Gedicht zu übernehmen. »Rain«, sagte er und öffnete das Gedicht so auf eine bestimmte Weise; oder er sagte »beside« und ein völlig anderes Drama schien sich anzubahnen. Am Ende kehrte er wieder zum Anfang zurück. »›so much depends / on a red wheelbarrow‹«, sagte er. »*So viel hängt ab*. Hier geht es nicht um *Regen*. Es geht nicht um *Hühner*. So viel hängt ab von den Entscheidungen, die man im Leben trifft. Meine Entscheidung, mich 1941, mit siebzehn, freiwillig zur Navy zu melden. Meine Entscheidung, Lehrer zu werden. So viel hängt ab von den Entscheidungen, die man trifft und die man in Zukunft treffen wird.«

Das Gedicht schwebte im Raum, verharrte in der Luft: Das Laute, Auffallende der Eingangszeile, das »so viel hängt ab«, verschwand in dem »neben den weißen Hühnern«, nicht weil diese unwichtig waren, sondern weil das Gedicht – einem menschlichen Leben vergleichbar – nach dem »so viel hängt ab«, also nach der Entscheidung, mit der das Gedicht begann, überall hätte hingehen können; in diesem Fall verhielt es sich einfach so, dass es bei Hühnern landete, bevor es von der Seite verschwand und hinging, wohin immer es als Nächstes gehen mochte. Rolfzen machte aus diesen acht Zeilen etwas Besonderes und zugleich etwas Allgemeingültiges, etwas Unwahrscheinliches und zugleich etwas Schicksalhaftes; er schaffte es, dass sich diese Zeilen auf jeden im Raum bezogen oder, genauer gesagt, dass jeder sie auf sich selbst bezog. So einem Lehrer begegnet man nicht alle Tage – ja, vielleicht sogar nie im Leben.

»Auch heute stößt man noch immer auf Überbleibsel der Great Depression«, schrieb Rolfzen in *The Spring of My Life*, seinen Erinnerungen an die 1930er-Jahre, die er 2005 auf eigene Kosten publizierte – doch, so fuhr er fort, »die Erfahrungen und die schreckliche Hoffnungslosigkeit auch nur eines einzigen Tages der Great Depression kann niemand nachvollziehen, der diese Zeit nicht am eigenen Leib erfahren hat.« Trotzdem versuchte er, sie für die Leser seines Buches nachvollziehbar zu machen. Er begab sich zurück nach Melrose, Minnesota, das Dorf, in dem er geboren und aufgewachsen war. Er berichtete ruhig, nüchtern, sarkastisch von einer Familie, die so arm war, dass es den Rahmen von Armut sprengte. »Das Leben während der Great Depression war nicht kompliziert. Es war einfach. Man hatte keine Krankenversicherung, die man bezahlen musste, keine Lebensversicherung, keine Autoversicherung, man musste kein Geld für eine Collegeausbildung zurücklegen oder für eine Ausbildung, die über die Highschool hinausging, man hatte kein Sparkonto, man musste sich kein Auto kaufen und somit auch kein Benzin, man hatte keine Stromkosten außer den 3,00 $, die mein Vater monatlich für sechs 25-Watt-Glühbirnen bezahlte.« Sie waren elf Kinder in der Familie. B. J. – damals noch Boniface – musste sich ein Bett mit drei Brüdern teilen.

Sein Vater, ein Trinker, arbeitete als ungelernter Elektromonteur: Der »schlimmste Tag«, schreibt Rolfzen, war der Zahltag, an dem sein Vater betrunken nach Haus gewankt kam, wie auch an den darauffolgenden Tagen, so lange, bis das Geld aufgebraucht war. Eines Tages versuchte er, seinem Leben ein Ende zu setzen, indem er ein Starkstromkabel anfasste; er überlebte es, verlor aber beide Hände und Unterarme, sodass die Familie fortan auf die Wohlfahrt angewiesen war. »Ich habe meine Mutter nie mit Bargeld in ihrer Hand gesehen«, schreibt Rolfzen; was sie kauften, das kauften sie auf Kredit, abgedeckt durch die fünfzig Dollar, die ihnen monatlich als Unterstützung gewährt wurden. In ihrer Nachbarschaft gab es eine vierköpfige Familie, die die Fenster ihres Hauses mit Brettern vernagelte, um die Kälte draußenzuhalten, doch die Rolfzens wollten ihr Elend nicht an die große Glocke hängen, selbst wenn die Fensterscheiben, wie es manchmal vorkam, zerbrachen und vor Ende des Winters oder auch noch Monate danach nicht ersetzt werden konnten, sodass sich der Schnee in dem Zimmer auftürmte, in dem Rolfzen schlief.

Während des gesamten Buches, in seinen sich aneinanderreihenden Erinnerungen an Entbehrungen und idyllische Momente – in denen der junge Boniface Katzenwelse fing, Murmeln spielte, Beeren pflückte, mit sechzehn für einen Tageslohn von vier Cent drei Monate lang auf einer Farm arbeitete oder auf dem Weg zur Schule eine Schuhkappe verlor –, überall kann man spüren, wie Rolfzen seine Wut in Schach hält. Die Wut gegen seinen Vater, gegen die Kälte, gegen den Fluch, der auf dem Land lastete, gegen den Alkoholismus, der von seinem Vater auf seine Brüder überging, gegen St. Boniface, die katholische Grundschule, nach der er benannt worden war, eine Lehranstalt, geführt von Nonnen, denen »es Spaß machte, andere zu quälen«, ein Ort, wo den Schülern für das kleinste Vergehen mit der Hölle gedroht wurde – wo Religion »eine sinnlose, herzlose und unversöhnliche Angelegenheit war. Die Narben davon sind bis heute nicht verheilt.«

»In times behind, I too / wished I'd lived / in the hungry Thirties«, schrieb Bob Dylan 1964 in »11 Outlined Epitaphs«, seinen Anmerkungen zu *The Times They Are A-Changin'*. »I rode freight trains for kicks / An' got beat up for laughs / I was making my own depression«, schrieb er im Jahr zuvor in seinem Gedicht »My Life in a Stolen Moment« – wo er davon berichtete, dass er Hibbing verließ, dass er die University of Minnesota verließ und gen Westen reiste, um zu lernen, wie man sein eigenes Leben führte. »Ich kann mich nicht daran erinnern, mich mit meinem Vater jemals über irgendetwas unterhalten zu haben«, schreibt Rolfzen – doch man kann sich vorstellen, dass er sich mit Robert über die Dreißigerjahre unterhalten hat. Vielleicht insbesondere über die Hobo-Armeen, die durch Melrose hindurchzogen, was jeden Morgen um zehn begann, wenn der Zug eintraf und zwanzig oder mehr Männer, die oben auf den Güterwaggons mitgefahren waren, vom Zug absprangen, Männer, die ihre Familien verlassen hatten, die leer stehende Gebäude aufbrachen und die an die Hintertür der Rolfzens klopften, um etwas zu essen zu erbetteln – »Meine Mutter wies sie nie ab«, schreibt Rolfzen. Mit dem, was sie ergattert hatten, verzogen sie sich dann in ein Tal nahe der Bahngleise, einen Ort, den sie »Bum's Nest« oder »Jungle« nannten. Als Junge hielt Rolfzen sich dort häufig auf, beobachtete die Männer und hörte ihnen zu, doch an ihrem Leben gab es in seiner Erinnerung nichts Romantisches, kein Gefühl von Freiheit oder Abenteuer. »Dort herrschte so etwas wie eine geregelte Kameraderie, in der nicht viel gelacht wurde. Jeder war allein auf diesen Gleisen, die ins Nichts führten … und so zogen sie weiter. Am nächsten Tag kamen andere. An einen dieser Gentlemen kann ich mich noch gut erinnern. Ein alter, gebückter Mann in einem langen, schäbigen Mantel, mit einem zerbeulten Hut auf dem Kopf und in der Hand einen Wanderstock. Als ich ihn das letzte Mal sah, war er auf den Gleisen in Richtung Westen unterwegs, in Richtung einer leeren Welt.«

Dies hat mit dem Song von der offenen Straße nichts gemein – und obwohl Bob Dylan diesen Song so oft gesungen hat wie sonst niemand, verhielt es sich mit dieser Straße so, dass sie sich öffnete und dabei gleichzeitig gabelte, von Anfang an. »Am Ende des großen englischen Epos *Paradise Lost*«, schreibt Rolfzen, »beobachtet Milton Adams und Evas Auszug aus dem Garten Eden, und als er beobachtet, wie die beiden das Paradies durch das Tor im Osten verlassen, äußert er diese herrlichen Worte: ›The world was all before them.‹« *So much depends* – denken Sie an »Bob Dylan's Dream« von dem 1963 herausgekommenen Album *The Freewheelin' Bob Dylan*. Da ist er, mit zweiundzwanzig, »riding on a train going west«, wie er von seinen wahren Freunden, seinen Seelenfreunden träumt – und dann ist er plötzlich ein alter Mann. Er und seine Freunde haben sich schon lange aus den Augen verloren. Ihre Straßen haben sich nicht getrennt, sondern sind vielmehr zerbröckelt, verschwunden – »zertrümmert«, wie er singt. Wie konnte es sein, dass Bob Dylan, mit einer Stimme und einer Gitarre, die ein vergilbtes, undeutliches Porträt heraufbeschworen, bereits 1963 zurückschaute – aus einer damals noch vierzig, fünfzig, sechzig Jahre entfernten Zeit?

»As I walked out…« Mit diesen ersten Worten von »Ain't Talkin'« – nicht nur des längsten und stärksten Songs von *Modern Times*, sondern auch der einzigen Performance auf diesem Album, die nichts Kalkuliertes hat – verschwindet Bob Dylan. Jemand anders als der Sänger, den man zu kennen glaubt, scheint diesen Song zu singen. Dieser Jemand scheint nicht zu wissen, welche Effekte er einsetzen soll oder welchen Zweck diese überhaupt haben könnten. Es ist tatsächlich der einzige Song auf dem Album, der kein Ende hat – und jene ersten vier Worte lassen eine Wolke heraufziehen. Der Sänger weiß nicht, was passieren wird – und was einen gegen die Geschichte wappnet, die er gleich erzählen oder in der er gleich verschwinden wird, ist die Art und Weise, auf die er erwartet, dass nichts passieren wird, und auf die er eine Unschuld an den Tag legt, der man auf der Stelle misstraut. Er spaziert in einen »mystic garden«. Dort betrachtet er die Blüten an den Kletterpflanzen. Er kommt an einem Springbrunnen vorbei. Jemand versetzt ihm hinterrücks einen Schlag.

Dies ist der Moment, wo er herausfindet, dass die Welt, wie es bei Milton heißt, offen vor ihm liegt – weil er nicht mehr zurückkehren kann. Und es gibt nur einen Grund, sich auf diese Straße zu begeben: Rache.

Es ist das einzige Mal auf *Modern Times*, wo die Musik nicht bloß untermalt, wo sie sich nicht künstlich aufbläht, wo sie sich nicht schon mit dem ersten Ton preisgibt. Angeführt von Tony Garniers Cello und Donnie Herrons Viola windet sich die Band um die Stimme des Sängers, sogar während dieser sich um den ruhigen, zurückweichenden, resoluten Sound der Band windet, als sei der ganze Song ein sich ständig wiederholendes Öffnen und Schließen einer Faust, wobei der langsame Rhythmus einen auf dem Papier prätentiös, ja sogar affektiert wirkenden Songtext in eine Art orakelhaftes Kneipengerede verwandelt – der alte Trunkenbold, der jeden Abend schweigend an der Bar sitzt und nun schließlich seine Geschichte erzählt. »I practice a faith that's long abandoned«, sagt er und das sind womöglich die beängstigendsten Zeilen, die Bob Dylan in den letzten Jahren geschrieben hat.

Der Sänger folgt seinem Weg der Geduld und des Blutes. Man kann spüren, wie er seinen Kopf von einer Seite zur anderen dreht, während er dir anvertraut, warum ihm der Kopf platzt: »If I catch my opponents ever sleeping«, sagt er, »I'll just slaughter 'em where they lie.« Er lässt diese Zeile beiläufig fallen, als sei das Ganze nicht der Rede wert, als habe er es bereits getan, so wie William Munny in *Unforgiven* auf seinem früheren Weg Kinder umgebracht hat, doch dies wird nichts sein im Vergleich zu dem, was der Sänger tut, um an sein Ziel zu gelangen. Gott kümmert es nicht: »the gardener«, sagt der Sänger zu einer Frau, die ihm in dem mystischen Garten über den Weg läuft, »is gone«.

Um ein Gefühl für »Gleise, die ins Nichts führten«, zu bekommen, brauchte Bob Dylan nicht B. J. Rolfzens Erzählungen über die Hobo-Armeen, die während der Great Depression durch Melrose zogen. Einfühlungsvermögen ist schon immer der Geist gewesen, der Dylans Werk gekennzeichnet hat, den Tonfall, die Nuancen in seiner Stimme, sein Rhythmusgefühl, sein Gespür dafür, ob eine Zeile aufgefüllt oder ob sie halb leer gelassen werden muss, sein Gespür dafür, wann man auf einer Melodie reiten kann wie auf einer Welle und wann man sie begraben muss, sodass er kraft dieses Einfühlungsvermögens alle Vorbehalte des Zuhörers möglicherweise entkräftet – und es war seine Verwurzelung in jener geheimen Gemeinschaft von Tradition und Mysterium, die es Dylan 1962, im Gaslight-Café in Greenwich Village, ermöglichte, nicht nur der schmachtende Liebhaber in der alten Ballade »Handsome Molly« zu werden, sondern auch Handsome Molly selbst.

Dieses Einfühlungsvermögen lässt sich nicht auf irgendetwas zurückführen – *so much depends* –, doch wenn solche Folgen bestimmte Ursachen hätten, so müsste es Leute geben, die an jeder Straßenecke das Gleiche tun, zu jeder Zeit. Auf der Fahrt nach Hibbing hielten wir kurz an einem Antiquitätenladen; in einem Regal voller Kinderbücher steckte ein kleines, zerlesenes Buch mit dem Titel *From Lincoln to Coolidge*, eine 1924 publizierte Sammlung von Zeitungsberichten, Auszügen aus Kongressanhörungen und Reden, darunter auch die Rede, die Woodrow Wilson hielt, als er Abraham Lincolns Geburtshaus in Hodgenville, Kentucky, am 4. September 1916 offiziell zum Nationaldenkmal erklärte – laut einer Geschichte, die man dem jungen Bob Dylan erzählte, nur wenige Wochen bevor seine damals ein Jahr alte Mutter von ihren Eltern mitgenommen wurde, um zu verfolgen, wie der Präsident in Hibbing eine Wahlkampfrede hielt, bei der er auf der hinteren Plattform eines Eisenbahnwaggons stand. »Dies ist das heilige Geheimnis der Demokratie«, hatte Wilson an jenem Tag in Hodgenville gesagt, »dass ihre reichsten Früchte aus einem Boden sprießen, den niemand bestellt hat, und unter Bedingungen, die es am wenigsten erwarten ließen.«

Das ist die Wahrheit und das ist das Geheimnis. Bei Bob Dylan, so wie bei jedem Menschen, der Dinge tut, die andere nicht tun, ist das Geheimnis stets gegenwärtig. Doch von der überwältigenden Tatsache der schieren Größe der Hibbing-Highschool, von dem Ehrgeiz und der Vision, wie sie auf den Wandgemälden in der Eingangshalle der Schule zum Ausdruck kamen, von der Lyrik an den Wänden bis zu der Lyrik im Klassenzimmer, vielleicht bis zu Erinnerungen, die nach dem Unterricht erzählt wurden, wenn die anderen schon gegangen waren, oder bis zu Erinnerungen, die ein Schüler daraus bezog, wie sein Lehrer sich bewegte, wie dieser bei einem Wort innehielt oder wie er Hinweise fallen ließ, die er nie in richtige Geschichten überführte – bedenkt man all dies, so war der Boden, um den es hier geht, alles andere als unbestellt.

Robert Cantwell, »When We Were Good: Class and Culture in the Folk Revival«, enthalten in: Neil V. Rosenberg (Hrsg.), *Transforming Tradition: Folks Music Revivals Examined*, University of Illinois Press, Urbana, IL, 1993.

—, *When We Were Good: The Folk Revival*, Harvard University Press, Cambridge, MA, 1996.

B. J. Rolfzen, *The Spring of My Life*, Band Printing, Hibbing, MN, 2004. Rolfzen starb 2009 im Alter von sechsundachtzig Jahren.

Bob Dylan, »11 Outlined Epitaphs«, Liner Notes zu *The Times They Are A-Changin'* (Columbia, 1964).
—, »Bob Dylan's Dream«, von *The Freewheelin' Bob Dylan* (Columbia, 1963).
—, »Ain't Talkin'«, von *Modern Times* (Columbia, 2006).

Woodrow Wilson, »Address of Woodrow Wilson at Lincoln's Birthplace«, enthalten in: Alfred E. Logie (Hrsg.), *From Lincoln to Coolidge*, Lyons and Carnahan, Chicago 1924.

Vgl. auch die Broschüre *The Hibbing High School*, Text von Dan Bergan, Fotos von Chuck Perry, Hibbing 2001; Bergans und Larry Ryans Dokumentarfilm *The High School of Bob Dylan* (DVD, 2010); und Dave Engle, *Just Like Bob Zimmerman's Blues: Dylan in Minnesota*, River City Memoirs, Mesabi, Rudolph, Wisconsin, 1997.

REAL LIFE ROCK TOP 10
Interview
Juni 2007

9/10) Larry Kegan, Howard Rutman, Robert Zimmerman: »Let the Good Times Roll«, »Lawdy Miss Clawdy«, »Boppin' the Blues«, Frankie Lymons and the Teenagers' »I Want You to Be My Girl«, »Ready Teddy« und »Confidential« und *Bob Dylan's American Journey, 1956–1966* (Weisman Museum of Art, University of Minnesota). Am Weihnachtsabend 1956 legten drei Jungen, zwei von ihnen waren vierzehn, einer fünfzehn, ihre Vierteldollarmünzen zusammen, für den Tonaufzeichnungsautomaten bei Terline Music, einer Musikalienhandlung in St. Paul, Minnesota. Man steckte eine Münze in den Apparat und hatte dann etwa dreißig Sekunden Zeit für eine Aufnahme. Während der Fünfzehnjährige auf die Tasten eines Klaviers hämmerte, hasteten die drei mehrstimmig durch einen der Songs, die sie einstudiert hatten, bis die Maschine sich ausschaltete, und dann warfen sie eine weitere Münze hinein und begannen mit einem anderen Song. Das Ganze hört sich an wie eine Pyjamaparty, drei Kids, völlig aus dem Häuschen, weil sie eigentlich schon längst im Bett sein müssten, und das Überraschende daran ist nicht, dass aus einem dieser Jungen später Bob Dylan wurde, sondern dass er, nur ein gutes Jahr später, dieselben Songs als ein Mitglied der Golden Chords präsentierte, wobei er – wie auf einem erst kürzlich entdeckten und in der Weisman-Ausstellung gezeigten Foto zu erkennen ist – die Bühne mit Leidenschaft und Selbstvertrauen beherrschte und fast genauso aussah, wie er heute aussieht: schickes

Jackett, schwarze Hose, dunkles Hemd, weiße Krawatte, die Haare zu einer Tolle nach hinten gekämmt, die Augen zu Schlitzen verengt.

Interview
Mai 2007

10) Howard Fishman: »I'm Not There (1956)«, von *Howard Fishman Performs Bob Dylan & the Band's »Basement Tapes« Live at Joe's Pub* (Monkey Farm). Eine Interpretation, aber auch eine unwiderlegbare Übersetzung eines legendären Songs, der das menschliche Fassungsvermögen zu übersteigen scheint, und zwar nicht bloß deshalb, weil die Hälfte der Wörter fehlt und man sich nicht wirklich sicher sein kann, ob die andere Hälfte tatsächlich da ist oder nicht. Der Song kommt demnächst als ausgewachsener Kinofilm heraus.

I'M NOT THERE

Interview
November 2007
Mit Anmerkungen zur DVD I'm Not There
2008 (2010 überarbeitet)

Stellen Sie sich vor, Bob Dylan sei verschiedene Personen gewesen, was gar nicht so abwegig ist, wenn man die Vielzahl verschiedener Masken, Garderoben, Akzente und Gesten bedenkt, mit denen er im Laufe der Jahre aufgewartet hat, wenn man sich vergegenwärtigt, wie er in aufeinanderfolgenden Stationen seiner Karriere fast verschiedene Personen zu sein schien, jede davon mit ihrem eigenen Namen und Gesicht, ihrem eigenen Antrieb, ihren eigenen Leidenschaften, ihrer eigenen Art zu gehen und zu reden – und mit ihrem eigenen Schicksal. Dann könnte sich die Geschichte – einer Generation, einer Ära oder auch nur einer einzelnen Person, deren Stimme andere Leute hören wollten – in buchstäblich jede Richtung öffnen. Das gesamte Spektrum fantasievoller Transformationen, das Bob Dylan der Welt seit beinahe fünf Jahrzehnten vor Augen führt – vom puritanischen Folksänger zum trunkenen Surrealisten zum wiedergeborenen Christen zum fatalistischen Reisenden, mit zahllosen Ichs dazwischen –, ließe sich auf ein Publikum übertragen, das sich die Geschichte dann selbst neu ausmalen könnte. Todd Haynes hat seinen Film *I'm Not There* als einer aus diesem Publikum gemacht. »Ich wollte einen Dylan-Spielfilm machen«, sagt er, »und dabei rigoros versuchen, all jene Aspekte von Dylan zu vermitteln, die meiner Ansicht nach wahr sind und regelmäßig wiederkehren« – doch ein Geist des Spielerischen, der Kick des spontanen Improvisierens mit Schauspielern, Musikern, Bühnen- und Maskenbildern sowie dem Kameramann hat diese rigorosen Absichten unterminiert. Das Resultat ist ein Film mit einem Reigen von Hauptdarstellern, von denen keiner eine Figur spielt, die streng genommen Bob Dylan ist – aber zugleich, und ebenso wichtig, auch ein Film, wo jede Figur auf der Leinwand auf gewisse Weise doch Bob Dylan ist.

Todd Haynes' Filme gehen einem unter die Haut oder sie lassen einen kalt. *Velvet Goldmine* (1998) war von der ersten bis zur letzten Szene unterhaltsam, doch seitdem habe ich praktisch nicht mehr an diesen Streifen gedacht. *Safe* (1995) und *Far from Heaven*[60] (2002) konnte ich kaum ertragen, als sie herauskamen, und obwohl ich nie wieder einen Gedanken an sie verschwenden wollte, hat es seitdem nur wenige Wochen gegeben, wo mir nicht irgendeine blockierte Geste oder irgendein unvollendeter Satz aus diesen Filmen durch den Kopf gegeistert ist. *I'm Not There* ist anders. Dieser Film zieht einen sofort in seinen Bann. Er springt zwischen verschiedenen Zeiten, Geschichten und Protagonisten hin und her. Musik – Dylans Songs, vorgetragen mit seiner eigenen Stimme, mit der Stimme der Schauspieler, mit der Stimme von Sängern, zu der die Schauspieler im Vollplayback »singen« – fliegt durch die Luft wie eine Trapezkünstlerin, die auf einer Seite der Leinwand aus dem Bild verschwindet, um auf der anderen wieder aufzutauchen, mit einem anderen Gesicht und in einem anderen Kostüm.

Die Geschichte einer Filmfigur ist nicht abhängig von der Geschichte einer anderen. Alle Figuren folgen, unabhängig voneinander, ihrem jeweiligen Schicksal – oftmals mit einem Liebe oder Hass bekundenden Publikum, das sie verfolgt. Die Geschichten jeder einzelnen Figur kommen zu einer Art Abschluss, in einem Territorium, das die anderen Figuren möglicherweise nie betreten haben.

---

60 dt. *Dem Himmel so fern*.

Trotzdem wird nichts endgültig aufgelöst. Keine der erzählten Geschichten endet oder stoppt auch nur auf eine Weise, die akzeptabel ist, die einen nicht im Unklaren lässt – was vielleicht darauf zurückzuführen ist, dass Haynes keine der Filmfiguren sterben lässt (es gibt einen Motorradunfall und der Fahrer wird auf einen OP-Tisch gelegt, aber da wir wissen, dass Bob Dylan nicht gestorben ist, erfüllen diese Szenen eine rein literarische Funktion). Man muss sich selbst ausmalen, wie diese Geschichten möglicherweise enden. Also will man sich beim Verlassen des Kinos über den Film unterhalten, schnappt sich seine Begleitung und redet auf sie ein – doch am liebsten möchte man sich den Film gleich noch einmal ansehen.

Es geht alles so wahnsinnig schnell, da gibt es Ströme von Dialogzeilen, Gesichtsausdrücken und Posen, die man beim ersten Mal nicht allesamt erfassen kann, und während man das Kino verlässt, schaut man noch einmal über die Schulter zurück und fragt sich, ob auf der Leinwand nicht etwas völlig anderes passiert ist als das, woran man sich zu erinnern glaubt. Vielleicht stürmen die Bürger von Riddle ja das Bandpodest und trampeln Pat Garrett zu Tode. Vielleicht kommt Jude Quinn ja ungeschoren davon. Vielleicht wird Pastor John ja in die Welt zurückkehren – oder dich dazu bringen, Jesus in dein Herz zu lassen.

Stellen Sie sich vor, Sie picken sich eine Gestalt aus der Kultur nach dem Zweiten Weltkrieg heraus und ersinnen eine imaginäre Biografie für diese Person: John F. Kennedy. Philip Roth. Elvis Presley. Marilyn Monroe. Aretha Franklin. Chuck Berry. Martin Luther King. Frank Sinatra. Und jetzt stellen Sie sich vor, dass dieser Mensch, wen immer Sie sich ausgesucht haben, von einer Reihe von Personen dargestellt wird, die nichts miteinander gemein haben, von Jungen und Alten, von Weißen und Schwarzen, von Männern und Frauen.

Man kann auf der Stelle sagen, wer von den Genannten, um Walt Whitman zu zitieren, »Vielheit enthält« – und wer nicht. Bei manchen fällt diese Idee angesichts der Person, die damit erfasst werden soll, sofort in sich zusammen. Bei anderen wiederum erkennt man, dass man im Grunde nie gewusst hat, wer diese Person war – und man merkt, dass einem diese Idee vielleicht verdeutlicht, wer oder was diese Person hätte sein können: nicht wer oder was diese Person tatsächlich war, sondern was sie von ihrer Zeit verlangte und was die Zeit von ihr verlangte.

Wer ist diese Person? Über den gesamten Film sind Szenen verstreut, in denen Ben Whishaw einen Dandy gibt, der behauptet, er heiße Rimbaud, und der sich mit einer Phalanx von Sind-Sie-ein-Dichter-oder-sind-Sie-jemals-einer-gewesen?-Inquisitoren konfrontiert sieht – doch eigentlich beginnt die Geschichte im Jahr 1959, mit Marcus Carl Franklin als einem elfjährigen afroamerikanischen Jungen namens Woody. Er ist ein als Hobo durch die Welt streunender Gitarrist, der ein Faible für die Dust-Bowl-Balladen der Great Depression hat und versucht, diese auszuleben, ein Träumer, der erst innehält, als ihn eine Frau, die ihn zu einer anständigen Mahlzeit hereingebeten hat, scharf ansieht und ihm rät, »von seiner eigenen Zeit zu singen«. Er läuft davon, springt auf einen Güterzug auf und wird, als dieser über eine Brücke fährt, von alten Männern aus dem Waggon in einen Fluss geworfen, wo er, wie Pip in *Moby Dick*, einen Wal direkt auf sich zukommen sieht: den Rest der Geschichte.

Kurz darauf begegnet uns Christian Bale in der Rolle des Jack Rollins, eines Protestsängers aus den frühen Sixties, sein Gesicht von inneren Qualen zerfurcht. Er wird auf der Stelle zu einer dermaßen legendären Gestalt, dass ein Filmschauspieler namens Robbie Clark weltberühmt wird, als er die Hauptrolle in einem Film über das junge Gewissen seiner Generation übernimmt. Robbie Clark wird von Heath Ledger gespielt und Charlotte Gainsbourg spielt Clarks Frau – als eine Kreuzung aus Dylans realer Freundin Suze Rotolo, seiner realen Ehefrau Sara Lowndes, Patti Smith und Gainsbourg selbst, die im Lauf der Jahre eine eigene Persona entwickelt hat –, und beide zusammen werden eine Version des romantischen Lebens des realen Bob Dylan ausleben, der schon jetzt nicht mehr der Besitzer seiner eigenen Geschichte ist.

Dann begegnet uns wieder Christian Bale, der jetzt Pastor John heißt: Jack Rollins, zwanzig Jahre nachdem er in einen Priesterposten bei der fundamentalistischen Gateway Fellowship Church geflohen ist. Anschließend verlagert sich der Schwerpunkt des Films, zunächst langsam und dann mit einer unaufhaltsamen Wucht: Er verlagert sich auf Cate Blanchetts Jude Quinn, einen Popstar aus den mittleren Sixties, der sich in einem Krieg mit seinem eigenen Publikum befindet, und auf Richard Geres wie durch einen Traum taumelnden Billy the Kid, einen Einsiedler, der am Rande einer surreal wirkenden Stadt namens Riddle lebt. Das Spiel mit den Identitäten verlangsamt sich und das Tempo von Figuren, die sich in Gefahr befinden, die ihrem Schicksal zu entrinnen versuchen, gewinnt die Oberhand.

Blanchett ist eine sich unaufhörlich bewegende Marionette, eine Schauspielerin, die der von ihr gespielten Figur Angst einflößt, während diese Figur ihrer Fäden Herr zu werden versucht und dabei mit jeder flüchtigen Geste, mit jedem einfach so dahingesagten oder missverstandenen Wort Geschichte macht. Die ganze Zeit über versucht Jude Quinn verzweifelt, ein sarkastisches Gesicht an den Tag zu legen – was mitunter ziemlich witzig ist, etwa wenn er vor einer überlebensgroßen Statue des gekreuzigten Jesus tanzt und dabei »Los, spiel deine frühen Sachen!« kräht, als sei er einer seiner enttäuschten Fans –, doch Judes Gesicht ist nicht nach vorn, sondern nach hinten gerichtet, als er die Flut der Geschichte, die er bereits gemacht hat und die ihn gemacht hat, daran zu hindern versucht, ihn aus der Geschichte hinauszuschwemmen, aus seiner eigenen und aus der von allen anderen. Auf diese Weise lässt *I'm Not There* Jude Quinn 1966 auf einer Kunstgalerieparty à la Andy Warhol landen, wo auf einem riesigen Videoschirm der Präsident der Vereinigten Staaten zu sehen ist, wie er Bob Dylans »Tombstone Blues« zitiert, als sei er ein Collegestudent: wo LBJ, mit seiner eigenen Stimme, beinahe aus dem Film hinausgestürmt kommt wie Pecos Bill, um »DEATH TO ALL THOSE WHO WOULD WHIMPER AND CRY« zu brüllen, und man kann nicht glauben, dass er nicht genau das gesagt hat, als er die Gelegenheit dazu hatte. Jude bricht zusammen und muss sich übergeben; aus dem Gebäude hinausgeschafft und in eine draußen wartende Limousine verfrachtet, die von kreischenden und gegen die Fensterscheiben hämmernden Fans umringt ist, schaut er direkt in die Augen einer Frau in der Menge, die ihn fixiert, die mitten durch ihn hindurchschaut, als sie ein Streichholz anzündet und, ohne mit der Wimper zu zucken, ihre Haare in Brand steckt. Das, scheint die Frau Jude Quinn sagen zu wollen, ist der wahre Song in der Musik, die du jetzt machst – der Song, den du dich nicht zu singen traust, der Song, der *mir* keine Angst macht. Im Laufe der Jahre haben zahllose Leute Bob Dylan erzählt, er habe ausgedrückt, was sie selbst empfanden, aber nicht ausdrücken konnten – er habe ihnen eine Stimme verliehen. Hier ist Dylan derjenige, der etwas nicht auszudrücken vermag. Dies übernimmt für ihn die Frau, indem sie ihre Haare in Brand setzt – ein Vorfall, der meiner Erinnerung nach damals tatsächlich stattgefunden hat, auch wenn ich mich nicht mehr daran erinnere, wer dies wo und warum getan hat und wer der Adressat dieser Aktion war.

Geres Darbietung und die Kulisse, durch die er sich bewegt – eine kleine ländliche Gemeinde, wo die Bürger die Namen von Figuren tragen, die man auf der bunten Flickendecke von Dylans noch immer weitgehend unveröffentlichten Basement-Tapes-Songs findet –, sind möglicherweise der Schlüssel zur Vitalität des gesamten Films.

»Die Billy-Episode«, sagt Haynes, »soll eine von Dylans Fluchten darstellen, einen seiner Rückzüge aus dem Leben, aus dem Licht der Öffentlichkeit, etwas, was im Verlauf seiner Karriere des Öfteren vorgekommen ist, zum ersten Mal und, wie ich finde, am bemerkenswertesten 1967 nach seinem Motorradunfall. Und seine Rückzüge aus dem öffentlichen Leben waren mitunter auch eine Flucht vor der Moderne, vor dem Stadtleben« – und deshalb, sagt Haynes, »war ein Western einfach ein Muss.« In seinen Rückzügen aus dem öffentlichen Leben »war Dylan ein ›wanted man‹, ein ›outlaw‹ – für mich war das keine große Abweichung von der Realität.« Aber so wie bei der Frau, die ihre Haare in Brand setzt, ist diese Abweichung groß genug, um es den Leuten aus Riddle zu gestatten, den Keller zu verlassen und eine Geschichte zu erzählen, die die realen Dylan-Songs nie ins Auge gefasst haben. Hier läuft jeder mit einer Maske herum – einer hat sich eine Flagge über das halbe Gesicht gemalt, ein anderer trägt einen geflochtenen Korb um den Kopf. Als Geres Billy sich eine Plexiglasmaske aufsetzt, bevor er auf einer öffentlichen Versammlung das Wort ergreift, wird klar, wie in einer Miniaturausgabe der Grundidee des gesamten Films, dass man nur dann sagen kann, was man wirklich denkt, wenn man als jemand anders erscheint, dass man sich nur dann dieser Stimme bedienen kann, die jede der in diesem Film auftretenden Figuren von einer inzwischen geisterhaften, womöglich ganz und gar mythischen Gestalt namens Bob Dylan erhalten hat.

Die Abweichung von der Realität ist groß genug für eine Neufassung oder Erfindung von Momenten, die möglicherweise tiefer in Bob Dylans reale Karriere vordringen, als es irgendein Autor, Filmemacher, Dichter oder Musiker – oder Fan – bislang getan hat. Für mich zumindest hat Haynes' Film eine Klarheit, wie sie tatsächliche, dokumentierte, fast schon gerichtlich bestätigte Ereignisse niemals an den Tag gelegt haben. Es gibt zwei Dinge in Bob Dylans Karriere, die ich nie verstanden habe: die Buhrufe der Fans, als er beim Newport-Folk-Festival mit einer Band auf die Bühne kam und »Maggie's Farm« spielte, und seinen Übertritt zum Christentum. Doch auf Haynes' Leinwand ergibt beides einen Sinn.

An der Westküste wirkte die Reaktion der Ostküstenfolkies auf Bob Dylans Hinwendung zum Rock'n'Roll absurd. Wo ich lebte, waren die Beatles und die Rolling Stones angesagt und die Leute fragten sich nicht, warum Dylan der Folkmusik den Rücken gekehrt hatte, sondern warum er nicht schon viel früher auf den Rock-'n'-Roll-Zug aufgesprungen war. So wie Haynes das Newport-Fiasko nachinszeniert, ist es ein Frontalangriff: von beiden Seiten. Die Musik, die dem Publikum entgegengeschleudert wird, ist so nervenzerfetzend und so laut – laut auf der Tonspur, in Dezibel, aber auch laut auf eine tiefere Weise, als stiege sie aus irgendeinem inneren Rhythmus empor –, dass sie, im Kinosaal, schockierend wirkt, wenn nicht gar bösartig. Ich konnte mir vorstellen, damals in Newport dabei gewesen zu sein, und spürte, dass ich nicht wusste, wie ich reagiert hätte.

Christian Bales Pastor John spricht ruhig, ja sogar leidenschaftslos – »mit einer Wampe«, sagt Haynes, »und einer schlechten Dauerwelle« – über sein neues, Jesus gewidmetes Leben. Er spricht in einem Film im Film, einer für einen fundamentalistischen Fernsehsender gedrehten Dokumentation mit dem »ersten Interview mit Jack Rollins seit über zwanzig Jahren!« – und während die unnatürliche Farbe dieser Billigproduktion deren Wirklichkeit auf perfekte Weise bestätigt, wird man geradewegs aus dem Film hinauskatapultiert, den man zu sehen geglaubt hatte. Wir sitzen gemeinsam mit dem Interviewer in Pastor Johns kleinem Büro und dann begeben wir uns in einen großen Speisesaal. Pastor John steigt auf die Bühne; hinter ihm sind drei gut angezogene schwarze Frauen platziert und eine Band, deren Mitglieder wie Methsüchtige aussehen, die man irgendwo auf der Straße aufgelesen hat. Vor ihm sitzen etwa zwanzig Leute auf Klappstühlen und im Hintergrund sind noch ein paar spielende Kinder zu sehen. Das Ganze wirkt wie ein Treffen bei den Anonymen Alkoholikern. Man kann sich vorstellen, wie Bale sagt: »Hi! Ich heiße John und ich bin Folksänger.« Die Leute im Publikum sind gescheiterte Existenzen. Doch sie sind kein Publikum. Sie sind Mitglieder der Gemeinde, der auch Pastor John angehört. Als dieser zu predigen beginnt und dann – wobei die Stimme von John Doe (der in den 1970er-Jahren in Los Angeles die Punkband X gründete) aus Christian Bales Mund kommt – in »Pressing On« einsteigt, mit angestrengter Stimme und dem Gefühl einer Mission, das dieser Song seinem Komponisten möglicherweise nie beschert hat, da erkennt man, dass der Mann auf der Bühne den Leuten auf den Stühlen nichts gibt, was sie ihm nicht auch gegeben haben, dass er ihnen nichts erzählt, was sie ihm nicht auch erzählt haben. Es gibt dort keinen Star, kein Publikum, keine Persona, es gibt dort keine Marionettenfäden, niemand an diesem Ort trägt eine Maske; in dieser Kirche wird jeder als derjenige akzeptiert, der er oder sie sein möchte, ein Diener desselben Gottes und dadurch auch ein Diener seines Nächsten. Zum ersten Mal verstand ich es: Was man Bob Dylan angeboten hatte, war das Königreich, als er selbst anerkannt zu werden, als jemand, den er fast schon vergessen hatte, und daraufhin hatte er Ja gesagt. Es spielte keine Rolle, dass Todd Haynes sich dies alles nur ausgedacht hatte.

Der Film ist nur dann verwirrend, wenn man verlangt, ein Traum solle sich selbst erklären, und wenn man sich gegen die unerbittliche Logik sperrt, die Träumen zu eigen ist. Wenn Identität so uneindeutig ist, wie sie es in *I'm Not There* ist – und wenn jemand, dessen öffentliches Leben dermaßen eng mit dem Leben anderer Leute verwoben ist, den unsichtbaren Vertrag zwischen Performer und Publikum brechen möchte –, dann muss es die Möglichkeit geben, dass die Identität ganz und gar abgelegt werden kann.

Die Privatperson muss in der Lage sein, sich in der Gemeinschaft zu verlieren. Der Performer muss in der Lage sein, im Publikum zu verschwinden. Er muss in der Lage sein, sich in den Fantasien seiner eigenen Songs aufzulösen: Fantasien, die einmal seine eigenen waren und dann die Fantasien von jedem, der die Songs gehört hat.

»I'm Not There« ist nach wie vor der eindringlichste Song der Basement Tapes, und obwohl man es seit Jahren auf Bootlegs erhalten kann, ist es noch nie offiziell veröffentlicht worden – bis jetzt, denn nun erklingt Dylans Originalaufnahme auf der Tonspur von *I'm Not There*. Hier ist der Song derselbe Strudel, der er immer gewesen ist, doch anstatt die Fabeln eines Filmemachers mit seiner vermeintlichen Authentizität zum Kentern zu bringen, geht er in dem Film auf, als eine weitere Story unter all den anderen.

Seine sich ständig wandelnde Gestalt tut dem Film keinen Abbruch. In Todd Solondz' *Palindromes*[61] wird ein junges Mädchen von einer ganzen Reihe von Schauspielerinnen dargestellt, doch am Ende hat man den Eindruck, dass diese Figur so viele Darstellerinnen benötigte, weil sie nicht existierte; in *I'm Not There* ist die Figur Bob Dylan am Ende noch schwerer fassbar und zugleich noch interessanter, als sie es vorher gewesen war, und man ist sich trotzdem sicher, dass weder er noch eine von Haynes' Figuren auch nur die Hälfte von dem erzählt haben, was sie wissen. In *What's Love Got to Do with It*[62] kann man von Angela Bassetts Tina Turner hundertprozentig überzeugt sein – und dann erscheint die echte Tina Turner auf der Bildfläche und der Film löst sich in Luft auf. Am Schluss von *I'm Not There* taucht Bob Dylan auf, um ein möbiussches Band von einem Mundharmonikasolo zu spielen – und er, das Original, lässt die Leute, deren Abenteuer man soeben verfolgt hat, kein bisschen zusammenschrumpfen. Man weiß nicht, wohin die Töne, die Bob Dylan spielt, unterwegs sind oder aus welchem Song sie stammen, jedenfalls nicht unbedingt; man weiß nicht, was in Riddle wirklich vor sich geht oder wohin Billy, sollte er entkommen, gehen könnte. Und deshalb stellt man sich, nachdem man den Kinosaal verlassen hat, gleich wieder für die nächste Vorstellung an.

I'm Not There, Regie: Todd Haynes, Drehbuch: Haynes und Oren Moverman (Weinstein Company, 2007).

Bob Dylan, »I'm Not There«, auf *I'm Not There – Original Soundtrack* (Columbia, 2007).

---

61 *Palindrome* (USA 2004).
62 *Tina, What's Love Got to Do with It?* (Regie: Brian Gibson, USA 1993).

VISIONEN UND VISIONEN VON JOHANNA[63]

2008

In ihrer Ausgabe vom Juni 1966 brachte die jugendorientierte amerikanische Modezeitschrift *Glamour* einen ungewöhnlichen Beitrag: den Text des kurz vor seiner Veröffentlichung stehenden Bob-Dylan-Songs »Visions of Johanna«, den Dylan bereits seit dem vorausgegangenen Herbst bei seinen Konzerten im Rahmen seines Solosets zum Besten gegeben hatte. »Seems Like a Freeze-Out«, pflegte er den Song anzusagen, um dann in diese langsame, träge Schilderung einer düsteren Nacht im Milieu der Boheme einzusteigen. Der zu Beginn des Jahres in Nashville mit den besten Studiomusikern der Stadt aufgenommene Song sollte wenig später ein schwarzes Loch auf der ersten Seite von Dylans Doppelalbum *Blonde on Blonde* bilden.

Das Ungewöhnliche daran war, dass der Text, so wie er auf der Seite von *Glamour* erschien, das heißt für sich genommen, ohne musikalische Begleitung, ohne die Stimme eines Sängers, als Lyrik herüberkam. Während seines gesamten Songwriterlebens – das bereits vor seinem 1962 erschienenen Debütalbum *Bob Dylan* begann und in dem seine Songs in Sachen Ehrgeiz, Raffinesse, Kühnheit und Stil zunächst von Jahr zu Jahr und dann von Monat zu Monat, wenn nicht gar von Woche zu Woche an Qualität gewannen – hatte Dylan Worte geschrieben, die erst dann zum Leben erwachen sollten, wenn sie gespielt und

---

[63] Eine Einleitung zu »Great Lyrics«, einem vom Londoner *Guardian* herausgegebenen kleinen Buch mit Songtexten.

gesungen wurden. Eine unbeholfene Zeile, die lediglich dazu diente, von einer Stelle zur nächsten zu gelangen – das lahme, zwischen dem unnachgiebigen »Ain't it hard when you discover that« und dem wirbelnden »After he took from you everything he could steal« platzierte »He wasn't really where it's at« in »Like a Rolling Stone« –, konnte vorbeifliegen, ohne Schaden anzurichten, wenn diese Zeile von einer Melodie getragen wurde, die der Sänger mit Nachdruck, wie aus einer Kanone, aus dem Song herausschießen ließ. Doch auf dem Papier sind die Worte eines Songs nackt und bloß. »Blowin' in the Wind« ist, Zeile für Zeile, heuchlerisch oder auf eine falsche Weise unschuldig – ist es nicht offensichtlich, dass derjenige, der »Yes, 'n' how many seas must a white dove sail / Before she sleeps in the sand?« schrieb, die Antwort bereits kannte, einmal vorausgesetzt, dass er oder irgendjemand sonst sich überhaupt um eine dermaßen affektierte Frage scherte. Doch »Visions of Johanna« stellt Fragen eines anderen Kalibers. Etwa: Wo bist du? Wer bist du? Was tust du hier? Du möchtest also gehen? Findest du den Weg zur Tür alleine?

Las man 1966 in *Glamour* die Zeile »We sit here stranded, though we're all doing our best to deny it«, ohne sie vorher in einem Song gehört zu haben, so konnte es einem so vorkommen, als sei man in den weißen Lücken zwischen den Wörtern gestrandet. Leute wandern von einer Ecke eines Lofts in die andere, zugeknallt, betrunken, halb wach, im Tiefschlaf, ohne einen Sinn im nächsten Atemzug zu erkennen, geschweige denn im nächsten Schritt, »auf dem Fußboden sitzend«, wie der Musiker Steve Strauss 1967 über den Song schrieb, »Drogenräusche sammelnd wie Börsenmakler, die vor ihrem Ruhestand Aktien zusammenraffen« – so langsam, wie Dylan den Song Ende 1965 zu spielen pflegte (damals kursierte das Gerücht, er habe den Song am 9. November 1965 geschrieben, dem Tag des großen Stromausfalls an der Ostküste), auf dem Papier war er noch langsamer, weil man als Leser bei jedem Wort innehielt und diesem all das zu entlocken versuchte, was es verhieß.

Die fünf Strophen von »Visions of Johanna« ergeben eine Erzählung, die ausschließlich aus Atmosphäre besteht. Dies ist einer der Gründe, warum sich das Ganze 1966 so langsam las und warum er sich auch heute vielleicht noch so langsam liest: warum der Song, als Worte auf einem Blatt Papier, den Song, den man möglicherweise im Kopf hat, verstummen lassen und einen dazu bringen kann, den Song selbst herzusagen. In diesem dumpfigen Raum – der irgendwie viel zu groß ist, mit zu viel Platz für zu viele Leute, mit zu vielen Schatten, um die Person, die die Geschichte erzählt, sich dort zurechtfinden zu lassen – spielt sich ein Drama ab, auch wenn nichts passiert oder wenn die Dinge, die dort passieren, wenn die Ereignisse, die die Luft tatsächlich beiseiteschieben und einen Moment in der Zeit markieren, an den sich der Erzähler tatsächlich erinnern kann, im Grunde nichts sind, was man als ein Ereignis bezeichnen könnte. Was hier vor sich geht, sind Dinge wie diese: »We can hear the night watchman click his flashlight.« Jemand sagt: »Name me someone who's not a parasite and I'll go out and say a prayer for him.« Eine Frau öffnet ihre Faust, um die Drogen zu zeigen, die sie hat, mit einem Blick, der besagt, man solle sich unterstehen, Nein zu sagen. »The country music station plays soft.« Und trotzdem ergeben die sonderbaren Konturen der hier erzählten Geschichte auf der Stelle einen Sinn. Die Worte scheinen in einem perfekten Gleichgewicht aufeinanderzutreffen und sich mit dem Gefühl zu trennen, es sei alles gesagt worden, was es zu sagen gibt. Da sich die Lyrik im neunzehnten Jahrhundert vom Reim verabschiedet hat, ist es für das heutige Auge beinahe unmöglich, ein sich reimendes Verspaar zu erkennen; hier löscht die Schwere der Wörter, die Angst in den Synapsen (»But there's nothing, really nothing to turn off«) jedes Bewusstsein dafür aus, dass auf eine mit »face« endende Zeile eine Zeile folgt, die mit »place« endet. Das Ganze ist ein Krimi, dessen Handlung sich in einem hermetisch abgeriegelten Raum abspielt, ein klassisches »locked room mystery«, und man befindet sich ebenfalls in diesem Raum. Beim Lesen kann man sich nicht vorstellen, dass man ihn verlassen möchte, denn man hat noch nicht alle Ecken und Winkel erkundet oder die Dunkelheit ausgelotet, um herauszufinden, was sich dort noch alles verbergen mag. Man hat noch nicht die »skeleton keys« gefunden – die Dietriche (oder die Gespenstertonarten?) –, die der Typ auf der gegenüberliegenden Seite des Raumes, wie er ständig murmelt, auf seiner Mundharmonika spielen will.

Obwohl der Raum abgeriegelt ist, besteht die Möglichkeit, für den Leser nicht weniger als für die im Song vorkommenden Figuren – Louise, ihr Lover, der kleine Junge, der sich verlaufen hat, die Huren im U-Bahn-Zug der Linie D –, dass die Wände aus Luft gemacht sind. Dies könnte der Grund dafür sein, warum Dylan den Song während der letzten Monate des Jahres 1965 und der ersten Monate des Jahres 1966 auf so viele verschiedene Weisen aufnehmen konnte. In seinen Konzerten sang er den Song immer solo, doch im Studio spielte er ihn immer mit den Hawks ein, der Band, die ihn auf seinen Tourneen begleitete. Im November, im Studio in New York, ist der Song fast schon eine Honkytonknummer mit einem federnden Rhythmus und dann, in einem anderen Take von derselben Aufnahmesession, strahlt er eine ungezügelte Wut aus, die jeden zu zermalmen droht, der dem Sound zu nahe kommt; zwei Monate später, wieder in New York, steigt er vom Boden auf wie eine Wolke; und kurz darauf, in Nashville, ist er ein B-Movie der Schwarzen Serie, *Detour*[64], ohne eine Straße, jedoch mit der gleichen Sackgasse. Liest man den Song, so wie er sich auf dem Papier voranbewegt, sind all diese Dinge kaum oder nur sehr schwer zu hören. Die Worte erschaffen ihre eigenen Rhythmen und diese Rhythmen erzwingen ihre eigene Stille.

Die anderen hier versammelten Songs – »Desolation Row«, »Masters of War«, »Blind Willie McTell«, »Tangled Up in Blue«, »Talkin' John Birch Paranoid Blues«, »Blowin' in the Wind«, »The Lonesome Death of Hattie Carroll« – versuchen, sich von den Aufnahmen zu

---

64 *Umleitung* (Regie: Edgar G. Ulmer, USA 1945).

lösen, die der Leser mit ihnen assoziiert, und hin und wieder gelingt ihnen das auch, doch es gibt keinen Grund, warum sie dies sollten: Sie wurden nicht gemacht, um ein Leben außerhalb der Musik zu führen. Wer weiß, welches Leben »Visions of Johanna« führen sollte, als es geschrieben wurde? Die Antwort bezieht sich auf eine andere Frage: Dies ist ein Song mit zahllosen Leben, von denen die meisten bislang noch nicht gelebt worden sind.

Bob Dylan, »Visions of Johanna«, auf *Blonde on Blonde* (Columbia, 1966), aufgenommen am 14. Februar 1966 in Nashville. Soloversionen findet man in Martin Scorseses Film *No Direction Home* (PBS, Spitfire Pictures DVD, 2005), auf *The Bootleg Series Vol. 4: Live 1966 – The »Royal Albert Hall« Concert* (Columbia, 1998), aufgenommen am 17. Mai 1966 in der Free Trade Hall in Manchester, und auf diversen Bootlegs aus jenem Monat. Die ersten Aufnahmen von »Seems Like a Freeze-Out« entstanden in New York City mit den Hawks und Al Kooper. Die Honkytonkversion, vom 30. November 1965, findet man unter dem Titel »Freeze Out (2)« auf *Thin Wild Mercury Music* (SP Bootleg) und die brachiale Aufnahme von derselben Session ist enthalten auf *No Direction Home: The Soundtrack – The Bootleg Series Vol. 7* (Columbia, 2005); eine »Freeze Out (1)« betitelte New Yorker Version vom 21. Januar 1966 findet sich auf *Thin Wild Mercury Music*.

Steve Strauss, »A Romance on Either Side of Dada«, in: GM (Hrsg.), *Rock and Roll Will Stand*, Beacon, Boston 1969.

DER ANFANG UND DAS ENDE
Interview
April 2008

Vince White schloss sich Ende 1983 einer legendären Punkband an, sieben Jahre nach deren Gründung; sein *Out of Control: The Last Days of the Clash* handelt vom Ende einer Geschichte. Suze Rotolos *A Freewheelin' Time: A Memoir of Greenwich Village in the Sixties* handelt vom Anfang einer Geschichte. »Als ich Bob Dylan 1961 kennenlernte, war ich siebzehn und er zwanzig Jahre alt.«

 Eine Zeit lang waren Rotolo und Dylan ein Paar. Die Illustration auf dem Buchumschlag ist eine Variation des Fotos, das 1963 auf dem Cover von *The Freewheelin' Bob Dylan* prangte: der Sänger und eine strahlende Rotolo, eng aneinandergeschmiegt, um sich gegen die Kälte einer schneebedeckten Straße im Village zu schützen. Das Bild strahlte Freiheit aus, Selbstständigkeit, Abenteuer, Unverwundbarkeit. Diese beiden Menschen hatten noch ihre ganze Zukunft vor sich – ihre Zukunft und, wie es schien, die von jedem, der sich dieses Album kaufte, von jedem, den die beiden repräsentierten.

 Rotolo erzählt eher ihre Geschichte als die von Bob Dylan – mit ihrer Umgebung dermaßen verwachsen, dass man ihre Füße auf dem Straßenpflaster zu spüren glaubt, wenn sie die 4th Street in westlicher Richtung entlanggeht und die McDougal überquert – und sie bedient sich dabei eines ungezwungenen Plaudertons. »Er war witzig, einnehmend, ernsthaft und hartnäckig. So habe ich ihn während der gesamten Zeit, in der wir zusammen waren, erlebt, wobei je nach Stimmung und Umstand mal dieses, mal jenes mehr auf ihn zutraf.« Man kann dies als eine Beschreibung von Bob Dylan lesen; und man kann es wegen des Vergnügens lesen, so vieles mit so wenigen Worten ausgedrückt zu sehen. Man kann es auch wegen der Art und Weise lesen, wie sich zu Beginn des zweiten Satzes ein Strudel von Bindung und Trennung auftut. Rotolos Tonfall erzeugt ein Drama, das öffentlich und zugleich privat ist, etwa wenn sie beobachtet, wie Dylan das Traditional »Dink's Song« in einem Coffeehouse in Philadelphia vorträgt. »Das Geplapper im Publikum ließ nach; er sorgte dafür, dass es still wurde im Raum. Und ich zumindest fand auch zu einer inneren Ruhe. Es war, als hätte ich den Song noch nie gehört.«

Das Buch ist zurückhaltend, ruhig, ausgeglichen, selbst während eines Nervenzusammenbruchs. Rotolo erzählt die Geschichte eines von vielen geteilten Milieus und die Geschichte einer Romanze, die, auf ihre Weise, auch von vielen geteilt wurde, doch ihre Selbstachtung schlägt sich auch als Respekt vor dem Leser nieder. Sie verletzt nie ihre eigene Privatsphäre und somit auch nie die unsrige. Sex wird mit keinem einzigen Wort erwähnt und in Sachen Drogen, abgesehen von Marihuana, ist da nur die eine scheußliche Nacht, in der ihr jemand heimlich LSD in den Drink schüttet. Und als den dritten Faktor der Gleichung gibt es das *Freewheelin'*-Album: »Es handelte sich dabei um Folkmusik, war eigentlich aber Rock'n'Roll.« Rotolo erschafft ihr eigenes narratives Gewebe, sodass man angesichts der Dinge, die sie weglässt, nicht das Gefühl hat, es würde etwas fehlen, während die Dinge, die sie berücksichtigt, das Territorium kartografieren, das sie uns vor Augen führen möchte.

Der Kick von Vince Whites Buch besteht darin, dass es, über zwanzig Jahre danach, den Irrwitz seiner zwei Jahre als Mitglied der Clash auf eine Weise heraufbeschwört, die einen vergessen lässt, dass diese Zeit längst vergangen ist.

Nachdem Joe Strummer und Paul Simonon den Gitarristen Mick Jones aus der Band geschmissen hatten, veranstalteten sie eine Reihe von Vorspielterminen; die Musiker, die dort auftauchten, mussten zu Tonbändern mit Backing Tracks spielen, ohne dass sie erfuhren, für welche Band sie vorspielten. Vince White war einer der beiden Gitarristen, die schließlich angeheuert wurden, als Angestellte und auf Probe – seine Probezeit sollte nie enden. 1985 nimmt Strummer White beiseite, um ihm mitzuteilen, dass er die ursprünglichen Clash reformieren werde – was er nie tat – und dass White heiraten solle.

White brachte eine unverfälschte Punkattitüde in die Band. Nach dem Collegeabschluss sah er sich von einem Gefühl allgemeiner Korruptheit und Sinnlosigkeit übermannt: »Jeder, der mir über den Weg lief, schien den äußeren Anschein der Realität als wahr hinzunehmen. Wie eine gigantische Verschwörung von Annahmen, die besagten, ein Bus sei ein Bus. Aber ein Bus war kein Bus. Es war ein widerliches rotes Metallding, das sich die Straße hinunterbewegte und leere Gesichter transportierte, die von nirgendwo kamen und definitiv nirgendwo hingingen.«

Das war die Weltsicht, wie sie in den ersten Songs der Clash zum Ausdruck gekommen war, Songs, die auf der Suche nach einem Ausgang gegen die Stadtmauern zu hämmern schienen. Jetzt befindet sich die Band in Los Angeles und Strummer – der hier als jemand porträtiert wird, der fast schon besessen ist von seiner Rolle als Messias – macht Radiowerbung: »Wir wollen, dass ihr alle kommt und die Tanzfläche erobert, dass ihr die Sau rauslasst und voll abfahrt auf den *echten* Sound des *Rebel Rock!*«. Da war »nicht die geringste Spur von Ironie«, schreibt White. »Ich war schockiert. Ich erkannte ihn nicht wieder … Das war beleidigend, ein Affront. Ein Affront gegen die Intelligenz der Leute. Gegen uns und gegen jeden, der zu den Konzerten kam. Die Leute waren doch nicht so blöd, oder?«

White lässt das Ende seines Buchs zu einem Anfang werden: Er verlässt die Band und jobbt fortan als Taxifahrer; er macht mehr Geld, als er als Musiker jemals gesehen hat, und er bereist die Welt als ein freier Mensch. Rotolo lässt ihren Anfang zu einem Ende werden: Ihr

Buch, so wird schnell klar, handelt von der Freiheit, die ein bestimmter Ort und eine bestimmte Zeit denjenigen gewährten, die willens waren, sie zu ergreifen, und wie die Autoren von Greenwich-Village-Memoiren seit mehr als einem Jahrhundert geschrieben haben, gehören jener Ort und jene Zeit der Vergangenheit an. Doch im Unterschied zu ihren zahllosen Vorgängern, von Malcolm Cowley und Edmund Wilson bis zu allen, die nach ihnen kamen, begnügt Rotolo sich nicht mit *Ich habe es selbst erlebt* (und du nicht!): »Auch wenn das Konzept aus seinem physischen Umfeld verdrängt wurde, als Geisteshaltung wird es immer weiter existieren ... Es spielt keine Rolle, ob es eine wirkliche physische Nähe gibt oder nicht.« White und Rotolo suchen beide nach Wahrheit und Freiheit und beide schreiben nicht so, als hielten sie sich für etwas Besseres als ihre Leser.

Vince White, *Out of Control: The Last Days of the Clash*, Moving Target, London 2007.

Suze Rotolo, *A Freewheelin' Time: A Memoir of Greenwich Village in the Sixties*, Broadway Books, New York 2008; hier zitiert nach der deutschen Ausgabe: *Als sich die Zeiten zu ändern begannen – Erinnerungen an Greenwich Village in den Sechzigern*, aus dem Englischen von Paul Lukas, Parthas Verlag, Berlin 2010, S. 13, 102, 23, 222, 370.

THE DRAWN BLANK SERIES
London Times
7. Juni 2008

Was ist das? Dieser strichmännchenartige Fischer, der seinen Blick über einen Hafen voller Blau- und Gelbtöne sowie jede Menge sonnige Weißtöne schweifen lässt? Nun, es ist eines der einhundertsiebzig *Drawn-Blank*-Bilder, die Bob Dylan letztes Jahr gemalt hat – unter Rückgriff auf eine Reihe von ebenfalls mit *Drawn Blank* betitelten, zwischen 1989 und 1992 entstandenen Schwarz-Weiß-Zeichnungen und -Skizzen, die er nun auf Büttenpapier übertragen ließ und anschließend in Form von Gouachen oder Aquarellen ausmalte, um herauszufinden, was möglicherweise in diesen alten Bildern steckte.

Wie viele andere der zu dieser Serie gehörenden Bilder – *Amagansett*, *Vista from a Balcony*, *Bicycle*, *Still Life with Peaches* oder *Sunday Afternoon* (»Sunday Painter« wäre vielleicht ein treffenderer Titel gewesen) – ist auch *Fisherman* Postkartenkunst. Es handelt sich um die Sorte von Gepinsel, die in Touristenorten verkauft wird, in Läden, die sich, als das Tearoom-Pendant unter den Einzelhandelsgeschäften, altertümelnd als »Shoppes« bezeichnen und für Postkarten »von unseren hiesigen Künstlern« einen Aufschlag erheben. Eine Überstilisierung, die sich hier als ein Mangel an Stil offenbart, streicht eine Banalität heraus, die oftmals das herrschende Prinzip der Bilder zu sein scheint (»Drawn blank?« Feuert hier jemand »blanks« ab, Platzpatronen? Oder haben wir es mit einem Schützen zu tun, der nicht einmal hinschaut, worauf er schießt?). Körper und Gesichter ohne jegliche Tiefe entsprechen der Langweiligkeit der idyllischen Szenerie, ihre Primitivität ist ihre spezifische Art von Manieriertheit, egal ob es sich um *Woman Near a Window* oder um *Society Lady* handelt (das nicht an die Weegee-Fotos heranreicht, denen es offenbar nachempfunden ist, so wie *Reno Balcony*, eine Aussicht aus einem Hotelzimmer, an Robert Franks 1956 entstandenes Foto *Butte, Montana* erinnert) oder um Porträts von Tom Clark, Paul Karaian oder Nick LeBlanc, um *Cupid Doll* oder um einen der Akte und Halbakte. Man hat das alles schon gesehen. Doch andere Bilder ziehen dich in ein Gespräch hinein. Wo mag dieser Ort wohl sein? Bin ich da schon mal gewesen? Ist das echt?

Hier, wo eine einzige alte Zeichnung als Vorlage für drei oder vier neue Gemälde herangezogen wurde, hat das, was auf den Bildern zu sehen ist, nichts Klischeehaftes mehr an sich. Die Häuser – *House on Chestnut Street, Front Porch of a House on Hayes Street* – scheinen fast zu bersten, von irgendeinem unsichtbaren Druck, als verfaulten sie von innen heraus. Die Hitze, die der Dichte auf *Freret Street New Orleans* entströmt, ist auf der Stelle erkennbar, wenn man schon einmal an diesem Ort gewesen ist, aber man hat sie vorher noch nie *gesehen*: Im Unterschied zum Maler dieses Bildes hat man sich nie vorgestellt, wie diese Hitze wohl aussehen mag. Fernsehapparate, in Motelzimmern vorgefunden – *Lakeside Cabin, View from Two Windows* –, bergen mehr Geheimnisse als die Frauen auf den Bildern. Die Frauen tun so, als seien sie lebendig, oder der Maler versucht, ihnen Leben einzuhauchen; die Fernsehgeräte geben zu, dass sie bereits tot sind, oder der Maler hat sie irgendwie kaputt gemacht, bevor sie eingeschaltet wurden. Betrachtet man diese kleinen Kisten, so kann man sich nicht vorstellen, dass sie jemals eigene Bilder gezeigt haben.

Die Werke, die von Einfallsreichtum, Verspieltheit und Ernsthaftigkeit vibrieren – von einer Konzentration auf den Moment, den das Bild hervorbringt –, kommen mit ein paar an die TV-Serie *Twilight Zone* erinnernden Variationen daher: In *Corner Flat* wird ein und derselbe Stuhl, wie ein vor deinen Augen seine Farbe verändernder Krake, scheinbar im selben Augenblick von vier verschiedenen Leuten besetzt, als handele es sich um eine einzige, sich vor ihrem eigenen Ich verkleidende Person.

In *Rose on a Hillside* befindet sich im Vordergrund eine Rose. Dahinter tauchen abwechselnd völlig verschiedene Sujets auf – Berge, eine Kleinstadt, ein Haus, die New Yorker Skyline vom gegenüberliegenden Ufer des Hudson –, als würde die Rose, wenn man sie richtig zu betrachten weiß, buchstäblich alles heraufbeschwören, was man sich wünscht. Dann ist da noch *Train Tracks*, eine Szene aus einem Western: ein Eisenbahngleis, dessen Schienen bis zum Fluchtpunkt des Bildes verlaufen, mit Bergen am Horizont, einem Bahnhofsgebäude und einem Telegrafenmast. Eine Version in Blau-, Grün- und Brauntönen, eine zweite in Schwarz-Weiß, abgesehen von einem warmen Braunton für den Schienenstrang, eine dritte ist eine Filmkulisse – und dann, bei der letzten Version, die gesamte Szene in Schwarz-Weiß, bis auf den Himmel, der vorher stets leer gewesen war und nun eine stille Explosion von purem Gold ist.

Dies ist ein visionärer Moment, so wie die ach so kontemplative Serie *Man on a Bridge* einen solchen Moment lediglich vortäuscht – für all diejenigen, die Kunst auf Autobiografie reduzieren müssen, Bilder, die es dem Betrachter erlauben, sich vorzustellen, die bärtige Gestalt im Vordergrund sei Bob Dylan höchstpersönlich, am Scheideweg seines Lebens. Symbolik! Doch die letzte Version von *Train Tracks* ist keine Symbolik. Sie ist nicht auf irgendetwas reduzierbar. Man möchte sich an diesen Ort begeben. Man möchte diesen Himmel selbst erleben. Man kann es nicht und so begnügt man sich mit dem, was ihm am nächsten kommt. Man schaut sich dieses Bild wie gebannt an – ein Bild, das diesen Himmel schließlich eingefangen hat, als habe es ihn nie gegeben, was möglicherweise sogar zutrifft.

Das Porträt von Bob Dylan, das als Frontispiz für die Buchausgabe von *The Drawn Blank Series* dient, ist eine 2006 entstandene Fotografie von William Claxton – dem Jazzfotografen, den man vor allem wegen der intimen, fast schon übernatürlich coolen Aufnahmen kennt, die er Mitte der 1950er-Jahre von Art Pepper, Billie Holiday und insbesondere Chet Baker gemacht hat. Sein Dylan-Porträt basiert auf dem einzigen bekannten, schätzungsweise 1929 aufgenommenen Foto des Mississippibluesmusikers Charley Patton. Dylans locker gebundene Fliege ist das Element, das die beiden Aufnahmen verbindet; beide vermitteln ein Gefühl von Gewichtigkeit, von Wissen, Erfahrung, Fatalismus. Diese Qualitäten sind in den *Drawn-Blank*-Bildern hier und da präsent – nicht so ausgeprägt wie in Dylans stärkster Musik der letzten Zeit, »Ain't Talkin'« vom 2006 erschienenen Album *Modern Times*, doch mit einer Unwahrscheinlichkeit, die einen erkennen lässt, dass Dylans Songs nicht alles sagen, was er möglicherweise sagen will.

Bob Dylan, *The Drawn Blank Series*, Prestel USA, New York 2008.

REAL LIFE ROCK TOP 10
The Believer
September 2008

3) Howard Hampton schreibt mir (am 11. Juni): »Ich stieß zufällig auf Dylans Bekenntnis zu Obama (*London Times*, 5. Juni: ›Amerika steckt derzeit in einer Situation des Umbruchs. Die Armut ist niederschmetternd. Man kann von den Leuten keine Rechtschaffenheit erwarten, wenn sie in Armut leben. Doch jetzt gibt es da draußen diesen Typen, der das Wesen der Politik von Grund auf neu definiert – Barack Obama … Ob ich Hoffnungen in ihn setze? Ja, ich hoffe, dass sich die Dinge in unserem Land ändern werden. Manches muss sich einfach ändern.‹). Diese unverhohlene Anerkennung kommt nicht von ungefähr – ich bin darüber erstaunt, dass die Clintons in Obama offenbar nie mehr gesehen haben als einen schwarz geschminkten Howard Dean. Und so wirkten sie am Ende wie Baez und Seeger, das alte Regime, hinweggefegt vom Sound eines größeren Sinns für das Mögliche, als sie ihn sich gestatten wollten – daher sollte die Frage der ›Wählbarkeit‹ der gesamten Wahl ihren Stempel aufdrücken, in Form der Alternative zwischen ›No We Can't‹ (einen Schwarzen wählen) und ›Yes We Can‹ (von einem besseren Land träumen, wie es MLK oder der bedauernswerte RFK einmal getan haben).«

TELL TALE SIGNS:
Rare and Unreleased, 1989–2006 – The Bootleg Series Volume 8 (Columbia Legacy)

Barnes and Noble Review
10. Oktober 2008

Die ersten zwei Tracks der dritten CD von *Tell Tale Signs* ergeben eine Landkarte der Veränderung, die Bob Dylan während der letzten zwanzig Jahre in der amerikanischen Musik vollbracht hat – eine Veränderung in der Art und Weise, wie er diese Musik gemacht hat, keine Frage, aber vielleicht noch fundamentaler in der Art und Weise, auf die viele Leute diese Musik heute hören. Die dritte CD ist nur im Rahmen der sündhaft teuren »Expanded Deluxe Edition« erhältlich (169,99 $ statt der 22,99 $ für das 2-CD-Set). Ich lege es weiß Gott nicht darauf an, dem normalen Plattenkäufer um eine Nasenlänge voraus zu sein, doch die Performances, um die es mir geht, finden sich nun einmal auf dieser Bonus-CD, und wie es ein an der Produktion Beteiligter formuliert hat, werden »sie am Ende für jeden erhältlich sein; die Leute werden sie sich einfach downloaden.« Das wird sich zeigen.

Aber wie dem auch sei, hier ist Bob Dylan in Chicago, im Jahr 1992, und widmet sich dem Folksong »Duncan and Brady«, nur wenige Monate bevor er mit seinen auf jeglichen Schnickschnack verzichtenden Solo-Erkundungen traditioneller amerikanischer Songs aus den Bereichen Blues, Country und Folk begann, die dann gegen Ende jenes

Jahres in Form seines Albums *Good as I Been to You* veröffentlicht und 1993 mit *World Gone Wrong* fortgesetzt wurden. Dylan nahm diese Platten in seinem privaten Heimstudio auf, ohne andere Musiker, ohne einen Produzenten. Dabei fand er in den Melodien, die er auf seiner akustischen Gitarre deformierte und attackierte, eher eine Stimme als in den Worten. Doch in Chicago, wo sich das Konzept noch nicht herauskristallisiert hatte – wo die Songs ihm noch nicht offenbart hatten, wie sie gespielt werden wollten –, begibt Dylan sich in die Hände des Produzenten David Bromberg, eines Musikers, der, wie es in Philip Roths *The Plot Against America* über einen aufgeblasenen Rabbi heißt, »alles weiß – schade, dass er sonst nichts weiß«.[65]

»Die Ballade«, pflegt der Sänger David Thomas zu sagen, »bekommt, was die Ballade verlangt« – es sei denn, jemand wie Bromberg kidnappt sie und hält sie als seine Geisel. Das seit mehr als hundert Jahren von allen möglichen Interpreten präsentierte »Duncan and Brady«, eine Geschichte über einen Revolverhelden und einen Barkeeper, hat noch nie danach geschrien, mit Bass, Schlagzeug, zwei oder drei Gitarren, Orgel und Synthesizer untermalt zu werden, die allesamt so gespielt werden, als seien sie sich selbst orchestrierende Roboter, die einen vollkommen homogenen, körperlosen Science-Fiction-Sound erzeugen. Der Song weiß nicht, was er mit diesem Beiwerk anfangen soll, und Dylan weiß es genauso wenig. Dieser Schlamassel geht letztlich auf ihn selbst zurück, auf seine Unsicherheit hinsichtlich dessen, was seine Musik ist und wozu sie da ist; er hat bereits eine längere Phase hinter sich, in der sein Songwriting gekünstelt und die Musik zu seinen Songs nichtssagend war, mehr als zehn Jahre, in denen er sich verzweifelt um etwas bemüht hatte, das nicht bloß auf den Markt geworfen werden konnte, sondern tatsächlich danach verlangte, der Öffentlichkeit vorgestellt zu werden. Und so versucht er nun tapfer, mit dem forcierten Klippklapp der Big Band Schritt zu halten, als sage er sich wäh-

---

[65] *Verschwörung gegen Amerika*, aus dem Amerikanischen von Werner Schmitz, Carl Hanser Verlag, München Wien 2005, S. 43.

rend der Aufnahme, *in drei Minuten ... in zwei Minuten ... in einer Minute wird das Ganze vorbei sein.* Diese Performance hat keine Seele, und keinen Körper.

Die alten Songs, die auf *Good as I Been to You* und *World Gone Wrong* zu einem so rätselhaften Leben erwachten, nahmen 1997 auf *Time Out of Mind* eine neue Gestalt an. Dort streiften Nummern wie Blind Willie McTells »Ragged and Dirty« oder die den Nebeln der Zeit entstiegene britische Ballade »Love Henry« ihre Haut ab und ließen sich eine neue wachsen, um sich in »Dirt Road Blues«, »Standing in the Doorway«, »Not Dark Yet«, »Tryin' to Get to Heaven« und »Cold Irons Bound« zu verwandeln. Auf der Bühne änderten diese Songs ihre Gestalt ein weiteres Mal, als seien sie nicht gemacht, sondern vielmehr gefunden worden, als forderten sie ihren angeblichen Komponisten dazu heraus, mit ihnen Schritt zu halten. Auf zahllosen echten Bootlegs – im Gegensatz zu Dylans eigenen, offiziellen Bootlegs – kann man hören, dass »Cold Irons Bound« schneller und beeindruckender wuchs als die anderen Songs, doch so etwas wie die auf *Tell Tale Signs* enthaltene Performance aus dem Jahr 2004, vom Bonnaroo-Festival in Manchester, Tennessee, habe ich noch nie gehört.

Die Band besteht aus Tony Garnier, Bass, Larry Campbell, Gitarre, Stu Kimball, Gitarre, George Recile, Schlagzeug. Garnier und Campbell, die schon seit vielen Jahren mit Dylan auf der Bühne stehen, haben ihn vermutlich mit einem tieferen Einfühlungsvermögen begleitet als jeder andere Musiker, was hier dazu führt, dass Dylan den Song auf eine Weise dominiert, die den Eindruck erweckt, er spiele sämtliche Instrumente und nicht bloß sein Klavier und seine Mundharmonika. Wie könnten andere Hände wissen, was sie tun sollen? Es geht alles dermaßen schnell, mit einer unglaublichen Vehemenz; der Rhythmus wie eine tosende Flutwelle, die sich ihren eigenen Weg durch die Melodie bahnt; die wie aus dem Erdboden aufsteigende Stimme des Sängers, die sich an ihrer eigenen Kraft zu berauschen scheint: Schließlich ist er ja derjenige, der den Damm in die Luft gejagt hat. Das Stück hat den Rockabillydrive von Elvis Presleys »Mystery Train«, die herausfordernde Synkopierung von Howlin' Wolfs »How Many More Years«, die verschlagene Bedrohlichkeit von Muddy Waters' »Mannish Boy«, den Jetzt-bricht-die-Hölle-los-Kitzel von Rod Stewarts »Every Picture Tells a Story«. Auf dem Gipfel der Performance scheint es so, als wolle der Sänger sich selbst übertrumpfen, Knurren auf Knurren, Grinsen auf Grinsen, Schwur auf Schwur, in einem aberwitzigen Zweipersonensketch, einer Stand-up-Comedy-Nummer, die nur wenige Schritte von dem kreisförmigen Exekutionskommando in *Reservoir Dogs*[66] entfernt ist. Es rast alles so schnell vorbei, dass die Musik in Stücke zu zerspringen scheint, und man vernimmt Echos von Stimmen aus einer fernen Vergangenheit, aus einer Zeit, bevor einer der an dieser Performance Beteiligten geboren wurde, Stimmen, die flüstern, dass sie den Song bereits gekannt hätten, bevor der Sänger ihn kannte, dass sie schon immer gewusst hätten, dass er so klingt, und dass sie den Witz kapiert hätten: Ist man »cold irons bound«, so ist man auf dem Weg zu seinem Sterbebett.

Beide, die Standard- und die Deluxe-Ausgabe von *Tell Tale Signs*, enthalten außergewöhnlich erhellende, fesselnde Liner Notes von Larry »Ratso« Sloman, der auch ein Buch über Dylans »Rolling Thunder«-Tournee von 1975 geschrieben hat und der 1993 in Kinky Friedmans Krimi *Elvis, Jesus & Coca-Cola* als Leiche auftauchte, was er glücklicherweise überlebt hat; die Deluxe-Ausgabe bringt Slomans Kommentar in einem Bildband unter und bietet neben der dritten CD auch noch ein Kunstbuch mit Reproduktionen der Cover von Dylan-Singles, wie sie von Columbia in den USA und von den Dependancen des Labels in aller Herren Länder veröffentlicht wurden. Die erzählte Geschichte ist aus einem Guss, obwohl sie auf drei CDs natürlich viel vollständiger rüberkommt.

Die Musik, die Bob Dylan seit 1992 macht, basiert auf der Ahnung,

---

66 *Reservoir Dogs – Wilde Hunde* (Regie: Quentin Tarantino, USA 1992).

dass es ein festes, unveränderliches Grundinventar des amerikanischen Songs gibt oder, wie man auch sagen könnte, eine spezifisch amerikanische Art, sich auszudrücken. Es handelt sich um eine verstreut vorkommende Form, die, in Worten und Metaphern, in Wiederholungen und Ächzern, in Verzögerungen und Schreien, immer wieder neu entdeckt werden kann und die jeden, der sich daran erinnert, wiederbeleben und erneuern kann, als könne man nicht nur in Zungen reden, sondern auch in Zungen hören. Die siebenundzwanzig Tracks der Standardausgabe von *Tell Tale Signs* und die zwölf zusätzlichen Nummern der Deluxe-Edition – vorwiegend Alternativaufnahmen oder Liveversionen von bereits bekanntem, offiziell veröffentlichtem Material (»Ring Them Bells« und »Most of the Time« von dem ansonsten verkrampften *Oh Mercy* von 1989, »Ain't Talkin'« von dem 2006 erschienenen *Modern Times*), Soundtrackkompositionen (»Huck's Tune« aus *Lucky You*[67], das nicht enden wollende »'Cross the Green Mountain« aus dem missglückten *Gods and Generals*[68]) oder aussortierte, nun zum ersten Mal gehörte Songs (»Marchin' to the City«, »Dreamin' of You«, »Red River Shore«, die bei *Time Out of Mind* unter den Tisch fielen) – zeichnen Bob Dylans Erkundung dieses Territoriums nach. Es gibt dort Sackgassen (das programmatische »Dignity«, der Nullachtfünfzehn-Protestsong »Everything Is Broken«) und Gassen, gemacht für Raubüberfälle (»Tryin' to Get to You«, dessen ursprünglich an die Carter Family erinnernde Form 2000 auf einer Londoner Bühne zerfällt, als es von jemandem gesungen wird, der wie Bob Dylan ausgesehen haben mag, aber haargenau so klingt wie einer jener Crooner aus den Fifties, die der Kritiker Nik Cohn einmal als »weiß, gesittet, liebenswürdig und falsch bis in die Knochen« charakterisiert hat – die Performance ist eine Tour de Force). Es finden sich dort Variationen, die die Möglichkeiten eines Songs nicht erweitern, sondern ihm den Garaus machen (die drei *Time-Out-of-Mind*-Versionen von »Mississippi«, das später

67 *Glück im Spiel* (Regie: Curtis Hanson, USA 2007).
68 Regie: Ronald F. Maxwell, USA 2002.

für das 2001 erschienene »*Love and Theft*« noch einmal neu eingespielt wurde).

Anfangs kann *Tell Tale Signs* wie ein Sammelsurium von Fußnoten und Anhängen anmuten. Doch wie das von einem Fan zusammengestellte Kompendium mit den einunddreißig, 1993 von Dylan präsentierten Liveperformances des Folksongs »Jim Jones« (von *Good as I Been to You*) verdeutlicht, sind dem, was Dylan mit einem Song anstellen kann, keine Grenzen gesetzt, wenn er in der richtigen Stimmung ist: Man kann hören, wie die Melodie des Songs im Verlauf der neunmonatigen Tournee dessen Worte verschluckt, wie die Worte dem Rhythmus eine neue Kraft einimpfen, wie der Rhythmus zunehmend abstrakter wird und wie der Erzähler des Songs, ein im neunzehnten Jahrhundert von London in das Höllenloch des damaligen Australiens verbannter Sträfling, zu einer Ausgeburt seiner eigenen Fantasie wird, zu einem an Land gestrandeten Fliegenden Holländer. Eine Performance, die zunächst flach wirken mag, kann sich als überaus vielschichtig erweisen; ein Sänger, der die Stichworte seines eigenen Textes zu verpassen scheint, ist, wie sich herausstellt, auf etwas völlig anderes aus. Dies hier ist keine Musik, die sich einem beim ersten Anhören vollständig erschließt.

Genau aus diesem Grund ist es mehr oder weniger sinnlos, wenn man sagt, »Red River Shore« sei, trotz der Tragik der darin erzählten Geschichte, so offen wie die Ebenen des Mittleren Westens: Die einzige Grenze für das, was der Song zu sagen vermag, ergibt sich daraus, ob man vom einen Ende seines Kansas zum anderen sehen kann. Hat man sich »Red River Shore« ein paarmal angehört, so klingt es vielleicht zu schön, kein bisschen wie die Tragödie, die es sein möchte. Und beim Anhören könnte es als der beste Track auf diesem 3-CD-Set von »Most of the Time« abgelöst werden, einem so sorgfältig komponierten Song, dass man sich vorstellen kann, Dean Martin oder Fred Astaire hätten davon Versionen aufnehmen können, die besser gewesen wären als die von Dylan – und wie Dylan die Nummer darbietet, solo auf der ersten

CD, mit einer leisen, dezenten Begleitung auf der dritten, kann sie einen die Zeit vergessen lassen, und die Tatsache, dass die frühesten der von *Tell Tale Signs* gegebenen Fingerzeige mittlerweile fast zwei Jahrzehnte alt sind, ist vollkommen unerheblich.

SAM MCGEES »RAILROAD BLUES« UND ANDERE VERSIONEN DER REPUBLIK
Threepenny Review
Winter 2008

1964 spielte ein Mann namens Sam McGee eine neue Version eines Songs ein, den er 1934 zum ersten Mal aufgenommen hatte: »Railroad Blues«.

So wie es sich anhörte – als habe seine Gitarre zwanzig Saiten und er selbst vier Hände –, war McGee ein ganzes Orchester. So wie er schrie, als seine Töne vorüberjagten – er juchzte »Uah-HUUH!«, wie Harmonica Frank Floyd, als er 1951 in Memphis für Sam Phillips »Rockin' Chair Daddy« aufnahm, wie Elvis Presley, als er vier Jahre darauf, ein ganzes Zeitalter später, für Sam Phillips »Mystery Train« aufnahm –, und wie er seine Stimme gen Himmel richtete, stand McGee hoch oben auf einem Berggipfel, mutterseelenallein in der Welt, ohne ein Anzeichen von menschlichem Leben, so weit das Auge reichte.

Doch egal welches Bild vor einem auftauchte, wenn McGees »Railroad Blues« erklang, man konnte sich nicht vorstellen, dass der Mann, der diesen Song sang, still dastand. Während der Song ablief, zog sein Sänger von einem Ort zum anderen. Und er war nicht mehr nur Sam McGee. Gleich vom Einstieg in den Song an – ein fast schon unerträglich herrliches Hinabgleiten auf einem satten Basston, das einem das Gefühl gibt, man werde vom Boden emporgehoben –, gleich von dieser ersten Geste an war der Sänger etwas Größeres, Komplexeres: Er war Daniel Boone mit flinkeren Füßen, Johnny Appleseed mit Songs statt Obstkernen, Coopers Lederstrumpf mit einem Sinn für Humor, ein in die Jahre gekommener Huck Finn, der schon lange erkannt hatte, »für welches Stück«, wie Edmund Wilson 1922 schrieb, seine »Welt die Bühne war«.

In diesem Stück ging es darum, einen Sound zu produzieren, der allen beweisen würde, dass die Welt noch immer ihrer Vollendung harrte oder überhaupt erst noch entdeckt werden musste. »Went to the depot, looked up on the board«, sang McGee als ersten Vers, wobei er sich eine weit verbreitete Zeile schnappte und wegschnippte, um den Weg freizumachen für die Geschichte, die er mit seiner Gitarre erzählte. »Went to the depot, looked up on the board / It read, ›Good times here, but better down the road‹.«

Wer immer derjenige sein mag, der diesen Song zum Besten gibt, man kann ihn sich sofort vorstellen, wie er in einer Bar voller Betrunkener auf einem Tisch steht, und dann in einem Konzertsaal, wie er auf der Bühne hin und her eilt, von einer Seite zur anderen, während ein Publikum aus respektvollen Anhängern des Folkrevivals seine Darbietung begeistert und zugleich ungläubig verfolgt. Man sieht einen Mann, der in einen Friseurladen geht, um dort um Kleingeld zu betteln, und der, nachdem er seinen Hut mit Münzen gefüllt hat, diese den Herumtreibern auf der Straße zuwirft, so wie in »Up on Cripple Creek«, dem Song von The Band, wo Levon Helm erzählt, was seine Bessie mit ihrer Hälfte des beim Pferderennen gewonnenen Geldes machte: »Tore it up and threw it in my face, just for a laugh.«

Wer ist dieser Mann – ich meine nicht Sam McGee, sondern die Gestalt, die zum Leben erwacht, während Sam McGee seinen Song vorträgt?

Er ist eine von vielen Gestalten, die in der amerikanischen volkstümlichen Musik auftauchen, wie sie in 1920er- und 1930er-Jahren aufgenommen wurde – die mit einer solchen Vehemenz und einem solchen Charme auftauchen, mit einem so breiten Lächeln oder einem so finsteren, unversöhnlichen Blick, als reklamierten sie die gesamte Geschichte des Landes für sich, als gehörte sie ihnen ganz allein.

Es ist unbestreitbar, dass es für die Gestalt, die durch »Railroad Blues« eilt, keinen Platz in der Nation gibt, wie sie Bela Lam und seine Greene County Singers begründeten, als sie 1929 in Richmond, Virginia, Plattenaufnahmen für das Label OKeh Records machten, im Rahmen einer gemeinsamen Recordingsession, an der auch das Monarch Jubilee Quartet, die Roanoke Jug Band, das Tubsize Hawaiian Orchestra, die Bubbling Over Five und acht weitere Acts teilnahmen.

Der um 1870 herum geborene und 1944 verstorbene Zandervon Obeliah Lamb war ein stattlicher Man mit einem großen weißen Schnäuzer. Die Greene County Singers bestanden aus Lam (wie OKeh Records seinen Nachnamen buchstabierte), seiner Frau Rose, ihrem Sohn Alva und Roses Bruder Paul. 1927 nahmen sie in New York eine andächtige, durch und durch friedvolle Version von »See That My Grave Is Kept Green« auf, einem alten Song über die zahllosen anonymen Gräber aus der Zeit des Bürgerkriegs, den Blind Lemon Jefferson dann später als Vorlage für sein »See That My Grave Is Kept Clean« heranziehen sollte. 1929, in Richmond, war von der idyllischen Waldeslichtung jedoch nichts zu spüren.

Bizarr atonale Banjo- und Gitarrenklänge kollidieren auf unangenehme Weise mit einem noch scheußlicheren Gesang, mit etwas, das weder Rhythmus noch Melodie hat, sondern eher eine notdürftig in Musik gekleidete innere Überzeugung darstellt, die auf eine so unerbittliche Weise in sich geschlossen ist, so desinteressiert an dem, was du möglicherweise glaubst, dass du dir mit einem Mal ganz klein vorkommst – außerhalb einer Geschichte, die deine ist, ob es dir gefallen mag oder nicht. Die Geschichte von Jesus Christus, deinem Erlöser, wie er in Gestalt der Greene County Singers kommt, um dich zu holen.

In »Tell It Again« – der Refrain klingt wie »Kill it again« – hören wir fest in ihrem Boden verwurzelte Menschen, die sich sicher sind, dass kein Sterblicher sie auch nur um einen Zentimeter von dort wegbekommen kann. »If Tonight Should End the World« ist eine Prozession von Sängern, die die Straße hinunterstolpern – stolpern, weil sie den Takt nicht halten können, weil ihr Harmoniegesang so arthritisch ist, wie es ihre Hände sein müssen, falls ihre gebrochenen, zittrigen Stimmen Rückschlüsse auf das Alter der Sänger erlauben. Doch die Musik steigert sich, bis auch du schließlich auf das Ende der Welt wartest. Sollte die Welt heute Nacht enden, dann – ja, was dann? Sie wissen es, du nicht.

Es ist nicht so, dass die Gläubigen in »If Tonight Should End the World« dem Mann in »Railroad Blues« als einem Sünder die kalte Schulter zeigen oder dass sie ihm den Zugang zu ihrer Kirche verwehren würden. Nein, sie nehmen überhaupt nicht Notiz von ihm. Für sie existiert er einfach nicht. Sie sind Leute, die in die Siedlung einziehen, die der »Railroad Blues«-Mann gerade verlassen hat, Leute, die sich abrackern, die nach vorn schauen, die die Kirche errichten und die Stadt aufbauen, sodass der Mann, wenn er ein Jahr später oder so an diesen Ort zurückkehrt, nicht die geringste Ahnung hat, wo er da gelandet ist.

Die Greene County Singers sind frei, in ihrer Gewissheit, dass die Geschichte bereits an ihrem Ende angelangt ist, in ihrer bedingungslosen Hingabe an Gott: Für sie ist der Herumtreiber nichts weiter als ein Gefangener, ein Gefangener seiner animalischen Triebe, und wegen Leuten wie ihm benötigt ihre Stadt kein Gefängnis. Bela Lams Banjo zupft »Crown Him« (»Lord above«) und man kann spüren, dass sie bereits in eine andere Welt eingezogen sind, selbst wenn sie Anspruch auf diese hier erheben.

Ähnlich schwer vorstellbar ist, dass sich der freie Amerikaner in »Railroad Blues« auf die Seite des am Boden zerstörten Individuums in Emry Arthurs 1928 aufgenommenem »I Am a Man of Constant Sorrow« stellt.

Inzwischen ist dies kein obskurer Song mehr. Zu Beginn seiner Karriere nahm Bob Dylan unter dem Titel »Man of Constant Sorrow« eine Version davon auf. Als »The Maid of Constant Sorrow« sang

Judy Collins ihn auf dem Höhepunkt des Folkrevivals mit einer pseudoelisabethanischen Affektiertheit. Die Stanley Brothers nahmen ihn auf und noch viele andere mehr. 2001 machten George Clooney, John Turturro, Tim Blake Nelson und Chris Thomas King damit in den Südstaaten des Coen-Brüder-Films *O Brother, Where Art Thou?* Furore – als die Soggy Bottom Boys, wobei Dan Tyminski von Alison Krauss' Begleitband die Stimme zu Clooneys beeindruckender Mikrofonarbeit beisteuerte – und man zweifelte nicht eine Sekunde daran, dass die Leute im Süden von dieser Nummer so hin und weg waren, dass sie nichts anderes mehr hören wollten.

Emry Arthur war jedoch der Erste, der »I Am a Man of Constant Sorrow« aufnahm – ein Musiker, der 1929 den Banjospieler Dock Boggs auf der Gitarre begleitete und der, wie Boggs sich erinnerte, »keine Akkorde greifen konnte, weil man ihm durch beide Hände geschossen hatte – seine Hände waren davon mehr oder weniger verkrüppelt.«

Die ersten Zeilen lauten: »I am a man of constant sorrow / I've seen trouble all my days.« Sie sind auf der Stelle von einer überwältigenden Sentimentalität – und wenn man die Zeilen beim Singen nicht vollständig ignoriert, so wie es die Soggy Bottom Boys tun, die auf Wohlklang und Tempo aus sind, so ist es unmöglich, sie nicht zu dramatisieren. Je leiser man die Zeilen singt, fanden Dylan und Collins heraus, umso lauter werden sie – und umso mehr lassen sie dich wie einen Poseur erscheinen.

Arthur schlägt in die Saiten, als habe man ihm durch beide Hände geschossen. Man kann fast die Knochen herausragen sehen. Plink, plink, spielt er, nicht viel musikalischer als Bela Lam. »I am a man of constant sorrow«, intoniert er schlicht, als sage er »Ich habe Hunger« oder »Mir ist kalt«, als habe er gelernt, derlei Dinge mit Würde zu äußern. »I have seen trouble all my days.« Dieses »I have«, statt der üblichen Zusammenziehung »I've«, macht einem klar, dass das, was der Sänger sagt, nicht offenkundig ist, nicht alltäglich, dass es sich dabei um etwas handelt, was man vielleicht lieber nicht hören möchte.

Man kann sich vorstellen, dass die Greene County Singers Emry Arthur in ihre Reihen zu ziehen versuchen. Sie würden Notiz von ihm nehmen, wenn auch bloß deshalb, weil sie die gleiche schmucklose Sprache sprechen wie er, wobei die Greene County Singers so singen, als kümmere es sie nicht, ob man sie hört, während Emry Arthur so singt, als könne er nicht glauben, dass ihm überhaupt jemand zuhört. Würde der Mann in »Railroad Blues« wegen solcher Dinge auch nur eine Sekunde lang innehalten? Mit seiner dünnen Stimme, die sich unmerklich von Verbitterung zu Hinnahme bewegt, von Zorn zu innerem Frieden, artikuliert der Mann in »I Am a Man of Constant Sorrow« eine Art Herausforderung, eine Zurückweisung der Gaben Gottes, und aus diesem Grund wird man ihm keinen Einlass in Bela Lams Kirche gewähren.

Nach ein oder zwei Strophen geht die Melodielosigkeit von Arthurs Performance in einen Leierkastenrhythmus über und man hat keine Angst mehr vor dem Sänger. Er hat dich beruhigt, damit er dich in Verlegenheit bringen kann, damit er dir zeigen kann, dass du ihn niemals auch nur ansatzweise verstehen wirst:

Oh you can bury me in some deep valley
For many years there I will lay
And when you're dreaming, while you're sleeping
While I am sleeping in the clay

Es ist die absolute Einzigartigkeit der Details, die diesen Song so unergründlich macht (Details, die in späteren Versionen des bereits traditionellen Songs kaum oder gar nicht mehr auftauchen, vielleicht weil sie dermaßen eng mit einer spezifischen Person verknüpft sind, dass ihre Übernahme einem Diebstahl gleichgekommen wäre, den keine Vorstellung vom »Folkprozess« hätte rechtfertigen können): der ungewöhnliche Verweis auf das Träumen, der Gebrauch von Lehm statt der sonst üblichen Erde. Der Sänger macht nach dieser Strophe weiter, nicht als Toter, sondern mit der Schilderung zusätzlicher Qualen und Nöte, doch das hätte er sich auch sparen können.

Wie die Greene County Singers hat er eine abgeschlossene Geschichte erzählt und damit auch ein endgültiges Urteil über sein Land oder, wie er es nennt, »the land that I have loved so well« gefällt. Wenn die Nation den Sänger ausgeschlossen hat, eine Nation, die sich zu einer Republik erklärt hat, deren Bürger der Sänger ist, so ist das Land eine Fiktion und es gibt dort für niemanden ein Zuhause – oder es soll dort für niemanden eins geben.

Der 1900 in Wayne County, Kentucky, geborene Emry Arthur starb 1966 in Indianapolis. Wahrscheinlich hätte er von dem Bob Dylan, der in den frühen Sixties »Man of Constant Sorrow« aufnahm, keine Notiz genommen – oder vielleicht hätte er sich nicht dazu herabgelassen, von ihm Notiz zu nehmen –, doch er hätte den uralten Song »When First Unto This Country« wiedererkannt, wie Dylan diesen 1997 sang. Ob er die Erhabenheit erkannt oder anerkannt hätte, die Dylan einem Song verlieh, der genauso desillusioniert und trostlos war wie sein eigener, vermag ich nicht zu sagen.

Mitte der 1980er-Jahre begann Dylan, zunächst solo, mit akustischer Gitarre und Mundharmonika, und später von einer Band begleitet, zunehmend traditionelles Material in sein Liverepertoire einzustreuen, alte Songs über Ritter und holde Maiden, über Seeleute und Büffelabhäuter, allesamt vorgetragen ohne eine Spur von Ironie oder Zweifel, nur mit einem Bewusstsein von der eigenen Unbedeutendheit angesichts der Monumentalität dieser Songs. Viele davon finden sich auf dem wahnsinnig akribischen 9-CD-Bootleg *The Genuine Never Ending Tour Covers Collection 1988–2000*, das Dylans Konzertperformances von Fremdkompositionen auf unterschiedliche Discs verteilt, sortiert nach Country, Soul, R & B, Folk, Traditional Blues, Pop und so weiter und so fort, bis hin zu »Alternates & Retakes«, einer Zusammenstellung von weiteren Versionen von Songs, die bereits auf den anderen Discs vertreten sind – ein zusätzliches, scheinbar überflüssiges Stück

Plastik, mit dem all denen, die so dumm waren, auch nur daran zu denken, sich das Set zu kaufen, weitere dreißig Dollar abgeknöpft werden sollten. Und auf dieser CD spielte sich die Action ab. Die ersten acht CDs ergeben ein aufgeblähtes, sterbenslangweiliges Konvolut; die letzte hingegen, wo die Genres bunt durcheinandergemischt sind, sprüht nur so vor Leben. Und hier findet man auch die Version von »When First Unto This Country«, die einem unter die Haut geht.

»When first unto this country / A stranger I came.« Mehr kann man nicht sagen; dramatischer geht es nicht. Das ist die vollständige Geschichte des Landes, genauso wie die Inhaltsangabe zu einer *Moby-Dick*-Verfilmung, über die ich einmal im *TV Guide* stolperte, die vollständige Geschichte wiedergab: »Wahnsinniger Kapitän heuert eine Crew an, die ihm helfen soll, einen weißen Wal zur Strecke zu bringen.«

Dylan hat ein gutes Gespür für die dem Song innewohnende Dramatik. Eine elektrische Gitarre findet das Zögern in der Melodie, in den Basstönen, und spielt eine regelrechte Ouvertüre. Ein zischendes Geräusch von den Becken erinnert an eine Welle, die gegen den Rumpf eines Schiffs schlägt; ein gedämpftes Donnern von der Basstrommel lässt einen spüren, wie der Sänger an Land geht. Und dann verlangsamt sich das Ganze, als müsse man, bevor die Geschichte begonnen hat, erst deren Ende hören – und das tut man auch. Das Thema ist vorgestellt worden und es ist elegant und schön, allerdings auf die Weise, auf die man sich vorstellen kann, dass die Ruinen eines griechischen Tempels schöner sind, als es der Tempel in seinem ursprünglichen Zustand jemals hätte sein können. Eine zweite elektrische Gitarre verwandelt die Melodie in ein Anzählen des eigentlichen Beginns des Songs, und wenn der Sänger dann amerikanischen Boden betritt, so tut er dies gemessenen Schrittes.

Er macht Nancy den Hof: »Her love I didn't obtain.« Aus irgendeinem nicht genannten Grund – aus Wut, aus einem selbstzerstörerischen Impuls, aus einem Gefühl der unheilbaren Entfremdung von dem Land und den Leuten, die dort bereits Besitzansprüche erheben – stiehlt er ein Pferd. Er wird geschnappt, kahl geschoren, verprügelt, ins Gefängnis geworfen und vergessen. »I wished I'd never been a thief«, singt er, wobei er die Wörter herauspresst, wie Stevie Wonder 1973 am Schluss von »Living for the City« – nicht wie Dylan selbst in seiner sarkastischen Neufassung des Songs, den er schon seit Jahren gekannt hatte, bevor er ihn 1965 zu »Bob Dylan's 115th Dream« umschrieb. Man kann sich den Mann vorstellen, wie er, schließlich aus dem Gefängnis entlassen, von Stadt zu Stadt zieht, von Bar zu Bar, und jemanden zu finden versucht, der ihm zuhört. Er wiederholt die ersten Zeilen des Songs, wobei die abgeschlossene Geschichte nun schwer auf jedem Wort lastet: Es sind die ersten Zeilen des Landes.

All diese Leute – der glückliche Mann in »Railroad Blues«, der erlöste Mann in »If Tonight Should End the World«, der tote Mann in »Man of Constant Sorrow«, der wandelnde Tote in »When First Unto This Country« – sind voneinander getrennt, Isolatos, um Melvilles Begriff aus *Moby Dick* zu verwenden, mit unzähligen Meilen zwischen der Kirche und dieser Ansammlung von Ismaels. »Good times here, but better down the road«, sagt der Mann in »Railroad Blues« mit jedem Ton; der Emry Arthur in »I Am a Man of Constant Sorrow« und der Bob Dylan in »When First Unto This Country« würden diesen Mann genauso wenig hören, wie Bela Lam es ertrüge, ihm zuzuhören. Was diese Songs, diese Performances, sagen, ist offenkundig: Wenn dies eine Republik ist, so ist es ihr bestimmt, sich zu zerstreuen. Sie wurde gegründet, um ihren Bürgern die Freiheit zu garantieren, die ihr unabdingbares Recht ist, nicht, um diese Freiheit einzuschränken; und so versteht es auch jeder und da liegt der Hase im Pfeffer. Innerhalb der Grenzen dieser Freiheit kann und wird buchstäblich alles passieren. Wenn dies eine einzige Republik ist, so kann niemand sie in ihrer Gesamtheit überblicken; lediglich die Tapfersten können auch nur daran denken.

Als Sam McGee 1934 »Railroad Blues« zum ersten Mal aufnahm, da kam er einfach aus einem Loch hervor, das sich in der Geschichte der volkstümlichen amerikanischen Musik aufgetan hatte. Hunderte von Performern hatten in den 1920er-Jahren damit begonnen, diese Geschichte zu erzählen, als den im Norden beheimateten Plattenfirmen zu Anfang des Jahrzehnts bewusst wurde, dass es ein zahlendes Publikum für die Art von Musik gab, die dieses Publikum bereits kannte: das Zeug, das die Leute von der Vorderveranda ihres Nachbarn oder in der örtlichen Spelunke hören konnten, Blues, Balladen sowie Mischformen der beiden, die mit seit alters her überlieferten Texten versehen waren, Klänge, die irgendwie neu wirkten, Klänge, die man damals schon als »old-time music« bezeichnete.

Von überall aus dem Süden, von Texas, New Orleans, North Carolina und South Carolina, von Tennessee, Kentucky, Virginia und West Virginia, von Arkansas, Alabama und Mississippi tauchte aus den Schatten der familiären Erinnerung und des einsamen Meditierens ein Amerika auf, das nicht nur in den Volkssagen verborgen gewesen war, sondern auch in den ungeschriebenen Migrationstagebüchern der ersten Generation von nicht mehr als Sklaven geborenen Afroamerikanern. Dieses Amerika nahm viele Gestalten an – Prophet, Betrüger, Arbeiter, Glücksspieler, Hure, Prediger, Dieb, Büßer, Mörder, Mordopfer –, doch das Eigenartige daran war, dass dieses Land fast ausschließlich von denjenigen gesehen und gehört wurde, die bereits darin lebten. Die Leute kauften Schallplatten, die sie an sie selbst erinnerten, die ihnen einen Beweis für ihre Existenz lieferten, die ihr Leben von der tristen Ebene der Daseinserhaltung in einen Himmel der Repräsentation hoben.

Dann kam die Great Depression und der Musikmarkt brach zusammen; Gemeinschaften, die die Geschichten gehegt und gepflegt hatten, für die die Nation insgesamt noch immer keine Zeit hatte, brachen daraufhin ebenfalls zusammen. Die Daseinserhaltung war nun nicht mehr die Langeweile einer Aneinanderreihung von immer gleichen Tagen, sondern ein echtes Drama, und in dieser trostlosen Tragödie wäre es ein absoluter Horror gewesen, hätte ein Vater den einzigen Dollar der Familie für eine Schallplatte ausgegeben. Die Plattenfirmen beorderten ihre Talentsucher zurück, verramschten ihre Lagerbestände und machten ihre Aufnahmeeinrichtungen dicht.

1934 begannen sich die Firmen zu reorganisieren, nicht weil die Wirtschaft sich wieder erholt hätte, sondern weil die Leute sich die Trümmer ihrer Gesellschaft ansahen und zu ihrem Entsetzen erkannten, dass sie nicht tot waren. Als man wieder schwarze und weiße Folkmusik aufzunehmen begann – vieles davon traditionell, ohne Autor, allgemein verbreitet, vieles davon komponiert, jedoch häufig nicht urheberrechtlich geschützt, sondern als »frei verfügbar« klassifiziert, als sei ein so unverwechselbarer Blues wie Robert Johnsons »Stones in My Passway« schon lange vor Johnsons Geburt von Hand zu Hand weitergereicht worden –, da geschah dies auf einer wesentlich rationaleren Ebene als in den 1920er-Jahren. Statt der ortsansässigen Sonderlinge und Familien, die bei den für jedermann zugänglichen Vorspielterminen aufgetaucht waren, in ihren sonderbaren Klamotten und mit Instrumenten aus dem Sears-Katalog, um die Songs ihrer Nachbarn und Großeltern zum Besten zu geben, bevorzugte man nun professionelle Musiker; statt der Musik, die jeder kannte und die fast jeder spielen konnte, wollten die Plattenfirmen nun etwas Virtuoses haben, Musik, wie sie nur wenige machen konnten.

Das ist der Hintergrund, vor dem die erste Version von »Railroad Blues« entstand. Der 1894 geborene Sam McGee lebte bis 1975, als er bei einem Traktorunfall ums Leben kam. Er spielte jahrelang mit Uncle Dave Macon zusammen und machte mit diesem auch Plattenaufnahmen. Er konnte alles spielen, und als er 1934 »Railroad Blues« aufnahm, hörte es sich so an, als wolle er sich selbst ausstechen. Es ist brillant, ja man glaubt seinen Ohren nicht zu trauen, wenn eine instrumentale Phrase wie ein Jo-Jo nach unten fällt und dann wieder emporschnellt. Doch irgendetwas fehlt dieser Aufnahme, etwas, das nur die Version an den Tag legt, die McGee genau dreißig Jahre später aufnahm.

Die »Railroad Blues«-Aufnahme von 1934 richtet das Hauptaugenmerk auf den virtuosen Performer, auf den Typen, der es draufhat wie kein anderer, der von allen Revolverhelden der Stadt am schnellsten zieht. Doch 1964 passierte etwas, das eher dem entsprach, was sich zugetragen hatte, als die volkstümliche Musik in den 1920er-Jahren aufgenommen wurde. Viele der Leute, die diese Musik machten, unterschieden sich von ihren Mitmenschen: Sie waren mutiger, hatten weniger Angst davor, sich eine möglicherweise peinliche Abfuhr zu holen, sie waren selbstbewusster und sie gingen größere Risiken ein – das Risiko, vor einem Geschäftsmann im Anzug zu erscheinen, der einem sehr wahrscheinlich die Tür weisen würde, da man seiner Ansicht nach nicht besser war als die anderen. Robert Christgau schreibt sehr aufschlussreich über Dock Boggs, wie dieser nach einem erfolgreich absolvierten Vorspielen in seiner Heimatstadt Norton, Virginia, 1927 nach New York reist, um dort seine beängstigenden, verfluchten Songs über den Tod aufzunehmen, jedoch angesichts der sich ihm bietenden Chance »dermaßen aus dem Häuschen« ist, dass er seine Freude kaum im Zaum zu halten vermag – wohlgemerkt, seine Freude, nicht seine Wut, seinen Groll, sein Gefühl des Ausgeschlossenseins, seine Angst, sich vor den feinen Pinkeln aus New York zu blamieren.

Etwas Ähnliches kann man überall auf den genretypischen, aber auch einzigartigen Scheiben hören, aus denen Harry Smith die Anthologie zusammenstellte, die er zuerst schlicht und einfach *American Folk Music* nannte. Diese Begeisterung angesichts der Chance oder auch nur der vagen Möglichkeit, sich artikulieren zu dürfen, dem Land zu sagen, was man zu sagen hatte, und nicht bloß dem Land, sondern sogar der ganzen Welt (der Sears-Katalog verkaufte nicht nur Banjos an Leute wie Dock Boggs oder Uncle Dave Macon, sondern ließ deren 78er auch bis nach Japan, in die Türkei und nach Tierra del Fuego gelangen), muss die Ursache für den eigentümlichen Zauber sein, den so viele der alten Folkmusikaufnahmen auf die Gegenwart ausübten, als Smith sie 1952 wiederveröffentlichte, und für den Zauber, den sie auch heute noch ausüben. Als die Anhänger des Folkrevivals in den 1960er-Jahren Auftritte von Mississippi John Hurt, Clarence Ashley, Boggs, Buell Kazee, Skip James, Son House oder anderen Heroen aus den 1920er- und 1930er-Jahren verfolgten, da bejubelten sie diese womöglich als Repräsentanten des Volkes, als die Musiker des Volkes – doch während sie zuhörten, während sie zusahen, während sie die Begeisterung packte, da reagierten sie womöglich nicht auf das, was diese Musiker zu einem Teil des Volkes machte, sondern vielmehr auf das, was sie von ihrem Volk unterschied: ihr Ehrgeiz, ihre Energie, ihre Unfähigkeit, ihre Mitmenschen zu ertragen.

Doch die Musik war vor allem ein Mysterium, das Mysterium, das sich einstellt, wenn eine Version der Geschichte einer Nation, die von der offiziell verbreiteten Version dieser Geschichte ausgeschlossen gewesen ist, mit einem Mal an die Öffentlichkeit gelangt. Genau das passierte in den 1920er-Jahren, als Musiker aus dem Süden der USA ihre Version von Amerika produzierten: Zusammengenommen plädierten sie für ein weniger zufallsabhängiges Amerika, einen weniger absoluten Tod, ein Amerika, wo nichts unmöglich und wo keine Regelung jemals endgültig wäre. In diesem Mysterium wird der radikale Individualismus, wie man ihn in der Folkmusik der 1920er-Jahre hören kann, immer infrage gestellt, und zwar von derselben Stimme.

Eines der schemenhaftesten, eines der seltsamsten Kennzeichen dieser Musik ist ein Element von Anonymität, die Art und Weise, wie ein Performer von sich selbst zurückzutreten schien, zurück in die Gemeinschaft, der er angehörte – oder, wenn der Performer keiner Gemeinschaft angehörte oder er so klang, als könne er keiner angehören, die Anonymität in der Art und Weise, wie der Performer in die Vergessenheit zurückzugleiten schien, wo er einsam und allein lebte, wie Paul

Muni, wenn er am Ende von *I Am a Fugitive from a Chain Gang*[69] von der Kamera zurücktritt und in die Dunkelheit eintaucht. »Wovon leben Sie?«, wird der entflohene Sträfling gefragt. »Ich stehle.«

Löst sich die Spannung zwischen der Selbstdarstellung des Künstlers und dem anonymen, anscheinend sogar körperlosen Wesen hinter dem Künstler auf, so ist das Ergebnis nicht weniger aufregend, nicht weniger beunruhigend als das Auftauchen des radikalen Individuums – und genau das passiert meiner Meinung nach in der Version von »Railroad Blues«, die Sam McGee 1964 aufnahm.

Hier haben wir es nicht mehr mit dem versierten Begleitmusiker zu tun, der vortritt, um Anspruch auf seine eigene Karriere zu erheben, um unter seinem eigenen Namen Plattenaufnahmen zu machen, um zu demonstrieren, welche Tricks er so draufhat. Nein, hier passiert etwas Größeres – und ein Land kommt in Sicht, in dem es mehr Platz gibt als in dem Land, das in der Version von 1934 präsent war. Man hört einen Mann, der das ganze Land gesehen hat, seine Vergangenheit und seine Zukunft, und er hat eine bemerkenswerte Entdeckung gemacht: Amerika hat sich nie geändert und es wird sich nie ändern.

In der Version der Republik, die 1964 in »Railroad Blues« in Szene gesetzt wird, ist Bewegung das Einzige, was zählt: die Art und Weise, wie du dich bewegst. Wie du auftrittst. Die Erwartungen, die du allein schon mit deinem Auftreten weckst, mit der Art und Weise, wie du gehst, wie deine Kleidung zu dir passt, wie deine Mimik zu deinem Gesicht passt, wie dein Gesicht irgendwie alles verändert, dessen du gewahr wirst. Der Geist in der Musik tritt auf der Stelle hervor: der Wildwestpionier, der rastlos Umherziehende. Angesichts seiner Freiheit ist er eine Bedrohung für diejenigen, die zu Hause bleiben, die sich abrackern und sparen, die hoffen und denen es an Mut fehlt – doch er hinterlässt auch einen Segen. Ohne sein Leben zu leben, dürfen wir erfahren, wie sich dieses Leben anfühlt.

[69] *Jagd auf James A.* bzw. *Ich bin ein entflohener Kettensträfling* (Regie: Mervyn LeRoy, USA 1932)

Somit ist es nicht mehr Sam McGee, sondern eine Art Abstraktion, die »Railroad Blues« 1964 präsentiert – oder 2002, zweiundzwanzig Jahre nach McGees Tod, auf einer bei Smithsonian Folkways erschienenen Anthologie mit dem Titel *Classic Mountain Songs*, wo mir »Railroad Blues« zum ersten Mal zu Ohren kam.

Als McGee den Song 1934 aufnahm, war jener Wegweiser von entscheidender Bedeutung, der eigentliche Beginn der Platte: »Went to the depot, looked up on the board / Went to the depot, looked up on the board / It read, ›Good times here, but better down the road‹.« 1934 war dies eine dezidierte politische Aussage. Es musste gesagt werden; 1934, am Tiefpunkt der Great Depression, war es das Letzte, was irgendjemand als selbstverständlich betrachtet hätte, falls er es überhaupt geglaubt hätte. 1964 werden dieselben Worte gesagt, aus dem Ärmel geschüttelt, doch als ein Ereignis in der Musik sind sie bereits geschehen.

Jenes Hinabgleiten, jenes erstaunliche Emporsteigen, jener satte Ton, der in tausend glitzernde Splitter zerspringt, während die Saiten erzittern – all dies hat bereits den Zug herbeigerufen, bevor auch nur ein einziges Wort aus dem Mund des Performers gekommen ist. Die hohen Töne sind nun nicht mehr die Visitenkarte eines Virtuosen – sie führen ihr eigenes Leben. Von Takt zu Takt dünner werdend, sodass sie weiter ausgreifen können, und ihr Tempo beschleunigend, auch wenn ein Basston »Halt, nicht so schnell!« sagt, schießen die Töne in die Luft hinaus, wo sie verharren und ausklingen, bis du dir sicher bist, dass sie verschwunden sind – doch die Art und Weise, wie die nächste Bewegung auf dem Ton aufbaut, den du noch immer in deiner Erinnerung festzuhalten versuchst, verrät dir, dass der Ton überhaupt nicht verschwunden war.

Das ist das Unheimliche daran – das Gefühl, dass die wahrsten Geschichten, die das Land über sich selbst erzählen kann, unvollständig sein müssen, unvollendet, in der Schwebe, sodass derjenige, der diese Geschichten findet, sie von deren Mitte an fortführen kann. Und genau das fand letztlich irgendwo am Anfang dieser Geschichte hier statt, sofern es in dieser Geschichte um ein spezifisches historisches Auftauchen bestimmter Versionen der Geschichte Amerikas geht.

Das einzige mir bekannte Stück Musik, das jede unheimliche, fromme, betrunkene, mordende, stehlende und liebende Gestalt, die durch die alte amerikanische Musik geistert, als das ansieht, was sie ist, und das diese Gestalten allesamt akzeptiert, ist Richard »Rabbit« Browns »James Alley Blues«, das 1927 in New Orleans aufgenommen wurde – an dem einzigen Tag in seinem Leben, an dem Brown Plattenaufnahmen machte.

Brown lebte und irgendwann starb er. Dass er nur ein einziges Mal vor einem Aufnahmegerät Platz nahm, ist auf der gleichen Ebene anzusiedeln wie Melvilles Versäumnis, Hawthornes Brief über *Moby Dick* aufzuheben, den Brief, von dem Melville sagen konnte, »mich erfüllt das Gefühl einer unaussprechlichen Sicherheit«, da Hawthorne, in Melvilles unerträglich direkten Worten, »das Buch verstanden« hatte.

Die kleinsten, bescheidensten Töne kriechen aus Browns Gitarre wie Kaulquappen und schwimmen umher auf der Suche nach ihrer Melodie, ihrem Rhythmus. Ein Basston gongt und lässt die Luft erbeben. Nichts wird forciert. Eine alte, brüchige Stimme beginnt eine Geschichte über eine Ehe zu erzählen, mal verdrießlich, mal über ihre eigene Verdrießlichkeit belustigt. Brown reißt die Saiten an, um eine Pointe zu untermauern, doch jedes Mal, wenn er dies tut, ist da dieses unheimliche Gongen, das die eigentliche Geschichte von der erzählten Geschichte loslöst.

Als Jerry Leiber und Mike Stoller 1959 die Drifters-Nummer »There Goes My Baby« produzierten, wobei sie zum ersten Mal das Gegenstück zu einem kompletten Streichorchester über ein Stück Rock'n'Roll legten, da, sagten sie, klang es so, als stehe der Skalenzeiger eines Radioapparats genau zwischen zwei verschiedenen Sendern. Man kann sich vorstellen, dass Rabbit Browns »James Alley Blues« für die wenigen, die es zu hören bekamen, ähnlich geklungen haben könnte – mit dem Unterschied, dass es so gewesen wäre, als existierte die Performance zwischen verschiedenen Zeitaltern, verschiedenen Lebensweisen, verschiedenen Weltsichten, und dass sie dich, wie »There Goes My Baby«, begreifen ließ, dass diese Unterschiede nicht von Belang sind. Das war die Bedeutung jenes mystischen Gongens hinter den prosaischen Fakten, die der Sänger mitzuteilen hatte; das war die Bedeutung der kleinen, suchenden Töne, die vor jedem Thema herausschossen, auf der blinden Suche nach einem Ziel, das nie benannt werden konnte.

Es waren diese winzigen, suchenden Töne, die Sam McGee 1934 ebenfalls suchen, aber erst drei Jahrzehnte später tatsächlich finden sollte. Er sollte von Anfang an den Fatalismus abwerfen, den diese Töne beinhalteten. Die satten, fetten Töne, die McGee verwenden sollte, um Entkommen und Befreiung zu symbolisieren – dieses Ab- und Aufgleiten, dieses Auf- und Hinausgleiten, dieses »Wenn du mir nicht glaubst, dass ich abhaue, dann wirst du dein blaues Wunder erleben« –, die Töne, die im »James Alley Blues« von Browns widerhallenden, dröhnenden Gongschlägen erfüllt sind und bei denen es sich nicht um Warnungen vor dem handelt, was passieren könnte, sondern um Vorboten dessen, was passieren wird – in McGees Händen werden diese Töne nicht mehr vom Tod sprechen.

In »If Tonight Should End the World«, »I Am a Man of Constant Sorrow« und »When First Unto This Country« schätzen die Sänger nichts so sehr wie den Tod – und der »James Alley Blues« bietet auch Platz für sie. Die kleinen Töne im »James Alley Blues« bewegen sich wie Mäuse, die von einem Raum in den anderen huschen, die niemals innehalten, doch das Haus wird immer nur größer. Der Mann, der den »James Alley Blues« singt – man muss ihn sich als klein, zäh und wachsam vorstellen, als jemanden, der sich vorsichtig bewegt, der lächelt und über seine Schulter nach hinten schaut –, dieser Mann heißt sie alle willkommen, und sie betreten sein Haus, weil sie spüren, dass er mehr über den Tod weiß als sie.

Doch das ist nicht alles, was Rabbit Brown weiß. »Railroad Blues« macht keinen Hehl daraus, dass es Vergnügen bereiten will; es ist ein Argument dafür, dass die Freiheit angenehmer ist als der Tod. »If Tonight Should End the World«, »I Am a Man of Constant Sorrow« und »When First Unto This Country« sind Argumente dafür, dass dem Tod eine größere Bedeutung zukommt als dem Vergnügen – Argumente, die ihre Kraft in Leidenschaft verbergen oder in der Perfektion der Form, in Elementen der Performance, die Vergnügen bereiten, da ihre Schönheit es so erscheinen lässt, als seien ihre Argumente wahr.

Aber Rabbit Brown weiß etwas über das Vergnügen, das offenbar sonst niemand weiß; er weiß, wie man Vergnügen bereitet, als sei es das Geschenk eines Schutzengels. Was er zurücklässt – das Gefühl, an einem Ort zu weilen, der so groß ist, dass er jedem Platz bietet, einem Ort, der zu groß ist, um jemals von dort entkommen zu können –, ist eine dieser Geschichten, die nur in der Mitte anfangen können und bei denen derjenige, der sie erzählt, nicht weiß, ob er vorwärts- oder zurückgehen soll.

Sam McGee, »Railroad Blues« (Champion, 1934), enthalten auf *Sam McGee: Complete Recorded Works in Chronological Order, 1926–1934* (Document, 1999), und auf der Anthologie *Times Ain't Like They Used to Be*, Vol. 5 (Yazoo, 2002).
—, »Railroad Blues« (1964), enthalten auf der Anthologie *Classic Mountain Songs* (Smithsonian Folkways, 2002). Ursprünglich veröffentlicht auf: McGee Brothers und Arthur Smith, *Old Timers of the Grand Ole Opry* (Folkways, 1964).

Bela Lam and His Greene County Singers, »Tell It Again«, »If Tonight Should End the World«, »Glory Bye and Bye« und »Crown Him« (OKeh, 1929), enthalten auf der Anthologie *Virginia Roots: The 1929 Richmond Sessions* (Outhouse, 2002).
—, »See That My Grave Is Kept Green« (OKeh, 1927), enthalten auf der Anthologie *Rural String Bands of Virginia* (County, 1993). Siehe auch: Bela Lam mit Rose Lam und einem kleinen Jungen, gefilmt vor der Hütte eines Pachtfarmers, wie sie »Poor Little Benny« zum Besten geben, enthalten auf der Videoanthologie *Times Ain't Like They Used to Be: Early Rural & Popular American Music, 1928–1935* (Yazoo DVD, 2000), eine Performance, die man auch auf YouTube finden kann.

Emry Arthur, »I Am a Man of Constant Sorrow« (Vocalion, 1928). Enthalten, zusammen mit »Reuben Oh Reuben«, »She Lied to Me« (beide von 1929) und »Short Life of Trouble« (1931), auf der Anthologie *The Music of Kentucky, Vol.* 2 (Yazoo, 1995). Siehe auch: »I Am a Poor Pilgrim of Sorrow« von der Indian Bottom Association of Defeated Creek Church, Linefork, Kentucky, eine Old-Regular-Baptist-Version, 1997 aufgenommen von Jeff Titon und enthalten auf *Classic Mountain Songs*.

Bob Dylan, »Man of Constant Sorrow«, auf *Bob Dylan* (Columbia, 1962).

—, »When First Unto This Country«, auf »Alternates & Retakes«, *The Genuine Never Ending Tour Covers Collection 1988–2000* (Wild Wolf Bootleg). Vgl. auch die unheimliche Performance des verwandten »Sometimes in This Country« von Lee Monroe Presnell aus North Carolina, 1951 aufgenommen von Anne und Frank Warner und enthalten auf der Anthologie *Her Bright Smile Haunts Me Still* (Appleseed, 2000). »Wir sind es gewohnt, uns Fotografien von Leuten anzuschauen, die vor Washingtons Tod geboren wurden«, schreibt Jeff Davis in seinen Anmerkungen, »aber wir sind es nicht gewohnt, ihre Stimmen zu hören.« Presnell wurde 1876 geboren; von keinem Instrument begleitet, sang er, als wäre es 1776. Zwischen 1988 und 1992 mitgeschnittene Liveversionen von »Man of Constant Sorrow« und »When First Unto This Country« findet man auf dem bemerkenswerten Dylan-Bootleg *Golden Vanity* (Wanted Man).

Soggy Bottom Boys, »I Am a Man of Constant Sorrow«, Playbackgesang von Dan Tyminski, wozu George Clooney, John Turturro, Tim Blake Nelson und Chris Thomas King auf der Leinwand die Post abgehen lassen, enthalten auf *O Brother, Where Art Thou? Soundtrack* (Mercury, 2000).

Richard »Rabbit« Brown, »James Alley Blues« (Victor, 1927). Enthalten auf der *Anthology of American Folk Music* (1952; Smithsonian Folkways 1997) und auf *The Greatest Songsters: Complete Works (1927–1929)* (Document), das auch die vier anderen veröffentlichten Aufnahmen von Brown enthält (es heißt, er habe insgesamt sechs Titel aufgenommen, doch bislang sind nur fünf aufgetaucht): »Never Let the Same Bee Sting You Twice«, »I'm Not Jealous«, »Mystery of the Dunbar Child« (zu dem Mysterium hinter diesem Song siehe Tal McThenias Reportage »The Ghost of Bobby Dunbar«, *This American Life*, 14. März 2008, http://www.thisamericanlife.org/Radio_Episode.aspx?episode=352) und das unglaublich schadenfrohe »Sinking of the Titanic«.

GESCHICHTEN VON EINEM SCHLECHTEN SONG

New York/Dublin
2005/2010[70]

Vor sechs Jahren setzte das Magazin *Mojo* »Masters of War«, Bob Dylans 1963 erschienenen Song über Waffenhändler – »*Kriegsgewinnler*«, wie Franklin Roosevelt sie mit vor Verachtung bebender Stimme zu nennen pflegte –, auf den ersten Platz einer Rangliste der »100 größten Protestsongs«.

Ihm folgten Pete Seegers Version von »We Shall Overcome«, James Browns »Say It Loud – I'm Black and I'm Proud« (1968), die Sex-Pistols-Nummer »God Save the Queen« (1977) und Billie Holidays »Strange Fruit« (1939). Nicht zu vergessen Lesley Gores »You Don't Own Me« (1963), einer der ersten feministischen Rock-'n'-Roll-Hits (und natürlich von einem Mann geschrieben), ganz zu schweigen von Eddie Cochrans »Summertime Blues« (1958), einer Platte über einen Teenager mit einem gemeinen Boss, gemeinen Eltern und einem Kongressabgeordneten, der den Jungen abblitzen lässt, weil dieser noch nicht das Wahlalter erreicht hat.

---

70 Eine erste, kurze Version dieses Vortrags hielt ich 2005 an der Columbia University, im Rahmen einer Podiumsdiskussion mit Sean Wilentz und Christopher Ricks, der uns beide in die Tasche steckte; diese ursprüngliche Fassung erschien 2006 in der Winterausgabe der *Threepenny Review*. Da die Zeiten den Song änderten und da Leute den Song nach wie vor dazu bringen wollten, die Zeiten zu ändern, habe ich den Vortrag entsprechend überarbeitet und erweitert. Die vorerst letzte Version präsentierte ich im Rahmen von »Forever Young? Changing Images of America«, einer Tagung der European American Studies Association, die im März 2010 in Dublin stattfand.

Aber warum gerade »Masters of War« – dieses alte, schwerfällige Schlachtross? Warum nicht Barry McGuires »Eve of Destruction«, eine Nummer, die 1965 so offensichtlich auf den Protestsongtrend aufsprang, dass sie den Rahmen einer unfreiwilligen Parodie sprengte und zum Protestsong schlechthin avancierte, und die in der *Mojo*-Liste durch Abwesenheit glänzte?

Mit Ausnahme von »Eve of Destruction« waren all diese Songs weniger offenkundig, weniger explizit als »Masters of War« – doch dieser Mangel an Subtilität war der springende Punkt. »Come you masters of war, you that build the big guns«, beginnt Dylan langsam: »You that build the death planes / You that build all the bombs.« Er fährt fort, wobei er eine irgendwie rätselhafte, verlockende Melodie monoton herunterleiert. Die Herren des Krieges verursachen Tod und Zerstörung: Das ist ihr Geschäft. Das Ganze erinnert an eine Karikatur aus dem alten sozialistischen Magazin *The Masses*. Man kann schmerbäuchige Kapitalisten sehen, die dicke Zigarren qualmen und sich den Wanst vollschlagen, während ihre Füße auf dem Nacken ehrlicher Arbeiter ruhen. Sie sind alt, böse und reich: Kannibalen. »Even Jesus would never forgive what you do«, singt der zweiundzwanzigjährige Bob Dylan.

Und dann macht er etwas, das 1963 schockierte, selbst in einem Protestsong, und das auch heute noch schockiert: Er fordert den Tod der Leute, über die er singt. »I hope that you die«, sagt er ganz unverblümt, wie ein Revolverheld vor einem Showdown in einem Western – wie Marshal Matt Dillon aus der TV-Serie *Gunsmoke*[71], nach dem Dylan sich ebenso gut benannt haben könnte wie nach Dylan Thomas: Matt Dillon, wie er sich auf der Main Street von Dodge City aufbaut, bereit für ein Revolverduell in der seit 1955 ausgestrahlten Hollywoodversion des Kansas von 1873, Dillon, wie er darauf wartet, dass der Bösewicht als Erster zieht, und wie er den Bruchteil einer Se-

---

[71] dt. *Rauchende Colts*.

kunde später zieht, aber über die besseren Nerven verfügt und seinen Kontrahenten trifft, während dieser weit danebenschießt.

> I hope that you die
> And your death will come soon
> I'll follow your casket
> In the pale afternoon
> And I'll watch while you're lowered
> Down to your deathbed
> And I'll stand over your grave till I'm sure that you're dead

Egal was Bob Dylan in den letzten siebenundvierzig Jahren gemacht hat und was er in den Jahren bis zu seinem Tod noch machen wird, sein Nachruf ist bereits geschrieben. »Bob Dylan, den man vor allem als Protestsänger aus den 1960er-Jahren kennt, starb gestern ...« Die Medien haben es gern einfach. Egal wie berühmt man ist, wie viele Facetten man aufweist, wie schwer man einzuordnen ist, wenn man stirbt, wird man immer auf eine einzige Sache festgenagelt.

1963, in der Welt der Folkmusik, war der Protestsong eine Rede, die viele Leute hören wollten, und er war eine Sprache, die viele Leute lernen wollten. Protestsongs waren en vogue. Sie sagten, die Welt solle verändert werden, ja, sie implizierten sogar, dass Songs sie verändern könnten, und niemand schrieb bessere – und so viele – Protestsongs wie Bob Dylan. Es war, wie er Jahre später sagen sollte, eine Möglichkeit, auf seinen eigenen Karrierezug aufzuspringen. Doch für die Highschoolkids und die Collegestudenten, die begonnen hatten, sich Bob Dylan anzuhören, weil er, wie sie sagten, das zum Ausdruck brachte, was sie selbst empfanden, aber nicht in Worte zu kleiden vermochten – weil er ihre eigenen ungeformten Gefühle, ihren Zorn und ihre Wut, ihre Angst und ihre Beklommenheit, aufgriff und real machte und sogar, wie sie sagten, in Lyrik verwandelte –, für diese Leute, deren Zahl in den frühen Sixties von Tag zu Tag zunahm, schienen die Songs nicht den Zynismus zu enthalten, den Dylan später proklamierte, sondern ihn zu verbannen.

Sie schienen Warnungen zu sein, die die Welt nicht ignorieren konnte, sie thematisierten Verbrechen, die gesühnt, und Versprechen, die gehalten werden mussten. Bob Dylan schrieb Songs über den Atomkrieg, der, wie 1963 fast jeder glaubte, irgendwann, irgendwo ausbrechen würde – und der 1962, während der sogenannten Kubakrise, beinahe ausgebrochen wäre, der Krieg, der, wie Robert McNamara erst vor ein paar Jahren in dem Dokumentarfilm *The Fog of War* bekannte, wobei er seinen Daumen und seinen Zeigefinger nur um einen knappen Zentimeter auseinanderhielt, damals näher gerückt war, als es selbst der paranoideste Protestsänger für möglich gehalten hätte.

Dylan schrieb und sang lange, detaillierte Songs über die Rassendiskriminierung, von »The Death of Emmett Till« und »The Lonesome Death of Hattie Carroll« bis zu »Only a Pawn in Their Game«, das den Titel »The Death of Medgar Evers« trug, als Dylan es 1963 anlässlich des Protestmarsches auf Washington auf den Stufen des Lincoln Memorial vortrug. Er schrieb visionäre Protestsongs wie »A Hard Rain's A-Gonna Fall«. Und er schrieb amüsante Protestsongs wie »Talkin' World War III Blues«, wo er davon träumt, sich nach dem Abwurf der Atombombe ganz allein in der Stadt zu befinden: Er spaziert in eine Cadillac-Autohandlung, steigt in einen Cadillac und braust los. »Good car to drive«, sagt er, mit einer schelmischen Kunstpause: »Good car to drive … after a war.«

Doch in erster Linie schrieb und sang Dylan Songs, die Geschichten über das Unrecht im Leben einer Nation erzählten, die sich stets im Recht glaubte: »With God on Our Side«, »The Times They Are A-Changin'«, »Blowin' in the Wind«. Dies waren die Songs, die Bob Dylan in die allgemeine Vorstellungskraft der Nation rückten, und es waren die Songs, die ihn dort fixierten. Um solche Songs schreiben zu können, sagte Dylan 2004 in *Chronicles*, »braucht man Kraft und die Gabe, Geister zu beschwören.«

Doch selbst zur Blütezeit des Protestsongs schien »Masters of War« zu dick aufzutragen. Es wirkte zu aufgeblasen, zu selbstgerecht, zu sehr von sich eingenommen – zu gestelzt, nicht, als schriebe jemand einen Protestsong, sondern eher so, als erzeuge der Protestsong als solcher automatisch seine eigene Kopie oder seine eigene Karikatur. »You hide in your mansion / While the young people's blood / Flows out of their bodies / And is buried in the mud«, sang Dylan in »Masters of War« – verglichen mit »You've Been Hiding Too Long«, einem anderen Dylan-Protestsong aus jenen Tagen, war dies jedoch fast schon Lyrik.

»Come all you phony super-patriotic –«, genug, das reicht, mehr muss man nicht hören, doch es gibt noch mehr, viel mehr, und es hat keine Melodie, keinen Rhythmus, keinen Takt, kein Herz, keine Überzeugung, es ist im Grunde überhaupt kein Song, nein, man drückt auf einen Knopf und, zack, schon kommt der fertige Protestsong heraus: »You lie and mislead / You – for your aims and your selfish greed … Don't think that I'll ever stand on your side …« Und so weiter und so weiter und so weiter.

Dieser Song ist dermaßen schauderhaft, dass er in keine der von Dylan publizierten Songtextesammlungen aufgenommen wurde. Auch im Archivabschnitt seiner Website sucht man vergeblich danach. Vermutlich hat Dylan den Song nie aufgenommen. Vielleicht hat er ihn nur ein einziges Mal vorgetragen, bei einem Auftritt 1963 in New York, bei dem er auch »Masters of War« zum Besten gab – doch dieses selbstgerechte Gegeifer findet sich in »Masters of War« ebenso wieder wie Präsident Eisenhowers Abschiedsrede, in der sich dieser 1961 über den militärisch-industriellen Komplex ausließ und die Dylan später als seine Inspiration anführen sollte: »Der Geist schwebte in der Luft«, sagte er 2001, als spiele er auf einen seiner eigenen Songs an, »und ich griff ihn mir einfach.« »You've Been Hiding Too Long« ist eine Ausgeburt der bis ins Groteske übersteigerten Impulse hinter »Masters of War«. Selbst wenn es nur einmal präsentiert wurde, so war das einmal zu viel: Jemand hatte an jenem Abend ein Tonbandgerät dabei und dreißig Jahre später tauchte dieses Machwerk dann auf einem Bootleg auf.

Im Unterschied zu »You've Been Hiding Too Long« verfügt »Masters of War« über eine Melodie – die Melodie von »Nottamun Town«, einem englischen Folksong, der möglicherweise fünfhundert Jahre alt ist, obwohl er den Eindruck erweckt, noch älter zu sein und aus prähistorischer Zeit zu stammen. Angesichts der Stimmung, die er verbreitet, scheint er aus der Verwüstung zu kommen, die Artus' Königreich heimsuchte, als Guinevere sich Lancelot zuwandte.

»Nottamun Town« ist oft als ein Nonsenssong charakterisiert worden, doch das ist er keineswegs. Heute wirkt er wie ein Stück Surrealismus des zwanzigsten Jahrhunderts, das in der Kleidung des sechzehnten Jahrhunderts daherkommt: »Not a soul would look up, not a soul would look down ... Come a stark-naked drummer a-beating the drum ... Ten thousand stood round me, yet I was alone ... Ten thousand got drownded that never was born.« Es ist ein urtümlicher, unergründlicher Song: So wie Dylan die Melodie von »Nottamun Town« für »Masters of War« heranzog, so bediente er sich dessen Sprache bei »A Hard Rain's A-Gonna Fall«, wo ein Mann die Welt bereist und anschließend von seinen Erlebnissen berichtet: »I heard one hundred drummers whose hands were a-blazing / Heard ten thousand whispering and nobody listening ... I saw ten thousand talkers whose tongues were all broken.« Doch selbst in »A Hard Rain's A-Gonna Fall«, das ein großartiger Song ist, vermochte Dylan nicht die Straße zu finden, die ihn ganz und gar in die Fremdheit von »Nottamun Town« zurückgeführt hätte – wo die Welt auf den Kopf gestellt ist und wo der Fluch darin besteht, dass sich irgendwie nichts geändert hat. »Ten thousand got drownded that never was born«: Das ist der erste Protestsong, das ist das Ende der Welt.

Der englische Volksliedforscher Cecil Sharp fand »Nottamun Town« 1917 in Kentucky – in den Appalachen hatten die alten Balladen ihre ursprüngliche Form länger bewahrt als drüben in Großbritannien. Traditionelle Versionen von »Nottamun Town« bedienten sich einer Durtonart, was der Musik ein sarkastisches Lächeln verlieh, doch in Gerde's Music City in Greenwich Village hörte Dylan eine Version, die der in Cambridge beheimatete Folksänger Jackie Washington in Moll vortrug.

Diese Veränderung der Tonart verlieh der Musik etwas Bedrückendes. Sie gewährte Dylan einen Einstieg in den bösen Traum, der ihm bei »Masters of War« vorschwebte: überschattet, verhängnisvoll, der Klang einer Beerdigungsprozession oder einer Menschenmenge, die einen verfolgt.

1964 hörte Dylan auf, den Song zu singen. Songs wie »Masters of War« waren »lies that life is black and white«, wie er in jenem Jahr in »My Back Pages« singen sollte. Der Protestsong war ein Gefängnis von Bedeutung, oder von Antibedeutung; Dylans Zurückweisung des Protestsongs kam einem Gefängnisausbruch gleich. Protestsongs zerstörten die Songs, die ihnen Leben einhauchten, sie verschlangen diese Songs. Als »Nottamun Town« im Schlund von »Masters of War« verschwand, da konnte man erkennen, dass Protestsongs selbst Kannibalen waren.

Als er »Masters of War« sang – in Kenntnis der Wurzeln des Songs –, da mag Dylan vor dem zurückgeschreckt sein, was er selbst erschaffen hatte: Er mag davor zurückgeschreckt sein, wie er »Nottamun Town« um dessen Mysterien betrog, wie er es benutzte, um ein Argument vorzubringen oder um seine Folksongkonkurrenten auszustechen. Er mag davon Abstand genommen haben, den Song zu singen, weil er erkannte, dass die Leute im Publikum nicht in entlegene Länder entführt werden wollten, die es niemals gegeben hatte, geschweige denn in eine Welt, die keinerlei Sinn ergab – die Leute im Publikum wollten erzählt bekommen, dass die Welt genau so war, wie sie es ihrer Ansicht nach war. Sie wollten erzählt bekommen, dass die Welt in zwei Lager aufgeteilt war, in das richtige und in das falsche, und sie wollten sich bestätigen lassen, dass sie recht hatten. Und genau das hatte Dylan ihnen gegeben.

Es war eine Einstellung – eine Sicht der Dinge –, die auch heute noch Bestand hat. 1988 publizierten Sut Jhally von der University of Massachusetts und Ian Angus von der Simon Fraser University in British Columbia eine Anthologie mit dem Titel *Cultural Politics in Contemporary America*. In ihrer Einleitung attackierten die beiden Bruce Springsteen wegen dessen 1984 veröffentlichtem Protestsong »Born in the U.S.A.«. Sie warfen ihm vor, dass man diesen Song – über einen Vietnamveteranen, der sich, ein Jahrzehnt nach Kriegsende, in seinem eigenen Land noch immer wie ein Geächteter vorkommt – auf mehr als nur eine Weise hören und verstehen konnte. Ronald Reagan konnte ihn in einer Wahlkampfrede erwähnen und behaupten, es handele sich dabei um eine Hymne auf gemeinsame Werte – auch wenn andere den Song womöglich als eine Verurteilung des Verrats an genau diesen Werten hörten. John Lennons Protestsongs hingegen, sagten Jhally und Angus, waren anders – solche völlig vergessenen Werke wie »Sunday Bloody Sunday«, »Attica State«, »Angela« (für Angela Davis) und »John Sinclair«, eine Nummer, die, wie bei einem Detroiter Konzert von John Lennon und Yoko Ono im Publikum weilende FBI-Agenten berichteten, »das Zeug zum Millionenseller hat«, obwohl, wie die Agenten als Schöpfer des neuen Genres der FBI-Rockkritik in ihrem Bericht anmerkten, »Yoko Ono falsch singt« und der Song »Lennons üblichen Qualitätsmaßstäben nicht gerecht wird«.

John Lennons Protestsongs, sagten Jhally und Angus, »krankten nicht an einer solchen Ambiguität« wie der von Bruce Springsteen und es sei »unmöglich, Lennons Kunst misszuverstehen« – schreiben die zwei nicht tatsächlich wie FBI-Agenten im akademischen Talar? Dass es ohne die Möglichkeit des Missverstehens überhaupt keine Kunst geben kann – vergiss es! Aber genau daran erinnerte sich Bob Dylan, als er aufhörte, »Masters of War« zu singen.

Gegen Ende der 1970er-Jahre holte Dylan »Masters of War« wieder in sein Repertoire zurück. Er gab damals mehr als hundert Konzerte im Jahr, und um die Abende zu füllen, holte er praktisch alles zurück.

»Masters of War« war eine Nummer, die beim Publikum immer sehr gut ankam, der Nummer-eins-Protestsong, schon bevor sich irgendjemand die Mühe machte, eine entsprechende Rangliste zu erstellen. Auch noch so viele Jahre danach fühlten sich viele Bob-Dylan-Fans unbehaglich bei Songs, die die Welt nicht in Richtig und Falsch aufteilten, und deshalb gefielen ihnen die alten Protestsongs noch immer am besten.

Doch nichts an dem Song, so wie Dylan ihn zum zweiten Mal in seiner Karriere zu spielen pflegte, bereitete einen darauf vor, wie er ihn am 20. Februar 1991 präsentierte, bei der Fernsehübertragung der Verleihung der Grammy Awards, wo Dylan mit einem sogenannten Lifetime Achievement Award für sein Lebenswerk ausgezeichnet werden sollte.

Heutzutage werden bei den Grammys die Lifetime Achievement Awards verteilt wie Parkausweise; viele der Ausgezeichneten schenken es sich, den Preis persönlich entgegenzunehmen. 1991 war die Idee noch neu; es war eine große Sache. Und in jenem Jahr fiel die Grammy-Show mitten in den ersten irakisch-amerikanischen Krieg – im Fernsehen bedeutete sie eine Unterbrechung in der rund um die Uhr ausgestrahlten Berichterstattung über die Bombardierung Bagdads.

Erst ein oder zwei Wochen zuvor, bei der Fernsehübertragung der Verleihung der weniger prestigeträchtigen American Music Awards war Donnie Wahlberg von der wegbereitenden Boygroup New Kids on the Block in einem T-Shirt mit dem Aufdruck »WAR SUCKS!« auf der Bühne erschienen. Das war ziemlich mutig gewesen. Er hatte viel zu verlieren und möglicherweise kostete ihn diese Aktion seine Karriere – heute erinnert man sich in erster Linie deshalb an Donnie Wahlberg, weil er der ältere Bruder von Mark Wahlberg ist, der 1991 noch der Möchtegern-Rapstar Marky Mark war. Die Veranstalter der Grammy-Verleihung hatten angekündigt, dass es bei ihrer Show einen solchen Eklat nicht geben würde.

»Uncle Bobby«, sagte Jack Nicholson, als er Dylan ankündigte, und dann kamen Dylan und seine vierköpfige Begleitband auf die Bühne, um einen Song zu spielen. In ihren dunklen Anzügen und mit ihren tief ins Gesicht gezogenen Filzhüten erinnerten die Musiker an hippe Schmalspurganoven, die die letzten zehn Jahre in ein und derselben Bar herumgelungert und auf den ganz großen Coup gewartet, sich aber schließlich »Ach, scheiß drauf!« gesagt hatten. Dylans Gebaren strahlte Autorität aus, so als sei er der Barkeeper, doch er sah schrecklich aus, aufgedunsen und schweinsäugig. Er trug einen grauen Hut und an seinem roten Gitarrengurt prangte ein weißer Blitz.

Es war eine auf der Stelle berühmt-berüchtigte Performance und eine der besten in Dylans Karriere. Er sang »Masters of War«, jedoch in einer verkleideten Form: eine Version, »so abstrakt wie ein schwarzes Loch«, schrieb die Filmkritikerin Amy Taubin 2005. Zunächst konnte man nicht erkennen, um welchen Song es sich handelte; man konnte kein Wort von Dylans Gesang verstehen, jedoch nicht, weil er murmelte. Was immer Dylan da tat, er kniete sich mit aller Macht hinein. Er war die personifizierte Anspannung, die personifizierte Vehemenz.

Er nuschelte die Wörter herunter, als sei die Erzählung, die sie möglicherweise enthielten, vollkommen irrelevant. Er brachte zum Ausdruck, dass die Performance als Symbol herüberkommen musste oder gar nicht. Er brach die Wörter entzwei und zerschmetterte sie, bis sie als pure Erregung fungierten, bis das Auftauchen eines einzelnen, klar erkennbaren Begriffs – »Jesus«, »Guns«, »Die« – die Nacht erhellte wie ein Leuchtspurgeschoss. Die Performance war fast unerträglich schnell, der Rhythmus wurde vom Offbeat vorangetrieben und dann zersplitterte er, als Gitarrenläufe, scheinbar ohne menschliche Einwirkung, aus der Musik hervorschossen – und es schien ein oder zwei Minuten zu dauern, vielleicht aber auch die gesamte Länge der Performance, bis sich schließlich die Melodie aus dem Lärm herauskristallisierte, bis sich der Song als der zu erkennen gab, der er war.

Dylan wurde gefragt, warum er ausgerechnet an diesem Abend »Masters of War« gesungen hatte. »Weil wir mitten in einem Krieg steckten«, sagte er. Und warum hatte er die Wörter so vernuschelt? »Ich war erkältet«, sagte er.

An jenem Abend begann das zweite Leben des Songs. Drei Jahre später, am 16. Februar 1994, sang Dylan »Masters of War« in Hiroshima, diesmal ohne seine Band. Am 5. Oktober 2001, in Spokane, Washington, bei seinem ersten Konzert nach den Terroranschlägen in New York City und Washington, D. C., spielte Bob Dylan »Masters of War«, während einige Leute im Publikum »Death to Bin Laden!« schrien. Ein Jahr später, als George W. Bush bekanntgab, dass er einen zweiten Irakkrieg zu führen gedachte – am 11. November 2002, kurz nach den Zwischenwahlen zum Kongress, die Bush unter Beschwörung des Kriegsgespenstes zu seinen Gunsten entschieden hatte –, trat Dylan im New Yorker Madison Square Garden auf, wo er erneut »Masters of War« präsentierte und wieder als eine Antwortplatte auf das wirkliche Leben. Er ließ drei Begleitmusiker einen Kreis um ihn bilden: akustische Gitarren und eine Bassgeige spielend, auf Stühlen sitzend, erinnerten sie an einen Hexensabbat und der Song klang wie ein Fluch, den sie aus der Erde ausgegraben hatten.

Der Song begann zu reisen. Im Mai 2003, als der zweite Irakkrieg bereits im Gange war, veröffentlichten zwei Musiker aus Berkeley, der Jazzschlagzeuger Scott Amendola und die Sängerin Carla Bozulich, eine neunminütige Version im Internet. Sie entfachten ein regelrechtes Gewitter; zusammengekauert unter einem grellen, scheinbar unerschöpflichen Solo des Saxofonisten Eric Crystal beförderten sie den Zorn des Songs in eine Märchenwelt voller Nebel und Blitze, in ein so heftiges Gewitter, dass es dort Momente gab, wo der Sound einen beinahe vergessen ließ, welchen Song man da hörte. Die selbstgerechte Attitüde von Rednern bei Antikriegsdemonstrationen begann sich in Bozulichs Stimme einzuschleichen – der Tonfall, der einem verrät, dass diese Leute auf gar keinen Fall möchten, dass die Mächtigen Gutes tun, denn wie könnte man sich ihnen dann noch überlegen fühlen? –, doch dann kam die letzte Strophe. Die Instrumentierung reduzierte sich auf nichts außer rhythmischem Füßestampfen und Schweigen und man konnte jemanden hören, der leise vor sich hin sprach: eine einzelne, einsame Stimme, bei der man sich vorstellen konnte, dass dies alles war, was übrigblieb, nach dem Krieg.

Mehr als ein Jahr später, im Oktober 2004, als Bush und John Kerry um die Präsidentschaft kämpften und der Wahlausgang in Minnesota noch ungewiss war, veröffentlichten Mark Trehaus, ein Plattenladenbesitzer aus Minneapolis, und die aus St. Paul stammende Punkband The Dillinger Four – in den 1930er-Jahren war St. Paul der Lieblingsunterschlupf des Gangsters John Dillinger gewesen – ihre eigene Version des Songs, unter dem Namen Brother Treehouse and the Dylanger Four plus Four.

Mit Ausnahme des Beitrags von Arzu D2, der Sängerin der großartigen, ebenfalls in St. Paul beheimateten Punkband Selby Tigers, die den Text des Songs im ausdruckslosen, schlichten Tonfall einer jungen Frau aufsagte, die ihren Eltern vorwarf, das für ihre Collegeausbildung zurückgelegte Geld verpulvert zu haben, war das Ganze eine reine Tirade ohne jegliche Melodie. Doch vielleicht ging es bei der Platte ja auch eher um das Cover, auf dem Bush, sein Verteidigungsminister Donald Rumsfeld, sein Justizminister John Ashcroft und Vizepräsident Dick Cheney abgebildet waren – Cheney, wie er den Zeigefinger ausstreckte, dir dabei aber nicht wie Uncle Sam in die Augen schaute. Es war nicht sofort klar, was man da sah: Die Gesichter verschwammen in den Rot-, Weiß- und Grautönen eines alten 3-D-Comicbuchs von der Sorte, bei der man eine 3-D-Brille benötigt, um es zu lesen.

Einen Monat später, am 2. November 2004, dem Wahlabend, als die Stimmen abgegeben, aber noch nicht ausgezählt waren, präsentierte Dylan den Song in Oshkosh, Wisconsin, ein weiteres Mal, wieder mitten in einem Krieg – dessen Ende an jenem Abend noch nicht abzusehen war. Anfangs war Dylans Art des Vortrags abgehackt, die Worte wurden hastig herausgestottert. Als bestimmte Zeilen offenbar mehr von ihm verlangten, schien sich der Song selbst umzuschreiben. »You put a gun in my hand«, sang Dylan den Waffenhändlern ins Gesicht, mit der Stimme eines alten Cowboys. Es klang wie »You put a gun to my head.« Eine elektrische Gitarre drängte sich brachial in den Vordergrund und die Musik wurde wild, aggressiv. »I'll stand over your grave till I'm sure that you're dead« – als diese Worte aus Dylans Mund drangen, bebte seine Stimme, oder er ließ sie beben. Und nichts davon reichte an das heran, was sich nur einen Tag später an der Boulder High School in Boulder, Colorado, ereignen sollte.

Am Tag nach der Wahl veranstalteten die Schüler ein Sit-in in der Schulbibliothek: »Bush wird einen unmittelbaren Einfluss auf die Zukunft meiner Generation haben«, sagte eine Neuntklässlerin aus Boulder, »und es stört uns, dass wir dabei kein Wörtchen mitreden dürfen.« Der Schuldirektor weigerte sich, die Schüler aus der Bibliothek entfernen zu lassen. Der Kongressabgeordnete Mark Udall begab sich in die Schule, um mit den Schülern zu reden, und der designierte US-Senator Ken Salazar folgte seinem Beispiel. Vor dem Schulgebäude fuhren Ü-Wagen von Fernsehsendern vor. Und dann wurden die Einsätze erhöht.

Der jährlich veranstaltete Talentwettbewerb der Schule war auf den 12. November angesetzt; ein Lehrer namens Jim Kavanagh half dabei, eine Schülerband auf die Beine zu stellen. »Alles Typen auf dem besten Wege zum jugendlichen Straftäter«, sagte er später, in normalem Englisch, um dann in den Lehrerjargon zu verfallen: »Gefährdet.« Jemand klimperte auf einer Gitarre herum und begann, etwas in d-Moll zu spielen. »Das klingt wie ›Masters of War‹«, sagte ein Schüler. Das war nicht das, was der Gitarrist zu spielen glaubte, aber einen Moment später war es das, was die Gruppe spielte. Die Schüler dachten sich einen Namen für ihre Gruppe aus: The Taliband. Eine Sängerin stieß auch noch dazu, eine Schülerin namens Allyse Wojtanek. »Keine Sängerin«, sagte Kavanagh, »aber ein Mädchen mit Mumm in den Knochen.« Die Gruppe ging zum Vorspieltermin. »Keiner machte auch nur annähernd das, was wir vorher geprobt hatten«, sagte Kavanagh – anfangs hatten er und ein weiterer Lehrer in der Gruppe mitgespielt –, »und wir waren grottenschlecht, ehrlich! Etwas so Schauderhaftes hatte ich vorher noch nie gehört. Am nächsten Tag teilte man uns mit, dass wir es nicht nur in die Show geschafft hatten, sondern dass wir auch noch als letzter Act auftreten sollten. Daraufhin ging eine Schülerin, die irgendwelchen Karaokekram machte, nach Hause und sagte zu ihrer Mutter: ›Ich habe es nicht in die Show geschafft, aber diese Band, die Präsident Bush töten will – die haben sie zugelassen.‹« Statt der Zeile »I hope that you die« wollte die Schülerin »Die, Bush, die« gehört haben.

Die Mutter rief bei rechtsgerichteten örtlichen Radiosendern an und wenig später fuhren erneut Ü-Wagen vor der Schule vor. Talkshowmoderatoren verlangten, dass die Talibånd aus dem Talentwettbewerb gestrichen werden sollte. Und dann erschien der Secret Service auf der Bildfläche. Die Agenten ließen sich den Text zu »Masters of War« fotokopieren und verschwanden wieder. Die Story lief landesweit über den Ticker von Associated Press. Der Schuldirektor sah sich gezwungen, den Telefonhörer von der Gabel zu nehmen.

Die Band änderte ihren Namen – in Coalition of the Willing[72]. Sie

---

[72] Es war derselbe Name, den András Simonyi, der ungarische Botschafter in den USA, zwei Jahre zuvor für seine Band in Washington, D.C., ausgesucht hatte. »Wenn ich mir [in Ungarn] Rockmusik anhörte«, erzählte er der *New York Times*, »hatte ich das Gefühl, ich sei im Westen. Das war meine Verbindung zur freien Welt.« Zu den Mitgliedern seiner Band zählten Lincoln P. Bloomfield Jr., ein ehemaliger, für militärische Belange zuständiger stellvertretender US-Außenminister, Alexander Vershbow, der damalige amerikanische Botschafter in Russland, und, keineswegs als ein Profi, der eine Amateurcombo verstärken sollte, Jeff »Skunk« Baxter, den man weltweit am ehesten als Steely Dans Leadgitarristen kennt, aber in Washington, seit der Regierungszeit Ronald Reagans, hauptsächlich als einen glühenden Befürworter von Raketenabwehrsystemen. 2005 traten Coalition of the Willing im Walter Reed Army Medical Center auf; sie spielten nicht »Masters of War«, doch sie begannen ihren Auftritt mit Johnny Rivers' »Secret Agent Man«. Nachdem der in der Maske eines ultrakonservativen Demagogen auftretende

traten mit der Schulverwaltung in Verhandlungen wegen des Videofilmmaterials, das während des Auftritts auf die Bandmitglieder projiziert werden sollte: Sie wollten Filmausschnitte mit Bush und Szenen aus dem Irak verwenden. »Muss es unbedingt *Bush* sein?«, fragte der Direktor. »Nehmen wir doch einfach mehrere Herren des Krieges«, schlug ein Schüler vor: Bush, Hitler und Stalin. »Geht es denn nicht auch ohne Gesichter?«, flehte die Schulverwaltung. Am Ende einigte man sich auf allgemeine Kriegsbilder und die amerikanische Flagge. 1958 nahm Bob Dylan mit seiner damaligen Band, den Golden Chords, am Talentwettbewerb seiner Highschool teil und seitdem wird erzählt, ein Lehrer sei wegen des Krachs von Nummern wie »I Want You to Be My Girl« und »Let the Good Times Roll« dermaßen in Rage geraten, dass er den Vorhang noch während des Auftritts der Band herunterließ. »Das ist nie passiert«, erzählte Monte Edwardson, der Gitarrist der Golden Chords, kürzlich einem Reporter – doch Coalition of the Willing mussten damit rechnen, dass ihnen das gleiche Schicksal blühte.

Zu Beginn des Talentwettbewerbs kamen drei schlaksige Jungen auf die Bühne, um die Show zu moderieren, nachdem sie eine Playbackversion von ZZ Tops »Sharp-Dressed Man« präsentiert hatten. Während des gesamten Abends gerieten die drei kein einziges Mal aus dem Takt.

Ein zwölfköpfiges Schülerensemble gab die Eurythmics-Nummer

Talkshowmoderator Stephen Colbert 2007 gespottet hatte, »Ungarn können nicht Gitarre spielen«, tauchte Simonyi in Colberts Sendung auf. Eine elektrische Gitarre emporreckend, aus deren Korpus eine Verzierung in Form eines Adlers ragte, spielte er einen heißen Riff nach dem anderen, bevor er verkündete, Colbert müsse Ungarn mit Finnen verwechselt haben – denn die seien in puncto E-Gitarre, wie Simonyi sagte, »echt scheiße«. 2006 formierte der Jazzschlagzeuger Bobby Previte in New York eine dritte Coalition of the Willing. Mit Charlie Hunter an der Gitarre und Steve Bernstein an der Trompete war die Band die erste, die unter diesem Namen offiziell ein Album herausbrachte: *Coalition of the Willing* (Ropeadope, 2006), ein Werk, das mit einem im Stil des sozialistischen Realismus gehaltenen Cover daherkam. Ein zweites, mit dem Sänger Andrew M. eingespieltes Album, *All's Well That Ends* (nur als Download, 2008), enthielt eine Nummer mit dem Titel »Let's Start a War«.

»Sweet Dreams (Are Made of This)« zum Besten. Eine junge Frau spielte ein klassisches Klavierstück. Eine andere tanzte. Das Publikum spendete nach jedem Auftritt tosenden Applaus.

Als einer der Moderatoren einen Witz zu erzählen begann, erklang hinter der Bühne eine elektrische Gitarre und übertönte ihn. »Unter diesen Bedingungen kann ich unmöglich arbeiten«, schrie er. »Ich protestiere gegen den Auftritt der folgenden Gruppe!« »O mein Gott!«, sagte der zweite Moderator. »Du *protestierst* dagegen? Ist das dein Ernst? Das könnte landesweit für Schlagzeilen sorgen!« Der dritte Moderator, nun in einen schwarzen Anzug gekleidet, zog eine Videokamera hervor und begann, seine beiden Kollegen zu filmen. Die drei beschuldigten sich gegenseitig, geplant zu haben, die Schule niederzubrennen – kein harmloser Witz, fünfundfünfzig Kilometer von der Columbine High School entfernt, die nur fünf Jahre zuvor Schauplatz des schlimmsten Schulmassakers in der Geschichte der USA gewesen war. »Als Nächstes folgt der umstrittene Auftritt, auf den ihr alle gewartet habt«, sagte einer der Moderatoren: »Ich bitte um Applaus für – die Russischen Jongleure!«

Neben Coalition of the Willing waren die Geschwister Olga und Vova Galdrenko der Höhepunkt der Veranstaltung. Es folgten noch zehn weitere Acts – und dann kam die siebenköpfige Coalition auf die Bühne, mit Allyse Wojtanek in einem schwarzen rückenfreien Kleid. Es gab Videobilder von Schlachtfeldern in Korea, Vietnam und im Irak, die direkt auf die Musiker projiziert wurden.

Der Sound war laut und dissonant, mit Gitarre und Saxofon im Vordergrund und einer laut kreischenden Wojtanek. Als sie zu »I hope that you die« kam, sprach sie die Zeile, wobei sie jedes Wort klar und deutlich artikulierte. Als sie »SURE THAT YOU'RE DEAD« erreichte, schrie sie sich fast die Kehle aus dem Hals.

Nach dem Auftritt wurde Wojtanek hinter der Bühne von Mitschülern umringt, die ihr zu ihrem Auftritt gratulieren wollten. »Der Schweiß hatte Allyses schwarzen Eyeliner mit ihrem hellgrünen Lidschatten verschmiert«, schrieb Brittany Anas, eine Reporterin der *Boulder Daily Camera*. »Man hat uns missverstanden«, sagte Wojtanek zu Anas. »Die Leute haben uns für so was wie Kommunisten gehalten, aber das ist völliger Schwachsinn.« »Wir finden, dass dieser Krieg falsch ist und dass die Leute endlich zur Besinnung kommen müssen«, sagte Brian Martens – einer der Gitarristen der Band. Eine Schülerin meinte, sie und ihre Freundinnen würden sich gefälschte Ausweise besorgen, um wählen zu können.

Die Band und ihr Publikum hatten den Abend hinter sich gebracht und niemand war verletzt worden. Sie hatten ihren großen Moment gehabt. Einen Augenblick lang gehörte der Krieg ihnen, ein Krieg, der sie möglicherweise schon in sechs Monaten oder einem Jahr erwartete – und der Song gehörte ihnen, ein Song, der seit mehr als vierzig Jahren auf sie gewartet hatte.

Der Song wird nach wie vor gesungen. Eine der denkwürdigsten Performances lieferten die Roots am 7. November 2007 im New Yorker Beacon Theatre ab, bei einer Show zur Feier der Kinopremiere von Todd Haynes' Film *I'm Not There*.

Diese sich jeder Kategorisierung entziehende Band aus Philadelphia – sie macht nicht Hip-Hop, nicht Soul, sondern am ehesten Rock'n'Roll, wie man ihn um 1965 herum definierte – bestand an diesem Abend aus dem Sänger und Gitarristen Captain Kirk Douglas, dem Schlagzeuger Questlove und Damon »Tuba Gooding Jr.« Bryson, der ein so voluminöses Sousafon spielte, dass man meinen konnte, er habe sich einen Elefanten um den Hals gewickelt. Questlove spielte einen langen militärischen Trommelwirbel. Douglas räusperte sich und dann sang er die ersten beiden Strophen von »Masters of War« exakt in der Akkordfolge von »The Star-Spangled Banner«.

Während er die Saiten seiner Gitarre behutsam anschlug und Questlove und Bryson still hinter ihm warteten, sang Kirk mit der klarsten Stimme, die man sich vorstellen kann – er erfüllte den Raum mit ihrem Klang und traf jeden Ton. Als er zu der Stelle kam, wo, in der Nationalhymne, das Wort »free« in den Himmel emporsteigt –

O'er the land of the *free* –

hielt Kirk das Wort »far« –

And you turn and run *far* –

zwölf herrliche, atemberaubende Sekunden lang an, bevor die Melodie wieder in ihren eigentlichen Körper schlüpfte und Questlove und Bryson in den Song einstiegen.

Der größte Protestsong aller Zeiten tauchte in der *Mojo*-Rangliste überhaupt nicht auf: Jimi Hendrix' Woodstock-Version von »The Star-Spangled Banner«. Während »A Hard Rain's A-Gonna Fall« und »Masters of War« jeweils auf »Nottamun Town« zurückgehen, greift die Roots-Version von »Masters of War« in zweierlei Hinsicht auf Hendrix zurück: am Anfang auf die Verwendung der Nationalhymne und im weiteren Verlauf der Performance auf Hendrix' »Machine Gun«, von 1970, dem Jahr nach Woodstock, Hendrix' Todesjahr. Und es war keine völlig neue Idee. Im selben Jahr, 1970, sang der Singer-Songwriter Leon Russell eine Strophe von »Masters of War« zur Melodie von »The Star-Spangled Banner«, nannte das Ganze »Old Masters« und veröffentlichte es als den letzten Track auf seinem ersten Soloalbum. Zu hören war darauf nur er, wie er sang und dazu auf dem Klavier klimperte; binnen weniger Wochen war der Track von der Platte verschwunden. Weil die Idee zu provokativ war? Weil die Nummer zu offensichtlich von einer Probesession stammte, weil sie im Grunde nur ein Abfallprodukt war? Als das Album 1995 wiederveröffentlicht wurde, war der kleine Song wieder darauf enthalten. Ob ihn die Roots vielleicht gehört hatten? »Ja, sicher«, sagte Questlove, als ich ihn danach fragte. »Mein Dad hatte diese Scheibe, als ich noch ein Junge war, und ich erinnere mich daran, dass ich diese Version sogar eher gehört habe als die von Dylan.«

Nach jenen ersten beiden Strophen schulterten die Roots »Machine Gun« und bahnten sich ihren Weg durch den Song. Sie waren sich der in »Masters of War« verborgenen Theatralik dermaßen bewusst, dass der Song als ein Actionfilm rüberkam: Man konnte darin Jim Brown und Bruce Willis erkennen. Die Band produzierte einen stetig ansteigenden Rhythmus – wobei Questlove immer ruhiger spielte und einen Trauermarsch, der an einen Paradeplatz denken ließ, durch das von Douglas mit seiner Gitarre veranstaltete Feuergefecht führte. Mit eigenartigen, verstörenden, scheinbar endlosen instrumentalen Breaks, die nach dem »Star-Spangled Banner«-Anfang zwischen die letzten beiden Zeilen jeder Strophe eingeschoben wurden, ging das Ganze weiter und weiter, unvorhersehbar, und alles Vertraute, das man mit dem Song assoziieren mochte, wurde weggeblasen. Es waren diese instrumentalen Passagen, die das Territorium öffneten, auf das der Song Anspruch erhob. Er hatte nun keine Grenzen mehr. Es schien, als könnte er jede Sprache sprechen, jeden Punkt markieren – als könnte er sich ausdehnen, Jahr um Jahr, bis in die Zukunft hinein, und das gesamte Land in sich aufnehmen, alle seine Kriege.

Während die Roots spielten, konnte man spüren, dass der Song seine unreifen Jugendjahre überdauert hatte. Und es war der Irakkrieg, der den Song durch das Land schreiten ließ, als sei er persönlich Zeuge geworden, wie die Welt, wie sein eigenes Land jeden bösen Traum noch verschlimmert hatte – ein Krieg, der sich damals bereits seit fünf Jahren hinzog und der, wie manche zu der Zeit planten, als die Roots den Song spielten, noch bis in alle Ewigkeit weitergehen sollte.

Die Leute haben noch immer Angst vor dem Song. Joan Baez konnte sich nie dazu durchringen, die letzte Strophe zu singen; es war ihr unmöglich, »I hope that you die« zu sagen. Das 2003 erschienene *Artists in Times of War*, ein Buch des inzwischen verstorbenen Historikers Howard Zinn, ist ein die guten alten Zeiten verklärender Rückblick, in dem es um linke amerikanische Märtyrer geht und in dem Kunst und Künstler allenfalls am Rande vorkommen; trotzdem zitierte Zinn, als ein Beispiel für große, in Kriegszeiten geschaffene Kunst, die kompletten ersten sieben Strophen von »Masters of War« – und wie Joan Baez ließ er die letzte Strophe weg. Seine Heroen – Thomas Paine, Emma Goldman, Helen Keller, Kurt Vonnegut – auch nur in die Nähe eines solchen Hasses zu rücken, hätte sie ihres Heiligenscheins beraubt. »I hope that you die«? Howard Zinn wollte diesen Song auch nicht singen.

Aber Songs können einen auch überlisten. 2008 strahlte ein nicht kommerzieller Fernsehsender in Boston *The People Speak* aus, eine Serie, bei der unter anderem Passagen aus Zinns bekanntestem Buch, *A People's History of the United States*, vorgetragen wurden. Der Schauspieler Viggo Mortensen, der heldenhafte Killer in David Cronenbergs verstörenden Filmen *A History of Violence*[73] und *Eastern Promises*[74], tauchte darin auf, um »Masters of War« zu singen.

Er sang den Song, wie ihn vorher vermutlich noch niemand gesungen hatte. Er sang ihn ohne Instrumentalbegleitung, so wie man »Omie Wise«, »Tom Dooley« oder ähnliche Mordballaden vor hundert oder zweihundert Jahren in den Appalachen gesungen hätte. In einen braunen Anzug und ein orangefarbenes T-Shirt gekleidet, begann er mit einem tiefen, unirdisch wirkenden Brummen – ein bohrendes Geräusch, das auch aus dem Boden hätte kommen können. Während er mal in die Ferne blickte und mal direkt in die Kamera schaute, sang er leise, aber mit sonorer Stimme, wobei er den Text, als hielte er eine Rede, vom Blatt ablas und bestimmte Wörter gegen Ende einer Zeile betonte: »won«, »eyes«, »watch«. Sein Gebaren wirkte wohlüberlegt, als habe er sich das, was er sagte, vorher einige Male gründlich durch den Kopf gehen lassen. Während der Song voranschritt, schien Mortensen aus der Rede, die er da hielt, Kraft und Autorität zu schöpfen. Als er die

---

[73] *A History of Violence* (USA/Kanada, 2005).
[74] *Tödliche Versprechen – Eastern Promises* (USA/Kanada/Großbritannien, 2007).

Zeile »Let me ask you one question« erreichte, sah man einen Staatsanwalt aus der TV-Serie *Law & Order* vor sich. Als er zum Anfang der letzten Strophe kam und die Worte »I hope that you die« sagte, da nickte er, als bestätigte er das Urteil einer höheren Instanz; am Ende der Strophe dehnte er das letzte Wort, »dead«, aus, bis die harschen, heiseren Vokale das Wort auflösten und in das Brummen übergehen ließen, mit dem er den Song begonnen hatte. Er sang »Masters of War« so, als sei es selbst der alte Folksong, der unverändert weitergereicht worden war, von damals bis in die heutige Zeit, vom alten England nach Kentucky und von dort nach New York und nun nach Boston, dem Ort, wo die Geburtsstunde unserer Nation geschlagen hatte.

Verfolgt man all diese Geschichten, so wird klar, dass das, was, abgesehen von neuen Kriegen, den Song am Leben erhalten hat, seine Melodie ist und seine Vehemenz: das abschließende »I hope that you die«. Was einen anzieht, ist die Eleganz der Melodie und es ist der Extremismus der Worte – die Art und Weise, auf die der Song zu weit geht, bis an die Grenzen der Redefreiheit. Um diese angsteinflößenden Worte zu singen, braucht es Mut. Man kann an den Song nicht so herangehen, als sei er ein Witz; man kann ihm nicht entkommen, indem man so tut, als habe man nicht gemeint, was man gerade gesagt hat. Und genau das möchte man haben: eine Chance, so weit gehen zu können. Weil »Masters of War« es einem gestattet, so weit zu gehen, wird der Song auch in Zukunft einen Sinn ergeben und neue Körper finden, die er bewohnen kann, neue Stimmen, derer er sich bedienen kann.

»The Mojo 100 Greatest Protest Songs«, *Mojo*, Mai 2004.

Bob Dylan, »Masters of War« und »A Hard Rain's A-Gonna Fall«, von *The Freewheelin' Bob Dylan* (Columbia, 1963).

—, »Masters of War«, Grammy Awards, 20. Februar 1991. Die Performance kann man auf YouTube finden. Siehe auch: Amy Taubin, »From There to Here«, *Film Comment*, Nov./Dez. 2005.

—, »You've Been Hiding Too Long«, Town Hall, New York, 12. April 1963; enthalten auf *Bob Dylan at Town Hall – The Complete Concert* (Bootleg) und *The Genuine Bootleg Series* (Bootleg).

—, *Chronicles, Volume One* (Simon & Schuster, New York 2004), Deutsch von Kathrin Passig und Gerhard Henschel, Hoffmann und Campe, Hamburg 2004, S. 227.

The Fog of War: Eleven Lessons from the Life of Robert S. McNamara (Regie: Errol Morris, Sony Picture Classics, 2003).

Jackie Washington, »Nottamun Town«, enthalten auf *Jackie Washington* (Vanguard, 1962). Die bekannteste und Washington als Vorlage dienende traditionelle Version wurde 1957 von Jean Ritchie aufgenommen, die, nachdem sie Dylan wegen »Masters of War« einen Plagiatsprozess angedroht hatte, nicht nur behauptete, »Nottamun Town« sei »ein Song der Ritchie-Familie«, sondern sich auch die Urheberrechte daran zu sichern versuchte, ebenso wie an den Songs »O Love Is Teasin'« und »Lord Randal«, dessen Melodie Dylan für »A Hard Rain's A-Gonna Fall« herangezogen hatte. (Die von Cecil Sharp aufgezeichnete Version von »Nottamun Town« stammte offenbar von einer Großtante Ritchies; laut Ritchie hatte ihr Ururgroßvater den Song von England nach Amerika gebracht, und, so argumentierte sie, hätte ihr Vorfahre dies nicht getan und hätte sie selbst den Song nicht am Leben gehalten, so wäre dieser für die Musikgeschichte verloren gegangen, und deshalb, meinte sie, gehöre er zwangsläufig zu ihrem rechtmäßigen Erbe.) Ritchies Version von »Nottamun Town« findet man auf ihrem Album *Mountain Hearth & Home: Jean Sings the Songs of Her Kentucky Mountain Family* (Elektra Rhino, 2004, aufgenommen 1952–1965), ihre Version von »Lord Randal« auf ihrem Album *Ballads from Her Appalachian Family Tradition* (Smithsonian Folkways, 2003, aufgenommen 1961).

Sut Jhally und Ian Angus (Hrsg.), *Cultural Politics in Contemporary America*, Routledge, London und New York 1988.

Jon Wiener, »FBI Rock Criticism«, in *Come Together: John Lennon in His Time*, Random House, New York 1984, S. xvi.

Scott Amendola und Carla Bozulich, »Masters of War«, enthalten auf: The Scott Amendola Band, *Cry* (Cryptogramophone, 2003).

Brother Mark Treehouse and the Dylanger Four plus Four, »Masters of War« (Heart of a Champion/Treehouse Records, 2004).

Roots, »Masters of War«, Beacon Theatre, New York, Konzert für *I'm Not There*, 7. November 2007. Die Konzertaufnahme kann man auf wolfgangsvault.com finden.

Leon Russell, »Masters of War (Old Masters)«, auf *Leon Russell* (Shelter, 1970/The Right Stuff, 1995).

Jimi Hendrix, »Star-Spangled Banner«, auf *Live at Woodstock* (MCA, 1999).
—, »Machine Gun«, auf *Band of Gypsys* (Capitol, 1970).

Howard Zinn, *Artists in Times of War*, Seven Stories Press, New York 2003 (dt. *Künstler in Zeiten des Krieges*, Schwarzerfreitag, Berlin 2004).

Viggo Mortensens »Masters of War« ist auf der DVD von *The People Speak* nicht enthalten; es tauchte kurz auf YouTube auf, wurde aber wieder heruntergenommen.

REAL LIFE ROCK TOP 10
The Believer
März/April 2009

8/9) *Eden*, Regie: Declan Recks (Samson Films). In diesem Film über den zehnten Hochzeitstag eines unglücklichen irischen Ehepaars lässt der von Aidan Kelly gespielte Billy Farrell seine Frau allein in einer Disco zurück, um auf eine Party zu gehen oder, genauer gesagt, um einem Mädchen nachzusteigen, von dem er glaubt, es habe ein Auge auf ihn geworfen, obwohl es in ihm nichts weiter sieht als einen alten Knacker. Er fällt betrunken in Ohnmacht; in einem Zimmer hinter ihm beginnen Leute, »The House of the Rising Sun« zu singen. Farrell wacht auf und singt automatisch mit. Als er das Objekt seiner Begierde sieht, erhebt er sich schwankend, und während er das sich heftig sträubende Mädchen bedrängt, geht der Song im Hintergrund weiter, jedoch ist die Stimme, die man nun hört, die von Sinéad O'Connor – ein Racheengel, der aus dem Innern von Farrells Herzen zu singen scheint und diesen wieder zur Besinnung bringt. Von seinen unbestimmbaren Ursprüngen irgendwo im Süden der USA, irgendwann im späten neunzehnten oder frühen zwanzigsten Jahrhundert, ist der Song weitergewandert zu Bob Dylans 1962 erschienenem Debütalbum, zum weltweiten Hit, den die Animals 1964 damit verbuchten, zu zahllosen Versionen von Straßenmusikanten und Karaokesängern und nun zu einer Party in einer irischen Stadt im frühen einundzwanzigsten Jahrhundert, wo es in erster Linie ein Song ist, den jeder kennt, und von dort in die geisterhaften Hände einer Frau, die jeden auf unserem Planeten so lange anstarren könnte, bis er verlegen wegguckt – und wer vermag zu sagen, was das wahre Zuhause dieses Songs ist, wem er gehört, wessen Gesang am wahrsten klingt?

The Believer
Juli 2009

1) Bob Dylan, *Together Through Life* (Columbia). Lässig, bis zu dem Punkt, wo die Unbeholfenheit zum Vorschein kommt – mit Ausnahme von »Forgetful Heart«, wo ein Schatten über das Gesicht des Sängers streicht. Doch keiner der Songs auf diesem Album hat so viel Gewicht wie eine Szene aus der letzten Staffel der HBO-Serie *In Treatment*[75], in der Mia Wasikowskas selbstmordgefährdete, gewitzt-sarkastische halbwüchsige Kunstturnerin Sophie den Spieß gegen Gabriel Byrnes ungefähr fünfzigjährigen Psychotherapeuten Paul Weston umdreht, als sei sie einmal so viel älter gewesen, jetzt aber jünger als damals, und als sei er zu alt, um zu wissen, wovon sie spricht. »The times they are a-changin'«, sagt sie am Ende einer Therapiesitzung. »Das ist aus einem Bob-Dylan-Song. Mein Geschenk für Sie.«

10) Bob Dylan, Video zu »Beyond Here Lies Nothin'« (YouTube). Eine Montage von Fotos aus Bruce Davidsons 1959 entstandener Serie »Brooklyn Gang« – Larry Clarks *Tulsa* in einer *Vogue*-tauglichen Fassung –, in der Mitglieder der Jokers zu sehen sind, wie sie sich tätowieren lassen, einfach so abhängen, sich die Hemden ausziehen, nach Coney Island fahren und so dreinzuschauen versuchen, als sei ihnen alles schnuppe. Gegen Ende des Videos taucht eine Frau mit glatten schwarzen Haaren und schwarzem Augen-Make-up auf. Sie strahlt eine Erfahrung aus, die die Jungen nicht haben, Sehnsüchte, die sie nicht ermessen könnten, doch die Frau weiß nicht, wohin sie sonst

---

75 dt. *In Treatment – Der Therapeut.*

gehen soll, und deshalb ist sie hier. Sie ist eine Doppelgängerin von Amy Winehouse und man vermisst diese mehr als je zuvor.

The Believer
Februar 2010

6/7) Bob Dylan und Dion, United Palace Theater (New York, 17. November 2009). Die Bühne im einstigen Lieblingsauditorium des berühmt-berüchtigten Fernsehpredigers Reverend Ike war pures House of Blue Lights: ein tiefsamtener, plüschiger Hintergrund, nach unten weisende elektrische Kerzen, die den vorderen Rand des Bühnenhimmels säumten. In diesem Ambiente wurde »Beyond Here Lies Nothin'«, von dem im letzten Frühjahr erschienenen Album *Together Through Life*, zu einer heißen Tanznummer aus einem Nachtclub der 1940er-Jahre. Der Song hatte sich Dylan wohl noch immer nicht ganz offenbart; er sang ihn mit Herz, als versuche er herauszufinden, wie viel er ihm möglicherweise erzählen könnte. »Den folgenden Song widme ich unseren Truppen« – so hatte Dion zuvor »Abraham, Martin and John« angesagt und die Stimmung, die Dylan erzeugte, war bereits zu schön für »Masters of War«. Stattdessen sang er die Mutter-schickt-Sohn-auf-das-Feld-der-Ehre-und-dann-kehrt-er-heim-Nummer »John Brown« (die wie eine uralte englische Broadsheetballade klingt; Dylan ließ sie sich 1963 urheberrechtlich schützen), mit einer nüchternen, abgebrühten Stimme, wie ein Privatschnüffler von der Continental Detective Agency, der in Dashiell Hammetts *Red Harvest* die Morde durchgeht. Am beeindruckendsten war »Ballad of a Thin Man«. In Todd Haynes' Film *I'm Not There* präsentiert Cate Blanchett, als Dylan in London im Jahr 1966, den Song hinter einem Mikrofonständer stehend, wie ein Nachtclubsänger, ohne eine schützende Gitarre zwischen Performer und Publikum. Das hatte Bob Dylan niemals getan, doch es war genau die Pose, die er nun einnahm, als habe ihn der Film etwas Neues über seinen eigenen Song gelehrt: wie man diesen intimer, direkter darbieten konnte, sodass das Publikum und nicht der Sänger am Ende nackter, schutzloser dastand. Aber trotzdem stahl Dion Dylan die Schau. Er begann mit Buddy Hollys »Rave On« – ich schätze, um Dylan und das Publikum an jenen Abend im Frühjahr 1959 zu erinnern, an dem, nur wenige Tage vor Hollys Tod, ein siebzehnjähriger Robert Zimmerman im Duluth National Guard Armory zugegen gewesen war, als Holly selbst »Rave On« sang und Dion ebenfalls das Vorprogramm des Konzerts bestritt. Jetzt war er siebzig und seine Stimme wuchs, dehnte sich aus, nahm mit jedem Song an Geschmeidigkeit und Volumen zu. Er hakte die Oldies der Reihe nach ab, sodass sein Auftritt schließlich in dem 1989 herausgekommenen »King of the New York Streets« gipfelte.

Das ist ein prächtiger, ein weites Panorama eröffnender Song: ein großspuriges Prahlen, das sich am Ende gegen sich selbst richtet, ein aus der Bronx stammendes Pendant zu der Geto-Boys-Nummer »Mind Playing Tricks on Me«. Es beginnt mit gewaltigen, schicksalsschweren Akkorden und ausgedehnten Pausen zwischen den Tönen, was ein Gefühl von Staunen und Spannung erzeugt, und man möchte nicht, dass dieser Moment jemals aufhört oder dass sich die Musik auch nur um einen einzigen Schritt vorwärtsbewegt – so wie man, nachdem der Song weiter und weiter gegangen ist, den Gedanken nicht ertragen kann, dass er irgendwann enden wird. Nach jenem fast schon zeitlupenhaften Auftakt schien das Tempo von Strophe zu Strophe zuzunehmen, doch es war nicht der Beat, der sich steigerte; es waren die Intensität und die Dramatik. Dions Heulen war so unbändig wie eh und je, doch noch nie war es so voller weit offener Räume gewesen, die Stimme selbst ein unentdecktes Land, und es war schwer zu glauben, dass er jemals besser gesungen hatte.

The Believer
Juni 2010

2) Alfred: »Like a Rolling Stone«, in *Bob Dylan Revisited: 13 Graphic Interpretations of Bob Dylan's Songs* (Norton). Fast alles hier ist auf eine so destruktive Art wortwörtlich, dass die Mehrzahl der Bilder, die eigentlich die Songs illustrieren sollen, von entsprechenden Songtexten begleitet wird, die stattdessen die Bilder illustrieren – oder deren vollständigen Mangel an Fantasie offenbaren. Alfred hingegen vertraut der Abstraktion, das heißt der Verwendung sich ändernder Farbschemata: Jedes Kapitel der Geschichte einer Frau, die ein selbstbestimmtes Leben zu führen versucht, sich aber ständig von dem Leben eingeschränkt sieht, in das sie hineingeboren wurde, wird beherrscht von Schattierungen von Blau, Braungrau, Gelb, Olivgrün, Braun und Grau und den Schluss bildet ein helles, lichterfülltes Blatt, das beängstigender wirkt als jeder dunklere Farbton. Bis zum letzten der insgesamt siebenundsechzig Einzelbilder ist kein einziges Wort zu sehen. Die Geschichte, die Alfred erzählt, ist nicht offenkundig, nicht klar. Sie entspricht nicht Dylans aufsteigenden, an wärmesuchende Raketen erinnernden Crescendos und Refrains – sie holt diese auf die Erde hinunter. Das Ganze ist keine soziale Allegorie; es ist die Odyssee eines Menschen, ein Leben, das diese Frau am Ende genau wieder an jenen Ort zurückbringt, dem sie eingangs entflohen ist. Und die Siamkatze symbolisiert nicht das Böse oder sonst etwas. Sie ist das Bewusstsein der Frau beziehungsweise derjenige, der den Song die ganze Zeit über gesungen hat, den Song, der tief in den hintersten Winkeln ihres Kopfes erklungen ist.

The Believer
September 2010

5 & 6) Matt Diehl interviewt Joni Mitchell (*Los Angeles Times*, 22. April). »Bob ist kein bisschen authentisch«, sagte Mitchell. »Er ist ein Plagia-

tor und sein Name ist genauso falsch wie seine Stimme. Alles an Bob ist eine einzige große Täuschung.« Charles Taylor: »Aus Protest ändert Chelsea Clinton ihren Vornamen in Hibbing.«

EPILOG

ICH GLAUBE ALLEN UMFRAGEN UND ICH GLAUBE KEINER EINZIGEN
Salon
3. November 2008

Ich schreibe dies vier Tage vor der Wahl, in Minnesota, wo es kaum einen Vorgarten ohne ein dort aufgestelltes Wahlplakat gibt. Hier, in den bescheidenen Außenbezirken von Minneapolis, sind fast alle für Obama; in den reicheren Wohnvierteln findet man McCain-Plakate, so groß wie Werbetafeln. Bei einem Abendessen im engsten Familienkreis tranken wir kürzlich darauf, dass unsere Nachbarn von nebenan am Wahlabend Trübsal blasen müssen – wir wünschten ihnen alles Schlechte. Dies ist ein sehr patriotischer Teil des Landes. Die Leute hier sind stolz auf ihre Überzeugungen.

Seit Wochen deuten alle Indikatoren, Berechnungen, Umfragen und Prognosen auf einen Erfolg Obamas, ja sogar auf einen erdrutschartigen Sieg. Ich studiere die Umfragen mehrmals täglich und glaube ihnen irgendwie – ihnen allen, der Umfrage, die Obama einen Vorsprung von fünfzehn Prozent voraussagt, genauso wie der, die ihn am selben Tag nur um zwei Prozentpunkte vorne sieht –, doch gleichzeitig glaube ich keiner einzigen. Mein ganzes bisheriges Leben, meine Erziehung, meine Ausbildung, meine Reisen und Gespräche, von meiner Praktikantentätigkeit im Kongress, auf dem Höhepunkt der Bürgerrechtsbewegung zur Mitte der 1960er-Jahre, bis zu jeder Wahl, an der ich bislang teilgenommen habe – all dies macht es mir im Grunde unmöglich, daran zu glauben, dass sich am kommenden Dienstag auch nur ein einziger Bundesstaat für einen Schwarzen entscheiden und ihn zum Präsidenten der Vereinigten Staaten wählen wird.

Während der Vorwahlen wurde viel Aufhebens davon gemacht, dass die Nation – für wen die Demokraten sich auch entscheiden mochten – zum ersten Mal einen Präsidentschaftskandidaten einer der großen Parteien erleben würde, wie es ihn bis dahin noch nie gegeben hatte, nämlich eine Frau oder einen Farbigen. Man verlor jedoch kaum ein Wort darüber, dass in einer Welt, wo Frauen die politischen Geschicke Israels, Indiens, Großbritanniens und Deutschlands gelenkt haben oder noch immer lenken, ein weiblicher Präsident nicht unvorstellbar war, aber ein Präsident afroamerikanischer Herkunft ein Ding der Unmöglichkeit schien. »Ich hätte nie gedacht, dass ich das noch erleben würde«, sagte der weiße, linke Journalist Larry Bensky, ein Mann in seinen Sechzigern, kürzlich im Radio, wobei er verbittert klang, denn obwohl es eine Tatsache war, musste es nicht notwendigerweise wahr sein: Er konnte es einfach nicht glauben. Vielleicht hielt er das Ganze ja für ein Trugbild, für einen Streich, den sich das Land selbst spielte. War die Wahl vielleicht eine ins einundzwanzigste Jahrhundert übertragene gigantische, grauenhafte Version der schon lange vergessenen Peinlichkeit des in den 1950er-Jahren begangenen »Take a Negro to Lunch Day«? Oder hatte sich die Nation mittels schwarzer Schminke in ihre eigene Minstrelshow verwandelt, zu einem Spuk, der bei Sonnenuntergang wieder vorbei wäre? Je wahrscheinlicher ein Wahlsieg Obamas erscheint, umso monströser mutet einem die Alternative an. Dies hängt zum Teil damit zusammen, dass sich McCain in ein Monstrum von Hass und Lügen verwandelt hat, in jemanden, der aus jenem Übel Kapital schlagen möchte, das als ein Erbe im Herzen jedes weißen Amerikaners präsent ist: eine Schuld, die sich in Angst verwandelt, und zwar nicht so sehr in die Angst vor einem merkwürdig ruhigen, eloquenten, dunkelhäutigen Mann, der noch keine fünfzig ist, sondern vor einer Abrechnung, und sei es auch nur einer symbolischen, für vierhundert Jahre rassistisch motivierter Verbrechen.

Doch eine mögliche Präsidentschaft McCains, mit einer in den Kulissen wartenden Sarah Palin – eine »Dominionistin«, also eine christliche Fundamentalistin, die davon überzeugt ist und die in die Politik gegangen ist, um dafür zu sorgen, dass ihr Gott, von Rechts wegen und durch ihre Hand, die Herrschaft über buchstäblich jeden Aspekt des Lebens in den Vereinigten Staaten ausüben wird –, eine solche Präsidentschaft scheint auch deshalb monströs, weil sie bestenfalls, in rein praktischer Hinsicht, verspricht, das Land zugrunde zu richten, wenn nicht gar auszulöschen, und die Verfassung als jenen toten Buchstaben zu hinterlassen, den Bush und Cheney daraus machen wollten, wobei sie sich während ihrer zwei Amtszeiten so aufführten, als hätten sie dieses Ziel bereits erreicht. Das Land, das sich, wie schon immer während der letzten zweihundert Jahre, darum bemühte, seiner Charta zu entkommen und dieser gleichzeitig gerecht zu werden, ist nach wie vor erkennbar, doch es hat immer Amerikaner gegeben, die dieses Amerika nie anerkannt haben, und McCain ist heute ihr Wortführer.

Was für eine Art von Präsident könnte Obama sein (»wenn er«, was viele denken, aber nicht auszusprechen wagen, »nicht einem Attentat zum Opfer fällt«)? Das ist schwer zu sagen, denn die Präsidentschaft verändert einen. Er könnte vom politischen Alltag zerrieben werden; seine Fähigkeit, komplexe Sachverhalte auf eine komplexe Weise auszudrücken, die wie normale Alltagssprache klingt, könnte in Schlagwörter und Klischees zerfallen, wie in den letzten Tagen des Wahlkampfs, als Obama, genauso wie McCain, ein und dieselben Zeilen Stunde um Stunde wiederholte, bis auch er beinahe daran ersticken musste, dass sich eine Wahrheit wie eine Lüge anhören konnte. Oder er könnte – mit einer Haltung und einer Redegewandtheit, die Vergleiche mit John F. Kennedy schmeichelhaft für Kennedy erscheinen lassen – erneut Samen des Möglichen aussäen, deren Früchte jeder ernten könnte.

Es gibt auch Vergleiche mit Lincoln und diese vermessen die Wüste, die Obama als Präsident zu durchqueren hätte. »Statt Ruhm, sagte er einmal«, schrieb der Historiker Richard Hofstadter über Lincoln, »habe er nur ›Asche und Blut‹ gefunden.« Im Augenblick wäre dies für das Land, und vielleicht auch für Obama, Belohnung genug.

WAHLABEND

GQ Style *März 2009* /
Black Clock *2010*

»It's been a long time comin', but …« Mit diesen Worten begann Barack Obama am Wahlabend seine Siegesrede im Grant Park in Chicago, wobei er Sam Cooke beschwor, zusammen mit den anderen Vertrauten – Abraham Lincoln, Martin Luther King –, die er unsichtbar, aber unverkennbar an seiner Seite versammelt hatte. »Sollte man mich jemals ›A Change Is Gonna Come‹ singen hören«, sagte Rod Stewart einmal über Cookes Song, der Ende Dezember 1964 herauskam, kurz nachdem Cooke vor einem Motel in Watts erschossen worden war, »so bedeutete dies das Ende meiner Karriere« – weil er, schien Stewart sagen zu wollen, nie wieder vor ein Publikum treten könnte, nachdem er daran gescheitert wäre, dem Song gerecht zu werden. Doch Obama besaß mehr Selbstvertrauen – oder er brachte vielleicht zum Ausdruck, dass er, der keine vier Jahre alt gewesen war, als »A Change Is Gonna Come« zum ersten Mal im Radio ertönte, sein ganzes Leben unter dem Schatten dieses Songs verbracht hatte, dass er ihn immer bei sich getragen hatte wie ein Manifest und er den Song deshalb nicht nur auf seine eigene Weise, mit seinem eigenen Rhythmus singen, sondern ihn auch umschreiben konnte. »But I know a change gone come«, sang Cooke. »Change has come to America«, sagte Obama. *Hatte er das wirklich gesagt?* Hatte Sam Cooke *das wirklich gesungen?*

Ich war an jenem Abend nicht in Chicago. Ich war in Minneapolis, im Northrop-Auditorium der University of Minnesota, im Publikum, als Bob Dylan zum ersten Mal auf dem Campus seiner einstigen Alma Mater auftrat. Die zweite Nummer des Konzerts war das ein Jahr vor »A Change Is Gonna Come« herausgekommene »The Times They Are A-Changin'«, ein Song, den ich nie gemocht habe. Er machte auf mich immer den Eindruck, als sei er von den Zeiten geschrieben worden, womit ich sagen will, er hörte sich so an, als sei er von einem Komitee geschrieben oder von einem Komitee in Auftrag gegeben worden, doch an jenem Abend wurde so viel Geschichte in den Song hineingepackt, dass es unmöglich war, von seiner Schwerkraft nicht angezogen zu werden.

Dylan durchmaß den Song mit viel Raum zwischen den Wörtern – der Rhythmus erinnerte an die Schritte von jemandem, der mit Vorsicht und Angst ein leeres Haus erkundete. Es war, als bewegte sich der Song oder die Geschichte, die er enthielt, in Zeitlupe voran, wobei er, wie Obama später an jenem Abend über eine 106-jährige, »nur eine Generation nach der Sklaverei geborene« Wählerin namens Ann Nixon Cooper sagte, nicht nur auf die Geschichte zurückblickte, die der Song feiern wollte – »Diese Frau hat alles miterlebt, die Busse in Montgomery, die Wasserschläuche in Birmingham, eine Brücke in Selma und einen Prediger aus Atlanta, der einem Volk sagte: ›We shall overcome‹« –, sondern auch die Geschichte einbezog, die erst noch gemacht werden musste: die Geschichte, die der Song und die Leute, die ihn an jenem Abend hörten, noch erleben würden, so wie der Song und sie die Dinge erlebt hatten, die dem Song vorausgegangen waren.

Doch es war mehr als nur das. Indem Dylan den Song seiner Siegesgewissheit entkleidete, des Frohlockens, der Aufmüpfigkeit, indem er ihm nichts von dem unbeschwerten Spaziergang ließ, den der Song in Aussicht gestellt hatte, als er erstmals erschienen war, verwandelte er ihn in ein Klagelied. Er unterteilte die Geschichte in zwei Abschnitte: in die Zeit, die der Song inzwischen überdauert hatte, und in die Zeit, die ihn nun testen würde. Als Klagelied wurde der Song zu einer Warnung: In der Vergangenheit hatten die Leute, die sich ihn anhörten, die Geschichte, für die er plädierte, gemacht oder sie hatten sie nicht gemacht, doch nun würden sie sie machen müssen – oder sie würden dem Song nicht gerecht werden, so wie Rod Stewart glaubte, er würde »A Change Is Gonna Come« nicht gerecht werden.

Die letzte Nummer des Konzerts war »Blowin' in the Wind«, ein weiterer Song, den ich nie gemocht habe, ein weiterer Song, der mich an diesem Abend ansprach, wie er mich vorher noch nie angesprochen hatte – obgleich es der Song war, der Sam Cooke nach eigenem Bekunden dazu inspiriert hatte, »A Change Is Gonna Come« zu schreiben. »Ich bin 1941 geboren worden«, sagte Dylan, bevor er in die Nummer einstieg. »Das war das Jahr des Angriffs auf Pearl Harbour. Und seitdem habe ich in einer Welt der Finsternis gelebt. Doch jetzt sieht es so aus, als würden sich die Dinge ändern.« Ich bekam nur die letzte Zeile mit; als der Song endete, strömten alle aus dem Saal in die Vorhalle des Northrop-Auditoriums, unter einen riesigen Fernsehmonitor, der auf CNN eingestellt war. Es war 10 Uhr abends, genau der Moment, als in Kalifornien die Wahllokale schlossen, und genau der Moment, in dem der Anchorman über unseren Köpfen bekannt gab, dass Barack Obama zum Präsidenten der Vereinigten Staaten gewählt worden war. Dylan hatte auf die Minute genau gewusst, wann er sein Konzert beenden musste.

Was anschließend passierte, überall in den USA, überall auf der Welt – Leute, die jubelten und Freudentränen vergossen –, hängt auch mit der Art und Weise zusammen, auf die Obama in seiner Rede an jenem Abend »A Change Is Gonna Come« beschworen hatte. Es hängt mit der Aura der Autorität zusammen, die Obama seitdem ausstrahlt. Wird jemand zum Präsidenten der Vereinigten Staaten gewählt, egal ob man ihm seine Stimme gegeben hat oder nicht, so dauert es immer geraume Zeit, bis die Verknüpfung des Wortes *Präsident* mit dem Namen dieser Person auch nur halbwegs real zu klingen beginnt, doch bei Obama ist dies nie so gewesen, nicht am Wahlabend und auch nicht danach. Und das liegt meiner Meinung nach daran, wie er spricht – eine Art, sich auszudrücken, für die das Wort Eloquenz viel zu schwach ist.

Es ist die Begabung, vor einem großen Publikum auf eine Weise über komplexe Sachverhalte zu sprechen, die der Komplexität dessen, was der Redner sagen möchte, gerecht wird und die die Intelligenz der Zuhörer nicht beleidigt – auf eine Weise zu sprechen, die den Zuhörern ihre eigene Komplexität vergegenwärtigt. Ich denke dabei an die Rede, die Obama zum Thema Rassenzugehörigkeit hielt, am 18. März des vergangenen Jahres, als die Kontroverse um Bemerkungen und Predigten des Reverends Jeremiah Wright Obamas Wahlkampf zu beeinträchtigen drohte – eine siebenunddreißigminütige Rede, die die Zuhörer wie um ein Lagerfeuer herum versammelte –, aber ich denke dabei auch an eine Szene aus John Fords *Young Mr. Lincoln*[76], wie sie Peter Handke in seinem 1972 erschienenen Roman *Der kurze Brief zum langen Abschied* beschrieben hat.

Der Icherzähler, ein quer durch die USA reisender junger Österreicher, geht in ein Kino. Der von Henry Fonda gespielte Lincoln hat eingewilligt, zwei des Mordes beschuldigte Brüder zu verteidigen, und als ein betrunkener Mob vor dem Gefängnis auftaucht, um die Angeklagten zu lynchen, stellt er sich ihm in den Weg. Er beginnt zu reden; er bringt die Betrunkenen zur Räson, sagt der auf jedes Wimpernzucken, auf jede Betonung achtende Icherzähler voller Erstaunen und Ehrfurcht,»indem er sie mit leiser Stimme an sich selber erinnerte, was sie sein könnten und was sie vergessen hätten, und diese Szene, wie er dabei auf der Holztreppe vor dem Gefängnis stand, drohend einen Balken in den Armen, ließ keine Möglichkeit, sich zu verhalten, aus und dauerte so lange, bis man sah, wie nicht nur die Betrunkenen, sondern auch die Schauspieler, die die Betrunkenen spielten, Lincoln mehr und mehr zuhörten und dann, für immer verändert, aus der Szene weggingen, und man spürte ringsherum im Kino auch die Zuschauer anders

---

[76] *Der junge Mr. Lincoln* (USA 1939).

atmen und aufleben.« Das ist das, wofür Eloquenz ein zu schwaches Wort ist: eine Rede, in der es nicht nur um Demokratie geht, sondern die selbst demokratisch ist.

In seinem im Jahr 2000 erschienenen Roman *The Human Stain*[77] erzählt Philip Roth die Geschichte von Coleman Silk, einem zweiundsiebzigjährigen Mann aus einer afroamerikanischen, in East Orange, New Jersey, beheimateten Familie, der sein gesamtes Erwachsenenleben als Jude – das heißt als Weißer – durchgegangen ist. Liest man den Roman heute, so kommt man nicht umhin, sich Barack Obama darin vorzustellen, nicht weil er jemals als Weißer durchgegangen ist oder er dies jemals könnte, sondern weil er sich als Afroamerikaner auf die gleiche absolute Weise erfunden zu haben scheint wie Coleman Silk. »Was wissen wir eigentlich über diesen Mann?«, fragte John McCain bei seinen Wahlkampfveranstaltungen im Herbst, doch trotz der versteckten Andeutung – war Obama ein Muslim, ein Kommunist, gar ein Terrorist? – war diese Frage nicht aus der Luft gegriffen, sondern hatte durchaus einen Bezug zur Wirklichkeit. Die entspannte, selbstbewusste Art, auf die Obama in seiner Haut steckte, seine offenkundige Unempfindlichkeit gegen Verunglimpfungen und Lügen – wie Jackie Robinson vertraute er auf seine eigenen Fähigkeiten und zeigte nie seine Wut über die Verunglimpfungen und Lügen, die sich bis zum Wahltag bei republikanischen Wahlkampfveranstaltungen zu einem wahren Schwall von Hass gesteigert hatten, bei dem die Menge »Verräter!« und »Tötet ihn!« schrie, sobald sein Name erwähnt wurde –, all dies deutete, wie Roth über Coleman Silk schrieb, auf »einen echten Amerikaner, der, ganz in der großen Tradition der Pioniere, die demokratische Aufforderung befolgte, sich seiner Herkunft zu entledigen, sofern das dem Streben nach Glück diente«. Obama scheint so etwas wie seine eigene Schöpfung zu sein: Das ist der Ursprung seiner Aura, des Gefühls der Selbstbeherrschung, das viele Leute anzieht, und zu-

---

[77] dt. *Der menschliche Makel.*

mindest auch teilweise die Ursache für den Eindruck, dass er irgendwie nicht echt ist, irgendwie nicht menschlich, etwas, das andere beängstigt oder auch abstößt. Der sich selbst erschaffende Amerikaner verkörpert Amerika, eine Nation, die ebenfalls erschaffen wurde –»Du bist jeden Morgen aufgewacht«, schrieb Roth,»um zu sein, was du aus dir selbst gemacht hattest« –, doch der sich selbst erschaffende Amerikaner ist auch eine Art Frankensteinmonster.

Die Hauptschlagzeile auf der Titelseite der am Tag nach der Wahl erschienenen *New York Times* lieferte eine sonderbare Bewertung des Wahlausgangs: RASSENSCHRANKE FÄLLT BEI HOHER WAHLBETEILIGUNG. Als ein sich selbst erfindender Amerikaner, als einer, der – wie er es mit seiner Litanei von Ortsnamen, von Montgomery bis Atlanta, getan hatte – Anspruch auf die Geschichte der Bürgerrechtsbewegung erheben konnte, ohne jemanden von dieser Geschichte auszuschließen, hatte Obama nicht als jemand kandidiert, der eine Rassenschranke niederreißen wollte. Ein einzelner Mensch hatte sich ein Ziel gesetzt und dieses Ziel erreicht – Amerika war am Tag nach der Wahl nicht weniger rassistisch, als es am Tag davor gewesen war. Aber womöglich bestand das Falsche an der *New-York-Times*-Schlagzeile darin, dass sie Begriffe heranzog, die zu eng, zu trivial, zu sachlich waren, um das auszudrücken, was sich tatsächlich ereignet hatte.

Das Land mochte sich nicht verändert haben, aber seine Geschichte schon. Diese schrieb sich nun neu, denn »Blowin' in the Wind«, Dylans Schlusswort am Wahlabend, war, wie ein Freund meinte, nicht bloß »Blowin' in the Wind«. Es war auch der Song, von dem Dylan es nach eigenem Bekunden »abgekupfert« hatte, »ein Spiritual« aus der Zeit des Bürgerkriegs, ein Song, den Lincoln womöglich gehört, aber wahrscheinlich nie gesungen hat – der Song, den Bob Dylan eines Abends in Greenwich Village sang, in einer Performance, deren Einfühlungsvermögen so groß war, dass man sie vielleicht eher als eine Transsubstantiation bezeichnen sollte, bei der sich ein Jude 1962 in einen Afroamerikaner im Jahr 1862 verwandelte: »No More Auction Block«.

Peter Handke, *Der kurze Brief zum langen Abschied* (1972), Suhrkamp Taschenbuch Verlag, Frankfurt a. M. 1974, S. 136.

Philip Roth, *Der menschliche Makel*, aus dem Amerikanischen von Dirk van Gunsteren, Carl Hanser Verlag, München/Wien 2002, S. 371, 382.

CODA

DANKSAGUNGEN

Die in diesem Buch versammelten Beiträge wurden in einem Zeitraum von mehr als vierzig Jahren geschrieben, doch die dahintersteckenden Unterhaltungen gehen noch weiter zurück – bis zu dem Moment, als eine bestimmte Person zum ersten Mal Bob Dylan hörte oder von ihm hörte oder als diese Person zum ersten Mal einen Folksong hörte oder gezwungen wurde, einen zu singen, oder als diese Person eine Rock-'n'-Roll-Platte im Radio hörte oder als sie sich in die Mythen der amerikanischen Geschichte verliebte, selbst wenn man den Argwohn hegte, dass keine Geschichte dermaßen vollkommen sein konnte, wie Amerika es von seiner Geschichte behauptete. Doch früher oder später rückte Bob Dylan in den Brennpunkt. Er ist immer jemand gewesen, zu dem man unmöglich keine Meinung haben konnte. Die im Folgenden angeführten Leute – Freunde, Zufallsbekanntschaften, Kollegen, Mitreisende, Herausgeber, Lehrer, Studenten – diskutierten, argumentierten, sie gingen auf Konzerte und schrien nach mehr oder sie wunderten sich, wenn es vorbei sein sollte, sie hörten sich Platten an oder sie tauschten Tapes aus, sie schrieben und sie publizierten, sie schimpften und sie lobten, sie erzählten Geschichten und sie verbreiteten Gerüchte, sie fällten Urteile, die sie hinterher bedauern sollten oder auch nicht, doch sie waren alle in jeder Hinsicht generös, kritisch, offen, argwöhnisch, fassungslos, dass man etwas nicht gehört, gelesen oder gesehen hatte, jedoch fest davon überzeugt, dass man es hören, lesen oder sehen musste, und zwar auf der Stelle. Ich bin froh, dass sich unsere Wege gekreuzt haben, und ich bin froh, dass sich unsere Wege in so vielen Fällen noch immer kreuzen: Nick Amster, Doon Arbus, Gina Arnold, der verstorbene Richard Avedon, der verstorbene Lester Bangs, der verstorbene John Bauldie, Sara Beck, Erik Bernstein, Joel Bernstein, Paula Bernstein, Sara Bernstein, William Bernstein, Gérard Beréby und François Escaig von Editions Allia, Dean Blackwood und Susan Archie von Revenant Records, der verstorbene Adam Block, Liz Bordow, Betsy Bowden, Meredith Brody, Bart Bull, Sarah Bures, Robert Cantwell, Bob Carlin, Robert Christgau, Joe Christiano, Pete Ciccione, T. J. Clark, Mary Clemmey, Joshua Clover, Frances Coady und James Meader von Picador USA, John Cohen, Emmanuelle Collas von Galaade Editions, Elvis Costello, Jonathan Cott, Sue D'Alonzo, Mike Daley, der verstorbene Sandy Darlington, Don DeLillo, Maddie Deutch, Carola Dibbell, Julia Dorner, Elizabeth Dunn-Ruiz, Danielle Durbin, Monte und Kathy Edwardson, Steve Erickson, expectingrain.com, Barry Franklin, Hal Foster, Ken Friedman, Simon Frith, David Gans, B. George, Courtney Gildersleeve, der verstorbene Charlie Gillett, Evan Glasson, der verstorbene Ralph J. Gleason, Tony Glover, Jeff Gold, Joan Goodwin, Mike Gordon, Peter Guralnick, Marybeth Hamilton, Howard Hampton, Niko Hansen und Birgit Politycki von Rogner & Bernhard, Todd Haynes, Clinton Heylin, Bob Hocking und Linda Stroback-Hocking, Amy Horowitz, Jeff Place und Andras Goldinger von Smithsonian Folkways, Glenn Howard, Garth Hudson, Maud Hudson, Rode Idlet von Black Ace Books, der verstorbene Norman Jacobson, Michael Jennings, Steve Jepsen, Loyal Jones, Brandon Joseph, die verstorbene Pauline Kael, der verstorbene Ed Kahn, Jim Kavanagh, Kalen Keir, der verstorbene Stewart Kessler, Russ Ketter, Brent Kite, Al Kooper, Doug Kroll, Carol Krueger, Tony Lacey von Penguin, Jon Landau, Elliott Landy, Jon Langford, Mark Lilla, Daniel Marcus, Steve Marcus, der verstorbene William Marcus, Brice Marden, Dave Marsh, James Marsh, Paula Matthews, Sharyn McCrumb, Paul Metsa, Linda Mevorach, Jim Miller, Bruce Miroff, Toru Mitsui, John Morthland, Colin B. Morton, Paul Muldoon, der verstorbene Paul Nelson, Bob Neuwirth, Matthew Noyes, Michael Oliver-Goodwin, Donn Pennebaker, Sherri Phillips, Michael Pisaro, Robert Polito, Beth Puchtel, Scott Puchtel, Kit Rachlis, Kyle Rafferty, Robert Ray, Kevin Reilly, Christopher Ricks, Jon Riley, Robbie Robertson, John Rockwell, der verstorbene Michael Rogin, der verstorbene B. J. Rolfzen, Mary Rome, Cynthia Rose, David Ross, Peggy Ross, Luc Sante, Jon Savage, John Schaar, Fritz Schneider, Matthew Schneider-Mayerson, Beth Schwartzapfel, der verstorbene Mike Seeger, Joel Selvin, der verstorbene Greg Shaw, Christine Sheu, Cameron Siewert, Rani Singh, Alexia Smith, Brett Sparks, Rennie Sparks, Bruce Springsteen, Peter Stampfel, Bob Steiner, Jim Storey, Bill Strachan, Tracy Brown, Jack Macrae und Kathy Hope von Henry Holt, Steve Strauss, Sara Stroud, Elisabeth Sussman, Sandy Tait, Marisa Tam, Charles Taylor, Pat Thomas, Caitlin Thompson, Ray Thompson, Greg Tomeoni, Ken Tucker, Gerard van der Leun (der mir 1968 an einer Straßenecke in Berkeley eine *Basement-Tapes*-Kassette zusteckte, als führten wir beide einen Drogendeal durch), Lin van Heuit, Richard Vaughn, Amy Vecchione, Eric Vigne von Folio, Sarah Vowell, Ed Ward, Lindsay Waters, Lydia Wegman, Janet Weiss, der verstorbene Bill Whitehead, Benjamin Wiggins, Sean Wilentz, Hal Willner, Langdon Winner, Lori Ann Woltner, Ian Woodward, Todd Wright, Stephanie Zacharek und Michael Zilkha.

Mein Dank gilt all denen, die dabei geholfen haben, die hier versammelten Texte in den Druck zu geben: bei der *San Francisco Express Times* (später *Good Times*) dem verstorbenen Sandy Darlington, Marvin Grayson und Joyce Mancini; beim *Rolling Stone*, von 1968 bis zum heutigen Tag, Jann Wenner (von der Zeit vor *Self Portrait* und in den Jahren danach, jedoch insbesondere dafür, dass er meinen Beitrag zu der den Massenmorden vom September 2001 gewidmeten Ausgabe auf der Stelle verstand), John Burks, Ben Fong-Torres, Robert Kingsbury, Barbara Downey Landau, Christine Doudna, Sarah Lazin, David Young, Terry McDonell, Susan Brenneman, Anthony DeCurtis, Robert Love, Joe Levy, Ally Lewis und Nathan Brackett; bei *Creem* Dave Marsh, dem verstorbenen Barry Kramer, der verstorbenen Connie Kramer und Deday LaRene; bei der *New York Times* dem verstorbenen Seymour Peck, John Darnton, Martin Arnold, Olive Evans und John Rockwell, der mich auf den Essay aufmerksam machte, den ich in einer Besprechung von »*Love and Theft*« zu verstecken versuchte; bei *City* John Burks; bei der *Village Voice* Robert Christgau, Richard Goldstein und Doug Simmons; beim *San Francisco Focus* Heidi Benson; bei *New West* (später *California*) Jon Carroll, Nancy Friedman, Janet Duckworth, Bill Broyles und B. K. Moran; bei *Artforum* Ingrid Sischy, David Frankel, Robin Cembalest, Ida Panicelli, Jack Bankowsky, Sydney Pokorny, Melissa Harris und Anthony Korner; bei der *Threepenny Review*, immer ein sicherer Hafen in einem Unwetter, Wendy Lesser; bei *Image* (später *San Francisco Examiner Magazine*) Paul Wilner; bei *Interview* Ingrid Sischy, Graham Fuller und Brad Goldfarb; bei *Salon* Bill Wyman und Gary Kamiya; bei der *Los Angeles Times Book Review* Steve Wasserman und Tom Curwen; bei der *Nouvelle Revue Française* Michel Braudeau; bei *Granta* Liz Jobey und Sophie Harrison; beim *East Bay Express* Michael Covino; bei *City Pages* Steve Perry, Will Hermes, Terri Sutton, Jim Walsh, Michael Tortorello und Melissa Maerz; bei *Mojo* Paul Trynka und Andrew Male; bei *Black Clock* Steve Erickson; bei *GQ Style* David Annand.

Mein Dank gilt auch all denen, die mir die Gelegenheit gaben, viele der von mir gefundenen Geschichten öffentlich vorzutragen: Tom Luddy, Gary Meyer und Julie Huntsinger vom Telluride Film Festival; Jerome McGann und Eric Lott an der University of Virginia; Akeel Bilgrami an der Columbia University; M. Richard Zinman an der Michigan State University; Rabbi Alan Berg vom Temple Beth El in San Mateo; Mary E. Davis bei Case Western in Cleveland, mit Warren Zanes und James Henke an der Rock & Roll Hall of Fame; Eric Weisbard, Ann Powers und Robert Santelli beim Experience Music Project in Seattle; Colleen Sheehy für ihren heldenhaften Einsatz beim Weisman Art Museum an der University of Minnesota; John Harris und Thomas Crow beim J. Paul Getty Museum in Los Angeles; Karen Kelly und Evelyn

McDonnell beim Dia Center for the Arts in New York; Ben Saunders an der Duke University; dem verstorbenen Michael Rossman für die Veranstaltungen zur Erinnerung an das Free Speech Movement in Berkeley; Ramona Naddaff an der University of California in Berkeley; Robert Batscha am Museum of Television and Radio in New York; dem verstorbenen Harvey Weinstein und Pamela Johns von der Dorothy and Lillian Gish Foundation in New York; Lawrence Weschler am New York Institute for the Humanities; Margaret O'Neill vom Walker Art Center in Minneapolis; Zebrock in Paris; Heather O'Donnell in Princeton; Mark Francis am Centre Pompidou in Paris; Robert Parks an der Morgan Library in New York; Adele Lander Burke am Skirball Cultural Center in Los Angeles; Steve Weiss von der Southern Folklife Collection an der University of North Carolina in Chapel Hill; Barry Sarchett am Colorado College in Colorado Springs; Grazia Quaroni, Isabelle Guadefroy, Alaín Dominique Perrin und Sophie Perceval bei der Fondation Cartier de l'art contemporain in Paris; James Cushing am Cal Poly in San Luis Obispo; Toby Kamps vom Contemporary Arts Museum in Houston; Andrea Veyaveeran am Graduate Center for the Humanities in New York; Michael Lesy, Ralph Hexter und Norman Holland am Hampshire College in Amherst; Jay Bonner von der Asheville School in Asheville; Liam Kennedy vom Clinton Center for American Studies am University College, Dublin.

Ich bedanke mich bei all denen, die mich in der Semiöffentlichkeit eines Seminarraums oder eines Vortragssaals meine Themen finden und mich so vieles hören ließen, auf das ich von allein niemals gekommen wäre: an der University of California in Berkeley Kathleen Moran und Carolyn Porter, immer und immer wieder; in Princeton Sean Wilentz, Carol Rigolot, Anthony Grafton und Judith Ferszt; an der University of Minnesota Ann Waltner, Paula Rabinowitz, David Weissbrodt, Barbara Lehnhoff und Nicole Tollefson; an der New School in New York Robert Polito, Laura Cronk, Leah Iannone, Nicholas Nienaber, Luis Jaramillo und Lori Lynn Turner.

Ich hatte das Glück, sich zu Jahren summierende Stunden in Platten- und Buchläden verbringen zu können: im Record City, wo man von 1963 bis 1965 noch am Veranstaltungstag Karten für Bob Dylans Konzerte im Berkeley Community Theatre bekommen konnte und wo ich nicht nur *Magic Bus – The Who on Tour* erstand, die allererste Platte, die ich besprochen habe, sondern auch auf ein Album mit einem aufregenden Cover stieß, das den Titel *King of the Delta Blues Singers* trug; in Moe's Books, das jahrelang ein erstklassiges *Royal-Albert-Hall-Bootleg* im Sortiment hatte; im Rather Ripped, wo einem der gewöhnlichste Artikel sehr unwahrscheinlich vorkommen konnte; im Asta's, das nach Nicks und Noras Hund benannt war; im Down Home Music mit seinen Schatzkammern voll obskurer Raritäten; bei Amoeba Records, das seit seinem Eröffnungstag für den Fan der Himmel auf Erden war. Das Büro von Bob Dylan Music ist ebenfalls so etwas wie ein Plattenladen gewesen, nicht nur wegen der Eintrittskarten und Platten, die man mir dort so liebenswürdig und generös zukommen ließ, sondern auch wegen der *Ich-kann-nicht-glauben-dass-du-das-nicht-kennst*-Gespräche, die in einem Plattenladen stattfinden oder dort stattfinden sollten; es ist mir ein Vergnügen, mich bei Debbie Sweeney, Diane Lapson, Robert Bower, April Hayes, Callie Gladman und Lynn Okin Sheridan zu bedanken – und bei Jeff Rosen für seine beeindruckenden Kenntnisse in Sachen Metaphysik.

Wie schon zweimal zuvor ist Clive Priddle von PublicAffairs ein Lektor mit einem untrüglichen Instinkt dafür gewesen, wo in einem Manuskript ein Buch steckt; die Zusammenarbeit mit ihm ist mir immer ein Vergnügen und das Gleiche gilt für Susan Weinberg, Melissa Raymond, Tessa Shanks, Jessica Campbell, Robert Kimzey, Christine Marra, Jane Raese und Gray Cutler. Ich hoffe, dass die langjährige Beziehung zu Lee Brackstone bei Faber & Faber noch weitere Jahre anhalten wird; mein Dank gilt dort auch Helen Francis und Kate Burton. Bei Edel:Books gilt mein Dank Constanze Gölz und bei Odoya bedanke ich mich nicht nur bei Marco De Simoni, tk and Paola Papetti, für ihre Wärme und Herzlichkeit, sondern auch bei Übersetzerin Barbara Sonego. Ich habe mich immer auf die Zuvorkommenheit, das Engagement und das Urteil von Wendy Weil, Emily Forland und Emma Paterson von der Wendy Weil Agency verlassen können und Anthony Goff von der David Higham Agency in London, die verstorbene Mary Kling von La nouvelle agence in Paris und Christian Dittus und Peter Fritz von der Paul & Peter Fritz Agency in Zürich standen ihnen dabei in nichts nach. Und das Gleiche gilt für Antonella Antonelli und Beatrice Cardinale von der Antonelli Agency in Mailand.

Emily und Cecily sind in diesem Buch immer präsent gewesen, fast schon von der Zeit an, als der erste darin enthaltene Beitrag geschrieben wurde, und Steve Perry, zuerst als Lektor, dann als Freund und schließlich als ein Familienmitglied ist es seit mehr als fünfundzwanzig Jahren. Jenny war jedoch schon dabei, als ich praktisch noch nichts von Bob Dylan gehört hatte, der ihr, als einem Mädchen aus St. Paul, bereits ein Begriff war.

SONGTEXT- UND GEDICHTNACHWEISE[78]

»Don't Ya Tell Henry« copyright © 1971 by Dwarf Music; renewed 1999 by Dwarf Music. All rights reserved. International copyright secured. Used by permission.

»Sign on the Window« copyright © 1970 by Big Sky Music; renewed 1998 by Big Sky Music. All rights reserved. International copyright secured. Used by permission.

»Watching the River Flow« copyright © 1971 by Big Sky Music; renewed 1999 by Big Sky Music. All rights reserved. International copyright secured. Used by permission.

»Buckets of Rain« copyright © 1974 by Ram's Horn Music; renewed 2002 by Ram's Horn Music.
All rights reserved. International copyright secured. Used by permission.

»Idiot Wind« copyright © 1974 by Ram's Horn Music; renewed 2002 by Ram's Horn Music. All rights reserved. International copyright secured. Used by permission.

»You're a Big Girl Now« copyright © 1974 by Ram's Horn Music; renewed 2002 by Ram's Horn Music. All rights reserved. International copyright secured. Used by permission.

»Is Your Love in Vain?« copyright © 1978 by Special Rider Music. All rights reserved. International copyright secured. Used by permission.

»Señor« copyright © 1978 by Special Rider Music. All rights reserved. International copyright secured. Used by permission.

»Precious Angel« copyright © 1979 by Special Rider Music. All rights reserved. International copyright secured. Used by permission.

»Blind Willie McTell« copyright © 1983 by Special Rider Music. All rights reserved. International copyright secured. Used by permission.

»The Times They Are A-Changin'« copyright © 1963, 1964 by Warner Bros. Inc.; renewed 1991, 1992 by Special Rider Music. All rights reserved. International copyright secured. Used by permission.

»Million Miles« copyright © 1997 by Special Rider Music. All rights reserved. International copyright secured. Used by permission.

»The Lonesome Death of Hattie Carroll« copyright © 1964, 1966 by Warner Bros. Inc.; renewed 1992 by Special Rider Music. All rights reserved. International copyright secured. Used by permission.

»Lonesome Day Blues« copyright © 2001 by Special Rider Music. All rights reserved. International copyright secured. Used by permission.

»High Water (For Charley Patton)« copyright © 2001 by Special Rider Music. All rights reserved. International copyright secured. Used by permission.

»Ain't Talkin'« copyright © 2006 by Special Rider Music. All rights reserved. International copyright secured. Used by permission.

»Visions of Johanna« copyright © 1966 by Dwarf Music, copyright renewed 1992 by Dwarf Music. All rights reserved. International copyright secured. Use by permission.

»Masters of War« copyright © 1963 by Warner Bros. Music; renewed 1991 by Special Rider Music. All rights reserved. International copyright secured. Used by permission.

---

[78] Songs ohne Autorenangabe sind von Bob Dylan.

»Nebraska« by Bruce Springsteen. Copyright © 1982 Bruce Springsteen (ASCAP). Reprinted by permission. International copyright secured. All rights reserved.

»Stolen Car« by Bruce Springsteen. Copyright © 1980 Bruce Springsteen-(ASCAP). Reprinted by permission. International copyright secured; All rights reserved.

»Land of Hope and Dreams« by Bruce Springsteen. Copyright © 200 Bruce Springsteen (ASCAP). Printed by permission. International copyright secured. All rights reserved.

»The Red Wheelbarrow« by William Carlos Williams, from *The Collected Poems: Volume 1, 1909–1939*, copyright © 1938 by New Directions Publishing Corp. Reprinted by permission of New Directions Publishing Corp.

REGISTER

Bei nicht anderweitig zugeordneten Songs handelt es sich um Traditionals/Standards (»Omie Wise«) oder um Performances von Bob Dylan; Alben ohne Namensangabe stammen von Bob Dylan; bei Filmen wird der Name des Regisseurs angegeben.

A

»Abraham, Martin and John« (Dion)   322, 594
Absolutely Fabulous (TV-Serie)   304
»Absolutely Sweet Marie«   109, 147
»Acadian Driftwood« (Band)   126
Ace, Johnny   109, 137
»Across the Great Divide« (Band)   468
Adventures of Huckleberry Finn (Twain)   180
Adventures of Phoebe Zeitgeist, The (Comicserie)   457
»Against the Wind« (Seger)   214, 216
Agee, James   414
Agnew, Spiro   83
»Ain't No Grave« (Crooked Still)   491–493
»Ain't No More Cane« (Band)   112, 113
»Ain't Talkin'«   21, 498, 513, 516, 541, 547
Alabama Sacred Harp Singers   392, 413/414
»Alberta #1«   32, 56
»Alberta #2«   56
»All Along the Watchtower«   44, 75, 93, 121, 153, 187, 259, 284, 446, 455
»All American Boy, The« (Parsons)   324
»All La Glory« (Band)   471
»All the Tired Horses«   31, 38, 45, 50
»All This Useless Beauty« (Costello)   285, 286, 288–301
Alleged in Their Own Time (Holy Modal Rounders)   496/497
Allman, Gregg   208
Allman Brothers Band   89
Amendola, Scott   579, 590
»America: A Tribute to Heroes« (Konzert)   446
American Hot Wax (Mutrux)   131/132
»American Pie« (McLean)   231
Anas, Brittany   585
»And the Band Played Waltzing Matilda« (Pogues)   226

Andersen, Eric   48
Anderson, Emma   288, 289
»Angels Wanna Wear My Red Shoes, The« (Costello)   453
Angus, Ian   576, 590
Animal House (Landis)   335
Another Side of Bob Dylan   107
Anthology of American Folk Music (Harry Smith)   244, 384, 390, 400/401, 408, 409, 413, 419, 426, 568
»Apple Suckling Tree«   112
Arbus, Diane   366, 367, 612
»Are You Leaving for the Country« (Dalton, Drones)   496, 497
»Are You Lonesome Tonight?« (Presley)   495
Armstrong, Louis   122, 345
Arthur, Emry   553–556, 558, 568
»Arthur McBride«   20, 249
Artists in Times of War (Zinn)   587, 591
Arzu D2   580
»As I Went Out One Morning«   21
Ashcroft, John   580
Ashley, Clarence   9, 115, 404, 407, 426, 562
Astaire, Fred   548
Astral Weeks (Morrison)   130
»At Last« (James)   340
Atkins, Henry   405
Avedon, Richard   366/367, 612
Ayers, Bill   439

B

»Baby Don't You Do It« (Gaye/Band)   133, 348
»Baby Let Me Follow You Down«   25, 28, 126, 127, 146
»Baby Stop Crying«   143/144
Bacall, Lauren   379
Backstage Passes and Backstabbing Bastards (Kooper)   361, 366
»Bad Moon Rising« (Creedence Clearwater Revival)   225
Badlands (Malick)   217
Baez, Joan   13/14, 189, 393–396, 398/399, 425, 427, 479, 485, 587/588
Baker, Arthur   187
Baker, Chet   541
Baldwin, James   212
Bale, Christian   161, 522, 523, 562
»Ballad of a Thin Man«   89, 92, 353, 594

Band, The   35, 125, 128, 208, 280, 346, 348, 371, 420/421, 459, 467/468, 470, 551
Band, The (Band)   111, 121, 130, 138, 140, 347, 460, 467, 518
Bangs, Lester   165, 489/490, 612
Banhart, Devendra   491
»Barbara Allen«   228, 298, 360
Barkin, Ellen   495
Barrett, Aston   389
Barrymore, Drew   458
Basement Tapes, The   6, 111/112, 114–116, 197
Basement Tapes   16, 59, 111, 146, 186, 194, 245, 303/304, 331, 371, 377, 392, 524, 527
Bassett, Angela   528
Bat Out of Hell (Meat Loaf)   369
Baum der Vergebung, Der (Burne-Jones)   286
Baxter, Bucky   284
Baxter, Jeff »Skunk«   582
»Be-Bop-a-Lula« (Vincent)   192
»Be My Baby« (Ronettes)   314
Beach Boys   50, 171, 260, 321
Beastie Boys   369
Beatles   17, 40, 64, 138, 225, 231, 236, 273, 296, 369, 525
Beecher, Henry Ward   225
Been Down So Long It Looks Like Up to Me (Fariña)   393
Before the Flood   98–101, 103–105, 107, 223
»Belle Isle«   39
»Bells of Rhymney, The« (McGuinn)   336
Belushi, John   335, 337
Bennett, Tony   171, 250, 287
Bennett, Will   384
Bennetts, Leslie   472
Bensky, Larry   600
Benton, Thomas Hart   267
Berenyi, Miki   288/289
Berg, Alan   377, 614
Bergman, Ingmar   234
Bern, Dan   335, 337/338
Berry, Chuck   52, 156, 157, 205–207, 210, 217/218, 221, 223, 321/322, 429, 521
Berry, Jan   246
»Bessie Smith« (Band)   112
Best of Bob Dylan, The, Volume 2   368
Best of the Beach Boys, Vol. 2   321
»Betty and Dupree«   447
»Beware of Darkness« (Harrison)   73

»Beyond Here Lies Nothin'«   11, 593, 594
»Big Black Train« (Golden Chords)   506
»Big Rock Candy Mountain, The« (McClintock)   373
Big Sleep, The (Thomson)   379
»Big Yellow Taxi«   144
Biograph   193, 195–197, 369
Bird Call! The Twin City Stomp of the Trashmen   336, 338
Birth of a Nation, The (Griffith)   372
Bishop, Stephen   335
»Blackjack Davey«   250, 253, 387
Blanchett, Cate   523, 594
Bland, Bobby »Blue«   242, 322
»Blind Willie McTell«   232, 234/235, 237–243, 271, 315, 532
Blitzstein, Marc   174
Blonde on Blonde   15, 53, 75, 100, 180, 192, 200/201, 231, 361, 529, 533
»Blood in My Eyes«, s. auch »I've Got Blood in My Eyes for You«   254–256, 384
Blood on the Tracks   189, 107–110, 145, 150
»Blowin' in the Wind«   15, 194/195, 197, 201, 326, 368, 427, 530, 532, 572, 605, 608
»Blue Moon«   32, 36, 43, 47/48, 59
»Blue Suede Shoes« (Perkins)   321
Blue Velvet (Lynch)   306
Bob Dylan: The American Troubadour (Dokumentarfilm)   370
Bob Dylan Revisited: 13 Graphic Interpretations of Bob Dylan's Songs   596
»Bob Dylan's 115th Dream«   485, 558
Bob Dylan's American Journey, 1956–1966 (Ausstellung)   517
»Bob Dylan's Dream«   52, 93, 512, 516
Bob Marley & the Wailers   369, 388
Bob Roberts (Tim Robbins)   273
Boggs, Dock   8, 115, 175, 184, 189, 191, 267, 270, 404, 407, 432, 554, 561
Bolton, Michael   250
Bono   373
Book of Judas, The (Kennelly)   374
»Book of Love« (Monotones)   192
Booker T. and the MGs   258/259, 284
Boone, Pat   407
Bootleg Series, Volume 5: Live 1975 – The Rolling Thunder Revue   453
Bootleg series volumes 1–3 (1961–1991)   7, 227, 243, 246, 387, 425

»Boppin' the Blues« 517
»Born in the U.S.A.« (Springsteen) 576
»Born in Time« 421
Bowie, David 127
»Boxer, The« 48, 144
Bozulich, Carla 579, 590
Bragg, Billy, und Wilco 335, 338
Bramlett, Delaney 78
Brando, Marlon 291
»Bring the Boys Home« (Payne) 225
Bringing Down the Horse (Wallflowers) 316
Bringing It All Back Home 15, 53, 180, 458
»Broke Down Engine« 254
Bromberg, David 544
»Brooklyn Gang« (Davidson) 593
Brooks, Albert 212
Brooks, Garth 266
Brooks, Harvey 355, 366
Brooks, Louise 59, 291
Broom (Someone Still Loves You Boris Yeltsin) 495
Broonzy, Big Bill 225
Brown, James 151, 284, 325, 569
Brown, Jim 587
Brown, Richard »Rabbit« 242, 244, 407, 565, 568
Brown, Willie 108
Browns, The 45
Bruce, Lenny 202
Bryson, Damon 585
Bubbling Over Five 552
Buchanan, Roy 218
»Buckets of Rain« 109/110
Buckingham, Lindsey 502
Bundrick, John »Rabbit« 389
Bundy, McGeorge 358
Buried Alive (Friedman) 199
Burne-Jones, Edward 286
Burnett, Reverend J. C. 384
Burnett, T-Bone 319
Bush, George H. W. 455
Bush, George W. 373, 455, 579, 580–583, 601
Butte, Montana (Frank) 539
Butterfield, Paul 120, 124, 128, 134, 136
Buttrey, Kenny 109
»Bye and Bye« 430
Byrds 260, 401
Byrne, Gabriel 593

C

Caché (Haneke) 483
Cage, John 174
Caine, Michael 339, 343
»Caldonia« (Waters) 124
»Caldendar Girl« (Sedaka)
»California« (Berry) 156, 210
Campanella, Roy 122
Campbell, Larry 368, 455, 545
»Canadee-I-O« 249, 252
Canned Heat 221
»Can't Help Falling in Love« (Presley) 145
»Can't You See« (Marshall Tucker Band) 208
Cantwell, Robert 290–294, 301, 390, 391, 410, 419, 500/501, 515, 612
Capote (Miller) 481, 483
Captain & Tennille 407
Captain Beefheart 456, 64
»Caravan« (Morrison) 125, 134, 136
Carey, Peter 10, 473
Caribou (John) 104
Carlin, Bob 374, 612
Carlin, Richard 374
Carlos, John 228
Carmichael, Hoagy 430
Carné, Marcel 185
Carpenter, Mary Chapin 451
Carter, Jimmy 122, 455
Carter, Rubin »Hurricane« 165
Carter Family 88, 108, 120, 175, 374, 385, 407, 547
Carthy, Martin 425
Cash, Johnny 34, 189, 271, 284, 451, 483, 485, 487
Cash, Rosanne 451
Cassady, Neal 456
Cat Power 496
Catch a Fire: Deluxe Edition (Wailers) 388
Cave, Nick 494
Cavett, Dick 66
Celebrations for a Grey Day (Fariñas) 398
Chandler, Raymond 202, 435, 488
»Change Is Gonna Come, A« (Cooke) 194, 195, 326, 603–605
»Changing of the Guards« 144
Chapin, Harry 165
Charles, Bobby 123

Charles, Ray   131, 141, 167, 170/171
Charlie's Angels: Full Throttle (McG)   10, 457
Cheney, Dick   580, 601
»Chest Fever« (Band)   126, 346/347, 468, 471
»Chimes of Freedom«   8, 251, 330
Chomsky, Noam   439
Christgau, Robert   561, 612, 614
»Christmas in Washington« (Earle)   335
Chronicles, Volume One (Dylan)   182, 419, 476, 480, 590
Chruschtschow, Nikita   423
Chtcheglov, Ivan   375
Cimino, Michael   319/320
Ciresi, Mike   369
Clancy, Liam   485
Clancy Brothers   257
Clapton, Eric   72, 77, 125, 257
Clark, Larry   593
Clash, The   449
Classic Albums: The Band (Dokumentarfilm)   347/348
Classic Mountain Songs (McGee et al.)   564, 567/568
Claxton, William   540
Clay, Cassius   41
»Clean Cut Kid«   186
Clerks II (Smith)   495
Cliff, Jimmy   262
Cline, Patsy   287
Clinton, Bill   20, 250, 251, 342/343, 349, 374, 439, 455
Clinton, Chelsea   597
Clinton, Hillary   472
Clooney, George   554, 568
»Clothesline Saga«   377, 387
Coalition of the Willing   582, 583/584
Coasters   74
Cobain, Kurt   297
Cochran, Eddie   291, 569
»Cock Robin«   114
Cockburn, Bruce   336
Cocker, Joe   168
Coen, Ethan u. Joel   371/372, 554
Cohn, Nik   192, 196, 468, 547
Colbert, Stephen   583
»Cold Irons Bound«   545/546, 311, 315
Collins, Judy   336, 554

»Come on in My Kitchen« (Robert Johnson)   52
Concert for the Rock & Roll Hall of Fame, The   284
»Confidential«   517
»Coo Coo, The« (»The Cuckoo«, »The Coo Coo Bird«, etc.)   115, 408, 424, 426/427, 431
Cooder, Ry   109
Cook, Stu   67
Cooke, Sam   194, 326, 603, 605
»Cool Drink of Water Blues«   372 (Tommy Johnson)
Coolidge, Rita   78
Cooper, Alice   165
Cooper, Ann Nixon   604
Cooper, Gary   129
»Copper Kettle«   39, 45–47, 146
Corcoran, Neil   453
Costello, Elvis   161, 226, 285–301, 453, 612
Counting Crows   275/276, 297
»Country Blues« (Boggs)   115, 267, 269/270
Country Joe and the Fish   225
»Covenant Woman«   159
Cowley, Malcolm   537
Cox Family   373
»Coyote« (Mitchell)   135
Cranberries   275
»Crash on the Levee«   113/114, 449
Creedence Clearwater Revival   67, 225
Crews, Frederick   174
Crisman, Stephen   370
Cronenberg, David   588
Crooked Still   491, 493
Cropper, Steve   246
Crosby, Bing   36
Crosby, David   166
»'Cross the Green Mountain«   457, 547
Crow, Sheryl   451
Crowe, Cameron   443
Crudup, Arthur   52
Cruise, Tom   443
Cruz, Penelope   443
Crystal, Eric   579
Cultural Politics in Contemporary America (Jhally u. Angus)   576, 590
»Cures« (Rivard)   264
Cyrus, Billy Ray   266

D

Dalton, Karen   496/497
»Daniel and the Sacred Harp« (Band)   471
Daniels, David   369
Danko, Rick   84, 89, 103, 112, 115, 121, 123, 133, 345–347, 348, 459, 460, 465–467, 470/471
»Dark Eyes«   188, 190
»Dark Holler Blues« (Ashley)   427
Darker Shade of Pale, A: A Backdrop to Bob Dylan (Mellers)   7, 172, 174, 176, 178/179, 184/185, 193, 196
Davidson, Bruce   593
Davis, Angela   576
Davis, Leslie   369
Day-Lewis, Daniel   262
»Days of the Locusts«   61
»Days of '49«   33
Dayton, Mark   369
De Niro, Robert   211
»Dead Man, Dead Man«   390, 420/421
Dead Man (Jarmusch)   387, 455
Dean, Howard   542
Dean, James   291, 319
Death Certificate (Ice Cube)   369
»Death of Emmett Till, The«   572
»Death of Medgar Evers, The«   572
Deliberate Speed (Lhamon)   430
DeLillo, Don   331–333, 612
DeMent, Iris   267
Denny, Sandy   492
Depp, Johnny   387
Desire   146, 177
»Desolation Row«   9, 184, 189, 312, 350, 353, 354, 355–362, 364–366, 532
Detour (Ulmer)   532
Devil's Dream, The (Lee Smith)   374
Diamond, Neil   125, 151
Diddley, Bo   123, 134, 376, 465
DiFranco, Ani   334, 336
»Dignity«   547
Dillinger, John   580
Dillinger Four, *s. auch* Dylanger Four plus Four   580
DiMario, Corey   491
Diner (Levinson)   495
»Dink's Song«   535
Dion   322, 594/595

Dire Straits   152
»Dirt Road Blues«   315, 545
Dirty Mind (Prince)   323
Disordo, Joe   438
DJ Shadow   300
»Do Right to Me, Baby«   154
Do You, Mr. Jones?   Bob Dylan with the Poets and Professors (Corcoran)   453
»Dog and Gun« (Kincaid)   407
Dolenz, Mickey   79
Domino, Anna   492
Donahue, Troy   381
Donovan   456
»Don't Do It« (Band)   86, 127, 346, 348
»Don't Rock the Jukebox« (Jackson)   266
»Don't Think Twice«   14, 144
»Don't Ya Tell Henry« (Dylan/Band)   112/113, 371
»Don't You Want Me« (Human League)   288
Dorsey, Reverend Thomas A.   153, 156
Douglas, Captain Kirk   585, 587
Douglas, Steve   149
Douglas, William O.   210, 215
»Down Along the Cove«   188
»Down on the Banks of the Ohio« (Blue Sky Boys / Handsome Family)   385
»Down the Highway«   93, 341
Doyle, Roddy   383
Dr. John   94, 123/124, 127
Drawn Blank (Dylan)   538, 541
Drawn Blank Series, The (Dylan)   11, 540
»Dreamin' of You«   547
Drifters   565
»Drifting Too Far from the Shore« (Monroe)   484
Driscoll, Julie   304
Drones, The   494, 496/497
»Dry Your Eyes« (Diamond)   125
Duluth Does Dylan (Sampler mit Bands aus Duluth)   388
»Duncan and Brady«   543/544
Dunn, Duck   246
Duritz, Adam   275, 297
»Dust My Broom« (Robert Johnson)   210
Duvall, Robert   457
Dylan, Jakob   305, 316–319, 448–450
Dylan: A Biography (Spitz)   7, 200, 204
Dylanger Four plus Four   580, 590

Dylanist, The (Morton) 7, 245
Dynamischer Suprematismus (Malewitsch) 374

E
Eagles 143
Earle, Steve 335, 451
Early Blues Roots of Bob Dylan, The 9, 384
»Early Morning Rain« 34
Earp-Brüder 133
»East Virginia« 108, 115
Eastern Promises (Cronenberg) 588
Eastwood, Clint 308
Easy Rider (Hopper) 212
Eat the Document (Dylan/Alk) 487
»Ecstasy« (Crooked Still) 491–493
Ed Sullivan Show (Fernsehsendung) 138
Eddy, Nelson 430
Eden (Recks) 592, 11
Edwardson, Monte 506, 583, 612
Eggleston, Rushad 491/492
»Eileen Aroon« 298
Einzug Christi in Brüssel im Jahre 1889, Der (Ensor) 350, 367
Eisenhower, Dwight D. 444, 573
Ellington, Duke 393
»El Paso« (Marty Robbins) 356
»11 Outlined Epitaphs« 511, 516
Eleventh Dream Day 495
Eliminator (ZZ Top) 322
Elvis, Jesus & Coca-Cola (Friedman) 546
Emerson, Ralph Waldo 174, 184
Empire Burlesque 186, 188, 190
En Avant Dada (Huelsenbeck) 360
End of Violence, The (Wenders) 313
»Endless Highway« (Band) 208
Ensor, James 350–354, 360, 362–364, 367
»E-ri-e« 114
Errand into the Wilderness (Miller) 179
Eurythmics 583
»Eve of Destruction« (McGuire) 570
Everly Brothers 36, 291
»Every Picture Tells a Story« (Stewart) 546
»Everybody Out of the Water« (Wallflowers) 449/450
»Everything Is Broken« 547
»Eyesight to the Blind« (Williamson) 109

F
Fahey, John 401, 406
Falwell, Reverend Jerry 440
Far from Heaven (Haynes) 520
Fariña, Mimi 398
Fariña, Richard 393–395, 398/399
Farrell, Fran 377
Fastbacks 324
»Father of Night« 62
Faulkner, William 180, 411, 419
Ferlinghetti, Lawrence 126
Ferrante & Teicher 455
Ferrell, Will 318
Ferry, Bryan 99/100, 225
»Fever« (John) 163
Fiedler, Leslie 174, 180
Fifty Eggs (Bern) 337
Fig, Anton 258
Fink, Mike 134, 291
Finney, Albert 211
»Fire and Rain« (Taylor) 213
Firesign Theatre 325
»Fishing Blues« (Thomas) 114
Fishman, Howard 10, 518
Fitzgerald, F. Scott 202, 365
Five Easy Pieces (Rafelson) 312
»Five Nights Drunk« 114
Five Sinister Characters (Chandler) 488
»5« Royales 323
Fleetwood Mac 502
»Floater (Too Much to Ask)« 508
Flowers (Rolling Stones) 40
Floyd, Harmonica Frank 550
Fog of War, The (Morris) 572, 590
Fogerty, John 51
Folkways Years, The, 1959–1961 (Van Ronk) 270, 447
»Folsom Prison Blues« (Cash) 486
Fonda, Henry 606
Fonda, Peter 212
»Foot of Pride« (Dylan/Reed) 7, 246, 258
Ford, Gerald 455
Ford, John 606
Foreigner 187
»Forever Young« 127
»Forgetful Heart« 21, 593
»Formular für einen Neuen Städtebau« (Chtcheglov) 375

Forty Guns (Fuller)   31
Foster, Hal   381, 612
»Four Strong Winds« (Ian and Sylvia)   125
Four Tops   347
»400 Years« (Wailers)   388, 390
Fraenger, Wilhelm   364
Francis, Mark   405, 615
Frank, Robert   362, 412, 539
»Frankie & Albert«   252
»Frankie Silvers« (Ashley)   427
Franklin, Aretha   219, 250, 521
Franklin, Benjamin   349
Franklin, Marcus Carl   522
Franson, Dick   369
»Free Bird« (Lynyrd Skynyrd)   123, 208, 213, 218
Freed, Alan   131, 132, 141
Freewheelin' Bob Dylan, The   90, 14, 197, 329, 443, 512, 516, 534, 588
Freewheelin' Time, A: A Memoir of Greenwich Village in the Sixties (Rotolo)   534, 537
Friedman, Kinky   546
Friedman, Myra   199
»Froggy Went A-Courtin'«   114
From Lincoln to Coolidge (Logie)   515/516
Fruge, Columbus   406
Fugate, Caril   215–217
Fulks, Robbie   387
Fulton, James   370
»Future Blues« (Willie Brown)   108

G

Gabriel, Peter   225
Gainsbourg, Charlotte   522
Gala Mills (Drones)   494, 496
Galdrenko, Olga und Vova   584
Galeb, John   502
Gang of Four   225
Garbo, Greta   47
Garcia, Jerry   401
Garnier, Tony   284, 513, 545
Gaspard, Blind Uncle   406
»Gates of Eden, The«   90
Gaye, Marvin   133, 346
Genesis   269, 319
Gentle Creatures (Tarnation)   322
Genuine Never Ending Tour Covers Collection 1988–2000, The   556, 568
»George Jackson«   75, 90/91

»Georgia on My Mind« (Band)   122
Georgia Tom   154
Geraubte Küsse (Truffaut)   55
Gere, Richard   523
»Get Up Jake« (Band)   468
»Get Your Rocks Off«   146
Geto Boys   324, 595
Ghost of Tom Joad (Springsteen)   335
Gibson, James   369
Gibson, Mel   472/473
Gillespie, Dizzy   345
Gingrich, Newt   272
Ginsberg, Allen   222
Gitlin, Todd   371
Gleason, Ralph J.   31, 345, 612
Glover, Crispin   458
Glover, Tony   234, 486, 612
»God Save the Queen« (Sex Pistols)   569
»God Uses Ordinary People«   159
Godard, Jean-Luc   383
Goddard, Paulette   129
Gods and Generals (Maxwell)   457, 547
»Going, Going, Gone«   118
Gold Diggers of 1933 (LeRoy)   37
Golden Chords   371, 505/506, 517, 583
Golden Vanity, The   297/298, 568
Goldene Treppe, Die (Burne-Jones)   286
Goldman, Albert   202
Goldman, Emma   588
Good As I Been to You   18, 249, 252/253, 255, 374, 387, 544/545, 548
Goodall, Jr., H. L.   237
Goodman, Fred   295/296, 301
Gordon, Jim   94
Gore, Al   373
Gore, Lesley   569
»Gotta Travel On«   47
Graham, Bill   133, 200
Grams, Rod   369
»Grand Coulee Dam«   421
Granger, Stewart   129
Grapes of Wrath, The (Ford)   211
Grateful Dead   198, 201, 401, 421
Grates, The   495
Gravity Won't Get You High (Grates)   459
Grayson, G. B.   407
Great Jones Street (DeLillo)   331
Great White Wonder   38/39, 59
Green, Al   219

Green, Debbie 396
Greene County Singers 552/553, 555, 557, 567
*Greenback Dollar – The Music of Clarence
»Tom« Ashley* 426/427
Greene, Richard 385
Greenfield, Howard 229
Greening of America, The (Reich) 79
Griffin, Paul 231
Griffith, Nanci 260, 335
Grodin, Charles 211
Grogan, Emmett 126, 128
Gross, Larry 484
Grosz, George 363
Guess Who 78
Guns N' Roses 8, 261
Gunsmoke (TV-Serie) 570
Guralnick, Peter 286, 612
Guthrie, Woody 172, 184, 224, 335, 354, 418, 421

H

Hajdu, David 393–395, 397/398
Halberstam, David 371
Haley, Bill 198
»Hallelujah, I Love Her So« (Charles) 131
Hampton, Howard 281, 377, 542, 612
Handke, Peter 606, 609
Handsome Family 385
»Handsome Molly« 420, 423, 425, 514
Haneke, Michael 483
»Hanging Onto a Solid Rock« 159
Hanson 317/318
»Hard Day's Night, A« (Beatles) 84
Hard Rain (Dylan/Fernsehsendung) 15, 118
»Hard Rain's A-Gonna Fall, A« 7, 15, 100, 163, 224, 572, 574, 586,
»Hard Rain's A-Gonna Fall, A« (Ferry) 100
»Hard Time Killin' Floor Blues« (James) 312
»Hard Times« 252
Harder They Come, The (Henzell) 262
»Hardin Wouldn't Run« (Cash) 34
Harding, Warren G. 379, 382
Harris, Emmylou 373, 451
Harris, Joyce 223
Harris, Kim 336
Harris, Reggie 336
Harrison, George 72, 74, 77, 436, 454
»Haunted Road Blues« (Ashley) 427

Havens, Richie 260, 336
Havis, Regina 158/159
Hawkins, Ronnie 123/124, 132, 134, 140, 459, 465/466
Hawks, The 123, 124, 130, 132, 280
Hawks, Howard 379
Hawthorne, Nathaniel 54, 101, 174, 178, 182, 565
Haynes, Todd 161, 519/520, 527/528, 585, 594, 612
»Hazel« 126
»He Got Better Things for You« (Memphis Sanctified Singers) 412/413
Hearst, Patty 91
»Heartbreak Hotel« (Presley) 292, 333
Heaven's Gate (Cimino) 319/320
Heaven's Gate Band 319
Heller, Joseph 73
Helm, Levon 44, 84, 102/103, 112, 115, 120, 122, 132, 134–136, 139, 141, 347, 371, 459–461, 465, 467, 470/471, 551
»Helpless« (Young) 125, 135
Helstrom, Echo 202
Hemingway, Ernest 456
Hendrix, Jimi 17, 246, 257, 259, 262/263, 324, 456, 586, 591
Hentoff, Nat 255, 354, 358
Hepburn, Audrey 211
»Here Comes the Flood« (Gabriel) 225
»Here in Pleasantville« (Wallflowers) 449
»Heroin« (Velvet Underground) 231
Herron, Donnie 513
Hieronymus Bosch – Das Tausendjährige Reich (Fraenger) 364, 366
High on the Hog (Band) 348
»High Water« s. »High Water (For Charley Patton)« 19, 22, 433/434, 449
»High Water Everywhere« (Patton) 9, 433, 449
»High Water (For Charley Patton)« 433/434, 449
»Highlands« 306, 310, 312, 365/366
Highway 61 Revisited 8, 15, 33, 43, 49, 51, 53, 56, 86, 89, 93, 101, 103, 121, 147, 180, 184, 194, 201, 218–222, 231, 258, 271, 322, 354, 356, 361, 366, 434
Hirshey, Gerri 304
History of Violence, A (Cronenberg) 588

Hitchcock, Alfred   61, 100
Hitchens, Christopher   440
Hoffman, Abbie   48
Hoffman, Philip Seymour   481
Hofstadter, Richard   602
Hoikkala, LeRoy   506
Holcomb, Roscoe   175, 185
»Hold On, I'm Comin'« (Sam and Dave)   325
Holiday, Billie   46, 50, 131, 287, 541, 569
Holliday, Doc   133
Holly, Buddy   45, 125, 138, 291, 371, 382, 595
Holy Modal Rounders   496/497
Holy Soul Jelly Roll – Poems and Songs (Ginsberg)   323
»Home Sweet Home« (Breaux Freres)   385, 406
Homicide (TV-Serie)   19, 341, 343
Hopper, Dennis   212
Hotel California (Eagles)   143
House, Son   562
»House Carpenter« (Ashley)   387, 426/427
»House of the Rising Sun, The« (O'Connor/Animals/Dylan)   11, 592
How Can You Be in Two Places at Once When You're Not Anywhere At All (Firesign Theatre)   325
»How Good It Can Get« (Wallflowers)   448/449
»How Many More Years« (Howlin' Wolf)   546
Howard, Clint   426/427
Howard Fishman Performs Bob Dylan & the Band's Basement Tapes   518
»Howl« (Ginsberg)   222
Howlin' Wolf   546
»Huck's Tune«   547
Hudson, Garth   44, 54, 85, 102, 104, 112, 115, 122, 129, 139, 347, 385, 389, 459–461, 464, 612
Hudson, Maud   386, 612
Huelsenbeck, Richard   360
Human League   288
Human Stain, The (Roth)   607
»Hungry Heart« (Springsteen)   217/218
Hunt, Helen   318
Hunter, Catfish   232
Hunter, Robert   198
»Hurricane«   187, 409
»Hustler, The« (Andersen)   48

I

I Am a Fugitive from a Chain Gang (LeRoy)   563
»I Am a Man of Constant Sorrow« (Arthur)   553–555, 558, 566–568
»I Am a Man of Constant Sorrow« (Soggy Bottom Boys)   568
»I Don't Believe You«   126
»I Dreamed I Saw St. Augustine«   52
»I-Feel-Like-I'm-Fixin'-to-Die Rag« (Country Joe and the Fish)   225
»I Forgot More Than You'll Ever Know«   33
»I Love a Man in a Uniform« (Gang of Four)   225
»I Pity the Poor Immigrant«   187
»I Shall Be Released«   127, 133
»I Wanna Be Your Man« (Beatles)   225
»I Want to Know What Love Is« (Foreigner)   187
»I Want You«   387
»I Want You to Be My Girl«   517, 583
»I Was in the House When the House Burned Down« (Zevon)   377
»I Will Dare« (Replacements)   314
»I Wish I Was a Mole in the Ground« (Lunsford)   115, 407
»I Wish I Was a Mole in the Ground« (Neuwirth)   409
»I Would Be True«   156
Ice Cube   369
»Idiot Wind«   109, 117, 119
If Ever I Return, Pretty Peggy-O (McCrumb)   268, 270
»If I Had a Hammer« (Seeger/Griffith)   335
»If Not for You«   61
»If Tonight Should End the World« (Lam)   553, 558, 566/567
»I'll Keep It with Mine«   9, 369
»I'll Remember You«   186
»I'm Not There«   10, 245, 399, 518, 527
I'm Not There (Haynes)   11, 161, 519/520, 523, 527/528, 585, 594
»I'm So Lonesome, I Could Cry« (Dylan/Cash)   486
In America – Live in Seattle (Fastbacks)   324
»In Search of Little Sadie«   35
»In the Midnight Hour« (Pickett)   259
In the Name of the Father (Sheridan)   262, 265

»In the Pines« (Van Ronk)   447
In Treatment (TV-Serie)   593
In Utero (Nirvana)   252
»Independence Day« (McBride)   324
»Indian Love Call« (Whitman)   385
»Indian Love Call« (McDonald und Eddy)   430
»Indian War Whoop« (Ming)   385
Indigo Girls   335
Infidels   188, 232, 235, 258
Ingram, James   166, 250
»Inside Outside« (Grates)   495
Into the Music (Morrison)   155
Intuitionist, The (Whitehead)   9, 369
Invasion of the Body Snatchers (Siegel)   261, 295
»Is Your Love in Vain«   143–145
Isley Brothers   298
»It Ain't Me, Babe«   195, 198, 422,
»It Don't Come Easy« (Starr)   74
»It Hurts Me Too« (Dylan/James)   51/52
»It Makes No Difference« (Band)   123
»It Takes a Lot to Laugh, It Takes a Train to Cry«   231
»It's Alright, Ma (I'm Only Bleeding)«   150, 454
»It's My Party« (Ferry)   100
»It's Over« (Orbison/Caine)   339, 343
»I've Been Drinking« (Stewart/Jeff Beck Group)   278
»I've Got Blood in My Eyes for You« (Mississippi Sheiks)   255/256, 384
Ives, Charles   174

J

»Jack-a-Roe«   253
Jackson, Al   246
Jackson, Alan   266
Jackson, Jim   406
Jackson, John   284
Jackson, Mahalia   156
Jackson, Michael   166, 169/170, 250/251, 272
Jagger, Mick   81, 143
Jailhouse Rock (Thorpe)   41
Jamerson, James   346
James, Elmore   52
James, Etta   340, 343
James, Skip   241, 312, 372, 562

James, Tommy, and the Shondells   50
»James Alley Blues« (Richard Brown)   108, 114, 242–244, 407, 413, 565–567
Janezich, Jerry   369
Janis Joplin's Greatest Hits   369
Jarmusch, Jim   387, 455
Jarry, Alfred   375
Jefferson Airplane   369
Jefferson, Blind Lemon   26, 239, 249, 392, 552
»Jenny, Jenny«   271
»Jesus He Knows Me« (Genesis)   269
»Jezebel« (Drones)   494
Jhally, Sut   576, 590
»Jim Jones«   253, 548
Joan Baez   13, 14, 189, 393–396, 398, 425, 479, 485, 587/588
»John Brown«   594
John Doe   161, 526
John, Elton   9, 99, 104, 436, 458
»John Riley« (Baez)   396
»John Sinclair« (Lennon/Ono)   576
John Wesley Harding   16, 39, 57, 86, 93/94, 99, 107, 109, 111, 149, 156, 187, 200, 259, 324
Johnson, Bessie   412/413
Johnson, Howard   122
Johnson, Lyndon B.   358
Johnson, Robert   52, 54, 88, 115, 174, 183/184, 210, 259, 372, 404, 560
Johnson, Tommy   371/372
Johnston, Bob   97
Jones, George   266, 287
Jones, James Earl   341
Jones, Mick   535
Jones, Mickey   467
Jones, Quincy   166, 171
Joplin, Janis   138, 199, 369, 456
Jubilation (Band)   348
Jules und Jim (Truffaut)   55, 100
»Jumpin' Jack Flash« (Rolling Stones/Russell)   74
»Just Like a Woman«   74, 193/194, 260

K

Kaminsky, Max   51
Kampf der Dämonen (Ensor)   363
Kannler, Konrad   364
Kansas   369

»Katie's Been Gone« (Band)   112
Kavanagh, Jim   581/582, 612
Kazee, Buell   115, 108, 189, 562
Keb' Mo'   451
Kegan, Larry   517
Keller, Helen   588
Kelly, Aidan   592
Kelly, Steve   369
Keltner, Jim   77, 258
Kemnitzer, Lu   403/404
Kennedy, John F.   163, 251, 358, 423, 449, 456, 521, 601
Kennedy, Robert F.   456
Kennelly, Brendan   374
Kerouac, Jack   212, 222, 456
Kerr, Clark   279
Kerry, John   580
Kid Curry   117
Kid Rock   457
Kienholz, Ed   306
»Killing Me Alive« (= »Sitting on a Barbed Wire Fence«)   39
Kincaid, Bradley   407
Kinder des Olymp (Carné)   185
Kindred Spirits: A Tribute to the Songs of Johnny Cash   451
King, Chris Thomas   554, 568
»King Harvest (Has Surely Come)« (Band)   347, 460
King, Martin Luther   20, 224, 229, 446, 456, 521, 603
King Kong (Cooper)   262
»King of the New York Streets« (Dion)   595
»King Tut« (Martin)   147
Kingston Trio   297, 410
»Kinky Reggae« (Wailers)   388
Klein, Melanie   168
Knight, Jordan   377/378
»Knockin' on Heaven's Door«   420, 260/261
Knopfler, Mark   152, 232, 236, 243
Komunyakaa, Yusef   263
Kooper, Al   61, 361, 366, 533, 612
Krauss, Alison   373, 492, 554
Kravitz, Lenny   225
kurze Brief zum langen Abschied, Der (Handke)   606, 609

L

»La Bamba« (Valens)   356
»La Danseuse« (Lachney und Gaspard)   406
Lachney, Delma   406
Lam, Bela, and the Greene County Singers (Zandervon Obeliah Lamb)   552, 567
»Land of Hope and Dreams« (Springsteen)   418/419
Langhorne, Bruce   485
Lanois, Daniel   224
Last Seduction, The (Dahl)   313
Last Session (McTell)   233
»Last Waltz, The« (Band)   126
Last Waltz, The (Scorsese)   121, 124, 129/130, 133/134, 137/138, 140–142, 471
Lauper, Cyndi   167, 226
»Lawdy Miss Clawdy«   517
Lawrence, D. H.   101, 105, 174
Lawrence of Arabia (Lean)   484
Leakey, Richard   181
Led Zeppelin   64, 496
Ledger, Heath   522
Lee, Spike   327
Leiber, Jerry   565
Leichenbegängnis (Widmung an Oskar Panizza) (Grosz)   363
Lenin, W. I.   292
Lennon, John   202, 236, 576, 590
Lennon, Sean   225
Lenya, Lotte   288
»Leopard-Skin Pill-Box Hat«   67
»Let It Be Me«   36, 144
»Let Me Die in My Footsteps«   180
»Let the Good Times Roll«   517, 583
Let Us Now Praise Famous Men (Agee)   414
Lewinsky, Monica   335
Lewis, Jerry Lee   92, 112, 136, 291
Lewis, Sinclair   441
Lewis, Wyndham   375
Lhamon, W. T.   430
»License to Kill«   232
Liddiard, Gareth   494
Lieberman, Joseph   378
»Life Is a Carnival« (Band)   123
Lightfoot, Gordon   58
»Like a Rolling Stone«   8, 11, 16, 33, 43/44, 53, 83, 146, 162, 181/182, 184, 189, 192, 201,

204, 231, 260, 263, 271, 356, 388, 483, 487, 498, 530, 596
»Lily, Rosemary and the Jack of Hearts« 109/110
Lincoln, Abraham   240, 291, 515, 603
Linnear, Claudia   77/78
Liszt, Gregory   491, 493
»Little Maggie«   249
»Little Moses«   299
»Little Mouth« (Sleater-Kinney)   300
»Little Red Corvette« (Prince)   219
Little Richard   17, 88, 136, 271, 354, 413
»Little Richard«   271, 354
»Little Sadie«   35, 37, 427, 491/492
Little Voice (Herman)   339, 343
Little Willie John   163
Live 1961–2000   9, 420, 423, 425
Live at Albert Hall   96
»Living for the City« (Wonder)   558
»Living the Blues«   40, 55, 59
»Liza Jane« (Charles)   123
»Lo and Behold!«   113/114
»London Calling« (Clash)   449
»Lone Pilgrim«   253, 255/256, 491/492
»Lonesome Death of Hattie Carroll, The«   15, 19, 90, 230, 341, 532, 572
»Lonesome Suzie« (Band)   468
»Lonesome Town«   198
»Lord Franklin's Dream«   52
Los Angeles (X)   325
»Lost Highway« (Williams)   74, 209
Lost Highway (Lynch)   313
Lost in America (Brooks)   212
Lott, Eric   436, 614
»Louie Louie«   336
Love and Death in the American Novel (Fiedler)   174
»Love and Theft«   428, 433/434, 436, 508, 548, 614
Love and Theft: Blackface Minstrelsy and the American Working Class (Lott)   436
»Love Henry«   545
»Love in Vain« (Robert Johnson)   115
»Love Sick«   315, 457, 472
»Loving You Is Sweeter Than Ever« (Band)   347
Low   382
Lowndes, Sara   522

Lucky You (Hanson)   547
Lunsford, Bascom Lamar   115, 404, 406/407, 409
Lush   285, 287–289, 301
Lynch, David   306
Lynyrd Skynyrd   208
Lyons, Billy   443
Lyrics 1962–1985 (Dylan)   193

M

MacDonald, Jeanette   430
MacGowan, Shane   226
»Machine Gun« (Hendrix/Roots)   586, 591
Mack, John E.   484
Macon, Uncle Dave   408/409, 413, 475
»Madame George« (Morrison)   130
»Maggie's Farm«   89, 118, 525
Magnificent Seven, The (Sturges)   31
»Maid of Constant Sorrow, The« (Collins)   553
Makem, Tommy   425
Malcolm X   456
Malewitsch, Kasimir   374/375
Malice (Becker)   313
»Man of Constant Sorrow«   300, 553, 556, 558, 568
»Mannish Boy« (Waters)   124, 134, 546
Mansion on the Hill, The (Goodman)   295/296, 301
Manuel, Richard   85, 103, 112, 115, 120, 122, 130, 137, 231, 347, 459–463, 470, 471
»Many Thousands Gone«   228, 389
»Marchin' to the City«   228, 389
Marjoe   78
Marky Mark, s. Wahlberg, Mark   577
Marley, Bob   143, 369, 388
Mars Attacks! (Burton)   385
Marsh, Dave   143, 145, 612/613
Marsh III., Stanley   181
Marshall Tucker Band   208
Martin, Dean   386, 548
Martin, Steve   147
Marx, Karl   292
Mason, Dave   163
Massive Attack   381
»Masters of War«   15, 225, 237, 452/453, 455, 477, 480, 532, 569/570, 573–579, 582, 585–591, 594

»Maybellene« (Berry)   207
Maytals   262
McBride, Martina   324
McCain, John   599–601
McCartney, Paul   99
McClintock, Harry   373
McClure, Michael   126
McCoy, Charlie   109, 355/356, 366
McCrea, Joel   313
McGee, Sam   11, 550/551, 559–561, 563/564, 566/567
McGuinn, Roger   244, 259/260, 336
McGuire, Barry   570
McLean, Don   387
McNamara, Robert   48, 358, 572, 590
McTell, Blind Willie   20, 233
Mean Streets (Scorsese)   129, 131
Meat Loaf   369
»Meet Me in the Morning«   109
Mellencamp, John   257, 260
Mellers, Wilfrid   7, 172–180, 182–185, 192–196
Melville, Herman   107, 324, 441
»Memphis Blues Again«   118, 146, 409
Memphis Jug Band   412
Memphis Sanctified Singers   412
Mermaid Avenue (Bragg und Wilco)   335
Metallica   226, 381
Michelangelo   286
Midler, Bette   151
»Mighty Quinn, The«   49
Miller, Bennett   483
Miller, Emmett   389
Miller, Jim   275/276, 489/490, 612
Miller, Perry   179
»Million Dollar Bash«   113/114
»Million Miles«   312
Milton, John   512/513
»Mind Playing Tricks on Me« (Geto Boys)   595
Ming, Floyd, and His Pep Steppers   385
»Minglewood Blues« (Lewis/Muldaur)   385
»Minstrel Boy«   54
»Misery« (Soul Asylum)   495
»Mississippi«   547
Mississippi John Hurt   562
Mississippi Sheiks   254–256, 384
Mitchell, Joni   125, 126, 135, 596

Mitchum, Robert   387, 432
»MMMBop« (Hanson)   317/318, 320
Moby Dick (Melville)   107, 180, 183, 185, 441, 522, 558, 565
Modern Times   496, 498, 513, 516, 541, 547
Monarch Jubilee Quartet   552
»Moncy (That's What I Want)« (Strong)   323
Monotones   192
Monroe, Bill   456, 484
Monroe, Chris   388
Monroe, Marilyn   521
Moondance (Morrison)   369
Moondog Matinee (Band)   120, 471
»Moonlight«   430
More Chuck Berry (Berry)   321
Morrison, Van   125, 134, 136/137, 141, 155, 369
Mortensen, Viggo   588, 591
Morton, Brian   7, 245
Morton, Colin B.   381, 612
»Most Likely You Go Your Way and I'll Go Mine«   89, 92, 103
»Most of the Time«   547/548
»Motherless Children«   228
»Mountaineer's Courtship, The« (Stonemans)   407
»Mr. Jones« (Counting Crows)   275/276
»Mr. Tambourine Man«   91, 259/260
Muldaur, Geoff   385
Muldoon, Paul   453, 612
Mumbo Jumbo (Reed)   380
Muni, Paul   563
Murphy, Elliott   94/95
Music from Big Pink (Band)   111, 121, 130, 137/138, 347, 467
Music in a New Found Land (Mellers)   174/175, 178, 183
»Mustang Sally« (Pickett)   219
»My Back Pages«   575
»My City of Ruins«   446
»My Life in a Stolen Moment« (Dylan)   511
»My Ride's Here« (Zevon)   453
»My Sweet Farm Girl« (Ashley)   427
»Mystery Train« (Band/Butterfield)   124, 128, 134, 136
»Mystery Train« (Parker/Band)   120
»Mystery Train« (Presley)   115, 264, 506, 564, 550

N

»Naomi Wise« (Ashley)   427
Nash, Graham   166
Nashville Skyline   33, 39, 60, 149
Natty Dread (Wailers)   369
Natural Born Killers (Stone/Reznor)   386
»Nebraska« (Springsteen)   215, 223
Nebraska (Springsteen)   215, 223, 322
»Neighborhood Bully«   232
Neil, Fred   395
Nelson, Paul   10, 15, 99, 488, 612
Nelson, Ricky   198
Nelson, Tim Blake   554, 568
Nelson, Willie   166
Neuwirth, Bob   409, 486, 613
Nevermind (Nirvana)   252
New Kids on the Block   577
New Morning   6, 60–62, 64, 69, 146
»New Pony«   146
»New Railroad« (Crooked Still)   491/492
Newman, Randy   323
Newsom, Joanna   491
Newton, Huey   91
Nicholson, Jack   196, 312, 578
Nickelback   457
Nicks, Stevie   502
Night of the Hunter, The (Laughton)   432
»Night They Drove Old Dixie Down, The« (Band)   121/122, 140–142, 471
»Night Train« (James Brown)   325
Nine Lives (Plant)   496
Nirvana   252
Nisinger, Connie   443
Nixon, Richard   455
»No Depression in Heaven« (Carter Family / Maud Hudson)   9, 384
No Direction Home (Scorsese)   533
No Direction Home: The Life and Music of Bob Dylan (Shelton)   193, 197
No Dirty Names (Van Ronk)   447
»No Man Righteous (No Not One)«   159
»No Money Down« (Berry)   207
»No More Auction Block«   227, 229/230, 232, 289, 425, 608
»No Time to Think«   145
»No Way Out« (Harris)   221, 223
Nod to Bob, A: An Artists' Tribute to Bob Dylan on His Sixtieth Birthday   387
»Not Dark Yet«   473, 508, 545
Nothing Seems Better to Me (Proffitt et al.)   410, 419
»Nottamun Town«   574/575, 586, 590

O

O Brother, Where Art Thou? – Music from the Original Soundtrack   372
O Brother, Where Art Thou? (E. u J. Coen)   371, 374, 385, 554
»O Captain! My Captain!« (Whitman)   40
»O Superman« (Anderson)   226, 325
Oar (Spence)   324
Obama, Barack   20, 379, 542, 599–608
Ochs, Phil   315
O'Connor, Sinéad   592
Odetta   336
O'Donoghue, Michael   457
O'Donovan, Aoife   491/492
»Oenone« (Tennyson)   507
»Oh Death« (Boggs)   268, 372
Oh Mercy   7, 224, 547
O'Keeffe, Georgia   291
»Old Dog Blue« (Jackson)   406
»Old John Hardy« (Ashley)   427
»Old Riley« (Stewart)   336
»Omie Wise«   588
»On a Night Like This«   194
On the Road (Kerouac)   212
»On the Road Again«   144
»On the Road Again« (Canned Heat)   221
»One« (Metallica)   226
»One Headlight« (Wallflowers)   316/317, 320, 448
»One Meat Ball« (White)   312
»One More Weekend«   67
»Only a Pawn in Their Game«   427, 572
Ono, Yoko   576
»Ophelia« (Band)   123
Orbison, Roy   20, 291, 339, 343
Oswald, Lee Harvey   57
O'Toole, Peter   484
Out of Control: The Last Days of the Clash (White)   534, 537

P

Paine, Thomas   57, 292, 588
Palin, Sarah   601

Palindromes (Solondz)   528
Palmer, Robert   323
Pankake, Jon   270, 401
Paradise Lost (Milton)   512
Parker, Charlie   174
Parker, Junior   120, 134
Parsons, Bill   324
Pat Garrett and Billy the Kid (Peckinpah)   177, 421
Patton, Charley   433/434, 440/441, 449, 541
Pauling, Lowman   323
Paul's Boutique (Beastie Boys)   369
Payne, Freda   225
»Peace in the Valley« (Dorsey)   156
Peckinpah, Sam   177, 421
»Peggy Day«   36
Pennsylvania (Pere Ubu)   322
»People Have the Power« (Patti Smith)   213
People, Speak, The (Fernsehsendung)   588
People's History of the United States, A (Zinn)   588
Pepper, Art   541
Perkins, Carl   291, 321
Perkins, Wayne   389
Pere Ubu   322, 375/376
Perry, Steve   166, 614, 617
Petty, Tom, and the Heartbreakers   259
Phillips, Sam   264, 485, 550
Phoenix, Joaquin   485/486
Piazza, Tom   433
Pickens, Slim   421
Pickett, Wilson   219, 259
Pinkwater, Daniel   506
Planet Waves   93–95, 98, 146
Plant, Robert   496
Plastic Ono Band   225
Plath, Sylvia   456
Pleasantville (Ross)   340
»Pledging My Time« (Robert Johnson)   52
Plot Against America, The (Roth)   544
»Po' Boy« (White)   384, 429
»Po' Boy« (Dylan/White/Thomas)
»Po' Laz'rus«   384
Poe, Edgar Allan   361
Pogues   226
Pooh Perplex (Crews)   174
Poole, Charlie   407
»Poor Boy Blues« (Thomas)   429

Pop, Iggy   383
Pop from the Beginning (Cohn)   192, 196
Portable Sixties Reader, The (Charters)   456
»Positively 4th Street«   355
Positively 4th Street: The Lives and Times of Joan Baez, Bob Dylan, Mimi Baez Fariña and Richard Fariña (Hajdu)   393, 399
Powell, Dick   37
Power, Victor   503
»Present Joys« (Alabama Sacred Harp Singers)   413
Presley, Elvis   59, 115, 154, 156, 175, 185, 202, 237, 264, 286, 291, 345, 376, 450, 521, 546, 550
Presnell, Lee Monroe   568
»Pressing On«   159–161, 526
»Pressure Drop« (Maytals)   262
Preston, Billy   77
»Pretty Polly« (Boggs)   267–269
Pretzel Logic (Steely Dan)   99
Price, Fred   426/427
Prince   219, 314, 323
Prince of Our Disorder, A (Mack)   484
Prine, John   79
Proffitt, Frank   410, 412, 419
»Promised Land« (Berry)   205–207, 217/218, 221/222, 321, 429
Pull My Daisy (Leslie/Frank)   362
Pullman, Bill   313
»Purple Rain« (Prince)   314
Pynchon, Thomas   393

Q

Questlove   585–587

R

»Racing in the Street« (Springsteen)   209, 223
Radle, Carl   77, 127
»Rag Mama Rag« (Band)   123, 348
»Ragged & Dirty« (McTell/Dylan)   254
»Railroad Bill«   291, 315, 384, 431, 491
»Railroad Blues« (McGee)   550–568
»Railroad Boy«   118
»Rainy Day Women # 12 & 35«   84, 199, 388
»Ramblin' Man« (Allman Brothers)   208, 218
Ramblin' Thomas   429
Rand, Ayn   438

»Rave On« (Holly/Dion)   595
Ray, Robert   251, 613
Raylettes   148
»Ready Teddy« (Richard)   171, 517
Reagan, Ronald   17, 323, 349, 455, 576, 582
Real Live   181/182, 189
Rebel Without a Cause (Ray)   129
Recile, George   545
Recks, Declan   592
»Red Cadillac and a Black Moustache« (Warren Smith)   374
Red Harvest (Hammett)   594
Red Letter Days (Wallflowers)   448–450
»Red River Shore«   547/548
»Red Wheelbarrow, The« (Williams)   508/509, 547
Redding, Otis   219
Reed, Ishmael   379
Reed, Lou   246, 258
Reflections in a Crystal Wind (Fariñas)   398
Reich, Charles   79
Renaldo and Clara (Dylan)   177
»Reno Nevada« (Fariñas)   398
Replacements   314
Reservoir Dogs (Tarantino)   546
Return of Doug Saldaña, The (Sahm)   79
»Return to Me« (Martin/Dylan)   386
»Revolution« (Beatles)   273
Rich Man's Table, The (Spencer)   327, 329, 331, 333
Richards, Michael   386
Richie, Lionel   166, 169–171
»Ring Them Bells«   547
Rivard, David   264
River, The (Springsteen)   217, 223
Roanoke Jug Band   552
Robbins, Ben   370
Robbins, Marty   356
Robbins, Tim   273, 336
Roberts, Oral   62
Robertson, Robbie   84, 101, 112, 115, 122, 128, 130, 345, 459, 461, 463, 613
Robinson, Jackie   607
Robinson, Smokey   127
Roche, Suzzy u. Maggie   387
»Rock and Roll Baby«   81
»Rock and Roll I Gave You the Best Years of My Life« (Johnson)   81

Rock Stars (White)   192, 196
»Rockin' Chair Daddy« (Floyd)   550
Rockit (Berry)   156
»Rocky Road« (Alabama Sacred Harp Singers)   392, 413–414
Rodgers, Jimmie   54, 108, 175, 210
Rodgers and Hart   58
Rogers, Kenny   166, 250
Rolfzen, B. J.   507, 514, 516, 613
Rolling Stone Illustrated History of Rock & Roll, The (Miller)   182, 489/490
Rolling Stones   40, 64, 103, 105, 315, 369, 525
Ronettes   314
Roosevelt, Franklin D.   358, 569
Roots, The   585–587, 590
Rosen, Jeff   482, 616
Ross, Diana   165/166
Roth, Philip   521, 544, 607, 609
Rotolo, Suze   329, 486, 522, 534, 537
Rourke, Constance   469
Rowan Brothers   78
Roxy Music   99/100
Rubin, Jerry   48
Ruby, Jack   136
Rumsfeld, Donald   580
Rushdie, Salman   440
Rushing, Jimmy   52
Russell, Leon   67/68, 72, 74, 77, 94, 586, 590
Rutman, Howard   517

S
Sacred Harp, The   392, 413/414, 471, 493
Safe (Haynes)   520
Sahm, Doug   78, 80
Sail Away (Newman)   323
Salazar, Ken   581
»Sally in the Alley« (Holy Modal Rounders)   497
Sapps, Booker T.   384
»Sara«   146
Saraband for Dead Lovers (Dearden)   129
Satan und die phantastischen Scharen peinigen den Gekreuzigten (Ensor)   363
Saturday Night Live (Fernsehsendung)   318
»Saturday Night's Alright for Fighting« (John)   458
»Saut Crapaud« (Fruge)   406
Saved   161, 235

Savio, Mario   277, 279, 283
»Say It Loud – I'm Black and I'm Proud« (James Brown)   569
Schall und Wahn (Faulkner)   411, 419
Scholtes, Peter S.   382
Scorsese, Martin   129, 133, 142, 481, 487, 533
Seale, Bobby   91
Second Winter (Winter)   258
Sedaka, Neil   229
»See That My Grave Is Kept Clean« (Jefferson/Dylan)   21, 249, 392
»See That My Grave Is Kept Clean« (Jefferson)   522
»See That My Grave Is Kept Green« (Lam)   552, 567
»See You When I Get There« (Wallflowers)   449
Seeger, Pete   224, 334/335, 338, 425, 569
»Seems Like a Freeze-Out«   361, 529, 533
Seger, Bob   213/214, 217, 223
Selby Tigers, The   580
Self Portrait   17, 32, 34, 36, 38–40, 43–46, 49–52, 54–60, 64, 68, 97/98, 146, 613
»Señor (Tales of Yankee Power)«   143, 147
Sex Pistols   569
Sexton, Charlie   368, 455
Sgt. Pepper's Lonely Hearts Club Band (Beatles)   236
Shade, Will   412
Shadow of a Doubt (Hitchcock)   100
Shaken by a Low Sound (Crooked Still)   491, 493
»Shame on You« (Indigo Girls)   335
Shane (Stevens)   31
Shankar, Ravi   72, 77
»Shape I'm In, The« (Band)   123, 136
»Share Your Love« (Bland/Band)   471
»Sharp-Dressed Man« (ZZ Top)   583
»She Belongs to Me«   54, 315
Sheehy, Colleen   614
»Shelter from the Storm«   110
Shelton, Gilbert   78
Shelton, Robert   193, 197, 199, 201, 353, 395
»Shenandoah«   385
Sheridan, Jim   262
»She's 19« (Waters/Hawks)   124
»She's Your Lover Now«   231/232
Shot of Love   177, 235, 390

siebente Siegel, Das (Bergman)   234, 238
»Sign on the Window«   60, 62/63, 70, 146
»Silver Dagger« (Baez)   479
»Silvio«   198
Simon, John   125, 347
Simon, Paul   48, 166, 535
Simon and Garfunkel   58
Simonon, Paul   535
Simonyi, Andreas   582/583
Sinatra, Frank   140, 287, 369, 521
»Singer Not the Song, The« (Rolling Stones)   315
»Sittin' on Top of the World«   250
»Sitting on a Barbed Wire Fence«   146, 231
Skelette im Streit um einen Räucherhering (Ensor)   362
Slash   261, 325
»Slave Driver« (Wailers)   388
Sleater-Kinney   300
Sloman, Larry »Ratso«   546
»Slow Train«   152–159, 177, 235, 421
Slow Train Coming   152, 153, 155–159, 177, 235
»Slummer the Slum, The« (»5« Royales)   323
Sly & Robbie   187
Sly and the Family Stone   325
Smith, Harry   384, 390, 391, 400, 402–404, 406, 408/409, 414, 417–419, 426, 561
Smith, Kevin   495
Smith, Lee   374
Smith, Patti   213, 334, 522
Smith, Tommie   228
Smith, Warren   374
Snakefarm   492
Solondz, Todd   528
»Somebody Touched Me«   421
Someone Still Loves You Boris Yeltsin   495
»Something« (Harrison/Dylan)   454
Sontag, Susan   444, 446
Sopranos, The (TV-Serie)   386
Soul Asylum   495
Sound and the Fury, The (Faulkner), s. *Schall und Wahn*   419
Southern Exposure: The Story of Southern Music in Words And Pictures (Carlin und Carlin)   374
Spacey, Kevin   383
»Spanish Merchant's Daughter, The« (Stonemans)   407

Sparks, Rennie 385, 613
Spector, Phil 149, 356
Spence, Alexander »Skip« 324
Spencer, Scott 237, 333
»Spike Driver's Moan« 447
Spitz, Bob 204
Spoelstra, Mark 425
Spring of My Life (Rolfzen) 509, 516
Springer, Frank 457
Springfield, Dusty 288
Springs, Helena 158
Springsteen, Bruce 166, 170, 173, 208, 210, 215, 223, 225, 322, 335, 418, 446, 451, 576, 613, 619
»St. James Infirmary« 242
»Stage Fright« (Band) 123, 347
Stage Fright (Album) 471
»Stagger Lee« / »Stag-o-lee« / »Stacker Lee« / »Stack A Lee« 20, 253/254, 431, 443, 479
Stampfel, Peter 496, 613
»Standing in the Doorway« 315, 545
Stanley, Ralph 373
Stanwyck, Barbara 31
Staple Singers 139
Staples, Cleotha 139
Staples, Mavis 139/140
Staples, Roebuck »Pop« 139–141
Staples, Yvonne 139
»Star-Spangled Banner, The« 358, 586
»Star-Spangled Banner, The« (Hendrix) 257, 324, 586
»Star-Spangled Banner, The« (Roots, Hendrix/Roots) 586
»Stardust« (Carmichael) 430
Starkweather, Charley 215/216
Starr, Edwin 225
Starr, Ringo 77, 127
»Statesboro Blues« (McTell/Allman Brothers) 239
Stealin' 38
Steely Dan 99/100, 582
»Stem/Long Stem« (DJ Shadow) 300
Stevens, Cat 407
Stevens, Wallace 46
Stewart, John 336
Stewart, Rod 160, 278, 489/490, 546, 603, 605
Stills, Stephen 127

»Stir It Up« (Wailers) 388
»Stolen Car« (Springsteen) 217–223, 619
Stoller, Mike 565
»Stones in My Passway« (Robert Johnson) 560
»Stop That Train« (Wailers) 388
Stranded (Roxy Music) 99
»Strange Fruit« (Holiday) 569
Strauss, Steve 530, 533, 613
Strayhorn, Billy 393
Street Legal 143–147, 187/188
Strong, Barrett 323
Strummer, Joe 530, 533, 613
Studies in Classic American Literature (Lawrence) 105, 174
Sturges, Preston 310, 313
»Subterranean Homesick Blues« 52/53
»Such a Night« (Dr. John) 123
»Sugar Baby« (Boggs) 432
»Sugar Baby« (Dylan) 432
Sullivan, James 446
Sullivan, John L. 313
Sullivans Reisen (Sturges) 310
Sumler, Sally 412
»Summer Days« 463, 454
»Summertime Blues« (Cochran) 569
Sundance Kid 117
»Surfin' Bird« (Trashmen) 336
»Sweet Betsy from Pike« 34, 63
»Sweet Dreams (Are Made of This)« (Eurythmics) 584
»Sweet Hitch-Hiker« (Creedence Clearwater Revival) 65
»Sweet Home Chicago« (Robert Johnson) 210
Sweet Nothings: An Anthology of Rock and Roll in American Poetry (Elledge) 263
»Sympathy for the Devil« (Rolling Stones) 409

T
»Take a Message to Mary« (Everly Brothers/Dylan) 51
»Take Me as I Am or Let Me Go« 50
»Talkin' World War III Blues« 314, 572
»Talkin' John Birch Paranoid Blues« 532
»Tangled Up in Blue« 108-109, 150, 189, 532
Tannenbaum, Libby 351, 352

Tarnation   322
Taubin, Amy   578, 589
Taxi Driver (Scorsese)   130
Taylor, Charles   443, 579, 631
Taylor, James   66, 213, 335
Taylor, Melinda   412
Taylor, Mick   187
»Tears of Rage« (Band)   113/114, 186
»Tell Me, Momma«   346, 348, 467, 469
Tell Tale Signs   543–549
Tennyson, Alfred   507
»That's All Right« (Presley/Dylan)   52, 376
Theft (Carey)   428, 433/434, 436, 473
»Theme from *Exodus*« (Ferrante & Teicher)   455
Theme Time Radio Hour   491, 495
»There Goes My Baby« (Drifters)   565/566
There's a Riot Goin' On (Stone)   325
»There's No Room to Rhumba in a Sports Car« (Presley)   145
These Foolish Things (Ferry)   99/100
»These Foolish Things«   315
»Things Have Changed«   386, 390, 420/421
Things We Lost in the Fire (Low)   382
»This Wheel's on Fire«   44, 112, 114/115, 122, 194–196, 304
Thomas, David   376, 544
Thomas, Dylan   570
Thomas, Henry   144
Thomson, David   379
Thoreau, Henry David   174
»Those Three Are on My Mind« (Seeger/K. u. R. Harris)   336
Thousand Miles Behind, A   38
»Three Angels«   62
»Three Bells, The« (Browns)   45
»Three Marlenas« (Wallflowers)   316, 318–320
Thunder Road (Ripley)   46
»Thunder Road« (Springsteen)   208/209, 215, 223
Time Out of Mind   243, 308–316, 334, 365, 369, 436
»Times They Are A-Changin', The«   90, 230, 272/273, 275, 343, 604, 618
Times They Are A-Changin', The   13, 201, 229, 230, 343, 511, 516
To Have and Have Not (Hawks)   379

»To Kingdom Come« (Band)   347
Tocqueville, Alexis de   179
Tod verfolgt die Menschenherde, Der (Ensor)   363
Together Through Life   593/594
»Tom Dooley«   410, 419, 588
»Tombstone Blues«   185, 523
Tonight Show, The (Fernsehsendung)   386
»Too Much Monkey Business« (Berry)   52
»Too Much of Nothing«   114
Top Gun (Scott)   226
Tosches, Nick   72, 389
Toussaint, Allen   122
Townshend, Pete   376
»Train of Love«   451
Travis, Randy   266
Trehaus, Mark (Brother Mark Treehouse)   580
Tritt, Travis   266, 451
Trollope, Fanny   290
Truman, Harry   358, 502
»Trust Yourself«   190
»Tryin' to Get to Heaven«   310, 314, 545
»Tryin' to Get to You«   547
Tubsize Hawaiian Orchestra   552
Tucker, Ken   457, 613
Tucker, Tanya   266
Tulsa (Clark)   593
»Tura Lura« (Morrison/Band)   125
»Turn the Page« (Seger)   213–215, 223
Turner, Big Joe   431, 441
Turner, Tina   166, 528
Turturro, John   554, 568
Twain, Mark   54, 180
Twigs of Folly (Cantwell)   290, 301
»Twilight« (Band)   471
Twin-Tub with Guitar (Woodrow)   374
»Twist and Shout« (Isley Brothers)   298
Two for the Road (Donen)   211
»Two Soldiers«   299
Two Steps from the Blues (Bland)   322
Tyminski, Dan   554, 568
Tyson, Ian   125

U

Über die Demokratie in Amerika (Tocqueville)   179
Udall, Mark   518

»Under My Thumb« (Rolling Stones) 143
Unforgiven (Eastwood) 308, 514
»Union Sundown« 232
Unplugged (MTV-Sendung) 273, 275, 365/366
»Up on Cripple Creek« (Band) 122, 346/347, 468, 470, 550
Uris, Leon 455

V
Valens, Ritchie 356
Van Damme, Jean-Claude 383
Van Ronk, Dave 401, 447
Vanilla Sky (Crowe) 443
Vaughan, Sarah 288
Velvet Goldmine (Haynes) 520
Velvet Underground 231
verärgerten Masken, Die (Ensor) 364
Vincent, Gene 192, 291
»Visions of Johanna« 361/362, 529–533, 618
Volunteers (Jefferson Airplane) 369
Von Schmidt, Eric 401, 456
Von Sydow, Max 234
Vonnegut, Kurt 588
»Voodoo Child (Slight Return)« (Hendrix) 262
Vulgar Boatmen 351

W
»Wade in the Water« 390, 420
Wagon Train (TV-Serie) 478
Wahlberg, Donnie 577
Wahlberg, Mark 577
Wainwright, Rufus 446
Wait Long by the River and the Bodies of Enemies Will Float By (Drones) 494
Walk the Line (Mangold) 483, 485/486
Wallace, George 82
»Wallflower« 79
Wallflowers 304, 316, 318–320, 448–450
Walsh, Kieron J. 383
»War« (Starr) 225
Warner, Frank und Anne 410
Warwick, Dionne 250
Washington, Jackie 575, 590
Wasikowska, Mia 593
»Watching the River Flow« 65–71, 618
Waters, Muddy 124, 134, 491, 546

Watson, Doc 255, 256
Watson, Winston 284
Watson Family, The (Watson) 259
»Way Down the Old Plank Road« (Macon) 408
Wayne, John 54
»We Are the World« (USA for Africa) 166–171
»We Are the World 25 for Haiti« (Artists for Haiti) 171
»We Can Talk About It Now« (Band) 468
We Can't Be Stopped (Geto Boys) 324
»We Just Disagree« (Mason/Dylan) 163
We Shall Overcome – The Complete Carnegie Hall Concert, June 8, 1963 (Seeger) 224
Weberman, Alan 56
Wedding Song 90, 92–34, 146
Weekend (Godard)
»Weight, The« (Band) 86, 126, 133, 139–141, 347
Welch, Gillian 373
Wenders, Wim 313
Wenner, Jann 31, 147/148, 613
»Went to See the Gypsy« 60, 146
Wexler, Jerry 152
»What Would I Do Without You« (Charles) 528
What's Love Got to Do with It (Gibson) 528
»(What's so Funny 'Bout) Peace, Love and Understanding« (Costello) 226
Wheeler, Robert 376
When Brendan Met Trudy (Walsh) 383
»When First Unto This Country« 301, 556–568
»When He Returns« 152
»When Lilacs Last in the Dooryard Bloom'd« (Whitman) 40
»When the Night Comes Falling from the Sky« 186
When We Were Good (Cantwell) 499, 515/516
»When You're on Top« (Wallflowers) 448
»Where Are You Tonight? (Journey Through Dark Heat)« 147
Where Dead Voices Gather (Tosches) 389
»Where Did Vincent Van Gogh?« 118
Where Have All the Flowers Gone: The Songs of Pete Seeger 335

»Where I Should Always Be« (Band)   348
Whishaw, Ben   522
White, Barry   145
White, Bukka   384, 404, 429
White, Josh   312
White, Vince   534–537
White Album (Beatles)   269
Whitehead, Colson   369
Whitman, Slim   385
Whitman, Walt   40, 521
»Who Do You Love«   123, 134, 465/466, 469
»Who Killed Davey Moore?«   229/230
»Wigwam«   50, 55
Wild Boys of the Road (Wellman)   211
»Wild Mountain Thyme«   298, 312
Wilentz, Sean   342, 425, 569, 613, 615
»Will Jesus Wash the Blood from Your Hands«   225
»Will the Circle Be Unbroken« (Burnett)   384
Williams, Hank   54, 74, 138, 154, 175, 185, 209, 273, 345
Williams Jr., Hank   451
Williams, Sue   363
Williams, William Carlos   508, 619
Williamson, John Lee »Sonny Boy«   108
Williamson II, Sonny Boy (Rice Miller)   136
Willis, Bruce   587
Willner, Hal   384
Wilson, Al   221
Wilson, Edmund   537, 551
Wilson, Flip   122
Wilson, Jackie   132
Wilson, Murry   125
Wilson, Woodrow   328, 515/516
»Wind and Rain« (Crooked Still)   491
Winehouse, Amy   594
Winner, Langdon   31, 81, 613
Winter, Johnny   40, 258
Wiseman, Scott   176
»With God on Our Side«   13, 275, 427, 527
Withers, Pick   152
Wojtanek, Allyse   582, 584/585
Wonder, Stevie   167, 170, 250, 258
»Won't Get Fooled Again« (Who)   65

Wood, Ronnie   127
Woodrow, Bill   374/375
Woodstock (Hendrix)   324
Woodstock Nation (Hoffman)   48
»Woogie Boogie«   38
»Words by Heart« (Cyrus)   266
Wordsworth, William   508
Workman, Nimrod   175
World Gone Wrong   252–255, 544, 545
»Worried Man Blues« (Carter Family)   108, 120
»Wreck of the Tennessee Gravy Train« (Macon)   409
Wright, Frank Lloyd   403
Writings and Drawings (Dylan)   184
Wynette, Tammy   151

Y

»Yazoo Street Scandal« (Band)   112/113
»Yea! Heavy and a Bottle of Bread«   454
Yoakam, Dwight   451
»You Angel You«   195/196
»You Belong to Me«   386
»You Can't Catch Me« (Berry)   207
»You Changed My Life«   232
»You Don't Own Me« (Gore)   569
Young, Mona Lisa   158–159
Young, Neil   125–127, 135, 171, 259, 455, 495
Young Adults (Pinkwater)   506
»Young Blood« (Coasters/Russell)   74
Young Mr. Lincoln (Ford)   606
»You're Gonna Make Me Lonesome When You Go«   108
»You've Been Hiding Too Long«   573/574, 590

Z

Zantzinger, William   341–343
Zeitlyn, Mirah Yom Tov   473
»Zen Koans Gonna Rise Again« (Van Ronk)   447
Zevon, Warren   453
Zimmerman, Abraham   478
Zinn, Howard   587/588, 591
»Zombie« (Cranberries)   275
ZZ Top   322, 583